BIBLIA DE BOSQUEJOS Y SERMONES

TOMO 7

Romanos

BIBLIA DE BOSQUEJOS Y SERMONES

TOMO 7

Romanos

EDITORIAL
PORTAVOZ

La misión de *Editorial Portavoz* consiste en proporcionar productos de calidad —con integridad y excelencia—, desde una perspectiva bíblica y confiable, que animen a las personas a conocer y servir a Jesucristo.

La *Biblia de bosquejos y sermones* fue escrita para que el pueblo de Dios la use tanto en sus vidas personales como en la predicación y enseñanza.

EDITORIAL PORTAVOZ
2450 Oak Industrial Dr. NE
Grand Rapids, Michigan 49505 USA

Visítenos en: www.portavoz.com

ISBN 978-0-8254-1012-3

6 7 8 9 edición / año 26 25 24

Impreso en China
Printed in China

CONTENIDO

ABREVIATURAS VARIAS

a.C.	**=**	**antes de Cristo**	**p.**	**=**	**página**
AT	**=**	**Antiguo Testamento**	**p.ej.**	**=**	**por ejemplo**
caps.	**=**	**capítulos**	**pp.**	**=**	**páginas**
concl.	**=**	**conclusión**	**pto.**	**=**	**punto**
cp.	**=**	**compárese,**	**ss.**	**=**	**siguientes**
d.C.	**=**	**después de Cristo**	**v.**	**=**	**versículo**
EF	=	**Estudio a fondo**	**vs.**	**=**	**versus**
Nº	**=**	**número**	**vv.**	**=**	**versículos**
NT	**=**	**Nuevo Testamento**			

LA EPÍSTOLA A LOS ROMANOS

INTRODUCCIÓN

AUTOR: El Apóstol Pablo. Pablo afirma claramente que él es el autor (Ro. 1:1), y las referencias personales y hechos dados en el capítulo 15 nos dicen más allá de toda duda que Pablo es el autor.

FECHA: 55-58 D.C.

Pablo dice: «Ahora voy a Jerusalén para ministrar a los santos» (Ro. 15:25). Este viaje a Jerusalén se hizo necesario debido a la extrema pobreza de los creyentes de la iglesia de Jerusalén. Pablo había recogido ofrendas para ellas de las iglesias gentiles y se sentía obligado a hacer la entrega personalmente. Esto ocurrió en su tercer viaje misionero.

LOS DESTINATARIOS: «A todos los que estáis en Roma, amados de Dios, llamados a ser santos.»

Se ha encontrado varios manuscritos en los que se omiten las expresiones locales y personales de los capítulos 15 y 16 y la doxología. Esto podría indicar específicamente la existencia de varias iglesias. El lugar desde el que fue escrita parece ser Corinto, puesto que Pablo recomienda a Febe a los romanos. Febe era diaconisa de Cencrea, puerto oriental de Corinto.

PROPÓSITO: Pablo tenía varias razones para escribirla.

1. Deseaba evangelizar España (Ro. 15:24). Para hacerlo precisaba de una iglesia local que apoyara su ministerio—una iglesia que estuviese mucho más cerca de España que Antioquía. Hasta ahora Antioquía había sido la base para sus misiones. Al escribir a los romanos, estaba preparando la iglesia de Roma para el día en que pudiera revelarles su visión.Los estaba familia-rizando con su nombre, su misión y su amor.

2. Pablo sentía la íntima obligación de visitar personalmente Roma. La estrategía de toda su vida había sido evangelizar las grandes áreas metropolitanas a lo largo de la ruta entre Jerusalén y Roma. Sabía que rutas con tanto tráfico y ciudades intensamente comprometidas con el comercio aseguraban la extensión del evangelio. Roma era la capital, el centro del mundo; propor-cionaba la mayor oportunidad estratégica para la evangelización del mundo. Conquistar Roma era conquistar el mundo para Cristo.

3. Pablo no estaba seguro de llegar personalmente a Roma. Iba a Jerusalén y sabía el peligro que corría. Era posible que le mataran en Jerusalén. Pide a los romanos que oren por él. «Os ruego, hermanos ... que me ayudéis orando por mí a Dios, para que sea librado de los rebeldes que están en Judea» (Ro. 15:30-31). No obstante el peligro, Pablo era por sobre todo un estratega competente: entendía la importancia estratégica de Roma para la extensión del evangelio por todo el mundo. La iglesia tenía que estar arraigada y fundada en la fe; por eso se sentó y escribió esta gran carta. El mensaje de la carta es lo que Pablo quería dejar grabado en el corazón de los creyentes si les hubiera visitado personalmente.

ASPECTOS ESPECIALES:

1. La iglesia de Roma. La iglesia era fuerte, Cinco factores muestran su fuerza.

Primero, la de Roma era una *iglesia laica*. Un autor del cuarto siglo dice que los ciudadanos romanos «habían abrazado la fe de Cristo ... sin ningún signo de obras poderosas de alguno de los apóstoles». (Ambrosiastro, en su Epístola a los Romanos. Citado por F. F. Bruce, *The Epistle of Paul to the Romans*. «The Tyndale New Testament Commentaries», ed. por RVG Tasker. Grand Rapids, MI: Eerdmans, 1963, p. 13). El contenido de la epístola muestra un pueblo de gran profundidad y madurez espiritual. Pero, ¿cómo llegó el evangelio a Roma? ¿Quién fundó la iglesia? Lo único que se sabe con seguridad es que había una iglesia grande y floreciente en la capital. Pero no se sabe cuándo fue fundada la iglesia. Hay varias posibilidades.

a. En Pentecostés había «romanos ... tanto judíos como prosélitos» (Hch. 2:10). ¿Se convirtió alguno en Pentecostés? No hay mención específica de convertidos romanos, pero los romanos son el único grupo identificado entre los peregrinos europeos.

b. Pablo conocía personalmente a varios de los miembros de la iglesia de Roma. Los había conocido con anterioridad en otros lugares. La iglesia pudo haber sido fundada por alguno de ellos. Saluda a Aquila y Priscila (16:3; cp. Hch. 18:2-3). Además saluda a creyentes bien conocidos de quienes dice estaban «en Cristo» aun antes que él: Andrónico y Junias (Ro. 16:7). También saluda a Rufo, que quizás sea el hijo de Simón de Cirene, el que llevó la cruz de Cristo (*véase* nota en Ro. 16:13; cp. Mr. 15:21). Pablo podría haber conocido a Rufo y su madre en Antioquía.

c. Es probable que los primeros en llevar el evangelio a Roma fueran seguidores laicos de Jesucristo. Esto coincidía con la gran estrategia de Pablo como comandante en jefe para la evangelización del mundo. Pablo había entrado en las grandes ciudades del mundo con el glorioso evangelio, y había hecho todo lo posible por establecer una iglesia fuerte en cada ciudad de importancia. Cada una de estas ciudades estaba a lo largo de los grandes caminos del mundo que llevaban directamente al corazón de la capital del mundo, la mismísima Roma. En todo el ajetreo del comercio y los viajes de uno a otro lado, había hombres que recorriendo el mundo y llevando a cabo sus negocios estaban destinados a ser alcanzadospara Cristo convirtiéndose al mismo tiempo en misioneros laicos. Era inevitable que el evangelio entrara en Roma. Y una iglesia habìa de ser establecida en el corazón mismo de Roma.

Segundo, Roma tenía una *reputación mundial*. Su fe era fuerte (Ro. 1:8). Tenía madurez espiritual, y era capaz de digerir el *alimento sólido* de la Palabra. Prácticamente cada página cubre una doctrina de primera importancia o una discusión de carácter teológico.

Tercero, Roma era una *iglesia gentil*. Hace recordar a los gentiles, que constituían la vasta mayoría de la membresía, el hecho de que el cristianismo ha venido de raíces judías. Por lo tanto, se respetaba a los judíos en forma profundo—aun cuando se le hubiera superado en número (Ro. 11:18).

Cuarto, la de Roma era una *iglesia perseguida*. La iglesia fue cruelmente perseguida siete años después que Pablo esta gran epístola a los creyentes. Nerón había quemado la parte vieja de la ciudad en un arranque de locura, y culpó del incendio a los cristianos. Además, los creyentes fueron acusados de delitos de canibalismo, de prácticas inmorales y delitos contra el estado. En realidad se le acusó de cuanto delito se cometía. Sin embargo, La sangre de la iglesia demostró ser su semilla (Tertuliano, Apología 50. Citado por F. F. Bruce. *The Epistle of Paul to the Romans*. «The Tyndale New Testament Commentaries», p. 17). Los creyentes, al huir de la persecución, se dispersaron por todo el mundo, y dondequiera que fueran predicaban las gloriosas buenas nuevas de la vida eterna en Cristo Jesús. Además, los cristianos de Roma se cansaron de tanto salvajismo y exigieron que se terminara con las crueldades contra los cristianos. La iglesia fue dejada tranquila y se permitió que las gloriosas nuevas de la salvación fueran proclamadas libremente.

En quinto lugar, la de Roma era una *iglesia triunfante*. La iglesia no se avergonzaba de su vida y testimonio. Estaba dispuesta a ponerse en pie y ser contada con los que sufrían. Cuando Pablo era llevado con fuerte custodia a la ciudad como un prisionero de Roma, mientras estaba aun a cuarenta o seseenta kilómetros, la iglesia cristiana salió a recibirle y le acompañó en una marcha triunfal a través de toda esa distancia. La vista de todos estos amados hermanos llenó a Pablo de esa sensación de gloria raras veces experimentada por los hombres (*véase* nota en Hch. 28:13-15).

2. Romanos es *La Gran Epístola Teológica*. Es una declaración de lo que Pablo creía, una declaración de su teología. Pablo no estaba escribiendo para combatir un error o tratar un problema o un peligro en especial. Estaba escribiendo primariamente para arraigar y fundamentar a los creyentes romanos en la fe con toda la profundidad que le era posible, porque ellos vivían en el gran centro estratégico con un explosivo potencial para la evangelización del mundo. Estaba completamente libre para plantear lo que él consideraba ser la teología esencial para una vida cristiana.

3. Romanos es *La Epístola Escrita para Todo Hombre*. Es el Evangelio de Dios (Ro. 1:1). Es un libro para el mundo (Ro. 1:4-2:16; etc.) un libro para la iglesia (*véase* 1:1-7; etc.) un libro para teólogos (*véase* Ro. 3:1-5:21; etc.); un libro para filósofos (*véase* Ro. 1:1-2:16; etc.); un libro para legalistas (*véase* Ro. 7:1s; etc); un libro para creyentes inmaduros (*véase* Ro. 6:1-8:30); un libro para creyentes maduros (*véase* Ro. 8:12-14; etc.); un libro para el que sufre (*véase* Ro. 7:1-8:39; etc.); un libro para inconversos (*véase* Ro. 1:1-2:16; etc.); un libro para religiosos (*véase* Ro. 2;17-5:21; etc.). Romanos es la verdad que desespera-damente necesita todo hombre, quienquiera que sea o dondequiera que pueda estar.

4. Romanos es *El último testamento de la iglesia*. Aunque una de las fuerzas impulsoras del corazón de Pablo era visitar la iglesia en Roma, no estaba seguro de poder verles cara a cara (*véase* ***Propósito***, pto. 3). Sin embargo, la importancia estratégica de la iglesia hacía que hiciera lo necesario por asegurar que usaran su potencial expansivo para Cristo. Así, se vio forzado a escribir —por si se daba el caso. Y escribió. En el libro de Romanos la iglesia tiene lo que Pablo quería decir a la iglesia— por si se daba el caso de que nunca pudiera llegar allá. En un sentido es *El último testamento de la iglesia*—justamente lo que la iglesia necesita oír. Romanos es lo que está más cerca de ser la posesión escrita que una iglesia necesita, la declaración más completa de la verdad cristiana.

5. Romanos es *La verdad principal del evangelio*. Esto se ve según las características especiales, puntos 1 y 2.

6. Romanos es *El plan mundial de Dios para Israel y los gentiles*. En forma más clara que cualquier otro libro, Romanos muestra el glorioso plan para todas las edades en Israel y las naciones gentiles. Se da una visión panorámica de la historia desde una perspectiva cristiana. Esto se puede captar fácilmente al estudiar al Bosquejo, capítulos 9-11.

BOSQUEJO DE ROMANOS

La Biblia de bosquejos y sermones es *única*.Difiere de todas las otras Biblias de estudio y de materiales para la preparación de sermones porque cada pasaje y tema es bosquejado inmediatamente junto a la Escritura. Cuando usted escoge cualquier *tema* de los que siguen y busca la referencia, no sólo encontrará el texto de la Escritura, sino que descubre la Escritura y el tema *ya bosquejados para usted, versículo por versículo*.

A modo de rápido ejemplo, escoja uno de los temas que siguen y busque el texto de la Escritura, hallará entonces esta maravillosa ayuda para usarla de manera más rápida, fácil y correcta.

Además, cada punto de la Escritura y su respectivo tema está *plenamente desarrollado por un comentario con textos de apoyo* al pie de página. Nuevamente, este ordenamiento facilita y acelera la preparación de sermones.

Note algo más: Los temas del evangelio de Lucas tienen títulos bíblicos, pero además se les ha dado *títulos prácticos o títulos de aplicación* que a veces apelan más a la gente. Este *beneficio* se ve claramente al usarlos en avisadores, boletines, periódicos de la iglesia, etc.

Una sugerencia: Para obtener una rápida visión general de Romanos, lea primero *todos los títulos principales* (I, II, III, etc.), luego vuelva y lea los subtítulos.

BOSQUEJO DE ROMANOS

I. SALUDOS Y TEMA: EL EVANGELIO Y LA JUSTICIA DE DIOS, 1:1-17

- **A. Credenciales de Pablo: siervo de Cristo, 1:1-7**
- **B. Interés de Pablo en la iglesia: siervo del evangelio, 1:8-15**
- **C. Osadía de Pablo en Cristo: no se avergüenza del evangelio, 1:16-17**

II. PECADO Y CONDENACIÓN: LA NECESIDAD QUE EL MUNDO TIENE DE UNA BUENA RELACIÓN CON DIOS, 1:18—3:20

- **A. La causa de Dios contra toda impiedad e injusticia de los hombres: por qué Dios revela su ira, 1:18-23**
- **B. La causa de Dios contra toda impiedad e injusticia de los hombres: cómo muestra Dios su ira, 1:24-32**
- **C. La causa de Dios contra el moralista: juicio, 2:1-16**
- **D. La causa de Dios contra el religioso (judío), 2:17-29**
- **E. Argumentos de los religiosos (judíos) contra una religión del corazón, 3:1-8** (cp. Ro. 2:23-29)
- **F. La causa de Dios contra todos los hombres, 3:9- 20**

III. FE Y JUSTIFICACIÓN: EL CAMINO DE LA RECONCILIACIÓN DEL MUNDO CON DIOS, 3:21—5:21

- **A. Justicia: el camino de la reconciliación con Dios, 3:21-26**
- **B. Fe: el camino que pone fin al orgullo y la jactancia humana, a la justicia y a las obras propias, 3:27-31**
- **C. Lógica: evidencia de que solamente la fe justifica al hombre, 4:1-8**
- **D. Ritos, reglas y ordenanzas: el camino errado para que el hombre busque la justificación, 4:9-12**
- **E. La ley: el camino rrrado para la justificación del hombre, 4:13-16**
- **F. Abraham: el ejemplo de un hombre justificado solamente por la fe, 4:17-25**
- **G. El increíble amor de Dios (Parte I): los resultados de la justificación, 5:1-5**

CAPÍTUL0 1

I. SALUTACIÓN Y TEMA: EL EVANGELIO Y LA JUSTICIA DE DIOS, 1:1-17

A. Credenciales de Pablo: siervo de Cristo,[EF1] 1:1-7

1 Era un siervo de Cristo
2 Era apóstol de Dios
3 Fue apartado para elevangelio de Dios
a. El evangelio prometidode hacía largo tiempo
b. El evangelio que concierne a Dios el hijo, Jesucristo hecho hombre
c. El evangelio que declara que Jesucristo es el Hijo de Dios
1) Por el Espíritu de santidad
2) Por la resurrección
4 Había recibido de Dios la gracia y el apostolado[EF2]
5 Reconoce a los demás en su calidad de siervos
a. También eran llamados
b. También eran amados
c. También eran santos
d. También recibían gracia y paz

Pablo, siervo de Jesu-
cristo, llamado a ser
apóstol, apartado para el
evangelio de Dios,
2 que él había prometido
antes por sus profetasen las
santas Escrituras,
3 acerca de su Hijo, Jesu-
cristo, nuestro Señor que
era del linaje de David,
se-gún la carne,
4 que fue declarado Hijo
de Dios con poder, según el
Espíritu de santidad, por la
resurrección de entre los
muertos,
5 y por quien recibimos la
gracia y el apostolado, para
la obediencia a la fe en todas
las naciones por amor de su
nombre;
6 entre las cuales estáis
también vosotros, llama-
mados a ser de Jesus;
7 a todos los que estáis en
Roma, amados de Dios, lla-
mados a ser santos. Gracia
y paz a vosotros, de Dios
nuestro Padre y del Señor
Jesucristo.

I. SALUTACIÓN Y TEMA: EL EVANGELIO Y LA JUSTICIA DE DIOS, 1:1-17

A. Credenciales de Pablo: siervo de Cristo,1:1-7

(1:1-7) ***Introducción:*** ninguna persona es un verdadero seguidor de Cristo a menos que *esté sometido a la esclavitud por Cristo*. En efecto, es *imposible* que una persona pertenezca a Cristo si no está *esclavizada por Cristo*. Este es el sorprendente mensaje que Pablo quiere dejar impreso en los creyentes de Roma.

1. Era esclavo de Cristo (v. 1).
2. Era apóstol de Dios (v. 1).
3. Fue apartado para el evangelio de Dios (vv. 1-4).
4. Recibió la gracia y el apostolado de Dios (v. 5).
5. Reconoce a los demás en su calidad de siervos (vv. 6-7).

ESTUDIO A FONDO 1

(1:1-7) ***Evangelio—cristianismo:*** en estos versículos Pablo da un breve bosquejo del evangelio que él predicaba (vv. 1-4). Es una mirada penetrante al cristianismo primitivo. Note la conformidad del Credo de los Apóstoles con el Evangelio.

1. Punto de vista de Pablo respecto del Antiguo Testamento.
   a. Viene de Dios.
   b. Dado «por sus profetas».
   c. Es «Santa Escritura».
2. Punto de vista de Pablo acerca del Señor Jesucristo.
   a. Es el Hijo de Dios: «acerca de su Hijo».
   b. El es el Salvador prometido: «Cristo», el Mesías.
   c. Es el Señor: «nuestro Señor».
   d. Es hombre: «que era del linaje de David según la carne».
   e. Es declarado ser el mismísimo Hijo de Dios: «fue declarado Hijo de Dios con poder».
   f. Es divino o santo: «según el Espíritu de santidad».
   g. Resucitado de entre los muertos: «por la resurrección de entre los muertos».
3. El punto de vista de Pablo acerca del Evangelio
   a. Es de Dios: «el evangelio de Dios» (cp. Ro. 1:1,17; 3:21).
   b. Fue profetizado: «él había prometido....»
   c. Concuerda con el Antiguo Testamento: «había prometido antes ... en las Santas Escituras».
   d. Es acerca del Hijo de Dios: «acerca de su Hijo».
   e. Es acerca del divino Salvador: «nuestro Señor Jesucristo ... fue declarado Hijo de Dios con poder, según el Espíritu de santidad (sin pecado)».
   f. Es acerca del Salvador humano: «del linaje de David».
   g. Es acerca del Salvador resucitado: «por la resurrección de entre los muertos».

1 (1:1) ***Siervo—esclavo*** (*doulos*)*:* Pablo era «siervo» de Jesucristo. La palabra «siervo» (*doulos*) indica mucho más que un simple siervo. Es un esclavo, propiedad absoluta de su amo. Es un *esclavo* unido a su amo por la ley.

Una consideración del mercado de esclavos del tiempo de Pablo muestra en forma más clara lo que Pablo quería decir cuando afirmaba que era «siervo de Jesucristo».

1. El esclavo era propiedad de su amo; era posesión absoluta de su amo. Esto es lo que Pablo quiere decir. Pablo había sido comprado y poseído por Cristo. Jesús lo había mirado viendo su degradada y necesitada condición. Y cuando Cristo lo miró, sucedió lo más maravilloso: Cristo lo amó y lo compró; así que ahora era posesión de Cristo.

2. La razón de la existencia del esclavo era su amo y no tenía otro motivo para vivir. No tenía derechos personales de ninguna especie. Así ocurría con Pablo: vivía solamente para Cristo. Sus derechos eran los derechos de Cristo solamente.

3. El esclavo servía a su amo y existía solamente para servirle. El estaba a disposición de su señor a cualquier hora del día o de la noche. Lo mismo ocurría con Pablo: vivía solamente para servir a Cristo—hora tras hora, día tras día y noche tras noche.

4. La voluntad del esclavo pertenecía a su amo. No podía tener otra voluntad ni otra ambición que no fuera la ambición y la voluntad de su amo. Estaba absolutamente al servicio de su amo y debía absoluta obediencia a la voluntad de su amo. Pablo pertenecía a Cristo. En efecto, dice haber batallado y luchado por

llevar «todo pensamiento cautivo a la obediencia a Cristo» (2 Co. 10:5).

5. Hay una quinta y muy preciosa cosa que Pablo quiere decir por «siervo de Jesucristo». Da a entender que tiene la profesión más alta, más honrosa y de dignidad real de todo el mundo. Los hombres de Dios, los hombres más grandes de la historia han sido llamados «siervos de Dios». Es el más alto título de nobleza. La servidumbre del creyente a Cristo no es un vasallaje cobarde o vergonzoso. Es una posición de honor—el honor que otorga al hombre los privilegios y responsabilidades de servir al Rey de reyes y Señor de señores.

- Moisés era siervo de Dios (Dt. 34:5; Sal.105:26; Mal. 4:4).
- Josué era siervo de Dios (Jos. 24:29).
- David era siervo de Dios (2 S. 3:18; Sal. 78:70).
- Pablo era siervo de Jesucristo (Ro. 1:1; Fil. 1:1; Tit. 1:1).
- Santiago era siervo de Dios (Stg. 1:1).
- Pedro era siervo de Jesucristo (2 P. 1:1).
- Judas era siervo de Dios (Jud. 1).
- Los profetas eran siervos de Dios (Am. 3:7; Jer. 7:25).
- Se dice que los creyentes cristianos son siervos de Jesucristo (Hch. 2:18; 1 Col. 7:22; Ef. 6:6; Col. 4:12; 2 Ti. 2:24).

(Este punto se desarrolla en base a lo que dice William Barclay. *The Letter to the Romans*. «The Daily Study Bible». Filadelfia, PA: The Westminster Press, 1955, p. 2.)

«Si alguno me sirve, sígame; y donde yo estuviere, allí también estará mi servidor. Si alguno me sirviere, mi Padre le honrará» (Jn. 12:26; cp. Ro. 12:1; 1 Co. 15:58).

«No sirviendo al ojo, como los que quieren agradar a los hombres, sino como siervos de Cristo, de corazón haciendo la voluntad de Dios; sirviendo de buena voluntad, como al Señor y no a los hombres» (Ef. 6:6, 7).

«Y todo lo que hagáis, hacedlo de corazón, como para el Señor y no para los hombres; sabiendo que del Señor recibiréis la recompensa de la herencia, porque a Cristo el Señor servís» (Col. 3:23-24).

«Así que recibiendo nosotros un reino inconmovible, tengamos gratitud, y mediante ella *sirvamos* a Dios agradándole con temor y reverencia» (He. 12:28).

«A Jehová vuestro Dios serviréis» (Éx. 23:25).

«¿Qué pide Jehová tu Dios de ti, sino que temas a Jehová tu Dios, que andes en todos sus caminos, y que lo ames, y sirvas a Jehová tu Dios con todo tu corazón y con toda tu alma?» (Dt. 10:12).

«Servid a Jehová con temor, y alegraos con temblor» (Sal. 2:11).

«Servid a Jehová con alegría; venid ante su presencia con regocijo» (Sal. 100:2).

2 (1:1) *Apostolado—llamamiento de Pablo:* Pablo era apóstol de Dios, la palabra «apóstol» (*apostolos*) se refiere a una persona que es enviada. Apóstol es un representante, un embajador, una persona enviada de un país a otro para representar a su nación. Tres verdades pertenecen al oficio apostólico: (1) él pertenece a la Persona que lo envió; (2) ha sido comisionado para ir; (3) posee toda la autoridad y el poder de la Persona que lo envía.

Note tres lecciones inevitables.

1. Pablo dice que fue «llamado» a ser apóstol. No estaba en el ministerio porque...

- haya elegido él mismo.
- tenía capacidad.
- había sido estimulado por otros a elegir *la carrera ministerial*.
- le encantaba trabajar con personas.

Era apóstol, ministro del evangelio, por una sola razón: Dios lo había llamado.

«Pero, levántate y ponte sobre tus pies; porque para eso he aparecido a ti, para ponerte por ministro y testigo de las cosas que has visto, y de aquellas en que me apareceré a ti» (Hch. 26:16).

«Doy gracias al que me fortaleció, a Cristo Jesús nuestro Señor, porque me tuvo por fiel, poniéndome en el ministerio» (1 Ti.1 :12).

«Pero Jehová había dicho a Abraham: Vete de tu tierra y de tu parentela, y de la casa de tu padre, a la tierra que te mostraré» (Gn. 12:1).

«Ven, por tanto, ahora, y te [Moisés] enviaré a Faraón, para que saques de Egipto a mi pueblo, los hijos de Israel» (Éx. 3:10).

«Y mirándole [a Gedeón] Jehová le dijo: Vé con esta tu fuerza, y salvarás a Israel de la mano de los madianitas. ¿No te envío yo?» (Jue. 6:14).

«Después oí la voz del Señor, que me decía: ¿A quién enviaré, y quién irá por nosotros? Entonces respondí yo [Isaías]: Heme aquí, envíame a mí» (Is. 6:8).

2. Pablo había oído y respondido el llamado divino. Dios no atropelló la voluntad de Pablo. Quería a Pablo en el ministerio, de modo que lo llamó. Pero note bien—correspondía a Pablo oír y responder.

3. Pablo fue llamado a ser apóstol, esto es, para ser un ministro. No fue llamado a ocupar un puesto de autoridad o para ser honrado por los hombres.

Pensamiento. Todo siervo de Dios es llamado con dos propósitos primarios:

1) Para servir y ministrar.

«Y el que quiera ser el primero entre vosotros será vuestro siervo; como el Hijo del hombre no vino para ser servido sino para servir y dar su vida en rescate por muchos» (Mt. 20:27-28).

«¿Quién, pues, de estos tres te parece que fue el prójimo del que cayó en manos de los ladrones? El dijo: El que usó de misericordia con él. Entonces Jesús le dijo: Vé, y haz tú lo mismo» (Lc. 10:36-37).

«Pues si yo, el Señor y el Maestro, he lavado vuestros pies, vosotros también debéis lavaros los pies los unos a los otros» (Jn. 13:14).

«Sobrellevad los unos las cargas de los otros, y cumplid así la ley de Cristo» (Gá. 6:2).

«Así que, según tengamos oportunidad, hagamos bien a todos, y mayormente a los de la familia de la fe» (Gá. 6:10).

2) Para ir y llevar fruto.

«Haced, pues, frutos dignos de arrepentimiento» (Mt. 3:8).

«No me elegisteis vosotros a mí, sino que yo os elegí a vosotros, y os he puesto para que vayáis y llevéis fruto y vuestro fruto permanezca» (Jn. 15:16).

«Así también vosotros, hermanos míos, habéis muerto a la ley mediante el cuerpo de Cristo, para que seáis de otro, del que resucitó de los muertos, a fin de que llevemos fruto para Dios» (Ro. 7:4).

«Llenos de frutos de justicia que son por medio de Jesucristo, para gloria y alabanza de Dios» (Fil. 1:11).

«Para que andéis como es digno del Señor, agradándole en todo, llevando fruto en toda buena obra, y creciendo en el conocimiento de Dios» (Col. 1:10).

«Será como árbol plantado junto a corrientes de aguas, que da su fruto en su tiempo, y su hoja no cae; y todo lo que hace prosperará» (Sal. 1:3).

«Plantados en la casa de Jehová, en los atrios de nuestro Dios florecerán» (Sal. 92:13).

3 (1:1-4) ***El evangelio, su significado:*** Pablo fue apartado para el evangelio de Dios. Esta es la razón por la que Dios llamó a Pablo: que Pablo pudiera ser separado (aphorismenos), esto es, marcado y puesto aparte para el evangelio de Dios. La palabra «evangelio» sencillamente significa las *buenas nuevas de Dios*.

- Pablo no dice que fue llamado y apartado para una religión, denominación o secta de confección humana; tampoco fue llamado primariamente a un evangelio de justicia y bienestar social, por importantes que sean tales llamamientos.
- Pablo dice que fue apartado para el evangelio, las buenas nuevas de Dios (cp.1 Ts. 2:2-13).

Note lo que es el evangelio.

1. El evangelio del Nuevo Testamento es la *misma buena nueva* de Dios prometida en las Escrituras del Antiguo Testamento. Jesucristo es el tema y el Autor del evangelio, pero el evangelio *comenzó mucho antes* del nacimiento de Jesús. El evangelio comenzó hace mucho, mucho tiempo en la *mente y plan* de Dios, y Dios anunció la venida del evangelio (Su Hijo) por medio de los profetas de antaño. Marcos dice lo que Pablo iba a decir más tarde: «Principio del evangelio de Jesucristo, Hijo de Dios. Como está escrito en Isaías el profeta: He aquí yo envío mi profeta delante de tu faz, el cual preparará tu camino delante de ti. Voz del que clama en el desierto: Preparad el camino del Señor; enderezad sus sendas» (Mr. 1:1-3. *Véase* la Estudio a fondo 1, ***Evangelio***—Ro.1:1-7. *Véase* Estudio a fondo 3, ***Escritura cumplida***—Jn. 1:45 para discusión.)

«Escudriñad las Escrituras; porque a vosotros os parece que en ellas tenéis vida eterna; y ellas son las que dan testimonio de mí» (Jn. 5:39).

«Pero habiendo recibido auxilio de Dios, persevero hasta el día de hoy, dando testimonio a pequeños y a grandes, no diciendo nada fuera de las cosas que los profetas y Moisés dijeron que habían de suceder» (Hch. 26:22).

«Dios, habiendo hablado muchas veces y de muchas maneras en otro tiempo a los padres por los profetas» (He. 1:1).

«Los profetas que profetizaron de la gracia destinada a vosotros, inquirieron y diligentemente indagaron acerca de esta salvación, escudriñando qué persona y qué tiempo indicaba el Espíritu de Cristo que estaba en ellos, el cual anunciaba de antemano los sufrimientos de Cristo, y las glorias que vendrían tras ellos» (1 P. 1:10-11).

«Entendiendo primero esto, que ninguna profecía de la Escritura es de interpretación privada, porque nunca la profecía fue traída por voluntad humana, sino que los santos hombres de Dios hablaron siendo inspirados por el Espíritu Santo» (2 P. 1:20-21).

2. El evangelio es la encarnación del Hijo de Dios, Jesucristo nuestro Señor (*véase* nota, ***Evangelio***—Rom,1:1-7). Note que Pablo toma los nombres y títulos de Cristo y los acumula uno sobre otro.

- Hijo de Dios. (*Véase* Estudio a fondo 1—Jn. 1:34.)
- Jesús. (*Véase* Estudio a fondo 4—Mt. 1:21.)
- Cristo. (*Véase* Estudio a fondo 2—Mt. 1:18.)
- Nuestro Señor. (*Véase* Estudio a fondo 2—Hch. 2:36.)

El evangelio tiene que ver con «el Hijo de Dios, Jesucristo nuestro Señor». Es al mismo tiempo el *Tema* y el *Autor* del evangelio. Por Él y por medio de Él es creado y proclamado el evangelio. El trae las *buenas nuevas* de Dios al hombre. Es la encarnación misma de las buenas nuevas de Dios mismo.

El evangelio tiene que ver con dos verdades gloriosas:

a. La primera verdad gloriosa es que el Hijo de Dios se hizo hombre. Era de la simiente de David; esto es, en cuanto a hombre, nació siendo un descediente de David. David fue el más grande de los reyes de Israel; fue uno de los más grandes entre los antepasados de Jesús. (*Véase* la nota, ***Jesucristo, heredero davídico***—Lc. 3:24-31.)

El punto es este: Dios envió a su hijo al mundo hecho carne humana. Las palabras «fue hecho» (genomenou) quiere decir llegar a ser. El Hijo de Dios *llegó a ser* hombre —carne y sangre— como todos los demás hombres. Tenía naturaleza huamana, y puesto que tenía naturaleza humana...

- Padeció todas la *tribulaciones de la vida* que nosotros sufrimos.
- Es *poderoso para socorrernos* en todos los padecimientos de la vida.

«El Verbo [el Hijo de Dios] fue hecho carne, y habitó entre nosotros (y vimos su gloria, gloria como del unigénito del Padre), lleno de gracia y de verdad» (Jn. 1:14).

«Así que, por cuanto los hijos participaron de carne y sangre, él también participó de lo mismo, para destruir por la muerte al que tenía el imperio de la muerte, esto es al diablo, y librar a todos los que por el temor de la muerte estaban durante toda la vida sujetos a servidumbre. Porque ciertamente no socorrió a los ángeles, sino que socorrió a la descendencia de Abraham. Por lo cual debía ser en todo semejante a sus hermanos, para venir a ser misericordioso y fiel sumo sacerdote en lo que a Dios se refiere, para expiar los pecados del pueblo. Pues en cuanto él mismo padeció siendo tentado, es poderoso para socorrer a los que son tentados» (He. 2:14-18).

b. La segunda gloriosa verdad es profunda y crítica, porque proclama la naturaleza divina de Jesucristo. Jesucristo era el Hijo de Dios *antes que viniera al mundo*. (*Véanse* las notas—Jn. 1:1-2;1:3; Fil. 2:6;2:7 para una discusión del asunto). Sin embargo, desde su venida declaró ser el Hijo de Dios por dos cosas.

- El Espíritu de santidad que habitó en él declara que Jesús es el Hijo de Dios. Era la encarnación misma de la santidad, de la pureza, la moralidad y la justicia. Su vida en la tierra demuestra el hecho. Vivió vomo un hombre por más de treinta años y *nunca pecó*.

«Al que *no conoció pecado,* por nosotros lo hizo pecado, para que nosotros fuésemos hechos justicia de Dios en Él» (2 Co. 5:21).

«Porque no tenemos un sumo sacerdote que no pueda compadecerse de nuestras debilidades, sino uno que fue tentado en todo según nuestra semejanza, pero *sin pecado*» (He. 4:15).

«Porque tal sumo sacerdote nos convenía: *santo, inocente, sin mancha, apartado de los pecadores* y hecho más sublime que los cielos» (He. 7:26).

«Sino con la sangre preciosa de Cristo como de un cordero *sin mancha* y *sin contaminación*» (1 P. 1:19).

«El cual *no hizo pecado,* ni se halló engaño en su boca» (1 P. 2:22; cp. 53:9 Jn. 8:46).

- La resurrección de entre los muertos declara que Jesús es el Hijo de Dios. Todos los demás hombres mueren y desaparecen. La demostración se hace con una sencilla pregunta«¿Dónde están? ¿Dónde están nuestras madres, nuestros padres, nuestras hermanas, nuestros antepasados?» Cuando dejan este mundo no los volvemos a ver en la tierra. Pero no ocurrió así con Cristo. Murió, pero resucitó y anduvo nuevamente sobre la tierra. Y hoy Jesucristo vive para siempre en la presencia de Dios. La muerte no lo retuvo porque era el Hijo de Dios y poseía el perfecto Espíritu de santidad (para más discusión (*véase* Estudio a fondo 4, ***Jesucristo, resurrección***—Hch. 2:24).

«Al cual Dios levantó, sueltos los dolores de la muerte, por cuanto era imposible que fuese retenido por ella» (Hch. 2:24).

«Sepa, pues, ciertísimamente toda la casa de Israel, que a este Jesús a quien vosotros crucificasteis, Dios le ha hecho Señor y Cristo» (Hch. 2:36).

«El Dios de nuestros padres levantó a Jesús, a quien vosotros matasteis colgándole en un madero. A éste Dios le ha exaltado con su diestra por Príncipe y Salvador, para dar a Israel arrepentimiento y perdón de pecados» (Hch. 5:30-31).

«Declarado Hijo de Dios con poder, según el Espíritu de santidad, por la resurrección de Jesucristo de entre los muertos» (Ro. 1:4).

«Porque Cristo para esto murió y resucitó, y volvió a vivir, para ser Señor así de los muertos como de los que viven» (Ro. 14:9).

«[El poder de la fuerza de Dios] que operó en Cristo, resucitándole de los muertos y sentándole a su diestra en los lugares celestiales» (Ef. 1:20).

«Y estando en la condición de hombre, se humilló a sí mismo, haciéndose obediente hasta la muerte, y muerte de cruz. Por lo cual Dios le exaltó hasta lo sumo, y le dio un nombre que es sobre todo nombre» (Fil. 2:8-9).

4 (1:5) ***Gracia—misión:*** Pablo había recibido la gracia de Dios y la misión de Dios. Note la palabra «nosotros». Pablo ahora habla de todos los creyentes, no solamente de sí mismo.

1. Hemos recibido la gloriosa gracia de Dios: Su favor, su misericordia, su amor, su salvación (*véase* Estudio a fondo 1, ***Gracia***—Tit. 2:11-15). La Gracia incluye todo lo que Dios ha hecho por nosotros y todas las maravillosas bendiciones que derrama a torrentes sobre nosotros. En forma muy simple, la gracia de Dios incluye...

a. Su amor por nosotros desde toda la eternidad pasada.

«Bendito el Dios y Padre de nuestro Señor Jesucristo, que nos bendijo con toda bendición espiritual en los lugares celestiales en Cristo, según nos escogió en él antes de la fundación del mundo para que fuésemos santos y sin mancha delante de Él» (Ef. 1:3,4).

«Quien nos salvó y llamó con llamamiento santo, no conforme a nuestras obras, sino según el propósito suyo y la gracia que nos fue dada en Cristo Jesús ante de los tiempos de los siglos» (2 Ti. 1:9).

«En la esperanza de la vida eterna, la cual Dios, que no miente, prometió desde antes del principio de los siglos» (Tit. 1:2).

b. Nos salvó gratuitamente, sin costo para nosotros.

«Antes creemos que por la gracia del Señor seremos salvos, de igual modo que ellos» (Hch. 15:11).

«Siendo justificados gratuitamente por su gracia, mediante la redención que es en Cristo Jesús» (Ro. 3:24).

«Porque por gracia sois salvos por medio de la fe; y esto no de vosotros, pues es don de Dios; no por obras, para que nadie se gloríe» (Ef. 2:8-9).

«Porque la gracia de Dios se ha manifestado para salvación a todos los hombres» (Tit. 2:11).

c. Su cuidado y protección hacia nosotros día tras día.

«Mi Dios, pues, suplirá todo lo que os falta conforme a sus riquezas en gloria en Cristo Jesús» (Fil. 4:19).

«Pero la gracia de nuestro Señor fue más abundante con la fe y el amor que es en Cristo Jesús» (1 Ti. 1:14).

d. Su promesa gloriosa de la redención eterna: del transformarnos y hacernos hechos perfectos, y el recibir del privilegio glorioso de vivir con El para siempre en adoración y servicio.

«En quien tenemos redención por su sangre, el perdón de pecados, según las riquezas de su gracia» (Ef. 1:7).

«Para mostrar en los siglosvenideros las abundantes riquezas de su gracia en su bondad para con nosotros en Cristo Jesús» (Ef. 2:7).

«Para que justificados por su gracia, viniésemos a ser herederos conforme a la esperanza de la vida eterna» (Tit. 3:7).

2. Hemos recibido el apostolado, es decir, la misión de Dios. La idea es que hemos recibido una misión especial, la muy especial tarea de Dios en el mundo. ¿Qué es la misión? Pablo dice que es *«obediencia a la fe»* (para su desarrollo, *véase* Estudio a fondo 2, ***Obediencia***—Ro. 1:5).

ESTUDIO A FONDO 2

(1:5) ***Obediencia:*** la Escritura dice claramente que Dios nos salva con dos propósitos específicos...

- obedecerle.
- llevar otras persona a la obediencia a Él—personas de todas las naciones.

Lo que Dios está buscando es que la humanidad llegue a ser Su familia: hombres que libremente decidan vivir junto a Él y con los demás creyentes en un mundo perfecto. Dios quiere una humanidad que viva unida en amor, gozo, paz, adoración, alabanza y servicio perfectos como familia de Dios. Quiere hombres que vivan sobria, justa y piadosamente delante de Él. Quiere hombres que le obedezcan como hijos amados.

Así que, cuando Dios nos salva, nos salva primariamente para obedecerle y llevar a cabo el glorioso mensaje de obediencia a un mundo rebelde y corrupto. Dios nos llama a la obediencia de fe y a proclamar obediencia a todas las naciones.

Note varios hechos acerca de la obediencia.

1. Hay una enorme diferencia entre la *obediencia forzada* y la *libre obediencia*.

a. La obediencia forzada no tiene derecho a elegir y revela...

- temor a la rebelión
- egocentrismo y mezquindad
- falta de control
- una pobre autoestimación
- debilidad de propósito
- ningún sentido de piedad

b. La libre obediencia tiene derecho a elegir y puede optar por obedecer o no obedecer. Así que la libre obediencia revela...

- amor y confianza
- sentido de fraternidad
- interés y preocupación
- fuerza de voluntad y de propósito
- sentido de piedad
- conocimiento de sí y confianza en sí mismo

2. Las Escrituras dicen lo siguiente acerca de la obediencia.

a. La obediencia demuestra varias cosas.

- La obediencia demuestra que una persona es sabia.

«Cualquiera, pues, que oye estas palabras, y las hace, le compararé a un hombre prudente, que edificó su casa sobre la roca» (Mt. 7:24).

- La obediencia demuestra amor.

«El que tiene mis mandamientos, y los guarda, ése es el que me ama; y el que me ama, será amado por mi Padre, y yo le amaré, y me manifestaré a él» (Jn. 14:21).

- La obediencia demuestra que Dios es digno.

«Respondiendo Pedro y los apóstoles dijeron: Es necesario obedecer a Dios antes que a los hombres» (Hch. 5:29).

- La obediencia demuestra que Cristo es de Dios.

«El que quiera hacer la voluntad de Dios, conocerá si la doctrina es de Dios, o si yo hablo por mi propia cuenta» (Jn. 7:17).

b. La obediencia asegura varias cosas.

- La obediencia asegura una vida de prosperidad y éxito.

«Nunca se apartará de tu boca este libro de la ley, sino que de día y de noche meditarás en él, para que guardes y hagas conforme a todo lo que en él está escrito; porque entonces harás prosperar tu camino, y todo te saldrá bien» (Jos. 1:8).

- La obediencia asegura la entrada en el reino de los cielos.

«No todo el que me dice: Señor, Señor, entrará en el reino de los cielos, sino el que hace la voluntad de mi Padre que está en los cielos» (Mt. 7:21; cp. Lc. 8:21).

- La obediencia asegura la misericordia de Dios.

«Y hago misericordia a millares, a los que me aman y guardan mis mandamientos» (Éx. 20:6).

- La obediencia asegura que una persona es miembro de la familia de Dios.

«Porque todo aquel que hace la voluntad de mi Padre que está en los cielos, ése es mi hermano, y hermana, y mi madre» (Mt. 12:50; cp. Mr. 3:35).

- La obediencia asegura la bienaventuranza.

«Y Él dijo: Antes bienaventurados los que oyen la palabra de Dios y la guardan» Lc.11:28; cp. Dt.11:27).

- La obediencia da seguridad de que conocemos la verdad.

«El que quiera hacer la voluntad de Dios, conocerá si la doctrina es de Dios, o si yo hablo por mi propia cuenta» (Jn. 7:17).

- La obediencia asegura la presencia permanente del Padre y de Cristo.

«Respondió Jesús y le dijo: El que me ama, mi palabra guardará; y mi padre le amará, y vendremos a él, y haremos morada en él» (Jn. 14:23).

- La obediencia asegura la libertad del poder del enemigo.

«Pero si en verdad oyeres su voz e hicieres todo lo que yo te dijere, seré enemigo de tus enemigos, y afligiré a los que te afligieren» (Éx. 23:22).

- La obediencia asegura que Dios será nuestro Dios y que todas las cosas ayudarán a bien.

«Mas esto les mandé, diciendo: Escuchad mi voz, y seré a vosotros por Dios, y vosotros me seréis por pueblo; y andad en todo camino que os mande, para que os vaya bien» (Jer. 7:23).

- La obediencia asegura que se es amado por Dios y por Cristo.

«Si guardareis mis mandamientos, permaneceréis en mi amor; así como yo he guardado los ma ndamientos de mi Padre, y permanezco en su amor» (Jn. 15:10).

- La obediencia asegura una vida buena y larga.

«Y guarda sus estatutos y sus mandamientos, los cuales yo te mando hoy, para que te vaya bien a ti y a tus hijos después de ti, y prolongues tus días sobre la tierraque Jehová tu Dios te da para siempre» (Dt. 4:40).

- La obediencia asegura que uno es amigo de Cristo.

«Vosotros sois mis amigos, si hacéis lo que yo os mando. Ya no os llamaré siervos, porque el siervo no sabe lo que hace su Señor; pero os he llamado amigo» (Jn. 15:14-15).

- La obediencia asegura que podremos comer del bien de la tierra.

«Si quisiereis y oyereis, comeréis del bien de la tierra» (Is. 1:19).

c. La obediencia es mejor que los sacrificios, aun que el sacrificio de todo lo que uno tiene.

«¿Se complace Jehová tanto en los holocaustos y víctimas, como en que se obedezca a las palabras de Jehová? Ciertamente el obedecer es mejor que los sacrificios, y el prestar atención que la grosura de los carneros» (1 S. 15:22).

«Por lo cual, entrando en el mundo dice: Sacrificio y ofrenda no quisiste; mas me preparaste cuerpo. Holocaustos y expiaciones por el pecado no te agradaron. Entonces dije: He aquí que vengo, oh Dios, para hacer tu voluntad, como en el rollo del libro está escrito de mí» (He. 7:5-7).

5 (1:6-7) *Creyentes:* Pablo reconoce la calidad de siervos a los demás. Dice cuatro cosas acerca de los creyentes

1. Los creyentes son «llamados» por Cristo Jesús, llamados al igual que Pablo.

- Los creyentes son llamados a ser salvos, a ser «de Jesucristo».

«El cual quiere que todos los hombres sean salvos y vengan al conocimiento de la verdad. Porque hay un solo Dios, y un mediador entre Dios y los hombres, Jesucristo hombre; el cual se dio a sí mismo en rescate por todos, de lo cual se dio testimonio a su debido tiempo» (1 Ti. 2:4-6).

- Los creyentes son llamados a la misión y tarea de Cristo Jesús.

«Entonces Jesús les dijo otra vez: Paz a vosotros. Como me envió el Padre, así también yoos envío» (Jn. 20:21).

«Como el Hijo del Hombre no vino para ser servido, sino para servir, y para dar su vida en rescate por muchos» (Mt. 20:28).

2. Los creyentes son «amados de Dios», están siempre muy cerca de Su corazón, son preciosos y queridos para Él, y los ama profundamente.

«Jehová se manifestó a mí hace ya mucho tiempo, diciendo: Con amor eterno te he amado; por tanto te prolongué mi misericordia» (Jer. 31:3).

«Porque de tal manera amó Dios al mundo, que ha dado

> **a su Hijo unigénito, para que todo aquel que en el cree, no se pierda, mas tenga vida eterna» (Jn. 3:16).**
>
> **«Pues el Padre mismo os ama, porque vosotros me habéis amado, y habéis creído que yo salí de Dios» (Jn. 16:27).**
>
> **«Mas Dios muestra su amor para con nosotros, en que siendo aún pecadores, Cristo murió por nosotros» (Ro. 5:8).**
>
> **«Pero Dios, que es rico en misericordia, por su gran amor con que nos amó, aun estando nosotros muertos en pecados, nos dio vida juntamente con Cristo» (Ef. 2:4-5).**
>
> **«Mirad cuál amor nos ha dado el Padre, para que seamos llamados hijos de Dios. Por esto el mundo no nos conoce, porque no le conoció a Él» (1 Jn. 3:1).**

3. Los creyentes son llamados a ser «santos» (*véase* Estudio a fondo 1, ***Santo***—1 P. 1:15-16).

4. Los creyentes son receptores de la gracia y la paz de Dios (*véase* Estudio a fondo 2, ***Gracia***—Ro. 1:5; Estudio a fondo 1—Tit. 2:11-15; nota, ***Paz***—Jn. 14:27, para una discusión.)

> **«Pero cuando se manifestó la bondad de Dios nuestro Salvador, y su amor para con los hombres, nos salvó, no por obras de justicia que nosotros hubiéramos hecho, sino por su misericordia, por el lavamiento de la regeneración, y por la renovación en el Espíritu Santo, el cual derramó en nosotros abundantemente por Jesucristo nuestro Salvador, para que justificados por *su gracia*, viniésemos a ser herederos conforme a la esperanza de la vida eterna» (Tit. 3:4-7).**
>
> **«Pero ahora en Cristo Jesús, vosotros que en otro tiempo estabais lejos, habéis sido hechos cercanos por la sangre de Cristo. Porque Él es nuestra paz» (Ef. 2:13-14).**
>
> **«La paz os dejo, mi paz os doy; yo no os la doy como el mundo la da. No se turbe vuestro corazón ni tenga miedo» (Jn. 14:27).**
>
> **«Estas cosas os he hablado para que en mí tengáis paz. En el mundo tendréis aflicción; pero confiad, yo he vencido al mundo» (Jn. 16:33).**
>
> **«Jehová dará poder a su pueblo; Jehová bendecirá a su pueblo con paz» (Sal. 29:11).**

	B. El interés de Pablo en la iglesia: servicio en el evangelio, 1:8-15	espiritual, a fin de que seáis confirmados; 12 esto es, para ser mu- tuamente confortados por la fe que nos es común a vosotros y a mí. 13 Pero no quiero, her- manos, que ignoréis que muchas veces me he pro- puesto ir a vosotros (pero hasta ahora he sido estor- bado), para tener también entre vosotros algún fruto, como entre los demás gen- tiles. 14 A griegos y a no griegos, a sabios y a no sabios soy deudor. 15 Así que, en cuanto a mí, pronto estoy a anunciaros el evangelio también a vo- so-tros que estáis en Roma.	confirmarlos b. Ser mutuamente confortados c. Tener algún fruto entre ellos **5 El evangelio le hace sentir endeudado, con el deseo de alcanzar a todos** a. Su deuda con todos b. Su disposición para alcanzarlos a todos
1 Una gran iglesia a. Un motivo de acción de gracias b. La razón: un testimonio mundial **2 El evangelio sujetó su espíritu al hijo de Dios**[EF1] **3 El evangelio lo estimula a orar sin cesar** **4 El evangelio lo estimula a buscar a las personas en forma directa** a. Impartir algún don espiritual para	8 Primeramente doy gra- cias a mi Dios mediante Jesucristo con respecto a todos vosotros, de que vues- tra fe se divulga por todo el mundo 9 Porque testigo me es Dios, a quien sirvo en mi espíritu en el evangelio de su Hijo, de que si cesar hago mención de vosotros siempre en mis oraciones; 10 Rogando que de alguna manera tenga al fin, por la voluntad de Dios, un prós-pe- ro viaje para ir a vosotros. 11 Porque deseo veros, para comunicaros algún don		

B. El interés de Pablo en la iglesia: servicio en el evangelio, 1:8-15

(1:8-15) ***Introducción:*** Pablo nunca había visitado la Iglesia de Roma, y nunca había visto a los creyentes romanos; sin embargo aquí lo tenemos escribiéndoles. ¿Cómo podría alcanzarlos en mejor forma y expresarles el propósito de su carta? ¿Cómo podía despertar el interés de ellos al punto de que leyeran lo que les escribía y le hicieran caso? Este es el tema de este pasaje. Pablo quería que los creyentes romanos supieran del gran interés que tenía en ellos; así que, echando mano de lo mejor de sus habilidades les comunica la razón por la que les escribe. Dicho en forma compartir el evangelio con todo el mundo, incluida Roma misma, la capital del mundo. En efecto, él estaba esclavizado por el evangelio.

1. Una gran iglesia (v. 8).
2. El evangelio sujetó su espíritu al Hijo de Dios (v. 9).
3. El evangelio lo estimula a orar sin cesar (v. 9).
4. El evangelio lo estimula a buscar a las personas en forma directa (vv. 10-13).
5. El evangelio le provoca un profundo sentido de endeudamiento y la disposición de alcanzar a todos los hombres (vv. 14-15).

1 (1:8) ***Iglesia—Roma—testimonio:*** la iglesia de Roma era una gran iglesia—tan grande que Pablo daba «siempre» gracias a Dios por la iglesia (v. 2). La palabra «siempre» muestra que la iglesia tenía un lugar muy especial en el corazón de Pablo. Esto es importante, porque Pablo nunca había estado en la iglesia. No conocía personalmente la iglesia; solamente la conocía por lo que había oído acerca de ella. Pero note: el testimonio que la iglesia daba acerca de Cristo era tan poderoso que se hablaba de ellos a través de *todo el mundo*. Tenía un testimonio fenomenal, y por dondequiera que viajaba, Pablo oía del poder de la iglesia. ¿Qué era lo que daba tanta fortaleza a la iglesia de Roma? Dos cosas importantes se pueden sacar de las Escrituras:

1. Los creyentes llevaban vidas puras en medio de una sociedad inmoral, baja e injusta. Los ciudadanos de Roma eran conocidos por su...

- inmoralidad
- extravagancia
- libertinaje
- carnalidad
- venalidad
- desenfreno
- borrachera
- materialismo
- idolatría
- disolución
- avaricia
- orgullo
- glotonería
- egoísmo
- pecado y corrupción

No obstante, los creyentes estaban firmes en Cristo llevando vidas puras, proclamando el evangelio de Jesucristo y la necesidad de moralidad y justicia entre los hombres.

2. Los creyentes estaban sirviendo a Cristo y trabajando diligentemente para el Señor. Dondequiera que estuvieran, en su país o viajando en el extranjero, predicaban a Cristo y ministraban a la gente—tanto que algunos de ellos eran conocidos de nombre en todo el mundo. Parece que Pablo mismo se había encontrado con algunos de ellos mientras viajaba y ministraban. (*Véase* el bosquejo—Ro. 16:3-16, para una lista de creyentes y una discusión de este punto.)

Pensamiento 1. La iglesia de Roma permanece como un testimonio para cada iglesia.

1) No importa cuan inmoral y baja, contaminada y corrupta sea una sociedad, debemos estar firmes por Cristo.

«No os conforméis a este siglo, sino transformaos por medio de la renovación de vuestro entendimiento, para que comprobéis cual sea la buea voluntad de Dios, agradable y perfecta» (Ro. 12:2).

«Por lo cual, salid de en medio de ellos, y apartaos, dice el Señor, y no toquéis lo inmundo; y yo os recibiré, y seré para vosotros por Padre, y vosotros me seréis hijos e hijas, dice el Señor Todopoderoso» (2 Co. 6:17-18).

«No améis al mundo, ni las cosas que están en el mundo. Si alguno ama al mundo, el amor del padre no está en él. Porque todo lo que hay en el mundo, los deseos de la carne, los deseos de los ojos, y la vanagloria de la vida, no proviene del Padre, sino del mundo» (1 Jn. 2:15-16).

2) No importa donde estemos, en nuestro país o de viaje en el extranjero, por negocios o por placer, debemos testificar de Cristo y ministrar en su favor.

«Pero recibiréis poder, cuando haya venido sobre vosotros el Espíritu Santo, y me seréis testigos en Jerusalén, en toda Judea, en Samaria, y hasta lo último de la tierra» (Hch. 1:8).

«Por tanto, no te avergüences de dar testimonio de nuestro Señor, ni de mí, preso suyo, sino participa de las aflicciones por el evangelio, según el poder de Dios» (2 Ti. 1:8).

«Esto habla, y exhorta y reprende con toda autoridad. Nadie te menosprecie» (Tit. 2:15).

«Sino santificad a Dios el Señor en vuestros corazones, y estad siempre preparados para presentar defensa con toda mansedumbre y reverencia ante todo el que os demande razón de la esperanza que hay en vosotros» (1 P. 3:15).

Pensamiento 2. Toda iglesia y cada creyente debiera tener un testimonio firme, tan poderoso que se habla de Él en todo lugar.

«Y daban buen testimonio de él [de Timoteo] los hermanos que estaban en Listra e Iconio» (Hch. 16:2).

«Porque vuestra obediencia ha venido a ser notoria a todos, así que me gozo de vosotros; pero quiero que seáis sabios para el bien, e ingenuos para el mal» (Ro. 16:19).

«Porque por ella [la fe] alcanzaron buen testimonio los antiguos» (He. 11:2).

2 (1:9) ***Evangelio—salvación—decisión:*** el evangelio sujetó el espíritu de Pablo al Hijo de Dios. (Para más discusión al respecto, *véase* la nota ***Servir***—Ro. 1:9). Todo hombre debiera someter su espíritu al Hijo de Dios. ¿Por qué? A causa del evangelio, la gloriosa salvación que es en Cristo Jesús: la liberación del pecado, la muerte y el infierno. Cuando una persona considera que está esclavizado por el pecado, y que en realidad va a morir y que tendrá que rendir cuentas a Dios, es una necedad mayúscula...

- no aceptar la salvación que hay en el Hijo de Dios.
- no sujetar su espíritu al Hijo de Dios.
- no servir en el evangelio del Hijo de Dios.

ESTUDIO A FONDO 1

(1:9) ***Servicio*** (*latreuo*)*:* trabajo por contrato, servicio que es comprado. Pablo dice: «Sirvo en mi espíritu en el evangelio de su Hijo». Note tres puntos:

1. El servicio y trabajo del creyente ha sido comprado y pagado con la preciosa sangre de Cristo.

«O ignoráis que vuestro cuerpo es templo del Espíritu Santo, el cual está en vosotros, el cual tenéis de Dios, y que no sois vuestros? Porque habéis sido *comprados* por precio; glorificad, pues, a Dios en vuestro cuerpo y en vuestro espíritu, los cuales son de Dios» (1 Co. 6:19-20).

«Y no temáis a los que matan el cuerpo, mas el alma no pueden matar; temed más bien a aquel que puede destruir el alma y el cuerpo en el infierno» (Mt. 10:28).

«Haya, pues, en vosotros este sentir que hubo también en Cristo Jesús, el cual siendo en forma de Dios, no estimó el ser igual a Dios como cosa a que aferrarse, sino que se despojó a sí mismo, tomando forma de siervo, hecho semejante a los hombres; y estando en la condición de hombre, se humilló a sí mismo, haciéndose obediente hasta la muerte, y muerte de cruz» (Fil. 2:5-8).

2. El creyente debe su trabajo y servicio al Señor. Cuando se ha rendido al evangelio, no tiene derecho a elegir. Debe servir diligentemente y trabajar para Cristo.

«Sobrellevad los unos las cargas de los otros, y cumplid así la ley de Cristo» (Gá. 6:2).

3. El creyente debe servir a Dios en su espíritu y en su cuerpo. El espíritu controla al cuerpo. El cuerpo hace lo que el espíritu hace. Por lo tanto, si el creyente está sirviendo a Dios en espíritu, también está sirviendo a Dios en el cuerpo. Si el espíritu del hombre está bien, entonces el cuerpo está bien. Por ejemplo, un hombre puede sentirse mal; puede estar decaído, deprimido y oprimido; pero si su espíritu es fuerte, se levantará y vencerá sus sentimientos. Controla y vence las circunstancias opresivas, y vive un día de victoria. Pero si su espíritu es débil —sea en el trabajo o en el juego— pronto estará revolcándose en la auto compasión, refunfuñando y quejándose, viviendo un día de derrota. Y con mucha frecuencia ese día se convierte en semanas y meses hasta que la vida de esa persona pasa más en lo bajo que en las alturas: todo porque su espíritu es demasiado débil para vencer.

Pensamiento. El punto es éste: el creyente debe servir a Dios en su espíritu y en su cuerpo. Debe...

- mantener fuerte su espíritu,
- vencer sus emociones,
- vencer sus debilidades, los altibajos de su cuerpo.

Cuando un creyente hace esto, puede servir a Dios en toda la extensión que le es posible.

«Así que, hermanos, os ruego por las misericordias de Dios, que presentéis vuestro cuerpo en sacrificio vivo, santo, agradable a Dios, que es vuestro culto racional. No os conforméis a este siglo, sino transformaos por medio de la renovación de vuestro entendimiento, para que comprobéis cuál sea la buena voluntad de Dios, agradable y perfecta» (Ro. 12:1-2).

«Ahora, pues, Israel, ¿qué pide Jehová tu Dios de ti, sino que temas a Jehová tu Dios, que andes en todos sus caminos, y que lo ames, y sirvas a Jehová tu Dios con todo tu corazón y con toda tu alma ... ?» (Dt. 10:12)

3 (1:9) ***Oración:*** el evangelio estimula a Pablo a orar sin cesar. Pablo era un hombre de oración intercesora, un hombre que siempre oraba *por los demás*. Note dos puntos.

1. Pablo pone a Dios por testigo de que él oraba. El no...
   - habla sólo de orar.
   - no dice a la gente solo por cortesía que estaba orando.
   - pretende que ora.
   - pasa unos pocos minutos en *un ejercicio religioso* de oración.

Pablo oraba realmente; se daba tiempo para pedir a Dios que fortaleciera y ayudara a otros. (*Véase* el bosquejo y las notas—Ef.3:14-21 en cuanto a las cosas específicas por las que Pablo oraba. *Véase* también Estudio a fondo 1— Mt. 6:9-13 en cuanto a lo que Cristo nos dice deben ser nuestros motivos diarios de oración. Estos dos pasajes tomados en conjunto nos dicen cuáles son las cosas por las que debiéramos orar cada día, tanto por nosotros como por los demás).

«Oh Jehová, de mañana oirás mi voz; de mañana me presentaré delante de ti, y esperaré» (Sal. 5:3).

«Tarde y mañana y a mediodía oraré y clamaré, y él oirá mi voz» (Sal. 55:17)

«Me anticipé al alba, y clamé; esperé en tu palabra» (Sal. 119:147; cp. Lc. 2:36; Hch. 10:2; 1 Ts. 3:10; 1 Ti. 5:5).

2. Pablo constantemente oraba por los creyentes e iglesias que aún no conocía. Hay que acordarse que él conocía sólo a unos pocos creyentes en la iglesia de Roma; nunca había llegado a conocer a la mayoría de ellos. Le eran totalmente extraños y desconocidos para él; sin embargo, él oraba por la iglesia.

Pensamiento. Las Escrituras son enfáticas en el encargo que nos hacen. Debemos orar constantemente y por todos los creyentes del mundo cada día, y no limitarnos a unos pocos minutos solamente, y a nuestros seres queridos y amigos íntimos.

«También les refirió Jesús una parábola sobre la necesidad de orar siempre y no desmaya» (Lc. 18:1).

«Hasta ahora nada habéis pedido en mi nombre; pedid y recibiréis, para que vuestro gozo sea cumplido» (Jn. 16:24).

«Orando en todo tiempo con toda oración y súplica en el Espíritu, y velando en ello con toda perseverancia y súplica por todos los santos» (Ef. 6:18).

«Por nada estéis afanosos, sino sean conocidas vuestras peticiones delante de Dios en toda oración y ruego, con acciones de gracias. Y la paz de Dios, que sobrepasa todo entendimiento, guardará vuestros corazones y vuestros pensamientos en Cristo Jesús» (Fil. 4:6-7).

«Perseverad en la oración, velando en ella con acción de gracias; orando también al mismo tiempo por nosotros, para que el Señor nos abra puerta para la palabra, a fin de dar a conocer el misterio de Cristo» (Col. 4:2,3).

«Orad sin cesar» (1 Ts. 5:17).

«Quiero, pues, que los hombres oren en todo lugar, levantando manos santas, sin iras ni contiendas» (1 Ti. 2:8).

«Buscad a Jehová y su poder; buscad su rostro continuamente» (1 Cr. 16:11).

4 (1:10-13) ***Evangelio—testimonio—evangelismo—ministerio:*** el evangelio estimulaba a Pablo a buscar a la gente personalmente. No dejaba el ministerio y la predicación del evangelio en manos de otros. Se involucraba personalmente, tanto, que ruega a Dios que le dé una oportunidad tras otra—aun al punto de permitirle viajar a la mismísima capital del mundo para predicar a Cristo a sus ciudadanos. Note cuán profundamente motivado estaba: pide que —de alguna manera— finalmente se le permita predicar el evangelio en Roma.

El punto es enfático: Pablo estaba motivado a buscar a las personas, porque anhelaba alcanzar la gente para Cristo.

1. Pablo quería *comunicar algún don espiritual* a los creyentes. ¿Por qué? Para que pudieran estar más profundmaente establecidos en la fe. La expresión don espiritual (*charisma*) significa don de la gracia. La expresión se refiere con frecuencia a dones específicos dados por el Espíritu Santo (Ro. 12:6-8), pero aquí significa las *verdades* de la gracia de Dios, de sus bendiciones espirituales al hombre que han sido reveladas en Jesucristo nuestro Señor. Muy sencillamente, Pablo deseaba compartir las verdades del evangelio con los creyentes en Roma.Las bendiciones espirituales de Dios desbordaban en su crorazón; ansiaba comunicar el don de las bendiciones de Dios.

> ***Pensamiento 1.*** ¡Qué acusación contra nosotros! ¿Cuántos de nosotros estamos tan llenos del evangelio que anhelamos compartirlo? ¿Cuántos de nosotros siquiera conocemos el evangelio tan plenamente, concemos los dones y bendiciones de Dios bastante como para estar rebosando con Él?
>
> **«Bendito sea el Dios y Padre de nuestro Señor Jesucristo, que nos bendijo con toda bendición espiritual en los lugares celestiales en Cristo» (Ef. 1:3).**
>
> **«Porque el siervo del Señor no debe ser contencioso, sino amable para con todos, apto para enseñar, sufrido; que con mansedumbre corrija a los que se oponen, por si quizá Dios les conceda que se arrepientan para conocer la verdad» (2 Ti. 2:24, 25).**
>
> **«Apacentad la grey de Dios que está entre vosotros, cuidando de ella, no por fuerza, sino voluntariamente; no por ganancia deshonesta, sino con ánimo pronto; no como teniendo señorío sobre los que están a vuestro cuidado, sino siendo ejemplos de la grey» (1 P. 5:2-3).**

Note que el don espiritual de Dios confirma al creyente. La palabra «confirmar» significa fijar, establecer, afirmar, fortalecer. Note el cuadro descriptivo que hay tras cada palabra.

2. Pablo quería que fueran *mutuamente confortados* con otros creyentes. La palabra «confortar» (*sumparakaleo*) significa ser fortalecido y consolado junto a otro. Pablo esperaba ser enseñado y fortalecido por los creyentes al mismo tiempo que él les enseñaba y fortalecía. Debía haber un mutuo compartir entre todos. Pablo esperaba que los creyentes estuvieran activamente involucrados en la tarea de dar a conocer el evangelio. Llegaba al punto de esperar que le comunicaran algo que le permitiera crecer y estar más firmemente arraigado en la fe.

> ***Pensamiento.*** ¿Cuántos creyentes están activamente fundados en la fe como para compartirla con Pablo? ¡Qué carga pone sobre nosotros! No obstante, la *esperanza* es que estemos profundamente arraigados, estudiando siempre la Palabra y aprendiendo. ¡Cuánta necesidad tenemos de despertar de nuestra modorra.
>
> **«Arraigados y sobreedificados en Él, y confirmados en la fe, así como habéis sido enseñados, abundando en acciones de gracias» (Col. 2:7).**
>
> **«[Dios] conforte vuestros corazones, y os confirme en toda buena palabra y obra» (2 Ts. 2:17).**

3. Pablo quería llevar fruto entre ellos (*véase* la Estudio a fondo 1, ***Llevar fruto***—Jn. 15:1-8 al respecto). Pablo quería llevar fruto de...

- convertidos (Ro. 1:13).
- justicia (Ro. 6:21-23).
- carácter cristiano, el fruto del Espíritu (Gá. 5:22-23).

Note la visión universal de Pablo: quería llevar fruto entre los ciudadanos de Roma así "como entre los demás gentiles."

> ***Pensamiento.*** ¡Dios necesita urgentemente hombres, mujeres, muchachos y muchachas que tengan una visión universal!
>
> **«¿No decís vosotros: Aún faltan cuatro meses para que llegue la siega? He aquí os digo: Alzad vuestros ojos y mirad los campos, porque ya están blancos para la siega» (Jn. 4:35).**
>
> **«Entonces dijo a sus discípulos: A la verdad la mies es mucha, mas los obreros pocos» (Mt. 9:37).**
>
> **«Y les decía: La mies a la verdad es mucha, mas los obreros pocos; rogad al Señor de la mies que envíe obreros a su mies» (Lc. 10:2).**
>
> **«No nos cansemos, pues, de hacer el bien; porque a su tiempo segaremos, si no desmayamos» (Gá. 6:9).**

5 (1:14-15) ***Evangelio—predicación—testimonio—ministros—dedicación:*** el evangelio provoca en Pablo una profunda sensación de deuda y la responsabilidad de alcanzar a todos los hombres. Note dos puntos:

1. La palabra «deudor» (*ofeleites*) significa deber, asumir una responsabilidad, estar obligado por un deber. Es imposible traducir en una sola palabra el equivalente griego, porque Pablo está expresando dos ideas. Es «deudor»...

- porque Cristo ha hecho tanto por él (lo salvó).
- porque Cristo lo llamó a predicar (le ha dado una tarea que cumplir).

Pablo tenía un profundo sentimiento de *endeudamiento*. La idea es que era intensa, constante, implacable, poderosa. La sensación de tener una deuda no dejaba tranquilo a Pablo. Se sentía forzado a predicar el evangelio; por lo tanto, no podía hacer otra cosa. Se sentía responsable y obligado a predicarlo. Realmente sentía que le debía el evangelio al mundo; así que si callaba, sería peor que saber el remedio para la enfermedad más terrible de la historia y negarse a darlo a conocer.

Note que Pablo declara su endeudamiento con todo el mundo. Hace un contraste entre griegos y bárbaros. Quería decir que debía el evangelio a todas las nacionalidades y culturas, a todos los pueblos de la tierra, fuesen civilizados o incivilizados, industrializados o primitivos, ricos o pobres. (Los griegos consideraban bárbaros a todos los que no hablaban la lengua griega ni habían adoptado la cultura helénica.) Hace un contraste entre sabios y no sabios. Quiere decir que debe el evangelio a los educados y a los que carecen de educación, a los que saben y a los que no saben, a los motivados y a los que carecen de interés, al que busca y al indiferente.

Pensamiento. Pablo siente que tiene la *profunda deuda* de dar a conocer las gloriosas nuevas de salvación al mundo. La *respuesta* para alcanzar la vida eterna es ahora conocida y debe ser proclamada a todo el mundo. Retener el mensaje para sí es el acto criminal más grande e inexcusable de toda la historia humana. Hay que proclamar la noticia gloriosa que la muerte ha sido derrotada y que el hombre puede ahora vivir eternamente. Los que conocemos la maravillosa noticia estamos *endeuda* con el mundo: tenemos que dárselas a conocer.

«Porque de tal manera amó Dios al mundo, que ha dado a su Hijo unigénito, para que todo aquel que en Él cree, no se pierda, mas tenga vida eterna» (Jn. 3:16).

«De cierto, de cierto os digo: El que oye mi palabra, y cree al que me envió, tiene vida eterna; y no vendrá a condenación, mas ha pasado de muerte a vida» (Jn. 5:24).

«A griegos y a no griegos, a sabios y a no sabios soy deudor. Así que, en cuanto a mí, pronto estoy a anunciaros el evangelio también a vosotros que estáis en Rom» (Ro. 1:14-15).

2. La palabra «pronto» significa *disposición urgente*. Pablo experimentaba tanto la disposición como la urgencia de predicar el evangelio. Nótense las palabras, «en cuanto a mí». Quería tomar todo cuanto había en él para derramarlo hacia la gente—toda energía y esfuerzo, toda la verdad y conocimiento del evangelio. Nada había que pudiera impedirle dar a conocer el evangelio, nada, si tenía la oportunidad de hacerlo. No *permitía* que entraran en su vida obstáculos que pudieran afectar su mensaje. Estaba poseído y obsesionado con la disposición a predicar el glorioso mensaje del Señor viviente.

«Pues si anuncio el evangelio, no tengo por qué gloriarme; porque me es impuesta necesidad; y ¡ay de mí si no anunciare el evangelio!» (1 Co. 9:16).

«Y yendo, predicad, diciendo: El reino de los cielos se ha acercado» (Mt. 10:7).

«Lo que digo en tinieblas, decidlo en la luz; y lo que oís al oído, proclamadlo desde las azoteas» (Mt. 10:27).

«Y les dijo: Id por todo el mundo y predicad el evangelio a toda criatura» (Mr. 16:15).

«Jesús le dijo: Deja que los muertos entierren a sus muertos; y tú vé, y anuncia el reino de Dios» (Lc. 9:60).

«Me es necesario hacer las obras del que me envió, entre tanto que el día dura; la noche viene cuando nadie puede trabajar» (Jn. 9:4).

«Porque no podemos dejar de decir lo que hemos visto y oído» (Hch. 4:20).

«Id, y puestos en pie en el templo, anunciad al pueblo todas las palabras de esta vida» (Hch. 5:20).

«[La palabra de Jehová ha sido] en mi corazón como un fuego ardiente metido en mis huesos; traté de sufrirlo, y no pude» (Jer. 20:9).

«Si el león ruge, quién no temerá? Si habla Jehová el Señor, ¿quién no profetizará?» (Am. 3:8).

(1:14-16) ***Otro bosquejo:*** los tres ingredientes en la actitud de Pablo.

1. Soy deudor (v. 14).
2. Estoy pronto (v. 15).
3. No me avergüenzo (v. 16).

	C. La osadía de Pablo en Cristo: no se avergüenza del evangelio, 1:16-17
1 Es la buena nueva de Dios mismo **2 Es poder de Dios para salvar** a. A todo aquel que cree b. A todas las naciones **3 Es la revelación de la justicia de Dios** a. La justicia de Dios y la del hombre b. La respuesta: la fe	16 Porque no me aver-güenzo del evangelio, por-que es poder de Dios para salvación a todo aquel que cree; al judío primera-mente, y también al griego. 17 Porque en el evangelio la justicia de Dios se revela por fe y para fe, como está escrito: mas el justo por la fe vivirá.

C. La osadía de Pablo en Cristo: no se avergüenza del evangelio, 1:1

(1:16-17) ***Introducción:*** estos dos versículos contienen uno de los más grandes de los resúmenes que se han escrito del evangelio. Es una clara aseveración del poder de Dios para salvar a todos los que creen, sin discriminación de nacionalidad ni condición. Es una clara explicación de por qué Pablo nunca se avergonzaba del evangelio.

1. Es la *buena nueva* de Dios mismo (v. 16).
2. Es poder de Dios para salvación (v. 16).
3. Es la revelación de la justicia de Dios (v. 17).

(1:16-18) ***Otro bosquejo:*** el poder o urgencia del evangelio.

1. Salva (v. 16).
2. Revela la justicia de Dios (v. 17).
3. Hace posible la vida de fe (v. 17).
4. Libra de la ira de Dios (v. 18).

(1:16-18) ***Otro bosquejo:*** los cuatro «porques» de Pablo.

1. Porque no me avergüenzo (v. 16).
2. Porque el evangelio es poder de Dios (v. 16).
3. Porque la justicia de Dios se revela (v.17).
4. Porque la ira de Dios se revela (v. 18).

[1] (1:16) ***Evangelio—avergonzarse:*** Pablo no se avergonzaba del evangelio, porque es *la buena nueva* de Dios mismo; esto es, el evangelio es la nueva que Dios ha dado al mundo y quiere que sea proclamada universalmente. El hecho de que el evangelio haya sido dado por Dios mismo hace que Pablo no se avergüence del evangelio. Nadie debe jamás avergonzarse de cualquier cosa que tenga que ver con la soberana majestad del universo (*véase* más al respecto en la nota de Ro.1:1-4). Sin embargo, Pablo podría tener muchas razones para avergonzarse.

1. En el tiempo de Pablo había una gran degeneración moral; eran los días del monstruoso Nerón. Roma era una cloaca moral, un pozo de detestable e inconcebible maldad. Una época como ésa era diametralmente opuesta a la justicia moral del evangelio.

2. Pablo era de nacionalidad judía, raza que era considerada una detestable subraza humana, digna de solamente de ser maldecida, maltratada y esclavizada. Naturalmente Pablo podría sentirse cohibido entre los gentiles. En la carne podría sentirse tentado a apartarse de ellos.

3. El evangelio que Pablo predicaba era casi increíble. Se decía que un varón de la despreciable raza judía era el Salvador del mundo, y no solamente se decía que era judío, sino que era un hombre corriente, como los demás. Y no solamente eso, sino que su muerte había sido diferente de la de los demás hombres. Se decía que había muerto «por todos los demás hombres», esto es, en su lugar, como sustituto por ellos. y por sobre todo esto, se decía que había resucitado de entre los muertos. Se decía que su resurrección era prueba de que era el mismísimo Hijo de Dios. Pretensiones tan increíbles hacían del evangelio algo despreciable en la mente de muchos. Un hombre natural se sentiría horrorizado de hacer afirmaciones fenomenales como éstas.

4. Pablo fue rechazado frecuentemente, no sólo por personas, sino por comunidades enteras. Las autoridades lo tuvieron preso en Filipos (Hch. 16:19-23). Los religiosos fanáticos lo expulsaron de Tesalónica y amenazaron su vida en Berea (Hch. 17:5-15). Los intelectuales se burlaron de él en Atenas (Hch. 17:32; cp. 16-32). Su mensaje era considerado absurdo por los intelectuales (los griegos) y piedra de tropiezo por su propio pueblo (los judíos). Hubo varias ocasiones en su vida en que Pablo podría haber abandonado todo por la vergüenza y haberse ido a otra parte del mundo a iniciar una vida completamente nueva.

Pensamiento 1. Muchos se avergüenzan del evangelio. Se avergüenzan porque tienen temor al ridículo, al rechazo, y a la pérdida de aceptación, de posición y de medios de vida. Temen a dos cosas en particular:

1) A la vergüenza intelectual. Es el temor de que el evangelio no tenga estatura intelectual. Se juzga que no es para el intelectual ni para el filósofo. Note: este sentimiento es común a todos los que no entienden la filosofía del evangelio. No existe una filosofía más elevada ni razonamiento mejor elaborado que el que nos presenta la Palabra de Dios (*véase* todos los bosquejos y notas de Romanos. Por ejemplo, bosquejos y notas de Ro. 5:1-21; 8:1-39). El hombre se aferra a la filosofía y pensamiento del mundo o a la filosofía y pensamiento del Hijo de Dios, el evangelio de Jesucristo y su redención. No cabe dudas en cuanto a cual filosofía y pensamiento intelectual es superior.

«Porque lo insensato de Dios es más sabio que los hombres, y lo débil de Dios es más fuerte que los hombres» (1 Co. 1:25; cp. Ro. 1:18-31).

«Mas por él estáis vosotros en Cristo Jesús, el cual nos ha sido hecho por Dios sabiduría, justificación, santificación y redención» (1 Col. 1:30).

«¡Oh profundidad de las riquezas de la sabiduría y de la ciencia de Dios! ¡Cuán insondables son sus juicios, e inescrutables sus caminos! Porque ¿quién entendió la mente del Señor? ¿O quién fue su consejero?» (Ro.11:33-34).

«Nadie se engañe a sí mismo; si alguno entre vosotros se cree sabio en este siglo, hágase ignorante,

para que llegue a ser sabio. Porque la sabiduría de este mundo es insensatez para con Dios; pues escrito está: El prende a los sabios en la astucia de ellos. Y otra vez: El Señor conoce los pensamientos de los sabios, que son vanos» (1 Co. 3:18-20).

«Pero la sabiduría que es de lo alto es primeramente pura, después pacífica, amable, benigna, llena de misericordia y de buenos frutos sin incertidumbre ni hipocresía» (Stg. 3:17).

«No multipliquéis palabras de grandeza y altanería; cesen las palabras arrogantes de vuestra boca; porque el Dios de todo saber es Jehová, y a El toca pesar las acciones» (1 S. 2:3).

«¿No has sabido, no has oído que el Dios eterno es Jehová, el cual creó los confines de la tierra? No desfallece, ni se fatiga con cansancio, y su entendimiento no hay quien lo alcance» (Is. 40:28).

«El revela lo profundo y escondido; conoce lo que está en tinieblas, y con El mora la luz» (Dn. 2:22).

2) A la vergüenza social. Muchos temen que si aceptan y proclaman el evangelio...

- quedarán expuestos a las burlas.
- serán dejados sin trabajo ni medios de vida.
- serán rechazados e ignorados.
- quedarán sin familiares ni amigos.
- serán pasados por alto y segregados.
- serán sometidos a sufrimientos y matados.

«Porque no nos ha dado Dios espíritu de cobardía, sino de poder, de amor y de dominio propio. Por tanto, no te avergüences de dar testimonio de nuestro Señor, ni de mí, preso suyo, sino participa de las aflicciones del evangelio según el poder de Dios, quien nos salvó y llamó con llamamiento santo, no conforme a nuestras obras, sino según el propósito suyo y la gracia que nos fue dada en Cristo Jesús antes de los tiempos de los siglos» (1 Ti. 1:7-9).

«Si sois vituperados por el nombre de Cristo, sois bienaventurados, porque el glorioso Espíritu de Dios reposa sobre vosotros. Ciertamente de parte de ellos, El es blasfemado, pero por vosotros es glorificado» (1 P. 4:14).

«El temor del hombre pondrá lazo; mas el que confía en Jehová será exaltado» (Pr. 29:25).

«Yo, yo soy vuestro consolador. ¿Quién eres tú para que tengas temor del hombre, que es mortal, y del hijo del hombre, que es como heno?» (Is. 51:12).

[2] (1:16) ***Evangelio—poder de Dios—salvación:*** Pablo no se avergüenza del evangelio porque es poder de Dios para salvar. Note cuatro hechos significativos:

1. La palabra «poder» (*dunamis*) significa poder, energía, fuerza que *hay* en Dios. El poder es «de Dios», de su naturaleza misma. Como Dios, es la encarnación del poder; posee todo poder, esto es, poder omnipotente, dentro de Su Ser. Puede hacer y actuar como El quiere.

El argumento es éste: Dios ha elegido usar su poder en forma amorosa dando a los hombres las «buenas nuevas», el evangelio de la salvación. Siendo todopoderoso, Dios podría borrar a los hombres de la faz de la tierra, pero en lugar de eso ha preferido dar a los hombres la buenas nuevas de salvación. Esto nos enseña una verdad crítica: la naturaleza de Dios es amor. El está lleno de compasión y de gracia. El es el Dios de la salvación; por lo tanto, El envió el «evangelio de Cristo» al mundo para que los hombres puedan ser salvos.

2. La palabra «salvación» debe entenderla y captarla cada persona que hay sobre la faz de la tierra. La esperanza del mundo es la salvación de Dios (*véase* la nota sobre Ro. 1:16 para una discusión al respecto).

3. Dios salva a todo aquel que cree. La creencia es la única condición para la salvación, *pero* debemos recordar siempre que una persona que cree de verdad *se compromete a sí mismo* con lo que cree. Si un hombre no se consagra a lo que cree, realmente no ha creído. La verdadera creencia es consagración. Así que, Dios salva a la persona que cree, esto es, que realmente consagra su vida al evangelio de Cristo (*véase* el desarrollo de esta idea en la nota, ***Cree***—Ro. 10:16-17; Jn. 2:24).

4. Dios salva a todas las nacionalidades, judíos y griegos. Note la palabra «primeramente». Este hecho no significa favoritismo, sino *primero en el tiempo*. Dios no tiene favoritos, favoreciendo los judíos por sobre los gentiles. Sencillamente significa que el evangelio fue llevado primeramente a los judíos. Tenían que ser el canal a través del cual Dios envió su Palabra y a sus profetas y finalmente a su Hijo al mundo. De modo que ellos fueron alcanzados en primer lugar; luego el evangelio fue llevado a los griegos, esto es, a todas las naciones. El punto es doble:

a. El evangelio es poder de Dios, y puede llegar a toda nación y a cualquier persona, sin discriminación.
b. Por lo tanto, nadie debe ser exceptuado del evangelio.
   - Ningún mensajero debe *excluir a nadie* del evangelio.
   - Ninguna persona debe *excluirse a sí misma* del evangelio. El evangelio es para todos, sin discriminación de raza, color, condición, circunstancia o depravación.

«En el último y gran día de la fiesta, Jesús se puso en pie y alzó la voz diciendo: Si alguno tiene sed, venga a mí y beba» (Jn. 7:37).

«Porque no hay diferencia entre judío y griego, pues el mismo que es Señor de todos, es rico para con todos los que le invocan; porque todo aquel que invocare el nombre del Señor, será salvo» (Ro. 10:12-13).

«El cual quiere que todos los hombres sean salvos y vengan al conocimiento de la verdad» (1 Ti. 2:4).

«Y el Espíritu y la Esposa dicen: Ven. Y el que oye diga: Ven. Y el que tiene sed, venga; y el que quiera, tome del agua de la vida gratuitamente» (Ap. 22:17).

ESTUDIO A FONDO 1

(1:16) ***Salvación*** (*soteria*): significa liberación, la acción de sanar, preservación. ¿De qué necesita ser salvado, liberado y preservado el hombre? Las Escrituras pintan cinco cuadros que describen la salvación, mostrando la gran necesidad del hombre (Para una discusión adicional, *véase* Estudio a fondo 6, ***Salvación***—Mt. 1:21.)

1. Salvación es liberación de estar perdido. Se presenta al hombre vagando en el bosque de la vida tratando de ir a algún lugar, pero incapaz de encontrar el camino. Está perdido, y si continúa caminando a tropezones por el bosque de la vida los matorrales y las espinas le quitarán las fuerzas y lo desangrarán hasta que caiga y muera. Su única esperanza es que alguien se dé cuenta de que está perdido y comience a buscarlo. Aquí es donde hace su entrada el glorioso evangelio de la salvación. Dios ve al hombre perdido y envía a su Hijo a buscar y a salvar al hombre.

La salvación es Cristo...

- que busca y salva al hombre de su perdida condición.

- que pone al hombre en el camino recto que le conduce a la vida eterna.

«Porque el Hijo del Hombre ha venido para salvar lo que se había perdido. ¿Qué os parece? Si un hombre tiene cien ovejas, y se descarriara una de ellas, ¿no deja las noventa y nueve y va por los montes a buscar la que se había descarriado» (Mt. 18:11-12; cp. Lc. 15:4).

«Porque el Hijo del Hombre vino a buscar y a salvar lo que se había perdido» (Lc. 19:10).

«Después le halló Jesús en el templo, y le dijo: Mira, has sido *sanado*; no peques más, para que no te venga alguna cosa peor» (Jn. 5:14).

«Yo soy la puerta; el que por mí entrare, será salvo; y entrará y saldrá, y hallará pastos» (Jn. 10:9).

2. La salvación es la liberación del pecado. Es la liberación de los errores, de las ideas y pensamientos corruptas, de la impureza moral y de una generación maligna y perversa. El pecado es como...

- una infección, una enfermedad para la cual el hombre no encuentra remedio.
- un amo cruel que esclaviza y no da libertad a sus cautivos.
- un mundo maligno y perverso que el hombre no puede corregir.

La única esperanza del hombre es que alguien descubra el remedio, alguien con inteligencia y poder para hacerlo. Aquí es donde hace su entrada Dios con su gloriosa salvación. Dios lo sabe todo acerca de la infección y esclavitud del pecado, todo acerca de este mundo maligno y perverso; entonces envía a Su Hijo a salvar al hombre, a sanarlo y librarle y a rectificar este mundo. La salvación es Cristo que salva al hombre de la terrible tiranía del pecado, de...

- la infección del pecado.
- la esclavitud del pecado.
- este mundo maligno y perverso por el pecado.

La salvación hace algo más: libra al hombre del aguijón y la carga de la culpa y la vergüenza, y pone en el corazón del hombre una profunda sensación de salud y paz con Dios..

«Llamarás su nombre JESUS porque Él salvará a su pueblo de sus pecados» (Mt. 1:21).

«Pero él dijo a la mujer: Tu fe te ha salvado, vé en paz» (Lc. 7:50).

«Porque no envió Dios a su Hijo al mundo para condenar al mundo, sino para que el mundo sea salvo por Él» (Jn. 3:17).

«Mas digo esto, para que vosotros seáis salvos .... Y no queréis venir a mí para que tengáis vida» (Jn. 5:34, 40).

«Porque no he venido para juzgar al mundo, sino a salvar al mundo» (Jn. 12:47).

«Y con muchas otras palabras testificaba y exortaba, diciendo: sed salvos de esta perversa generación» (Hch. 2:40).

«Porque por gracia sois salvos por medio de la fe; y esto no de vosotros, pues es don de Dios; no por obras, para que nadie se gloríe» (Ef. 2:8-9)

«Y con todo engaño de iniquidad para los que se pierden, por cuanto no recibieron el amor de la verdad para ser salvos» (2 Ts. 2:10).

«Quien nos *salvó* y llamó con llamamiento santo, no conforme a nuestras obras, sino según el propósito suyo y la gracia que nos fue dada en Cristo Jesús antes de los tiempos de los siglos, pero que ahora ha sido manifestada por la aparición de nuestro Salvador Jesucristo, el cual quitó la muerte y sacó a luz la vida y la inmortalidad por el evangelio» (2 Ti. 1:9-10).

«Nos *salvó*, no por obras de justicia que nosotros hubiéramos hecho, sino por su misericordia, por el lavamiento de la regeneración y por la renovación en el Espíritu Santo» (Tit. 3:5).

3. La salvación es la liberación futura de todo mal y de toda corrupción: del envejecimiento y el desgaste físico, del deterioro y la decadencia, de la muerte y el infierno. Es la redención completa del espíritu y el cuerpo del hombre en el tiempo del fin del mundo. Es salvación de la ira de Dios, salvación que libra al hombre de estar separado de Dios eternamente. Es la vida y la exaltación que los creyentes recibirán en el momento del triunfo final de Jesucristo. Es la salvación que guardará el hombre a salvo y le preservará en el tiempo y en la eternidad.

El hombre y su mundo se describen diciendo que llevan la *semilla de la corrupción* en su naturaleza misma, semilla de corrupción que corroe y provoca en el hombre...

- el envejecimiento y el desgaste.
- el deterioro y la decadencia.
- la destrucción y la muerte.

Otra vez, el hombre no tiene esperanza. No puede detenerse él ni su mundo en el camino a la muerte y la destrucción. Pero Dios puede. Dios puede salvar al hombre y a su mundo; Dios puede librarlo del terrible destino de muerte y destrucción. Este es el mensaje de salvación. Dios ama al hombre y a su mundo y quiere salvarlos, así que envió a su Hijo al mundo para salvarlo. La salvación es...

- la redención completa del cuerpo y el alma del hombre en el futuro: una redención que salva al hombre del proceso de envejecimiento y de desgaste, de deterioro y desintegración, de la muerte y de la condenación en el infierno.
- la perfecta liberación de la ira de Dios: una salvación que libra al hombre de la eterna separación de Dios.
- el don de la vida y la exaltación: una salvación que será dada a los creyentes en el triunfo final de Jesucristo.
- la presencia de una perfecta seguridad: una salvación que da seguridad y preservación tanto en el tiempo como en la eternidad.

«Nosotros también gemimos dentro de nosotros mismos, esperando la adopción, la redención de nuestro cuerpo. Porque en esperanza fuimos salvos» (Ro. 8:23-24).

«Porque no nos ha puesto Dios para ira, sino para alcanzar salvación por medio de nuestro Señor Jesucristo, quien murió por nosotros para que ya sea que velemos, o que durmamos, vivamos juntamente con Él» (1 Ts. 5:9-10).

«Y el Señor me librará de toda obra mala, y me preservará para su reino celestial. A Él sea gloria por los siglos de los siglos. Amén» (2 Ti. 4:18).

«Bendito el Dios y Padre de nuestro Señor Jesucristo, que según su grande misericordia nos hizo renacer para una esperanza viva, por la resurrección de Jesucristo de los muertos, para una herencia incorruptible, incontaminada e inmarcesible, reservada en los cielos para vosotros, que sois guardados por el poder de Dios mediante la fe, para alcanzar *la salvación* que está preparada para ser manifestada en el tiempo postrero» (1 P. 1:3-5).

«Obteniendo el fin de vuestra fe, que es la salvación de vuestras almas» (1 P. 1:9).

4. La salvación es ser liberados de nuestros enemigos y de los peligros. Se describe al hombre como alguien que camina en un mundo acechante con enemigos y más enemigos y peligros y más peligros. El hombre tiene que confrontar toda clase de enemigos y peligros que atacan a su alma y a su cuerpo, su mente y su espíritu. Enfrenta toda suerte de problemas y dificultades, tribulaciones y tentaciones. No importa cuánto anhele la paz y la seguridad, está obligado a combatir...

- contra un ambiente hostil.
- contra la codicia (bienes, fama, riqueza, poder).
- a un mundo de naturaleza feroz.
- contra la soberbia y el ego.
- contra un universo desconocido.
- contra la codicia y la ambición.
- contra un futuro incierto.
- contra accidentes impredecibles.
- contra presiones no controladas.
- contra enfermedades terribles.
- contra el envejecimiento y la muerte.

Se ve al hombre indefenso, incapaz de vencer a los enemigos y los peligros que le acechan en las tinieblas de este mundo. Pero Dios no está indefenso—Dios puede *salvar* al hombre; en forma gloriosa puede salvar al hombre en su viaje por el camino de la vida. Esto es exactamente lo que significa la salvación. Dios salva al hombre de los enemigos y peligros que combaten en su contra. Pero note en el párrafo siguiente un punto crucial.

La salvación no consiste en que Dios libra al hombre *para que no* experimente las dificultades y el peligro; no, de ninguna manera mientras viva en este mundo. Dios no da una vida libre de la naturaleza y las circunstancias de este mundo. Lo que la salvación hace es librarlo a uno *a través de* las dificultades y peligros de la vida.

La salvación es...

- Dios que da *paz y seguridad* en el alma, no importa lo que suceda.
- Dios que da *seguridad*, no importa cuales sean las circunstancias y el ambiente.
- Dios que da *fortaleza interior y valor* para resistir los asaltos y ataques del peligro.

«Y vinieron sus discípulos y le despertaron, diciendo: ¡Señor, sálvanos, que perecermos! El les dijo: ¿Por qué teméis hombres de poca fe? Entonces, levantándose, reprendió a los vientos y al mar; y se hizo grande bonanza. Y los hombres se maravillaron, diciendo: ¿Qué hombre es éste, que aun los vientos y el mar le obedecen?» (Mt. 8:25-27).

«Pero al ver el fuerte viento, tuvo miedo; y comenzando a hundirse, dio voces, diciendo: ¡Señor, sálvame! Al momento Jesús, extendiendo la mano, asió de él, y le dijo: ¡Hombre de poca fe! ¿Por qué dudaste?» (Mt. 14:30-31).

«Y nos levantó un poderoso salvador en la casa de David su siervo; salvación de nuestros enemigos, y de la mano de todos los que me aborrecieron» (Lc. 1:69,71).

«Por tanto os ruego que comáis por vuestra salud [salvación]; pues ni aun un cabello de la cabeza de vosotros perecerá» (Hch. 27:34).

«Por la fe Noé, cuando fue advertido por Dios acerca de cosas que aún no se veían, con temor preparó el arca en que su casa se salvase; y por esa fe condenó al mundo, fue hecho heredero de la justicia que viene por la fe» (He. 11:7).

«Pero el día del Señor vendrá como ladrón en la noche; en el cual los cielos pasarán con grande estruendo, y los elementos ardiendo serán desechos, y la tierra y las obras que en ella hay serán quemadas. Puesto que todas estas cosas han de ser desechas, ¡cómo no debéis vosotros andar en santa y piadosa manera de vivir, esperando y apresurándoos para la venida del día de Dios, en el cual los cielos, encendiéndose, serán deshechos, los elementos, siendo quemados, se fundirán! Pero nosotros esperamos, según sus promesas, cielos nuevos y tierra nueva, en los cuales mora la justicia. Por lo cual, oh amados, estando en espera de estas cosas, procurad con diligencia ser hallados por él sin mancha e irreprensibles, en paz. Y tened entendido que la paciencia de nuestro Señor es para *salvación*» (2 P. 3:10-15).

5. Salvación significa hacer el bien, sanar, restaurar la salud, dar sanidad física y mental. Se representa al hombre como una criatura sufriente, una criatura que...

- se enferma.
- se desgasta debido a la edad.
- se contamina.
- se debilita.
- sufre accidentes.
- lucha con deformidades.

La salvación declara que Cristo está preocupado con el sufrimiento del hombre. Cristo salva y libera al hombre, rescata y restaura al hombre en cuerpo y en espíritu. Toma al hombre que sufre y lo sana.

«Y he aquí una mujer de flujo de sangre desde hacía doce años, se le acercó por detrás y tocó el borde de su manto; porque decía dentro de sí: Si tocare solamente su manto, seré salva. Pero Jesús, volviéndose y mirándola, dijo: Ten ánimo, hija; tu fe te ha *salvado*. Y la mujer fue salva desde aquella hora» (Mt. 9:20-22).

«Respondiendo Jesús, le dijo: ¿Qué quieres que te haga? Y el ciego le dijo: Maestro, que recobre la vista. Y Jesús le dijo: Vete, tu fe te ha *salvado*. Y en seguida recobró la vista, y seguía a Jesús en el camino» (Mr. 10:51-52).

«Puesto que hoy se nos interroga acerca del beneficio hecho a un hombre enfermo, de qué manera éste haya sido sanado, sea notorio a todos vosotros, y a todo el pueblo de Israel, que en el nombre de Jesucristo de Nazaret, a quien vosotros crusificasteis y a quien Dios resucitó de los muertos, por él este hombre está en vuestra presencia *sano*» (Hch. 4:9-10).

«Y la oración de fe *salvará* al enfermo, y el Señor lo levantará; y si hubiere cometido pecados, le serán perdonados» (Stg. 5:15).

3 (1:17) ***Justicia:*** Pablo no se avergüenza del evangelio porque es la revelación de la justicia de Dios. Note dos puntos:

1. El hombre tiene un problema grave—piensa que es justo. El problema se ve fácilmente si uno se representa lo siguiente;
   - El hombre piensa que es suficientemente bueno y que hace todo el bien necesario para ser aceptable ante Dios.
   - El hombre piensa que es justo, y que camina en la justicia lo suficiente para ser aceptado por Dios.

Sin embargo, este modo de pensar del hombre adolece de un problema: El hombre no es perfecto. Pero Dios es perfecto. Dios es perfecto, y es perfectamente justo. Por lo tanto, no puede permitir que viva en su presencia un ser injusto e imperfecto, ni siquiera el hombre. El hombre no puede vivir con Dios, no en su condición de imperfección e injusticia, porque él contaminaría el mundo perfecto de Dios, el suelo, la atmósfera y la naturaleza del cielo, del mundo de la dimensión espiritual.

La única forma en que el hombre puede vivir con Dios es que sea hecho justo, perfectamente justo. ¿Cómo puede ser hecho perfectamente justo? El evangelio da la respuesta. Es la revelación de la justicia de Dios y revela la forma en que el hombre puede ser hecho justo y puede reconciliarse con Dios. (Para ampliar la discusión, *véanse* la nota, ***Justicia***—Ro. 3:21-22; 4:1-3; Estudio a fondo 2—4:22; nota—5:1 y estudio a fondo 5—Mt. 5:6. Estas notas deben leerse para alcanzar una clara comprensión de lo que las Escrituras quieren significar cuando usa las palabras «justicia» y justificación).

> **«Porque os digo que si vuestra justicia no fuere mayor que la de los escribas y fariseos, no entraréis en el reino de los cielos» (Mt. 5:20).**
>
> **«Al que no conoció pecado, por nosotros lo hizo pecado, para que nosotros fuésemos hechos justicia de Dios en Él» (2 Co. 5:21).**

2. La respuesta a los problemas del hombre es la fe. Cuando una persona cree en el evangelio —realmente cree que Jesucristo lo salva— Dios toma la fe de esa persona y *la cuenta* por justicia. No es que tal persona sea justa; es todavía imperfecta, corruptible, y está destituido de la gloria de Dios como ser humano pecador. Pero cree que Jesús le salva. Dicha creencia honra a Dios el Hijo, y debido a eso, Dios acepta la fe de esa persona y la cuenta como justicia. Por lo tanto llega a ser aceptable ante Dios. Esta es la *justificación*; esto es lo que se quiere decir ser justificado delante de Dios.

Pero note un punto crítico: la persona debe *seguir* creyendo. La persona debe seguir viviendo por la fe desde el momento mismo en que cree, hasta su último momento de vida sobre la tierra, porque es su fe lo que Dios toma y cuenta como justicia.

¿Qué se quiere decir con las dos declaraciones...

- «de fe en fe» y
- «el justo vivirá por la fe»?

Muy sencillamente, toda la vida del creyente debe ser una vida de fe, desde la fe inicial hasta la fe final, de fe a fe. Por lo tanto, la justicia de Dios se revela *continuamente* a través de toda la vida, desde el principio de la fe de una persona hasta la fe final de esa persona. Como dicen las Escrituras:

> **«Y creyó en Jehová, y le fue contado por justicia» (Gn. 15:6).**
>
> **«Y que de aquello de que por la ley de Moisés no pudisteis ser justificados, en él es justificado todo aquel que cree» (Hch. 13:39).**
>
> **«Mas el justo por la fe *vivirá*» (Ro. 1:17).**
>
> **«El hombre es *justificado* por fe» (Ro. 3:28).**
>
> **«Creyó Abraham a Dios, y le fue contado por justicia» (Ro. 4:3).**
>
> **«Y no solamente con respecto a Él se escribió que le fue contada, sino también con respecto a nosotros a quienes ha de ser contada, esto es, a los que *creemos* en el que levantó de los muertos a Jesús, Señor nuestro» (Ro. 4:23-24).**
>
> **«Justificados, pues, por la fe, tenemos paz para con Dios por medio de nuestro Señor Jesucristo» (Ro. 5:1).**
>
> **«Y esto erais algunos; mas ya habéis sido lavados, ya habéis sido santificados, ya habéis sido justificados en el nombre del Señor Jesús, y por el Espíritu de nuestro Dios» (1 Co. 6:11).**
>
> **«De manera que la ley ha sido nuestro ayo, para llevarnos a Cristo, a fin de que fuésemos justificados por la fe» (Gl. 3:24).**
>
> **«Mas el que persevere [crea] hasta el fin, éste será salvo» (Mt. 24:13).**

ESTUDIO A FONDO 2

(1:17) ***Fe—justificado:*** *véase* Estudio a fondo 3, Gá. 3:11.

1 Los sujetos de la ira de Dios[EF1]
a. Impiedad e injusticia de los hombres
b. Los hombres que detienen la verdad
2 Los hombres rechazan lo que hay «en» ellos: conciencia y pensamientos
3 Los hombres rechazan lo *fuera* de ellos: las señales de la creación
a. El eterno poder y la naturaleza de Dios son claramente visibles

II. EL PECADO Y LA CONDENACIÓN: LA NECESIDAD QUE EL MUNDO TIENE DE LA JUSTICIA DE DIOS, 1:18—3:20

A. La causa de Dios contra toda impiedad e injusticia de los hombres: por qué Dios revela su ira, 1:18-23

18 Porque la ira de Dios se revela desde el cielo contra toda impiedad e injusticia de los hombres que detienen con injusticia la verdad;
19 porque lo que de Dios se conoce les es manifiesto, pues Dios se lo manifestó.
20 Porque las cosas invisibles de él, su eterno poder y deidad, se hacen clara-mente visibles desde la creación del mundo, siendo entendidas por medio de las cosas hechas, de modo que no tienen excusa.
21 Pues habiendo conocido a Dios, no le glorificaron como a Dios, ni le dieron gracias, sino que se envanecieron en sus razonamientos, y su necio corazón fue entenebrecido.
22 Profesando ser sabios, se hicieron necios,
23 y cambiaron la gloria del Dios incorruptible en la semejanza de imagen de hombre corruptible, de aves, de cuadrúpedos y reptiles.

en la creación
b. Los hombres son inexcusables
4 Los hombres no glorifican a Dios ni le dan gracias
a. Resultado1: su imaginación se hace vana (vacía)
b. Resultado 2: sus corazones son entenebrecidos
5 Los hombres se ensoberbecen y se alejan de Dios
a. Imaginan y crean suspropias ideas de Dios
b. Cambian al Dios incorruptible por ídolos corruptibles

II. EL PECADO Y LA CONDENACIÓN: LA NECESIDAD QUE EL MUNDO TIENE DE LA JUSTICIA DE DIOS, 1:18—3:20

A. La causa de Dios contra toda impiedad e injusticia de los hombres: por qué Dios revela du ira, 1:18-23

(1:18—3:20) ***RESUMEN DE BOSQUEJO:*** se puede resumir en tres puntos la enseñanza de todo este pasaje.

1. El hombre que peca hace que venga sobre sí el juicio de Dios y necesita la justicia de Dios (Ro. 1:18-2:16).
2. Los hombres que no tiene ley, los paganos, son instruidos por la naturaleza y por sus conciencias. Sin embargo, han pecado porque no han alcanzado la norma de justicia que les fue entregada (Ro. 1:18-32). En forma similar, el moralista y el que se autojustifica teniendo la ley han pecado al no alcanzar su norma de justicia, esto es, la ley (Ro. 2:1—3:8).
3. Por lo tanto, todo el mundo es culpable ante los ojos de Dios (Ro. 3:19) y necesita la justicia de Dios (Ro. 3:9-20).

(1:18-23) ***Introducción:*** el mensaje de este pasaje es perfectamente claro: por qué Dios revela y ejecuta su ira sobre los hombres.

1. Los sujetos de la ira de Dios (v. 18).
2. Los hombres rechazan lo que hay «en» ellos—la conciencia y sus pensamientos (v. 19).
3. Los hombres rechazan lo que hay «fuera» de ellos—las señales de la creación (v. 20).
4. Los hombres no glorifican a Dios ni le dan gracias (v. 21).
5. Los hombres se ensoberbecen y se alejan de Dios (vv. 22-23).

[1] (1:18) ***La ira de Dios—impíos—injustos:*** los sujetos de la ira de Dios. Note tres puntos

1. La ira de Dios es una realidad (*véase* la discusión en Estudio a fondo 1, ***Ira de Dios***—Ro. 1:18).
2. La ira de Dios se revela desde el cielo. Dios revela y muestra su ira de cuatro maneras (*véase* la discusión en la nota, ***Ira de Dios,*** Ro. 1:24-32).
3. Los sujetos de la ira de Dios son de dos tipos. Dios muestra su ira y está airado con dos clases de hombres:
   a. Hombres que son impíos e injustos

- El impío (asebeia) no ama a Dios ni le obedece. No viven como Dios vive. No son como Diosno son santos ni justos ni puros. No trabajan en el desarrollo de una naturaleza piadosa, no honran a Dios por palabra ni por hecho, no adoran a Dios ni le obedecen como el Dios único y verdadero, ni lo reverencian haciendo lo que El dice. Por el contrario, los impíos son los que hacen lo que quieren cuando quieren, y fingen estar de acuerdo con Dios, pero le ignoran en su vida diaria
- El injusto (*adikia*) no ama a los demás. Son los que no viven con los hombres como debieran. Actúan contra los hombres: son fraudulentos, ladrones, mentirosos, crueles, esclavizadores que destruyen y se aprovechan del prójimo.

El argumento es claro: Dios está airado con tales hombres —hombres que son impíos e injustos—hombres...

- no aman a Dios ni le obedecen.
- no aman a los demás ni los tratan como debieran.

b. Hombres que detienen la verdad con injusticia. La palabra «detienen» (*katechonton*) quiere decir retener, suprimir, reprimir, sofocar, obstruir. Los hombres conocen la verdad desde tres fuentes:

- de la naturaleza (cp. Ro. 1:20).
- de la razón y la consciencia (cp. Ro. 1:18; 2:15).
- de las Escrituras (Jn. 5:39; 2 Ti. 3:16).

Pero, a pesar de tener acceso a la verdad, ignoran, descuidan y aun desechan la verdad haciendo todo lo que pueden por evitarla y deshacerse de ella. Porque quieren vivir como *ellos* quieren y no como Dios dice. Ellos quieren vivir vidas injustas; quieren probar y sentir, ver y tener todas las cosas stimulantes que desean.

Pero note lo que las Escrituras dicen: «Detienen con injusticia la verdad;» esto es, conocen la verdad mientras siguen viviendo con injusticia. Son inexcusables.

«Y con todo engaño de iniquidad para los que se pierden, por cuanto no recibieron el amor de la verdad para ser salvos» (2 Ts. 2:10).

Nuevamente el punto es claro: Dios está airado con los hombres...

- que son impíos y no aman a Dios ni le obedecen.
- que son injustos, no aman al prójimo ni lo tratan como debieran.
- que detienen la verdad y llevan vidas de impiedad e injusticia.

«Porque la gracia de Dios se ha manifestado para salvación a todos los hombres, enseñándonos que, renunciando a la impiedad y a los deseos mundanos, vivamos en este siglo sobria, justa y piadosamente, aguardando la esperanza bienaventurada y la manifestación gloriosa de nuestro gran Dios y Salvador Jesucristo, quien se dió a sí mismo por nosotros para redimirnos de toda iniquidad y purificar para sí un pueblo propio, celoso de buenas obras» (Tit. 2:11-14).

ESTUDIO A FONDO 1

(1:18) ***La ira de Dios*** *(orge):* ira, no un estallido agitado de violencia. No es una ira que rápidamente se inflama y así también se diluye, ni es la ira que surge solamente de un estallido emotivo. Es más bien una ira decisiva. Es una ira procedente de una decisión razonada, una ira que surge de la mente y mucho más que de las emociones. Cuando Dios la usa, siempre es una ira *justa, santa y buena*. Es una ira que está contra el pecado y el mal, contra la violencia y lel derramamiento de sangre, contra la inmoralidad e injusticia de los hombres. Es una ira que aborrece y odia el pecado y el mal y que inflige una justa venganza y una justicia equitativa. Sin embargo, es una ira *profundamente sentida*; en efecto, debe ser sentida, porque si ha de haber «nuevos cielos y nueva tierra» hay que atacar el mal y la corrupción y borrarlo de la faz de la tierra. Dios ha prometido cielos nuevos y tierra nueva donde moren la justicia y la perfección para siempre.

1. Hay ira de Dios en el juicio.

«Al ver él que muchos de los fariseos y de los saduceos venían al bautismo, les decía: ¡Generación de víboras! ¿Quién os enseñó a huir de la ira venidera?» (Mt. 3:7).

«Porque la ira de Dios se revela desde el cielo contra toda impiedad e injusticia de los hombres que detienen con injusticia la verdad» (Ro. 1:18).

«Pero por tu dureza y por tu corazón no arrepentido, atesoras para ti mismo ira para el día de la ira y de la revelación del justo juicio de Dios» (Ro. 2:5).

«Pero ira y enojo a los que son contenciosos y no obedecen a la verdad, sino a la injusticia; tribulación y angustia sobre todo ser humano que hace lo malo, el judío primeramente y también el griego» (Ro. 2:8-9).

«Y si nuestra injusticia hace resaltar la justicia de Dios, ¿qué diremos? ¿Será injusto Dios que da castigo? (hablo como hombre). En ninguna manera; de otro modo, ¿cómo juzgaría Dios al mundo?» (Ro. 3:5-6).

«Pues mucho más, estando ya justificados en su sangre, por él seremos salvos de la ira» (Ro. 5:9).

«Entre los cuales también todos nosotros vivimos en otro tiempo en los deseos de nuestra carne, haciendo la voluntad de la carne y de los pensamientos, éramos por naturaleza hijos de ira, lo mismo que los demás» (Ef. 2:3).

«Nadie os engañe con palabras vanas, porque por estas cosas viene la ira de Dios sobre los hijos de desobediencia» (Ef. 5:6; cp. Col. 3:6).

«Porque ellos mismos cuentan de nosotros la manera en que nos recibísteis, y como os convertisteis de los ídolos a Dios, para servir al Dios vivo y vedadero, y esperar de los cielos a su hijo, al cual resucitó de los muertos, a Jesús quien nos libra de la ira venidera» (1 Ts. 1:9-10).

«Porque no nos ha puesto Dios para ira, sino para alcanzar salvación por medio de nuestro Señor Jesucristo» (1 Ts. 5:9).

«Honrad al Hijo, para que no se enoje, y perezcais en el camino; pues se inflama de pronto su ira» (Sal. 2:12).

2. Hay ira de Dios para los que desobedecen al Señor Jesús.

«El que cree en el Hijo tiene vida eterna; pero el que rehúsa creer en el Hijo no verá la vida, sino que la ira de Dios está sobre Él» (Jn. 3:36).

3. La ira de Dios estuvo contra Israel en el desierto.

«Por tanto, juré en mi ira: no entrarán en mi reposo» (He. 3:11).

4. La dureza del corazón del hombre provocó la ira del Señor Jesús.

«Entonces, mirándolos alrededor con enojo, entristecido por la dureza de sus corazones, dijo al hombre: Extiende tu mano. Y él la extendió, y la mano le fue restaurada sana» (Mr. 3:5).

[2] (1:19) ***Prueba de Dios—mente—conciencia:*** Dios—el único Dios vivo y verdadero—revela su ira porque los hombres rechazan lo que hay *en ellos*; esto es, rechazan el testimonio de sus conciencias, su pensamientos y razonamientos acerca de Dios (cp. Ro. 2:15). Nótense tres hechos claramente planteados.

- Dios puede ser conocido. Hay *algunas cosas* que «se pueden conocer de Dios».
- Estas cosas son manifiestas (evidentes, hechas claras y llanas) «*en*» los hombres. Los hombres saben de Dios; saben algunas cosas acerca de Dios *dentro de* sus corazones, mentes y conciencias.
- ¿Cómo? «Dios ha manifestado [ha hecho evidente, claro y llano]» estas cosas a los hombres.

Ahora notemos:

1. Hay mucho que los hombres no pueden saber *acerca de* Dios (Job 11:7), pero hay mucho que los hombres pueden saber. Los hombres pueden saber lo necesario para ser llevados a Dios. Este es el argumento de todo el pasaje: los hombres conocen a Dios, pero no le adoran como a Dios. Tienen un cierto conocimiento de Dios, pero lo suprimen, tratando de deshacerse de Él.

2. El sentido interno del hombre, esto es su *conciencia innata* y *conocimiento instintivo* de Dios, es fuerte. El hombre es una criatura muy capaz. Tiene un enorme poder y capacidad mental. El hombre puede razonar lo que Dios existe y «es galardonador de los que le buscan» (He. 11:6). El hombre puede «conocer a Dios» (v. 19), aun las cosas invisibles de Dios (v. 20); puede conocerle al punto que «es inexcusable» (v. 20) (*Véase* la nota—Ro. 2:11-15 para una ampliación de la discusión.)

Sin embargo, el hombre prefiere no conocer a Dios. Llega al punto de tomar la verdad que está *dentro* de él y suprimirla. El hombre rechaza el conocimiento de Dios que está *dentro* de él. Esta es la primera razón por la que Dios revela y muestra su ira.

[3] (1:20) ***Prueba de Dios—la creación—depravación del hombre:*** Dios —el único Dios vivo y verdadero—manifiesta su ira porque los hombres rechazan lo que hay *fuera* de ello— las señales de la creación. La creación revela a Dios. Todo el universo, su presencia y su naturaleza, declaran la presencia de Dios.

Sin embargo, note algo que con frecuencia se pasa por alto.

Los hombres miran la naturaleza y ven más que el simple hecho de que Dios es el gran Creador. Los hombres pueden ver más que un Ser Supremo tras la creación del universo. Ellos pueden ver «las cosas invisibles de Dios. Esto significa, por lo menos, dos cosas:

1. El hombre puede ver el *eterno poder* y divinidad, la inteligencia suprema y el poder (o energía) de Dios. El hombre puede mirar la creación en la tierra y en el espacio exterior, de las plantas y animales, del hombre y la mujer; puede mirar y ver claramente...
   - su cuerpo y estructura.
   - variedad y belleza.
   - orden y armonía.
   - propósito y leyes.

Cuando el hombre mira tales cosas y razona con *espíritu de honestidad*, ve claramente que el mundo fue hecho por un Creador. Pero, como se ha dicho anteriormente, ve mucho más. Ve que el Creador es un Dios de...
   - Vida y Ser supremos.
   - suprema belleza y majestad.
   - suprema inteligencia y conocimiento.
   - suprema gloria y honor.
   - suprema energía y poder (fuerza suprema).
   - supremo valor y dignidad (moralidad).
   - propósito y significado supremos.
   - misterio supremo (cosas no entendidas; secretos.
   - designio y orden supremos (ley)no descubiertos).

2. El hombre puede ver la *«divinidad»,* esto es la deidad de Dios. Cuando contempla la naturaleza y razona con un espíritu honesto, ve claramente que el Creador es un Dios que...
   - se preocupa y provee por lo que ha creado.
   - da vida y tiene interés en la vida.
   - regenera,da plenitud y lleva adelante las cosas.
   - merece adoración y reverencia (puesto que es el Creador de la vida y del propósito en la vida, y dado que es la Persona Suprema del derecho y el orden, demanda que todos sus súbditos le sirvan y obedezcan).

Note que las Escrituras dicne que el hombre es inexcusable. La idea es chocante. El hombre tiene en la creación toda la evidencia que se pueda imaginar señalando hacia Dios, sin embargo, el hombre rechaza el conocimiento de Dios que le viene de la creación. Esta es la segunda razón por la que Dios revela y manifiesta su ira. El hombre es inexcusable. No tiene qué responder, no tiene defensa, ninguna razón que pueda justificar su rechazo de Dios.

> **«Si bien no se dejó a sí mismo sin testimonio, haciendo bien, dándonos lluvias del cielo y tiempos fructíferos, llenando de sustento y de alegría nuestros corazones» (Hch. 14:17).**
>
> **«Porque las cosas invisibles de Él, su eterno poder y deidad, se hacen claramente visibles de la creación del mundo, siendo entendidas por medio de las cosas hechas, de modo que no tienen excusa» (Ro. 1:20).**
>
> **«Los cielos cuentan la gloria de Dios, y el firmamento anuncia la obra de sus manos» (Sal. 19:1).**
>
> **«Los cielos anunciaron su jusicia, y todos los pueblos vieron su gloria» (Sal. 97:6).**

4 (1:21) ***Pecados contra Dios—ingratitud—no honrar a Dios—depravación delhombre:*** Dios—el único Dios vivo y verdadero, manifiesta su ira porque los hombres no le honran ni le dan gracias. Note que en este versículo Pablo usa el tiempo pretérito. Estaba hablando de lo que el hombre hacía en el pasado, y, por cierto, en el presente aún lo hacen. Se levantan dos acusaciones graves contra el hombre. Los hombres pueden conocer a Dios sin lugar a dudas...
   - dentro de sí mismos: en sus pensamientos, en sus razonamientos, en sus conciencias.
   - fuera de sí mismos: en la creación y la naturaleza, en la tierra y en el espacio exterior.

Pueden saber que Dios les da vida, les cuida y les provee, y que Dios dirige todo en una forma ordenada y legítima, dando propósito y sentido a la vida. los hombres pueden ver que Dios es grande y bueno; por lo tanto, Dios merece ser glorificado y se le debe gratitud. Pero los hombres...
   - no le glorificaron: no le adoraron, no le obedecieron ni le sirvieron como Dios.
   - No le dieron gracias: no lo alabaron, ni le magnificaron, ni expresaron su aprecio por lo que Él es.

Lo que ocurre cuando los hombres rechazan a Dios es trágico. Dos cosas graves ocurren cuando expulsan a Dios de sus mentes:

1. Los razonamientos de los hombres se hacen vanos.
   - La palabra «razonamientos» significa pensamientos, imaginaciones, deliberaciones, conclusiones, especulaciones.
   - La palabra vano significa vacío, inútil, sin éxito, sin sentido, sin valor.

Pensamiento. Cuando los hombres expulsan a Dios de sus pensamientos, sus mentes quedan vanas y vacías de Dios. Dios no está en sus pensamientos (cp. Sal.10:4). Sus mentes están expuestas a *llenarse* con algún otro *dios* u otra *supremacía.*

> **«Y vió Jehová que la maldad de los hombres era mucha en la tierra, y que *todo designio de los pensamientos* del corazón de ellos era de continuo solamente el mal» (Gn. 6:5).**
>
> **«El malo, por la altivez de su rostro, no busca a Dios; no hay Dios en ninguno de sus pensamientos» (Sal. 10:4).**
>
> **«Jehová conoce los pensamientos de los hombres, que son vanidad» (Sal. 94:11)**
>
> **«Seis cosas aborrece Jehová, y aun siete abomina su alma: los ojos altivos, la lengua mentirosa, las manos derramadoras de sangre inocente, el corazón que maquina *pensamientos inicuos*, los pies presurosos para correr al mal, el testigo falso que habla mentiras, y el que siembra discordia entre hermanos» (Pr. 6:16-19).**
>
> **«Abominación son para Jehová los pensamientos del malo; mas las expresiones del limpio son limpias» (Pr. 15:26).**
>
> **«Y me dijo: Hijo de hombre, ¿has visto las cosas que los ancianos de la casa de Israel hacen en tinieblas, cada uno en sus cámaras pintadas de imágenes? Porque dicen ellos: No nos ve Jehová; Jehová ha abandonado la tierra» (Ez. 8:12).**

2. El «necio corazón de los hombres fue entenebrecido».
   - La palabra «necio» significa sin sentidos, sin entendimiento, falta de inteligencia.
   - La palabra «entenebrecido» significa cegado, incapaz de ver.

> **«No saben, no entienden, andan en tinieblas; tiemblan todos los cimientos de la tierra» (Sal. 82:5).**
>
> **«Que dejan los caminos derechos, para andar por sendas tenebrosas» (Pr. 2:13).**
>
> **«El camino de los impíos es como la oscuridad; no saben en qué tropiezan» (Pr. 4:19).**
>
> **«Porque el corazón de este pueblo se ha engrosado, y con los oídos oyeron pesadamente, y sus ojos han cerrado, para que no vean con los ojos, y oigan con los oídos, y entiendan de corazón, y se conviertan, y yo los sane» (Hch. 28:27).**
>
> **«En los cuales el dios de este siglo cegó el entendimiento de los incrédulos, para que no les resplandezca la luz del evangelio de la gloria de Cristo, el cual es la imagen de Dios» (2 Co. 4:4).**
>
> **«Teniendo el entendimiento entenebrecido, ajenos de la vida de Dios por la ignorancia que en**

ellos hay, por la dureza de su corazón» (Ef. 4:18).

«Están siempre están aprendiendo, y nunca pueden llegar al conocimiento de la verdad» (2 Ti. 3:7).

Note un punto crítico. Los hombre padecen de razonamientos vanos y corazones entenebrecidos porque...

- no glorifican a Dios.
- no dan gracias a Dios.

Esta es la tercera razón por la que Dios revela y manifiesta su ira hacia los hombres.

«Pero cualquiera que me oye estas palabras y no las hace, le compararé a un hombre insensato, que edificó su casa sobre la arena; y descendió lluvia, y vinieron ríos, y soplaron vientos y dieron con ímpetu contra aquella casa; y cayó, y fue grande su ruina» (Mt. 7:26-27).

«Y al que sabe hacer lo bueno, y no lo hace, le es pecado» (Stg. 4:17).

5 (1:22-23) ***Depravación del hombre—orgullo—rechazo a Dios:*** Dios —el único Dios vivo y verdadero— manifiesta su ira porque los hombres se hicieron orgullosos y se apartaron de Dios. Esta escena es una de las mayores tragedias de toda la historia de la humanidad, y se repite cada vez que un hombre se aparta de Dios. La escena representa al hombre en su acto de rechazar a Dios pretendiendo...

- ser demasiado sabio para creer en Dios.
- ser demasiado inteligente para depender de las *fábulas* de la Biblia.
- ser bastante capaz como para no poder cuidar de sí mismo.
- tener abundancia de recursos como para no poder crear su propio mundo y su propio futuro.
- ser altamente magistral como para no confiar en sus propias ideas *humanistas*.
- ser altamente razonable y racional como para no crear sus propias normas y leyes para el control de la vida.

Pero note lo que las Escrituras dicen: al negar a Dios, los hombres cometen dos errores garrafales:

1. Los hombres profesan se sabios, pero al hacerlo se hacen necios ¿Por qué? Por una sencilla razón.

- Dios existe, y se ha revelado claramente en los pensamientos de los hombres y por medio de la creación. Por lo tanto, cuando los corazones y mentes de los hombres se vacían de Dios, los hombres tienen que llenar sus corazones y pensamientos con otra cosa. Tienen que tener algún otro dios, otra *luz que los guíe* o *un principio* que dé propósito y sentido a sus vidas. Tiene que reemplazar a Dios con otra cosa. Tienen que tener algo: alguna norma, una ley, alguna regla, alguna persona algún dios que pueda ser el rector de sus vidas.

  Por lo tanto, cuando los hombres destronan a Dios y lo eliminan de sus vidas, imaginan y crean su propio *dios* en sus mentes. Los hombres razonan y especulan acerca de la fuente suprema de la vida, y cualquiera sea el resultado de su especulación a ello consagran su vida.

  «Por tanto, he aquí que nuevamente exitaré yo la admiración de este pueblo con un prodigio grande y espantoso; porque perecerá la sabiduría de sus sabios, y se desvanecerá la la inteligencia de sus entendidos» (Is. 29:14).

  «Porque mi pueblo es necio, no me conocieron; son hijos ignorantes y no son entendidos; sabios para hacer el mal, pero hacer el bien no supieron» (Jer. 4:22).

  «Profesando ser sabios, se hicieron necios» (Ro. 1:22).

  «Porque la palabra de la cruz es locura a los que se pierden; pero a los que se salvan, esto es, a nosotros, es poder de Dios» (1 Co. 1:18-19).

  «Sin embargo, hablamos sabiduría entre los que han alcanzado madurez; y sabiduría, no de este siglo, ni de los príncipes de este siglo, que perecen. Mas hablamos sabiduría de Dios en misterio, la sabiduría oculta, la cual Dios predestinó antes de los siglos para nuestra gloria» (1 Co. 2:6-7).

  «Porque la sabiduría de este mundo es insensatez para con Dios; pues escrito está: Él prende a los sabios en la astucia de ellos. Y otra vez: El Señor conoce los pensamientos de los sabios, que son vanos» (1 Co. 3:19-20).

  «Mirad que nadie os engañe por medio de filosofías y huecas sutilezas, según las tradiciones de los hombres, conforme a los rudimentos del mundo, y no según Cristo ... Tales cosas tienen a la verdad cierta reputación de sabiduría en culto voluntario, en humildad y en duro trato del cuerpo; pero no tienen valor alguno contra los apetitos de la carne» (Col. 2:8, 23).

2. Los hombres cambian a Dios incorruptible por algún ídolo corruptible. Note cuatro hechos:

   a. Se dice que Dios es «incorruptible» (*apthartos*), lo que significa que no se corrompe, es imperecible, inmutable y no envejece. Incorruptible, significa que Dios no está sujeto a cambios, ni se acaba; es eterno. Dios *siempre ha sido*, y *siempre será: Dios siempre existirá.*

   b. Los hombres cambian a Dios y lo sustituyen por *«hombre corruptible»,* esto es, por la fantasía, la idea, el pensamiento de que el hombre es su propio dios. Los hombres cambian a Dios por el *humanismo*. Se hacen a sí mismos y a la humanidad...

      - el dios de la vida.
      - el amo del universo.
      - creadores de su propio destino.
      - determinadores de su propia moralidad.
      - la norma por las cuales se gobiernan sus vidas.

      Note que el *humanismo* hace del hombre un ídolo y adora al hombre como el «dios» de su propio destino. Este es usualmente el pecado de las *sociedades científicas e industrializadas* —sociedades donde el hombre sano y fuerte, tanto mental como físicamente, es esencial— sociedades donde la buena imagen personal y el cuerpo saludable son necesarios para el progreso de la sociedad.

   c. Los hombres cambian a Dios por *criaturas corruptibles*. Este es usualmente el culto seguido por sociedades no industrializadas y no científicas, sociedades donde la imagen grotesca de hombres y animales se hacen de piedra, madera o metal.

      Ahora note: los hombres crean sus propios dioses humanistas, sean imágenes mentales y pensamientos o alguna imagen grotesca, debido al orgullo y la vanidad. Los hombres quieren controlar sus vidas, hacer su gusto, ser reconocidos y homenajeados, y desean recibir el crédito y el reconocimiento para sí. Así se apartan de Dios y crean sus propios dioses...

      - a su propia imagen.
      - según ellos conciben y desean que sea su dios.

      Esta es la cuarta razón por la que Dios —el único Dios vivo y verdadero— revela y manifiesta su ira hacia los hombres.

      «Siendo, pues, linaje de Dios, no debemos pensar que la Divinidad sea semejante a oro, o plata, o piedra, escultura de arte y de inmaginación de hombres» (Hch. 17:29).

      «Hijitos, guardaos de los ídolos» (1 Jn. 5:21).

      «He aquí yo propongo delante de vosotros la bendición y la maldición: la bendición, si oyereis

los mandamientos de Jehová tu Dios, que yo os prescribo hoy, y la maldición, si no oyereis los mandamientos de Jehová vuestro Dios, y os apartareis del camino que yo os ordeno hoy, para ir en pos de dioses ajenos que no habéis conocido (Dt. 11:26-28).

«Yo Jehová; este es mi nombre; y a otro no daré mi gloria, ni mi alabanzas a esculturas» (Is. 42:8).

1 Dios entrega a los hombres a sus propios deseos **2 Dios entrega a los hombres a la inmundicia** a. Razón:la concupiscencia de sus corazones b. Resultado: grosera idolatría **3 Dios entrega a los hombres a afectos viles** a. Razón: se entregaron a pasiones contra la naturalezay a la homosexualidad b. Resultado: ardiente apasionada lascivia 1) Mujeres con mujeres	**B. La causa de Dios contra toda impiedad e injusticia de los hombres: Cómo muestra Dios su ira, 1:24-32** 24 Por lo cual también Dios los entregó a la inmundicia, en las concupiscencias de sus corazones, de modo que deshonraron entre sí sus propios cuerpos, 25 ya que cambiaron la verdad de Dios por la mentira, honrando y dando culto a las criaturas antes que al creador, el cual es bendito por los siglos. Amén. 26 Por esto Dios los entregó a pasiones vergonzosas; pues aun sus mujeres cambiaron el uso natural por el que es contra naturaleza, 27 y de igual modo también los hombres, dejando el uso natural de la mujer, se encendieron en su lascivia unos con otros	cometiendo hechos vergonzosos hombres con hombres, y recibiendo en sí mismos la retribución debido a su extravío. 28 Y como ellos no aprobaron tener en cuenta a Dios, Dios los entregó a una mente reprobada, para hacer cosas que no convienen; 29 estando atestados de toda injusticia, fornicación, perversidad,avaricia, maldad; llenos deenvidia,homicidios, contiendas, engaños y malignidades; 30murmuradores, detractores, aborrecedores de Dios, injuriosos, soberbios, altivos, inventores de males, desobedientes a los padres, 31 necios, desleales, sin afecto natural, implacbles, sin misericordia; 32 quienes habiendo entendido el juicio de Dios, que los que practican tales cosas son dignos de muerte, no solo las hacen, sino que también se complacen con los que la practican.	2) Hombres con hombres **4 Dios entregó a los hombres a una mente reprobada, depravada** a. Razón: rechazaron a Dios b. Resultado: conducta depravada, inadecuada[EF1-23] **5 Dios asegura el juicio final: la muerte** a. Porque los hombres hacen tales cosas b. Porque los hombres aprueban tales cosas.

B. La causa de Dios contra toda impiedad e injusticia de los hombres: Cómo muestra Dios su ira, 1:24-32

(1:24-32) ***Introducción—ira de Dios—juicio:*** la Escritura dice «la ira de Dios se revela desde el cielo» (Ro. 1:18). Este pasaje en particular discute las cuatro formas en que Dios revela y manifiesta su ira. Note tres cosas.

1. Las cuatro formas tienen que ver con juicios que caen sobre el hombre. Esto es, la ira de Dios es ejercida y cae sobre el hombre debido a su impiedad e injusticia.

2. Las cuatro formas tienen que ver con la historia, con la experiencia humana, con el universo moral. Esto es, la ira de Dios se revela desde el cielo día tras día...

- a través de la historia.
- en la experiencia humana.
- dentro de un universo moral.

3. Tres de los juicios ocurren en el presente; ocurren hoy en día en la vida de los hombres (vv. 24-31). El cuarto juicio es futuro y será el juicio final sobre los hombres (v. 32).

¿Cómo revela y ejecuta Dios su ira sobre los hombres?

1. Antecedente: Dios entrega a los hombres a hacer su deseo (v. 24).
2. Dios entrega a los hombres a la inmundicia (vv. 24-25).
3. Dios entrega a los hombres a pasiones vergonzosas, que son contra naturaleza (vv. 26-27).
4. Dios los entrega a una mente reprobada, depravada (vv. 28-31).
5. Dios les asegura el juicio final: la muerte (v. 32).

1 (1:24) ***Juicio—el hombre, abandonado por Dios:*** Dios —el único Dios vivo y verdadero— entregó a los hombres a hacer su deseo (para ampliar la discusión, *véanse* las notas—Mt. 13:13-15; Jn. 12:39-41). El pasaje lo dice tres veces, y cada vez debido a un grave pecado del hombre (vv. 24, 26, 28). El pecado del hombre obliga a Dios a entregar al hombre al abandono. La escena era terrible y aterradora, porque ser abandonado y quedar sin Dios en este mundo lleva a la peor vida que uno pueda imaginar.

Hay dos poderosas razones por las que Dios abandona al hombre, y cada una lanza una estruendosa advertencia para el hombre.

1. El hombre prefiere al pecado en lugar de Dios, y cuando hace esto ocurren dos cosas:

   a. El hombre llega a ser esclavo del pecado. Y el pecado en realidad estimula más y más hacia el pecado. Mientras más peca el hombre, más fácil le resulta pecar nuevamente. Al principio podría meditar en cuanto a la sabiduría que hay en la comisión del pecado; pero más adelante, después de pecar repetidas veces, raras veces piensa dos veces antes de pecar, si es que llega a pensar. El pecado parece bueno, tiene buen sabor, y le hace sentirse bien. Es atractivo, satisface la carne y las necesidades del hombre. Satisface a tal punto, que el hombre se siente naturalmente atraído por él. Pecando, se hace a sí mismo un esclavo del pecado. Se hace adicto. El pecado se convierte en el amo cruel y somete al hombre a sus crueles hábitos y seducciones que son casi imposibles de romper.

b. El pecado *siempre* miente. Es necesario recordar esto. El pecado seduce, pretende traer placer, felicidad y promete ser estimulante, pero en realidad destruye a la persona...
- su cuerpo
- sus valores
- su mente
- sus amistades
- su vida
- sus esperanzas
- su profesión
- su familia
- su futuro
- su voluntad
- su alma

Una horrorosa tragedia que con mucha frecuencia se olvida es esta: no somos islas. Nuestro pecado alcanza a los demás; por lo tanto, el pecado destruye a otros—sus vidas y sus almas. El pecado puede parecernos bueno, de buen sabor, y puede hacer que nos sintamos bien; pero siempre involucra a otros e influye sobre ellos. Daña y condena a nuestros hijos, a nuestro cónyuge, a los amigos y a la sociedad.

2. El hombre abandona a Dios, da las espaldas a Dios y reniega de Dios. Esto se puede llamar *renuncia espiritual*; el hombre *renuncia espiritualmente* a Dios. Dios dotó al hombre de libre albedrío, y si el hombre quiere apartarse de Dios, lo puede hacer. Dios no interfiere con esa decisión. Si lo hiciera, restringiría la libertad del hombre. Entonces Dios apela al hombre espiritualmente, por medio de la misericordia, el amor y la gracia, pero no viola la decisión del hombre. El no lo hace; hacerlo sería tener un universo que vive bajo coerción y mecánicamente. El hombre no sería otra cosa que un robot, obligado a hacer esto y aquello y a hacerlo exactamente como Dios quiere. El resultado sería trágico: el hombre nunca volvería a experimentar amor, bondad, cariño, preocupación o sentimientos. El amor no es amor si es obligado. Es mecánico y sin sentido. La expresión de cualquier afecto carece de sentido o de virtud si no se da libremente. Así que, cuando el hombre se aparta de Dios, es Él quien decide hacerlo, y Dios no *puede* impedir. La decisión es del hombre y el hombre es abandonado—dejado en libertad de hacer exactamente lo que ha decidido hacer (Os. 4:17; Ef. 4:19). Por lo tanto, Dios...
- deja al hombre.
- le deja seguir su camino.
- abandona espiritualmente al hombre.
- deja que el hombre viva de acuerdo con su propia decisión.

«Los dejé, por tanto, a la dureza de su corazón; caminaron en sus propios consejos» (Sal. 81:12).

«Y Dios se apartó, y los entregó a que rindiesen culto al ejército del cielo» (Hch. 7:42).

2 (1:24-25) ***Pecado—cuerpo—juicio:*** Dios —el único Dios vivo y verdadero— muestra su ira entregando a los hobres a la inmundicia. La palabra «inmundicia» (*akatharsian*) significa impureza, suciedad, inmoralidad, mancillamiento, grosería, polución, contaminación, infección. Cuando el hombre abandona a Dios —se aleja de Dios para llevar una vida sucia e inmoral—Dios abandona al hombre. Lo abandona a su libre albedrío. Dios deja que el hombre se revuelque en su inmundicia. Los hombres son juzgados y condendos a la inmundicia.

1. La *razón* por la que los hombres son condenados a la «inmundicia» es la *concupiscencia* «de sus corazones». Sus corazones están llenos de concupiscencias (*epithumiais*), esto es, anhelos, deseos y exigencias apasionadas. Anhelan las cosas que desagradan a Dios y que deshonran sus cuerpos. Dios se preocupa profundamente del cuerpo humano, y juzga a toda persona que abusa del cuerpo. (Para mayor discusión, *véanse* bosquejo Estudio a fondo 6—Mt. 6:11; notas—1 Co. 3:16; 3:17; Estudio a fondo 1—6:18; 6:19; 6:20; cp. 1 Ts. 4:3-5).

En griego, se dice que las concupiscencias están «en (*en*) sus corazones» El pecado ocurre en el corazón *antes* que ocurra el acto.

«Pero decía, que lo que del hombre sale, eso contamina al hombre. Porque de dentro, del corazón de los hombres, salen los malos pensamientos, los adulterios, la fornicaciones, los homicidios, los hurtos, las avaricias, las maldades, el engaño, la lascivia, la envidia, la maledicencia, la soberbia, la insensatez. Todas estas maldades de dentro salen, y contaminan al hombre» (Mr. 7:20-23).

2. El resultado de una vida inmunda es la idolatría. Los hombres «cambiaron la verdad de Dios por la mentira, honrando y dando culto a las criaturas más que al Creador». Cuando los hombres viven en la inmundicia, comienzan a servir y a dar sus vidas a una de dos cosas.

a. Se sirven a sí mismos, dando tiempo y dinero a sus propios deseos, empresas y concupiscencias.

b. Sirven a otros «dioses», dioses que les permiten ir adelante y vivir conforme a sus propios deseos. Ellos *imaginan* a qué se parece dios y lo adoran en su mente o en alguna imagen moldeada por sus manos. Conciben *un dios* que es...
- alguna religión.
- el cristianismo.
- la bondad.
- humano.
- la creación.
- alguna parte de la naturaleza.

El punto central es éste: abandonan al único Dios vivo y verdadero y dejan que sus concupiscencias vayan tras la inmundicia. Sus deseos y ansias son tan grandes que...
- crea un dios en su mente que le permita satisfacer sus concupiscencias.
- racionaliza y piensa que su dios entiende su situación y necesidad, y que su dios no le juzgará por su inmundicia e inmoralidad.
- concibe un dios que le permite hacer lo que quiere.
- hace que su dios coincida con su moral, permitiendo que su moral determine el tipo de dios que va a adorar.
- manipula a dios para que se adapte a sus deseos.
- permite que su moral (inmundicia) controle sus pensamientos acerca de Dios.

El hombre sirve y da su tiempo y energía al dios que ha imaginado en su mente y a los ídolos que ha creado en su fantasía y en sus pensamientos. Abandona a Dios para vivir la vida inmunda que anhela. Por lo tanto, Dios juzga al hombre y lo deja abandonado para que viva en su inmundicia.

«[Los hombres carnales] an dejado el camino recto, y se han extraviado siguiendo el camino de Balaam hijo de Beor, el cual amó el premio de la maldad» (2 P. 2:15).

«No améis al mundo, ni las cosas que están en el mundo. Si alguno ama al mundo, el amor del Padre no está en él. Porque todo lo que hay en el mundo, los deseos de la carne, los deseos de los ojos, y la vanagloria de la vida, no proviene del Padre, sino del mundo. Y el mundo pasa, y sus deseos; pero el que hace la voluntad de Dios permanece para siempre» (1 Jn. 2:15-17).

«Y a causa de toda su maldad, proferiré mis juicios contra los que me dejaron, e incensaron a dioses extraños, y la obra de sus manos adorron» (Jer. 1:16).

«Porque dos males ha hecho mi pueblo: me dejaron a mí, fuente de agua viva, y cavaron para sí cisternas, cisternas rotas que no retienen agua» (Jer. 2:13)

«Tú me dejaste, dice Jehová; te volviste atrás; por tanto, yo extenderé sobre ti mi mano y te destruiré; estoy cansado de arrepentirme» (Jer. 15:6).

«No seáis como vuestros padres y como vuestros hermanos, que se rebelaron contra Jehová el Dios de sus padres, y él los entregó a desolación, como vosotros véis» (2 Cr. 30:7).

3 (1:26-27) ***Pecado—cuerpo—juicio:*** Dios —el único Dios vivo y verdadero— revela su ira entregando a los hombres a pasiones vergonzosas, *contra naturaleza*. La expresión «pasiones vergonzosas» (*pathe atimias*) significa afectos viles, deshonra, desgracia, infamia, vergüenza y degradación. Indica pasiones que no se pueden controlar ni gobernar, que corren en completo desenfreno, sin importar los esfuerzos que la persona pueda hacer para tratar de asumir el control de ellas.

1. La razón por la que Dios entrega a los hombres a pasiones vergonzosas son sus afectos contra naturaleza. El hombre desea y desea, anhela lo ilegítimo e ilícito. Se encienden en sus concupiscencias unos con otros. Note de qué está hablando la Escritura: pasiones *contra naturaleza,* esto es la homosexualidad.

- Las mujeres se encienden y desean, y cambian el «uso natural por el que es *contra naturaleza»*. Y note, es *contra naturaleza*.
- Los hombres arden en sus lascivias «unos con otros, cometiendo hechos vergonzosos hombres con hombres».

Note nuevamente que el pecado ocurre en el corazón. Los hombres *arden por dentro*, anhelan el pecado antes de cometerlo. Es este ardor, su lascivia, su deseo, que los enciende para procurar la ejecución del acto vergonzoso. Su corazón arde por otros hombres, no por Dios. Así que están condenados y Dios considera necesario condenarlos.

2. El resultado de las pasiones *contra naturaleza* es una naturaleza completamente depravada. Cuando el hombre elige una vida de «pasiones vergonzosas», Dios lo entrega a ellas. Es la decisión del hombre, y puesto que es la decisión del hombre, Dios no puede hacer nada al respecto. Dios ha entregado al hombre a lo que éste ha elegido. Dios no atropella la voluntad del hombre.

Note un hecho crucial: las Escrituras dicen que los hombres reciben «en sí mismos la retribución [recompensa, castigo] debida a su extravío». El juicio por homosexualidad está *dentro* del hombre, no *fuera* de él. Si una persona se enardece en pasiones *contra naturaleza*, es entregado a su ardor; es entregado a su enardecimiento y desea más y más. Es juzgado y condenado a vivir en su pasión *contra naturaleza* y sentir la vergüenza por ella. Es esclavizado y se mantiene en esclavitud a ella, psicológica y físicamente. Y el juicio es «debido», esto es, adecuado, justo exactamente lo que debía ser. Si los hombres desean y arden tras pasiones contra naturaleza, simplemente es oportuno que se les dé lo que apasionadamente anhelan. Por lo tanto, Dios juzga a los hombres dándoles que vivan a la altura de sus viles pasiones.

> **«Que cada uno de vosostros sepa tener su propia esposa en santidad y honor; no en pasión de concupiscencia, como los gentiles que no conocen a Dios» (1 Ts. 4:4-5).**
>
> **«Honroso sea en todos el matrimonio, y el lecho sin mancilla; pero a los fornicarios y a los adúlteros los juzgará Dios» (He. 13:4).**

4 (1:28-31) ***Ira de Dios—juicio—pecado:*** Dios —el único Dios vivo y verdadero— muestra ira entregando a los hombres a una mente reprobada, depravada. La expresión «mente reprobada» (*adokimon noun*) quiere decir una mente que es rechazada, desaprobada, degradada. depravada; una mente que no puede permanecer en pie en el juicio.

1. La razón por la que Dios entrega a los hombres a una mente reprobada es que los hombres rechazan a Dios. Conocen a Dios, pero ellos no «aprobaron tener en cuenta a Dios». Ellos...

- no quisieron a probar a Dios.
- no quieren reconocer a Dios.
- no quieren admitir el conocimiento de Dios.

Ellos sencillamente no quieren que Dios tenga que ver algo con sus vidas; por eso lo desalojan de sus mentes. Ignoran voluntariamente la presencia de Dios y se niegan a aceptarla.

2. El resultado se declara enfáticamente. Dios entrega a los hombres a una mente reprobada, mente que está totalmente depravada. A los hombres se les permite hacer exactamente lo que *ellos eligieron*; se esclavizan más y más en su depravación y en su inadecuada conducta (en cuanto al sentido de la lista de terribles pecados, *véanse* Estudios a fondo 1-23—Ro.1:29-31).

> **«No os engañéis: Dios no puede ser burlado: pues todo lo que el hombre sembrare, eso también segará. Porque el que siembra para su carne, de la carne segará corrupción; mas el que siembra para el Espíritu, del Espíritu segará vida eterna» (Gá. 6:7-8).**
>
> **«Por tu dureza y por tu corazón no arrepentido, *atesoras* para ti mismo ira para el día de la ira y de la revelación del justo juicio de Dios» (Ro. 2:5).**

ESTUDIO A FONDO 1

(1:29) ***«Injusticia»*** (*adikia*)*:* injusticia, maldad, toda clase de mal. Es lo opuesto a la justicia; por lo tanto...

- es tratar mal a Dios y a los hombres, actuar en forma injusta contra ambos.
- es no tratar a Dios y al hombre como una persona debería tratarlos.

Note la expresión «*toda* injusticia». Es estar *lleno* de trato injusto. Es centrarse en sí mismo al punto de convertirse uno mismo en el centro del universo...

- codiciándolo todo, toda la atención y las posesiones que se puede lograr.
- ignorando a los demás y abusando de ellos para tener todo lo que pueden.

ESTUDIO A FONDO 2

(1:29) ***Fornicación*** (*porneiai*)*:* palabra amplia que incluye todas las formas y especies de actos inmorales y sexuales. Es sexo premarital, adulterio y sexo anormal—toda clase de vicios sexuales.

ESTUDIO A FONDO 3

(1:29) ***Perversidad*** (*poneria*)*:* ser depravados, ser activamente malo, tener malas intenciones, atribular a los demás y producir daño, ser malicioso, ser peligroso y destructivo. Es maldad activa, un deseo dentro del corazón de hacer daño y de corromper a la gente. Es una persona que en realidad persigue a otros para seducirlos y causarles daño.

ESTUDIO A FONDO 4

(1:29) ***Avaricia*** (*pleonexia*)*:* codicia por tener más y más, apetito por obtener algo, amor a las posesiones, el clamor «dame, dame» (2 P. 2:14). Es desear, seguir codiciosamente las posesiones, el placer, el poder, la fama. La codicia no tiene restricción. Carece de la capacidad de discriminar. Quiere tener para gastar en placeres y lujuria. La avaricia es deseo insaciable y lascivia de la carne que no puede ser satisfecha. Es lascivia y codicia tan profunda que la persona encuentra su dicha en las cosas y en el placer en lugar de Dios. Es idolatría (Ef. 5:5). Es un apetito intenso por lograr una ganancia, es la pasión por el placer que las cosas pueden dar. Es una codicia activa, agresiva, dominante.

ESTUDIO A FONDO 5

(1:29) ***Maldad*** (*kakia*)*:* malicia, depravación. mala voluntad, rencor, resentimiento. Quiere decir que el hombre ha dirigido su corazón completamente al mal.

- Ya no hay nada de bueno—absolutamente nada.
- Está lleno de perversidad y malicia.
- Busca activamente el mal con venganza.

ESTUDIO A FONDO 6

(1:29) ***Envidia*** (*phtonos*): la palabra es más que celos; es el espíritu...

- que desea no solamente las cosas que otra persona tiene, sino además le molesta el hecho de que la otra persona las tenga.
- que no solamente desea que las cosas le sean quitadas a la otra persona, sino que quiere que sufra por la pérdida de ellas.

Cada pensamiento expresa dolor por el hecho de que otra persona tenga algo, sea honor, prestigio o posición.

ESTUDIO A FONDO 7

(1:29) ***Homicidio*** (*phonos*): matar o quitarle la vida a otra persona. El homicidio es el pecado que se comete contra el sexto mandamiento.

ESTUDIO A FONDO 8

(1:29) ***Contiendas*** (*eridos*): lucha, discordia, pendencia, pelea, querella, riña. Quiere decir que el hombre pelea con otra persona con el fin de obtener; posición, promoción, propiedad, honor, prestigio. Pelea de un modo deshonesto y malo.

ESTUDIO A FONDO 9

(1:29) ***Engaños:*** (*dolos*): seducir, poner lazo, desviar, inducir al mal; usar de astucia y actuar con engaños; dirigir mal o dar una falsa impresión por palabra, acto o influencia. Es un hombre que se confabula contra la verdad y la tuerce para seguir su propio camino. Conspira y engaña, haciendo cualquier cosa que sea necesario hacer para lograr sus objetivos.

ESTUDIO A FONDO 10

(1:29) ***Malignidades*** (*kakoetheia*): mala disposición, malo por naturaleza. Es un espíritu lleno de maldad, de malicia y de injuria, un personaje que es tan malo como pueda llegar a ser. Es una persona que siempre busca lo peor en otras personas y siempre comunica lo peor acerca de ellas. Es la persona que con frecuencia arruina a otras personas tanto en reputación como en el cuerpo, mente y espíritu. Es una persona tan llena de maldad que siempre esta arruinando a los demás por medio de las palabras o por la violencia.

ESTUDIO A FONDO 11

(1:30) ***Murmuradores*** (*psithuristes*): chismosos en secreto, calumniadores, maldicientes, murmuradores. Es una persona...

- que murmura a espaldas de otra persona, criticando destructivamente.
- que pasa cuentos acerca de los demás, verdaderos o falsos.
- que destruye la reputación de los demás.

ESTUDIO A FONDO 12

(1:30) ***Detractores*** (*katalalos*): calumniadores. La palabra difiere del que calumnia en secreto. Es un calumniador franco, en voz alta, una persona que difunde un chisme. Además, si el cuento es verdadero o falso, no importa. El detractor se enardece interiormente por decir el chisme a todos.

ESTUDIO A FONDO 13

(1:30) ***Aborrecedores de Dios*** (*theostugeis*): aborrecen a Dios y se hacen aborrecibles ante Dios. Es una persona...

- a la que desagradan los mandamientos y las restricciones de Dios.
- que no quiere tener nada que ver con Dios, con sus restricciones y leyes.
- que quiere licencia para hacer exactamente sus propios deseos.
- que quiere ser dios de su propia vida, haciendo lo suyo a su manera, determinando lo que debe y lo que no debe hacer.

ESTUDIO A FONDO 14

(1:30) ***Injuriosos*** (*hubristes*): insolentes, insultantes y desafiantes. Es un espíritu de rencor, de ataque y de beligerancia, verbal y física. Es despreciar, atacar, infligir daño sea por palabra o por hecho. Es un hombre que...

- vive su propia vida según su propio deseo, ignorando a Dios y a los hombres.
- vive como si sus derechos y asuntos fueran los únicos derechos y asuntos de importancia.
- se para desafiante ante Dios y los hombres, actuando como si no los necesitase.
- actúa tan independientemente en la vida que desafía a Dios y a los hombres a que se entrometan en su camino.
- hace lo que quiere cuando quiere, y no le importa si daña o destruye a otros.

El pecado de odio, de ser insolente e insultante, es el espíritu que hiere y daña a los demás para lograr lo que uno quiere.

ESTUDIO A FONDO 15

(1:30) ***Soberbios*** (*huperefanos*): autoexaltación, engreimiento, arrogancia; ser altanero; ponerse uno mismo por sobre los demás, y mirarlos con desprecio; desdeñoso, despectivo. Significa mostrase a sí mismo, levantar su propia cabeza por sobre los demás, despreciarlos, compararse con otros. El orgullo puede estar escondido en el corazón y puede exhibirse abiertamente. Dios resiste a los soberbios (Stg. 4:6; 1 P. 5:5; Pr. 3:24).

ESTUDIO A FONDO 16

(1:30) ***Altivos*** (*alazon*): fanfarrones, simuladores, jactanciosos, vanagloriosos, presumidos. Es una persona que...

- se jacta de lo que tiene.
- se jacta por lo que hace.
- pretende tener lo que no tiene o pretende haber hecho lo que no ha hecho.

La altivez se puede referir a un trabajo, a un trato, a posesiones, un logro—cualquier cosa que pueda impresionar a los demás. Es una persona que siente la necesidad de ponerse por sobre los demás aun cuando ello signifique *presunción*, *engaño*, *simulación* o *mentiras*.

ESTUDIO A FONDO 17

(1:30) ***Inventores de males*** (*efpheuretes kakon*): inventores de nuevos pecados, de formas más sensacionales de emociones y vicios. Es una persona que está cansada de las antiguas formas de pecado y siente la necesidad de nuevos caminos y formas de hacer el mal.

ESTUDIO A FONDO 18

(1:30) ***Desobedientes a los padres*** (*goneusin apeitheis*): negarse a hacer lo que los padres dicen; rebelión contra los padres; falta de respeto por los padres; rechazar las órdenes paternas; deshonrar el buen ejemplo de los padres. Un hijo que desobedece a los padres está abierto a toda forma de pecado.

ESTUDIO A FONDO 19

(1:31) ***Necios*** (*asunetos*): sin entendimiento, sin consciencia, insensatos. Es una persona que...

- ignora la experiencia.
- no aprenderá sin importar quien es el maestro.
- se niega a oír la verdad.
- cierra su mente y sus ojos a la verdad.
- rechaza la conciencia.

ESTUDIO A FONDO 20

(1:31) ***Desleales*** (*asunthetos*): quebrantan las promesas o acuerdos, indignos de confianza, infieles, traicioneros, que faltan a la verdad. Es un hombre que trágicamente no mantiene su palabra o promesa. Es sencillamente indigno de confianza y no se puede descansar en él.

ESTUDIO A FONDO 21

(1:31) ***Sin afecto natural*** (*astorgos*): afecto y amor anormal, sin corazón, sin emociones humanas ni amor, falta de sentimientos por los demás, abuso de los afectos y del amor normales. Las demás personas pasan a ser simples peones para uso y beneficio de un hombre, para satisfacción de sus propósitos y placeres, como estímulo y para excitar el entusiasmo. Prevalecen el afecto y el sexo anormal, y la perversión.

ESTUDIO A FONDO 22

(1:31) ***Implacables*** (*aspondous*): incapaz de ceder, de ser apaciguado o perdonar una culpa. Una persona que no está dispuesta a hacer la paz o llegar a un acuerdo.

ESTUDIO A FONDO 23

(1:31) ***Sin misericordia*** (*aneleemon*): sin piedad; no estar dispuesto a mostrar misericordia. Es una persona...

- deseosa de tener y adueñarse de los demás sin importar su bienestar.
- reclamar el uso de las personas como uno quiere sin importar el daño o la vergüenza que esto ocasiona.
- anhelo de satisfacer los placeres personales aun cuando esto signifique la lesión o la muerte de otros.

Es la ausencia de consideración o de sensibilidad hacia los demás. Lo que importa son los placeres y derechos personales, no el bienestar y los derechos de los demás.

5 (1:32) ***Juicio:*** Dios —el único Dios vivo y verdadero—asegura el juicio final que es muerte, esto es, separación eterna de Dios. Hay dos razones por las que los hombres serán juzgados y condenados a muerte.

1. Los hombres serán juzgados porque pecan y se complacen en otros que pecan haciendo las mismas cosas (vv. 29-31). Los hombres tienen apetitos, deseos y lascivias, y desperdician sus vidas procurando la satisfacción de estas cosas. la gran tragedia está en que ellos no solamente *se complacen* en sus propios pecados, sino también *se complacen* en los de los demás. *Aprueban y conversan de* su egoísmo y de sus hazañas propias y de las de sus amigos. La vida de ellos está centrada en ...

- una vida extravagante
- ropas de moda
- riquezas
- poder
- posición
- fama
- posesiones materiales
- asuntos sexuales

Como resultado de esa mezquindad, los pecados enlistados en las Escrituras quebrantan al mundo y destruyen la vida humana(vv. 29-31); por lo tanto, el juicio de Dios es seguro. Los que cometen tales cosas y *se complacen* en los pecados de los demás morirán, es decir, serán separados de Dios eternamente.

«Quienes habiendo entendido el juicio de Dios, que os que practican tales cosas son dignos de muerte, no sólo los hacen, sino que también *se complacen* con los que las practican» (Ro. 1:32).

«¡Ay de los que a lo malo dicen bueno, y a lo bueno malo; que hacen de la luz tinieblas, y de las tinieblas luz; que ponen lo amargo por dulce, y lo dulce por amargo!» (Is. 5:20).

"Por cuanto entristecisteis con mentiras el corazón del justo, al cual yo no entristecí, y fortalecisteis las manos del impío, para que no se apartase de su mal camino, infundiéndole ánimo" (Ez.13:22).

«Habéis hecho cansar a Jehová con vuestras palabras. Y decís: ¿En qué le hemos hecho cansar? En que decís: Cualquiera que hace mal agrada a Jehová, y en los tales se complace; o si no, ¿dónde está el Dios de justicia?» (Mal. 2:17).

2. Los hombres serán juzgados porque son inexcusables: por un sentido interno saben que el juicio de Dios vendrá sobre el mundo. Los hombres sienten que un poder superior (Dios) viene a rectificar el caos que hay en el mundo: que las injusticias e iniquidades serán llevadas a juicio, condenadas y castigadas. (*Véanse* bosquejo y notas—Ro. 2:1-15 para más discusión.)

«Porque la paga del pecado es muerte, pero la dádiva de Dios es vida eterna en Cristo Jesús Señor nuestro» (Ro. 6:23).

«Porque el ocuparse dela carne es muerte, pero el ocuparse del Espíritu es vida y paz» (Ro. 8:6).

«Está establecido para los hombres que mueran una sola vez, y después de esto el juicio» (He. 9:27).

«Entonces la concupiscencia, después que ha concebido, da a luz el pecado; y el pecado, siendo consumado, da a luz la muerte» (Stg. 1:15).

Pero los cobardes e incrédulos, los abominables y homicidas, los fornicarios y hechiceros, los idólatras y todos los mentirosos tendrán su parte en el lago que arde con fuego y azufre, que es la muerte segunda» (Ap. 21:8).

«Como la justicia conduce a la vida, así el que sigue el mal lo hace para muerte» (Pr. 11:19).

«El alma que pecare, esa morirá» (Ez. 18:4).

1 El moralista
a. Juzga a los demás
b. Es inexcusable: se condena a sí mismo porque es culpable de las mismas cosas

2 El juicio de Dios es según la verdad: Justicia perfecta
a. El moralista piensa que escapará
b. El moralista piensa que Dios es demasiado bueno y no castigará
c. El moralista piensa que el hombre es básicamente bueno
d. El moralista endurece su corazón contra el juicio de Dios
1) No quiere arrepentirse
2) Resultado: atesora ira contra sí mismo

3 El juicio de Dios es según las obras: recompensa o castigo eterno
a. A los que hacen bien, recompensa[EF1,2,3]
b. A los que hacen lo malo juicio severo[EF4-7]

C. La causa de Dios contra el moralista: juicio, 2:1-16

Por lo cual eres inexcusable, oh hombre, quien-quiera que seas tú que juzgas; pues en lo que juzgas a otro, te condenas a ti mismo; porque tú que juzgas haces lo mismo.
2 Mas sabemos que el juicio de Dios contra los que practican tales cosas es según verdad.
3 ¿Y piensas esto, oh hombre, tú que juzgas a los que tal hacen, y haces lo mismo, que tú escaparás del juicio de Dios?
4 ¿O menosprecias las riquezas de su benignidad, paciencia y longanimidad, ignorando que su benignidad te guía al arrepentimiento?
5 Pero por tu dureza y por tu corazón no arrepentido, atesoras para ti mismo ira para el día de la ira y de la revelación del justo juicio de Dios,
6 el cual pagará a cada uno conforme a su obras:
7 vida eterna a los que, perseverando en bien hacer, buscan gloria y honra e inmortalidad,
8 pero ira y enojo a los que son contenciosos y no obedecen a la verdad, sino que obedecen a la injusticia;
9 tribulación y angustia sobre todo ser humano que hace lo malo, el judío primeramente y también el griego,
10 pero gloria y honra y paz a todo el que hace lo bueno, al judío primeramente y también al griego;
11 porque no hay acepción de personas para con Dios.
12 Porque todos los que sin ley han pecado, sin ley también perecerán; y todos los que bajo la ley han pecado, por la ley serán juzgados;
13 porque no son los oidores de la ley los justos ante Dios, sino los hacedores de la ley serán justificados.
14 Porque cuando los gentiles que no tienen ley, hacen por naturaleza lo que es de la ley, éstos, aunque no tengan ley, son ley para sí mismos,
15 mostrando la obra de la ley escrita en sus corazones, dando testimonio su conciencia, y acusándoles o defendiéndolessus razonamientos,
16 en el día en que Dios juzgará por Jesucristo los secretos de los hombres, conforme a mi evangelio.

c. Todos los que hacen lo malo serán condenados[EF8,9]
d. Todos los que hacen lo bueno serán recompensados

4 El juicio de Dios es sin discriminación: Imparcialidad absoluta
a. El hombre que peca sin ley y el hombre que peca en la ley, serán ambos juzgados
b. Los hacedores, no los oidores, de la ley serán justificados
c. Los paganos tienen un triple testimonio
1) Su naturaleza: un conocimiento instintivo de lo bueno y lo malo
2) Sus conciencias: Dan testimonio de lo bueno y lo malo
3) Sus razonamientos: Acusan o defienden su conducta

5 El juicio de Dios será ejecutado por Jesucristo y el evangelio

C. La causa de Dios contra el moralista: juicio, 2:1-16

(2:1-16) ***Introducción:*** este es uno de los pasajes que abarca diversos temas y se puede estudiar desde la perspectiva de cualquiera de ellos. Es un excelente estudio sobre juzgar, criticar a los demás, el juicio de Dios, la justicia propia, el moralista y el legalista. También trata del juicio contra los paganos, y responde preguntas que con frecuencia se hacen: «¿Qué ocurrirá con los paganos, las personas que nunca han oído de Jesucristo?» (vv. 11-15). Este estudio se intitula: «El caso de Dios contra el moralista».

1. El moralista (v. 1).
2. El juicio de Dios es según la verdad: perfecta justicia (vv. 2-5).
3. El juicio de Dios es según las obras: recompensa o castigo eterno (vv. 6-10).
4. El juicio de Dios es sin discriminación: imparcialidad absoluta (vv. 11-15).
5. El juicio de Dios será ejecutado por Cristo y su evangelio (v. 16).

1 (2:1) ***El moralista—juzgar a los demás—crítica:*** el moralista. Ante los ojos de las Escrituras, el moralista es una persona que vive una vida moral y limpia, pero juzga a los demás porque no vive como *él piensa* que deben vivir. Es moral, recto, justo, bueno, decente y honorable. El moralista tiene valores, normas y principios firmes. Es disciplinado y controla bien su vida. Vive como todos piensan que debiera vivir. Distingue lo recto de lo malo y vive de acuerdo con ello. Sabe como debe ser su comportamiento, y así vive. Ante los ojos de la sociedad es exactamente como una persona debiera ser. Es un buen vecino, excelente trabajador y proveedor, un ciudadano ideal. Pero nótense tres cosas,

1. El moralista juzga a los demás. La palabra «juzgar» (*krino*) quiere decir criticar, hallar faltas, condenar. Esta es la terrible falta

del moralista. Note que toda persona se convierte en moralista cuando se constituye a sí misma en juez de los demás. En cualquier momento en que juzgamos a otra persona estamos declarando que...

- vivimos por una regla que otras personas no respetan.
- somos más morales que los demás.
- somos mejores que otras personas.
- somos superiores a otros.
- somos más justos que nuestro prójimo.
- somos más aceptables que otros ante Dios.

Al juzgar a otros decimos: «yo soy justo, él no; yo tengo éxito, pero él fracasa». Por lo tanto...

- «Mírenme a mí, pero ignórenlo a él.»
- «Acérquense a mí; aléjense de él.»
- «Estímenme a mí; despréciienlo a él.»
- «Apruébenme a mí; condénenlo a él.»
- «Sean amigos míos; apártense de él.»

Dicho en forma sencilla, juzgar a los demás exalta el yo y rebaja a los demás, ensalza el yo y humilla a los demás; ante los ojos de Dios esto es incorrecto. Es pecado. Es llenarse de justicia propia, de orgullo y arrogancia. Pone al yo como un moralista, y se convierte en una persona dada a pasar sentencia y a criticar.

«No juzguéis, para que no seáis juzgados» (Mt. 7:1).

«¿Tú quién eres, que juzgas al criado ajeno? Para su propio señor está en pie, o cae; pero estará firme, porque poderoso es el Señor para hacerle estar firme» (Ro. 14:4).

«Así que, ya no nos juzguemos más los unos a los otros, sino más bien decidid no poner tropiezo u ocasión de caer al hermano» (Ro. 14:13).

«Uno solo es el dador de la ley, que puede salvar y perder; pero tú, ¿quién eres para que juzgues a otro?» (Stg. 4:12).

2. El moralista es inexcusable, y se condena a sí mismo porque hace las mismas cosas. El falla al igual que el hombre al cual está criticando. Las Escrituras dicen...

« ... tú que juzgas haces lo mismo» (Ro. 2:1).

«No os ha sobrevenido ninguna tentación que no sea humana» (1 Co. 10:13).

«Oísteis que fue dicho a los antiguos: No matarás; y cualquiera que matare será culpable de juicio. Pero yo os digo que cualquiera que *se enoje* contra su hermano, será culpable de juicio» (Mt. 5:21-22).

«Oísteis que fue dicho: No cometerás adulterio. Pero yo os digo que cualquiera que *mira una mujer* para codiciarla, ya adulteró con ella en su corazón» (Mt. 5:27-28).

Ante los ojos de Dios, el pecado es una cuestión del corazón y de la mente, y no solamente un acto. El pensamiento y el deseo hacen a una persona tan culpable como si hubiera cometido el acto mismo. Dios sabe que muchos llevarían a cabo sus pensamientos *si sólo tuvieran el valor o la oportunidad*. Dios conoce el corazón, la mente y los pensamientos. El pecado, sea pensamiento en la mente o acto público, está destituido de la gloria de Dios. Por lo tanto, el moralista, la persona que juzga, es tan culpable como la persona a la que está juzgando. Es por esto que no debemos juzgar, criticar ni hallar culpables a los demás.

«¿Y por qué miras la paja que está en el ojo de tu hermano, y no echas de ver la viga que está en tu propio ojo?» (Mt. 7:3).

«Tú, pues, que enseñas a otro, ¿no te enseñas a ti mismo? Tú que predicas que no se ha de hurtar, ¿hurtas? Tú que dices que no se ha de adulterar, ¿adulteras? Tú que abominas los ídolos, ¿cometes sacrilegio?» (Ro. 2:21-22).

«Pero cuando ví que no andaban rectamente conforme a la verdad del evangelio, dije a Pedro delante de todos: Si tú, siendo judío, vives como los gentiles y no como judío, ¿por qué obligas a los gentiles a judaizar?» (Gá. 2:14).

«Profesan conocer a Dios, pero con los hechos lo niegan, siendo abominables y rebeldes, reprobados en cuanto a toda buena obra» (Tit. 1:16).

Pensamiento. Este punto no significa que los sistemas judiciales del estado son ilícitos ni que haya que dejar de ejercer la disciplina en familias, organizaciones o iglesias. Las Escrituras enseñan que los hombres deben ejercer tanto la justicia como la disciplina. Lo que las Escrituras quierne decir es esto: no tenemos que andar por allí criticando y hallando culpables, y descalificando a otros cuando uno de nosotros falla. En cambio, debemos interesarnos y tratar de redimir y salvar a los que han fracasado.

«Hermanos, si alguno fuere sorprendido en alguna falta, vosotros que sois espirituales, restau-radle con espíritu de mansedumbre, considerándote a ti mismo, no sea que tú también seas tentado. Sobre-llevad los unos las cargas de los otros, y cumplid así la ley de Cristo» (Gá. 6:1-2).

«Recibid al débil en la fe, pero no para contender sobre opiniones [criticar y juzgar]» (Ro. 14:1).

«Así que, los que somos fuertes debemos soportar las flaquezas de los débiles, y no agradarnos a nosotros mismos» (Ro. 15:1).

«Me ha hecho débil a los débiles, para ganar a los débiles; a todos me he hecho de todo, para que de todos modos salve a algunos» (1 Co. 9:22).

«También os rogamos, hermanos, que amonestéis a los ociosos, que alentéis a los de poco ánimo, que sostengáis a los débiles, que seáis pacientes para con todos» (1 Ts. 5:14).

«Y si un hermano o una hermana están desnudos, y tienen necesidad del mantenimiento de cada día, y alguno de vosostros les dice: Id en paz, calentaos y saciaos, pero no les dáis las cosas que son necesarias para el cuerpo, ¿de qué aprovecha?» (Stg. 2:15-16).

«De una misma boca proceden bendición y maldición. Hermanos míos, esto no debe ser así» (Stg. 3:10).

2 (2:2-5) ***Juicio—concepto ceformado de Dios—el hombre:*** el juicio de Dios —el único Dios vivo y verdadero— es según la verdad. El juicio de Dios será ejecutado con perfecta justicia. La palabra «verdad» (*aletheian*) significa verdadero en oposición a lo falso. Significa lo que realmente es; lo que existe en realidad; lo que exactamente ocurre. El juicio de Dios es *perfectamente* justo, exactamente lo que debiera ser, nada más y nada menos. Su juicio está basado en...

- lo que realmente ocurre.
- los hechos.
- los sucesos reales.
- lo que una persona es realmente en su interior y lo que la persona realmente hizo.

«Y Jehová respondió a Samuel: No mires a su parecer, ni a lo grande de su estatura, porque yo lo desecho; porque Jehová no mira lo que mira el hombre; pues el hombre mira lo que está delante de sus ojos, pero Jehová mira el corazón» (1 S. 16:7).

Dios sabe la verdad, toda la verdad y nada más que la verdad; por lo tanto, El juzgará según la verdad. Su justicia será perfecta, conformándose exactamente a nuestros hechos. Se conformará perfectamente a nuestras acciones.

Note cuatro puntos:

1. El moralista piensa que escapará. Su ofensa es mucho mayor, porque es como todos los demás hombres: pecador y destituido de la gloria de Dios. Sin embargo, critica y juzga a aquellos cuyas fallas han sido descubiertas y denunciadas, y piensa que escapará. Olvida que Dios ve las *partes más recónditas* del interior del ser humano, y que Dios juzgará a los hombres no solamente por sus acciones,

sino por sus pensamientos...

- por la concupiscencia de la carne.
- por la concupiscencia de los ojos.
- por la vanagloria de la vida (1 Jn. 2:15-16).

«¡Serpientes, generación de víboras! ¿Cómo escaparéis de la condenación del infierno?» (Mt. 23:33).

«Porque nada hay encubierto, que no haya de descubrirse; ni oculto, que no haya de saberse» (Lc. 12:2).

«Y [Jesís] no tenía necesidad de que nadie le diese testimonio del hombre, pues Él sabía lo que había en el hombre» (Jn. 2:25).

«Así que, no juzguéis nada antes de tiempo, hasta que venga el Señor, el cual aclarará también lo oculto de las tinieblas, y manifestará las intenciones de los corazones; y entonces cada uno recibirá su alabanza de Dios» (1 Co. 4:5).

«Que cuando digan: Paz y seguridad, entonces vendrá sobre ellos destrucción repentina, como los dolores a la mujer encinta, y no escaparán» (1 Ts. 5:3).

«¿Como escaparemos nosotros, si descuidamos una salvación tan grande? La cual, habiendo sido anunciada primeramente por el Señor, nos fue confirmada por los que oyeron» (He. 2:3).

«Mas si así no lo hacéis, he aquí habréis pecado ante Jehová; y sabed que vuestro pecado os alcan-zará» (Nm. 32:23).

«Porque Dios traerá toda obra a juicio, juntamente con toda cosa encubierta, sea buena o mala» (El. 12:14).

2. El moralista piensa que Dios es demasiado bueno para castigar. Cuando piensa en Dios, piensa en las riquezas...

- de la bondad (*chrestotes*): Su bondad, gracia y amor.
- de la indulgencia (*anoche*): Su capacidad para refrenar, retener abstenerse y de controlar Su justicia.
- de la paciencia de Dios: soportar largo tiempo; paciente y tardo para juzgar el pecado.

Por cierto, Dios es todo esto y mucho más. Lo que el moralista no logra ver es que la bondad de Dios...

- no es un cheque en blanco para pecar.
- no da licencia para pecar.
- no condona el pecado.
- no consiente el pecado.
- no pasa por alto el pecado.

La bondad de Dios consiste en conducir a los hombres al arrepentimiento, no al pecado. El hecho de que Dios *quiere* perdonar el pecado debiera estimular a los hombres a buscar el perdón y a complacer a Dios. Si un hombre sale y peca, pensando que Dios lo pasará por alto y perdonará su pecado, está despreciando la benignidad de Dios. Está tomando la bondad de Dios y haciendo de ella una imitación, una burla, un chiste, una cuestión de indulgencia. El hombre que *desprecia* la bondad de Dios —que peca pensando que Dios pasará por alto su pecado—está equivocado. Comete un error. Dios no pasa por alto el pecado para perdonarlo; no condona, no consiente ni da licencia a su pecado. Dios lo juzgará y el juicio será según verdad.

«¿No sabéis que los injustos no heredarán el reino de Dios? No erréis; ni los fornicarios, ni los idólatras, ni los adúlteros, ni los afeminados, ni los que se echan con varones, ni los ladrones, ni los avaros, ni los borrachos ni los maldicientes, ni los estafadores heredarán el reino de Dios. Y ésto érais algunos; mas ya habéis sido lavados, ya habéis sido santificados, ya habéis sido justificados en el nombre del Señor Jesús, y por el Espíritu de nuestro Dios» (1 Co. 6:9-11).

«No erréis: las malas conversaciones corrompen las buenas costumbres. Velad debidamente y no pequéis; porque algunos no conocen a Dios; para vergüenza vuestra lo digo» (1 Co. 15:33-34).

«No os engañéis; Dios no puede ser burlado: pues todo lo que el hombre sembrare, eso también segará» (Gá. 6:7).

«Nadie os engañe con palabras vanas, porque por estas cosas viene la ira de Dios sobre los hijos de desobediencia» (Ef. 5:6).

«Hijitos, nadie os engañe; el que hace justicia es justo, como Él es justo. El que practica el pecado es del diablo; porque el diablo peca desde el principio. Para esto apareció el Hijo de Dios, para deshacer las obras del diablo» (1 Jn. 3:7-8).

3. El moralista piensa que el hombre es básicamente bueno. Piensa que el hombre puede ser suficientemente bueno para que Dios lo acepte. Piensa que Dios mira lo bueno del hombre y que dentro de cada hombre hay *bien suficiente* para que Dios lo acepte. El moralista piensa que la bondad de Dios acepta del hombre...

- las buenas obras.
- los buenos sentimientos.
- los buenos pensamientos.
- la buena naturaleza.
- la buena conducta.
- las buenas tendencias.

Por cierto, Dios se complace en cualquier bien que el hombre haga. Pero lo que el moralista no logra ver es que *la bondad de Dios es perfecta*. El no puede aceptar...

- obras imperfectas.
- malos sentimientos.
- pensamientos sucios.
- la naturaleza corruptible.
- mala conducta.
- los deseos pecaminosos.

Dios sólo puede aceptar la perfección. Ningún hombre es perfecto: en naturaleza, pensamiento ni conducta. Por lo tanto, todos los hombres son inaceptables delante de Dios. Ningún hombre es suficientemente bueno para ser aceptable a Dios, no importa cuan bueno sea. La bondad de Dios consiste en conducir al hombre al arrepentimiento: hacer volver a los hombres a Dios en busca de justicia, no consiste en declarar la justicia propia del hombre. El hecho de que Dios permite el arrepentimiento debiera estimular a los hombres...

- a confesar sus imperfecciones a Dios, además de su justicia propia.
- buscar la justicia de Dios que es en Cristo Jesús el Señor. (*Véanse* notas—Ro. 4:1-3; Estudios a fondo 1, 2—4:22; 5:1 para más discusión.)

Pensamiento. Mucha gente piensa que Dios los aceptará, que en último análisis son suficientemente buenos y Dios los aceptará. No imaginan que Dios los rechazará, no, al fin y al cabo. Lo que no logran ver es que el juicio de Dios está basado en la verdad—la verdad en cuanto a cuáles son los pensamientos y motivos de la persona, de lo que hay realmente en la mente y el corazón de la persona. El juicio de Dios está basado en la verdad de la naturaleza y *conducta imperfecta* de la persona.

«Pues habiendo conocido a Dios, no le glorificaron como a Dios, ni le dieron gracias, sino que se envanecieron en sus razonamientos, y su necio corazón fue entenebrecido. Profesando ser sabios, se hicieron necios» (Ro1:21-22).

«Porque no nos atrevemos a contarnos ni a compararnos con algunos que se alaban a sí mismos; pero ellos, midiéndose a sí mismos por sí mismos, y comparándose consigo mismo, no son juiciosos» (2 Co. 10:12).

«Porque el que cree ser algo, no siendo nada, a sí mismo se engaña» (Gá. 6:3).

«Muchos hombres proclaman cada uno su propia bondad, pero hombre de verdad, ¿quién lo hallará?» (Pr. 20:6).

«¿Has visto hombre sabio en su propia opinión? Más

esperanza hay del necio que de él» (Pr. 26:12).

«El que confía en su propio corazón es necio; mas el que camina en sabiduría será librado» (Pr. 28:26).

«Hay generación limpia en su propia opinión, si bien no se ha limpiado de su inmundicia» (Pr. 30:12).

«Porque te confiaste en tu maldad, diciendo: Nadie me ve. Tu sabiduría y tu misma ciencia te engañaron, y dijiste en tu corazón: Yo, y nadie más» (Is. 47:10).

«La soberbia de tu corazón te ha engañado, tú que moras en las hendiduras de las peñas, en tu altísima morada; que dices en tu corazón: ¿Quién me derribará a tierra? Si te remontares como águila, y aunque entre las estrellas pusieres tu nido, de ahí te derribaré, dice Jehová» (Abd. 3-4).

4. El moralista endurece su corazón contra el juicio de Dios. Se niega a arrepentirse. No puede aceptar el hecho de que...
   - no es suficientemente bueno para que Dios lo acepte.
   - la bondad y el amor de Dios siempre lo condenarían.

Pero note la expresión «justo juicio» (*dikaiokrisias*), lo que significa justo, equitativo, imparcial, correcto, exacto. El juicio de Dios es un juicio que debiera existir, que debiera ocurrir y que ocurrirá. En efecto, Dios debe juzgar, porque Dios es amor. Puesto que es amor, debe poner en regla todas las injusticias de la tierra. Debe rectificar los errores y debe corregir todas las injusticias de los hombres. Debe juzgar a los hombres con un «juicio justo» y perfecto.

Note también la expresión «atesoras» (*thesaurizo*), que significa almacenar, amontonar, reservar. El hombre que endurece su corazón y se niega a arrepentirse almacena más y más ira contra sí mismo para el día del juicio. El hecho se ve claramente. Piénsese solamente en lo terrible que es para el hombre rebelarse contra la bondad de Dios. Tiene el glorioso privilegio de conocer la bondad de Dios, de oír la proclamación de su bondad cada día, semana tras semana, de mes a mes, año tras año. No obstante, desprecia la bondad de Dios, no quiere arrepentirse y rechaza la benignidad de Dios repetidas veces. Con su rechazo almacena ira contra sí mismo. El juicio de Dios será mayor contra él que contra una persona que *nunca* ha tenido el privilegio de oír de la benignidad de Dios.

«Fuego vine a echar en la tierra; ¿y qué quiero, si ya se ha encendido?» (Lc. 12:49).

«El que cree en el Hijo tiene vida eterna; pero el que rehúsa creer en el Hijo no verá la vida, sino que la ira de Dios está sobre él» (Jn. 3:36).

«Porque la ira de Dios se revela desde el cielo contra toda impiedad e injusticia de los hombres que detienen con injusticia la verdad» (Ro. 1:18).

«Pero fornicación y toda inmundicia, o avaricia, ni aun se nombre entre vosotros, como conviene a santos; ni palabras deshonestas, ni necedades, ni truhanerías, que no convienen, sino antes bien acciones de gracias. Porque sabéis esto, que ningún fornicario, o inmundo, o avaro, que es idólatra, tiene herencia en el reino de Cristo y de Dios. Nadie os engañe con palabras vanas, porque por estas cosas viene la ira de Dios sobre los hijos de desobediencia» (Ef. 5:3-6).

«Sabe el Señor librar de tentación a los piadosos, y reservar a los injustos para ser castigados en el día del juicio» (2 P. 2:9).

«Pero los cielos y la tierra que existen ahora, están reservados por la misma palabra, guardados para el fuego en el día del juicio y de la perdición de los hombres impíos» (2 P. 3:7).

«El hombre que reprendido endurece la cerviz, de repente será quebrantado, y no habrá para él medicina» (Pr. 29:1)

3 (2:6-10) ***Juicio:*** el juicio de Dios —el único Dios vivo y verdadero— es según las obras (Pr. 24:12; 2 Ti. 4:14; cp. Mt. 16:27; Ap. 22:12), y será universal. Cada persona será recom-pensada eternamente o será eternamente castigada. No habrá excepciones; nadie escapará.

Ahora bien, note que el juicio se basará sobre las «acciones» (*ergon*) u obras. Esto no significa que la *fe* no es necesaria. Por el contrario, no existe ...
- la fe sin obras.
- obras justas y aceptables sin fe.

Las buenas obras—las obras que son verdaderamente de Dios, que agradan a Dios—son el resultado de la fe. Los hombres creen en muchas cosas diferentes en el mundo, a las que sirven y trabajan por ellas. Algunos creen y trabajan...
- por la religión y trabajan por ella.
- por clubes sociales.
- por organizaciones de servicio.
- por la humanidad.

Lo que Dios pide de los hombres es que primero crean en Él y trabajen para Él, evangelizando a un mundo perdido y que está aprisionado en una necesidad desesperante. Cuando el hombre cree verdaderamente en Dios, trabaja para Dios. (Cp. Stg. 2:17s.) Dios va a recompensar o castigar a todo hombre conforme a sus obras, según lo que haya hecho *con Dios y por Él*.

1. Habrá una maravillosa recompensa para los que hacen bien, note tres cosas acerca de los que hacen bien.
   a. Note lo que buscan: gloria, honra e inmortalidad (*véanse* las notas sobre cada tema—Ro. 2:7).
   b. Note cómo es la búsqueda del que hace bien: «perseverando en bien hacer» (*hupomone*). La palabra significa estar firme y constante; soportar, perseverar, ser fiel, y continuar. El bienhechor es fiel y sigue haciendo buenas obras.
      - no sólo las empieza, las termina.
      - no vive una vida inconstante, contradictoria, con altibajos. Sigue haciendo buenas obras en forma constante.
      - no cede en las dificultades, en los tropiezos, en la oposición. Soporta y persevera haciendosiempre el bien.

«No nos cansemos, pues, de hacer bien; porque a su tiempo segaremos, si no desmayamos» (Gá. 6:9).

«Pero persiste tú en lo que has aprendido y te persuadiste, sabiendo de quién has aprendido» (2 Ti. 3:14).

«Por tanto, nosotros también, tenien-do en derredor nuestro tan grande nube de testigos, despojémonos de todo peso y del pecado que nos asedia, y corramos con paciencia la carrera que tenemos por delante» (He. 12:1).

«Por tanto, ceñid los lomos de vuestro entendimiento, sed sobrios, y esperad por completo en la gracia que se os traerá cuando Jesucristo sea mani-festado» (1 P. 1:13).

«He aquí, yo vengo pronto; retén lo que tienes, para que ninguno tome tu corona» (Ap. 3:11).

   c. Note la maravillosa recompensa del que hace bien: vida eterna. Se dice que la vida eterna es heredar un mundo de gloria honra y paz (v. 10; cp. Ro. 4:13). (*Véanse* Estudio a fondo 2, ***Vida Eterna***—Jn. 1:4; Estudio a fondo 1—10:10; Estudio a fondo 1—17:2-3; 2 Ti. 4:18; *véanse* además, la nota, ***Paz***—Ro. 5:1; Jn. 14:27 para una discusión al respecto.)

2. Habrá un juicio terrible y severo contra el que hace mal. El malhechor será juzgado por tres razones.
   a. Es contencioso contra Dios (*véanse*Estudio a fondo 4— Ro. 2:8). Al malhechor no le gusta lo que Dios dice; en consecuencia lucha contra lo que Dios ha hablado. Lucha, combate, batalla y pelea contra Dios. Se niega a doblar su rodilla bajo la voluntad de Dios; no quiere

rendirse a la voluntad de Dios. Cuando trata con Dios, el malhechor es contencioso.

b. No obedece a la verdad. Ve, oye y conoce la verdad. Llega al punto de saber que la verdad hay que cumplirla, pero se niega a hacerlo. Se niega a ser persuadido y no quiere creer. Rechaza a Cristo, la Verdad viva, y la Palabra de Dios, la verdad escrita. Simplemente sigue su propia forma de vivir, conduciéndola y controlándola a su antojo. Rechaza la verdad y se niega a creerla y a hacerla.

c. Hace la injusticia (*véase* Estudio a fondo 5—Ro. 2:8 para su discusión).

3. El malhechor debe ser juzgado, tanto el judío como el gentil, Ningún malhechor escapará. «Todo ser humano que hace lo malo» sufrirá y el juicio de Dios será severo y terrible. Su juicio involucrará indignación e ira, tribulación y angustia (*véanse* Estudios a fondo 6, 7—Ro.2:8; Estudios a fondo 8, 9—2:9 para discusión).

«E irán éstos al castigo eterno, y los justos a la vida eterna» (Mt. 25:46).

«Su aventador está en su mano, y limpiará su era, y recogerá el trigo en su granero, y quemará la paja en fuego que nunca se apagará» (Lc. 3:17).

«Aquel siervo que conociendo la voluntad de su señor, no se preparó, ni hizo conforme a su voluntad, recibirá muchos azotes» (Lc. 12:47).

«Pero ira y enojo a los que son contenciosos y no obedecen a la verdad, sino que obedecen a la injusticia» (Ro. 2:8).

«Y a vosotros que sois atribulados, daros reposo con nosotros, cuando se manifieste el Señor Jesús desde el cielo con los ángeles de su poder, en llama de fuego, para dar retribución a los que no conocieron a Dios, ni obedecen al evangelio de nuestro Señor Jesucristo; los cuales sufrirán pena de eterna perdición, excluidos de la presencia del Señor y de la gloria de su poder» (2 Ts. 1:7-9).

«¿Cuánto mayor castigo pensáis que merecerá el que pisoteare al Hijo de Dios, y tuviere por inmunda la sangre del pacto en la cual fue santificado e hiciere afrenta al Espíritu de gracia?» (He. 10:29).

«Sabe el Señor librar de tentación a los piadosos, y reservar a los injustos para ser castigados en el día del juicio» (2 P. 2:9).

«Y el que no se halló inscrito en el libro de la vida fue lanzado al lago de fuego» (Ap. 20:15).

«Sobre los malos hará llover calamidades; fuego, azufre y viento abrasador será la porción del cáliz de ellos» (Sal. 11:6).

«Y castigaré al mundo por su maldad y a los impíos por su iniquidad; y haré que cese la arrogancia de los soberbios y abatiré la altivez de los fuertes» (Is. 13:11).

«Porque he aquí que Jehová sale de su lugar para castigar al morador de la tierra por su maldad contra él; y la tierra descubrirá la sangre derramada sobre ella, y no encubrirá ya más a sus muertos» (Is. 26:21).

«Como para vindicación, como para retribuir con ira a sus enemigos, y dar el pago a sus adversarios; el pago dará a los de la costa» (Is. 59:18).

«Yo os castigaré conforme al fruto de vuestras obras, dice Jehová, y haré encender fuego en su bosque, y consumirá todo lo que está alrededor de Él» (Jer. 21:14).

«Porque he aquí, viene el día ardiente como un horno, y todos los soberbios y todos los que hacen maldad serán estopa; aquel día que vendrá los abrasará, ha dicho Jehová de los ejércitos, y no les dejará ni raíz ni rama» (Mal. 4:1).

4. Todo aquel que hace bien será recompensado, sea judío o gentil. Ninguno que hace el bien será exceptuado o pasado por alto. «Todo el que hace lo bueno» recibirá...

- inmortalidad (v. 7).
- vida eterna (v. 7).
- gloria (vv. 7, 10).
- honra (vv. 7, 10).
- paz (v.10).

ESTUDIO A FONDO 1

(2:7) ***Gloria*** (*doxa*): significa poseer y estar lleno de la perfecta luz; morar en luz, brillo, esplendor, resplandor, lustre y magnificencia perfectos con Dios.

«Entonces los justos resplandecerán como el sol en el reino de su Padre. El que tiene oídos para oír, oiga» (Mt. 13:43).

«Y si hijos, también herederos; herederos de Dios y coherederos con Cristo, si es que padecemos juntamente con Él» (Ro. 8:17).

«El cual tranformará el cuerpo de la humillación nuestra, para que sea semejante el cuerpo de la gloria suya, por el poder con el cual puede también sujetar a sí mismo todas las cosas» (Fil. 3:21).

«Cuando Cristo, vuestra vida, se manifieste, entonces vosotros también seréis manifestados con Él en gloria» (Col. 3:4).

«Después de esto miré, y he aquí una gran multitud, la cual nadie podía contar, de todas las naciones y tribus y pueblos y lenguas, que estaban delante del trono y en la presencia del Cordero, vestidos de ropas blancas y con palmas en las manos» (Ap. 7:9).

«Me has guiado según tu consejo, y después me recibirás en gloria» (Sal. 73:24).

«Tengo por cierto que las aflicciones del tiempo presente no son comparables con la gloria venidera que en nosotros ha de manifestarse» (Ro. 8:18).

«Porque esta leve tribulación momentánea produce en nosotros un cada vez más excelente y eterno peso de gloria»(2 Co. 4:17).

«Por tanto, todo lo soporto por amor de los escogidos, para que ellos también obtengan la salvación que es en Cristo Jesús con gloria eterna» (2 Ti. 2:10).

«Ruego a los ancianos que están entre vosotros, yo anciano también con ellos, y testigo de los pade-cimientos de Cristo, que soy también participante de la gloria que será revelada» (1 P. 5:1).

ESTUDIO A FONDO 2

(2:7) ***Honra*** (*time*): quiere decir ser elogiado, reconocido, aprobado, aceptado, estimado y exaltado por Dios. Significa ser privilegiado y exaltado a una posición de responsabilidad y servicio a Dios.

«El le dijo: Está bien, buen siervo; por cuanto en lo poco has sido fiel, tendrás autoridad sobre diez ciudades» (Lc. 19:17).

«Si alguno me sirve, sígame; y donde yo estuviere, allí también estará mi servidor. Si alguno me sirviere, mi Padre le honrará» (Jn. 12:26).

«Pero honra gloria y paz a todo el hace lo bueno, al judío primeramente y también al griego» (Ro. 2:10).

«¿O no sabéis que los santos han de juzgar al mundo? Y si el mundo ha de ser juzgado por vosotros, ¿sois indignos de juzgar cosas muy pequeñas? ¿O no sabéis que hemos de juzgar [gobernar, reinar] a los ángeles? ¿Cuánto más las cosas de esta vida?» (1 Co. 6:2-3).

«Al que venciere, le daré que se siente conmigo en mi trono, así como yo he vencido, y me he sentado con mi Padre en su trono» (Ap. 3:21).

«Por cuanto en mí ha puesto su amor, yo también lo libraré; le pondré en alto, por cuanto ha conocido mi nombre» (Sal. 91:14).

«El que sigue la justicia y la misericordia hallará la vida, la justicia y la honra» (Pr. 21:21).

«Riquezas, honra y vida son la remuneración de la humildad y del temor de Jehová» (Pr. 22:4).

«Los entendidos resplandecerán como el resplan-

dor del firmamento; y los que enseñan la justicia a la multitud, como las estrellas a perpetua eternidad» (Dn. 12:3).

ESTUDIO A FONDO 3

(2:7) ***Inmortalidad*** (*aphtarsia*): significa vivir para siempre con Dios; ser incorruptible, perfeccionado, y hecho permanente y eterno. Significa estar libre del dolor y de las lágrimas, del cansancio y del pesar, de los sufrimientos y del pecado, de la contaminación, de la debilidad, la fragilidad, la enfermedad, los tormentos y la muerte. Significa ser liberado de un mundo imperfecto y ser puesto en un mundo perfecto con Dios—un mundo que dura para siempre jamás.

«Porque no pueden ya más morir, pues son iguales a los ángeles, y son hijos de Dios, al ser hijos de la resurrección» (Lc. 20:36).

«De cierto, de cierto os digo, que el que guarda mi palabra nunca verá muerte» (Jn. 8:51).

«Y todo el que vive y cree en mí, no morirá eternamente. ¿Crees esto?» (Jn. 11:26).

«Vida eterna a los que perseverando en bien hacer, buscan gloria y honra e inmortalidad» (Ro. 2:7).

«Porque es necesario que esto corruptible se vista de incorrupción, y esto mortal se vista de inmor-talidad» (1 Co. 15:53).

«Porque sabemos que si nuestra morada terrestre, este tabernáculo, se deshiciere, tenemos de Dios un edificio, una casa no hecha de manos, eterna en los cielos» (2 Co. 5:1).

«Luego nosotros los que vivimos, los que hayamos quedado, seremos arrebatados juntamente con ellos en las nubes para recibir al Señor en el aire, y así esta-remos siempre con el Señor» (1 Ts. 4:17).

«Pero que ahora ha sido manifestada por la aparición de nuestro Salvador Jesucristo, el cual quitó la muerte y sacó a luz la vida y la inmortalidad por el evangelio» (2 Ti. 1:10).

«Este es el pan que desciende del cielo, para que el que de él come, no muera» (Jn. 6:50).

«Porque es necesario que esto corruptible se vista de incorrupción, y esto mortal se vista de inmorta-lidad. Y cuando esto corruptible se haya vestido de incorrupción, y esto mortal se haya vestido de inmortalidad, entonces se cumplirá la palabra que está escrita: Sorbida es la muerte en victoria» (1 Co. 15:53-54).

«Así que, por cuanto los hijos participaron de carne y sangre, él también participó de lo mismo, para destruir por medio de la muerte al que tenía el imperio de la muerte, esto es, al diablo, y librar a todos los que por el temor de la muerte estaban durante toda la vida sujetos a servidumbre» (He. 2:14-15).

«Enjugará Dios toda lágrima de los ojos de ellos; y ya no habrá muerte, ni habrá más llanto, ni clamor, ni dolor; porque las primeras cosas pasaron» (Ap. 21:4).

«Destruirá a la muerte para siempre; y enjugará Jehová el Señor toda lágrima de todos los rostros; y quitará la afrenta de su pueblo de toda la tierra; porque Jehová lo ha dicho» (Is. 25:8).

«De la mano del Seol los redimiré, los libraré de la muerte. Oh muerte, yo seré tu muerte; y seré tu destrucción, oh Seol; la compasión será escondida de mi vista» (Os. 13:14).

ESTUDIO A FONDO 4

(2:8) ***Soberbio—contencioso*** (*eris*): significa luchar, batallar, pelear, lidiar, discutir, debatir; ser divisivo, faccioso, contencioso, argumentativo y beligerante.

«Así que, todo lo que os digan que guardéis, guardadlo y hacedlo; mas no hagáis conforme a sus obras, porque dicen, y no hacen» (Mt. 22:3).

«Y no queréis venir a mí para que tengáis vida» (Jn. 5:40).

«Pero acerca de Israel dice: Todo el día extendí mis manos a un pueblo rebelde y contradictor» (Ro. 10:21).

«No seáis como el caballo, o como el mulo, sin entendimiento, que han de ser sujetados con cabestro y con freno, porque si no, no se acercan a ti» (Sal. 32:9).

«Y no sean como sus padres, generación contumaz y rebelde; generación que no dispuso su corazón, ni fue fiel para con Dios su espíritu»(Sal. 78:8).

«Pero mi pueblo no oyó mi voz, e Israel no me quiso a mí» (Sal. 81:11).

«Por cuanto llamé, y no quisisteis oír, extendí mi mano, y no hubo quien atendiese, sino que desechasteis todo consejo mío y mi reprensión no quisisteis» (Pr. 1:24-25).

«Oídme, duros de corazón, que estáis lejos de la justicia» (Is. 46:12).

«Por cuanto conozco que eres duro, y barra de hierro tu cerviz, y tu frente de bronce» (Is. 48:4).

«Mi Dios los desechará, porque ellos no le oyeron; y andarán errantes entre las naciones» (Os. 9:17).

«Si no oyereis, y si no decidís de corazón dar gloria a mi nombre, ha dicho Jehová de los ejércitos, enviaré maldición sobre vosotros, y maldeciré vuestras bendiciones; y aun las he maldecido, porque no os habéis decidido de corazón» (Mal. 2:2).

ESTUDIO A FONDO 5

(2:8) ***Injusticia*** (*adikia*): maldad, iniquidad, injusticia, hacer mal, pecado, delito, desorden, una violación de la ley.

ESTUDIO A FONDO 6

(2:8) ***Ira*** (*orge*): es la indignación de Dios contra el pecado (para su discusión, *véase* Estudio a fondo 1, ***Ira de Dios***—Ro. 1:18).

ESTUDIO A FONDO 7

(2:8) ***Enojo*** (*thumos*): es la ira expresa de Dios contra el pecado. *Thumos* es ira sentida más profundamente que la ira *orge* de Dios; por lo tanto se enciende más rápidamente. El enojo *thumos* es la ira que surge de una herida profunda; por lo tanto, se expresa en un juicio terrorífico. (*Véase* Estudio a fondo 1, ***Ira de Dios***—Ro. 1:18 para los versículos.)

ESTUDIO A FONDO 8

(2:9) ***Tribulación*** (*tlipsis*): significa aflicción, opresión, sufrimiento, congoja, presión; es ser presionado, ser puesto en gran aprieto.

ESTUDIO A FONDO 9

(2:9) ***Angustia*** (*stenochoria*): es ser metido en un lugar estrecho; ser comprimido; experimentar un dolor, un pesar, aflicción, sufrimiento y calamidad extremos.

4 (2:11-15) ***Juicio—obediencia—hacedores—oidores:*** el juicio de Dios —el único Dios vivo y verdadero— es sin acepción de

personas. El juicio de Dios será ejecutado con absoluta imparcialidad, sin mostrar favoritismo alguno. Dios no tiene favoritos y no es parcial; no favorece al...

- moralista
- notable
- benevolente
- educado
- rico
- religioso
- honorable
- famoso

Dios no favorece a nadie en el juicio. Todos los hombres están en un pie de igualdad ante el juicio de Dios. *Dios ama y cuida de todos,* pero no tiene favoritos ni muestra parcialidad. Por lo tanto, en el gran día del juicio, todos serán juzgados por la misma regla y por el mismo principio.

1. El hombre que peca sin ley y el hombre que peca en la ley serán ambos juzgados. Además, el pecado es la base del juicio. Los hombres serán juzgados *por el pecado.*

a. El hombre que peca «sin ley» (*anomos*) también sin ley peecerá. La palabra que se traduce ley es una palabra general. Se refiere a la ley de Dios tanto en las Escrituras como en la naturaleza. Por lo tanto, el hombre que no tiene la ley de las Escrituras *sí tiene* la ley de la naturaleza para guiarle. Si peca contra la ley en la naturaleza, de todos modos será juzgado y será condenado. Tuvo la oportunidad de conocer por medio de la naturaleza misma (*véanse* bosquejo y notas—Ro. 1:19;1:20 para mayor discusión).

b. El hombre que peca «en la ley» será juzgado por la ley. Su juicio, por cierto, será mayor, porque tuvo todos los privilegios y oportunidades que se pueda imaginar.

«Entonces Pedro, abriendo la boca, dijo: En verdad comprendo que Dios no hace acepción de personas, sino que en toda nación se agrada del que le teme y hace justicia» (Hch. 10:34-35).

«Y ninguna diferencia hizo entre nosotros y ellos, purificando por la fe sus corazones» (Hch. 15:9).

«Porque no hay acepción de personas para con Dios» (Ro. 2:11).

"Porque no hay diferencia entre judío y griego, pues el mismo que es Señor de todos, es rico para con todos los que le invocan" (Ro.10:12).

2. Los hacedores y no los oidores de la ley serán justificados. No basta con tener la ley, esto es, la Palabra de Dios; no basta...

- oírla y verla.
- poseerla y profesarla.
- entenderla y saberla.
- proclamarla y enseñarla.

Una persona debe ser hacedora de la ley; debe obedecer la ley y vivir de acuerdo con ella. La ley no fue dada para quedar en una estantería o sobre una mesa, ni fue dada para oírla y obtener una sumisión verbal. La ley fue dada para ser obedecida y para vivirla, para que gobierne y controle la vida de modo que el hombre viva a plenitud su vida. Por eso, los que son solamente oidores de la ley no serán justificados delante de Dios, sino los hacedores de la ley serán justificados.

Pensamiento. Poseer, tener, oír, y aun proclamar la ley (la Palabra de Dios) no basta para salvar a una persona. La persona debe guardar la ley; debe vivir y hacer la voluntad de Dios.

«No todo el que me dice: Señor, Señor, entrará en el reino de los cielos, sino el que hace la voluntad de mi Padre que está en los cielos» (Mt. 7:21).

«Porque todo aquel que hace la voluntad de mi Padre que está en los cielos, ése es mi hermano, y hermana, y madre» (Mt. 12:50).

«Todo aquel que viene a mí, y oye mis palabras y las hace, os indicaré a quién es semejante. Semejante es al hombre que al edificar una casa, cavó y ahondó y puso el fundamento sobre la roca; y cuando vino una inundación, el río dio con ímpetu contra aquella casa, pero no la pudo mover, porque estaba fundada sobre la roca. Mas el que oyó y no hizo, semejante es al hombre que edificó su casa sobre la tierra, sin fundamento; contra la cual el río dio con ímpetu, y luego cayó, y fue grande la ruina de aquella casa» (Lc. 6:47-49).

«Si sabéis estas cosas, bienaventurados seréis si las hiciereis» (Jn. 13:17).

«Porque no son los oidores de la ley los justos ante Dios, sino los hacedores de la ley serán justificados» (Ro. 2:13).

«Pero sed hacedores de la palabra y no tan solamente oidores, engañándoos a vosotros mismos» (Stg. 1:22).

«Hermanos, no murmuréis los unos de los otros. El que murmura del hermano y juzga a su hermanos, murmura de la ley y juzga a la ley; pero si tú juzgas a la ley, no eres hacedor de la ley, sino juez» (Stg. 4:11).

«Y el mundo pasa, y sus deseos; pero el que hace la voluntad de Dios permanece para siempre» (1 Jn. 2:17).

«Bienaventurados los que lavan sus ropas, para tener derecho al árbol de la vida, y para entrar por las puertas de la ciudad» (Ap. 22:14).

3. Los paganos tienen un triple testimonio, un testimonio que es suficientemente fuerte como para llevarlos a Dios.

a. Los hombres tienen su naturaleza —la naturaleza del hombre que habla fuerte y claramente— que señala hacia Dios. Note qué dice exactamente el versículo.

- Los hombres podrían no tener la ley(las Escrituras)...
- Pero pueden hacer la ley *por naturaleza.*
- Pueden ser «ley para sí mismos».

Dentro del hombre, dentro de su naturaleza (*physei*) está eso que puede estimularlo a hacer la ley. El hombre tiene dentro de sí un conocimiento instintivo del bien y del mal. Su naturaleza misma le da la oportunidad de hacer lo que es bueno.Aquí se quiere decir algo más. El hombre puede contemplar la naturaleza (la creación) y ve que él forma parte de ella. Puede ver instintivamente, a través de la naturaleza, el gran poder eterno de Dios y su divinidad. (*Véase* nota—Ro. 1:20 para una lista de cosas que la naturaleza revela acerca de Dios.)

«Porque lo que de Dios se conoce [en su interior, en sus consciencias, en un moral sentido interior] es manifiesto, pues Dios se lo manifestó» (Ro. 1:19).

«Porque las cosas invisibles de Él, su eterno poder y deidad, se hacen claramente visibles desde la creación del mundo, siendo entendidas por medio de las cosas hechas, de modo que no tienen excusa» (Ro. 1:20).

b. Los hombres tienen sus conciencias que dan testimonio de lo que es bueno y malo. Cuando hacen bien, sienten la aprobación; cuando hacen mal, sienten la reprensión. La conciencia del hombre le da la oportunidad de vivir en forma justa y de hacer el bien.

«¿Cuánto más la sangre de Cristo, el cual mediante el Espíritu eterno se ofreció a sí mismo sin mancha a Dios, limpiará vuestras conciencias de obras muertas para que sirváis al Dios vivo?» (He. 9:14).

«Acerquémonos con corazón sincero, en plena certidumbre de fe, purificados los corazones de mala conciencia, y lavados los cuerpos con agua pura» (He. 10:22).

«Por lo cual es necesario estarle sujetos, no solamente por razón del castigo, sino también por causa de la conciencia» (Ro. 13:5).

c. Los hombres tienen sus razonamientos, su capacidad de razonar que puede aprobar o desaprobar, excusar o acusarlos a ellos y a otros. Los pensamientos de los hombres les dan testimonio de cómo debieran o no debieran vivir, si su conducta es excusable (aceptable) o acusable (digna de condenación). Note dos puntos críticos:

Primero, los hombres pueden aprender mucho de Dios y sobre lo bueno y malo a través de sus natura-lezas, sus conciencias y pensamientos. Los hombres pueden mirarse a sí mismos y a la creación y aprender que deben vivir...

- en conformidad al orden, las leyes y las reglas.
- en obediencia, respeto y paz.
- mostrando gratitud, honra y estimación.
- siendo limpios, puros y morales.
- mostrando cuidado, preocupación y amor.
- sin robar, mentir ni timar.

(*Véase* nota—Ro. 1:19; 1:20 para mayor discusión.)

Segundo, el hombre no puede ser salvo sin Cristo Jesús. No importa cuanta moralidad puedan exhibir en su vida —sea que viva por la ley o por la natu-raleza— no vive una vida sin pecado y perfecta. Pecan y quedan destituidos de la gloria de Dios. Así que, sin importar con cuanta moralidad viva el hombre, tiene que ser *perfeccionado* en la «justicia de Dios» que es en Cristo Jesús mismo (para mayor discusión, *véanse* nota, ***Justificación***—Ro. 4:1-3; Estudio a fondo 2—4:22; nota—5:1. Además, pto.3—Ro. 2:2-5.)

«Jesús le dijo: Yo soy el camino, y la verdad, y la vida; nadie viene al Padre, sino por mí» (Jn. 14:6).

«Y en ningún otro hay salvación; porque no hay otro nombre bajo el cielo, dado a los hombres, en que podamos ser salvos» (Hch. 4:12).

«Porque hay un solo Dios, y un solo mediador entre Dios y los hombres, Jesucristo hombre» (1 Ti. 2:5).

«Hijitos míos, esta cosas os escribo para que no pequéis; y si alguno hubiere pecado, abogado tenemos para con el Padre, a Jesucristo el justo» (1 Jn. 2:1).

«Y nosotros hemos visto y testificamos que el Padre ha enviado al Hijo, el Salvador del mundo» (1 Jn. 4:14)

5 (2:16) ***Juicio:*** el juicio de Dios —el único Dios vivo y verdadero— será ejecutado por Cristo y su evangelio. Note estos hechos.

1. Se aproxima un día específico que es el día del juicio. Ya está fijado.

«Cuando el Hijo del Hombre venga en su gloria, y todos los santos ángeles con él, entonces se sentará en su trono de gloria, y serán reunidas delante de Él todas las naciones; y apartará los unos de los otros, como aparta el pastor las ovejas de los cabritos» (Mt. 25:31-32).

«Y de la manera que está establecido para los hombres que mueran una sola vez, y después de esto el juicio» (He. 9:27).

«Sabe el Señor librar de tentación a los piadosos, y reservar a los injustos para ser castigados en el día del juicio» (2 P. 2:9).

«Pero los cielos y la tierra que existen ahora, están reservados por la misma palabra, guardados para el fuego en el día del juicio y de la perdición de los hombres impíos» (2 P. 3:7).

«En esto se ha perfeccionado el amor en nosotros, para que tengamos confianza en el día del juicio; pues como Él es, así somos nosotros en este mundo» (1 Jn. 4:17).

«De éstos también profetizó Enoc, séptimo desde Adán, diciendo: He aquí, vino el Señor con sus santas decenas de millares, para hacer juicio contra todos, y dejar convictos a todos los impíos de todas sus obras impías que han hecho impíamente, y de todas las cosas duras que los pecadores impíos han hablado contra Él» (Jud. 14-15).

2. En aquel día serán juzgados «los secretos de los hombres». Todos los secretos serán revelados, los pensamientos y actos realizados...

- en las tinieblas
- a solas
- calladamente
- en silencio
- en secreto
- detrás de puertas cerradas

«Porque nada hay encubierto que no haya de descubrirse; ni oculto, que no haya de saberse (Lc. 12:2).

«Así que no juzguéis nada antes de tiempo, hasta que venga el Señor, el cual aclarará también lo oculto de las tinieblas, y manifestará las intenciones de los corazones; y entonces cada uno recibirá alabanza de Dios» (1 Co. 4:5).

«Mas si no lo hacéis, he aquí habréis pecado ante Jehová; sabed que vuestro pecado os alcanzará» (Nm. 32:23).

«Porque Dios traerá toda obra a juicio, junta-mente con toda cosa encubierta, sea buena o sea mala» (Ec. 12:14).

3. Jesucristo es Aquel que hará el juicio. El es Quien...

- ha obtenido el derecho de juzgar puesto que obedeció perfectamente a Dios. Él es quien vivió una vida sin pecado y murió por los hombres.
- ha experimentado la vida en la carne sobre la tierra y puede comprender y solidarizar con los hombres en sus debilidades (He. 2:15-18; 4:15-16).

«Y serán reunidas delante de él todas las naciones; y apartará los unos de los otros, como aparta el pastor las ovejas de los cabritos» (Mt. 25:32).

«Porque el Padre a nadie juzga, sino que todo el juicio dio al Hijo» (Jn. 5:22).

«Y nos mandó que predicásemos al pueblo, y testificásemos que Él es el que Dios ha puesto por Juez de vivos y muertos» (Hch. 10:42).

«Por cuanto ha establecido un día en el cual juzgará al mundo con justicia, por aquel varón a quien designó, dando fe a todos con haberle levantado de los muertos» (Hch. 17:31).

«En el día que Dios juzgará por Jesucristo los secretos de los hombres, conforme a mi evangelio» (Ro. 2:16).

«Pero tú, ¿por qué juzgas a tu hermano? Porque todos compareceremos ante el tribunal de Cristo» (Ro. 14:10).

«Te encarezco delante de Dios y del Señor Jesucristo, que juzgará a los vivos y a los muertos en su manifestación y en su reino» (2 Ti. 4:1).

«A éstos les parece cosa extraña que vosotros no corráis con ellos en el mismo desenfreno de disolución, y os ultrajan; pero ellos darán al que [Cristo] está preparado para juzgar a los vivos y a los muertos» (1 P. 4:4-5).

4. La norma por la cual los hombres serán juzgados es el evangelio.

«El que me rechaza, y no recibe mis palabras, tiene quien le juzgue; la palabra que he hablado, ella le juzgará en el día postrero» (Jn. 12:48).

«El que no me ama, no guarda mis palabras; y las palabra que habéis oído no es mía, sino del padre que me envió» (Jn. 14:24).

«Además os declaro, hermanos, el evangelio que os he predicado, el cual también recibisteis, en el cual también perseveráis; por el cual asimismo, si retenéis la palabra que os he predicado, sois salvos si no creísteis en vano. Porque primeramente os he enseñado lo que asimismo recibí:

Que Cristo murió por nuestros pecados, conforme a las Escrituras; y que fue sepultado, y que resucitó al tercer día, conforme a las Escrituras» (1 Co. 15:1-4).

«Si alguno enseña otra cosa, y no se conforma a las sanas palabras de nuestro Señor Jesucristo, y a la doctrina que es conforme a la piedad, está envanecido, nada sabe, y delira acerca de cuestiones y contiendas de palabras, de las cuales nacen envidias, pleitos, blasfemias, malas sospechas, disputas necias de hombres corruptos de entendimiento y privados de la verdad» (1 Ti. 6:3-5).

«Y este es su mandamiento: Que creamos en el nombre de su Hijo Jesucristo, y nos amemos unos a otros como nos lo ha mandado» (1 Jn. 3:23).

D. La causa de Dios contra el religioso (judío),[DF1] **2:17-29**

1 El religioso profesa una religión
a. Se apoya en la Palabra
b. Profesa a Dios
c. Conoce la vol. de Dios
d. Aprueba lo mejor
e. Estudia la ley de Dios
f. Está seguro de ser guía de los ciegos
g. Está seguro que es luz a ellos en tinieblas
h. Está seguro de instruir a los indoctos
i. Está seguro de que es maestro de niños
j. Tiene la ley, la forma de la verdad

2 El religioso no vive lo que profesa
a. El hecho: su vida no armoniza con lo que dice
b. Resultado: su hipocresía hace que otros denigren el nombre de Dios.

17 He aquí tú tienes el
sobrenombre de judío, y te
apoyas en la ley, y te glorías
en Dios,
18 y conoces su vo-
luntad, e instruido por la ley
apruebas lo mejor,
19 y confías en que eres
guía de los ciegos, luz de
los que están en tinieblas,
20 instructor de los in doc-
tos, maestro de niños, que
tienes en la ley la forma
de la ciencia y de la verdad.
21 Tú, pues, que enseñas
a otro, ¿no te enseñas a ti
mismo? Tú que predicas que
no se ha de hurtar, ¿hurtas?
22 Tú que dices que no
se ha de adulterar, ¿adul-
teras? Tú que abominas de
los ídolos,¿cometes sacri-le-
gio?
23 Tú que te jactas de la
ley, ¿con infracción de la
ley deshonras a Dios?
24 Porque como está es-
crito, el nombre de Dios es
blasfemado entre los gentiles
por causa de vosotros.
25 Pues en verdad la cir-
cuncisión aprovecha, si
guardas la ley; pero si eres
trangresor de la ley, tu cir-
cuncisión viene a ser incir-
cuncisión.
26 Si pues el incircunciso
guardare las ordenanzas
de la ley, no será tenida su
incircuncisión como cir-
cuncisión?
27 y el que físicamente
es incircunciso, pero guar-
da perfectamente la ley, te
condenará a ti, que con
la letra de la ley y con la
circuncisión eres trans-
gresor de la ley.
28 Pues no es judío el que
lo es exteriormente, ni es la
circuncisión la que se hace
exteriormente en la carne;
29 sino que es judío el
que lo es en lo interior, y la
circuncisión es la del cora-
zón, en espíritu, no en letra;
la alabanza del cual no
viene de los hombres, sino
de Dios.

3 El religioso cree que un ritual (la circuncisión) esel método para obtenerla aprobación divina
a. La circuncisión sólo tiene valor si se cumple la ley
b. El incircunciso que guarda la ley es tenido por cincuncidado (ritualmente aceptado)
c. El incircunciso que guarda la ley juzgará al religioso que quebranta la ley

4 El religioso yerra por el punto principal: un verdadero religioso es justo dentro de sí
a. No es algo externo
b. Es interno: del corazón, en el espíritu
c. Su alabanza no es de los hombres (no es de la carne) sino de Dios

D. La causa de Dios contra el religioso (judío), 2:17-29

(2:17-29) ***Introducción— religioso—judío:*** este pasaje es un estudio excelente del religioso cristiano o del miembro de la iglesia así como del judío. (*Véase* más discusión al respecto en la nota, ***Religiosos***—Lc. 15:25-32; 18:9-12.) La causa de Dios contra el religioso cristiano comprende cuatro puntos.

1. El religioso profesa la religión (vv. 17-20).
2. El religioso no vive lo que profesa (vv. 21-24).
3. El religioso cree que el ritual (la circuncisión) es el camino para lograr la aprobación de Dios (vv. 25-27).
4. El religioso yerra por completo el punto principal: Un verdadero religioso es interiormente justo (vv. 28-29).

ESTUDIO A FONDO 1

(2:17-29) ***Religiosos:*** religioso es una persona interesada en la religión y que profesa la religión. Debido al extremado interés de los judíos en la religión fueron considerados como la personificación del religioso. Sin embargo, se considera que la mayor parte de la gente es religiosa y profesa alguna religión sin distinción de nacionalidad. Por lo tanto, se puede llamar religiosa a la mayor parte de la gente. Hay dos clases de religiosos:

1. Están los que sienten que son *bastante buenos* ante Dios tal como son, que están haciendo el bien en cantidad suficiente para que Dios los acepte. No pueden creer que Dios los vaya a rechazar cuando se vean las caras con El. Es verdad que hacen algunas cosas malas, pero no tan malas, no tantas para que Dios los rechace y los condene por toda la eternidad. Son personas que viven según sus deseos, adoran a Dios solamente en cantidad suficiente para satisfacer sus conciencias. La inmensa mayoría de las personas están en esta clase de justicia propia. Pocos hombres creen que serán rechazados por Dios y que se les negará la entrada al cielo. Piensan que tienen *suficiente bondad* para ser aceptados por Dios.

«Nos salvó, no por obras de justicia que nosotros hubiéramos hecho, sino por su misericordia, por el lavamiento de la regeneración y por la renovación en el Espíritu Santo» (Tit. 3:5).

«Muchos hombres proclaman cada uno su propia bondad, pero hombre de verdad, ¿quién lo hallará?"»(Pr. 20:6).

«Hay generación limpia en su propia opinión, si bien no se ha limpiado de su inmundicia» (Pr. 30:12).

2. Están los que tienen una conciencia sensible y piensan que deben dedicarse a las *buenas obras* tanto cuanto les sea humanamente posible. Trabajan y hacen bien con el fin de ganarse el favor de Dios. Creen que las buenas obras es lo que se necesita para hacerlos justos y los prepara ante los ojos de

Dios. Por lo tanto, trabajan todas sus vidas tratando de edificar virtudes y méritos delante de Dios. Tratan de hacer lo mejor que pueden para ser aceptados por Dios.

«Ya que por las obras de la ley ningún ser humano será justificado delante de Él; porque por medio de la ley es el conocimiento del pecado» (Ro. 3:20).

«Sabiendo que el hombre no es justificado por las obras de la ley, sino por la fe de Jesucristo, nosotros también hemos creído en Jesucristo, para ser justificado por la fe de Cristo y no por las obras de la ley, por cuanto por las obras de la ley nadie será justificado» (Gá. 2:16).

«Porque por gracia sois salvos por medio de la fe; y esto no de vosotros, pues es don de Dios; no por obras, para que nadie se gloríe» (Ef. 2:8-9).

Note que el creyente genuino no es clasificado como religioso. La razón es evidente: el verdadero creyente no sigue una religión; sigue a Jesucristo. Jesucristo vive; vive en otro mundo—el mundo espiritual, la dimensión espiritual del ser. El creyente está en contacto con El diariamente, comuni-cándose con El por medio del Espíritu Santo y la oración. Lo que el creyente hace es seguir a Cristo; vive la vida de Cristo Jesús, no las reglas de la religión. Por eso, el genuino creyente es un discípulo de Cristo, no de una religión.

«Con Cristo estoy juntamente crucificado, y ya no vivo yo, mas vive Cristo en mí; y lo que ahora vivo en la carne, lo vivo en la fe del Hijo de Dios, el cual me amó y se entregó a sí mismo por mí» (Gá. 2:20).

«En quien vosotros también sois juntamente edificados para *morada* de Dios en el Espíritu» (Ef. 2:22; cp. 1 Co. 3:16; 6:19).

«Porque para mí el vivir es Cristo, y el morir es ganancia» (Fil. 1:21).

«A quienes Dios quiso dar a conocer las riquezas de la gloria de este misterio entre los gentiles; que es Cristo en vosotros, la esperanza de gloria» (Col. 1:27).

«Y el que guarda sus mandamientos, permanece en Dios, y Dios en él. Y en esto sabemos que Él permanece en nosotros, por el Espíritu que nos ha dado» (1 Jn. 3:24).

«He aquí, yo estoy a la puerta y llamo; si alguno oye mi voz y abre la puerta, entraré a él, y cenaré con él y él conmigo» (Ap. 3:20).

1 (2:17-20) ***Religiosos:*** el religioso (judío) profesa una religión. Acepta el nombre de su religión sea cual fuere, judío, musulmán o budista; y muestra suficiente interés en su religión para sentirse seguro. Los religiosos cristianos y judíos cometen diez errores:

1. El religioso «se apoya en la ley», esto es, en la Palabra de Dios (v. 17). Posee las Escrituras (la Biblia)...
   - la tiene en su casa.
   - a veces la lee.
   - la lleva a la iglesia.
   - la reconoce como la palabra de Dios y le da honor.

Debido a esto, siente que agrada a Dios. Descansa en el hecho de que posee la Palabra de Dios. Por tener la Palabra de Dios, siente que tiene la aprobación y la aceptación divina. Pero éste es el error central del religioso: Dios no acepta a la persona porque tenga casualmente la Palabra de Dios entre sus posesiones. Dios aprueba y acepta a la persona que *hace* la Palabra de Dios, que vive y obedece la ley de Dios.

«¿Qué ventaja tiene, pues, el judío ¿[cristiano]? ¿o de qué aprovecha la circuncisión? Mucho, en todas maneras. Primero, ciertamente, que les ha sido confiada la Palabra de Dios» (Ro. 3:1-2).

2. El religioso profesa a Dios. «Profesar» (*kauchasai*) significa jactarse, gloriarse, estar orgulloso porque uno profesa a Dios y una religión. La idea es que uno profesa *abiertamente* que cree en Dios. No se avergüenza de su creencia ni de su afiliacion religiosa. Cree en Dios y se siente a salvo y seguro en su creencia. Confiesa a Dios y siente que Dios lo acepta por su profesión religiosa.

Sin embargo, éste es el *error* del religioso: Dios no está interesado en la profesión de un hombre, sino en su vida. Dios quiere que el hombre viva para Él, no que solamente profese creer y hable de Él.

«Porque yo les doy testimonio de que tienen celo de Dios, pero no conforme a ciencia. Porque ignorando la justicia de Dios, y procurando establecer la suya propia, no se han sujetado a la justicia de Dios» (Ro. 10:2-4).

3. El religioso conoce la voluntad de Dios (v.18). Está familiarizado con la ley y los mandamientos de Dios. Sabe lo que Dios quiere que se haga; discierne lo bueno de lo malo. Por eso, siente que tiene la aprobación divina.

Sin embargo, el religioso yerra en que no logra ver algo: no basta con conocer la voluntad de Dios—el hombre debe hacer la voluntad de Dios.

«He aquí que tú eres a ellos como cantor de amores, hermoso de voz y que canta bien; y oirán tus palabras, pero no las pondrán por obra» (Ez. 33:31-32).

4. El religioso aprueba lo excelente, esto es, lo mejor de la vida (v .18). No solamente conoce la voluntad de Dios, discierne el bien y el mal, sino además...
   - puede discernir lo excelente, lo mejor.
   - aprueba, expresa y proclama su deleite en las cosas buenas.

Puesto que apoya, promueve y proclama las cosas mejores de la vida, el religioso piensa que agrada a Dios. Pero éste es su error. Dios no está interesado en la aprobación que el hombre haga de las buenas cosas de la vida. La mayoría de los hombres aprueba y habla de las cosas mejores de la vida. Dios quiere que el hombre viva las mejores cosas, que viva en el mejor nivel de excelencia.

«Hijitos míos, no amemos de palabra ni de lengua, sino de hecho y en verdad» (1 Jn. 3:18).

5. El religioso es instruido en la ley y en la Palabra de Dios (v. 18). Es instruido por la familia, por maestros, por predicadores y por amigos. El religioso aprende la Palabra de Dios de alguien, y porque conoce la Palabra de Dios piensa que tiene una correcta relación con Dios. Sin embargo, la preocupación de Dios no está en lo que una persona conoce, sino en lo que hace. Dios espera que una persona tome lo que ha aprendido y lo ponga por obra. Dios espera que la persona viva a la altura de lo que se le ha enseñado.

«Y me volvieron la cerviz, y no el rostro; y cuando los enseñaba desde temprano y sin cesar, no escucharon para recibir corrección» (Jer. 32:33).

«Mas vosotros no habéis aprendido así a Cristo, si en verdad le habéis oído, y habéis sido por Él enseñados, conforme a la verdad que está en Jesús. En cuanto a la pasada manera de vivir, despojaos del viejo hombre, que está viciado conforme a los deseos engañosos» (Ef. 4:20-22).

6. El religioso está seguro de ser guía de los ciegos (v.19). La palabra «confiar» (*pepoithas*) quiere decir convencido y seguro. El religioso está convencido que la religión es verdadera, la religión es la forma en que los hombres deben vivir. Cree que el hombre que no cree en Dios y vive una vida religiosa es ciego y necesita ser guiado a la verdad. Por vivir una vida religiosa, siente que...
   - es un ejemplo para los demás hombres,
   - es un guía que ayuda a los hombres a encontrar a Dios.
   - puede curar a los hombres de su ceguera en cuanto a Dios y su religión.

Sin embargo, el estar «confiado» en que uno es guía de los ciegos no significa que uno es un guía verdadero. La persona debe estar segura de que él mismo está siguiendo la verdad, a Jesucristo (Jn. 14:6). Hay muchos guías en el mundo que están guiando a la gente por el camino errado. Son guías ciegos; ciegos guías de ciegos (Mt. 15:14).

«A unos que confiaban en sí mismos como justos, y menospreciaban a los otros, dijo también esta parábola» (Lc. 18:9).

«Habéis arado impiedad, y segasteis iniquidad; comeréis fruto de mentira, porque confiaste en tu camino y en la multitud de tus valientes» (Os. 10:13).

7. El religioso está seguro que es instructor de los indoctos (v. 20). La palabra «indocto» indica a alguien que no piensa, necio, sin dirección. Se refiere a personas que caminan por la vida sin pensar en el propósito de la vida, en cuanto a...

- su procedencia: de dónde vienen.
- la razón de estar aquí.
- su destino: adónde van.

El religioso está convencido que la religión responde todas estas preguntas, las preguntas básicas de la vida. Por lo tanto, él puede ayudar al necio a descubrir el sentido, el propósito y el sentido de la vida. El punto crítico para el instructor o el religioso es asegurarse que la instrucción es verdadera. Lo que enseña debe ser la verdad o no sirve para nada.

«Así que, el que piensa estar firme, mire que no caiga» (1 Co. 10:12).

«El que confía en su propio corazón es necio; mas el que camina en sabiduría será librado» (Pr. 28:26).

8. El religioso está seguro que es luz de los que están en tinieblas (v. 20). La palabra «tinieblas» (*skotei*) señala a quienes andan a tropezones buscando la luz, pero no la encuentran. El religioso cree que ha encontrado la luz; por lo tanto, es una luz para los que la están buscando. Sin embargo, el religioso comete un grave error. La religión no es la luz del mundo—Jesucristo es la luz. (*Véase* Estudio a fondo 1—Jn. 8:12.)

«Jesús les respondió: Si fuerais *ciegos,* no tendríais pecado; mas ahora, porque decís: Vemos, vuestro pecado permanece» (Jn. 9:41).

«Porque tú dices: Yo soy rico, y me he enriquecido, y de ninguna cosa tengo necesidad; y no sabes que tú eres un desventurado, miserable, pobre, *ciego* y desnudo» (Ap. 3:17).

9. El religioso está seguro que es maestro de niños (v. 20). La palabra «niño» (*nepion*), significa bebé, inmaduro, novicio, prosélito, el nuevo miembro de la iglesia. El punto es el mismo: el religioso no es maduro en Dios porque ...

- haya sido bautizado y sea miembro de la iglesia por largo tiempo.
- piense que es maduro.
- sirva como maestro.

Lo que hace que una persona sea madura y capaz de enseñar a los inmaduros del mundo es la experiencia con Cristo, haber caminado y servido con Cristo por largo tiempo.

«Respondiendo él, les dijo: Hipócritas, bien profetizó de vosotros Isaías, como está escrito: Este pueblo de labios me honra, mas su corazón está lejos de mí» (Mr. 7:6).

«Se han desvanecido los príncipes de Zoán, se han engañado los príncipes de Menfis; engañaron a Egipto los que son la piedra angular de sus familias» (Is. 29:13).

10. El religioso tiene la ley de Dios, la forma de la ciencia de la verdad (v. 20). El religioso tiene las Escrituras, la Palabra de Dios a su disposición. Tiene toda la oportunidad de conocer la verdad. Pero, no basta con saber y pensar que uno puede instruir y enseñar a otros. Dios acepta y usa solamente a los que viven la Palabra, a los que guardan las leyes y los mandamientos de Dios. Este es el error de los religiosos, de la persona que profesa pero no vive.

«¡Ay de vosotros, escribas y fariseos, hipócritas! porque diezmáis la menta y el eneldo y el comino, y dejáis lo más importante de la ley: la justicia, la misericordia y la fe. Esto era necesario hacer, sin dejar de hacer aquello» (Mt. 23:23).

«Porque el corazón de este pueblo se ha engrosado, y con los oídos oyeron pesadamente, y sus ojos han cerrado, para que no vean con los ojos, y oigan con los oídos, y entiendan de corazón, y se conviertan, y yo los sane» (Hch. 28:27).

«Que tendrán apariencia de piedad, pero negarán la eficacia de ella; a éstos evita» (2 Ti. 3:5).

[2] (2:21-24) ***Religiosos—hipocresía—falsa profesión:*** los religiosos (judíos) no viven lo que profesan. Esto se ve en cinco preguntas con respuestas evidentes.

1. «Tú que enseñas a otro, ¿no te enseñas a ti mismo?» La pregunta no se dirige solamente a los maestros, sino a todos, porque todos enseñamos a otros. A través de la vida todos pretendemos conocer algunas verdades sobre moralidad y sobre cómo debería vivir y comportarse la gente. Con frecuencia comunicamos esas verdades a nuestros hijos, amigos, colaboradores, y otros. Cuando comunicamos y enseñamos, ¿no escuchamos la verdad? ¿No nos enseñamos a nosotros mismos? ¿Qué derecho tenemos de decir a otros cómo deben vivir si no vivimos de esa manera? Este es el pecado de la hipocresía, pecado cometido por muchos religiosos.

«Así también vosotros por fuera, a la verdad, os mostráis justos a los hombres, pero por dentro estáis llenos de hipocresía e iniquidad» (Mt. 23:28).

«¿Por qué me llamáis, Señor, Señor, y no hacéis lo que yo digo» (Lc. 6:46).

«Hijitos míos, no amemos de palabra ni de lengua, sino de hecho y en verdad» (1 Jn. 3:18).

2. «Tú que predicas que no se ha de hurtar, ¿hurtas? ¿Tomas lo que es de otros...

- robas dinero?
- robas en el trabajo?
- robas a tu vecino?
- robas a tu familia?
- robas cuando andas comprando?
- robas cuando estás rindiendo una prueba en el colegio?

Si robas, ¿qué derecho tienes de decir a otros que no deben robar—que los demás no tienen el derecho de tomar lo que quieran de quien quieran? Si mucha gente empezara a apoderarse de lo que quiere, cuando quiere, entonces el mundo se convertiría en un completo caos. Si dices que el hombre no debe robar, ¿por qué robas? Este es el pecado de muchos religiosos.

Robar es un pecado que conduce a un completo caos. Debido a sus efectos devastadores, es uno de los diez mandamientos, y note; es un mandamiento tan importante que es repetido varias veces.

«No hurtarás»(Éx. 20:15; Lv. 19:11;Dt. 5:19; Mt. 19:18; Ro. 13:9).

«El que hurtaba, no hurte más, sino trabaje, haciendo con sus manos lo que es bueno, para que tenga qué compartir con el que padece necesidad» (Ef. 4:28).

3. «Tú que dices que no se ha de adulterar, ¿adulteras?» Tú que quieres *novias* y novios, hijos e *hijas* puros ¿vives en forma pura? ¿Qué miras y contemplas, lees y escuchas?

- ¿miras por segunda vez?
- ¿lees revistas, libros y novelas pornográficas?
- ¿tienes pensamientos lujuriosos?
- ¿abrigas pensamientos sexuales?
- ¿te vistes de modo que exhibes tu cuerpo?
- ¿miras y apoyas programas de televisión que tienen o sugieren escenas inmorales?

Aunque los hombres lo nieguen, hacemos lo que pensamos; y nuestros pensamientos vienen de lo que vemos y contemplamos, leemos y oímos. Por lo tanto, si vemos y contemplamos, leemos y escuchamos sugerencias sexuales, nuestros pensamientos se centran en deseos carnales. Esta es la causa de los quebrantos morales en nuestra sociedad. Tú que dices que el hombre no debe cometer adulterio, ¿cometes adulterio? ¿Lo cometes en tu mente? Este es el mayor de los pecados entre algunos religiosos. Cristo sabía esto; por eso es que El dice...

«Oísteis que fue dicho: No cometerás adulterio. Pero yo os digo que cualquiera que mira a una mujer para codiciarla, ya adulteró con ella en su corazón» (Mt. 5:27-28).

4. «Tú que abominas los ídolos, ¿cometes sacrilegio?» La palabra «sacrilegio» (*hierosuleo*) violar el compromiso que uno tiene con Dios, robarle a Dios. Significa considerar que algo es más importante que Dios, tan importante que *exige*...

- la entrega que debes a Dios.
- los diezmos y ofrendas que debes a Dios.

Dices que adoras a Dios y abominas los ídolos; sin embargo, tomas lo que pertenece a Dio —tu consagración, tu tiempo, tu energía, tus diezmos— para dárselo a otro. Algo es para ti más importante que Dios; lo conviertes en ídolo. Este es uno de los peores pecados de los religiosos.

«Guardaos, pues, que vuestro corazón no se infatúe, y os apartéis y sirváis a dioses ajenos, y os inclinéis a ellos» (Dt. 11:16).

«Yo Jehová; este es mi nombre; y a otro no daré mi gloria, ni mi alabanza a esculturas» (Is. 42:8).

«Hijitos, guardaos de los ídolos» (1 Jn. 5:21).

5. «Tú que te jactas de la ley [la Biblia], ¿con infracción de la ley deshonras a Dios?» La respuesta es clara.

- Deshonramos a Dios cuando hablamos de Su Palabra, sin embargo, quebrantamos sus mandamientos.
- Deshonramos a Dios delante de los hombres, haciendo que su nombre sea blasfemado.

Cuando nos jactamos en la Palabra de Dios pero quebrantamos sus mandamientos, damos ocasión para que el mundo y la gente tome el nombre de Dios y...

- blasfeme
- maldiga
- lo reproche
- lo ridiculice
- se burle
- lo niegue
- lo insulte
- lo profane

Muchas personas se han condenado por la hipocresía de los religiosos. Este es uno de los terribles pecados de los religiosos.

«Este pueblo de labios me honra, mas su corazón está lejos de mí» (Mr. 7:6).

«Profesan conocer a Dios, pero con los hechos lo niegan, siendo abominables y rebeldes, reprobado en cuanto a toda buena obra» (Tit. 1:16).

«De la misma boca proceden bendición y maldición. Hermanos míos, esto no debe ser así» (Stg. 3:10).

3 (2:25-27) ***Religiosos:*** los religiosos creen que el *ritual* es el modo de obtener la alabanza o aprobación de Dios (por ejemplo, la circuncisión, el bautismo, la membresía de una iglesia). Basta con tomar la palabra circuncisión y reemplazarla por cualquier ritual que una iglesia tenga por necesario para la salvación, y el sentido del pasaje se hace claro. Por ejemplo, tome el rito *membresía de la iglesia*.

«La membresía de la iglesia aprovecha, si guardas la ley; pero si eres transgresor de la ley, tu membresía de la iglesia viene a ser "*amembresía*".»

Si un religioso no guarda (prasso, practica) la ley y la Palabra de Dios, entonces su rito no sirve de nada. El hombre queda...

- sin bautismo
- sin iglesia
- incircunciso
- sin lo que sea

El punto es obediencia, no rito. Una persona es aceptada por Dios porque vive para Dios y le obedece, no porque haya sido sometida a algún ritual. Los dos versículos siguientes presentan esto con evidente claridad (vv. 26-27).

- «Si el incircunciso ***guardare*** las ordenanzas de la ley, ¿no será tenida su incircuncisión como circuncisión [esto es, aceptable delante de Dios]» (v. 26). El hombre no es aceptado por Dios porque se haya bautizado o se haya hecho miembro de alguna iglesia. Es aceptado por Dios porque obedece a Dios, y el mandamiento básico de Dios es claro, incuestionablemente claro:

«Y este es su mandamiento: que creamos en el nombre de su HIjo Jesucristo, y nos amemos unos a otros como nos lo ha mandado» (1 Jn. 3:23).

- El incircunciso que guarda la ley realmente juzga al hombre que ha sido circuncidado y quebranta la ley (v.27). La base del juicio no será un ritual, sea el bautismo, o la membresía de la iglesia; es la obediencia. No hay ritual que pueda salvar al hombre puesto que ha transgredido la ley, y ningún ritual hará que un hombre se pierda si guarda la ley. (*Véanse* bosquejo y notas—Ro. 2:11-15 para mayor discusión.)

«No todo el que me dice: Señor, Señor, entrará en el reino de los cielos, sino el que hace la voluntad de mi Padre que está en los cielos» (Mt. 7:21).

«Porque todo aquel que hace la voluntad de mi Padre que está en los cielos, ése es mi hermano, y hermana, y madre» (Mt. 12:50).

«Si sabéis estas cosas, bienaventurados seréis si las hiciereis» (Jn. 13:17).

«Pero sed hacedores de la palabra, y no tan solamente oidores, engañándoos a vosotros mismos» (Stg. 1:22).

«Y el mundo se pasa y sus deseos; pero el que hace la voluntad de Dios permanece para siempre» (1 Jn. 2:17).

4 (2:28-29) ***Religiosos:*** los religiosos yerran en todo el punto—el religioso verdadero es uno que es justo en lo interior. Este hecho es crítico, tanto que es necesario prestarle atención y hacer algo al respecto. El punto es que todo hombre quebranta o traspasa la ley. Pablo ha dicho:

«Si eres transgresor de la ley, tu circuncisión o tu bautismo viene a ser incircuncisión o *inbautismo*.»

Pablo dirá en forma breve:

«No hay justo, ni aun uno» (Ro. 3:10).

«Todos pecaron, y están destituidos de la gloria de Dios» (Ro. 3:23).

No hay ley ni rito, sea la circuncisión o el bautismo (o cualquier otro ritual), puede hacer que un hombre sea aceptable a Dios. Ser aceptable a Dios no es algo externo...

- no es la observancia de algún rito o ley (Ro. 2:21-27).
- no es nacionalidad ni herencia.
- no es ser nacido en alguna raza o familia en particular, sea judío o cristiano (Ro. 3:1-20; 9:6-13).

La verdadera religión —ser aceptable ante Dios— es interior. Es del corazón, del espíritu. Es de Dios. Es ser nacido de nuevo por obra del Espíritu de Dios (Jn. 3:3-8). No es obra de hombres; así que Dios debe ser alabado, no el hombre (Ro. 2:28-29).

«Os daré corazón nuevo, y pondré espíritu nuevo dentro de vosotros; y quitaré de vuestra carne el corazón de piedra, y os daré un corazón de carne» (Ez. 36:26).

«Los cuales no son engendrados de sangre, ni de voluntad de carne, ni de voluntad de varón, sino de Dios» (Jn. 1:13).

«Respondió Jesús y le dijo: De cierto, de cierto te digo, que el que no naciere de nuevo, no puede ver el reino de Dios» (Jn. 3:3).

«De modo que si alguno está en Cristo, nueva criatura es; las cosas viejas pasaron; he aquí todas son hechas nuevas» (2 Co. 5:17).

«Nos salvó, no por obras de justicia que nosotros hubiéramos hecho, sino por su misricordia, por el lavamiento de la regeneración y por la renovación en el Espíritu Santo» (Tit. 3:5).

«Siendo renacido, no de simiente corruptible, sino de incorruptible, por la palabra de Dios que vive y permanece para siempre» (1 P. 1:23).

«Todo aquel que cree que Jesús es el Cristo, es nacido de Dios; y todo aquel que ama al que engendró, ama también al que ha sido engendrado por Él» (1 Jn. 5:1).

El verdadero pueblo de Dios está formado por personas que han sido circuncidados espiritualmente—en su corazón. Los verdaderos judíos, el verdadero pueblo de Dios, son aquellos a los que se les ha cortado la piel de inmundicia (el pecado) de sus corazones. Son la gente que se ha convertido espiritualmente.

«En él también fuisteis circuncidados con circuncisión no hecha a mano, al echar de vosotros el cuerpo pecaminoso carnal, en la circuncisión [opera-ción] de Cristo» (Col. 2:11).

«Donde no hay griego ni judío, circuncisión ni incircuncisión, bárbaro ni escita, siervo ni libre, sino que Cristo es el todo, y en todos» (Col. 3:11).

«Porque nosotros somos la circuncisión, los que en espíritu servimos a Dios y nos gloriamos en Cristo Jesús, no teniendo confianza en la carne» (Fil. 3:3).

«Y circuncidará Jehová tu Dios tu corazón, y el corazón de tu descendencia, para que ames a Jehová tu Dios con todo tu corazón y con toda tu alma, a fin de que vivas» (Dt. 30:6).

«Circuncidaos a Jehová, y quitad el prepucio de vuestro corazón» (Jer. 4:4).

«¿A quién hablaré y amonestaré, para que oigan? He aquí que sus oídos son incircuncisos, y no pueden escuchar; he aquí que la palabra de Jehová les es cosa vergonzosa, no la aman» (Jer. 6:10).

«Despierta, despierta, vístete de poder, oh Sion; vístete tu ropa hermosa, oh Jerusalén, ciudad santa; porque nunca más vendrá a ti incircunciso ni inmundo» (Is. 52:1).

Moisés confiesa que es hombre «torpe (incircunciso) de labios» (Éx. 6:12,30). El «corazón incircunciso» del hombre debe humillarse si desea que Dios recuerde su pacto y dé al hombre la prometida tierra celestial (Lv. 26:41-42).

1 **¿Qué provecho hay en ser judío, un religioso, en ser cincuncidado o bautizado?**
   a. Es privilegiado
   b. Se le ha confiado la Palabra de Dios, de la cual es responsable
2 **La incredulidad, ¿hace nula la promesa de Dios—hace a Dios mentiroso?**[EF1]
   a. Perezca tal idea
   b. La palabra de Dios sigue en pie aun cuando cada hombre sea un mentiroso
   c. Dios demostrará su Palabra
   d. Dios vencerá a los que lo juzgan a Él y su Palabra[EF2]
3 **¿Es Dios injusto si se venga?**
   a. De ninguna manera
   b. Dios es moral: debe juzgar al mundo
   c. La contradicción de tal argumento
   d. La condenación de las personas que sustentan estos argumentos es justa

CAPÍTULO 3

E. Los argumentos del religioso (judío) contra una religión del corazón, 3:1-8 (cp. Ro. 2:23-29)

¿Qué ventaja tiene, pues, el judío? ¿o qué aprovecha la circuncisión?
2 Mucho, en todas maneras. Primero, ciertamente, que les ha sido confiada la palabra de Dios.
3 ¿Pues qué, si algunos de ellos han sido incrédulos? ¿Su incredulidad habrá hecho nula la fidelidad de Dios?
4 De ninguna manera; antes bien sea Dios veraz, y todo hombre mentiroso; como está escrito: Para que seas justificado en tus palabras, y venzas cuando fueres juzgado.
5 Y si nuestra injusticia hace resaltar la justicia de Dios, ¿qué diremos? ¿Será injusto Dios que da castigo. (Hablo como hombre.)
6 En ninguna manera; de otro modo, ¿cómo juzgaría Dios al mundo?
7 Pero si por mi mentira la verdad de Dios abundó para su gloria, ¿por qué aún soy juzgado como pecador?
8 ¿Y por qué no decir (como se nos calumnia, y como algunos, cuya condenación es justa, afirman que nosotros decimos): Hagamos males para que vengan bienes?

E. Los argumentos del religioso (judío) contra una religión del corazón, 3:1-8 (cp. Ro. 2:23-29)

(3:1-3) ***Introducción:*** Pablo ha dicho que no hay diferencia entre judío y gentil, entre el religioso y los demás hombres (caps. 1-3). Todos los hombres están delante de Dios, culpables de pecado y condenados. Ahora en este punto, Pablo imagina al religioso viendo exactamente lo que está diciendo. El religioso también ve el tremendo peso del argumento de Pablo; por eso se esfuerza por contradecir a Pablo con tres argumentos, argumentos hechos frecuentemente por los religiosos cristianos y por los miembros de la iglesia que profesan a Cristo y asisten a la iglesia solo para satisfacer sus conciencias. (*Véase* Estudio a fondo 1, ***Religiosos***—Ro. 2:17-29; 2:17-20 para una discusión de quien es el religioso.)

1. ¿Qué provecho hay en ser judío, un religioso—en ser circuncidado o bautizado? (vv.1-2)?
2. La incredulidad, ¿hace nula la promesa de Dios—hace a Dios mentiroso (vv. 3-4)?
3. ¿Es Dios injusto si se venga (vv. 5-8)?

[1] (3:1-2) ***Religiosos—palabra de Dios—judío:*** la pregunta es «¿Qué provecho hay en ser judío, un religioso—en ser circuncidado o bautizado, o miembro de la iglesia? ¿Qué hacer con el judío, que es simiente de Abraham? La promesa de Dios a Abraham era que su simiente (la nación judía) serían los hijos de Dios (*véase* Estudio a fondo 1—Jn. 4:22; cp. Gn. 12:1-4). Si un hombre nace judío (en una familia judía) y profesa ser judío, seguidor de Dios, ¿no es acepto ante los ojos de Dios (Ro. 2:17-29; cp. vv.1-29). Si no, entonces ¿qué provecho hay en ser un judío profesante, un seguidor de Dios? Estás diciendo que no hay ventajas en ser judío o hijo de Abraham.»

La aplicación de este pasaje tiene que ver con todo hombre. Si un hombre nace judío o cristiano (la nacionalidad correcta), si nace en una familia judía o cristiana (la herencia correcta), si un hombre reclama ser religioso judío o religioso cristiano, y *todavía* no es aceptable ante los ojos de Dios, ¿qué provecho hay en ser religioso?

La respuesta de Pablo es sencilla: las ventajas son grandes. El judío y el cristiano han sido altamente privilegiados, especialmente en que Dios les ha encomendado su Palabra (Ro. 3:2; 9:4-5). Tienen el privilegio...

- de poseer la Palabra de Dios.
- de leer, oír, ver, obedecer y vivir la Palabra de Dios.
- de vivir en una sociedad que ha sido afectada por la Palabra de Dios.

Estos son privilegios enormes. El hombre nacido dentro de una nación y una familia que tiene la Palabra de Dios tiene toda las ventajas para acercarse a Dios y vivir para Dios. En efecto, ese hombre no podría tener un privilegio mayor. Sus privilegios son tan grandes que queda sin excusa si no vive para Dios.

> **«De cierto, de cierto os digo que el que oye *mi palabra,* y cree al que me envió, tiene vida eterna; y no vendrá a condenación, mas ha pasado de muerte a vida» (Jn. 5:24).**
>
> **«El espíritu es el que da vida; la carne para nada aprovecha; las palabras que yo os he hablado son espíritu y son vida» (Jn. 6:63).**
>
> **«Le respondió Simón Pedro: Señor, ¿a quién iremos? Tú tienes palabras de vida eterna» (Jn. 6:68).**
>
> **«De cierto, de cierto os digo, que el que guarda mi palabra nunca verá la muerte» (Jn. 8:51).**
>
> **«Ya vosotros estáis limpios por la palabra que os he hablado» (Jn.15:3).**
>
> **«Pero éstas se han escrito para que creáis que Jesús es el Cristo, el Hijo de Dios, y para que creyendo, tengáis vida en su nombre» (Jn. 20:31).**
>
> **«Porque las cosas que se escribieron antes, para nuestra enseñanza se escribieron, a fin de que por la paciencia y la consolación de las Escrituras, tengamos esperanza» (Ro. 15:4).**
>
> **«Para santificarla, habiéndola purificado en el lavamiento del agua por la palabra» (Ef. 5:26).**
>
> **«Habiendo purificado vuestras almas por la obediencia a la verdad, mediante el Espíritu para el amor fraternal no fingido, amaos unos a otros entrañablemente, de corazón puro» (1 P. 1:22).**
>
> **«Estas cosas os he escrito a vosotros que creéis en el nombre del Hijo de Dios, para que sepáis que tenéis vida eterna y para que creáis en el nombre del Hijo de Dios» (1 Jn. 5:13).**

«¿Con que limpiará el joven su camino? Con guardar tu palabra» (Sal. 119:9).

«Porque el mandamiento es lámpara, y la enseñanza es luz, y camino de vida las reprensiones que se instruyen» (Pr. 6:23).

«La justicia engrandece a la nación; mas el pecado es afrenta de las naciones» (Pr. 14:34).

2 (3:3-4) ***Incredulidad—religioso—salvación:*** la pregunta es: «Si dices que algunos judíos no creen y son condenados, ¿no anula eso la promesa de Dios y hace a Dios mentiroso?» O para decirlo de otro modo: «Si alguno deja de creer y reniega de la Palabra de Dios, ¿hará su incredulidad que Dios haga nula Su Palabra y sus promesas? Dios prometió a los judíos un lugar especial y privilegios especiales a través de Abraham y su simiente (*véase* Estudio a fondo 1 —Jn. 4:22). Si algunos judíos no creen las promesas de Dios y Dios los condena, ¿no está quebrantando El la promesa dada a Abraham y su simiente? ¿No está declarando nula Su Palabra y el Pacto, constituyéndose el mismo en mentiroso? La Palabra de Dios no puede estar basada en la religión del corazón y sobre el carácter moral solamente. Tiene que haber algo más, algo exterior —un rito (la circuncisión, el bautismo, la membresía de la iglesia)— que muestre que somos religiosos (judíos). Si pasamos por un rito, Dios tiene que aceptarnos. Ha prometido aceptarnos. No va a quebrantar su Palabra.»

La aplicación de esta pregunta afecta a todo religioso. El religioso que piensa plantea la misma objeción, la misma pregunta: «Si dices que algunos religiosos no creen y están condenados, ¿no anula eso la Palabra de Dios y convierte a Dios en un mentiroso? La Palabra de Dios promete a la persona religiosa privilegios especiales y la esperanza de la vida eterna. Su Palabra nos dice que creamos en Cristo y recibamos Su Palabra, nos bauticemos y entremos en la comunión de la iglesia. Si hacemos eso y Dios todavía nos condena, ¿no está haciendo nula Su Palabra y convirtiéndose en un mentiroso?»

- De ninguna manera.
- Dios será fiel. Su Palabra y su promesa de salvación permanece en pie aun cuando *todo* hombre mienta acerca de su creencia y en cuanto a haber entregado su corazón para servir a Jesús.
- Dios probará su Palabra: será justificado y será demostrada su fidelidad en todo lo que ha dicho. Aún salvará a *toda persona* que dé su corazón a Jesús y obedezca a Jesús.
- En efecto, Dios vencerá; probará su Palabra de otro odo. Juzgará a todo aquel que haga una profesión falsa y lo juzgue a Él y a su Palabra, a los que lo acusan de infidelidad y de no cumplir su Palabra. David mismo dice que Dios juzgará al hombre infiel y desobediente (Sal. 51:4). David había pecado grandemente al no guardar los mandamientos de Dios, así que Dios juzgó a David y lo culpó de pecado. David hizo lo que correspondía hacer: confesó su pecado, se arrepintió y comenzó a vivir rectamente. Pero David hizo algo más: declaró que la acusación y juicio en su contra de parte de Dios eran *justos*, que Dios está plenamente justificado en lo que hizo. Y así fue, porque Dios es siempre justo, y siempre está justificado en lo que dice y hace.

El asunto tiene dos aspectos.

1. Dios no es infiel. Dios nunca quebranta ni anula su Palabra cuando rechaza a los religiosos. El religioso que tiene la Palabra de Dios y pertenece a la iglesia, pero no obedece la Palabra de Dios no es aceptable ante los ojos de Dios. Dios busca la justicia, no la religión. Dios no busca una religión externa, sino la *justicia interior*. Dios quiere un corazón que no solamente posea la Biblia, sino guarde sus mandamientos. Dios busca el nacimiento espiritual, la nueva criatura, al hombre que verdaderamente ha nacido de nuevo. Dios quiere un corazón y una vida centrados en Cristo, y que guardan los mandamientos de Cristo. El único hombre que es aceptable ante Dios es el que ha dado su corazón y su vida a Cristo y vive rectamente, confiando en que Dios aceptará su fe en Cristo. (Cp. Ro. 2:28-28.)

2. Dios nunca anula Su Palabra ni sus promesas; nunca ha mentido y nunca será mentiroso. Dios ha prometido salvación y vida eterna a los hombres. Aun cuando no hubiera una sola persona que creyese la promesa de Dios, su promesa seguirá en pie. De todos modos salvará a cualquier persona que haga lo que Él dice.

El problema está en hacer lo que Dios dice, en venir a Dios en la forma que El dicta. Dios exige que los hombres den su corazón y su vida a Su Hijo Jesucristo. Dios exige que los hombre vivan para Cristo, lo adoren y le obedezcan. Pero esto es demasiado difícil para los hombres. Ellos quieren una salvación *más fácil*. Quieren hacer algo, obtenerla a cambio de algo, y entonces ser libres de vivir a su antojo y dar alguna atención a Dios de vez en cuando. Así que los hombres prefieren ser salvados como religiosos superficiales: ser bautizados, hacerse miembros de una iglesia, comprar una Biblia, y entonces ser libres para conducir sus vidas a su manera. Pero esto *no basta* para Dios; eso *no es hacer todo* lo que Dios dice; no es dar el corazón a Jesucristo, vivir para Él por medio de la obediencia, la adoración y el servicio a él. Por lo tanto, Dios...

- acusa al religioso de pecado.
- juzga y condena al religioso.

Note otro hecho. Dios cumple su palabra juzgando a los religiosos. Dios ha dicho a los hombres cómo deben vivir y lo que ocurrirá si fallan. Por lo tanto, Él es «justificado en sus dichos» al someterse a ellos y juzgar a los religiosos.

- Dios no anula su palabra ni la quebranta. El cumplirá todo.
- Dios es justificado al cumplir su Palabra haciendo exactamente lo que ha dicho, esto es, aceptando a los hombres *solamente* en la forma que Él ha dicho y juzgando a los hombres si no acuden a El según ha ordenado.

ESTUDIO A FONDO 1

(3:3) ***Incredulidad—errores del hombre:*** este es uno de los dos errores comunes pero grotescos del hombre: que la incredulidad hace que algo sea ineficaz y lo anula. El hombre argumenta: «Si niego algo, lo ignoro, me niego a aceptarlo, lo desecho de mi mente, no será, no ocurrirá». Algunos piensan que hasta la palabra de Dios es así. Piensan que pueden negar y rechazar alguna parte de ella y no ocurrirá lo que dice. Aceptan las Escrituras que afirman el amor de Dios y les permite vivir conforme a su propio deseo, pero rechazan los textos bíblicos que enfatizan el poder sobrenatural y milagroso de Dios y la desesperada necesidad del hombre de ser salvo del pecado, la muerte y el infierno eterno. Rechazan las Escrituras que piden al hombre que viva responsablemente.

«Porque de cierto os digo que hasta que pasen el cielo y la tierra, ni una jota ni una tilde pasará de la ley, hasta que todo se haya cumplido» (Mt. 5:18).

«El cielo y la tierra pasarán, pero mis palabras no pasarán» (Lc. 21:33).

«Si fuéremos infieles, Él permanece fiel; Él no puede negarse a sí mismo» (2 Ti. 2:13).

«Las obras de sus manos son verdad y juicio; fieles son todos sus mandamientos» (Sal. 111:7).

ESTUDIO A FONDO 2

(3:4) ***Juzgar—juicio:*** los hombres juzgan a Dios. Lo juzgan de ser veraz o falso. Juzgan si existe o no existe. Juzgan Su Palabra. Pero en la hora final, Dios terminará juzgando a los hombres.

Vencerá a todos los que lo juzgaron ser menos de lo que es y menos de lo que dijo.

«Mas sabemos que el juicio de Dios contra los que practican tales cosas es según verdad» (Ro. 2:2).

«Porque yo Jehová hablaré, y se cumplirá la palabra que yo hablé; no se tardará más, sino que en vuestros dias, oh casa rebelde, hablaré palabra y la cumpliré, dice Jehová el Señor» (Ez. 12:25).

3 (3:5-8) ***Amor—justicia:*** la pregunta es «¿es Dios injusto si se venga? Si mi incredulidad y mi pecado dan a Dios la oportunidad de vencer (v. 4) y de mostrar su justicia, entonces mi pecado le trae mayor gloria, le da la oportunidad de cumplir su Palabra. ¿Cómo puede castigarme por eso? ¿No es injusto al infligir un castigo?» La respuesta tiene cuatro puntos:

1. De ninguna manera (*me genoito*): ¡fuera tal pensamiento! ¡No! ¡Jamás!
2. Dios es moral; por lo tanto, El debe juzgar al mundo. No sería moral ni justo si no juzga al mundo.
3. El argumento es contradictorio. Piense un poco. «Si mi pecado y desobediencia da a Dios la oportunidad de demostrar su justicia, ¿por qué entonces soy llamado pecador por ello? Mi pecado es realmente algo bueno. Da la oportunidad a Dios de mostrar lo bueno que El es. Yo podría pecar, sí, pero de ello sale solamente bien. Cuando Dios me acepta tal como soy, tiene la oportunidad de mostrar cuan gloriosamente misericordioso es ´Él. No me puedes condenar por dar a Dios la oportunidad de mostrar su misericordia.»
4. La condenación de las personas que alegan este punto es *justa*; no es injusta. Este tipo de argumentos es común en cada generación de hombres, pero son un burdo engaño. El hombre exclama: «Un Dios de amor no puede vengarse. Es demasiado bueno y amoroso. Estaría negando su naturaleza misma de amor si me juzga».

Lo que este argumento no logra ver es que el *amor genuino* es *justo*. El amor expresado en forma injusta no es amor; es libertinaje y desenfreno. El amor de Dios es perfecto, absolutamente equilibrado e inparcial. Se derrama sobre todos (Jn. 3:16; 1 Jn. 2:2). No es libertinaje ni desenfreno; tampoco puede serlo, no en su perfección. Tampoco puede permitir el libertinaje y el desenfreno. El amor de Dios es completa y perfectamente justo. Exige justicia. En ningún sentido puede hacerse injusto y dejar de juzgar. Tampoco se puede acusar a Dios de no amar cuando ejecuta su justicia (Ro. 2:2-16). El amor de Dios es justo. La justicia de Dios es la demostración del perfecto amor. La cruz fue donde Dios ejecutó su perfecta justicia sobre su Hijo, y es el ejemplo perfecto de la gloriosa verdad. La cruz es la perfecta demostración tanto del amor como de la justicia de Dios.

Pensamiento 1. La cruz es la perfecta demostración del amor y la justicia de Dios.

«Porque de tal manera amó Dios al mundo, que ha dado a su Hijo unigénito, para que todo aquel que en él cree, no se pierda, mas tenga vida eterna» (Jn. 3:16).

«Mas Dios muestra su amor para con nosotros, en que siendo aún pecadores, Cristo murió por nosotros» (Ro. 5:8).

«Al que no conoció pecado, por nosotros lo hizo pecado, para que nosotros fuésemos hechos justicia de Dios en Él» (2 Co. 5:21).

«Cristo nos redimió de la maldición de la ley, hecho por nosotros maldición (porque está escrito: Maldito todo el que es colgado en un madero)» (Gá. 3:13).

«Y andad en amor, como también Cristo nos amó, y se entregó a si mismo por nosotros, ofrenda y *sacrificio* a Dios en olor fragante» (Ef. 5:2).

«Quien llevó él mismo nuestros pecados en su cuerpo sobre el madero, para que nosotros, estando muertos a los pecados, vivamos a la justicia; y por cuya herida fuisteis sanados» (1 P. 2:24).

«Porque también Cristo padeció una sola vez por los pecados, el justo por los injustos, para llevarnos a Dios, siendo a la verdad muerto en la carne, pero vivificado en el espíritu» (1 P. 3:18).

Pensamiento 2. Los hombres serán juzgados y condenados si han rechazado el amor y la salvación de Dios provista en su Hijo, Jesucristo.

«Porque el Hijo del Hombre vendrá en la gloria de su Padre con sus ángeles, y entonces pagará a cada uno conforme a sus obras» (Mt. 16:27).

«Cuando el Hijo del Hombre venga en su gloria, y todos los santos ángeles con él, entonces se sentará en su trono de gloria, y serán reunidas delante de él todas las naciones; y apartará los unos de los otros, como aparta el pastor las ovejas de los cabritos» (Mt. 25:31-32).

«Porque es necesario que todos nosotros comparezcamos ante el tribunal de Cristo, para que cada uno reciba según a lo que haya hecho mientras estaba en el cuerpo, sea bueno o sea malo» (2 Co. 5:10).

«Y si invocáis por Padre a aquel que sin acepción de personas juzga según la obra de cada uno, conducíos en temor todo el tiempo de vuestra peregrinación» (1 P. 1:17).

«Sabe el Señor librar de tentación a los piadosos, y reservar a los injustos para ser castigados en el día del juicio» (2 P. 2:9).

«Pero los cielos y la tierra que existen ahora, están reservados por la misma palabra, guardados para el fuego en el día del juicio y de la perdición de los hombres impíos» (2 P. 3:7).

«De estos también profetizó Enoc, séptimo desde Adán, diciendo: He aquí, vino el Señor con sus santas docenas de millares, para hacer juicio contra todos, y dejar convictos a todos los impíos de todas sus obras impías que han hecho impíamente, y de todas las cosas duras que los pecadores impíos han hablado contra Él» (Jud. 14-15).

«Y vi a los muertos, grandes y pequeños, de pie ante Dios; y los libros fueron abiertos, y otro libro fue abierto, el cual es el libro de la vida; y fueron juzgados los muertos por las cosas que estaban escritas en los libros, según sus obras» (Ap. 20:12).

«He aquí yo vengo pronto, y mi galardón conmigo, para recompensar a cada uno según sea su obra» (Ap. 22:12).

	F. La causa de Dios	14 Su boca está llena de mal-	c. Punzante y venenosa
	contra todos los	dición y amargura.	d. Maldiciente y amarga
	hombres, 3:9-20	15 Sus pies se apresuran para	
		derramar sangre;	
1 La acusación: todos	9 ¿Qué, pues? ¿Somos	16 Quebranto y desventura	**4 Los hechos pecaminosos**
los hombres están	nosotros mejores que ellos?	hay en sus caminos;	a. Homicida
bajo pecado	En ninguna manera; pues ya	17 y no conocieron camino	b. Opresivo, causante de
	hemos acusado a judíos y	de paz.	miserias
	a gentiles, que todos están	18 No hay temor de Dios	c. Sin paz, quebranto y
2 El caso de una	bajo pecado.	delante de sus ojos.	desventura
naturaleza	10 Como está escrito: No	19 Pero sabemos que todo lo	d. Impíos, irreverentes,
pecaminosa	hay justo, ni aun uno;	que la ley dice, lo dice a los	carentes de respeto
a. Injusta	11 No hay quien entienda,	que están bajo la ley, para que	**5 El caso de la ley**
b. Ignorante	no hay quien busque a Dios.	toda boca se cierre y todo el	a. Habla a todos los que
c. Indiferente—egoísta	12 Todos se desviaron, a	mundo quede bajo el juicio	están bajo la ley
d. Torcida	una se hicieron inútiles; no	de Dios;	b. Detiene toda jactancia
e. Inútil	hay quien haga lo bueno, no	20 ya que por las obras de	c. Deja a todo el mundo
f. Mala	hay ni siquiera uno.	la ley ningún ser humano	bajo culpa
3 El caso de una lengua	13 Sepulcro abierto es su	está justificado delante de	d. No justifica a carne
pecaminosa	garganta; con su lengua	él; porque por medio de la	alguna
a. Sucia y corrupta	engañan. Veneno de áspides	ley es el conocimiento del	e. Muestra al hombre
b. Engañosa	hay debajo de sus labios;	pecado.	que es pecador

F. La causa de Dios contra todos los hombres, 3:9-20

(3:9-20) ***Depravación del hombre—salvación:*** al mirar pasajes como éste, hay que recordar el argumento completo del pasaje. La idea no es acusar al hombre de pecado, ni reprenderlo; no es mirar al hombre con cínico desprecio. No se trata de llevar al hombre a la desesperación o a sentir su inutilidad, avergonzándolo y dejándolo con un sentimiento de bajeza. La idea es dar esperanza al hombre: desafiar al hombre para que busque una buena relación con Dios por medio del Señor Jesucristo. El hombre no debe *jamás minimizar* su pecado, o de otro modo ignorará o descuidará el camino recto que lleva a Dios. Pero tampoco hay que minimizar el poder redentor de Cristo, para que no caiga en la desesperanza, ni en una depresiva autocompasión, ni vague por el mundo en extrema desesperación.

1. La acusación: todos los hombres están bajo pecado (v. 9).
2. El caso de una naturaleza pecaminosa (vv. 10-12).
3. El caso de una lengua pecaminosa (vv. 13-14).
4. El caso de los hechos pecaminosos (vv. 15-18).
5. El caso de la ley (vv. 19-20).

1 (3:9) ***El pecado—naturaleza del hombre:*** todo hombre está bajo pecado. La expresión «bajo pecado» (*hupo hamartian*) significa estar sujeto al poder o a la autoridad de. El hombre fuera de Cristo está bajo el poder del pecado y no puede de ningún modo escapar de Él (cp. Gá. 3:10, 25; 4:2, 21; 5:18; 1 Ti .6:1).

El religioso (judío) está «bajo pecado» del mismo modo que los demás hombres están «bajo pecado». La Escritura ha declarado que ser religioso no hace que el hombre sea aceptable a Dios (cp. Ro. 2:17-28). Los religiosos están sorprendidos: «¿Qué pues? ¿No somos mejores—no tenemos ventaja sobre otros hombres? ¿No somos mejores si...

- tenemos la Biblia?»
- profesamos a Dios?»
- aprobamos lo mejor?»
- estudiamos la Palabra de Dios?»
- guiamos y enseñamos a otros?»
- conocemos la verdad?»

La respuesta es una enfática exclamación: «¡No! ¡De ninguna manera! No, de ninguna manera eres mejor que otra gente. Judíos y gentiles, religiosos y no religiosos—todos estáis bajo pecado.»

Ahora, notemos. Este es el argumento de todo lo que se ha dicho en Romanos...

- Dios tiene una causa contra toda impiedad e injusticia de los hombres (Ro. 1:18-32).
- Dios tiene una causa contra el moralista (Ro. 2:1-16).
- Dios tiene una causa contra el religioso (judío) (Ro. 2:17-3:8).

Las Escrituras muestran que Dios tiene una causa contra todos los hombres. Todos los hombres están «bajo pecado». Y el hecho lo ve claramente cualquier persona que mire honestamente al hombre y a su mundo.

«Por cuanto todos pecaron, y están destituídos de la gloria de Dios» (Ro. 3:23).

«Por tanto, como el pecado entró en el mundo por un hombre, y por el pecado la muerte, así pasó la muerte a todos los hombres, por cuanto todos pecaron» (Ro. 5:12).

«Mas la escritura lo encerró todo bajo pecado, para que la promesa que es por la fe en Jesucristo fuese dada a los creyentes» (Gá. 3:22).

«Si decimos que no tenemos pecado, nos engañamos a nosotros mismos, y la verdad no está en nosotros» (1 Jn. 1:8).

«Sabemos que somos de Dios, y el mundo entero está bajo el maligno» (1 Jn. 5:19).

«Y vió Jehová que la maldad de los hombres era mucha en la tierra, y que todo designio de los pensamientos del corazón de ellos era de continuo solamente el mal» (Gn. 6:5).

«Si pecaren contra ti (porque no hay hombre que no peque), y estuvieres airado contra ellos, y los entregares delante del enemigo, para que los cautive y lleve a tierra enemiga, sea lejos o cerca» (1 R. 8:46).

«Jah, si mirares a los pecados, ¿Quién, oh Señor, podrá mantenerse?» (Sal. 130:3).

«¿Quién podrá decir: Yo he limpiado mi corazón, limpio estoy de mi pecado?» (Pr. 20:9).

«Ciertamente no hay hombre justo en la tierra, que haga el bien y nunca peque» (Ec. 7:20).

«Todos nosotros nos descarriamos como ovejas, cada cual se apartó de su camino; mas Jehová cargó en él el pecado de todos nosotros» (Is. 53:6).

«Si bien todos nosotros somos como suciedad, y todas nuestras justicias como trapo de inmundicia; y caímos todos

nosotros como la hoja. y nuestra maldades nos llevaron como viento» (Is. 64:6).

[2] (3:10-12) ***Naturaleza del hombre—pecado:*** es el caso de una naturaleza pecaminosa.

1. La naturaleza pecaminosa es injusta (v. 10; cp. Sal. 14:1) «No hay justo, ni siquiera uno.» Ni siquiera una sola persona es justa, esto es, perfecta y sin pecado—no por naturaleza ni de hecho. Ningún hombre ha llevado jamás una vida perfecta, perfecta...

- en cada pensamiento.
- en cada palabra.
- en todo acto.

«No hay justo [perfecto, sin pecado], ni aun uno.» Por naturaleza el hombre es pecador.

«No puede el mundo aborreceros a vosotros; mas a mí me aborrece, porque yo testifico de él, que sus obras son malas» (Jn. 7:7).

«Y manifiestas son las obras de la carne, que son: adulterio, fornicación, inmundicia, lascivia, idolatría, hechicerías, enemistades, pleitos, celos, iras, contiendas, disensiones, herejías, envidias, homicidios, borracheras, orgías, y cosas semejantes a estas: acerca de las cuales os amonesto, como ya os lo he dicho antes, que los que practican tales cosas no heredarán el reino de Dios» (Gá. 5:19-21).

2. La naturaleza pecaminosa es ignorante (v. 11; cp. Sal. 14:2): «No hay quien entienda [*sunion*]». No hay persona que pueda captar, comprender, o percibir. La palabra literalmente significa *coordinar las cosas*. Significa mirar las cosas y discernir inteligentemente y comprender la verdad. No hay hombre que mire al mundo, piense, y coordine ideas en forma perfecta acerca de ...

- Dios.
- el origen de todas las cosas.
- el hombre.
- el propósito de todas las cosas.
- el mundo.
- el destino de todo.

No hay hombre que mire el mundo y con inteligencia discierna la verdad de las cosas, y que capte la verdad acerca de...

- dónde vino.
- para qué está aquí.
- cuál es su destino.

«No hay quien entienda.»

«Porque el corazón de este pueblo se ha engrosado, y con los oídos oyeron pesadamente, y sus ojos han cerrado, para que no vean con los ojos, y oigan con los oídos, y entiendan de corazón, y se conviertan, y yo los sane» (Hch. 28:27).

«Estas siempre están aprendiendo, y nunca pueden llegar al conocimiento de la verdad» (2 Ti. 3:7).

«No saben, no entienden, andan en tinieblas; tiemblan todos los cimientos de la tierra» (Sal. 82:5).

«Mas ellos no conocieron los pensamientos de Jehová, ni entendieron su consejo, por lo cual los juntó como gavillas en la era» (Mi. 4:12).

3. La naturaleza pecaminosa es indiferente y egoísta (v. 11; cp. Sal. 14:2): «No hay quien busque a Dios». La palabra «buscar» (*ekzeteo*) significa salir a buscar, investigar. La idea es de una búsqueda diligente, cuidadosa y decidida. No hay quien busque a Dios; no al único Dios vivo y verdadero, ni con un espíritu decidido y en forma cuidadosa. ¿Por qué? Porque los hombres son indiferentes y egoístas. Los hombres quieren dioses que les permitan hacer su capricho.

- Hay quienes quieren dioses que les permitan gloriarse en sí mismos demostrando su extremada autodisciplina y sacrificio.
- Hay otros que quieren dioses menos exigentes y que les permitan vivir según sus propios deseos, en los placeres, codicias y posesiones de este mundo.

Los hombres no quieren un Dios que sea verdadero y vivo. Si es vivo y verdadero, significa que es supremo, el único que debe ser glorificado, honrado y obedecido. Por lo tanto, al tratar con el único Dios vivo y verdadero, los hombres actúan con indiferencia y egoísmo. «No hay quien busque a Dios.» Los hombres, por naturaleza, son pecaminosos, indiferentes y egoístas.

« ... sin Cristo ... sin esperanza y sin Dios en el mundo» (Ef. 2:12).

«Conociendo esto, que la ley no fue dada para el justo, sino para los transgresores y desobedientes, para los impíos y pecadores, para los irreverentes y profanos, para los parricidas y matricidas, para los homicidas, para los fornicarios, para los sodomitas, para los secuestradores, para los mentirosos y perjuros, y para cuanto se oponga a la sana doctrina» (1 Ti. 1:9-10).

«¿Quién es el mentiroso, sino el que niega que Jesús es el Cristo? Este es anticristo, el que niega al Padre y al Hijo» (1 Jn. 2:22).

«El malo, por la altivez de su rostro, no busca a Dios; no hay Dios en ninguno de sus pensamientos» (Sal. 10:4).

«Dice el necio en su corazón: No hay Dios. Se han corrompido, hacen obras abominables; no hay quien haga el bien» (Sal. 14:1).

«Habéis dicho: Por demás es servir a Dios ¿Qué aprovecha que guardemos su ley, y que andemos afligidos en presencia de Jehová de los ejércitos?» (Mal. 3:14).

4. La naturaleza pecaminosa es deshonesta (v. 12; cp. Sal. 14:3): «Todos se desviaron». El griego significa que los hombres se alejan, se apartan y se hacen a un lado...

- de Dios.
- del camino que lleva a Dios.
- para seguir otro camino.

Los hombres son deshonestos; no están en una posición justa con Dios. No siguen a Dios ni siguen el camino recto hacia Dios. Toman otro sendero, otro camino, otro rumbo.

«El propósito de este mandamiento es el amor nacido de corazón limpio, y de buena conciencia, y de fe no fingida, de las cuales cosas *desviándose* algunos, se apartaron a vana palabrería» (1 Ti. 1:5-6).

«Porque vosotros erais como ovejas descarriadas, pero ahora habéis vuelto al Pastor y Obispo de vuestras almas» (1 P. 2:25).

«Porque esta es la voluntad de Dios: que haciendo bien, hagáis callar la ignorancia de los hombres insensatos» (2 P. 2:15).

«Fieras ondas del mar, que espuman su propia vergüenza; estrellas errantes, para las cuales está reservada eternamente la oscuridad de las tinieblas» (Jud. 13).

«El hombre que se aparta del camino de la sabiduría vendrá a parar en la compañía de los muertos» (Pr. 21:16).

«Cual ave que se va de su nido, tal es el hombre que se va de su lugar» (Pr. 27:8).

«Todos nosotros nos descarriamos como ovejas, cada cual se apartó por su camino; mas Jehová cargó en Él el pecado de todos nosotros» (Is. 53:6).

5. La naturaleza pecaminosa es inútil (v. 12; cp. Sal. 14:3): «A una se hicieron inútiles» (*achreioo*). La palabra significa llegar a ser sin valor, inutil, ácido, malo. (Cp. leche ácida.). Todos los hombres sin Cristo son sin valor, inútiles, ácidos, malos.

«Vosotros sois la sal del mundo; pero si la sal se desvaneciere, ¿con qué será salada? No sirve para nada, sino para ser echada fuera y hollada por los hombres» (Mt. 5:13).

«Y al siervo inútil echadle en las tinieblas de afuera; allí será el lloro y el crujir de dientes» (Mt. 25:30).

«Pues ¿qué aprovecha al hombre, si gana todo el mundo, y se destruye o se pierde a sí mismo?» (Lc. 9:25).

«Buena es la sal; mas si la sal se hiciere insípida, ¿con qué se sazonará? Ni para la tierra ni para el muladar es útil; la arrojan fuera. El que tiene oídos para oír, oiga» (Lc. 14:34-35).

6. La naturaleza pecaminosa es mala (v. 12; cp. Sal.14:3):

«No hay quien haga lo bueno, no hay ni siquiera uno». La palabra «bueno» (*chrestotes*) significa bondad moral, amabilidad, gracia, mansedumbre, justicia. Todos los hombres fallan y no son buenos con Dios y con su prójimo, porque no son...

- bondadosos
- mansos
- buenos
- justos

Los hombres no alcanzan el bien—con mucha frecuencia, muchas veces. «No hay quien haga lo bueno [siempre, perfectamente], no hay ni siquiera uno.»

«¡Ay de vosotros, escribas y fariseos, hipócritas! porque sois semejantes a sepulcros blanqueados, que por fuera, a la verdad, se muestran hermosos, mas por dentro están llenos de huesos de muertos y de *toda inmundicia*» (Mt. 23:27).

«Porque de dentro, del corazón de los hombres, salen los malos pensamientos, los adulterios, las fornicaciones, los homicidios, los hurtos, las avaricias, las maldades, el engaño, la lascivia, la envidia, la maledicencia, la soberbia, la insensatez. Todas estas maldades de dentro salen, y contaminan al hombre» (Mr. 7:21-23).

3 (3:13-14) ***Lengua—naturaleza del hombre:*** esta es la causa contra la lengua pecaminosa.

1. La lengua pecaminosa es sucia y corrupta (v. 13; cp. Sal. 5:9): «Sepulcro abierto es su garganta». Un sepulcro abierto es sucio, y es símbolo de corrupción. Así es el hombre con lengua pecaminosa. Su boca es...

- sucia.
- corrupta.
- profana.
- inmunda.
- contaminada.
- deshonrosa.
- obscena.
- detestable.
- repugnante.

La boca obscena llega desde el humor de color subido hasta los chistes sucios, desde las sugerencias inmorales hasta la proposiciones directas. Pero no importa, el hombre con boca sucia apesta igual que un sepulcro abierto; su inmundicia causa corrupción, el deterioro del carácter. La inmundicia de su boca corroe, corroe su carácter y el carácter de sus oyentes, tanto que llega a ser tan repugnante como un cadáver en descomposición. La boca sucia, inmunda mata el carácter, su atractivo, confianza, fidelidad, moralidad, honra y piedad.

«¡Generación de víboras! ¿Cómo podéis hablar lo bueno, siendo malos? Porque de la abundancia del corazón habla la boca» (Mt. 12:34).

«Y la lengua es un fuego, un mundo de maldad. La lengua está puesta entre nuestros miembros, y contamina todo el cuerpo, e inflama la rueda de la creación, y ella misma es inflamada por el infierno» (Stg. 3:6).

«Porque su corazón piensa en robar, e iniquidad hablan sus labios» (Pr. 24:2).

2. La lengua pecaminosa es engañosa (v. 13; cp. Sal. 5:9): «Con su lengua engañan». El hebreo dice: «Con su lengua hablan ***lisonjeas***». Una persona engañosa tiene...

- una lengua falsa.
- una lengua fraudulenta.
- una lengua engañosa.
- una lengua mentirosa.
- una lengua traidora.
- una lengua seductora.
- una lengua corruptora.
- una lengua jactanciosa.
- una lengua lisonjera.

La palabra «engañan» (*edoliousan*) indica una acción continua: «Permanecen engañando». El hombre no solamente es culpable de engañar, sino de un engaño constante. Está *constantemente* escondiendo y camuflando sus verdaderos pensamientos, sentimientos y conducta, tratando de protegerse o de lograr lo que está procurando alcanzar.

«Llena está su boca de maldicón, y de engaños y fraude; debajo de su lengua hay vejación y maldad» (Sal. 10:7).

«Las palabras de su boca son iniquidad y fraude; ha dejado de ser cuerdo y de hacer el bien» (Sal. 36:3).

«Los dichos de su boca son más blandos que mantequilla, pero guerra hay en su corazón; suaviza sus palabras más que el aceite, mas ellas son espadas desnudas» (Sal. 55:21).

«Y dije en mi apresuramiento: Todo hombre es mentiroso» (Sal. 116:11).

«Y cada uno engaña a su compañero, y ninguno habla verdad; acostumbraron su lengua a hablar mentira, se ocupan de actuar perversamente» (Jer. 9:5).

«Engañoso es el corazón más que todas las cosas, y perverso; ¿quién lo conocerá?» (Jer. 17:9).

«Sus ricos se colmaron de rapiña, y sus moradores hablaron mentira, y su lengua es engañosa en su boca» (Mi. 6:12).

«¡Ay de ti, ciudad sanguinaria, toda llena de mentira y de rapiña, sin apartarte del pillaje!» (Nah. 3:1).

3. La lengua pecaminosa es punzante y venenosa (v. 13; cp. Sal. 140:3): «Veneno de áspides hay debajo de sus labios». El áspid (*aspidon*) es la cobra, una víbora mortal. Dios acusa a los hombres de tener lenguas que son tan punzantes y venenosas como la de la cobra mortal. La idea es que las lenguas de algunas personas tienen una naturaleza diabólica; están llenas de tanta malicia que sólo se proponen causar daño. La lengua ponzoñosa...

- habla y transmite chismes.
- desea causar sufrimientos.
- azota con la lengua.
- espera para atacar.
- inserta y difunde el veneno.
- trata de dañar y de destruir.
- envenena el carácter y la reputación.

«Pero ahora dejad también vosotros todas estas cosas: ira, enojo, malicia, blasfemia, palabras deshonestas de vuestra boca» (Col. 3:8).

«Desechando, pues, toda malicia, todo engaño, hipocresía, envidias, y todas as detracciones» (1. P. 2:1).

«Hay hombres cuyas palabras son como golpes de espada; mas la lengua de los sabios es medicina» (Pr. 12:18).

«Aguzaron su lengua como la serpiente; veneno de áspid hay debajo de sus labios» (Sal. 140:3).

4. La lengua pecaminosa está llena de maldición y amargura (v. 14; cp. Sal. 10:7: «Su boca está llena de maldición y amargura». Maldecir es pecado; la lengua que maldice es una lengua pecaminosa. (*Véanse* bosquejo, notas y Estudios a fondo 1, 2, 3, 4—Mt. 5:33-37; nota y Estudio a fondo 5—23:16-22 para más discusión.) Jesucristo dice:

«No juréis en ninguna manera .... Pero sea vuestro hablar: Sí, sí; no, no; porque lo que es más de ésto, de mal procede» (Mt. 5:34, 37).

a. Los hombres son profanos; en efecto, su boca está llena de maldición y juramentos. Maldicen a Dios y a los hombres. Sus maldiciones pueden ir desde lo que la sociedad califica de palabra suave hasta el tomar el nombre de Dios en vano. No importa cuan suave o cuan aceptable sea a la sociedad, es pecado. La acusación de Dios contra el hombre es que su boca está llena de maldición (cp. Stg. 3:8-10).

«Pero yo os digo: No juréis en ninguna manera; ni por el cielo, porque es el trono de Dios» (Mt. 5:34).

«Pero ningún hombre puede domar la lengua, que es un mal que no puede ser refrenado, llena de veneno mortal. Con ella bendecimos al Dios y Padre, y con ella maldecimos a los hombres, que están hechos a la semejanza de Dios. De una misma boca procede

bendición y maldición. Hermanos míos, esto no debe ser así» (Stg. 3:8-10).

«Pero sobre todo, hermanos míos, no juréis, ni por el cielo, ni por la tierra, ni por ningún otro juramento; sino que vuestro sí sea sí, y vuestro no sea no, para que no caigáis en condenación» (Stg. 5:12).

«No tomarás el nombre de Jehová tu Dios en vano; porque no dará por inocente al que tomare su nombre en vano» (Éx. 20:7).

«Y no juraréis falsamente por mi nombre, profanando así el nombre de tu Dios. Yo Jehová» (Lv. 19:12).

«Por el pecado de su boca, por la palabra de sus labios, sean ellos presos de su soberbia, y por la maldición y mentira que profieren» (Sal. 59:12).

«Porque *tu corazón* sabe que tú también dijiste mal de otros muchas veces» (Ec. 7:22).

Note que la maldición de un hombre recaerá sobre él mismo.

«Amó la maldición, y ésta le sobrevino; y no quiso la bendición, y ella se alejó de él. Se vistió de maldición como su vestido, y entró como agua en sus entrañas, y como aceite en sus huesos» (Sal. 109:17-18).

b. La boca del hombre también está llena de amargura. Su lengua a menudo es...

- filosa.
- intensa.
- resentida.
- implacable.
- cínica.
- fría.
- desagradable.
- áspera.
- antipática.
- opresora.

Toda expresión que involucre algo de estas cosas es pecado ante los ojos de Dios. Dios desea que los hombres sean llenos de amor, gozo y paz, y que eso expresen. Todo lo que sea menos que la expresión de tales cosas es pecado. Esta es la causa de Dios contra los hombres: una lengua llena de maldición y amargura.

«Quítense de vosotros toda amargura, enojo, ira, gritería y maledicecia, y toda malicia» (Ef. 4:31).

«Mirad bien, no sea que alguno deje de alcanzar la gracia de Dios; que brotando alguna raíz de amargura, os estorbe, y por ella muchos sean contaminados» (He. 12:15).

«Pero si tenéis celos amargos y contención en vuestro corazón, no os jactéis, ni mintáis contra la verdad» (Stg. 3:14).

[4] (3:15-18) ***Hombre, naturaleza:*** está el caso de los actos pecaminosos.

1. Los actos pecaminosos son actos homicidas (v. 15; cp. Is. 59:7): «Sus pies se apresuran para derramar sangre». Notela expresión «se apresuran». Los hombres corren para matar; están dispuestos a sacar y a derramar sangre...

- de heridas y de vergüenza.
- para abrirse un camino.
- para lograr lo que quieren.

Los hombres son crueles; por naturaleza son soberbios, egoístas y codiciosos. Buscan y procuran poseer, aun cuando ello signifique volverse contra los demás e infligir...

- dolor y sufrimiento.
- matar y exterminar.
- tristeza y perjuicio.
- mutilar y destrozar.
- quebrantos y desventuras.

La causa de Dios contra el hombre se abre porque el hombre es homicida. Sus pies «se apresuran a derramar sangre».

«No matarás» (Éx. 20:13).

«Jesús dijo: No matarás» (Mt. 19:18).

«Así que, ninguno de vosotros padezca como homicida, o ladrón, o malhechor, o por entremeterse en lo ajeno» (1 P. 4:15).

«Todo aquel que aborrece a su hermano es homicida; y sabéis que ningún homicida tiene vida eterna permanente en Él» (1 Jn. 3:15).

«Porque sus pies corren hacia el mal, y van presurosos a derramar sangre» (Pr. 1:16).

2. Los actos pecaminosos son hechos opresivos que quebrantan y causan desventura (v. 16; cp. Is. 59:7): «Quebranto y desventura hay en sus caminos». El hombre es tiránico; destruye y causa miseria donde sea que vaya. Dada su soberbia, su egoísmo y codicia, el hombre destruye...

- la tierra (contaminación).
- los negocios.
- el gobierno.
- las naciones.
- las posesiones.
- el país.
- las ciudades.
- las casas.
- la gente.

Provoca quebrantos y desventura por donde quiera que va, aun dentro de su propia familia, vecindario y ciudad. Sea por una simple discusión en el seno de la familia o por medio de una guerra, es tan destructivo y miserable que lleva destrucción y miseria a cualquier lugar que vaya.

3. Los actos pecaminosos son hechos de impaciencia, perturbadores y belicosos (v. 17; cp. Is. 59:8): «Y no conocieron camino de paz». La idea es que los hombres no gozan la paz. No tienen paz en sí mismos ni con los demás. No conocen la vía pacífica, no saben...

- obtener la paz.
- preservar la paz.

Los hombres no tienen paz dentro de sí mismos; tienen desasosiego. En su propia alma viven una guerra civil en conflicto constante. Por lo tanto, los hombres no obtienen la paz, no sólo dentro de ellos mismos, sino también entre los demás. Donde está el hombre, produce disturbios, crea facciones y provoca guerra contra los demás. Esta es la causa de Dios contra el hombre.

«Por la mañana dirás: ¡Quién diera que fuese la tarde! y a la tarde dirás: ¡Quién diera que fuese la mañana! por el miedo de tu corazón con que estarás amedrentado, y por lo que verán tus ojos» (Dt. 28:67).

«Porque ¿qué tiene el hombre de todo su trabajo» (Ec. 2:22-23).

«No hay paz para los malos, dijo Jehová» (Is. 48:22).

«Pero los impíos son como el mar en tempestad, que no puede estarse quieto, y sus aguas arrojan cieno y lodo» (Is. 57:20).

«No conocieron camino de paz, ni hay justicia en sus caminos; sus veredas son torcidas; cualquiera que por ellas fuere, no conocerá paz» (Is. 59:8).

«Padecemos persecución sobre nosotros; nos fatigamos, y no hay para nosotros reposo» (Lm. 5:5).

«Destrucción viene; y buscarán la paz, y no la habrá» (Ez. 7:25).

4. Los actos pecaminosos son hechos profanos, irreverentes, irrespetuosos (v. 18; cp. Sal. 36:1): «No hay temor de Dios delante de sus ojos». Sus ojos y su atención se centran en otras cosas. Ignoran a Dios y lo olvidan, viviendo como si Dios no existiera. Sienten poca o ninguna responsabilidad hacia Dios. No tienen temor de Dios; no temen su ira, su enfado ni su juicio contra ellos. No tienen deseos ni sienten necesidad de adorar a Dios o de estudiar su Palabra y su voluntad. Raras veces, o nunca le dan gracias, le honran o hacen lo que Él manda. No hay temor de Dios delante de sus ojos; por lo tanto, esta es la causa de Dios contra los hombres.

«Y como ellos no aprobaron tener en cuenta a Dios, Dios los entregó a una mente reprobada, para hacer cosas que no convienen» (Ro. 1:28).

«Porque cuando los gentiles que no tienen ley, hacen por naturaleza lo que es de la ley, éstos, aunque no tengan ley, son ley para sí mismos» (Ro. 2:14).

«Porque [el impío] ha dicho: De nada servirá al hombre el conformar su voluntad a Dios» (Job 34:9).

«Y ninguno dice: ¿Dónde está Dios mi Hacedor, que da

cánticos en la noche? (Job 35:10).

«El malo, por la altivez de su rostro, no busca a Dios; no hay Dios en ninguno de sus pensamientos» (Sal. 10:4).

«La iniquidad del impío me dice al corazón: No hay temor de Dios delante de sus ojos» (Sal. 36:1).

«Ni quisieron mi consejo, y menospreciaron toda reprensión mía» (Pr. 1:30).

5 (3:19-20) ***Ley:*** está la causa de la ley o de las Escrituras. Note cinco puntos.

1. La ley, las Escrituras, hablan a todos. Note las palabras «sabemos». Pablo quiere decir que esta es una verdad obvia, una verdad clara que no puede pasar inadvertida. Todo lo que se ha dicho ha sido citado de las Escrituras (vv. 9-18), y las Escrituras hablan y están dirigidas a todos. Por lo tanto, todos somos culpables delante de Dios, judíos y gentiles por igual. Las Escrituras acusan de pecado a cada uno, y declaran que todos están «bajo pecado»—todos están sujetos a su poder y autoridad. Nadie puede eludir la acusación de la ley de Dios. La causa de la ley de Dios es contra todos, sean religiosos o paganos.

2. La ley, las Escrituras, hacen callar toda jactancia, toda boca que actúa con autosuficiencia y que declara la bondad del hombre. A la luz de la naturaleza, lengua y conducta pecaminosa del hombre, ¿quién puede jactarse? ¿Quién puede declarar la bondad, justicia y capacidad del hombre? ¿Quién puede decir algo opuesto a la causa de Dios contra el hombre? Las Escrituras declaran que no hay hombre bueno, dejando Uno solo que es bueno, Dios. Solamente Dios es bueno; solamente Dios merece alabanza, honra y gloria. El hombre puede gloriarse en Dios, y solamente en Dios. El hombre debe callar; no hay razón para que se gloríe en sí mismo, ni tiene derecho a hacerlo. La ley, la causa de Dios contra el hombre, cierra la boca del hombre.

«Pero ahora, aparte de la ley, se ha manifestado la justicia de Dios, testificada por la ley y por los profetas» (Ro. 3:21).

«Pero la ley se introdujo para que el pecado abundase; mas cuando el pecado abundó sobreabundó la gracia» (Ro. 5:20).

«¿Qué diremos, pues? ¿La ley es pecado? En ninguna manera. Pero yo no conocí el pecado sino por la ley; porque tampoco conociera la codicia, si la ley no dijera: No codiciarás» (Ro. 7:7).

«Porque ignorando la justicia de Dios, y procurando establecer la suya propia, no se han sujetado a la justicia de Dios» (Ro. 10:3).

«[La ley] fue añadida a causa de las transgresiones» (Gá. 3:19).

(*Véanse* el bosquejo y las notas—Ro. 7:7-13 para más discusión.)

3. La ley, las Escrituras, declaran a todo el mundo culpable ante los ojos de Dios. La ley de Dios declara:

«No hay justo ni aun uno» (Ro. 3:10).

«No hay quien haga lo bueno [en forma perfecta], no hay ni siquiera uno» (Ro. 3:12).

«Porque todos los que dependen de las obras de la ley están bajo maldición, pues escrito está: Maldito todo aquel que no permaneciere en todas las cosas escritas en el libro de la ley, para hacerlas» (Gá. 3:10).

«Sabemos que somos de Dios, y el mundo entero está bajo el maligno» (1 Jn. 5:19).

Nadie escapa. Todo el mundo está cara a cara con Dios —allí está— imperfecto, destituido de su gloria, culpable de pecado.

4. Ningún ser humano es justificado por la ley. Note cuidadosamente lo que dice.

- Ninguna ley ni acto de la ley justificará jamás a un hombre (para hacerlo aceptable a Dios).
- El hombre no puede ser justificado por cuidar alguna ley u obra.
- El hombre no puede ser justificado por guardar alguna ley o por alguna buena obra de propia confección.
- Ninguna carne, ningún hombre será justificado ante los ojos de Dios, por medio de la ley.

«Ya que por las obras de la ley ningún ser humano será justificado delante de Él; porque por medio de la ley es el conocimiento del pecado» (Ro. 3:20).

«Y que por la ley ninguno se justifica para con Dios, es evidente, porque: El justo por la fe vivirá; y la ley no es de fe, sino que dice: El que hiciere estas cosas vivirá por ellas» (Gá. 3:11-12).

«Conociendo esto, que la ley no fue dada para el justo, sino para los transgresores y desobedientes, para los impíos y pecadores, para los irreverentes y profanos, para los parricidas y matricidas, para los homicidas, para los fornicarios, para los sodomitas, para los secuestradores, para los mentirosos y perjuros, y para cuanto se oponga a la sana doctrina» (1 Ti. 1:9-10).

5. La ley muestra al hombre su pecaminosidad. El propósito de la ley no es justificar, sino señalar el pecado, decir al hombre que es pecador. La ley fue dada para que el hombre tome concienca de su pecado. ¿Por qué? Para que el hombre sepa que es pecador y que necesita buscar a Dios para recibir el perdón y la salvación.

«Pero ahora, aparte de la ley, se ha manifestado la justicia de Dios, testificada por la ley y por los profetas; la justicia de Dios por medio de la fe en Jesucristo, para todos los que creen en Él. Porque no hay diferencia, por cuanto todos pecaron, y están destituidos de la gloria de Dios, siendo justificados gratuitamente por su gracia, mediante la redención que es en Cristo Jesús» (Ro. 3:21-24).

«Porque lo que era imposible para la ley, por cuanto era débil por la carne, Dios, enviando a su Hijo en semejanza de carne de pecado y a causa del pecado, condenó al pecado en la carne» (Ro. 8:3; cp. He. 7:19).

«Sabiendo que el hombre no es justificado por las obras de la ley, sino por la fe de Jesucristo, nosotros también hemos creído en Jesucristo, para ser justificados por la fe de Cristo y no por las obras de la ley, por cuanto por las obras de la ley nadie será justificado» (Gá. 2:16; cp. Gá. 3:24-27).

«Cristo nos redimió de la maldición de la ley, hecho por nosotros maldición (porque está escrito: Maldito todo el que es colgado en un madero)» (Gá. 3:13).

1 Ahora se manifiesta la justicia a. La justicia sin la ley b. La justicia anunciada c. La justicia por Cristo **2 La justicia es para todos** a. Todo el que cree b. Todo el que necesita: «No hay diferencia» 1) Todos pecaron 2) Todos están destituidos	**III. FE Y JUSTIFICACIÓN: ELCAMINO DE LA RECONCILIACIÓN DEL MUNDO CON DIOS, 3:21—5:21** **A. Justicia: el camino de la reconciliación con Dios, 3:21-26** 21 Pero ahora, aparte de la ley, se ha manifestado la justicia de Dios, testificada por la ley y por los profetas; 22 la justicia de Dios por medio de la fe en Jesucristo, para todos los que creen en él. Porque no hay diferencia, 23 por cuanto todos pecaron y están destituidos de la	gloria de Dios, 24 siendo justificados gratuitamente por su gracia, mediante la redención que es en Cristo Jesús, 25 a quien Dios puso como propiciación por medio de la fe en su sangre, para manifestar su justicia, a causa de haber pasado por alto, en su paciencia, los pecados pasados, 26 con la mira de manifestar en este tiempo su justicia, a causa de haber pasado por alto, en su paciencia, los pecados pasados, con la mira de manifestar en este tiempo su justicia, a fin de que él sea el justo y el que justifica al que es de la fe de Jesús.	de la gloria de Dios **3 La justicia sólo es posible por medio de la justificación** a. Es gratuita: por gracia b. Es la redención **4 Justicia es por un acto de Dios solamente: por propiciación** **5 La justicia tiene un gran propósito: proclamar la justicia personal de Dios** a. Que Él perdona el pecado b. Que es paciente c. Que es justo d. Que es el que justifica a los que creen

III. FE Y JUSTIFICACIÓN: ELCAMINO DE LA RECONCILIACIÓN DEL MUNDO CON DIOS, 3:21—5:21

A. Justicia: el camino de la reconciliación con Dios, 3:21-26

(3:21-26) ***Introducción—justicia:*** la expresión «justicia de Dios» se usa de tres maneras en las Escrituras.

1. Justicia significa el carácter de Dios. Indica el carácter justo, la justicia y la perfección que Dios mismo posee y manifiesta.
2. La justicia se refiere a la falta de un carácter piadoso en el hombre. Se refiere a la naturaleza y conducta pecaminosa, depravada, injusta, torcida e imperfecta del hombre.
3. Justicia significa rectitud, esto es, la perfección que Dios da al hombre en Cristo Jesús. Cuando acepta que el Señor Jesucristo quite sus pecados, el hombre recibe la justicia de Dios. Cristo viste al hombre con la justicia misma de Dios—por la fe (2 Co. 5:21; Fil. 3:9).

El contexto usualmente es claro en cuanto al sentido que se le da. (*Véase* Estudio a fondo 5, ***Justicia***—Mt. 5:6 para ampliar la discusión.)

1. La justicia ahora es revelada (vv. 21-22).
2. La justicia es para todos (vv. 22-23).
3. La justicia sólo es posible por medio de la justificación (v. 24).
4. La justicia se obtiene por un acto de Dios solamente: la propiciación (v. 25).
5. La justicia tiene un propósito: proclamar la justicia personal de Dios (vv. 25-26).

[1] (3:21-22) ***Justicia—ley:*** ahora se revela la justicia. Dios «ahora» revela *como* puede el hombre reconciliarse con Él. La palabra «ahora» es un punto de quiebre cataclísmico en el mensaje de Romanos. Señala un punto cenrtal en la historia humana. Es como decir dos cosas:

- Antes, en otro tiempo, centenares de cientos de años antes, Dios tuvo paciencia en que toleró los intentos del hombre de lograr una justicia propia por medio de la ley. *Pero ahora* ha llegado el tiempo de la justicia de Dios—la justicia que se encuentra en el Hijo mismo de Dios.
- Antes, en otro tiempo, los hombres pecaban y seguían pecando, y aprendieron la imposibilidad de dejar sus pecados. El período que el hombre estuvo bajo la ley le mostró la imposibilidad de obtener la justicia por sus propios medios. *Pero ahora* ha llegado el tiempo de la justicia de Dios—la justicia que se encuentra en el mismísimo Hijo de Dios.

1. La justicia de Dios para el hombre es «aparte de la ley». La justicia tiene que ser sin la ley, porque la ley falla en dos esferas críticas.
   a. La ley no admite la desobediencia; exige la obediencia. El que desobedece la ley se hace transgresor. Es culpable y debe ser condenado.
   b. La ley no tiene el poder convertir en obediente a una persona. No tiene el poder de impedir que una persona desobedezca. Solamente señala la desobediencia de la persona y la carencia de poder para ser obediente. Sólo manifiesta la incapacidad de una persona para lograr ningún tipo de justicia por sus esfuerzos propios. Por lo tanto, Si Dios había de tener hombres viviendo en Su presencia, tenía que proveer una justicia «aparte de la ley». Tenía que haber una justicia que no tuviera nada que ver con la ley.
2. La justicia de Dios en favor del hombre fue anunciada en el Antiguo Testamento (los profetas y la ley). Esto se ve claramente en el capítulo siguiente, en las vidas de Abraham y David (Ro. 4:1s). (Cp. Jn. 5:39, 46; 1 P. 1:10-11.)
3. La justicia de Dios se revela en Jesucristo. Cuando Jesucristo vino a la tierra, vino a *revelar* la perfecta justicia de Dios. Jesucristo vino para vivir...

- una vida sin pecado
- la vida perfecta
- la vida ideal
- la vida representativa
- la vida modelo

Jesucristo es la perfecta encarnación de la justicia de Dios. En efecto, Jesucristo es a justicia de Dios; o para decirlo de otro modo, la justicia de Dios es Jesucristo. La justicia de Dios ahora ha sido revelada en Jesucristo y por medio de Él. (Para ampliar la discusión *véase* la nota—Ro. 5:1.)

«Porque el fin de la ley es Cristo, para justicia a todo aquel que cree» (Ro. 10:4).

«Mas por él estáis vosotros en Cristo Jesús, el cual nos ha sido hecho por Dios sabiduría, justificación, santificación y redención» (1 Co. 1:30).

«[Que pueda yo] ser hallado en El, no teniendo mi propia justicia, que es por la ley, sino la que es por la fe de *Cristo, la justicia que es de Dios* por la fe» (Fil. 3:9).

2 (3:22-23) ***Justicia—pecado:*** la justicia es para todos. Las Escrituras son claras en su declaración.

1. La justicia es para todo aquel que cree. Note que la justicia es *dada «a»* el creyente y *puesta «sobre»* el creyente.

a. La justicia es dada *«a»* el creyente como una *posesión*.

«Por medio de las cuales nos ha dado preciosas y grandísimas promesas, para que por ellas llegaseis a ser participantes de la *naturaleza divina [justicia]*, habiendo huido de la corrupción que hay en el mundo a causa de la concupiscencia» (2 P. 1:4).

«Y yo rogaré al Padre, y os dará otro consolador, para que esté con vosotros para siempre: el Espíritu de verdad, al cual el mundo no puede recibir, porque no le ve, ni le conoce; pero vosotros le conocéis, porque mora con vosotros, y estará en vosotros» (Jn. 14:16-17).

b. La justicia es puesta «***sobre***» el creyente como una *cobertura* o vestidura.

«Al que no conoció pecado, por nosotros lo hizo pecado, para que nosotros fuésemos hechos justicia de Dios en Él» (2 Co. 5:21).

«Y vestíos del nuevo hombre, creado según Dios en la justicia y santidad de la verdad» (Ef. 4:24).

«Porque habéis muerto, y vuestra vida está escondida con Cristo en Dios ... y revestido del nuevo, el cual conforme a la imagen del que lo creó se va renovando hasta el conocimiento pleno» (Col. 3:3, 10).

2. Todos necesitan la justicia. No hay diferencia ni distinción entre los hombres. Hay dos razones.

a. Todos son pecadores. La palabra «pecaron» (*hamartano*) en griego es aoristo; esto es, se trata de un suceso que ocurre de una vez para siempre. Se refiere a la entrada histórica del pecado en el mundo. Esto significa que todos los hombres...

- heredaron la naturaleza de sus padres y madres pecadores.
- han pecado y son pecadores.
- no pueden dejar de pecar y quieren pecar.

«Por cuanto *todos* pecaron, y están destituidos de la gloria de Dios» (Ro. 3:23).

«Mas la Escritura lo encerró todo bajo pecado, para que la promesa que es por la fe en Jesucristo fuese dada a los creyentes» (Gá. 3:22).

«Si decimos que no tenemos pecado, nos engañamos a nosotros mismos, y la verdad no está en nosotros» (1 Jn. 1:8).

«Sabemos que somos de Dios, y el mundo entero está bajo el maligno» (1 Jn. 5:19).

«Y vio Jehová que la maldad de los hombres era mucha en la tierra, y que todo designio de los pensamientos del corazón de ellos era de continuo solamente el mal» (Gn. 6:5).

«No hay hombre que no peque» (1 R. 8:46).

«Cada uno se había vuelto atrás; todos se habían corrompido; No hay quien haga lo bueno, no hay ni aun uno» (Sal. 53:3; cp. Sal. 14:3).

«¿Quién podrá decir: Yo he limpiado mi corazón, limpio estoy de mi pecado?» (Pr. 20:9).

«Ciertamente no hay hombre justo en la tierra, que haga el bien y nunca peque» (Ec. 7:20).

«Todos nosotros nos descarriamos como ovejas, cada cual se apartó por su camino; mas Jehová cargó en él el pecado de todos nosotros» (Is. 53:6).

«Si bien todos nosotros somos como suciedad, y todas nuestras justicias como trapo de inmundicia; y caímos todos nosotros como la hoja, y nuestras maldades nos llevaron como viento» (Is. 64:6).

«Faltó el misericordioso de la tierra, y ninguno hay recto entre los hombres; todos acechan por sangre; cada cual arma red a su hermano» (Mi. 7:2).

b. Todos los hombres «están destituidos de la gloria de Dios». El tiempo es presente: todos los hombres están *siendo destituidos*, esto es *continuamente destituidos* de la gloria de Dios. Los hombres están en un estado o condición de estar destituidos de la gloria de Dios (*véase* Estudio a fondo 1, ***Gloria***—Ro. 3:23 para la-discusión).

ESTUDIO A FONDO 1

(3:23) ***Gloria—Gloria de Dios:*** la «gloria de Dios» es la norma de Dios para el hombre. Significa Su *gloria moral*. Quiere decir su excelencia, esplendor, brillo, magnificencia, preeminencia, dignidad, majestad y gracia. Indica la perfección absoluta de Dios, la perfección de su persona. Es esta «gloria de Dios» la que demanda que el hombre corresponda perfectamente con Dios—si el hombre desea estar en paz con Dios y vivir en Su presencia.

1. La gloria es *luz,* perfecta luz. Es la luz en su más alto grado: la perfección del esplendor, brillantez, claridad, resplandecencia. Esto puede verse en diversos pasajes.

- Juan vio cómo es el brillo de la gloria de Dios cuando tuvo la visión de la nueva Jerusalén. (La nueva Jerusalén será el centro o capital del gobierno mundial en los cielos nuevos y la tierra nueva.)

«La santa ciudad ... *teniendo la gloria de Dios.* Y su fulgor era semejante al de una piedra preciosísima, como piedra de jaspe, diáfana como el cristal« (Ap. 21:10-11).

«La ciudad no tiene necesidad de sol ni de luna que brillen en ella; porque la gloria de Dios la ilumina, y el cordero es su lumbrera» (Ap. 21:23).

- Jesús experimentó la luz de la gloria de Dios.

«Y[Jesús] se transfiguró delante de ellos, y resplandeció su rostro como el sol, y sus vestidos se hicieron blancos como la luz» (Mt. 17:2).

- Pablo experimentó la luz de la gloria de Dios.

«Pero aconteció que yendo yo, al llegar cerca de Damasco, como a mediodía, de repente me rodeó mucha luz en el cielo ... Y como yo no veía a causa de la gloria de la luz, llevado de la mano por los que estaban conmigo, llegué a Damasco» (Hch. 22:6, 11; cp. 9:3-9).

- Moisés experimentó la luz de la gloria de Dios.

«[Moisés] no sabía que la piel de su rostro resplandecía, después que hubo hablado con Dios.... y he aquí la piel de su rostro era resplandeciente; y tuvieron miedo de acercarse a Él» (Éx. 34:29-30; cp. 29-35).

2. La gloria es pureza, perfecta pureza. Es la luz misma en el más alto grado de virtud y bondad, de cualidad y moralidad. Es la más alta excelencia de carácter y perfección del ser.

«Dios es luz, y no hay ningunas tinieblas en Él» (1 Jn. 1:5).

«Ninguno hay bueno sino uno: Dios» (Mt. 19:17).

«Vuestro Padre que está en los cielos es perfecto» (Mt. 5:48).

«Sólo tú eres santo» (Ap. 15:4).

3. La gloria es majestad, perfecta majestad. Es el más alto grado de preeminencia y magnificencia, de dignidad y honor, de adoración y alabanza merecidas.

«Vi yo al Señor sentado sobre un trono alto y sublime... Y el uno al otro daba voces diciendo: Santo, santo, santo, Jehová de los ejércitos; toda la tierra está llena de su gloria» (Is. 6:1, 3).

«Porque así dijo el Alto y Sublime, el que habita la eternidad, y cuyo nombre es el Santo: Yo habito la altura y la santidad... » (Is. 57:15).

«Jehová reina; Jehová se vistió, se ciñó de poder» (Sal. 93:1; cp. 97:1).

4. La gloria es ser, perfecto ser. Es el más alto grado de dignidad, calidad y mérito, preciosidad y valor. (*Véase* nota—Jn. 17:2-3.)

«Señor, digno eres de recibir la gloria y la honra y el poder; porque tú creaste todas las cosas, y por tu voluntad existen y fueron creadas» (Ap. 4:11).

«Yo Mismo soy; ante de mí no fue formado dios, ni lo será después de mí» (Is. 43:10).

«Ninguno hay bueno sino Uno: Dios» (Mt. 19:17).

3 (3:24) ***Justicia—justificación:*** la justicia es posible solamente por medio de la justificación (*véanse* notas, ***Justificación***—Ro. 1:17; Estudio a fondo 1—4:22; 5:1 para discusión). Note dos hechos significativos.

1. Justificación es un don gratuito de Dios. El hombre no la gana de ningún modo. El hombre es justificado por la gracia de Dios y solamente por la gracia de Dios. (*Véase* nota, ***Gracia***—Ro. 4:16; Tit. 2:15 para ampliación de la discusión.)

2. La justificación es solamente a través de la redención que es en Cristo Jesús (*véanse* Estudio a fondo 2, ***Redención***—Ro.3:24 para la discusión).

ESTUDIO A FONDO 2

(3:24) ***Redención*** (apolutroseos)*:* rescatar, liberar por medio del pago de un precio. (*Véase* nota, ***Redención***—Ef. 1:7 para más discusión.) La palabra se usa en tres formas en el Nuevo Testamento.

1. Signifia redimir (*agorazo*): liberar; dejar libre del mercado de esclavitud al pecado, la muerte y el infierno.

«Porque habéis sido comprados [redimidos] por precio; glorificad, pues, a Dios en vuestro cuerpo y en vuestro espíritu, los cuales son de Dios» (1 Co. 6:20).

«Por precio fuisteis comprados [redimidos]; no os hagáis esclavos de los hombres» (1 Co. 7:23).

«Pero hubo también falsos profetas entre el pueblo, como habrá entre vosotros falsos maestros, que introducirán encubierta y deceptivamente herejías destructoras, y aun negarán al Señor que los rescató, atrayendo sobre sí mismos dstrucción repentina» (2 P. 2:1).

2. Significa redimir *de* (*exagorazo*): liberar *de* la esclavitud al pecado, la muerte y el infierno. Significa ser liberado *de ello* para no volver jamás.

«Cristo nos redimió de la maldición de la ley, hecho por nosotros maldición porque está escrito: Maldito todo el que es colgado en un madero» (Gá. 3:13).

«Pero cuando vino el cumplimiento del tiempo, Dios envió a su Hijo, nacido de mujer y nacido bajo la ley» (Gá. 4:5).

3. Significa rescatar (*lutroo*)*:* liberar mediante el pago de un precio; comprar.

«Quien se dió a sí mismo por nosotros para redimirnos de toda iniquidad y purificar para sí un pueblo propio, celoso de buenas obras» (Tit. 2:14).

«Sabiendo que fuisteis rescatados de vuestr vana manera de vivir, la cual recibisteis de vuestros padres, no con cosas corruptibles, como oro o plata» (1 P. 1:18).

La redención es «en Cristo Jesús (*en Christou lesou*), obrada por medio de Su sangre y Sus sufrimientos. Acerca de esto no puede haber dudas; el hecho es crítico para el destino de una persona. La redención *no* la produce...

- la vida de Cristo.
- el poder de Cristo.
- el ejemplo de Cristo.

Las Escrituras son bastante claras al respecto. Su cruz y su sacrificio mortal es lo que trajo la redención. La redención ha sido...

- consumada.
- una realidad.
- complida.
- producida.
- efectuada.
- obrada.
- una verdad.
- un hecho.

...por la sangre derramada por Cristo, el mismísmo Hijo de Dios.

«Porque la vida de la carne en la sangre está, y yo os la he dado para hacer expiación sobre el altar por nuestras almas; y la misma sangre hará expiación de la persona» (Lv. 17:11).

«Como el Hijo del hombre no vino para ser servido, sino para servir, y para dar su vida en rescate por muchos» (Mt. 20:28).

«Siendo justificados gratuitamente por su gracia, mediante la redención que es en Cristo Jesús» (Ro. 3:24).

«Porque habéis sido comprados [redimidos] por precio; glorificad, pues, a Dios en vuestro cuerpo y en vuestro espíritu, los cuales son de Dios» (1 Co. 6:20).

«Por precio fuisteis comprados [redimidos]; no os hagáis esclavos de los hombres» (1 Co. 7:23).

«En quien tenemos redención por su sangre, el perdón de los pecados según las riquezas de su gracia» (Ef. 1:7).

«En quien tenemos redención por su sangre, el perdón de los pecados» (Col. 1:14).

«Porque hay un solo Dios, y un solo mediador entre Dios y los hombres, Jesucristo hombre, el cual se dio a sí mismo en rescate por todos, de lo cual se dio testimonio a su debido tiempo» (1 Ti. 2:5-6).

«Así que, por eso es mediador de un nuevo pacto, para que interviniendo muerte para la remisión de las transgresiones que había bajo el primer pacto, los llamados reciban la promesa de la herencia eterna» (He. 9:15).

«Sabiendo que fuisteis rescatados de vuestra vana manera de vivir, la cual recibisteis de vuestros padres, no con cosas corruptibles, como oro o plata, sino con la sangre preciosa de Cristo, como de un cordero sin mancha y sin contaminación» (1 P. 1:18-19).

«Pero hubo también falsos profetas entre

el pueblo, como habrá entre vosotros falsos maestros, que introducirán encubiertamente herejías destructoras, y aun negarán al Señor que los rescató, atrayendo sobre sí mismos destrucción repentina» (2 P. 2:1).

«Y cantaban un nuevo cántico, diciendo: Digno eres de tomar el libro y de abrir sus sellos; porque tú fuiste inmolado, y con tu sangre nos has redimido para Dios, de todo linaje y lengua y pueblo y nación» (Ap. 5:9)

«Y cantaban un cántico nuevo delante del trono, y delante de los cuatro seres vivientes, y de los ancianos; y nadie podía aprender el cántico sino aquellos ciento cuarenta y cuatro mil que fueron redimidos de entre los de la tierra. Estos son los que no se contaminaron con mujeres, pues son vírgenes. Estos son los que siguen al Cordero por dondequiera que va. Estos fueron redimidos de entre los hombres como primicias para Dios y para el Cordero» (Ap. 14:3-4).

4 (3:25) ***Propiciación—sangre de Jesucristo:*** la justicia es por un acto de Dios solamente, el acto de propiciación. (*Véase* nota, ***Propiciación***—1 Jn. 2:1-2; 2:2 para más discusión.) Propiciación (*hilasterion*) significa ser un sacrificio, una cubierta, una satisfacción, un pago, una conciliación por el pecado. Note dos puntos muy significativos.

1. Dios es el que «puso» (*proetheto*) a Cristo para ser la propiciación por los pecados del hombre.
   a. Dios ***propuso*** «poner» a Cristo: Dios determinó, resolvió, ordenó que Cristo fuese la propiciación o el sacrificio por los pecados del hombre.
   b. Dios puso a Cristo «ante» (*pro*) el mundo como la propiciación por los pecados del mundo. El sufijo *pro* en la palabra griega ***pro****etheto* (*poner ante*) indica este hecho.
      - Dios puso a Cristo *ante Él mismo* con el propósito de que fuese la propiciación o el sacrificio por los pecados del hombre.
      - Dios puso a Cristo públicamente *ante el mundo*, mostrando que el es definitivamente la propiciación por los pecados del mundo.
2. Es Cristo mismo quien es la propiciación por los pecados del hombre. Pero note: no son sus enseñanzas, su poder, su ejemplo o su vida lo que hacen de Cristo la propiciación. Es su sangre, su sacrificio, Su muerte, Sus sufrimientos, Su cruz, lo que hace que Dios acepte a Jesús como la propiciación. Es la sangre de Cristo la que Dios acepta como...
   - el *sacrificio* por nuestros pecados.
   - la *cubierta* para nuestros pecados.
   - la *satisfacción* por nuestros pecados.
   - el *pago* por la culpa de nuestros pecados.
   - la *reconciliación* de su ira contra el pecado.

¿Qué quiere decir la Biblia por «la sangre de Cristo»? Quiere decir *la voluntad* de Cristo de morir (derramar su sangre) por el hombre. Significa *el sacrificio supremo* pagado por Cristo por los pecados del hombre. Indica los *terribles sufrimientos* por los que pasó Cristo por los pecados del hombre. (*Véase* nota—Mt. 20:19.) Señala el hecho de que Cristo *puso su vida voluntariamente* en favor de los pecados del hombre (Jn.10:17-18).

«Por lo cual debía ser en todo semejante a sus hermanos, para venir a ser misericordioso y fiel sumo sacerdote en lo que a Dios se refiere, para expiar los pecados del pueblo» (He. 2:17).

«Hijitos míos, estas cosas os escribo para que no pequéis; y si alguno hubiere pecado, abogado tenemos para con el Padre, a Jesucristo el justo. Y Él es la propiación por nuestros pecados; y no solamente por los nuestros, sino también por los de todo el mundo» (1 Jn. 2:1-2).

«En esto consiste el amor: no en que nosotros hayamos amado a Dios, sino en que Él nos amó a nosotros, y envió a su Hijo en propiación por nuestros pecados» (1 Jn. 4:10).

«Mas el publicano, estando lejos, no quería ni aun alzar sus ojos al cielo, sino que se golpeaba el pecho, diciendo: Dios, sé propicio a mí pecador» (Lc. 18:13).

5 (3:25-26) ***Justicia—justificación:*** la justicia tiene un gran propósito—declarar la rectitud y justicia personal de Dios. Dios es justo y recto; por lo tanto, El siempre hace lo recto, y siempre actúa justamente con todas las personas. Esta es la razón por la que ha provisto una justicia perfecta para el hombre. Era lo que había que hacer: Lo correcto y lo justo. Él es justo por naturaleza; por lo tanto, proveyó justicia para el hombre. La justicia de Dios se ve en cuatro hechos gloriosos.

1. La justicia de Dios se ve en que Él perdona el pecado. Cristo murió por nuestros pecados, y Dios acepta su muerte como la propiciación o sacrificio por nuestros pecados. Ahora, note: Dios no rechaza la muerte de Cristo. El no actuó en forma injusta. Por el contrario, Dios hizo lo justo. Actuó con rectitud y justicia. Aceptó la muerte de Cristo como el sacrificio por nuestros pecados; por lo tanto, el hecho de que perdona los pecados declara que Él es justo.

«Porque esto es mi sangre del nuevo pacto, que por muchos es derramada para remisión de los pecados» (Mt. 26:28).

«Y casi todo es purificado, según la ley, con sangre; y sin derramamiento de sangre no se hace remisión» (He. 9:22).

«Así también Cristo fue ofrecido una sola vez para llevar los pecados de muchos; y aparecerá por segunda vez, sin relación con el pecado, para salvar a los que le esperan» (He. 9:28).

2. La justicia de Dios se ve en su paciencia, esto es, en su tolerancia e indulgencia con el pecado del hombre. Note un hecho glorioso: Dios no castigó al hombre por su pecado destruyendo toda carne de sobre la tierra; Dios esperó hasta que Cristo viniera antes de condenar el pecado *en la carne*. Recordemos que Dios es justicia perfecta; por lo tanto, Él tiene que proveer una justicia perfecta para el hombre «en la carne».
   - No había hombre que pudiera encarnar la justicia perfecta.
   - Solamente el Hijo de Dios podía encarnar la perfecta justicia y así lo hizo.

El hecho de que Dios esperara hasta la venida de Cristo, que Dios en su paciencia retuviera el castigo del pecado, muestra que Dios es justo. La rectitud de Dios y su justicia son manifestadas por su paciencia.

«Porque lo que era imposible para la ley, por cuanto era débil por la carne, Dios, enviando a su Hijo en semejanza de carne de pecado y a causa del pecado, condenó al pecado en la carne» (Ro. 8:3).

«Pero cuando vino el cumplimiento del tiempo, Dios envió a su Hijo, nacido de mujer y nacido bajo la ley, para que redimiese a los que estaban bajo la ley, a fin de que recibiésemos la adopción de hijos. Y por cuanto sois hijos, Dios envió a vuestros corazones el Espíritu de su Hijo, el cual clama: ¡Abba, Padre!» (Gá. 4:4-6).

3. La justicia de Dios se ve en su juicio. Aceptó la muerte de Cristo como el sustituto por nuestros pecados; cargó el castigo del pecado sobre Cristo. Hizo lo recto y lo justo. Su justicia es manifestada por su juicio.

«Ciertamente llevó nuestras enfermedades, y sufrió nuestros dolores; y nosotros le tuvimos por azotado, por *herido de Dios* y abatido. Mas Él herido fue por nuestras rebeliones, molido por nuestros pecados; el castigo de nuestra paz fue sobre Él, y por su llaga fuimos nosotros curados. Todos nosotros nos descarriamos como ovejas, cada cual se apartó por su camino; mas Jehová cargó en Él el pecado de todos nosotros» (Is. 53:4-6).

«Quien llevó Él mismo nuestros pecados en su cuerpo sobre el madero, para que nosotros, estando muertos a los pecados, vivamos a la justicia; y por cuya herida fuisteis sanados» (1 P. 2:24).

«Porque también Cristo padeció una sola vez por los pecados, el justo por los injustos, para llevarnos a Dios, siendo a la verdad muerto en la carne, pero vivificado en el espíritu» (1 P. 3:18).

4. La justicia de Dios se ve en que es el que justifica a todo el que cree. Dios toma nuestra fe y la cuenta como justicia. Toma nuestra fe y nos juzga aceptables en su presencia. Ahora bien, todo hombre que piensa sabe que no es justo, puro, santo ni carente de pecado. El hecho de que Dios acepta la muerte de Cristo como el sacrificio por nuestos pecados y nos justifica muestra una maravillosa verdad: muestra que Dios es justo. El hecho de que Dios es nuestro Justificador manifiesta su justicia.

«Y que de todo aquello de que por la ley de Moisés no pudisteis ser justificados, en Él es justificado todo aquel que cree» (Hch. 13:39).

«Concluimos, pues, que el hombre es justificado por fe sin las obras de la ley» (Ro. 3:28).

«Justificados, pues, por la fe, tenemos paz para con Dios por medio de nuestro Señor Jesucristo» (Ro. 5:1).

«Y esto erais algunos; mas ya habéis sido lavados; ya habéis sido santificados, ya habéis sido justificados en el nombre del Señor Jesús, y por el Espíritu de nuestro Dios» (1 Co. 6:11).

«De manera que la ley ha sido nuestro ayo, para llevarnos a Cristo, a fin de que fuésemos justificados por la fe» (Gá. 3:24).

1 La fe excluye la jactancia a. Las obras causan jactancia en uno mismo b. La fe causa el gloriarse en Dios **2 La fe justifica al hombre sin las obras de la ley**	**B. Fe:** [EF1] **el camino que pone fin a la jactancia y el orgullo humano, a la justicia y las obras propias, 3:27-31** 27 ¿Dónde, pues, está la jactancia? Queda excluida. ¿Por cual ley? ¿Por la de las obras? No, sino por la ley de la fe. 28 Concluimos, pues, que el hombre es justificado por la fe sin las obras de la ley.	29 ¿Es Dios solamente Dios de los judíos? ¿No es también Dios de los gentiles? Ciertamente, también de los gentiles. 30 Porque Dios es uno, y El justificará por la fe a los de la circuncisión, y por medio de la fe a los de la incircuncisión. 31 ¿Luego por la fe invalidamos la ley? En ninguna manera, sino que confirmamos la ley.	**3 La fe revela a un solo Dios que trata con igualdad** a. Creó todas las cosas: es el Dios de todos b. Es el único Dios: todos son justificados de la *misma* manera —por la fe **4 La fe establece y confirma la ley**

B. Fe:[EF1] **el camino que pone fin a la jactancia y el orgullo humano, a la justicia y las obras propias, 3:27-31**

(3:27-31) ***Introducción:*** una de las fuerzas más poderosas de todo el mundo es la fe. Este pasaje discute el poder de la fe, revelando cuatro cosas que hace la fe.

1. La fe excluye la jactancia (v. 27).
2. La fe justifica al hombre sin las obras de la ley (v. 28).
3. La fe revela a un solo Dios, que trata a todos equitativamente (vv. 29-30).
4. La fe establece y confirma la ley (v. 31).

ESTUDIO A FONDO 1

(3:27-31) ***Fe:*** *véase* notas—Jn. 2:24; Ro. 10:16-17; He. 10:38.

[1] (3:27) ***Fe—jactancia—justicia propia:*** la fe excluye la jactancia entre los hombres. Ahora la jactancia, el gloriarse en sí mismo, queda excluido, eliminado, desterrado e imposibilitado. Ningún hombre puede jactarse en sí mismo delante de Dios, ningún hombre puede gloriarse en su justicia propia, en su bondad, en sus méritos o en su propia virtud.

¿Qué es lo que impide al hombre jactarse o gloriarse en sí mismo? Esto es asombroso. Piense al respecto. Todos los logros del hombre...

- avance científico y tecnológico.
- avances en medicina y salud.
- avances comerciales y agrícolas.
- avances en comodidades y recreación.

Cuando se considera al hombre, y todo lo que es capaz de producir, es muy difícil que algunos entiendan por qué el hombre no puede gloriarse de ello. Entonces, ¿qué es lo que impide al hombre gloriarse en sus habilidades y logros? ¿Que clase de ley podría prohibir al hombre gloriarse en sus habilidades y logros?

1. No es la *ley de las obras*. La ley de las obras no excluye la jactancia; la fomenta. Cuando un hombre mira lo que ha hecho. la obra de sus manos, se siente con deseos de jactarse, de gloriarse en sí mismo. Una ley de obras no frena el deseo de jactarse, lo estimula. Una ley de obras estimula al hombre a ser egoísta, centrado en sí mismo, orgulloso y justo ante sus propios ojos. Hace que el hombre declare delante de Dios y de los hombres que...

- es más aceptable que otros.
- tiene más méritos que otros.
- ha alcanzado más logros que otros.
- es más suficiente que otros.
- es más adecuado que otros.
- no tiene otras necesidades aparte de las propias en este mundo.

Una ley de obras hace que el hombre ponga el centro de su interés en sí mismo. Hace que los hombres hagan que el mundo gire a su alrededor: que se miren a sí mismos como el poder que crea y sustenta el mundo, como el poder que da propósito, sentido y significación a la vida. Una ley de obras estimula la jactancia, no la excluye.

«Unánimes entre vosotros; no altivos, sino asociándoos con los humildes. No seáis sabios en vuestra propia opinión» (Ro. 12:16).

«Pero ahora os jactáis en vuestras soberbias. Toda jactancia semejante es mala» (Stg. 4:16).

«Porque tú dices: Yo soy rico, y me he enriquecido, y de ninguna cosa tengo necesidad; y no sabes que tú eres un desventurado, miserable, pobre, ciego y desnudo» (Ap. 3:17).

«Porque el malo se jacta del deseo de su alma, bendice al codicioso, y desprecia a Jehová» (Sal. 10:3).

«Los que confían en sus bienes, y de la muchedumbre de sus riquezas se jactan, ninguno de ellos podrá en manera alguna redimir a su hermano, ni dar a Dios su rescate» (Sal. 49:6-7).

«No seas sabio en tu propia opinión, teme a Jehová, y apártate del mal» (Pr. 3:7).

«Como nubes y vientos sin lluvia, así es el hombre que se jacta de falsa liberalidad» (Pr. 25:14).

«¿Has visto hombre sabio en su propia opinión? Más esperanza hay del necio que de Él» (Pr. 26:12).

«No te jactes del día de mañana; porque no sabes qué dará de sí el día» (Pr. 27:1).

«¡Ay de los sabios en sus propios ojos, y de los que son prudentes delante de sí mismos!» (Is. 5:21).

2. Es la *ley de la fe*. La ley de la fe excluye la jactancia. El hombre tiene que gloriarse en Dios cuando cree lo que las Escrituras han declarado (Ro. 1:18—3:26)...

- que *hay Dios* (existe),
- que Dios es el creador del universo y puede ser conocido por el hombre,
- que el hombre está destituido de la gloria y de la justicia de Dios,
- que Dios ha provisto justicia para el hombre *por medio de la fe*.

Dios es quien ha creado y dado su capacidad al hombre, y quien le ha provisto de justicia. Dios ha dado el camino para que el hombre sea salvo del pecado, la muerte y el infierno. Por lo tanto, el hombre tiene que jactarse en Dios y no en sí, porque Dios es quien ha dado al hombre todo lo que tiene, tanto su capacidad natural como su salvación eterna. Es la ley de la fe, no la ley de las obras la que elimina la jactancia.

«Para que, como está escrito: Él que se gloría, gloríese en el Señor» (1 Co. 1:31; cp. 2 Co. 10:17).

«Porque habéis sido comprados por precio; glorificad, pues, a Dios en vuestro cuerpo y en vuestro espíritu, los cuales son de Dios» (1 Co. 6:20).

«Para que el nombre de nuestro Señor Jesucristo sea glorificado en vosotros, y vosotros enÉl, por la gracia de nuestro Dios y del Señor Jesucristo» (2 Ts. 1:12).

«Los que teméis a Jehová, alabadle» (Sal. 22:23).

«En Dios nos gloriaremos todo el tiempo, y para siempre alabaremos tu nombre» (Sal. 44:8).

«En Jehová será justificada y se gloriará toda la descendencia de Israel» (Is. 45:25).

«Mas alábese en esto el que se hubiere de alabar: en entenderme y conocerme, que yo soy Jehová, que hago misericordia, juicio y justicia en la tierra; porque estas cosas quiero, dice Jehová» (Jer. 9:24).

2 (3:28) ***Fe—justificación:*** la fe justifica al hombre sin las obras de la ley. Esto es de importancia extrema. El hombre es justificado por la fe y no por las obras de la ley. La jactancia muestra esto. ¿Quién ha de ser alabado y puesto como objeto de gloria? ¿Es el hombre el que tiene que jactarse? ¿Es el hombre el que tiene que ser glorificado? Si el hombre se creó a sí mismo y se salvó a sí mismo del pecado y de la muerte por sus propias obras, entonces es digno de ser glorificado. Pero ¿qué hombre hay que pueda hacer estas cosas? El hombre no se hizo a sí mismo ni puede salvarse por sí mismo. Cuando consideramos que el hombre es corruptible, y que el hombre nada puede hacer más allá de esta vida, la jactancia queda excluida. así que el hombre no es justificado delante de Dios por las obras de la ley; es justificado por la fe—creyendo en Dios y en su justicia. (*Véanse* nota, ***Justificación***—Ro. 4:1-3; Estudio a fondo 2—4:22; 5:1 para ampliar la discusión.)

Pensamiento. Pese a su gran capacidad y a todos sus logros maravillosos, el hombre es incapaz de controlar las cosas moralmente, incapaz de vivir en amor, gozo y paz con los demás. Es incapaz de controlar la vergüenza y la devastación del egoísmo y la codicia, la enfermedad y el accidente, el pecado y la muerte. La única esperanza del hombre es llegar ante Dios...

- sin jactarse ni gloriarse en sí mismo, sino inclinándose con toda humildad.
- creyendo en la ley de la fe: que Dios salva y justifica al hombre creyendo en la justicia de Jesucristo.

«Y [Abraham] *creyó* a Jehová, y le fue *contado* por justicia» (Gn. 15:6).

«Y que de todo aquello de que por la ley de Moisés no pudistes ser justificados, en Él es justificado todo aquel que cree» (Hch. 13:39).

«Concluimos, pues, que el hombre es justificado por fe sin las obras de la ley» (Ro. 3:28).

«Justificados, pues, por la fe, tenemos paz para con Dios por medio de nuestro Señor Jesucristo» (Ro. 5:1).

«Y esto erais algunos; mas ya habéis sido lavados, ya habéis sido justificados en el nombre del Señor Jesús, y por el Espíritu de nuestro Dios» (1 Co. 6:11).

«De manera que la ley ha sido nuestro ayo, para llevarnos a Cristo, a fin de que fuésemos justificados por la fe» (Gá. 3:24).

3 (3:29-30) ***Naturaleza de Dios—padre universal—imparcial:*** la fe revela al único Dios que trata con todos en forma equitativa. (*Véase* nota, ***Dios, naturaleza***—Mr. 12:29-31 para una discusión más amplia.)

1. Dios creó a todos; por lo tanto, Él es Dios de todos. No existe un Dios de los judíos (religiosos) y otro Dios de los gentiles. No hay diferentes dioses de las razas y naciones del mundo, ni un dios diferente para el Africa, otro para la India y un dios diferente para los árabes, y un dios diferente para los americanos, y así sucesivamente. ¡Imagine la necedad de tal idea! Sin embargo, es una idea muy común. Hay solamente un Dios que creó el universo y solamente un Dios que es Dios de toda la humanidad.

   a. Hay un solo Dios que creó todas las cosas: «Sólo hay un Dios, el Padre, del cual proceden todas las cosas, y nosotros somos para Él» (1 Co. 8:6).

   b. Hay un solo Dios que ha hecho iguales a todos los hombres: «De una sangre ha hecho todo el linaje de los hombres» (Hch. 17:26).

   c. Hay un solo Dios en quien «vivimos, nos movemos y somos» (Hch.17:28).

«Y no llaméis padre vuestro a nadie en la tierra; porque uno es vuestro Padre, el que está en los cielos» (Mt. 23:9).

Un Dios y Padre de todos, el cual es sobre todos, y por todos, y en todos» (Ef. 4:6).

«Por otra parte, tuvimos a nuestros padres terrenales que nos disciplinaban, y los venerábamos, ¿Por qué no obedeceremos mucho mejor al Padre de los espíritus, y viviremos?» (He. 12:9).

«¿No tenemos todos un mismo padre? ¿No nos ha creado un mismo Dios? ¿Por qué, pues, nos portamos deslealmente el uno contra el otro, profanando el pacto de nuestos padres?» (Mal. 2:10).

2. Dios es el *único* Dios; por lo tanto, todos somos justificados de una *misma* forma, por la fe. Dios no tiene favoritos ni muestra parcialidad. Dios no hace que para algunos sea más difícil salvarse. Dios es Dios; esto es, Él es perfectamente justo y equitativo en sus tratos.

   a. Hay un solo Dios: «Dios es uno, y Él justificará por la fe a los de la circuncisión, y por medio de la fe a los de la incircuncisión» (Ro. 3:30).

   b. «Hay un solo Dios, y un solo mediador entre Dios y los hombres, Jesucristo hombre» (1 Ti. 2:5).

«Entonces Pedro, abriendo la boca, dijo: En verdad comprendo que Dios no hace acepción de personas» (Hch. 10:34).

«Y ninguna diferencia [Dios] hizo entre nosotros y ellos, purificando por la fe sus corazones» (Hch. 15:9).

«Porque no hay acepción de personas para con Dios» (Ro. 2:11).

«Porque no hay diferencia entre judío y griego, pues el mismo que es Señor de todos, es rico para con todos los que le invocan; porque todo aquel que invocare el nombre del Señor, será salvo» (Ro. 10:12-13).

El punto es este. Cuando un hombre confía en Dios para salvación y para que le sea atribuido a justicia en Cristo, la fe de ese hombre...

- prueba que Dios es, que hay sólo un Dios vivo y verdadero.
- prueba que Dios trata a todos los hombres equitativamente; que el pecador se salva del mismo modo que todos los demás creyentes.

4 (3:31) ***Fe—ley:*** la fe establece y confirma la ley. Esto significa por lo menos tres cosas.

1. Jesús estableció la ley. Jesús era todo lo que Dios dijo que un hombre debería ser. El era el ideal de todo lo que Dios quiere que el hombre sea. Por lo tanto, Jesús cumplió la ley perfectamente.

Pero hay algo más. Jesús no solamente cumplió los estatutos de la ley; cumplió la penalidad de la ley. Cargó sobre sí la culpa y el castigo del hombre, y murió por Él. En consecuencia, el hombre es absuelto de la penalidad y del castigo exigido por la ley. Así que Jesús estableció la ley cumpliendo los estatutos y penalidades de la ley. (*Véanse* Estudio a fondo 2—Mt. 5:17; Estudio a fondo 2—Ro. 8:3.)

«No penséis que he venido para abrogar la ley o los

profetas; no he venido para abrogar, sino para cumplir» (Mt. 5:17).

«Porque lo que era imposible para la ley, por cuanto era débil por la carne, Dios, enviando a su Hijo en semejanza de carne de pecado y a causa del pecado, condenó al pecado en la carne» (Ro. 8:3).

«Cristo nos redimió de la maldición de la ley, hecho por nosotros maldición (porque está escrito: Maldito todo el que es colgado en un madero)» (Gá. 3:13).

2. El creyente establece la ley cuando reconoce que ha qubrantado la ley y es un pecador. Al hacerlo, reconoce que la ley es buena. La ley es buena porque señala su pecado (Ro. 3:19-20; 5:20; 7:7; Gá. 3:19). Lo hace culpable y lo lleva a confesar su necesidad de ayuda externa. Pero la ley también es buena porque hace que el hombre mire a Cristo. Hace que el hombre se arroje en los brazos de Cristo en *busca de justicia*. Le fuerza a creer en Dios y a honrar a Dios. Así que la fe del creyente establece la ley.

«Entonces, ¿para qué sirve la ley? Fue añadida a causa de las transgresiones, hasta que viniese la simiente a quien fue hecha la promesa; y fue ordenada por medio de ángeles en mano de un mediador» (Gá. 3:19).

«Mas la Escritura lo encerró todo bajo pecado, para que la promesa que es por la fe en Jesucrito fuese dada a los creyentes ... De manera que la ley ha sido nuestro ayo, para llevarnos a Cristo, a fin de que fuésemos justificados por la fe» (Gá. 3:22, 24).

«Porque el fin de la ley es Cristo, para justicia a todo aquel que cree.... que si confesares con tu boca que Jesús es el Señor, y creyeres en tu corazón que Dios le levantó de los muertos, serás salvo. Porque con el corazón se cree para justicia, pero con la boca se confiesa para salvación» (Ro. 10:4, 9-10).

3. El creyente establece la ley (mucho mejor que un legalista) porque al ver lo que Cristo ha hecho por Él, es llevado a agradar a Dios. El creyente ve a Cristo que carga con la culpa y el castigo de sus delitos (pecados), y entonces se inclina en amor y adoración, y se levanta para trabajar como una muestra de su aprecio por un amor tan maravilloso. El creyente trata de ser bueno, no para lograr o para ganar la justicia, sino para servir a Dios. No trata de poner a Dios en deuda en cuanto a la salvación, sino agradece a Dios la justicia recibida, viendo que debe a Dios cualquier servicio que pueda ejecutar. El creyente genuino ha venido a conocer por sobre todos los demás que el amor es mucho más fuerte que el temor.

«Porque el amor de Cristo nos constriñe, pensando esto: que si uno murió por todos, luego todos murieron; y por todos murió, para que los que viven, ya no vivan para sí, sino para aquel que murió y resucitó por ellos» (2 Co. 5:14-15).

«Con Cristo estoy juntamente crucificado, y ya no vivo yo, mas vive Cristo en mí; y lo que ahora vivo en la carne, lo vivo en la fe del Hijo de Dios, el cual me amó y se entregó a sí mismo por mí» (Gá. 2:20).

«Porque de tal manera amó Dios al mundo, que ha dado a su Hijo unigénito, para que todo aquel que en Él cree, no se pierda, mas tenga vida eterna» (1 Jn. 3:16).

CAPÍTULO 4

C. Lógica: la evidencia de que sólo la fe justifica al Hombre,[EF1] 4:1-8

1 **La lógica de la justificación de Abraham**

a. No fue justificado por las obras (las obras no lo habilitan a uno para gloriarse delante de Dios)

b. Fue justificado por la fe, creyendo a Dios

2 **La lógica del trabajador**

a. Las obras significan una deuda

b. Creer en Dios es justicia

3 **La lógica del hombre bienaventurado deDavid**

a. El varón bienaventurado es el que es declarado justo sin obras

b. El varón bienaventurado es aquel cuyos pecados han sido perdonados y cubiertos

c. El varón bienaventurado es aquel cuyos pecados no le son contados

¿Qué, pues diremos que
halló Abraham, nuestro pa-
dre según la carne?
2 Porque si Abraham fue
justificado por las obras,
tiene de qué gloriarse, pero
no para con Dios.
3 Porque, ¿qué dice la Es-
critura? Creyó Abraham a
Dios, y le fue contado por
justicia.
4 Pero al que obra, no se
le cuenta el salario como
gracia, sino como deuda;
5 mas al que no obra,
sino cree en aquel que
justifica al impío, su fe
le es contada por jus-
ticia.
6 Como David también
habla de la bienaventu-
ranza del hombre a quien
Dios atribuye justicia sin
obras,
7 diciendo: Bienaven-
turados aquellos cuyas
iniquidades son perdo-
nadas, y cuyos pecados
son cubiertos.
8 Bienaventurado el
varón a quien el Señor no
inculpa de pecado.

C. Lógica: la evidencia de que sólo la fe justifica al hombre, 4:1-8

ESTUDIO A FONDO 1

(4:1-25) ***Abraham—judíos, la simiente—justificación—justicia—nueva creación:*** Abraham tenía una posición única en la nación judía, porque fue el fundador de la nación. El era el hombre a quien Dios desafió para que fuese testigo ante las demás naciones del mundo—un testigo del único Dios vivo y verdadero. Dios había aparecido a Abraham y lo había desafiado a dejar su hogar, sus amigos, su empleo y su país. Dios hizo dos grandes promesas a Abraham si le seguía en forma incuestionable; Abraham sería el padre de una nueva nación, y todas las naciones de la tierra serían benditas en su simiente (Gn. 12:1-5; 13:14-17; 15:1-7; 17:1-8, 15-19; 22:15-18; 26:2-5, 24; 28:13-15; 35:9-12). (*Véase* Estudio a fondo 1—Jn. 4:22.)

Las Escrituras dicen que Abraham hizo lo que Dios le pidió. Salió sin saber a dónde iba (He.11:8). Confió en Dios y aceptó su palabra en forma incuestionable.

Ahora tome nota: no fue el hecho de que Abraham guardara la ley lo que agradó a Dios. En efecto, la ley aún no había sido dada (Gá. 3:17). Lo que agradó a Dios y lo que hizo que Dios justificara a Abraham fue el hecho de que Abraham hizo lo que Dios había dicho. Abraham sencillamente *creyó* la promesa de Dios en el sentido de que le daría una nueva vida, *en* una nueva nación, *con* un nuevo pueblo. (*Véanse* Estudio a fondo 1—Gá. 3:8, 16; notas—He. 11:8-10; 11:13-16; 11:17-19.)

Note varias cosas.

1. Abraham y su «simiente» fueron los únicos a los cuales Dios dio las promesas. Esto se afirma en forma enfática (Ro. 4:13-25; Gá. 3:6-16, 26, 29).

2. Solamente una promesa fue dada a Abraham (Ro. 4:13-21; Gá. 3:14, 18-21, 29). No se le dio otra información. Dios no identificó el país ni Abraham dijo que no iría. Tampoco dijo Dios a Abraham cuándo iba su mujer (Sara) a darle la simiente (el hijo varón) de quien nacería la nación prometida. Dios hizo una simple promesa, y todo lo que Abraham tenía que hacer era andar conforme a esta simple promesa, esto es, la pura Palabra de Dios.

3. A la promesa se le agregó una sola condición. Abraham tenía que creer a Dios. Ningún tipo de obras tenía parte en esto.

4. Abraham creyó a Dios (Gn. 12:4-5; Ro. 4:3, 11-22; Gá. 3:6; He. 11:8ss).

5. Abraham fue *tenido por justo* porque creyó a Dios (Ro. 4:3-5, 9-13, 19-22; Gá. 3:6; cp. Gn. 15:6). Dios no le atribuyó justicia por lo que era ni por lo que había hecho. Simplemente creyó a Dios. Así que Dios tomó su fe y la *contó* por justicia (*véanse* nota—Ro. 4:1-3; Estudio a fondo 2—4:22; nota—5:1).

6. La prueba de que Abraham realmente creyó a Dios es que hizo lo que Dios le dijo. La fe *precedió* a su obediencia. Creyó a Dios y luego obedeció a Dios. Si no hubiera creído a Dios, no habría salido de su hogar ni de su empleo. No habría dejado su ambiente familiar, las relaciones significativas ni los compromisos personales. El hecho de que hizo lo que Dios le había pedido era evidencia de que creyó la promesa de Dios.

7. El hombre que cree a Dios es el que recibe las promesas de Dios (Ro. 4:5-12, 16-17, 23-25; Gá. 3:7-9, 14, 22, 26, 29). Pablo afirma que no es la herencia ni la nacionalidad, los méritos ni las obras, la ley ni los preceptos de la ley lo que tiene que ver con las promesas de Dios (Gá. 3:6-7). Los verdaderos hijos de Abraham son los que creen en Dios, cualquier persona de cualquier nacionalidad. En realidad, la promesa de Dios de que una nación se originaría de Abraham y «su simiente» era la promesa de una nación eterna. Esta nación eterna iba a ser de otro mundo, otra dimensión del ser: la dimensión espiritual, una dimensión tan real como la dimensión física. Pero debe tener una distinción: cada ciudadano debe ser un creyente, uno que cree a Dios y su Palabra. Esto es exactamnete lo que el pasaje dice: «Los que creen son los hijos de Abraham, hijos de la promesa de Dios. Son bendecidos con el creyente Abraham. Son ciudadanos "del Reino de Dios, de los cielos nuevos y la tierra nueva"». (Cp. He. 11:8-18; 2 P. 3:10-14.)

(4:1-8) ***Introducción:*** la mayoría de la gente piensa que llega a ser aceptable para Dios haciendo lo mejor que pueden. Muchos creen que realmente se ganan la aprobación de Dios siendo razonablemente buenos: siendo ciudadanos respetables y rectos y ayudando ocasionalmente a otros que son menos afortunados. Pero note un hecho sorprendente: el hombre no es justificado por las obras, sino por la fe.

La lógica prueba el hecho.
1. La lógica de la justificación de Abraham (vv. 1-3).
2. La lógica del trabajador o del que obra (vv. 4-5).
3. La lógica del «hombre bienaventurado» de David (vv. 6-8).

1 (4:1-3) ***Abraham—justicia—justificación—obras vs. fe:*** la lógica de la justificación de Abraham. Se puede observar la vida de Abraham y ver lógicamente que el hombre no es justificado por las obras sino por la fe.

1. Abraham no fue justificado por las obras, porque las obras *no pueden dar derecho* a una persona para gloriarse delante de Dios. Note lo siguiente: Si Abraham hubiese sido justificado por las obras...
   - *tendría* derecho a gloriarse delante de los hombres.
   - pero *no tendría* derecho a gloriarse delante de Dios.

Piense en ello—la lógica, la claridad del asunto. No hay hombre que tenga derecho a gloriarse delante de Dios. Ningún acto, obra o combinación de acciones y obras podría elevar a una persona a una altura tal que pueda gloriarse o llegar a tener el derecho de gloriarse delante de Dios.

2. Abraham fue justificado por haber creído a Dios. Ocurrió lo siguiente. Abraham creyó a Dios, y Dios aceptó la creencia de Abraham y contó su fe como justicia. No fueron las obras de Abraham, sino su fe la que Dios tomó y contó por justicia. Todo fue un acto de Dios; por lo tanto, toda la gloria pertenecía a Dios y no a Abraham. El hombre es salvo por la fe; esto es, Dios toma la fe del hombre y cuenta la fe de ese hombre como justicia. Tiene que ser así.
   - Dios es perfecto; es perfectamente justo. Ningún hombre puede lograr la perfección; por lo tanto, ningún hombre puede vivir en la presencia de Dios.
   - Sin embargo, Dios es amor. Así que lo que Dios toma es la fe de la persona (la fe de cualquier persona que es sincera) y cuenta esa fe como justicia, como perfección. Por lo tanto, una persona puede vivir en la presencia de Dios por la fe o sea por medio de la justificación.

«Muchos me dirán en aquel día: Señor, Señor, ¿no profetizamos en tu nombre, y en tu nombre echamos fuera demonios, y en tu nombre hicimos muchos milagros? Y entonces les declararé: Nunca os conocí; apartaos de mí, hacedores de maldad» (Mt. 7:22-23).

«Ya que por las obras de la ley ningún ser humano será justificado delante de Él, porque por medio de la ley es el conocimiento del pecado» (Ro. 3:20).

«Sabiendo que el hombre no es justificado por las obras de la ley, sino por la fe de Jesucristo, nosotros también hemos creído en Jesucristo, para ser justificados por la fe de Cristo y no por las obras de la ley, por cuanto por las obras de la ley nadie será justificado» (Gá. 2:16).

«Porque por gracia sois salvos por medio de la fe; y esto no de vosotros, pues es don de Dios; no por obas para que nadie se gloríe» (Ef. 2:8-9).

«Pero cuando se manifestó la bondad de Dios nuestro Salvador, y su amor para con los hombres, nos salvó, no por obras de justicia que nosotros hubiéramos hecho, sino por su misericordia, por el lavamiento de la regeneración y por la renovación en el Espíritu Santo» (Tit. 3:4-5).

Pensamiento. ¿Por qué justifica Dios al hombre por medio de la fe? Hay por lo menos dos razones.

Primero, Dios ama a cada persona con perfecto amor. Dios quiere que cada uno viva en un *estado perfecto del ser* a través de toda la eternidad. Dios es perfecto; por lo tanto, solamente Él puede proveer el único medio por el cual el hombre puede vivir en su presencia. Puesto que Dios es amor, Él se ha acercado al hombre para preparar el camino perfecto por medio de Jesucristo, su Hijo.

«Porque de tal manera amó Dios al mundo, que ha dado a su Hijo unigénito, para que todo aquel que en él cree, no se pierda, mas tenga vida eterna. Porque no envió Dios a su Hijo al mundo para condenar al mundo, sino para que el mundo sea salvo por Él» (Jn. 3:16-17).

«De cierto, de cierto os digo: El que oye mi palabra, y cree al que me envió, tiene vida eterna; y no vendrá a condenación, mas ha pasado de muerte a vida» (Jn. 5:24).

«Mas Dios muestra su amor para con nosotros, en que siendo aún pecadores, Cristo murió por nosotros» (Ro. 5:8).

«Porque también Cristo padeció una sola vez por los pecados, el justo por los injustos, para llevarnos a Dios, siendo a la verdad muerto en la carne, pero vivificado en el Espíritu» (1 P. 3:18).

Segundo, Dios ama a su Hijo con perfecto amor. Toda persona que honra al Hijo de Dios creyendo en Él es aceptado por Dios. Esto es, Dios toma la creencia de la persona y la cuenta por justicia. La persona recibe el derecho de vivir en la presencia de Dios en un *estado perfecto del ser*. «En Él tuvimos herencia ... *a fin de que seamos*» (un estado del *ser* que vivirá para siempre para alabanza de la gloria de Dios—Ef. 1:11-12).

«Mientras Él aún hablaba, una nube de luz los cubrió; y he aquí una voz desde la nube, que decía: Este es mi Hijo amado, en quien tengo complacencia; a Él oíd» (Mt. 17:5).

«Por eso me ama el Padre, porque yo pongo mi vida, para volverla a tomar» (Jn. 10:17).

«Como el Padre me ha amado, así también yo os he amado; permaneced en mi amor» (Jn. 15:9).

«Pues el padre mismo os ama, porque vosotros me habéis amado, y habéis creído que yo salí de Dios» (Jn. 16:27).

«Yo en ellos, y tú en mí, para que sean pefectos en unidad, para que el mundo conozca que tú me enviaste, y que los has amado a ellos como también a mí me has amado» (Jn. 17:23).

«Y les he dado a conocer tu nombre, y lo daré a conocer aún, para que el amor con que me has amado, esté en ellos, y yo en ellos» (Jn. 17:26).

«Para la abanza de la gloria de su gracia, con la cual nos hizo aceptos en el amado» (Ef. 1:6).

«El cual nos ha librado de la potestad de las tinieblas, y trasladado al reino de su amado Hijo» (Col. 1:13).

2 (4:4-5) ***Obras—justicia:*** la lógica del que obra o del obrero. Una persona puede mirar día a día al que obra y ver lógicamente que el hombre no es justificado por las obras sino por la fe.

1. Las obras indican que hay una *deuda*. Cuando un hombre trabaja, alguien le debe. Si el hombre pudiera trabajar para ganar su justicia, esto es obrar de modo que Dios le quedara debiendo la justicia, entonces Dios estaría en deuda con el hombre. Pero Dios, siendo Dios, es completamente autosuficiente; por lo tanto, no puede ser deudor de nadie. El no puede *ser obligado* a hacer algo.

2. Creer en Dios es justicia. Es el «impío» que cree el que es contado por justo (cp. Ro. 5:6). Esto es porque el hombre que reconoce que es un impío es el hombre que rechaza el yo, y siente su necesidad de *ayuda divina* en lo espiritual. Está dispuesto a renunciar a sí mismo y a glorificar a Dios solamente. Por lo tanto, centra y envuelve toda su vida alrededor de Dios, dependiendo únicamente de Dios para tener su justicia.

Pensamiento. Dios nunca desecha a una persona que siente y confiesa su impiedad y desea reconocer a Dios y glorificarle. Dios es amor, y el amor de Dios va a ser conmovido por un acto de fe tan humilde.

«Porque ¿qué dice la Escritura? Creyó Abraham a Dios, y le fue contado por justicia» (Ro. 4:3).

«Justificados, pues por la fe, tenemos paz para con Dios por medio de nuestro Señor Jesucristo» (Ro. 5:1).

«Así Abraham creyó a Dios, y le fue contado por justicia» (Gá. 3:6).

«Y ser hallado en él, no teniendo mi propia justicia, que es por la ley, sino la que es por la fe de Cristo, la justicia que es de Dios por la fe» (Fil. 3:9).

Cabe recordar la enseñanza de la Biblia en el sentido opuesto: El hombre que no reconoce que es un pecador, que no rechaza el yo ni siente la necesidad de ayuda divina es el hombre que se declara autosuficiente y justo ante sus propios ojos. Por lo tanto se le sentencia como no justificado, no tanto por el hecho de que Dios lo rechaza, como por el hecho de haber rechazado ya a Dios.

«El que en Él cree, no es condenado; pero el que no cree, ya ha sido condenado, porque no ha creído en el nombre del unigénito Hijo de Dios» (Jn. 3:18).

«Por eso os dije que moriréis en vuestros pecados; porque si no creéis que yo soy, en vuestros pecados moriréis» (Jn. 8:24).

«Mirad, hermanos, que no haya en ninguno de vosotros corazón malo de incredulidad para apartarse del Dios vivo» (He. 3:12).

«Muchos hombres proclaman cada uno su propia bondad, Pero hombre de verdad, ¿quién lo hallará?» (Pr. 20:6; cp. Mt. 7:21).

«Hay generación limpia en su propia opinión, si bien no se ha limpiado de su inmundicia» (Pr. 30:12).

3 (4:6-8) ***Perdón—imputar:*** la lógica del *hombre bienaventurado* de David. Una persona puede mirar en la profecía al hombre descrito por David y ver claramente que la justificación no es por las obras sino por la fe (cp. Sal. 32:1-2). Note quién es el hombre bienaventurado.

1. El bienaventurado es un hombre que es *considerado* justo sin obras. Note la palabra «imputa» (*logizomai*). Significa considerar, contar, poner en la cuenta de una persona, acreditar, depositar. Pienselo un momento. Si Dios acredita y cuenta a un hombre como justo «sin obras», entonces sabemos algo: *El hombre no es justificado por las obras, sino por la fe*. (*Véase* Estudio a fondo 1, ***Considerar***—Ro. 6:11 para ampliar la discusión.)

La pura lógica nos enseña esto. Así que es bienaventurado el hombre a quien se *imputa, acredita, se le atribuye* la justicia...

- no por sus obras.
- sino porque cree en Dios, y Dios lo ama tanto que toma la creencia del hombre y lo cuenta como justicia.

2. El bienaventurado es el hombre cuyos pecados son perdonados y cubiertos. Piense por un momento. La transgresión (el pecado) existe a pesar de todas las obras y esfuerzos de los hombre por eliminarla. No importa cuánto se esfuercen los hombres, la transgresión sigue existiendo. Si alguien tiene que manipular la transgresión es solamente Dios; Dios quien puede hacerlo y solamente Él. Sencillamente tiene que perdonar la iniquidad (pecado) del hombre.

Ahora bien, note: la lógica nos dice que si Dios ama tanto, tanto como para perdonar sencillamente al hombre su pecado, entonces la justificación no es por la ley, sino por la fe.

3. El bienaventurado es un hombre cuyos pecados no le son imputados ni son considerados en su contra. (*Véase* esta nota, ***Imputar***—pto. 1.) Note que no son los actos del hombre, sino el acto de Dios el que justifica a los hombres y que no les imputa el pecado. El hombre no puede justificarse a sí mismo delante de Dios. Ningún hombre puede liberarse a sí mismo del pecado y obligar a Dios a aceptarlo—no por su propia mano. La justificación —la completa liberación del pecado y de la condenación— viene de Dios y de Dios solamente, no de algún acto humano. Por lo tanto, la lógica no dice que no son las obras las que justifican al hombre, sino la fe.

«He aquí, amargura grande me sobrevino en la paz, mas a ti agradó librar mi vida del hoyo de corrupción; porque echaste tras tus espaldas todos mis pecados» (Is. 38:17).

«Yo, yo soy el que borro tus rebeliones por amor de mí mismo, y no me acordaré de tus pecados» (Is. 43:25).

«Yo deshice como una nube tus rebeliones, y como niebla tus pecados; vuélvete a mí, porque yo te redimí» (Is. 44:22).

«Deje el impío su camino, y el hombre inicuo sus pensamientos, y vuélvase a Jehová, el cual tendrá de él misericordia, y al Dios nuestro, el cual será amplio en perdonar» (Is. 55:7).

«Pero Él, miseriocordioso, perdonaba la maldad, y no los destruía; Y apartó muchas veces su ira, y no despertó todo su enojo» (Sal. 78:38).

«Perdonaste la iniquidad de tu pueblo; todos los pecados de ellos cubriste» (Sal. 85:2).

«El es quien perdona todas tus iniquidades, el que sana todas tus dolencias» (Sal. 103:3).

«Cuanto está lejos el oriente del occidente, Hizo alejar de nosotros nuestras rebeliones» (Sal. 103:12).

«Pero en ti hay perdón, para que seas reverenciado» (Sal. 130:4).

«¿Qué Dios como tú, que perdona la maldad, y olvida el pecado del remanente de su heredad? No retuvo para siempre su enojo, porque se deleita en misericorda» (Mi. 7:18).

«Porque primeramente os he enseñado lo que asimismo recibí: Que Cristo murió por nuestros pecados, conforme a las Escrituras» (1 Co. 15:3).

«El cual se dio a sí mismo por nuestros pecados para librarnos del presente siglo malo, conforme a la voluntad de nuestro Dios y Padre» (Gá. 1:4).

«En quien tenemos redención por su sangre, el perdón de pecados según las riquezas de su gracia» (Ef. 1:7).

«Quien llevó Él mismo nuestros pecados en su cuerpo sobre el madero, para que nosotros, estando muertos a los pecados, vivamos a la justicia; y por cuya herida fuisteis sanados» (1 P. 2:24).

«Si confesamos nuestros pecados, Él es fiel y justo para perdonar nuestros pecados, y limpiarnos de toda maldad» (1 Jn. 1:9).

«Y de Jesucristo el testigo fiel, el primogénito de los muertos, y el soberano de los reyes de la tierra. Al que nos amó, y nos lavó de nustros pecados con su sangre» (Ap. 1:5).

	D. Rituales, estatutos y ordenanzas: la forma equivocada en que el hombre busca la justificación, 4:9-12		
1 ¿Quién recibe la bendición del perdón? a. ¿Sólo los religiosos? b. ¿Los no relig. también? **2 Abraham fue considerado justo cuando creyó** **3 Abraham fue considerado justo antes del rito, esto es antes de la circuncisión**	9 ¿Es, pues, esta bienaventuranza solamente para los de la circuncisión, o también para los de la incircuncisión? Porque decimos que a Abraham le fue contada la fe por justicia. 10 ¿Cómo, pues, le fue contada? ¿Estando en la circuncisión o en la incircuncisión? No en la circuncisión, sino en la incircuncisión.	11 Y recibió la circuncisión como señal, como sello de la justicia de la fe que tuvo estando aún incircunciso; para que fuese padre de todos los creyentes no circuncidados, a fin de que a ellos la fe les sea contada por justicia; 12 y padre de la circuncisión, para los que no solamente son de la circuncisión, sino que también siguen las pisadas de la fe que tuvo nuestro padre Abraham antes de ser circuncidado.	**4 Abraham recibió la circuncisión como solo señal o símbolo** **5 Abraham fue elegido por Dios con un doble propósito** a. Ser el «padre» de todos los creyentes: sin relación al ritual y a la ordenanza b. Ser el «padre» de los circuncidados, los religiosos: «los que siguen las pisadas de la fe»

D. Rituales, estatutos y ordenanzas: la forma equivocada en que el hombre busca la justificación, 4:9-12

(4:9-12) ***Introducción—religiosos:*** la mayoría de las personas es religiosa en el sentido de que observa algunas ordenanzas, ritos y reglas religiosas. Esto es bueno y malo: bueno en el sentido de que los rituales hacen que la persona piense en algún ser superior, y malo en el sentido de que se piensa que los ritos son el camino para que una persona sea aceptada por Dios. Este pasaje es muy claro: el rito es un camino errado para que el hombre busque ser aceptado por Dios y alcance la justificación.

1. ¿Quién recibe la bendición del perdón (v. 9)?
2. Abraham fue considerado justo cuando creyó (v. 9).
3. Abraham fue considerado justo antes de la circuncisión, esto es, antes del rito (v. 10).
4. Abraham recibió la circuncisión sólo como signo o señal (v. 11).
5. Abraham fue escogido por Dios con doble propósito (vv. 11-12).

[1] (4:9) ***Evangelismo—evangelio—perdón—religión:*** ¿quién recibe la bendición del perdón? La palabra «bienaventuranza» o «bendición» se refiere al *hombre bienaventurado* que acabamos de mencionar (Ro. 4:6-8). Es bienaventurado el hombre que es justificado por la fe...

- que es contado por justo sin las obras.
- cuyos pecados han sido perdonados y cubiertos.
- cuyos pecados no se cuentan en su contra.

Este hombre es grandemente bienaventurado, bendito más allá de toda imaginación. Pero note una cuestión crítica. La bienaventuranza del perdón ¿está destinada...

- solamente para los circuncidados solamente, o también para los incircuncisos?
- para el judíos solamente, o para el no judío (gentil) también?
- para los religiosos solamente o también para los no religiosos?
- para los bautizados solamente o también para los no bautizados?
- para los salvados solamente, o también para los inconversos?
- para los miembros de la iglesia o también para los que no tienen iglesia?
- para los interesados solamente o también para los desinteresados?

¿Es la bienaventuranza del perdón —de ser justificado por la fe solamente— para unas pocas personas o para toda la gente en todo lugar? La experiencia de Abraham nos ilustra la verdad.

[2] (4:9) ***Considerado—Abraham:*** Abraham fue considerado justo *cuando creyó*. Su *fe* fue «contada» por justicia. La palabra «contado» (*elogisthe*) significa acreditar, contar, depositar, poner a la cuenta de uno, imputar. La fe de Abraham fue *contada* por justicia o fue *acreditada* como justicia (*véanse* notas, ***Justificación***—Ro. 4:1-13; 4:6-8; Estudios a fondo 1, 2—4:22; 5:1 para ampliar la discusión).

Note que Abraham fue justificado o contado por justo *por medio de la fe*; no fue justificado...

- por ser religioso.
- por hacer buenas obras.
- por realizar algua buena acción.
- por ser bueno y virtuoso.
- por someterse a un ritual.
- por unirse a algún grupo de creyentes.

> **«Así Abraham creyó a Dios, y le fue contado por justicia» (Gá. 3:6).**
>
> **«Porque ¿qué dice la Escritura? Creyó Abraham a Dios, y le fue contado por justicia» (Ro. 4:3).**
>
> **«Pero cuando se manifestó la bondad de Dios nuestro Salvador, y su amor para con los hombres, nos salvó, no por obras de justicia que nosotros hubiéramos hecho, sino por su misericordia, por el lavamiento de la regeneración y por la renovación en el Espíritu Santo» (Tit. 3:4-5).**
>
> **«Testificando Dios juntamente con ellos, con señales y prodigios y diversos milagros y repartimientos del Espíritu Santo según su voluntad» (He. 2:4).**

[3] (4:10) ***Ritual—justificación:*** Abraham fue considerado justo antes que practicara el rito, esto es, antes de la circuncisión. Este es un punto crucial y se ve claramente. Abraham hizo su decisión de seguir a Dios catorce años antes de ser circuncidado. La historia de Abraham en el momento de creer las promesas de Dios es un cuadro dramático (cp. Gn .15:1-6, especialmente vv. 5-6). Las Escrituras dicen claramente: «Y creyó a Jehová, y le fue contado por justicia» (Gn. 15:6). Pero la historia de la circuncisión está dos capítulos y catorce años más tarde (Gn. 17:9ss). Fue considerado justo mucho antes de pasar por el rito. Su justicia —ser aceptado por Dios— no dependió de ritual alguno; dependía de la fe y

solamente de la fe. Dios no consideró justo a Abraham por la circuncisión, no debido...

- a un ritual
- una ceremonia.
- una ordenanza.
- una buena obra.
- una buena acción.
- una vida religiosa.
- una vida moral.

Dios aceptó a Abraham y lo consideró justo porque creyó a Dios y su promesa.

4 (4:11) ***Circuncisión—bautismo—rito—fe vs. obras:*** Abraham recibió la circuncisión como signo o símbolo solamente. La circuncisión no era el camino para llegar a la presencia de Dios; no fue lo que hizo que Abraham fuese aceptable ante los ojos de Dios. La circuncisión *no le confirió* la justicia; sólo confirmó que era justo. La circuncisión no le trajo la justicia; sólo dio testimonio de que era justo.

Note que la circuncisión era al mismo tiempo un signo y un sello. (*Véase* nota, ***Circuncisión***—Fil. 3:3 para más discusión.)

- una señal de celebración: era un cuadro del gozo que el creyente experimentaba al ser considerado justo por Dios.
- una señal de testimonio: el creyente testificaba que ahora creía en Dios y confiaba en Él.
- un signo de una vida transformada y apartada: el creyente estaba proclamando que iba a vivir para Dios, que iba a vivir una vida justa y pura que fuera enteramente separada para Dios.
- un signo de identificación: el creyente estaba declarando que ahora se estaba uniendo al pueblo de Dios para ser uno con ellos.
- una señal que apuntaba hacia el bautismo cristiano.

La circuncisión era un sello por el hecho de haber estampado la justificación de Dios sobre la mente de Abraham. Abraham había creído a Dios, y Dios había contado su fe como justicia. La circuncisión fue estampada como un sello sobre su cuerpo para recordarle que Dios lo había contado por justo por medio de la fe. La circuncisión era un sello en el sentido que...

- confirmó.
- fortaleció.
- autenticó.
- sustanció.
- validó.
- aseguró.
- verificó.

...lo que Dios había hecho por Abraham. Ahora bien, note lo siguiente. La Biblia nunca habla de que los ritos, las ceremonias o las ordenanzas otorguen algún beneficio a alguien. Sencillamente son señales de algo que ya ha ocurrido. Son simplemente *sombras* y no *sustancia* (Col. 2:16-17).

Con esto no estamos restando importancia a los ritos y ceremonias. Son altamente importantes, porque son *signos y sellos* de la fe del creyente cristiano. Descuidar o rechazar el rito dado por Dios es ser desobediente, y ser desobediente es una clara señal de que uno nunca fue sincero desde el principio. La persona que cree, que confía verdaderamente en Dios, está dispuesto a *obedecer* a Dios, a seguirle aun en los ritos, ceremonias y ordenanzas de la iglesia. Debemos recordar siempre que Abraham no fue salvado por el rito de la circuncisión, porque la circuncisión aún no había sido dada por Dios como señal.

- Pero Abraham fue *inmediatamente circuncidado* después que Dios estableció la circuncisión como «sello de la justicia que es por la fe».

Dicho en forma muy sencilla, si la circuncisión hubiera existido cuando Abraham creyó a Dios al principio, entonces Abraham hubiera sido circuncidado inmediatamente. Habría obedecido a Dios. ¿Cómo sabemos esto? Porque Abraham verdaderamente creyó en Dios, y cuando un hombre cree a Dios, inmediatamente comienza a hacer lo que Dios dice.

Pensamiento 1. La circuncisión y todos los demás ritos son cuestión del corazón y no consisten en ser purificados espiritualmente por materias físicas y materiales.

«Pues no es judío el que lo es exteriormente, ni es la circuncisión la que se hace exteriormente en la carne; sino que es judío el que lo es en lo interior, y la circuncisión es la del corazón, en espíritu, no en letra; la alabanza del cual no viene de los hombres sino de Dios» (Ro. 2:28-29).

«En Él también fuisteis circuncidados concircuncisión *no hecha a mano,* al echar de vosotros el cuerpo pecaminoso carnal, en la circuncisión de Cristo» (Col. 2:11).

«Circuncidad, pues, el prepucio de vuestro corazón, y no endurezcáis más vuestra cerviz» (Dt. 10:16).

«Y circuncidará Jehová tu Dios tu corazón, y el corazón de tu descendencia, para que ames a Jehová tu Dios con todo tu corazón y con toda tu alma, a fin de que vivas» (Dt. 30:6).

Pensamiento 2. Este es un poderoso mensaje sobre el bautismo de creyentes neotestamentarios. El verdadero creyente debe ser bautizado de inmediato. El bautismo debe ser el primer paso de obediencia en la nueva vida en Cristo del creyente. (*Véanse* nota, ***Bautismo***—Lc. 3:21; Estudio a fondo 1—Hch. 2:38 para ampliar la discusión.)

«Pero Jesús le repondió: Deja ahora, porque así conviene que cumplamos toda justicia. Entonces le dejó» (Mt. 3:15).

«El que creyere y fuere bautizado, será salvo; mas el que no creyere, será condenado» (Mr. 16:16).

«Pedro les dijo: Arrepentíos, y bautícese cada uno de vosotros en el nombre de Jesucristo para perdón de los pecados; y recibiréis el don del Espíritu Santo» (Hch. 2:38).

«Sepultados con Él en el bautismo, en el cual fuisteis también resucitados con Él, mediante la fe en el poder de Dios que le levantó de los muertos» (Col. 2:12).

5 (4:11-12) ***Abraham—ritual—salvación—fe vs. obras:*** Abraham fue escogido por Dios para un propósito doble. Antes de considerar los propósitos, note que se dice que Abraham tiene una relación única con el mundo. Se le ve no como un simple individuo particular, sino como un hombre público, representante de la especie humana, figura central de la historia humana. Se le ve como «padre» de todo aquel que cree a Dios, como la cabeza de la familia de la fe. Dios eligió a Abraham con dos propósitos específicos.

1. Abraham fue elegido para que fuera el «padre» de todos los creyentes sin consideración de ritos u ordenanzas. Abraham fue elegido por Dios para ser el padre de la fe para todos —todos los impíos y paganos del mundo— los que se arrepienten y creen que Jesucristo es su Señor y Salvador. No importa cuán incircunciso, no bautizado, irreligioso, inmoral e inmundo sea un hombre, tiene un padre en la fe, un padre a quien seguir. Abraham es...

- el patrón.
- el padre.
- la norrma.
- el ejemplo.
- el cuadro.

...el padre de todos los perdidos del mundo. Una persona...

- no tiene que empezar a ir a la iglesia para que Dios pueda salvarla.
- no tiene que hacerse religioso para que Dios pueda aceptarle.
- No tiene que ser bautizado o *ritualizado* antes que Dios le perdone sus pecados.

Lo que *tiene que hacer* es creer a Dios y creer las promesas de Dios. Cuando se inclina humildemente por la fe y cree, ocurren dos cosas:

- inmediatamente Dios cuenta su fe como justicia.
- inmediatamente se bautiza y empieza a guardar los

mandamientos, ritos y ordenanzas de Dios.

«Respodiendo Jesús, les dijo: Los que están sanos no tienen necesidad de médico, sino los enfermos. No he venido a llamar a justos, sino pecadores al arrepentimiento» (Lc. 5:31-32).

«Porque el Hijo del Hombre vino a buscar y a salvar lo que se había perdido» (Lc. 19:10).

«Por cuanto todos pecaron y están destituidos de la gloria de Dios, siendo justificados gratuitamente por su gracia, mediante la redención que es en Cristo Jesús» (Ro. 3:23-24).

2. Abraham fue elegido para que fuera «padre» de los circuncidados, de los religiosos que «siguen las pisadas de la fe de Abraham.» Note que no es...

- ser circuncidado.
- haber pasado un rito.
- ser bautizado.
- ser religioso.
- tener una moral.
- ser bueno y virtuoso.

...lo que justifica al religioso. Es el seguir las pisadas de la fe de Abraham lo que hace que Dios acepte a la persona religiosa.

Los religiosos no pueden ganar, merecer, ni abrir por medio de sus obras un camino hacia la presencia de Dios y hacia la justicia divina. Solamente puede confiar en Dios por la justicia de Jesucristo (*véanse* nota y Estudio a fondso 2—Ro. 3:24; Estudio a fondo 2—3:25; 4:22; 5:1 para ampliar la discusión).

«Muchos me dirán en aquel día: Señor, Señor, ¿no profetizamos en tu nombre, y en tu nombre echamos fuera demonios, y en tu nombre hicimos muchos milagros? Y entonces les declararé: Nunca os conocí; apartaos de mí, hacedores de maldad» (Mt. 7:22-23).

«Ya que por las obras de la ley ningún ser humano está justificado delante de Él; porque por medio de la ley es el conocimiento del pecado» (Ro. 3:20).

«Porque yo les doy testimonio de que tienen celo de Dios, pero no conforme a ciencia. Porque ignorando la justicia de Dios, procurando establecer la suya propia, no se han sujetado a la justicia de Dios; porque el fin de la ley es Cristo, para justicia a todo aquel que cree» (Ro. 10:2-4).

«Porque con el corazón se cree para justicia, pero con la boca se confiesa para salvación» (Ro. 10:10).

«Sabiendo que el hombre no es justificado por las obras de la ley, sino por la fe de Jesucristo, nosotros también hemos creído en Jesucristo, para ser justificados por la fe de Cristo y no por las obras de la ley, por cuanto por las obras de la ley nadie será justificado» (Gá. 2:16).

«Porque por gracia sois salvos por medio de la fe; y esto no de vosotros, pues es don de Dios; no por obras, para que nadie se gloríe» (Ef. 2:8-9).

1 **Declaración inconfundible: la promesa no es por la ley, sino por la fe** 2 **El argumento contra la ley** a. La ley anula la fe y	**E. La ley: el camino errado para la justificación del hombre, 4:13-16** 13 Porque no por la ley fue dada a Abraham o a su descendencia la promesa de que sería heredero del mundo, sino por la justicia de la fe. 14 Porque si los que son de la ley son los herederos, vana resulta la fe, y anu-	lada la promesa. 15 Pues la ley produce ira; pero donde no hay ley, tampoco hay transgresión. 16 Por tanto, es por fe, para que sea por gracia, a fin de que la promesa sea firme para toda su descendencia; no solamente para la que es de la ley, sino también para la que es de la fe de Abraham, el cual es padre de todos nosotros.	borra la esperanza de la promesa b. La ley obra ira c. La ley significa transgresión 3 **El argumento en favor de la fe** a. La fe trae gracia b. La fe hace que la promesa sea segura c. La fe asegura la promesa para todos: Está disponible para todos

E. La ley: el camino errado para la justificación del hombre, 4:13-16

(4:13-16) ***Introducción:*** el hombre no es justificado por la ley ni por sus obras. La ley es el camino equivocado para que el hombre busque la aceptación y la justificación delante de Dios.

1. La declaración inconfundible: la promesa no es por la ley sino por la fe (v. 13).
2. El argumento contra la ley (vv. 14-15).
3. El argumento en favor de la fe (v. 16).

[1] (4:13) ***La promesa—fe vs. ley—justicia—recompensa:*** la declaración inconfundible—la promesa de la herencia no es por la ley, sino por la fe. Note varias cosas.

1. Heredar todo el mundo está incluido en la promesa. Esto es claro por varios hechos.
   a. Canaán era la *tierra prometida*, un tipo del cielo y tipo de los nuevos cielos y de la nueva tierra que Dios va a recrear para Abraham y su simiente (el creyente). (*Véase* nota, ***Tierra prometida***—Hch. 7:2-8 para ampliar la discusión.)

«Porque no por la ley fue dada a Abraham o a su descendencia la promesa de que sería heredero del mundo, sino por la justicia de la fe. Porque si los que son de la ley son los herederos, vana resulta la fe, y anulada la promesa» (Ro. 4:13-14).

«Por la fe Abraham, siendo llamado, obedeció para salir al lugar que había de recibir como herencia; y salió sin saber a dónde iba. Por la fe habitó como extranjero en la tierra prometida como en tierra ajena, morando en tiendas con Isaac y Jacob, coherederos de la misma promesa; porque esperaba la ciudad que tiene fundamentos, cuyo arquitecto y constructor es Dios» (He. 11:8-10).

«Conforme a la fe murieron todos éstos sin haber recibido lo prometido, sino mirándolo de lejos, y creyéndolo, y saludándolo, y confesando que eran extranjeros y peregrinos sobre la tierra. Porque los que esto dicen, claramente dan a entender que buscan una patria ... Pero anhelaban una mejor, esto es, celestial; por lo cual Dios no se avergüenza de llamarse Dios de ellos; porque les ha preparado una ciudad» (He. 11:13-14, 16).

«Sino que os habéis acercado al monte de Sion, a la ciudad del Dios vivo, Jerusalén la celestial, a la compañía de muchos millares de ángeles» (He. 12:22).

«Porque no tenemos aquí ciudad permanente, sino que buscamos la por venir» (He. 13:14).

«Pero el día del Señor vendrá como ladrón en la noche; en el cual los cielos pasarán con grande estruendo, y los elementos ardieno serán desechos, y la tierra y las obras que en ella hay serán quemadas. Puesto que todas estas cosas han de ser deshechas, ¡cómo no debéis vosotros andar en santa y piadosa manera de vivir, esperando y apresurándoos para la venida del día de Dios, en el cual los cielos, encendiéndose, serán deshechos, y los elementos siendo quemados, se fundirán!» (2 P. 3:10-13).

«Vi un cielo nuevo y una tierra nueva; porque el primer cielo y la primera tierra pasaron, y el mar ya no existía más» (Ap. 21:1).

   b. A Abraham se le prometió que sería «padre» de muchas naciones. Se dice que es padre de todos los creyentes de todas las naciones de la tierra (vv. 11-12). El y su simiente (los creyentes) reciben la promesa de un nuevo mundo para el momento de la segunda venida de Cristo.
   c. Cristo va a heredar el mundo y será exaltado como la soberana majestad del universo, rigiéndolo y reinando para siempre jamás.
      - Se dice que Abraham y su simiente (los creyentes) son herederos y coherederos con Cristo.

«El Espíritu mismo da testimonio a nuestro espíritu, de que somos hijos de Dios. Y si hijos, también herederos; herederos de Dios y coherederos con Cristo, si es que padecemos juntamente con Él, para que juntamente con Él seamos glorificados» (Ro. 8:16-17).

Reinarán con Cristo por toda la eternidad. (*Véase* nota, ***Recompensa***—Mt. 19:28; Lc. 16:10-12; Ap. 14:13; 21:24-27.)

«Porque el Hijo del Hombre vendrá en la gloria de su Padre con sus ángeles, y entonces pagará a cada uno conforme a sus obras» (Mt. 16:27).

«Cuando el Hijo del Hombre venga en su gloria, y todos los santos ángeles con Él, entonces se sentará en su trono de gloria, y serán reunidas delante de él todas las naciones; y apartará los unos de los otros, como aparta el pastor las ovejas de los cabritos» (Mt. 25:31-32).

«Y reinará sobre la casa de Jacob para siempre, y su reino no tendrá fin» (Lc. 1:33).

«Porque preciso es que Él reine hasta que haya puesto a todos sus enemigos debajo de sus pies» (1 Co. 15:25).

«Te encarezco delante de Dios y del Señor Jesucristo, que juzgará a los vivos y a los muertos en su manifestación y en su reino» (2 Ti. 4:1).

«Vi un cielo nuevo y una tierra nueva; porque el primer cielo y la primera tierra pasaron, y el mar ya no existía más. Y yo Juan vi la santa ciudad, la nueva Jerusalén, descender del cielo, de Dios, dis-

puesta como una esposa ataviada para su marido. Y oí una gran voz del cielo que decía: He aquí el tabernáculo de Dios con los hombres, y Él morará con ellos; y ellos serán su pueblo, y Dios mismo estará con ellos como su Dios. Enjugará Dios toda lágrima de los ojos de ellos; y ya no habrá muerte, ni habrá más llanto, ni clamor, ni dolor; porque las primeras cosas pasaron. Y el que estaba sentado en el trono dijo: He aquí, yo hago nuevas todas las cosas. Y me dijo: Escribe; porque estas palabras son fieles y verdaderas. Y me dijo: Hecho está. Yo soy el Alfa y la Omega, el principio y el fin. Al que tuviere sed, yo le daré gratuitamente de la fuente del agua de la vida. Él que venciere heredará todas las cosas, y yo seré su Dios, y Él será mi hijo» (Ap. 21:1-7).

«Lo dilatado de su imperio y la paz no tendrán límite, sobre el trono de David y sobre su reino, disponiéndolo y confirmándolo en juicio y en justicia desde ahora y para siempre. El celo de Jehová de los ejércitos hará esto» (Is. 9:7).

«He aquí que para justicia reinará un rey, y príncipes presidirán en juicio» (Is. 32:1).

«He aquí que vienen días, dice Jehová, en que levantaré a David renuevo justo, y reinará como Rey, el cual será dichoso, y hará juicio y justicia en la tierra» (Jer. 23:5).

«Y le fue dado dominio, gloria y reino, para que todos los pueblos, naciones y lenguas le sirvieran; su dominio es dominio eterno, que nunca pasará, y su reino uno que no será destruido» (Dn. 7:14).

2. La «simiente» de Abraham se refiere a *todos los creyentes*. Esto es claro porque dice que «la promesa sea firme ***«para toda su descendencia»*** (v. 16). Todo creyente verdadero es un heredero de la promesa. Si cree, el hombre recibe la promesa más gloriosa: heredará el mundo.

«Bienaventurados los mansos, porque ellos recibirán la tierra por heredad» (Mt. 5:5).

«Y si vosotros sois de Cristo, ciertamente linaje de Abraham sois, y herederos según la promesa» (Gá. 3:29).

3. Dios no da la promesa por medio de la ley, sino por medio de la justicia de la fe.

a. Nadie recibirá una herencia en el *nuevo mundo* porque haya...
   - tratado de guardar la ley.
   - hecho alguna gran obra.
   - vivido con buenas acciones.
   - sido bautizado e ingresado en la membresía de una iglesia.
   - sido moral y muy religioso.

b. Un hombre recibirá una herencia en el *nuevo mundo* porque...
   - creyó que Dios le daría la justicia, y Dios tomó esa fe y le fue *contada* por justicia.

El punto se ve claramente y es inconfundible:

«Porque ¿qué dice la Escritura? Creyó Abraham a Dios, y le fue contado por justicia» (Ro. 4:3).

«Mas al que no obra, sino cree en aquel que justifica al impío, su fe le es contada por justicia» (Ro. 4:5).

«Porque no por la ley fue dada a Abraham o a su descendencia la promesa de que sería heredero del mundo, sino por la justicia de la fe» (Ro. 4:13).

2 (4:14-15) ***Ley—fe vs. ley:*** el argumento contra la ley. La promesa de la herencia no viene por medio de la ley. Tres hechos acerca de la ley demuestran esto.

1. La ley anula la fe; borra toda esperanza de recibir la promesa. La razón se puede afirmar en forma sencilla: la ley exige perfección; la ley insiste en ser obedecida. La ley clama: «transgrédeme, viólame y serás culpable, condenado y castigado».

Nadie puede vivir en forma perfectamente justa delante de Dios; nadie puede librarse de transgredir la ley de Dios en algún punto. Por lo tanto, cada hombre es un transgresor, imperfecto y destituido de la gloria de Dios, y debe ser condenado y castigado.

a. Si la promesa de la herencia es por la ley, entonces nadie heredará la promesa, porque la promesa es dada solamente al justo; y nadie es perfectamente justo. Por cierto, esto significa algo. Si la promesa es por la ley, nadie tiene la esperanza de recibir la promesa, porque no guarda la ley ni puede guardarla. La ley borra la promesa, la deja sin efecto y sin valor alguno.

b. Si la promesa de la herencia de Dios es por la ley, entonces la fe es nula y absolutamente nada puede hacer para obtener la promesa. El hombre tendría que guardar su mente y sus ojos, y más trágico aun, su corazón en la ley, porque sería la ley la que determinaría si el hombre recibe o no la promesa. La fe no estaría en el cuadro. Sería nula, sin aplicación, y nada tendría que ver con recibir la promesa.

«Pero sabemos que todo lo que la ley dice, lo dice a los que están bajo la ley, para que toda boca se cierre y todo el mundo quede bajo el juicio de Dios» (Ro. 3:19).

Porque lo que era imposible para la ley, por cuanto era débil por la carne, Dios, enviando a su Hijo en semejanza de carne de pecado y a causa del pecado, condenó al pecado en la carne» (Ro. 8:3).

Porque yo por la ley soy muerto para la ley, a fin de vivir para Dios» (Gá. 2:19).

(Pues nada perfeccionó la ley), y de la introducción de una mejor esperanza, por la cual nos acercamos a Dios» (He. 7:19).

c. Con frecuencia se descuida este punto. Si la promesa de la herencia de Dios viene por la ley, entonces recibir la promesa no tendría nada que ver con la fe, nada que ver con...
   - confiar en el amor de Dios.
   - saber y experimentar el amor de Dios.
   - centrar la mente y los pensamientos en Dios.
   - conocer al Hijo de Dios, el Señor Jesucristo.

Si Dios nos aceptara y nos diera la promesa de la herencia por haber guardado la ley, entonces tendríamos que centrar nuestras vidas en la ley. Creer a Dios, amarle y conocer al Hijo de Dios nada tendría que ver con nuestra salvación. La ley nos obligaría a buscar a Dios y a guardar la ley. La fe nada tendría que ver con la promesa. La ley anularía la fe y haría inútil e ineficaz el amor de Dios y al Hijo de Dios.

«Derribando argumentos y toda altivez que se levanta *contra el conocimiento de Dios,* y llevando cautivo todo pensamiento a la obediencia de Cristo» (2 Co. 10:5).

«Por lo demás, hermanos, todo lo que es verdadero, todo lo honesto, todo lo justo, todo lo puro, todo lo amable, todo lo que es de buen nombre; si hay virtud alguna, si algo digno de alabanza, en esto pensad. Lo que aprendisteis y recibisteis y oísteis y visteis en mí, esto haced; y el Dios de paz estará con vosotros» (Fil. 4:8-9).

2. La ley obra ira en tres formas terribles.

a. La ley le dice a gritos al hombre: «Quebrántame y serás culpable, condenado y merecedor del castigo». Esto es contraproducente y provoca y agrava la ira y el enojo. Cuando Dos es visto como una persona legalista que nos vigila estrechamente, que vigila cada movimiento que hacemos, tendemos a considerar a Dios como riguroso, exigente, condenatorio, enfadado, enojado, vengativo y lleno de ira contra nosotros. ¿Por qué? Porque fracasamos tantas veces y no logramos cumplir. Por lo tanto, si es legalista, Dios está vigilándonos estrechamente, y ni siquiera uno de nosotros va a recibir la herencia de la promesa. Somos culpables y vamos a ser juzgados y condenados, y no vamos a ser recompensados con una herencia. Por lo tanto, la ley obra ira entre Dios y el hombre; evita que el hombre sea aceptado por Dios y llegue a recibir la promesa de Dios.

b. La ley causa la ira en el sentido de que le mantiene a un hombre en nudos, bajo uregencia y tensión, y bien fatigado. El hombre que lucha contra la ley se esfuerza en hacer la cosa correcta y guarda contra hacer la cosa incorrecta. El lucha por evitar todo pecado posible, con la preocupación de saber si hace lo suficiente para ser aceptable a Dios.

Esa vida no está llena de amor, gozo y paz. No hay sentido de propósito, de significado, de dignidad, ningún sentido de plenitud y consumación. Este tipo de vida está llena de inquietud y tormentos, de inseguridad y dudas. Una vida de legalismo obra ira: mantiene la tensión entre Dios y el hombre y establece una relación incómoda y tensa.

c. La ley obra ira en que hace que el hombre centre su vida en la ley y no sobre Dios. La mente, la atención y los pensamientos se centran en...

- guardar las reglas, y no en la confianza en Dios.
- mirar donde pisan, y no en acercarse a Dios.
- evitar los errores, pero no en aprender la verdad de Dios.
- observar ciertos rituales, pero no en la comunión con Dios.
- ciertas prácticas religiosas pero no en la adoración de Dios.

«Y hallé que el mismo mandamiento que era para vida, a mí me resultó para muerte; porque el pecado, tomando ocasión por el mandamiento, me engañó, y por él me mató» (Ro. 7:10-11).

«Porque todos los que dependen de las obras de la ley están bajo *maldición*, pues escrito está: Maldito todo aquel que no permaneciere en todas las cosas escritas en el libro de la ley, para hacerlas» (Gá. 3:10).

«De Cristo os desligasteis, los que por la ley os justificáis; de la gracia habéis caído» (Gá. 5:4).

3. La ley es transgresión. Hay tres razones para esto.

a. Si no hay ley, no hay transgresión, porque no hay una ley que se pueda quebrantar. Pero si hay ley, entonces comienza a existir la transgresión de la ley; la transgresión se hace una realidad, u hecho vivo. Donde no hay ley, no hay transgresión; donde hay ley, hay transgresión, o quebrantamiento de la ley y destitución de la gloria de Dios. La ley trae transgresión, porque el hombre falla y no logra la aceptación divina; por lo tanto, significa que el legalista es culpable, está condenado, y no recibe la promesa de Dios.

b. Cuando existe una ley, el hombre siente la compulsión a ir más allá de sus límites y quebrantarla. Esta es una de las paradojas de la naturaleza humana. El hombre tiene dentro de sí una *urgencia no regulada*...

- de no someterse a reglas.
- de buscar sus propios deseos.
- de no recibir órdenes.
- de hacer lo que su capricho le indica.
- de no ser restringido.
- dar curso a sus pasiones carnales.
- de no ser gobernado.
- de satisfacer sus impulsos.
- de no ser dirigido.
- de ver, tener, poseer y tener más.

Cuando hay una ley, le *dice* al hombre hasta dónde puede llegar. No debe ir más alla de ese límite o se convertirá en un transgresor de la ley (cp. una señal de velocidad). La ley realmente impulsa al hombre a ir hasta ese punto. Está en su naturaleza ir más allá del límite, a hacer tanto como pueda. El impulso de su naturaleza le estimula a traspasar la ley e ir más allá de sus límites.

- El pasto del otro prado le parece más verde.
- El melón del otro lado del cerco es más jugoso.
- El fruto robado es más dulce.
- El fruto prohibido es más deseable.
- Lo desconocido es más estimulante.

Cuando existe la ley, hay transgresión. Cada hombre se hace culpable y debe ser condenado y castigado, no recompensado con la promesa.

«Porque mientras estábamos en la carne, las pasiones pecaminosas que eran por la ley obraban en nuestros miembros llevando fruto para muerte» (Ro. 7:5).

«Mas el pecado, tomando ocasión por el mandamiento, produjo en mí toda codicia; porque sin la ley el pecado está muerto» (Ro. 7:8).

c. Cuando existe una ley, se constituye en acusadora, en antagonista. Clama: «¡Si me quebrantas te convierte en un violador de la ley y debes ser condenado y castigado!» Ahora bien, note: la ley no tiene poder para impedir que una persona cometa transgresión; sólo puede gritar: «¡Transgresión!» la ley es...

- no un poder para salvar, sino una regla para controlar y condenar.
- no un salvador, sino un juez.

Este es el problema exacto de la ley.

- Sólo puede acusar; no puede liberar.
- Sólo puede señalar el pecado; no puede salvar del pecado.
- Sólo puede mostrar a un hombre dónde ha fallado; no puede mostrarle cómo puede evitar el fracaso.
- Sólo puede condenar; no tiene poder para librar.

El hombre que trata de vivir por la ley es dejado sin esperanza y desamparado, porque ha violado la ley y se ha convertido en un transgresor. Debe ser condenado, y no recibirá jamás la herencia de la promesa de Dios.

«Ya que por las obras de la ley ningún ser humano está justificado delante de Él; porque *por medio de la ley es el conocimiento del pecado*» (Ro. 3:20).

«Pero la ley se introdujo para que el pecado abundase; mas cuando el pecado abundó, sobreabundó la gracia» (Ro. 5:20).

«Pero yo no conocí el pecado sino por la ley; porque tampoco conociera la codicia, si la ley no dijera: No codiciarás» (Ro. 7:7).

«Entonces, ¿para qué sirve la ley? Fue añadida a causa de las transgresiones, hasta que viniese la simiente a quien fue hecha la promesa» (Gá. 3:19).

«De manera que la ley ha sido nuestro ayo, para llevarnos a Cristo, a fin de que fuésemos justificados por la fe» (Gá. 3:24).

«Conociendo esto, que la ley no fue dada para el justo, sino para los transgresores y desobedientes, para los impíos y pecadores, para los irreverentes y profanos, para los parricidas y matricidas, para los homicidas» (1 Ti. 1:9).

3 (4:16) ***Fe—promesa—gracia:*** el argumento de la fe. La promesa de la herencia viene por la fe. Tres hechos acerca de la fe muestran esto.

1. La fe trae gracia. (*Véase* Estudio a fondo 1, ***Gracia***—Tit. 2:11-15 para ampliar la discusión.) Gracia (*charis*) significa don, regalo, regalo otorgado sin esperar nada a cambio. Significa favor, aprobación, aceptación, buena voluntad, ayuda, asistencia, bondad, todo dado libremente, y dado sin esperar retribución alguna.

Imagina la escena de un hombre quebrantado por su pecado. Puede ser un simple pecador o el peor pecador de la tierra, sin embargo, se acerca a Dios y...

- cae de rodillas.
- confiesa su pecado.
- confiesa la incapacidad de salvarse a sí mismo.
- clama a Dios que tenga misericordia y le perdone su pecado.
- da gracias a Dios por perdonarle su pecado.
- alaba a Dios por responder su oración y por haberle perdonado el pecado.

Ahora, ¿quién es el *Salvador*, el *Libertador*, el *Tema* que merece toda la alabanza, la honra y la gloria? La respuesta es obvia: Dios. Dios es el centro del cuadro. Este es el centro mismo de la razón por la que la salvación y todas sus promesas son por gracia por medio de la fe. La gracia pone a Dios en el centro. Y cuando el hombre pone a Dios en el centro de su vida, arrojándose completamente sobre Dios y poniendo toda su fe y confianza en Dios, Dios va a oír a ese hombre y le va a responder. ¿Por qué? Porque ese hombre está honrando a Dios completamente, y el hombre que honra a Dios es siempre aceptado y escuchado por Dios.

Ahora note: cuando el hombre *realmente cree* a Dios, su fe le brinda la gracia de Dios. Hace que se concentre en Dios, que centre su vida en el amor de Dios, que vea la presencia de Dios, que se asegure la comunión y el compañerismo con Dios, que conozca el amor, el gozo, la paz, el cuidado y la preocupación de Dios. Dicho en forma simple, hace que el hombre busque una relación personal con Dios, una relación de confianza y dependencia. Esa es la vida de gracia, la gracia que es dada por la fe al hombre. Es una fe que honra, alaba y glorifica a Dios, y porque lo hace, brinda la gracia de Dios al hombre.

«No a nosotros, oh Jehová, no a nosotros, sino a tu nombre da gloria, por tu misericordia, por tu verdad» (Sal. 115:1).

«Antes creemos que por la gracia del Señor seremos salvos, de igual modo que ellos» (Hch. 15:11).

«Siendo justificados gratuitamente por su gracia, mediante la redención que es en Cristo Jesús» (Ro. 3:24).

«Porque por gracia sois salvos por medio de la fe; y esto no de vosotros, pues es don de Dios; no por obras para que nadie se gloríe» (Ef. 2:8-9; cp. Ro. 3:24; 5:15; 11:6; Ef. 2:4-10).

«Porque la gracia de Dios se ha manifestado para salvación a todos los hombres» (Tit. 2:11).

2. La fe hace segura la promesa. Esto se ve en el punto anterior. Cuando Dios es honrado y se le hace el centro y el foco de la vida y la confianza de una persona, esa persona puede descansar segura de que Dios le aceptará y le otorgará la promesa de la herencia. Ese hombre heredará la tierra.

«Para que justificados por su gracia, viniésemos a ser *herederos* conforme a la esperanza de la vida eterna» (Tit. 3:7).

3. La fe asegura que la promesa es para cada uno, que está disponible para todos. La promesa no es dada a un club exclusivo de personas, a una nación, raza o clase exclusiva de personas. La promesa es dada a todos, a cada persona sobre la tierra. Si la promesa era por la ley, entonces sería solo para los que tienen la ley y son capaces de guardarla. Entonces, ¿qué ocurriría a los paganos que no tienen la ley y a los impedidos que no pueden hacer algunas de las cosas que la ley ordena? Nunca podrían ser salvos si la promesa viniera por la ley. Sin embargo, cuando la promesa es dada por la gracia por medio de la fe, nadie está exento de la herencia. Cada hombre puede ser salvo y heredar la promesa de la vida eterna en los nuevos cielos y en la tierra nueva, porque todo hombre puede creer en Dios y confiar en Él (lo que aun un padre humano querría para sus hijos.)

«El cielo y la tierra pasarán, pero mis palabras no pasarán» (Lc. 21:33).

«Porque no por la ley fue dada a Abraham o a su descendencia la promesa de que sería heredero del mundo, sino por la justicia de la fe» (Ro. 4:13).

«Pero Dios, que es rico en misericordia, por su gran amor con que nos amó, aun estando nosotros muertos en pecados, nos dio vida juntamente con Cristo (por gracia sois salvos), y juntamente con Él nos resucitó, y asimismo nos hizo sentar en los los lugares celestiales con Cristo Jesús, para mostrar en los siglos venideros las abundantes riquezas de su gracia en su bondad para con nosotros en Cristo Jesús» (Ef. 2:4-7).

«Porque la gracia de Dios se ha manifestado para salvación a todos los hombres, enseñándonos que, renunciando a la impiedad y a los deseos mundanos, vivamos en este siglo sobria, justa y piadosamente, aguardando la esperanza bienaventurada y la manifestación gloriosa de nuestro gran Dios y Salvador Jesucristo» (Tit. 2:11-13).

«Para que por dos cosas inmutables, en las cuales es imposible que Dios mienta, tengamos un fortísimo consuelo los que hemos acudido para asirnos de la esperanza puesta delante de nosotros» (He. 6:18).

«Conoce, pues, que Jehová tu Dios es Dios, Dios fiel, que guarda el pacto y la misericodia a los que le aman y guardan sus mandamientos» (Dt. 7:9).

«Las obras de sus manos son verdad y juicio; fieles son todos sus mandamientos» (Sal. 111:7).

1 **La fuente de la fe de Abraham**
a. Fue Dios mismo
b. Fue Dios que resucita a los muertos
c. Fue el Dios creador

2 **La firmeza de la fe de Abraham**
a. Su fe estaba en lo que Dios había dicho: la promesa de una simiente, un hijo
1) No fue débil en la fe—a pesar de que pensaba en su propia incapacidad física
2) Fue firme en la fe: no vaciló, antes dio gloria a Dios
3) Estaba convencido de la capacidad y el poder de Dios
b. Su fe le fue contada por justicia[EF1,2]

3 **El registro de la fe de Abram**
a. Fue escrito para que los hombres lo lean
b. Para que a los hombres les sea contada por justicia—si creen
1) Que Dios resucitó a Jesús
2) Que Jesús murió por nuestros pecados y resucitó para nuestra justificación[EF3]

F. Abraham: el ejemplo de un hombre justificado sólo por la fe, 4:17-25

17 (Como está escrito: Te he puesto por padre de muchas gentes) delante de Dios, a quien creyó, el cual da vida a los muertos, y llama las cosas que no son, como si fuesen.
18 El creyó en esperanza contra esperanza, para llegar a ser padre de muchas gentes, conforme a lo que se le había dicho: Así será tu descendencia.
19 Y no se debilitó en la fe al considerar su cuerpo, que estaba ya como muerto (siendo de casi cien años), o la esterilidad de la matriz de Sara.
20 Tampoco dudó con incredulidad de la promesa de Dios, sino que se fortaleció en la fe, dando gloria a Dios,
21 Plenamente convencido de que era también poderoso para hacer todo lo que había prometido;
22 Por lo cual también su fe le fue contada por justicia.
23 Y no solamente con respecto a él se escribió que le fue contada,
24 Sino también con respecto a nosotros a quienes ha de ser contada, esto es, a los que creemos en el que levantó de los muertos a Jesús Señor nuestro,
25 El cual fue entregado por nuestras transgresiones, y resucitado para nuestra justificación.

F. Abraham: el ejemplo de un hombre justificado sólo por la fe, 4:17-25

(4:17-25) ***Introducción:*** Abraham es el principal ejemplo o modelo de una persona justificada por la fe y solamente por la fe.

1. La fuente de la fe de Abraham (v. 17).
2. La firmeza de la fe de Abraham (vv. 18-22).
3. El registro de la fe de Abraham (vv. 23-25).

1 (4:17) ***Fuente de la fe:*** la fuente de la fe de Abraham fue Dios y Dios solamente. Note tres puntos.

1. Fue a Dios mismo a quien Abraham creyó: «Te he puesto por padre de muchas gentes» (v. 17; cp. Gn. 17:1-5, esp. 4-5). Abraham nunca había tenido un hijo, no de Sara. Ahora tenía alrededor de cien años, y Sara estaba cerca de esa edad. Ambos estaban muy lejos de la edad de tener hijos. Piense un momento en ello y se comprende inmediatamente lo imposible de la situación. Si Abraham iba a tener un hijo, ese hijo tendría que venir de Dios. Dios tendría que ser la fuente, porque solamente Dios puede hacer lo imposible. Y tome nota: pese a la imposibilidad, Abraham *cree a Dios*. La fuente de la fe de Abraham era Dios.

> **«Tened fe *en Dios*» (Mr. 11:22).**
>
> **«Pero sin fe es imposible agradar a Dios; porque es necesario que el que se acerca a Dios crea que le hay, y que es galardonador de los que le buscan» (He. 11:6).**

2. Abraham creyó en el Dios que resucita a los muertos. La fuente de la fe de Abraham fue...

- el Dios vivo y verdadero: el Dios que es omnipotente, que tiene todo poder, el poder de dar aliento de vida a la *materia muerta*.

La fuente de la fe de Abraham era Dios: Dios que tiene el poder de vivificar, hacer vivir, revivir, animar, rejuvenecer y animar lo que había estado muerto. No importa cuán imposible pareciera la promesa, Dios podía cumplirla porque *El es Dios*, el que tiene todo poder (*omnipotente*). Dios puede vivificar y resucitar a los muertos; por lo tanto, es poderoso para cumplir su promesa.

> **«De cierto, de cierto os digo: El que oye mi palabra, y cree al que me envió, tiene vida eterna; y no vendrá a condenación, mas ha pasado de muerte a vida. De cierto, de cierto os digo: Viene la hora, y *ahora es,* cuando los muertos oirán la voz del Hijo de Dios; y los que la oyeren vivirán» (Jn. 5:24-25).**
>
> **«Y esta es la voluntad del que me ha enviado: Que todo aquel que ve al Hijo, y cree en Él, tenga vida eterna; y *yo le resucitaré* en el día postrero» (Jn. 6:40).**
>
> **«Teniendo esperanza en Dios, la cual ellos también abrigan, de que ha de haber resurrección de los muertos, así de justos como de injustos» (Hch. 24:15).**
>
> **«Porque así como en Adán todos mueren, también en Cristo todos serán vivificados» (1 Co. 15:22).**
>
> **«Sabiendo que el que resucitó al Señor Jesús, a nosotros también nos resucitará con Jesús, y nos presentará juntamente con vosotros» (2 Co. 4:14).**
>
> **«Porque el Señor mismo con voz de mando, con voz de arcángel y con trompeta de Dios, descenderá del cielo; y los muertos en Cristo resucitarán primero» (1 Ts. 4:16).**

3. La fuente de la fe de Abraham fue el Dios creador. Porque Dios es Dios, esto es, omnipotente, que puede crear. Él puede hacer algo *de la nada*. No necesita tener algo para crear. Puede traer cosas a la existencia con sólo hablar como lo hizo cuando creó el mundo (Gn. 1:1, 3). Abraham creyó esto; creyó que si era necesario Dios podía crear vida en los órganos de su cuerpo y en el de Sara. Abraham confió y creyó la promesa de Dios. Dios era la fuente de su fe.

> ***Pensamiento.*** Note un hecho frecuentemente descuidado. Toda promesa hecha por Dios es una promesa que solamente Él puede cumplir. Si el hombre pudiera hacer y cumplir todo lo necesario, no se necesitaría a Dios. Por lo tanto, si un hombre pone su fe en los hombres, entonces todas las esperanzas y promesas que se extienden más allá de esta vida no podrán ser cumplidas. Nadie puede cumplir las esperanzas y promesas de salvación de la muerte del pecado y del infierno.

Nadie puede cumplir la promesa de que seremos «herederos del mundo», que recibiremos vida eterna en los cielos nuevos y tierra nueva (cp. v. 13). Solamente Dios puede cumplir la promesa imposible de la vida eterna.

«Y mirándolos Jesús, les dijo: Para los hombres esto es imposible; mas para Dios todo es posible» (Mt. 19:26).

«Porque nada hay imposible para Dios» (Lc. 1:37).

«Yo conozco que todo lo puedes, y que no hay pensamiento que se esconda de ti» (Job 42:2).

2 (4:18-22) ***Fe—Abraham:*** la firmeza de la fe de Abraham. Note dos lecciones de importancia.

1. La fe de Abraham estaba en *lo que Dios dijo*, la promesa de una simiente o de un hijo. No tenía que hacer otra cosa que seguir sino la palabra de Dios: «lo que se le había dicho».

La frase «creyó en esperanza contra esperanza» significa que Abraham estaba fuera de esperanza, más allá de toda ayuda humana y de cualquier posibilidad de tener un hijo. Su situación estaba más allá de toda esperanza, no obstante, creyó a Dios; puso su esperanza en Dios y en lo que Dios había dicho.

a. Abraham no se debilitó en la fe a pesar de pensar en su propia incapacidad física. Su cuerpo estaba «ya como muerto»; él y Sara tenían casi cien años. La palabra «muerto» es un participio perfecto en el griego, lo que significa que sus órganos reproductivos habían dejado de funcionar y estaban muertos para siempre y no podrían volver a funcionar. Abraham no podía jamás tener un hijo; no era humanamente posible. El y Sara tenían casi cien años, ya sexualmente «muertos».

Abraham pensó en el asunto. La palabra «considerar» (*katatonoeo*) significa que fijó sus pensamientos, su mente, su atención en el asunto, pero no cedió en sus pensamientos. No se debilitó en la fe.

Pensamiento. ¡Imaginaos la *relación personal* que Abraham debe de haber tenido con Dios! Conocer a Dios tan bien —amar a Dios y confiar en Él con tanta firmeza—que Dios pudo darle una experiencia tan significativa que Abraham podía creer la promesa sin siquiera vacilar en la fe.

«Vosotros sois mis testigos, dice Jehová. y mi siervo que yo escogí, para que conozcáis y creáis, y entendáis que yo mismo soy; antes de mí no fue formado dios, ni lo será después de mí» (Is. 43:10).

«Y amarás a Jehová tu Dios de todo tu corazón, y de toda tu alma, y con todas tus fuerzas» (Dt. 6:5).

«Ahora, pues, Israel, ¿qué pide Jehova tu Dios de ti, sino que temas a Jehová tu Dios, que andes en todos sus caminos, y que lo ames, y sirvas a Jehová tu Dios con todo tu corazón y con toda tu alma; que guardes los mandamientos de Jehová y sus estatutos, que yo te prscribo hoy, para que tengas prosperidad?» (Dt. 10:12-13).

b. Abraham fue fuerte en la fe—no vaciló ante la promesa de Dios. En cambio, caminó glorificando y alabando a Dios por su gloriosa promesa. La palabra «dudó» (*diakrino*) indica que no vaciló, no se desequilibró, no cuestionó la capacidad de Dios para cumplir su promesa.

c. Abraham estaba completamente convencido de la habilidad de Dios y de Su poder. Sabía que Dios podría vencer la dificultad de su cuerpo «ya muerto», y creyó que Dios podría...

- resucitar su cuerpo y lo haría, o
- recrear sus órganos reproductivos (v. 17).

No sabía qué método usaría Dios, pero sabía que Dios podría hacer lo prometido. Abraham creyó a Dios; estaba plenamente convencido de que la promesa iba a ser cumplida.

«Os digo que Dios puede levantar hijos a Abraham aun de estas piedras»(Lc. 3:8).

«Por tanto, oh varones, tened buen ánimo; porque yo confío en Dios que será así como se me ha dicho» (Hch. 27:25).

«Tampoco dudó, por incredulidad, de la promesa de Dios, sino que se fortaleció en fe, dando gloria a Dios, plenamente convencido que era también poderoso para hacer todo lo que había prometido» (Ro. 4:20-21).

«Conoce, pues, que Jehová tu Dios es Dios, Dios fiel, que guarda el pacto y la misericordia a los que le aman y guardan sus mandamientos, hasta mil generaciones» (Dt. 7:9).

«Ahora pues, escribíos este cántico y enséñalo a los hijos de Israel; ponlo en boca de ellos, para que este cántico me sea por testigo contra los hijos de Israel» (Dt. 31:19).

«Encomienda a Jehová tu camino, y confía en Él; y Él hará» (Sal. 37:5).

«Fíate de Jehová de todo tu corazón, y no te apoyes en tu propia prudencia» (Pr. 3:5).

«Tú guardarás en completa paz a aquel cuyo pensamiento en ti persevera; porque en ti ha confiado» (Is. 26:3).

«Bendito el varón que confía en Jehová, y cuya confianza es Jehová» (Jer. 17:7).

2. La fe de Abraham le fue contada por justicia (*véanse* Estudios a fondo 1, 2—Ro. 4:22 para ampliar la discusión).

ESTUDIO A FONDO 1

(4:22) ***Imputado*** (*elogisthe*): significa contar, acreditado a, reconocido, computado, atribuido, depositado, puesto a la cuenta de uno. La fe de Abraham fue contada por justicia. (*Véase* Estudio a fondo 1, ***Contar***—Ro .6:11 para una discusión más amplia.) Abraham depositó su fe en Dios, y Dios acreditó la fe a Abraham como justicia.

ESTUDIO A FONDO 2

(4:22) ***Justificación—fe—justicia:*** en términos sencillos, *justificación* significa que Dios (Ro. 4:3; cp. Gn. 15:6; *véanse* notas—Ro. 4:1-3; Estudio a fondo 1—4:1-25; nota—5:1. Además, *véase* Estudio a fondo 4, ***Cruz***—Jn.12:32 para ampliar la discusión.)

Cuando una persona cree realmente que Jesucristo es su Salvador, Dios toma la fe de esa persona y se la cuenta por justicia (Ro. 4:3, 5, 9, 11, 22, 24). La persona no es justa; no tiene justicia propia. Todavía es imperfecto, todavía es pecador, todavía es corruptible, todavía está destituido de la gloria de Dios como ser humano pecaminoso. Pero cree que Jesucristo *es su Salvador*. Tal creencia honra al Hijo de Dios (al cual Dios ama mucho), y dado que honra al hijo de Dios, Dios acepta la fe de esa persona como justicia. Dios cuenta la fe de esa persona como justicia. En consecuencia esa persona llega a ser aceptable ante Dios. (En una discusión de la justificación, la creencia de una persona —el tipo correcto de fe— es crítica; *véase* Estudio a fondo 2—Jn. 2:24; Ro. 10:16-17.)

«Y creyó a Jehová, y le fue contado por justicia"»(Gn. 15:6).

«Justificados, pues, por la fe, tenemos paz para con Dios por medio de nuestro Señor Jesucristo» (Ro. 5:1).

«Abraham creyó a Dios, y le fue contado por justicia» (Gá. 3:6).

«Y esto erais algunos; mas ya habéis sido lavados, ya habéis santificado, ya habéis sido justificados en el nombre del Señor Jesús» (1 Co. 6:11).

«Y ser hallado en él, no teniendo mi propia justicia, que es por la ley, sino la que es por la fe de Cristo, la justicia que es de Dios por la fe» (Fil. 3:9).

[3] (4:23-25) ***Fe—Abraham:*** la narración de la fe de Abraham tiene dos objetivos.

1. Que los hombres puedan leer el relato. No fue escrito para que los hombres den honra a Abraham como un gran hombre. Fue escrito para que podamos leer y entender cómo podemos ser aceptados por Dios.

«Pero éstas se han escrito para que creáis que Jesús es el Cristo, el Hijo de Dios, y para que creyendo, tengáis vida en su nombre» (Jn. 20:31).

«Lo que era desde el principio, lo que hemos oído, lo que hemos visto con nuestros ojos, lo que hemos contemplado, y palparon nuestras manos tocante al Verbo de vida (porque la vida fue manifestada, y la hemos visto, y testificamos, y os anunciamos la vida eterna, la cual estaba con el Padre, y se nos manifestó); lo que hemos visto y oído, eso os anunciamos, para que también vosotros tengáis comunión con nosotros; y nuestra comunión verdaderamente es con el Padre, y con su Hijo Jesucristo» (1 Jn. 1:1-3).

«Me ha parecido también a mí [Lucas], después de haber investigado con diligencia todas las cosas desde su origen, escribírtelas por orden, oh excelentísimo Teófilo, para que conozcas bien la verdad de las cosas en las cuales has sido instruido» (Lc. 1:3-4).

2. Que los hombres puedan creer y ser contados por justos. Es necesario creer dos cosas. (*Véase* Estudio a fondo 3—Ro.4:25 para la discusión.)

a. Que Dios resucitó a Jesús nuestro Señor de entre los muertos (*véanse* Estudio a fondo 3, ***Jesucristo, resurrección***—Ro. 4:25; nota y Estudio a fondo 1—Hch. 1:3; Estudio a fondo 4—2:24; nota—2:25-36 para ampliar la discusión.)

b. Que Jesucristo murió por nuestros pecados y fue resucitado para nuestra justificación (*véanse* notas—Ro. 7:4; 8:3; nota y Estudio a fondo 1—Hch. 1:3; Estudio a fondo 3—2:23; nota—3:13-15).

ESTUDIO A FONDO 3

(4:25) ***Justificación—Jesús, muerte; resurrección—propiciación:*** Cristo fue entregado a la muerte por nuestros pecados y resucitó para nuestra justificación. Se ofreció a sí mismo como *propiciación* por nuestros pecados. Propiciar significa sacrificio, cubrir. (*Véanse* notas—Ro. 3:25; 1 Jn. 2:1-2.) Cristo se ofreció a sí mismo como nuestro sacrificio, como nuestro substituto, como la cubierta para nuestros pecados. Dios aceptó la ofrenda y el sacrificio de su vida por nosotros. La resurrección lo demuestra.

1. La resurrección proclama a gran voz y claramente que Dios está satisfecho con el pago que Cristo hizo por los pecados.

2. La resurrección declara justificado al creyente, libre del pecado y justo delante de los ojos de Dios. (*Véanse* Estudios a fondo 1, 2—Ro.4:22; 5:1; cp. Ro. 4:5; 4:1-3; 4:1-25.)

«A éste entregado por el determinado consejo y anticipado conocimiento de Dios, prendisteis y matasteis por manos de inicuos, crucificándole; al cual Dios levantó, sueltos los dolores de la muerte, por cuanto era imposible que fuese retenido por ella» (Hch. 2:23-24).

«Viéndolo antes, [David] habló de la resurrección de Cristo, que su alma no fue dejada en el Hades, ni su carne vio corrupción. A este Jesús resucitó Dios, de lo cual todos nosotros somos testigos» (Hch. 2:31-32).

«Y nosotros somos testigos de todas las cosas que Jesús hizo en la tierra de Judea y en Jerusalén; a quien mataron colgándole de un madero. A éste levantó Dios al tercer día, e hizo que se manifestase; no a todo el pueblo, sino a los testigos que Dios había ordenado de antemano, a nosotros que comimos y bebimos con Él después que resucitó de los muertos» (Hch. 10:39-41).

«Mas Dios lo levantó de los muertos» (Hch. 13:30.

«Fue declarado Hijo de Dios con poder, según el Espíritu de santidad, por la resurrección de entre los muertos» (Ro. 1:4).

«La cual [fuerza del poder de Dios] operó en Cristo, resucitándole de los muertos y sentándole a su diestra en los lugares celestiales, sobre todo principado y autoridad y poder y señorío, sobre todo nombre que se nombra, no sólo en este siglo, sino también en el venidero» (Ef. 1:20-21).

     1 La justificación es por la fe **2 Hay paz con Dios** **3 Hay entrada en la gracia, al favor y a la presencia de Dios** **4 Hay esperanza de la gloria de Dios**	**G. El increíble amor de Dios (Parte I): los resultados de la justificación, 5:1-5** Justificados, pues, por la fe, tenemos paz para con Dios por medio de nuestro Señor Jesucristo; 2 por quien también tene- mos entrada por la fe a esta gracia en la cual estamos firmes, y nos gloriamos en la esperanza de la gloria de	Dios. 3 Y no sólo esto, sino que también nos gloriamos en las tribulaciones, sabiendo que la tribulación produce paciencia; 4 y la paciencia, prueba; y la prueba, esperanza; 5 y la esperanza no aver- güenza; porque el amor de Dios ha sido derramado en nuestros corazones por el Espíritu Santo que nos fue dado.	**5 Hay gloria en las tribulaciones y sufrimientos** a. Las tribulaciones producen paciencia b. La paciencia produce prueba c. La prueba produce esperanza d. La esperanza no avergüenza **6 Está la experiencia continua del amor de Dios por la morada del Espíritu en el creyente**

G. El increíble amor de Dios (Parte I): los resultados de la justificación, 5:1-5

(5:1-5) ***Introducción:*** el hombre es bendecido por Dios a través de la justificación, bendecido más allá de lo que su mente pudiera imaginar. La justificación y sus resultados están gloriosamente cubiertos en este pasaje de las Escrituras.

1. La justificación es por la fe (v. 1).
2. Hay paz con Dios (v. 1).
3. Hay entrada a la gracia, el favor y la presencia de Dios (v. 2).
4. Hay esperanza de la gloria de Dios (v. 2).
5. Hay gloria en las tribulaciones y sufrimientos (vv. 3-5).
6. Está la experiencia continua del amor de Dios por la morada del Espíritu en el creyente (v. 5).

[1] (5:1) ***Justificación*** (*dikaioun*): contar a alguien como justo. Significa reconocer, acreditar, contar, juzgar, tratar, considerar como justo. No significa hacer justo a un hombre. Todos los verbos griegos que terminan en «oun» no significan hacer a alguien algo, sino solamente contar, juzgar, tratar a alguien como si fuera algo.

Hay tres puntos de importancia que destacar tocante a la justificación.

1. Por qué es necesaria la justificación:
   a. La justificación es necesaria a causa del pecado y de la enajenación del hombre. El hombre se ha rebelado contra Dios y ha tomado su vida en sus propias manos. El hombre vive según sus propios deseos...
      - satisfaciendo la concupiscencia de los ojos y de la carne.
      - aferrándose a la soberbia de la vida y a las cosas del mundo.

      El hombre se ha hecho pecador e impío, enemigo de Dios, ha desechado a Dios de su vida, y no quiere tener nada que ver con Dios. El hombre se ha separado y enajenado de Dios.

   b. La justificación es necesaria debido a la ira de Dios. «Dios está airado contra el impío todos los días» (Sal. 7:11). El pecado ha suscitado la ira y el enojo de Dios. Dios está airado con el hombre por su...
      - rebelión. • impiedad.
      - pecado. • hostilidad.
      - injusticia. • deserción.

      El hombre ha dado las espaldas a Dios, ha desechado a Dios y nada quiere tener que ver con Él. El hombre no ha puesto a Dios en el centro de su vida; el hombre ha roto su relación con Dios. Por lo tanto, la mayor necesidad en la vida del hombre es descubrir la respuesta a la pregunta: ¿Cómo se puede restaurar la relación entre el hombre y Dios?

2. Por qué justifica Dios al hombre: Dios justifica al hombre a causa de su Hijo Jesucristo. Cuando un hombre cree en Jesucristo, Dios toma la fe de ese hombre y la cuenta como justicia. El hombre no es justo, pero Dios considera la de ese hombre y la cuenta como justicia. ¿Por qué está Dios dispuesto a hacer esto?
   a. Dios está dispuesto a justificar al hombre porque lo ama tanto. De tal manera ama Dios al hombre que envió a su Hijo al mundo y lo ofreció en sacrificio para justificar al hombre (Jn. 3:16; Ro. 5:8).
   b. Dios está dispuesto a justificar al hombre debido a lo que su Hijo Jesucristo hizo por el hombre.
      - Jesucristo logró la justicia *ideal* para el hombre. Vino a la tierra a vivir una vida sin pecado y perfecta. Como Hombre nunca quebrantó la ley de Dios; nunca hizo algo contrario a la voluntad de Dios, ni siquiera una sola vez. Por lo tanto, estuvo ante Dios y ante el mundo como el hombre ideal, el hombre perfecto, el hombre representativo, la perfecta justicia que podría estar por la justicia de cada hombre.
      - Jesucristo vino al mundo para *morir* por el hombre. Como *hombre ideal*, pudo llevar sobre sí los pecados de todo el mundo y murió por los hombres. Su muerte *sirve* para todos los hombres. Cambió de lugar con el hombre tomando el lugar del pecador (2 Co. 5:19). Llevó la ira de Dios contra el pecado cargando con la condenación de cada hombre. Además pudo hacer todo esto porque era el hombre ideal, y como *hombre ideal* su muerte toma el lugar de la muerte de cada hombre.
      - Jesucristo vino al mundo para *resucitar de entre los muertos* y vencer en consecuencia la muerte en lugar del hombre. Como *hombre ideal*, Su resurrección y exaltación a la presencia de Dios *podía salvar* la desesperada necesidad de vencer la muerte y ser aceptable ante Dios. Su vida resucitada podía prevalecer en favor de la vida resucitada del creyente.

      Ahora bien, como se dejó establecido anteriormente, cuando un hombre cree en Jesucristo —cree realmente— Dios toma la creencia del hombre y...
      - se la cuenta como la justicia (perfección) de Cristo. El hombre es contado como *justo **en** Cristo*.
      - la cuenta como la muerte de Cristo. El hombre es contado como ya muerto en Cristo, como habiendo ya pagado el castigo por el pecado *en la muerte de Cristo*.

- la cuenta como la resurrección de Cristo. El hombre es contado como ya *resucitado **en** Cristo*.

Muy simplemente, Dios ama tanto a su Hijo Jesucristo que honra a cualquier hombre que honra a su Hijo *creyendo en Él*. Honra al hombre tomando la fe del hombre y contándosela (acreditándola) como justicia y dándole el glorioso privilegio de vivir con Cristo para siempre en la presencia de Dios.

3. Cómo justifica Dios al hombre: la palabra justificar (*dikaioun*) es una palabra legal tomada de los tribunales. Presenta al hombre en un juicio ante Dios. Se ve al hombre cometiendo el más infame de los delitos; se ha rebelado contra Dios y ha roto su relación con Dios. ¿Cómo puede restaurar esa relación? En los tribunales humanos si un hombre es sobreseído, es declarado inocente, pero no es así en el tribunal divino. Cuando un hombre comparece ante Dios, es cualquier cosa menos inocente; es completamente culpable y en consecuencia está bajo condenación.

Pero cuando un hombre confía sinceramente en Cristo, entonces Dios toma la fe de ese hombre y la cuenta como justicia. Así Dios considera—juzga, trata a ese hombre como si fuera inocente. El hombre no es hecho inocente; es culpable. El lo sabe y Dios lo sabe, pero Dios lo trata como si fuera inocente. «Dios justifica al impío»—misericordia increíble, maravillosa gracia. *Véanse* notas—Ro. 4:1-3; Estudio a fondo 1—4:1-25; Estudio a fondo 2—4:22.)

¿Cómo sabemos esto? ¿Cómo podemos saber con certeza que Dios es así? Porque Jesús lo dijo. Él dice que Dios nos ama. Somos pecadores, sí; pero Cristo dice que somos muy queridos para Dios.

«Y creyó a Jehová y le fue contado por justicia» (Gn. 15:6).

«Y que de todo aquello de que por la ley de Moisés no pudisteis ser justificados, en Él es justificado todo aquel que cree« (Hch. 13:39).

«Por cuanto todos pecaron, y están destituidos de la gloria de Dios, siendo justificados gratuitamente por su gracia, mediante la redención que es en Cristo Jesús» (Ro. 3:23-24).

«Porque ¿qué dice la Escritura? Creyó Abraham a Dios, y le fue contado por justicia» (Ro. 4:3).

«Justificados, pues, por la fe, tenemos paz para con Dios por medio de nuestro Señor Jesucristo» (Ro. 5:1).

«Pues mucho más, estando ya justificados en su sangre, por Él seremos salvos de la ira» (Ro. 5:9).

«Porque el que ha muerto, ha sido justificado del pecado» (Ro. 6:7).

«¿Quién acusará a los escogidos de Dios? Dios es el que justifica» (Ro. 8:33).

«Y esto erais algunos; mas ya habéis sido lavados, ya habéis sido santificados, ya habéis sido justificados en el nombre del Señor Jesús, y por el Espíritu de nuestro Dios» (1 Co. 6:11).

«Sabiendo que el hombre no es justificado por las obras de la ley, sino por la fe de Jesucristo, nosotros también hemos creído en Jesucristo, para ser justificados por la fe de Cristo y no por las obras de la ley, por cuanto por las obras de la ley nadie será justificado» (Gá. 2:16).

Así Abraham creyó a Dios, y le fue contado por justicia» (Gá. 3:6).

«De manera que la ley ha sido nuestro ayo, para llevarnos a Cristo, a fin de que fuésemos justificados por la fe» (Gá. 3:24).

«Y ser hallado en Él, no teniendo mi propia justicia, que es por la ley, sino la que es por la fe de Cristo, la justicia que es de Dios por la fe» (Fil. 3:9).

2 (5:1) ***Paz—justificación:*** el primer resultado de la justificación es paz con Dios.

1. El significado de la paz con Dios es sorprendente. Paz con Dios no es escapismo, ni atmósfera tranquila, ausencia de problemas, el control de la situación por medio del pensamiento positivo, la negación de los problemas, la capacidad de no enfrentar la realidad. Paz *con* Dios es el *sentido y conocimiento*...

- de que uno ha restaurado la relación con Dos.
- de que uno ya no está alejado y separado de Dios.
- de que uno ahora está reconciliado con Dios.
- de que ahora uno ha sido aceptado por Dios.
- de que uno ahora está libre de la ira y del juicio de Dios.
- de que uno del temor de sentir la ira de Dios y su juicio.
- de que ahora uno agrada a Dios.
- de que ahora uno está en paz con Dios.

2. La fuente de paz es Jesucristo. Los hombres pueden tener paz solamente a causa de Jesucristo. Es Él quien reconcilia a los hombres con Dios. El ha hecho la paz por la sangre de su cruz. (*Véase* nota, ***Propiciación***—Ro. 3:25.)

«Porque Él es nuestra paz, que de ambos pueblos hizo uno, derribando la pared intermedia de separación, aboliendo en su carne la enemistades, la ley de los mandamientos expresados en ordenanza, para crear en sí mismo de los dos un solo y nuevo hombre, haciendo la paz» (Ef. 2:14-15).

«Y por medio de Él reconciliar consigo todas las cosas, así las que están en la tierra como las que están en los cielos» (Col. 1:20).

«Mas él herido fue por nuestras rebeliones, molido por nuestros pecados; el castigo de nuestra paz fue sobre Él, y por su llaga fuimos nosotros curados» (Is. 53:5).

3. La razón por la que tenemos paz es la gloriosa verdad de la justificación (*véanse* nota ***Justificación***—Ro. 5:1 para su discusión. *Véanse* Estudio a fondo 1, ***Justificación***—Ro. 4:1-25; nota—4:1-3; Estudio a fondo 2— 4:22 para ampliar la discusión.)

3 (5:2) ***Acceso—gracia:*** el segundo resultado de la justificación es el acceso a la gracia de Dios.

1. Gracia (*charis*) quiere decir un don o un favor, un don o favor *no merecido* (*véanse* las notas, ***Gracia***—Ro. 4:16; Tit. 2:11-15 para ampliar la discusión.) En este pasaje la gracia es considerada como un lugar o una posición. Gracia es un lugar al que somos conducidos, una posición en la que se nos pone. Es el lugar de la presencia de Dios, la posición de salvación. La persona justificada...

- está en la presencia de Dios.
- está salvada delante de Dios.
- está en el favor de Dios.
- está en los privilegios de Dios.
- está en las promesas de Dios.

2. Note que es *por medio de Cristo* que tenemos entrada en esta gracia. La palabra «entrada» (*prosagogen*) significa llevar a, mover hacia, introducir, presentar. El pensamiento es estar en una corte real y ser presentado e introducido ante el rey de reyes. Jesucristo es aquel que abre de par en par la puerta de acceso a la presencia de Dios. El es el que nos presenta a Dios, la soberana majestad del universo.

«Yo soy la puerta; el que por mí entrare, será salvo; y entrará, y saldrá y hallará pastos» (Jn. 10:9).

«Por quien también tenemos entrada por la fe a esta gracia en la cual estamos firmes, y nos gloriamos en la esperanza de la gloria de Dios» (Ro. 5:2).

«Pero ahora en Cristo Jesús, vosotros que en otro tiempo estabais lejos, habéis sido hechos cercanos por la sangre de Cristo» (Ef. 2:13).

«Porque por medio de él los unos y los otros tenemos entrada por un mismo Espíritu al Padre» (Ef. 2:18).

«En quien tenemos seguridad y acceso con confianza por medio de la fe en Él» (Ef. 3:12).

«Así que, hermanos, teniendo libertad para entrar en el Lugar Santísimo por la sangre de Jesucristo» (He. 10:19).

«Porque también Cristo padeció una sola vez por nuestros pecados, el justo por los injustos, para llevarnos a Dios, siendo a la verdad muerto en la carne, pero vivificado en espíritu» (1 P. 3:18).

Pensamiento. Note que «estamos» en la gracia de Dios, en su presencia.

1) No estamos abatidos, intimidados, abrumados por el temor y humillados. Cristo nos ha justificado, ha quitado nuestra culpa y nuestra vergüenza, y nos ha dado gran confianza delante de Dios. Por lo tanto, tomamos una posición de honra y dignidad delante de Él, de pie en la perfecta justicia del Señor Jesús.
2) No estamos sentados ni postrados, sino de pie. Esto representa nuestro servicio y trabajo para Dios. Somos llevados a su presencia con el propósito de servir; por lo tanto, no es tiempo de estar sentados o tendidos por allí. Estamos justificados de pie delante de Él, sí, pero estamos para recibir sus órdenes. (Cp. 1 Co. 15: 58; 2 Co. 5:18-21.)

4 (5:2) ***Esperanza:*** el tercer resultado de la justificación es esperanza, esperanza de la gloria de Dios (*véanse* las notas, ***Recompensas***—Ro. 2:6-10; Estudio a fondo 1, ***Gloria***—Ro. 2:7; Estudio a fondo 1—3:23 para su discusión y más versículos.) Note que la esperanza del creyente es para *la gloria de Dios*.

1. Cuando las Escrituras hablan de la esperanza del creyente, no quiere decir lo que el mundo entiende por esperanza. La esperanza del mundo es un *deseo*, un *querer*. El mundo espera —quiere, desea— que algo ocurra. Pero esa no es la esperanza del creyente. La esperanza del creyente es *certeza*: es una seguridad, confianza y conocimiento perfectos. ¿Cómo puede esperar en forma tan absoluta y segura? Por tener una *posesión interior*. La esperanza del creyente está basada en la presencia del Espíritu de Dios que mora dentro del creyente. En efecto, el creyente posee la *esperanza de la gloria* solamente por el Espíritu de Dios que mora dentro de Él. (*Véase* Estudio a fondo 1, ***Esperanza***—Ro. 8:24-25 para una discusión más detallada.)

«En Él [Cristo] también vosotros, habiendo oído la palabra de verdad, el evangelio de vuestra salvación, y habiendo creído en Él, fuisteis sellados con el Espíritu Santo de la promesa, que es las arras de nuestra herencia hasta la redención de la posesión adquirida, para alabanza de su gloria» (Ef. 1:13-14; cp. 2 Co. 1:21-22; Ef. 4:30; Jn. 14:16-18).

«A causa de la esperanza que está guardada en los cielos, de la cual ya habéis oído por la palabra verdadera del evangelio» (Col. 1:5).

«Porque la gracia de Dios se ha manifestado para salvación a todos los hombres, enseñándonos que, renunciando a la impiedad y a los deseos mundanos, vivamos en este siglo sobria, justa y piadosamente, aguardando la esperanza bienaventurada y la manifestación gloriosa de nuestro gran Dios y Salvador Jesucristo» (Tit. 2:11-13).

«Para que por dos cosas inmutables, en las cuales es imposible que Dios mienta, tengamos un fortísimo consuelo los que hemos acudido para asirnos de la esperanza puesta delante de nosotros. La cual tenemos como *segura y firme* ancla del alma, y que penetra hasta adentro del velo, donde Jesús entró por nosotros como precursor, hecho sumo sacerdote para siempre» (He. 6:18-20).

«Bendito el Dios y Padre de nuestro Señor Jesucristo, que según su grande misericordia nos hizo renacer para una esperanza viva, por la resurrección de Jesucristo de los muertos, para una herencia incorruptible, incontaminada e inmarcesible, reservada en los cielos para vosotros» (1 P. 1:3-4).

«Mirad cual amor nos ha dado el Padre, para que seamos llamados hijos de Dios; por esto el mundo no nos conoce, porque no le conoció a Él. Amados, ahora somos hijos de Dios, y aún no se ha manifestado lo que hemos de ser; pero sabemos que cuando Él se manifieste, seremos semejantes a Él, porque le veremos tal como Él es. Y todo aquel que tiene esta esperanza en Él, se purifica a sí mismo, así como Él es puro» (1 Jn. 3:1-3).

2. La gloria que espera el creyente va a sobrepasar con exceso a la más maravillosa experiencia que pudiéramos pedir o imaginar. Gloria es poseer y estar lleno de la perfecta luz; habitar en el perfecto esplendor y magnificencia de Dios (*véase* Estudio a fondo 1, ***Gloria***—Ro. 2:7).

«Entonces los justos resplandecerán como el sol en el reino de su Padre. El que tiene oídos para oír, oiga» (Mt. 13:43).

«Y si hijos, también herederos; herederos de Dios y coherederos con Cristo, si es que padecemos juntamente con Él, para que juntamente con Él seamos glorificados» (Ro. 8:17).

«El cual transformará el cuerpo de la humillación nuestra, para que sea semejante al cuerpo de la gloria suya, por el poder con el cual puede sujetar a sí mismo todas las cosas» (Fil. 3:21).

«Cuando Cristo, vuestra vida, se manifieste, entonces vosotros también seréis manifestados con Él en gloria» (Col. 3:4).

«Después de esto miré, y he aquí una gran multitud, la cual nadie podía contar, de todas naciones y tribus y pueblos y lenguas, que estaban delante del trono y en la presencia del Cordero, vestidos de ropas blancas, y con palmas en las manos» (Ap. 7:9).

«Me has guiado según tu consejo, y después me recibirás en gloria» (Sal. 73:24).

«Pues tengo por cierto que las aflicciones del tiempo presente no son comparables con la gloria venidera que en nosotros ha de manifestarse» (Ro. 8:18).

«Porque esta leve tribulación momentánea produce en nosotros un cada vez más excelente y eterno peso de gloria» (2 Co. 4:17).

«Por tanto, todo lo soporto por amor a los escogidos, para que ellos también obtengan la salvación que es en Cristo Jesús con gloria eterna» (2 Ti. 2:10).

«Ruego a los ancianos que están entre vosotros, yo anciano también con ellos, y testigo de los padecimientos de Cristo, que soy participante de la gloria que será revelada» (1 P. 5:1).

Pensamiento. Note cuán deficientes somos. En vez de regocijarnos en la gloriosa esperanza que Dios nos ha dado...

- gemimos, nos quejamos, refunfuñamos, llevando una vida de desaliento y derrota.
- nos deslizamos hacia los caminos del mundo: la concupiscencia de la carne y de los ojos y la búsqueda de la soberbia de la vida y las cosas del mundo. (Cp. 1 Jn. 2:15-16.)
- nos desanimamos y nos sentimos derrotados, dejando de estar conscientes de la gloriosa esperanza de la gloria de Dios.

«Que hizo sobreabundar para con nosotros en toda sabiduría e inteligencia, dándonos a conocer el misterio de su voluntad, según su beneplácito, el cual se había propuesto en sí mismo» (Ef. 1:8-9).

5 (5:3-5) ***Tribulaciones—sufrimientos:*** el cuarto resultado de la justificación es el gloriarse en las tribulaciones y sufrimientos. Cuando un hombre es justificado verdaderamente, ya no es derrotado por las tribulaciones y sufrimientos. Las tribulaciones ya no lo desalientan ni lo abruman, ya no lo echan en las mazmorras de la desesperación y de la falta de esperanzas. Lo opuesto es la verdad. Las tribulaciones y sufrimientos llegan a tener propósito y significación. El hombre *verdaderamente* justificado sabe...

- que su vida y bienestar están completamente bajo el ojo protector y vigilante de Dios.
- por lo tanto, sea lo que fuera que ocurre con su vida

—sea bueno o malo— ha sido permitido por Dios por alguna razón.

El hombre justificado sabe que Dios tomará las tribulaciones y sufrimientos de esta vida y los usará para bien, aun cuando Dios tenga que torcer y mudar cada acontecimiento que rodea al creyente.

Este pasaje explica los grandes beneficios de las tribulaciones y sufrimientos; muestra exactamente cómo obran para nuestro bien las tribulaciones y sufrimientos de la vida. La palabra «pruebas» o «tribulaciones» (*thlipsis*) significa presión, opresión, aflicción y angustia. Significa ser presionado estrechamente. Indica toda clase de presiones desde las presiones cotidianas hasta las presiones que nos confrontan con las más serias aflicciones, aun la muerte misma.

«Estas cosas os he hablado para que en mí tengáis paz. En el mundo tendréis aflicción; pero confiad, yo he vencido al mundo» (Jn. 16:33).

«Confirmando los ánimos de los dicípulos, exhortándoles a que permaneciesen en la fe, y diciéndoles: Es necesario que a través de muchas tribulaciones entremos en el reino de Dios» (Hch. 14:22).

«Porque también estando con vosotros, os predecíamos que íbamos a pasar tribulaciones, como ha acontecido y sabéis» (1 Ts. 3:4).

«Yo le dije: Señor, tú lo sabes. Y Él me dijo: Estos son los que han salido de la gran tribulación, y han lavado sus ropas, y las han emblanquecido en la sangre del Cordero» (Ap. 7:14).

1. Las tribulaciones producen paciencia (*hupomone*): resistencia, fortaleza, firmeza, constancia, perseverancia. La palabra no es pasiva; es activa. No es el espíritu que se sienta a conformarse con las tribulaciones de la vida, tomándolas como quiera que vengan. Más bien es el espíritu que se levanta y enfrenta las pruebas de la vida, que avanza activamente superándolas y venciéndolas. Cuando las tribulaciones confrontan a un hombre que ha sido justificado verdaderamente, éste se siente estimulado a levantarse y enfrentar las pruebas. Inmediatamente se pone en pie para superarlas y vencerlas. Sabe que Dios permite las pruebas para enseñarle más y más la paciencia (a soportar).

«Con vuestra paciencia ganaréis vuestras almas» (Lc. 21:19).

«Gozosos en la esperanza; sufridos en la tribulación; constantes en la oración» (Ro. 12:12).

«Porque os es necesaria la paciencia, para que habiendo hecho la voluntad de Dios, obtengáis la promesa» (He. 10:36).

«Hermanos míos, tened por sumo gozo cuando os halléis en diversas pruebas, sabiendo que la prueba de vuestraa fe produce paciencia. Mas tenga la paciencia su obra completa, para que seáis perfectos y cabales, sin que os falte cosa alguna» (Stg. 1:2-4).

«Por tanto, hermanos, tened paciencia hasta la venida del Señor. Mirad como el labrador espera el precioso fruto de la tierra, aguardando con paciencia hasta que reciba la lluvia temprana y la tardía» (Stg. 5:7).

2. La paciencia produce experiencia (*dokimex*): carácter, integridad, firmeza. La idea es la de la experiencia probada, obtener fuerza por medio de las tribulaciones de la vida; por lo tanto, la palabra se traduce más exactamente carácter. Cuando el hombre justificado soporta las pruebas, sale de ellas más fortalecido que antes. Es un hombre de un carácter más firme y de mayor integridad. Sabe mucho más de la presencia y del poder de Dios.

«Bendito sea el Dios y Padre de nuestro Señor Jesucristo, Padre de misericordias y Dios de toda consolación, el cual nos consuela en todas nuestras tribulaciones, para que podamos también nosotros consolar a los que están en cualquier tribulación, por medio de la consolación con que nosotros somos consolados por Dios» (2 Co. 1:3-4).

«Y me ha dicho: Bástate mi gracia; porque mi poder se perfecciona en la debilidad. Por tanto, de buena gana me gloriaré más bien en mis debilidades, para que repose sobre mí el poder de Cristo. Por lo cual, por amor a Cristo me gozo en las debilidades, en afrentas, en necesidades, en persecuciones, en angustias; porque cuando soy débil, entonces soy fuerte» (2 Co. 12:9-10).

«Para que os dé, conforme a las riquezas de su gloria, el ser fortalecido con poder en el hombre interior por su Espíritu» (Ef. 3:16).

«Fortalecidos con todo poder, conforme a la potencia de su gloria, para toda paciencia y longanimidad» (Col. 1:11).

«Que por fe conquistaron reinos, hicieron justicia, alcanzaron promesas, taparon bocas de leones, apagaron fuegos impetuosos, evitaron filo de espada, sacaron fuerzas de debilidad, se hicieron fuertes en batallas, pusieron en fuga ejércitos extranjeros» (He. 11:33-34).

«Pero los que esperan a Jehová tendrán nuevas fuerzas; levantarán alas como las águilas; correrán, y no se cansarán; caminarán, y no se fatigarán» (Is. 40:31).

«No temas, porque yo estoy contigo; no desmayes, porque yo soy tu Dios que te esfuerzo; siempre te ayudaré, siempre te sustentaré con la diestra de mi justicia» (Is. 41:10).

3. La experiencia produce esperanza (*elpis*): esperar con confianza; desear el conocimiento; buscar y anhelar con certidumbre; desear con seguridad; confiar con certeza; descansar en el garante; creer con conocimiento. Note que la esperanza es expectación, anhelo, buscar y anhelar, desear, entregarse a y confiar plenamente. Pero también es confianza, conocimiento, seguridad, certeza, y una garantía. Cuando el hombre justificado se hace más fuerte en carácter, se acerca más a Dios, y mientras más se acerca Dios, más espera la gloria de Dios. (*Véase* nota ***Esperanza*** —Ro. 5:2 para ampliar la discusión y los versículos.)

4. La esperanza nunca avergüenza (*kataischuno*, hace avergonzar): nunca desengaña, desilusiona, defrauda, decepciona, desconcierta. El creyente, la persona que es verdaderamente justificada, nunca será decepcionada ni avergonzada. Verá cumplidas sus esperanzas. Vivirá para siempre en la presencia de Dios heredando las promesas que Dios ha dado en su Palabra.

«El que creyere en Él no será avergonzado» (Ro. 9:33).

«Conforme a mi anhelo y esperanza de que en nada seré avergonzado; antes bien con toda confianza, como siempre, ahora también será magnificado Cristo en mi cuerpo, o por vida o por muerte» (Fil. 1:20).

«Pero si alguno padece como cristiano, no se avergüence, sino glorifique a Dios por ello» (1 P. 4:16).

«Y ahora, hijitos, permaneced en Él, para que cuando se manifieste, tengamos confianza, para que en su venida no nos alejemos de Él avergonzados» (1 Jn. 2:28).

«Clamaron a ti, y fueron librados; confiaron en ti y no fueron avergonzados» (Sal. 22:5).

«En ti, oh Jehová, me he refugiado; no sea yo avergonzado jamás» (Sal. 71:1).

«Entonces no sería yo avergonzado, cuando atendiese a todos tus mandamientos» (Sal. 119:6).

«La esperanza de los justos es alegría; mas la esperanza de los impíos perecerá» (Pr. 10:28; cp. Sal. 22:5; 71:1).

«Porque Jehová el Señor me ayudará, por tanto no me avergoncé; por eso puse mi rostro como un pedernal, y sé que no seré avergonzado» (Is. 50:7).

«Comeréis hasta saciaros, y alabaréis el nombre de Jehová vuestro Dios, el cual hizo maravillas con vosotros; y nunca jamás será mi pueblo avergonzado» (Jl. 2:26).

6 (5:5) ***Amor de Dios—obra del Espíritu Santo:*** hay una experiencia continua del amor de Dios por medio de la presencia del Espíritu Santo.

1. El amor de Dios es demostrado en el hecho de que justifica al hombre que cree verdaderamente en su hijo Jesucristo.

«Porque de tal manera amó Dios al mundo, que ha dado

a su Hijo unigénito, para que todo aquel que en Él cree, no se pierda, mas tenga vida eterna» (Jn. 3:16).

«Mas Dios muestra su amor para con nosotros, en que siendo aún pecadores, Cristo murió por nosotros» (Ro. 5:8).

2. El Espíritu Santo derrama el amor de Dios en nuestros corazones. Nos hace crecer y madurar en el amor de Dios, aumentando nuestro entendimiento de lo que Dios ha hecho y está haciendo por nosotros. El nos ayuda a aprender más y más acerca de nuestra justificación y más y más de la gloriosa salvación que ha prometido. El Espíritu Santo...

- nos hace estar *conscientes* y tener *conocimiento* del amor de Dios, y nos da un sentido *profundo* e *íntimo* del amor de Dios.
- nos hace estar *conscientes* y tener *conocimiento* de la presencia de Dios, y de su cuidado y preocupación por todo lo que involucra la salvación.

Lo que se enfatiza es el sentido y la intimidad del amor de Dios: una manifestación personal, una experiencia personal de la presencia y el amor de Dios, de Su justificación y cuidado por nosotros mientras caminamos por la vida momento a momento.

«El que tiene mis mandamientos, y los guarda, ése es el que me ama; y el que me ama será amado por mi Padre, y yo le amaré y me manifestaré a Él» (Jn. 14:21).

«Respondió Jesús y le dijo: El que me ama, mi palabra guardará; y mi Padre le amará, y vendremos a Él y haremos morada con Él» (Jn. 14:23).

«Pero Dios, que es rico en misericordia, por su gran amor con que nos amó, aun estando nosotros muertos en pecados, nos dio vida juntamente con Cristo (por gracia sois salvos)» (Ef. 2:4-5).

«Mirad cuál amor nos ha dado el Padre, para que seamos llamados hijos de Dios; por esto el mundo no nos conoce, porque no le conoció a Él» (1 Jn. 3:1).

«En esto se mostró el amor de Dios para con nosotros, en que Dios envió a su Hijo unigénito al mundo, para que vivamos en Él» (1 Jn .4:9).

«Y nosotros hemos conocido y creído en el amor que Dios tiene para con nosotros. Dios es amor; y el que permanece en amor, permanece en Dios, y Dios en Él» (1 Jn. 4:16).

Note que el Espíritu Santo «nos es dado». El entra en nuestros corazones y vidas con el propósito de sellarnos y darnos garantía. El sella o garantiza nuestra justificación, y Él sella el hecho de que Dios nos ama, cuida de nosotros y nos protege. Es debido a su presencia en nuestro interior que tenemos una continua e ininterrumpida experiencia del amor de Dios. Pero recuerde que esta gloriosa intimidad con Dios es un resultado de la justificación. *Solamente la persona* que es verdaderamente justificada experimenta el amor de Dios.

Note otro hecho: el amor de Dios es un don, un don depositado en el creyente por el Espíritu Santo. (Cp. la naturaleza divina que es *depositada* en nosotros cuando nosotros verdaderamente creemos en Jesucristo como nuestro Salvador, 2 P. 1:4.)

«Pues no habéis recibido el espíritu de esclavitud para estar otra vez en temor, sino que habéis recibido el espíritu de adopción, por el cual clamamos: ¡Abba, Padre! El Espíritu mismo da testimonio a nuestro espíritu, de que somos hijos de Dios. Y si hijos, también herederos; herederos de Dios y coherederos con Cristo, si es que padecemos juntamente con Él, para que juntamente con Él seamos glorificados» (Ro. 8:15-17).

«El cual también nos ha sellado, y nos ha dado las arras del Espíritu en nuestros corazones» (2 Co. 1:22).

«En Él [Cristo] también vosotros, habiendo oído la palabra de verdad, el evangelio de vuestra salvación, y habiendo creído en Él, fuisteis sellados con el Espíritu Santo de la promesa, que es las arras de nuestra herencia hasta la redención de la posesión adquirida, para alabanza de su gloria» (Ef. 1:13-14).

1 Éramos impíos y sin poder, sin embargo, Cristo nos fortaleció a. En el tiempo de Dios b. Era un amor no común, increíble **2 Éramos pecadores. Sin embargo, Dios demostró su amor por nosotros**	**H. El increíble amor de Dios (Parte II): la gran profundidad de la justificación, 5:6-11** 6 Porque Cristo, cuando aún éramos débiles, a su tiempo murió por los impíos. 7 Ciertamente, apenas morirá alguno por un justo; con todo pudiera ser que alguno osara morir por el bueno. 8 Mas Dios muestra su amor para con nosotros, en que siendo aún pecadores,	Cristo murió por nosotros. 9 Pues mucho más, estando ya justificados con su sangre, por él seremos salvos de la ira. 10 Porque si siendo enemigos fuimos reconciliados con Dios por la muerte de su Hijo, mucho más, estando reconciliados seremos salvos por su vida. 11 Y no solo esto, sino también nos gloriamos en Dios por el Señor nuestro Jesucristo, por quien hemos recibido ahora la reconciliación.	a. Por la muerte de Cristo b. Por la justificación c. Salvándonos de la ira **3 Éramos enemigos, sin embargo, Dios nos reconcilió y nos salvó** a. Somos reconciliados por la muerte de Cristo[EF1] b. Somos salvos por la vida de Cristo c. Se nos da gozo por la expiación de Cristo (reconciliación)

H. El increíble amor de Dios (Parte II): la gran profundidad de la justificación, 5:6-11

(5:6-11) ***Introducción—amor*** (*agape*): este pasaje discute el increíble amor de Dios. Muestra la gran profundidad de la justificación. El pasaje, además, da una de las definiciones más claras del amor ágape. Realmente muestra el sentido del *amor agape*. El amor ágape va mucho más allá que el *amor fileo*. El amor fileo es amor fraternal, un amor que se da a sí mismo por su hermano. Pero el amor agape es una calidad nueva de amor: es amor divino, un amor que se sacrifica, un amor que se entrega en favor de los débiles (Ro. 5:6), por los impíos (Ro. 5:6), por los pecadores (Ro. 5:8), y por los enemigos (Ro. 5:10). (*Véase* nota—Jn. 21:15-17.)

1. Éramos impíos y sin fuerzas, sin embargo, Cristo murió por nosotros (vv. 6-7).
2. Éramos pecadores, sin embargo, Dios demostró su amor por nosotros (vv. 8-9).
3. Éramos enemigos, sin embargo, Dios nos reconcilió y nos salvó (vv. 10-11).

1 (5:6-7) ***Muerte de Jesucristo—estado del hombre—amor de Dios:*** éramos impíos y débiles, sin embargo, Cristo murió por nosotros. El gran amor de Dios se ve en este acto increíble.

1. Estábamos «sin fuerzas» (*asthenon*): débiles, sin valor, inútiles, desamparados, sin esperanzas, destituidos, sin poder. Éramos espiritualmente indignos, inútiles e incapaces de ayudarnos a nosotros mismos.

> **«Está mi alma hastiada de mi vida; daré libre curso a mi queja, hablaré con amargura de mi alma» (Job 10:1).**
>
> **«Porque mi vida se va gastando de dolor, y mis años de suspirar; se agotan mis fuerzas a causa de mi iniquidad, y mis huesos se han consumido» (Sal. 31:10).**
>
> **«Dios mío, mi alma está abatida en mí; me acordaré, por tanto, de ti desde la tierra del Jordán, y de los hermonitas, desde el monte de Mizar» (Sal. 42:6).**
>
> **«Estoy hundido en cieno profundo, donde no puedo hacer pie; he venido a abismos de aguas, y la corriente me ha anegado» (Sal. 69:2).**
>
> **«En cuanto a mí, casi se deslizaron mis pies; por poco resbalaron mis pasos» (Sal. 73:2).**
>
> **«Cuando pensé para saber esto, fue duro trabajo para mí» (Sal. 73:16).**
>
> **Guarda tus pies de andar descalzos y tu garganta de la sed. Mas dijiste: No hay remedio en ninguna manera, porque a extraños he amado, y tras ellos he de ir» (Jer. 2:25).**
>
> **«Tampoco queremos, hermanos, que ignoréis acerca de los que duermen [muertos], para que no os entristezcáis como los otros que no tienen esperanza» (1 Ts. 4:13).**
>
> **«En aquel tiempo estabais sin Cristo, alejados de la ciudadanía de Israel y ajenos a los pactos de la promesa, sin esperanza y sin Dios en el mundo» (Ef. 2:12).**

2. Éramos impíos (*asebon*): no como Dios, diferentes de Dios, profanos, con un estilo diferente del de Dios. Dios es piadoso, esto es, perfecto; el hombre es impíos, esto es, no es como Dios; es imperfecto.

> **«Y como ellos no aprobaron tener en cuenta a Dios, Dios los entregó a una mente reprobada, para hacer cosas que no convienen; estando atestados de toda injusticia, fornicación, perversidad, avaricia, maldad; llenos de envidia, homicidios, contiendas, engaños y malignidades; murmuradores, detractores, aborrecedores de Dios, injuriosos, soberbios, altivos, inventores de males, desobedientes a los padres, necios, desleales, sin afecto natural, implacables, sin misericordia; quienes habiendo entendido el juicio de Dios, que los que practican tales cosas son dignos de muerte, no sólo las hacen, sino que también se complacen con los que las practican» (Ro. 1:28-32).**
>
> **«Conociendo esto, que la ley no fue dada para el justo, sino para los transgresores y desobedientes, para los impíos y pecadores, para los irreverentes y profanos, para los parricidas y matricidas, para los homicidas, para los fornicarios, para los sodomitas, para los secuestradores, para los mentirosos y perjuros, y para cuanto se oponga a la sana doctrina» (1 Ti. 1:9-10).**
>
> **«Pero vosotros, amados, tened memoria de las palabras que antes fueron dichas por los apóstoles de nuestro Señor Jesucristo; los que os decían: En el postrer tiempo habrá burladores, que andarán según sus malvados deseos. Estos son los que causan divisiones; los sensuales, que no tienen al Espíritu» (Jud. 17-19).**

3. Fue «a su tiempo» (*kata kairon*) que Cristo murió por nosotros. Fue en el tiempo señalado por Dios: el tiempo que Él destinó, el tiempo apropiado. Los hombres tenían que estar preparados para Cristo antes que Dios enviara a su Hijo al mundo. Los hombres tenían que aprender que eran débiles e impíos, que necesitaban un salvador. (Este era el propósito del Antiguo Testamento y de la ley, mostrar a los hombres que eran pecadores. *Véanse* el bosquejo y la nota—Ro. 4:14-15.)

> **«Diciendo: El tiempo se ha cumplido, y el reino de Dios se ha acercado; arrepentíos, creed en el evangelio» (Mr. 1:15).**
>
> **«Pero cuando vino el cumplimiento del tiempo, Dios envió a su Hijo nacido de mujer y nacido bajo la ley, para que redimiese a los que estaban bajo la ley, a fin de que recibiésemos la adopción de hijos» (Gá. 4:4-5).**

«Porque hay un solo Dios, y un solo mediador entre Dios y los hombres, Jesucristo hombre, el cual se dio a sí mismo en rescate por todos, de lo cual se dio testimonio a *su debido tiempo*» (1 Ti. 2:5-6).

«En la esperanza de la vida eterna, la cual Dios, que no miente, prometió desde antes del principio de los siglos, y a su debido tiempo manifestó su palabra por medio de la predicación que me fue encomendada por mandato de Dios nuestro Salvador» (Tit. 1:2-3).

«De otra manera le hubiera sido necesario padecer muchas veces desde el principio del mundo; pero ahora, *en la consumación de los siglos,* se presentó una vez para siempre por el sacrificio de sí mismo para quitar de en medio el pecado» (He. 9:26).

4. Cristo murió *por* nosotros. La palabra «por» (*huper*) significa para nuestro beneficio, por amor a nosotros, en favor nuestro, en lugar de nosotros, como nuestro substituto. (*Véanse* nota y Estudio a fondo 4—Mr. 10:45.)

a. Cristo murió como nuestro sacrificio.

«Nuestra pascua que es Cristo, ya fue sacrificada por nosotros» (1 Co. 5:7).

«Y por todos murió, para que los que viven, ya no vivan para sí, sino para aquel que murió y resucitó por ellos» (2 Co. 5:15).

«Al que no conoció pecado, por nosotros lo hizo pecado, para que nosotros fuésemos hechos justicia de Dios en Él» (2 Co. 5:21).

«Y andad en amor, como también Cristo nos amó, y se entregó a sí mismo por nosotros, ofrenda y sacrificio a Dios en olor fragante» (Ef. 5:2).

«Porque tal sumo sacerdote nos convenía: santo, inocente, sin mancha, apartado de los pecadores, y hecho más sublime que los cielos; que no tiene necesidad cada día, como aquellos sumo sacerdotes, de ofrecer primero sacrificios por sus propios pecados, y luego por los del pueblo; porque esto lo hizo una vez para siempre, ofreciéndose a sí mismo» (He. 7:26-27).

«Porque si la sangre de los toros y de los machos cabríos, y las cenizas de la becerra rociada a los inmundos, santifican para la purificación de la carne, ¿cuánto más la sangre de Cristo, el cual mediante el Espíritu eterno se ofreció a sí mismo sin mancha a Dios, limpiará vuestras conciencias de obras muertas para que sirváis al Dios vivo?» (He. 9:13-14).

«Y no para ofrecerse muchas veces, como entra el sumo sacerdote en el Lugar Santísimo cada año con sangre ajena. De otra manera le hubiera sido necesario padecer muchas veces desde el principio del mundo; pero ahora, en la consumación de los siglos, se presentó una vez para siempre por el sacrificio de sí mismo para quitar de en medio el pecado» (He. 9:25-26)

«En esa voluntad somos santificados mediante la ofrenda del cuerpo de Jesucristo hecha una vez para siempre» (He. 10:10).

«Pero Cristo, habiendo ofrecido una vez para siempre un solo sacrificio por los pecados, se ha sentado a la diestra de Dios ... porque con una sola ofrenda hizo perfectos para siempre a los santificados» (He. 10:12, 14).

«Quien llevó Él mismo nuestros pecados en su cuerpo sobre el madero para que nosotros, estando muertos a los pecados, vivamos a la justicia; y por cuya herida fuisteis sanados» (1 P. 2:24).

b. Cristo murió como nuestro rescate (*véase* la nota—Ro. 3:24; Gá. 3:13-14).

«Siendo justificados gratuitamente por su gracia, mediante la redención que es en Cristo Jesús» (Ro. 3:24).

«En quien tenemos redención por su sangre, el perdón de pecados» (Col. 1:14).

«Quien se dio a sí mismo por nosotros para redimirnos de toda iniquidad y purificar para sí un pueblo propio, celosos de buenas obras» (Tit. 2:14).

«Y no por sangre de machos cabríos ni de becerros, sino por su propia sangre, entró una vez para siempre en el Lugar Santísimo, habiendo obtenido eterna redención» (He. 9:12).

«Sabiendo que fuisteis rescatados de vuestra vana manera de vivir, la cual recibisteis de vuestros padres, no con cosas corruptibles como oro y plata, sino con la sangre preciosa de Cristo, como de un cordero sin mancha y sin contaminación» (1 P. 1:18-19).

«Y cantaban un nuevo cántico, diciendo: Digno eres de tomar el libro y de abrir sus sellos; porque tú fuiste inmolado, y con tu sangre nos has redimido para Dios, de todo linaje y lengua y pueblo y nación» (Ap. 5:9).

c. Cristo murió como propiciación por nosotros (*véase* nota—Ro. 3:25; cp. 1 Jn. 2:1-2.)

«A quien Dios puso como propiciación por medio de la fe en su sangre, para manifestar su justicia, a causa de haber pasado por alto, en su paciencia, los pecados pasados» (Ro. 3:25).

«Y Él es la propiciación por nuestros pecados; y no solamente por los nuestros, sino también por los de todo el mundo» (1 Jn. 2:2).

«En esto consiste el amor; no en que nosotros hayamos amado a Dios, sino en que Él nos amó a nosotros, y envió a su Hijo en propiciación por nuestros pecados» (1 Jn. 4:10).

5. El amor de Dios es un amor único e increíble. Piense en la ilustración dada. Algunas personas tratan de salvar a personas que se encuentran atrapadas por alguna tragedia desesperada, y otros ofrecen sus vidas para representar a sus líderes en su gran propósito.

- Unos pocos morirían por un hombre justo y ecuánime.
- Algunos hasta se *atreverían* a morir por un hombre “bueno.”

Pero esto no es lo que Cristo hizo. Cristo no murió por el justo y piadoso, ni por un hombre bueno y puro. El hizo muchísimo más de lo que los hombres hacen. Cristo...

- murió por el impío, por los que eran exactamente lo opuesto al justo y bueno.
- murió por los «débiles»: inútiles, desvalidos, indignos y sin valor ante la sociedad y los hombres.

Cristo murió por personas por las cuales ningún hombre querría morir, por personas que carecían de todo valor y nada bueno había en ellos. Murió por los que se oponían diametralmente a Dios, exactamente lo contrario de lo que Él es. Tal es el increíble amor de Dios; tanta es la profundidad de la justificación.

2 (5:8-9) ***Muerte de Jesucristo—estado del hombre—amor de Dios:*** éramos pecadores, sin embargo, demostró su amor por nosotros. La palabra «muestra» (*sunistemi*) significa mostrar, probar, exhibir, demostrar. Es tiempo presente: Dios está siempre amando y mostrando su amor por nosotros. La palabra «pecadores» (*hamartolon*) se refiere a un hombre que es pecador, un hombre que peca...

- desobedeciendo la Palabra y la voluntad de Dios (cp. Ro. 1:29-31).
- viviendo egoístamente.
- ignorando los mandamientos de Dios.
- haciendo su propia voluntad.
- por la concupiscencia de la carne, la concupiscencia de los ojos.
- siguiendo la soberbia de la vida y las cosas del mundo.

El punto es éste: es «*siendo aún* pecadores» que Dios muestra su amor por nosotros. Este es el increíble amor de Dios, que Él se rebajó para salvar pecadores. Podríamos esperar que Él salvase a hombres justos y buenos, pero nos sorprende completamente cuando se afirma que Él salva a los pecadores. Tal es el amor increíble de Dios.

Ahora, note cómo Dios muestra su amor.

1. Dios probó su amor al entregar su único Hijo para que muriera *por* nosotros. Algunos padres terrenales podrían estar dispuestos a entregar sus hijos por un «bueno» o por una gran causa. Pero ¿cuántos estarían dispuestos a entregar sus hijos por un hombre que ha cometido traición o por un hombre que asesinó a uno de los más grandes hombres que ha existido? Piense en el enorme precio que Dios pagó para mostrar su amor: Entregó a su Hijo para que muriera por el indigno e inútil, el impío y pecador, los malvados y depravados—los peores pecadores y proscritos que pueda uno imaginar. Pienseen lo que Dios mismo debe de haber pasado: sus sentimientos, sufrimientos, dolor, heridas, la terrible tensión emocional. Piense en lo que está involucrado en el acto de Dios de entregar a su Hijo:

- Dios tenía que enviar a su Hijo *desde* el mundo (la dimensión) espiritual y eterno *al* mundo (la dimensión) físico y corruptible.
- Dios tenía que humillar a su Hijo despojándolo de su gloria eterna e insistiendo en que viniese vestido de carne corruptible y muriese como un hombre.
- Dios tenía que ver a su hijo caminar por la vida siendo rechazado, negado, maldecido, insultado, arrestado, torturado y asesinado. Dios tenía que sentarse y ver a su hijo asesinado por manos de hombres; tuvo que cruzarse de brazos sabiendo que podía actuar y salvarlo.
- Dios tuvo que destinar a su hijo a la muerte de cruz por los pecados de los hombres.
- Dios tenía que poner los pecados del mundo sobre su hijo y dejar que El los cargase.
- Dios tenía que juzgar a su hijo como pecador y condenarlo a muerte por el pecado.
- Dios tenía que apartarse de Cristo en su muerte.
- Dios tenía que derramar sobre Cristo su ira contra el pecado.
- Dios tiene que llevar eternamente el dolor de los sufrimientos de su hijo, porque Él es eterno y la muerte de su hijo está siempre delante de su rostro. (¡Imagine! Está por sobre nuestro entendimiento, pero la agonía eterna es un hecho debido a la naturaleza eterna de Dios.)

Como se ha dicho, Dios demostró su amor. Ha dado a su hijo para que muera por nosotros. No lo merecemos —nunca lo hemos merecido, ni llegaremos jamás a merecerlo— pero Dios nos ama con un amor increíble. Por lo tanto, Él ha dado a su hijo para que muera *por* nosotros como nuestro sustituto, en nuestro favor.

«MasÉl herido fue por nuestras rebeliones, molido por nuestros pecados; el castigo de nuestra paz fue sobre Él, y por su llaga fuimos nosotros curados» (Is. 53:5).

«Yo soy el buen pastor; el buen pastor su vida da por las ovejas» (Jn. 10:11).

«Nadie tiene mayor amor que este, que uno ponga su vida por sus amigos» (Jn. 15:13).

«Porque si no hay resurrección de muertos, tampoco Cristo resucitó» (1 Co. 15:13).

«Porque primeramente os he enseñado lo que asimismo recibí: Que Cristo murió por nuestros pecados, conforme a las Escrituras» (1 Co. 15:3).

«Pero vemos a aquel que fue hecho un poco menor que los ángeles, a Jesús, coronado de gloria y honra, a causa del padecimiento de la muerte, para que por la gracia de Dios gustase la muerte por todos» (He. 2:9).

«Porque también Cristo padeció una sola vez por los pecados, el justo por los injustos, para llevarnos a Dios, siendo a la verdad muerto en la carne, pero vivificado en espíritu» (1 P. 3:18).

2. Dios prueba Su amor por medio de la justificación por la sangre de Cristo (*véanse* notas—Ro. 5:1; 3:25 para su discusión.)

«Pues mucho más, estando ya justificados en su sangre, por Él seremos salvos de la ira» (Ro. 5:9).

«Y por medio de Él reconciliar consigo todas las cosas, así las que están en la tierra como las que están en los cielos, haciendo la paz mediante la sangre de su cruz» (Col. 1:20).

«¿Cuánto más la sangre de Cristo, el cual mediante el Espíritu eterno se ofreció a sí mismo sin mancha a Dios, limpiará vuestras conciencias de obras muertas para que sirváis al Dios vivo» (He. 9:14).

3. Dios prueba su amor salvándonos de la ira (*véase* Estudio a fondo 1, ***Ira de Dios***—Ro. 1:18. Además *véase* la nota, pto. 1—Ro. 5:1 para la discusión.)

«Porque de tal manera amó Dios al mundo, que ha dado a su Hijo unigénito, para que todo aquel que en el cree, no se pierda, mas tenga vida eterna. Porque no envió Dios a su Hijo al mundo para condenar al mundo, sino para que el mundo sea salvo por Él" (Jn. 3:16-17).

«El que cree en el Hijo tiene vida eterna; pero el que rehúsa creer en el Hijo no verá la vida, sino que la ira de Dios está sobre Él» (Jn. 3:36).

«Porque la paga del pecado es muerte, mas la dádiva de Dios es vida eterna en Cristo Jesús Señor nuestro» (Ro. 6:23).

«Cristo nos redimió de la maldición de la ley, hecho por nosotros maldición (porque está escrito: Maldito todo el que es colgado en un madero» (Gá. 3:13).

[3] (5:10-11) ***Reconciliación—muerte de Jesucristo—estado del hombre—amor de Dios:*** éramos enemigos, sin embargo, Dios nos ha reconciliado y nos ha salvado haciendo tres cosas.

1. Dios nos reconcilió por la muerte de Cristo (*véase* Estudio a fondo 1—Ro.5:10 para la discusión).

2. Dios nos salva por la vida de Cristo. «Su vida» significa la vida del *Señor vivo*. Cristo está delante de Dios como nuestro gran intercesor y mediador. En pie delante de Dios, Él está como el Hijo de Dios sin pecado y justo, como el hombre perfecto e ideal. Cuando creemos en Cristo, Dios toma nuestra creencia y la cuenta por justicia. La justicia ideal de Jesucristo nos cubre, y Dios nos acepta y nos salva porque *confiamos* en Cristo como el Señor vivo, como nuestro intercesor y mediador delante de Dios.

«¿Quién es el que condenará? Cristo es el que murió; más aun, el que también resucitó, el que además está a la diestra de Dios, el que también intercede por nosotros» (Ro. 8:34).

«Por lo cual puede también salvar perpetuamente a los que por Él se acercan a Dios, viviendo siempre para interceder por ellos» (He. 7:25).

«Porque hay un solo Dios, y un solo mediador entre Dios y los hombres, Jesucristo hombre» (1 Tit. 2:5).

«Pero ahora tanto mejor ministerio es el suyo, cuanto es mediador de un mejor pacto, establecido sobre mejores promesas» (He. 8:6).

«Así que, por eso es mediador de un nuevo pacto, para que interviniendo muerte para la remisión de las transgresiones que había bajo el primer pacto, los llamados reciban la promesa de la herencia eterna» (He. 9:15).

«Porque no entró Cristo en el santuario hecho de mano, figura del verdadero, sino en el cielo mismo para presentarse ahora por nosotros ante Dios» (He. 9:24).

«A Jesús el mediador del nuevo pacto» (He. 12:24).

«Hijitos míos, estas cosas os escribo para que no pequéis; y si alguno hubiere pecado, abogado tenemos para con el Padre, a Jesucristo el justo. Y Él es la propiciación por nuestros pecados; y no solamente por los nuestros, sino también por los de todo el mundo» (1 Jn. 2:1-2).

3. Dios nos da gozo por medio de la expiación o reconciliación de Jesucristo. Una persona que recibe tanto de Dios debiera estar

lleno de gozo y regocijo (*véase* nota, ***Gozo***—Fil. 1:4 para la discusión).

«Estas cosas os he hablado, para que mi gozo esté en vosotros, y vuestro gozo sea cumplido» (Jn. 15:11).

«Hasta ahora [antes de la reconciliación] nada habéis pedido en mi nombre; pedid y recibiréis, para que vuestro gozo sea cumplido» (Jn. 16:24).

«Porque el reino de Dios no es comida ni bebida, sino justicia, paz y gozo en el Espíritu» (Ro. 14:17).

«A quien amáis sin haberle visto, en quien creyendo, aunque ahora no lo veáis, os alegráis con gozo inefable y glorioso; obteniendo el fin de vuestra fe, que es la salvación de vuestras almas» (1 P. 1:8-9).

«Me mostrarás la senda de la vida; en tu presencia hay plenitud de gozo; delicias a tu diestra para siempre« (Sal. 16:11).

«Entonces nuestra boca se llenará de risa, y nuestra lengua de alabanza; entonces dirán entre las naciones: grandes cosas ha hecho Jehová con éstos» (Sal. 126:2).

«Sacaréis con gozo aguas de las fuentes de la salvación« (Is. 2:3).

«Y los redimidos de Jehová volverán, y vendrán a Sion con alegría; y gozo perpetuo será sobre sus cabezas; y tendrán gozo y alegría, y huirán la tristeza y el gemido» (Is. 35:10).

«En gran manera me gozaré en Jehová, mi alma se alegrará en mi Dios; porque me vistió con vestiduras de salvación, me rodeó con manto de justicia, como a novio me atavió, y como a novia ataviada con sus joyas» (Is. 61:10).

ESTUDIO A FONDO 1

(5:10) ***Reconciliar—reconciliación*** (*katallasso*): cambiar, cambiar completamente, intercambiar, cambiar de enemistad a amistad, reunir, restaurar. La idea es que dos personas, que debieran haber estado juntas todo el tiempo, son reunidas; dos personas que tienen algo que las separa son restauradas y reunidas.

En cuanto a la reconciliación hay que destacar tres puntos.

1. Lo que rompió la relación entre Dios y el hombre fue el pecado. Se dice que los hombres son enemigos de Dios (Ro. 5:10), y la palabra «enemigos» se refiere a los pecadores y a los impíos (Ro. 5:6, 8). Los «enemigos» de Dios son los pecadores e impíos de este mundo. Esto significa sencillamente que cada hombre es un enemigo de Dios, porque cada hombre es un pecador e impío. Esto parece poco cortés y rudo, pero es exactamente lo que la Biblia está diciendo. El hecho se ve claramente al pensar un rato en el tema.

No se puede decir que el pecador es amigo de Dios. Es antagonista de Dios y se opone a lo que Dios tiene como plan. El pecador...

- se rebela continuamente contra Dios.
- desobedece constantemente a Dios.
- mantiene una actitud de rechazo contra Dios.
- lucha contra Dios.
- se lo pasa maldiciendo a Dios.
- persiste en negar a Dios.
- ignora permanentemente a Dios.
- se resiste a vivir para Dios.

Cuando alguno de nosotros peca, trabajamos contra Dios y promovemos el mal por palabra y ejemplo.

- Cuando el pecador vive para sí mismo, se convierte en enemigo de Dios. ¿Por qué? Porque Dios no vive para sí mismo. Dios se entregó a Sí mismo del modo supremo en que ello podía hacerse: Dio a su Hijo unigénito para que muriera *por* nosotros.
- Cuando el pecador vive para el mundo y para las cosas mundanas, se convierte en enemigo de Dios. ¿Por qué? Porque escoge lo temporal —lo que perece— y no a Dios. Escoge lo temporal cuando Dios ha provisto vida eterna por la muerte de su Hijo.

Este es el sentido del gran amor de Dios o reconciliación. Él no nos reconcilió y nos salvó cuando éramos justos y buenos. Nos reconcilió y salvó cuando éramos enemigos, lo ignorábamos y lo rechazábamos. Como se dijo antes, es porque éramos pecadores y enemigos que necesitábamos ser reconciliados.

2. El método por el cual los hombres son reconciliados con Dios es a través de la muerte de su Hijo Jesucristo. Dicho en forma sencilla, cuando un hombre cree que Jesús murió por Él...

- Dios acepta la muerte de Jesucristo *en lugar de* la muerte de ese hombre.
- Dios acepta los pecados llevados por Jesucristo como los pecados cometidos por ese hombre.
- Dios acepta la condenación que cayó sobre Cristo como la condenación que merecía ese hombre.

En consecuencia, el hombre es liberado de sus pecados y del castigo que sus pecados merecían. Cristo llevó tanto los pecados como el castigo en lugar del hombre. El hombre que verdaderamente cree que Dios le ama así tanto —tanto como para dar a su Hijo unigénito— llega a ser aceptable a Dios, reconciliado para siempre jamás.

3. Dios es el que reconcilia, no los hombres. Los hombres no se reconcilian a sí mismos a Dios. No pueden hacer suficientes obras ni pueden llegar a ser suficientemente buenos para hacerse aceptables ante Dios. La reconciliación es enteramente un acto de Dios. Dios es el que busca a los hombres y los reconcilia consigo mismo. Los hombres *reciben* la reconciliación de Dios.

«Y todo esto proviene de Dios, quien nos reconcilió consigo mismo por Cristo, y nos dio el ministerio de la reconciliación» (2 Co. 5:18; cp. 19-21).

«... su gracia, con la cual nos hizo *aceptos* en el Amado» (Ef. 1:6).

«Y mediante la cruz reconciliar con Dios a ambos en un solo cuerpo, matando en ella las enemistades» (Ef. 2:16).

«Y por medio de Él reconciliar consigo todas las cosas, así las que están en la tierra como las que están en los cielos, haciendo la paz mediante la sangre de su cruz» (Col. 1:20).

«Por lo cual debía ser en todo semejante a sus hermanos, para venir a ser misericordioso y fiel sumo sacerdote en lo que a Dios se refiere, para expiar los pecados del pueblo» (He. 2:17).

«Nosotros le amamos a Él, porque Él nos amó primero» (1 Jn. 4:19).

I. Adán y Cristo: los dos puntos focales de la historia, 5:12-21

1 La entrada del pecado y la muerte por Adán[EF1,2]
- a. El pecado entró por un hombre—Adán
- b. La naturaleza del pecado de Adán y la muerte pasaron a todos los hombres
- c. La prueba: el pecado y la muerte existieron antes de la ley; el pecado y la muerte entraron por Adán
- d. La verdadera importancia de Adán: un tipo de Cristo, cp. 1 Co. 15:22, 45-49

2 La acción inversa —la reversión— al pecado y la muerte por Cristo
- a. El pecado de Adán introdujo la muerte; el don de Dios introdujo la justicia
- b. El pecado de Adán trajo condenación; el don de Dios trajo justificación
- c. El pecado de Adán trajo el imperio de la muerte; el don de Dios trajo el imperio de la vida
- d. El pecado de Adán trajo condenación a todos los hombres; el don de Dios trajo justificación y vida a todos los hombres

3 Conclusión
- a. La desobediencia de Adán a muchos constituyó pecadores, pero la obediencia de Cristo constituyó justos a los muchos
- b. La ley fue dada para señalar y magnificar el pecado, pero la gracia de Dios fue mucho mayor
- c. El pecado reinó para muerte, pero la gracia de Dios reina para vida eterna—por medio de la justicia de Cristo

12 Por tanto, como el pecado entró en el mundo por un hombre, y por el pecado la muerte, así la muerte pasó a todos los hombres, por cuanto todos pecaron.

13 Pues antes de la ley, había pecado en el mundo; pero donde no hay ley, no se inculpa de pecado.

14 No obstante, reinó la muerte desde Adán hasta Moisés, aun en los que no pecaron a la manera de la transgresión de Adán, el cual es figura del que había de venir.

15 Pero el don no fue como la transgresión; porque si por la transgresión de aquel uno murieron los muchos, abundaron mucho más para los muchos la gracia y el don de Dios por la gracia de un hombre, Jesucristo.

16 Y con el don no sucede como en el caso de aquel uno que pecó; porque ciertamente el juicio vino a causa de un solo pecado para condenación, pero el don vino a causa de muchas transgresiones para justificación.

17 Pues si por la transgresión de uno solo reinó la muerte, mucho más reinarán en vida por uno solo, Jesucristo, los que reciben la abundancia de la gracia y del don de la justicia.

18 Así que, como por la transgresión de uno vino la condenación a todos los hombres, de la misma manera por la justicia de uno vino a todos los hombres la justificación de vida.

19 Porque así como por la desobediencia de un hombre los muchos fueron constituidos pecadores, así también por la obediencia de uno, los muchos serán constituidos justos.

20 Pero la ley se introdujo para que el pecado abundase; mas cuando el pecado abundó, sobreabundó la gracia;

21 para que así como el pecado reinó para muerte, así también la gracia reine por la justicia para vida eterna mediante Jesucristo, Señor nuestro.

I. Adán y Cristo: los dos puntos focales de la historia, 5:12-21

(5:12-21) ***Introducción:*** este pasaje trata de los dos puntos fundamentales de la historia humana. Trata de Adán y Cristo, los dos principales representantes y cabezas de la raza humana. Habla de cómo entraron en el mundo el pecado y la muerte y cómo Jesucristo actuó en contra del pecado y la muerte.

1. La entrada del pecado y la muerte por Adán (vv. 12-14).
2. La acción inversa —la reversión— al pecado y la muerte por medio de Cristo (vv. 15-18).
3. Conclusión (vv. 19-21).

[1] (5:12-14) ***Adán—pecado—muerte—historia: puntos centrales:*** la entrada del pecado y la muerte por medio de Adán.

1. El hecho se declara en forma muy sencilla: el pecado y la muerte entraron en el mundo por medio de un hombre, Adán. Dios había dicho:

> **«Mas del árbol de la ciencia del bien y del mal no comerás; porque el día que de él comieres [desobedeces a Dios], ciertamente morirás» (Gn. 2:17).**
>
> **«He aquí todas las almas son mías; como el alma del padre, así el alma del hijo es mía; el alma que pecare, esa morirá» (Ez. 18:4).**
>
> **«El alma que pecare, esa morirá; el hijo no llevará el pecado del padre, ni el padre llevará el pecado del hijo; la justicia del justo será sobre Él, y la impiedad del impío será sobre Él» (Ez. 18:20).**

Adán pecó y se corrompió a sí mismo; en consecuencia, murió.

2. La naturaleza del pecado y de la muerte de Adán pasó y sigue pasando a todos los hombres. Su naturaleza corrompida pasó a todos sus hijos y a lo largo de la historia a todos los hombres. Es un hecho bien conocido que el hijo hereda la naturaleza de sus padres. Por lo tanto, si la naturaleza del padre se inclina al pecado y es corruptible, así será la naturaleza del hijo. La naturaleza es como una *línea sanguínea infecciosa*: Ni importa cual sea la naturaleza, se transmite a la generación siguiente.

Ahora note un hecho signifcativo: el hombre no es condenado a muerte debido al pecado de Adán. Las Escrituras dicen claramente esto: «La muerte pasó a todos los hombres, por cuanto *todos* pecaron» (v. 12). El hombre muere por sus propios pecados, no por los pecados de sus padres. Cada hombre es personalmente responsable ante Dios.

> **«Por cuanto todos pecaron, y están destituidos de la gloria de Dios» (Ro. 3:23).**
>
> **«Porque la paga del pecado es muerte, mas la dádiva**

de Dios es vida eterna en Cristo Jesús Señor nuestro» (Ro. 6:23).

«Mas la Escritura lo encerró todo bajo pecado, para que la promesa que es por la fe en Jesucristo fuese dada a los creyentes» (Gá. 3:22).

«Si decimos que no tenemos pecado, nos engañamos a nosotros mismos, y la verdad no está en nosotros» (1 Jn. 1:8).

«Sabemos que somos de Dios, y el mundo entero está bajo el maligno» (1 Jn. 5:19).

«No hay hombre que no peque» (1 R. 8:46).

«Todos se desviaron, a una se han corrompido; no hay quien haga lo bueno, no hay ni siquiera uno» (Sal. 14:3).

«Cada uno se había vuelto atrás; todos se habían corrompido; no hay quien haga lo bueno, no hay ni aun uno» (Sal. 53:3).

«¿Quién podrá decir: Yo he limpiado mi corazón, limpio estoy de mi pecado?» (Pr. 20:9).

«Todos nosotros nos descarriamos como ovejas, cada cual se apartó por su camino; mas Jehová cargó en Él el pecado de todos nosotros» (Is. 53:6).

«Si bien todos nosotros somos como suciedad y todas nuestras justicias como trapo de inmundicia; y caímos todos nosotros como la hoja, y nuestras maldades nos llevaron como viento» (Is. 64:6).

3. La prueba de que heredamos la naturaleza de Adán es que el pecado y la muerte existían antes de la ley (v. 13). La ley de Dios acusa a los hombres de pecado; muestra a los hombres que son pecadores y que están condenados a morir. Pero *algo* hizo pecar y morir a los hombres antes que se entregara la ley a Moisés en forma escrita. La gente de antes de Moisés no fue acusada de pecado por la ley, porque no tenían la ley en forma escrita y permanente. Entonces, ¿qué era lo que estaba haciendo que la gente desde Adán hasta Moisés pecara y muriera? Fue la naturaleza pecaminosa, corrupta del hombre, la naturaleza que cada hijo hereda de sus padres; y el proceso comenzó con Adán. Adán fue el primer hombre creado por Dios, y fue el primero en pecar y corromperse y cargar con el castigo de muerte.

«Con el sudor de tu frente comerás el pan hasta que vuelvas a la tierra, porque de ella fuiste tomado; pues polvo eres y al polvo volverás» (Gn. 3:19).

«Igualmente yacerán ellos en el polvo, gusanos los cubrirán» (Job 21:26).

«Los que confían en sus bienes, y de la muchedumbre de sus riquezas se jactan, ninguno de ellos podrá en manera alguna redimir al hermano, ni dar a Dios su rescate (porque la redención de su vida es de gran precio, y no se logrará jamás), para que viva en adelante para siempre, y nunca vea corrupción» (Sal. 49:6-9).

«Escondes tu rostro, se turban; les quitas el hálito, dejan de ser, y vuelven al polvo» (Sal. 104:29).

«Todo va a un mismo lugar; todo es hecho del polvo, y todo volverá al mismo polvo» (Ec. 3:20).

«Y el polvo vuelva a la tierra, como era, y el espíritu vuelva a Dios que lo dio» (El. 12:7).

«Dijo Jesús: Quitad la piedra. Marta, la hermana del que había muerto, le dijo: Señor, hiede ya, porque es de cuatro días» (Jn. 11:39).

«Porque a la verdad David, habiendo servido a su propia generación según la voluntad de Dios, durmió y fue reunido con sus padres, y vio corrupción» (Hch. 13:36).

4. La importancia de Adán es crítica. El era «figura [tipo, imagen] del que iba a venir» esto es, de Cristo. Adán y Cristo son representados como dos puntos centrales de la historia, como las dos *cabezas o representantes* de la raza humana. (Cp. 1 Co. 15:20-28, 45-49.) Adán está a la cabeza de la raza humana como el *primero* en introducir el pecado y la muerte entre los hombres: «Tu primer padre pecó» (Is. 43:27). Cristo se yergue como la cabeza de la raza humana...

- como el primero en tener una vida perfecta, sin pecado, obteniendo la perfecta justicia.
- como el primero en vencer la muerte resucitando literalmente de entre los muertos.

Ahora note la diferencia entre Adán y Cristo. Adán fue hecho «alma viviente»; Cristo, «espíritu vivificante» (1 Co. 15:45). Lo que el hombre necesita y siempre ha necesitado es un «espíritu vivificante», un espíritu que tiene el poder de infundir vida a su alma, vida que es abundante y eterna.

«[Adán] el cual es figura del que había de venir» (Ro. 5:14).

«Así que, como por la transgresión de uno vino la condenación a todos los hombres, de la misma manera por la justicia de uno vino a todos los hombres la justificación de vida. Porque así como por la desobediencia de un hombre los muchos fueron constituidos pecadores, así también por la obediencia de uno, los muchos serán constituidos justos» (Ro. 5:18-19).

«Porque por cuanto la muerte entró por un hombre, también por un hombre la resurrección de los muertos. Porque así como en Adán todos mueren, también en Cristo todos serán vivificados» (1 Co. 15:21-22).

«Así también está escrito: Fue hecho el primer hombre Adán alma viviente; el postrer Adán, espíritu vivificante. Mas lo espiritual no es primero, sino lo animal; luego lo espiritual. El primer hombre es de la tierra, terrenal; el segundo hombre, que es el Señor, es del cielo. Cual el terrenal, tales también los terrenales; y cual el celestial, tales también los celestiales. Y así como hemos traído la imagen del terrenal, traeremos también la imagen del celestial» (1 Co. 15:45-49).

5. Note que el pecado es *la causa de la muerte*, y que Adán fue la causa del pecado. Fue el autor de la apostasía. No importa lo que digan las teorías, una cosa es clara: *Adán fue la causa del pecado del mismo modo que Cristo es la causa de la justicia.*

   a. Note el v. 13. Desde Adán, el pecado ha sido universal. Pero no se acusó de pecado (esto es, de culpa personal) contra una persona porque no había ley. Tiene que haber ley para que pueda haber una acusación.

   b. Note el v. 14. No obstante la muerte seguía siendo la condenación y experiencia del hombre. ¿Por qué? ¿Por qué el hombre moría si no estaba acusado de pecado personal? Porque Adán era cabeza y representante de todos los hombres que nacieran con su naturaleza. ¿Qué significa esto? Pecó, recibió una naturaleza corrupta; en consecuencia, murió (Ro. 5:12ss). Así la muerte *pasó* a todos los hombres, porque todos heredaron la naturaleza corrupta de Adán (Ro. 5:12ss).

Algunos argumentan que esto es injusto ser condenado porque el padre de la raza humana, Adán, pecó. Pero este argumento no está reconociendo los hechos, porque la verdad es que el camino de la vida eterna es ahora más claro y mucho más positivo. Dios tiene ahora una provisión mayor para la vida y la salvación.

   a. Esto se ve claramente en tres hechos. El hombre tiene ahora una opción más clara que la que tuvo Adán. El hombre ahora puede vivir para siempre escogiendo recibir a Cristo en su vida, y la decisión positiva de elegir a Cristo es más grande y tiene más eficacia que la elección de Adán. Adán iba a permanecer incorruptible si no hubiera comido el fruto del árbol. Note que su opción era un mandamiento negativo y no tenía eficacia ni poder para darle capacidad para obedecer. Actualmente la opción del hombre es positiva. A Adán *se le prohibió hacer algo*. A nosotros se nos manda *hacer algo*—un mandamiento positivo. Estos dos hechos, la revelación más clara y plena en Cristo y la mayor eficacia de lo positivo, muestra que cada hombre tiene igual opción a la inmortalidad; y, en realidad, el hombre hoy en día tiene una mejor oportunidad que la que Adán tenía, más que una oportunidad igual.

b. No hay vida humana si no se nace de seres humanos corrompidos. Es cuestión de nacer y ser privilegiado con la vida o no nacer ni ser privilegiado con la vida. Para tener el privilegio de vivir, una persona tiene que nacer de padres corrompidos.

c. El camino de salvación y el camino para la vida eterna está ahora mucho más claro. El hombre no podría jamás conocer el amor de Dios sin haber nacido en un mundo corrompido, ni habría experimentado el amor de Dios demostrado en Jesucristo. De modo que, el nacimiento de una persona, su entrada en el mundo, es la única forma en que una persona puede conocer el amor de Dios y experimentar la vida eterna con Dios.

«Para mostrar en los siglos venideros las abundantes riquezas de su gracia en su bondad para con nosotros en Cristo Jesús» (Ef. 2:7).

«Respondió Jesús y le dijo: De cierto, de cierto te digo, que el que no naciere de nuevo, no puede ver el reino de Dios» (Jn. 3:3).

«Por medio de las cuales nos ha dado preciosas y grandísimas promesas, para que por ellas llegaseis a ser participantes de la naturaleza divina, *habiendo huido de la corrupción* que hay en el mundo a causa de la concupiscencia» (2 P. 1:4).

ESTUDIO A FONDO 1

(5:12) ***Pecado—muerte:*** Adán pecó y se corrompió; en consecuencia murió. ¿Por qué hay una pena tan horrible por el pecado? ¿No es la muerte un precio terrible por el pecado? Tales preguntas pasan por alto lo terrible y la gravedad del pecado. El pecado es la cosa más atroz, vulgar, grosera, abominable, ultrajante, vergonzosa y odiosa que pueda existir. Dos cosas muestran la mala naturaleza del pecado.

1. El pecado es la peor cosa que se puede hacer *contra Dios*. El pecado es *desobedecer a Dios* y *rebelarse contra Dios*. El pecado actúa contra Dios, pelea y lucha contra Dios. El pecado va contra todo lo que Dios es. El pecado es insurrección contra Dios; es crimen de alta traición contra Dios. Apartarse del Ser Supremo es cometer la *ofensa suprema* (desobediencia), y la ofensa suprema merece la pena máxima: la muerte. (Tenga presente el glorioso amor de Dios. La única forma de ver verdaderamente el amor de Dios es ver al hombre cometiendo la ofensa máxima contra Dios [desobedecerle] y teniendo que llevar la pena máxima de la muerte. Ver esto es la única forma en que un hombre puede darse cuenta de cómo Dios pagó el precio máximo al dar a su Hijo para que muriese *por nosotros*. Su amor es amor supremo, el amor que sacrificó la cosa más grande de todo el mundo, que dio a su Hijo para que muriera por lo pecadores. *(Véanse* el bosquejo y notas—Ro. 5:6-11.)

2. El pecado le cuesta a Dios el precio máximo, el supremo sacrificio de su Hijo. Dios, siendo Dios, es amor perfecto. Como amor perfecto El está decidido a probar su amor proveyendo un camino para que el hombre reciba el perdón de su pecado y pueda ser salvo. Y el camino elegido para salvar al hombre tenía que ser la salvación perfecta, la perfecta expresión de su amor.

«Nadie tiene mayor amor que este, que uno ponga su vida por su amigo» (Jn. 15:13).

«Pero note, Cristo no dio su vida por amigos. Fue mucho más allá; amó en forma perfecta: dio su vida por los que no tenían fuerzas, por los impíos, los pecadores, los enemigos de Dios» (Ro. 5:6, 8, 10).

«Mas Dios muestra [prueba] su amor para con nosotros, en que siendo aún pecadores, Cristo murió por nosotros» (Ro. 5:8).

El pecado le costó a Dios el precio supremo, el sacrificio supremo, la muerte de Su propio Hijo.

El pecado es lo más grave y terrible que una persona puede hacer contra Dios. Es la ofensa suprema contra Dios y le cuesta el precio máximo, el sacrificio supremo del querido Hijo de Dios. Es por estas dos razones que el pecado merece el castigo supremo de la muerte.

«Mas él herido fue por nuestras rebeliones, molido por nuestros pecados; el castigo de nuestra paz fue sobre Él, y por su llaga fuimos nosotros curados» (Is. 53:5).

«Por tanto, yo le daré parte con los grandes y con los fuertes repartirá despojos; por cuanto derramó su vida hasta la muerte, y fue contado con los pecadores, habiendo Él llevado el pecado de muchos, y orado por los transgresores» (Is. 53:12).

«Porque Cristo, cuando aún éramos débiles, a su tiempo murió por los impíos» (Ro. 5:6).

«Porque primeramente os he enseñado lo que asimismo recibí: que Cristo murió por nuestros pecados, conforme a las Escrituras» (1 Co. 15:3).

«Y por esto también gemimos, deseando ser revestidos de aquella nuestra habitación celestial» (2 Co. 5:2).

«Y por todos murió, para que los que viven, ya no vivan para sí, sino para aquel que murió y resucitó por ellos» (2 Co. 5:15).

«El cual se dio a sí mismo por nuestros pecados para librarnos del presente siglo malo, conforme a la voluntad de nuestro Dios y Padre» (Gá. 1:4).

«Quien se dio a sí mismo por nosotros para redimirnos de toda iniquidad y purificar para sí un pueblo propio, celoso de buenas obras» (Tit. 2:14).

«Así también Cristo fue ofrecido una sola vez para llevar el pecado de muchos; y aparecerá por segunda vez, sin relación con el pecado, para salvar a los que le esperan» (He. 9:28).

«Quién llevó Él mismo nuestros pecados en su cuerpo sobre el madero, para que nosotros, estando muertos a los pecados, vivamos a la justicia; y por cuya herida fuisteis sanados» (1 P. 2:24).

«Porque también Cristo padeció una vez por los pecados, el justo por los injustos, para llevarnos a Dios, siendo a la verdad muertos en la carne, pero vivificados en espíritu» (1 P. 3:18).

«Y sabéis que Él apareció para quitar nuestros pecados, y no hay pecado en Él» (1 Jn. 3:5).

«En esto hemos conocido el amor, en que Él puso su vida por nosotros; también nosotros debemos poner nuestras vidas por los hermanos» (1 Jn. 3:16).

ESTUDIO A FONDO 2

(5:12) ***Pecado—muerte:*** la muerte física, espiritual y eterna es lo que está involucrado en esto. El pecado es universal, así que la muerte es universal en alcance. (*Véase* Estudio a fondo 1—He. 9:27.)

[2] (5:15-18) ***Obra de Jesucristo—pecado—muerte:*** Cristo contrarresta —revierte— el pecado y la muerte. Jesucristo contrarrestó e revirtió lo que Adán había hecho. Hizo posible que el hombre viviera con justicia y venciera la muerte. Note el contraste descriptivo entre lo que Adán hizo y lo que Dios hizo por medio de Cristo.

1. El pecado de Adán trajo la muerte; el don de Dios trajo la justicia. El don es la justicia (cp. v. 17). El don de Dios de la justicia difiere completamente del pecado de Adán. Adán pecó e introdujo el pecado y la muerte para «muchos» (la raza humana). Pero Adán fue solamente un hombre y Dios es mucho mayor que un solo hombre, aun cuando ese hombre haya influido sobre toda la raza humana. Dios pudo hacer *bien «mucho más»*, que el mal que Adán pudo hacer. En efecto, Dios *ha hecho* «mucho más». Contrarrestó y revirtió todo el mal que Adán hizo.

a. Dios ha derramado la gracia de Dios. Su glorioso favor, cuidado y amor, sobre el hombre. (*Véase* Estudio a fondo 1, ***Gracia***—Tit. 2:11-15).

«Pero Dios, que es rico en misericordia, por su gran amor con que nos amó, aun estando nosotros muertos en nuestros en pecados, nos dio vida juntamente con Cristo (por gracia sois salvos), y juntamente con él nos resucitó, y asimismo nos hizo sentar en los lugares celestiales con Cristo Jesús, para mostrar en los siglos venideros las abundantes riquezas de su gracia en su bondad para con nosotros en Cristo Jesús. Porque por gracia sois salvos por medio de la fe; y esto no de vosotros, pues es don de Dios; no por obras, para que nadie se glorie» (Ef. 2:4-9).

«Para que justificados por su gracia, viniésemos a ser herederos conforme a la esperanza de la vida eterna» (Tit. 3:7).

b. Dios ha puesto el don de Dios (la justicia) al alcance del hombre. (*Véase* nota, ***Justicia***—Ro. 1:17.)

«Sino también con respecto a nosotros a quienes ha de ser contada, esto es, a los que creemos en el que levantó de los muertos a Jesús, Señor nuestro, el cual fue entregado por nuestras transgresiones, y resucitado para nuestra justificación» (Ro. 4:24-25).

«Al que no conoció pecado, por nosotros lo hizo pecado, para que nosotros fuésemos hecho justicia de Dios en Él» (2 Co. 5:21).

El don y la gracia de Dios «abundaron» y sobreabundaron en favor de muchos. Pero note: todo viene a través de un Hombre: Cristo Jesús, el mismísimo Hijo de Dios.

«Pero cuando se manifestó la bondad de Dios nuestro Salvador, y su amor para con los hombres, nos salvó no por obras de justicia que nosotros hubiéramos hecho, sino por su misericordia, por el lavamiento de la regeneración y por la renovación en el Espíritu Santo, el cual derramó en nosotros abundantemente por Jesucristo nuestro Salvador» (Tit. 3:4-6).

2. El pecado de Adán trajo condenación; el don de Dios trajo justificación. El don de Dios difiere completamente de lo que Adán hizo. Adán condenó la raza humana, pero el don de Dios justifica la raza humana. Y note cuán gloriosa es la justificación: cuando Adán pecó, su pecado fue juzgado y trajo condenación a todos los hombres; pero lo que Dios hizo es tan glorioso que sobrepasa todo lo que la mente humana pudiera concebir.

- El don de Dios no solamente resuelve la transgresión y condenación de Adán, sino las «*muchas*» transgresiones. El don de Dios de la justicia nos justifica de *todas nuestras transgresiones*, no solamente de la transgresión de Adán. Dios nos justifica de toda la corrupción que hemos heredado de nuestros padres y de toda la corrupción de la naturaleza humana—de todos los pecados que hemos cometido con nuestras propias manos.

El hombre que verdaderamente confía en Cristo es justificado de todas las cosas, de todo el pecado, la corrupción y la condenación...

- heredada de nuestros padres (Adán).
- cometidos y provocados por nuestra conducta pecaminosa.

«Y que de todo aquello de que por la ley de Moisés no pudisteis ser justificados, en Él es justificado todo aquel que cree» (Hch. 13:39).

«Justificados, pues, por la fe, tenemos paz para con Dios por medio de nuestro Señor Jesucristo» (Ro. 5:1).

«Así Abraham creyó a Dios y le fue contado por justicia» (Gá. 3:6).

3. El pecado de Adán introdujo el reinado de la muerte; el don de Dios trajo el reinado de la vida. Adán pecó y trajo el reinado de la muerte sobre todos los hombres. Pero Adán era solamente un hombre, nada más que un hombre. No importa qué haya hecho, Dios pudo contrarrestarlo y hacer más, porque es mucho mayor. Él es poderoso para hacer cualquier cosa.

Dios ha hecho más, mucho más. Los que «reciben» la gracia de Dios y el don de la justicia de Dios «reinarán en vida». La expresión «reinar en vida» significa morar y gobernar en la vida eterna. Pero note, la fuente de la justicia es Jesucristo (*véase*Estudio a fondo 2, ***Justificación***—Ro. 4:22; 5:1).

Pensamiento. Note dos verdades gloriosas.

1) Los creyentes «reinan en vida» mientras están en esta tierra. Reciben la abundacia de la gracia de Dios.

a) Está el don de la vida abundante.

«El ladrón no viene sino para hurtar matar y destruir; yo he venido para que tengan vida, y para que la tengan en abundancia» (Jn. 10:10).

b) Tienen lo suficiente en todas las cosas.

«Y poderoso es Dios para hacer que abunde en vosotros toda gracia, a fin de que, teniendo siempre en todas las cosas todo lo suficente, abundéis para toda buena obra» (2 Co. 9:8).

c) Hay gran poder.

«Y a Aquel que es poderoso para hacer todas las cosas muchas más abundantemente de lo que pedimos o entendemos, según el poder que actúa en nosotros» (Ef. 3:20).

d) Está la provisión para todas las necesidades.

«Mi Dios, pues, suplirá todo lo que os falta conforme a sus riquezas en gloria en Cristo Jesús» (Fil4:19).

e) Hay amplia y generosa entrada al cielo.

«Porque de esta manera será otorgada amplia y generosa entrada en el reino eterno de nuestro Señor y Salvador Jesucristo» (2 P. 1:11).

f) Hay abundante satisfacción.

«Serán completamente saciados de la grosura de tu casa, y tú los abrevarás del torrente de tus delicias» (Sal. 36:8).

2) Los creyentes «reinarán en vida» por toda la eternidad.

«Porque de tal manera amó Dios al mundo, que ha dado a su Hijo unigénito, para que todo aquel que en Él cree, no se pierda, mas tenga vida eterna» (Jn. 3:16).

«De cierto, de cierto os digo: Él que oye mi palabra, y cree al que me envió, tiene vida eterna; y no vendrá a condenación, mas a pasado de muerte a vida» (Jn. 5:24).

«El le dijo: Está bien, buen siervo; por cuanto en lo poco has sido fiel, tendrás autoridad sobre diez ciudades» (Lc. 19:17).

«Pero vosotros sois los que habéis permanecido conmigo en mis pruebas. Yo, pues, os asigno un reino, como mi Padre me lo asignó a mí» (Lc. 22:28-29).

«¿O no sabéis que los santos han de juzgar [gobernar] al mundo? Y si el mundo ha de ser juzgado por vosotros, ¿sois indignos de juzgar [gobernar] cosas muy pequeñas? ¿O no sabéis que hemos de juzgar a los ángeles? ¿Cuanto más las cosas de esta vida?» (1 Co. 6:2-3).

4. El pecado de Adán trajo condenación a todos los hombres; el don de Dios trajo justificación de vida a todos los hombres. Este es un sencillo resumen de lo que ya se ha dicho.

- «Por la transgresión de uno [Adán] vino juicio a todos los hombres para condenación.»
- «Por la justicia de Uno [Jesucristo] vino el don de la gracia a todos los hombres para justificación de vida.»

«Porque la paga del pecado es muerte, mas la *dádiva de Dios* es vida eterna en Cristo Jesús Señor nuestro» (Ro. 6:23).

«El que no escatimó ni a su propio Hijo, sino que lo entregó por todos nosotros, ¿cómo no nos dará también con Él todas las cosas?» (Ro. 8:32).

«¡Gracias a Dios por su *don inefable*!» (2 Co. 9:15).

«Por gracia sois salvos por medio de la fe; y esto no de vosotros, pues es *don de Dios*» (Ef. 2:8).

3 (5:19-21) ***Justificación—justicia—ley:*** la conclusión es uno de los pasajes más instructivos y sorprendentes de todas las Escrituras. Incluye tres puntos.

1. La desobediencia de Adán convirtió en pecadores a muchos (todos los hombres, vv. 12, 18), pero la obediencia de Cristo hizo justos a muchos. Jesucristo llevó una vida sin pecado; nunca pecó, nunca desagradó a Dios—ni siquiera una sola vez. Era perfectamente justo, *obteniendo la Justicia Ideal*.

Puesto que su justicia es la *justicia ideal*, puede representar la justicia de todos los hombre, y esto es exactamente lo que ocurre. Cuando un hombre cree en Jesucristo, Dios toma la fe de ese hombre y la cuenta por justicia. Dios hace que la *justicia ideal* de Cristo cubra al hombre porque el hombre *cree y honra* a su Hijo Jesucristo.

A todo hombre que así honra al Hijo de Dios creyendo y confiando en Él, Dios lo honrará contando su fe como justicia. Es así de simple y profundo: «Por la obediencia de Jesucristo los muchos serán hechos justos». Pero note, una persona debe creer verdaderamente—debe tener el tipo de creencia que realmente confía en Jesucristo, que realmente entrega su vida a Cristo, que pone todo lo que es y tiene sobre Jesucristo y a Su cuidado.

«Porque convenía a aquel por cuya causa son todas las cosas, y por quien todas las cosas subsisten, que habiendo de llevar a muchos hijos a la gloria, perfeccionase por aflicciones al autor de la salvación de ellos» (He .2:10).

«Y habiendo sido perfeccionado, vino a ser autor de eterna salvación para todos los que le obedecen" (He. 5:9).

«Por lo cual puede también salvar perpetuamente a los que por Él se acercan a Dios, viviendo siempre para interceder por ellos» (He. 7:25-26).

2. La ley fue dada para señalar y magnificar el pecado, pero la gracia de Dios fue mucho mayor. Si la justicia es por Jesucristo, entonces, ¿por qué nos dio Dios la ley? ¿Cuál es el propósito de la ley? Muy simple. «La ley entró [en el mundo] para que sobreabundase el pecado.» La ley fue dada...

- para señalar y magnificar el pecado.
- hacer que los hombres estuviesen más conscientes del pecado.
- dar a los hombres un mayor conocimiento del pecado.
- hacer sentir más convicción de pecado.
- acentuar más y más el hecho y la conciencia de pecado.
- hacer a los hombres más responsables por sus pecados.

«Ya que por las obras de la ley ningún ser humano será justificado delante de Él; porque por medio de la ley es el conocimiento del pecado» (Ro. 3:20).

«Entonces, ¿para qué sirve la ley? Fue añadida a causa de las transgresiones, hasta que viniese la simiente a quien fue hecha la promesa; y fue ordenada por medio de ángeles en manos de un mediador» (Gá. 3:19).

«De manera que la ley ha sido nuestro ayo para llevarnos a Cristo, a fin de que fuésemos justificados por la fe» (Gá. 3:24).

Pero note la gloriosa verdad acerca de la gracia de Dios: donde abundó el pecado sobreabundó la gracia de Dios más y más. La gracia de Dios es mucho más efectiva y poderosa que cualquier pecado o conjunto de pecados, no importa cuánto hayan sido magnificados. La gracia de Dios puede perdonar a todo hombre, no importa cuán grande pecador sea.

«En quien tenemos redención por su sangre, el perdón de los pecados según las riquezas de su gracia» (Ef. 1:7).

«Para mostrar en los siglos venideros las abundantes riquezas de su gracia en su bondad para con nosotros en Cristo Jesús» (Ef. 2:7).

«Pero la gracia de nuestro Señor fue más abundante con la fe y el amor que es en Cristo Jesús. Palabra fiel y digna de ser recibida por todos: que Cristo Jesús vino al mundo para salvar a los pecadores, de los cuales yo soy el primero» (1 Ti. 1:14-15).

3. El pecado reinó para muerte, pero la gracia de Dios reina para vida eterna.

a. Por Adán, el pecado *reina,* triunfa, toma la autoridad y lleva a la muerte.

«Por tanto, como el pecado entró en el mundo por un hombre, y por el pecado la muerte, así la muerte pasó a todos los hombres por cuanto todos pecaron» (Ro. 5:12).

«Como la justicia conduce a la vida, así el que sigue el mal lo hace para su muerte» (Pr. 11:19).

«He aquí que todas las almas son mías; como el alma del padre, así el alma del hijo es mía; el alma que pecare, esa morira» (Ez. 18:4).

«El alma que pecare esa morirá. El hijo no llevará el pecado del padre, ni el padre llevará el pecado del hijo, la justicia del justo será sobre Él, y la impiedad del impío será sobre Él» (Ez. 18:20).

b. Por Dios, la gracia reina, triunfa, tiene la autoridad, y conduce a la vida eterna. (*Véanse* Estudio a fondo 2, ***Vida***—Jn. 1:4; Estudio a fondo 1—10:10; Estudio a fondo 2—17:2-3.)

«En él estaba la vida, y la vida era la luz de los hombres» (Jn. 1:4).

Le dijo Jesús: Yo soy la resurrección y la vida; el que cree en mí, aunque esté muerto, vivirá. Y todo aquel que vive y cree en mí, no morirá eternamente. ¿Crees esto?» (Jn. 11:25-26).

«Jesús le dijo: Yo soy el camino, y la verdad, y la vida; nadie viene al Padre si no por mí» (Jn. 14:6).

«Pero que ahora [la gracia de Dios] ha sido manifestada por la aparición de nuestro Salvador Jesucristo, el cual quitó la muerte y sacó a luz la vida y la inmortalidad por el evangelio» (2 Ti. 1:10).

«Porque la vida fue manifestada, y la hemos visto, y testificamos, y os anunciamos la vida eterna, la cual estaba con el Padre, y se nos manifestó» (1 Jn. 1:2).

«El que tiene al Hijo tiene la vida; el que no tiene al Hijo de Dios no tiene la vida» (1 Jn. 5:12).

Pero note la fuente: la vida eterna viene solamente a través de la justicia de «Jesucristo Señor nuestro».

CAPÍTULO 6

IV. SANTIDAD Y SANTIFICACIÓN: EL CAMINO PARA QUE EL CREYENTE SEA LIBERADO DEL PECADO, 6:1-23

A. El creyente no persevera en el pecado (Parte I): debe conocer su posición en Cristo, 6:1-10

1 El creyente y la cuestión del libertinaje
- a. La gracia, ¿da permiso para pecar libremente?
- b. ¡De ninguna manera!
- c. El creyente está muerto al pecado

2 Saber 1º: por posición, el creyente es bautizado, injertado en Cristo[EF1]
- a. Sepultado, identificado con Cristo en su muerte
- b. Sepultado, identificado con Cristo en su resurrección
  1) Resucitado por la gloria de Dios
  2) Propósito: Que caminemos en novedad de vida
- c. Bautizado, identificado con la más gloriosa esperanza: el creyente será resucitado como Jesús

3 Saber 2º: Por posición el viejo hombre del creyente fue crucificado con Cristo
- a. Para destruir el cuerpo del pecado
- b. Para dar al hombre poder para renunciar al pecado
- c. Un hombre muerto

4 Saber 3º: Por posición, el creyente vive con Cristo: ahora y para siempre
- a. Cristo ha vencido la muerte—de una vez para siempre
- b. Cristo ahora vive siempre para Dios[EF2]

¿Qué, pues, diremos? ¿Perseveraremos en el pecado para
que la gracia abunde?
2 En ninguna manera. Porque los que hemos muerto
al pecado, ¿cómo viviremos
aún en él?
3 ¿O no sabéis que todos los
que hemos sido bautizados en
Cristo Jesús, hemos sido bautizados en su muerte?
4 Porque somos sepultados
juntamente con él para muerte
por el bautismo, a fin de que
como Cristo resucitó de los
muertos por la gloria del
Padre, así también nosotros
andemos en vida nueva.
5 Porque si fuimos plantados juntamente con él en la
semejanza de su muerte, así
también lo seremos en la de
su resurrección;
6 sabiendo esto, que nuestro
viejo hombre fue crucificado
juntamente con él, para que
el cuerpo del pecado sea destruido, a fin de que no sirvamos más al pecado.
7 Porque el que ha muerto,
ha sido justificado del pecado.
8 Y si morimos con Cristo,
creemos que también viviremos con él;
9 sabiendo que Cristo, habiendo resucitado de los
muertos, ya no muere; la
muerte no se enseñorea más
de él.
10 Porque en cuanto murió,
al pecado murió una vez por
todas; mas en cuanto vive,
para Dios vive

IV. SANTIDAD Y SANTIFICACIÓN: EL CAMINO PARA QUE EL CREYENTE SEA LIBERADO DEL PECADO, 6:1-23

A. El creyente no persevera en el pecado (Parte I): debe conocer su posición en Cristo, 6:1-10

(6:1-10) ***Introducción—santidad:*** el creyente justificado (a quien la fe ha sido contada por justicia, Ro. 3:21—5:21) debe permitir que su justicia obre la santidad (Ro. 6:19). El creyente debe vivir una vida santa y llegar a ser un siervo de la justicia. Una persona genuinamente salvada no puede abusar de la misericordia de Dios. No puede andar en el pecado; no puede convertir el pecar en un hábito. Hacerlo así sería pisotear la misericordia de Dios y burlarse de la gracia de Dios. Equivale a decir que la gracia de Dios da a una persona licencia para pecar, y esto es una contradicción de términos—tan contradictorio como decir que el que está muerto está vivo. (*Véanse* notas—Ro. 6:14-15; Gá. 5:13.)

El camino para que el hombre rompa el hábito de pecar es que conozca la posición gloriosa que podemos tener en Cristo. Una cosa es cierta: cada creyente debiera conocer definitivamente la posición que tiene en Cristo. Eso revolucionará su vida.

Ahora consideremos el punto central del pasaje. El creyente debe conocer su verdadera posición en Cristo. El conocimiento de su posición le ayudará a guardarse del pecado. Note la palabra «*saber*» que se usa tres veces (Ro. 6:3, 6, 9).

1. El creyente y la cuestión del libertinaje (vv. 1-2).
2. Saber 1º: Por posición, el creyente ha sido bautizado, injertado en Cristo (vv. 3-5).
3. Saber 2º: Por posición, el viejo hombre del creyente fue crucificado con Cristo (vv. 6-7).
4. Saber 3º: Por posición, el creyente vive con Cristo—desde ahora y para siempre (vv. 8-10).

1 (6:1-2) ***Libertinaje—gracia vs. ley—pecado:*** el creyente y la cuestión del libertinaje. Note tres puntos.

1. La gracia de Dios, ¿da a una persona libertad para pecar? ¿Puede una persona seguir su camino, hacer lo que se le antoja y esperar que Dios lo perdone? La gracia es el favor inmerecido de Dios. Significa que Dios acepta libremente a una persona y le perdona sus pecados; que Él justifica gratuitamente a una persona por la fe. (*Véanse* Estudios a fondo 1, 2—Ro. 4:22;5:1 para ampliar la discusión.) Hay dos cosas que preocupan a mucha gente respecto de la enseñanza de la salvación por gracia y solamente por la gracia.
   a. La gracia parece dar libre curso al pecado, y parece no poner restricción alguna al pecado. Con frecuencia estos son los pensamientos del hombre común, aun de los creyentes. Existe el sentimiento de que si somos perdonados por la gracia y no por la ley y haciendo el bien, entonces no importa mucho el pecado. No tenemos que preocuparnos demasiado por la ley de Dios y la justicia, sólo si hacemos una buena cantidad de cosas buenas. Podemos hacer lo que queramos, porque Dios nos va a perdonar de todos modos, Dios es misericordioso, amante y bueno, por lo tanto Él va a perdonar nuestros pecados sin importar lo que hagamos. Cristo murió por nuestros pecados. Todo lo que tenemos que hacer es pedirle y Él nos perdonará.
   b. La gracia parece estimular el pecado. Pablo acaba de decir que la gracia es más fuerte que el pecado (Ro. 5:15-21, esp. 20-21). La gracia de Dios es tan fuerte que puede perdonar cualquier pecado, no importa cuán

terrible sea. En efecto, mientras más grande el pecado, mayor es la gracia de Dios. Cuando *un gran pecador* es perdonado, la gracia de Dios es magnificada mucho más que cuando se arrepiente y es perdonada una persona moralmente buena. Como se ha dicho, mientras más grande el pecado o el pecador, más es magnificada y glorificada la gracia de Dios.

Ahora, note: algunos teólogos y filósofos, en particular los que enfatizan la ley, llevan este argumento aun más lejos en su posición contra la gracia. No cabe dudas que los legalistas que perseguían y combatían a Pablo, hicieron repetidas veces esta pregunta a Pablo, sin entender la maravillosa gracia de Dios. Argumentaban que si el perdón es por la gracia, ¿no resulta que el pecado es una buena cosa? No debiéramos seguir en pecado para que Dios tenga más oportunidad de mostrar su gracia y ser mayormente magnificado y glorificado?

2. La respuesta de Pablo es de una justa indignación: «¡De ninguna manera!» ¡Afuera con ese pensamiento! Lejos esté de nosotros que pensemos tal cosa, especialmente como creyentes.

3. La *posición del creyente* en Cristo muestra la completa imposibilidad de que un creyente verdadero *continúe en el pecado*. La palabra «continúe» significa practicar o ceder habitualmente al pecado. Un verdadero creyente ya no practica el pecado y no cede al pecado. No puede vivir *sin pecado*, no completamente, pero ya no vive *en pecado*. El verdadero creyente está muerto al pecado, y un hombre muerto no puede hacer nada: no puede pensar, hablar ni moverse. ¿Cómo podría un hombre muerto seguir viviendo en el pecado? ¡Es completamente imposible! ¡Es completamente contrario a la naturaleza! *Posicionalmente*, el verdadero creyente ha muerto al yo y ha sido *plantado* en Cristo a fin de que viva para Él. Ahora posee *naturaleza divina*, la naturaleza de Dios mismo (2 P. 1:4). Ha sido *plantado* y *puesto* en Cristo, lo cual significa que está muerto al yo y vive para Dios. ¿Cómo puede atreverse a pensar que puede ir adelante y seguir pecando porque Dios lo perdonará de todos modos?

Note otro hecho: cuando un hombre se vuelve *a* Dios, *se aparta del* pecado. Es una contradicción decir que cuando un hombre se vuelve a Dios se vuelve a pecar más y más. La gracia de Dios no acerca al hombre a Dios para que sea *libre de pecar* más; la gracia de Dios acerca al hombre a Dios para que sea *libre del pecado*, de su culpa y del juicio. La gracia de Dios no da licencia para pecar. Sería como si un muerto pudiera andar por ahí y pecara. *(Véase* nota, ***Libertinaje***—Ro. 6:14-15 para ampliar la discusión.)

2 (6:3-5) ***Muerte de Jesucristo—el creyente—posición en Cristo:*** primero, el creyente ha sido *sumergido o plantado en Jesucristo*. Esta es la primera cosa que el creyente debiera saber acerca de su posición en Cristo. Esta es una de las verdades más gloriosas de todas las Escrituras. Sin embargo, ha habido tanta controversia sobre lo que se quiere decir aquí por bautismo, que el glorioso sentido que tiene con frecuencia ha sido pasado por alto. El significado de «bautismo» se discute en otra nota. En esta nota nos concentramos en la gloriosa verdad de estos versículos. Los cristianos en todo lugar están de acuerdo en que el bautismo es un cuadro de la muerte, sepultura y resurrección de Jesucristo. Cuando un creyente verdadero es sumergido, está proclamando al mundo que se ha identificado con Cristo:

- al ser puesto bajo el agua, está proclamando que ha muerto y ha sido sepultado con Cristo.
- al salir del agua, está proclamando que ha sido resucitado de entre los muertos con Cristo para vivir una nueva vida.

Ahora note tres puntos gloriosos.

1. El creyente es sumergido, puesto dentro, o identificado con Cristo *en* su muerte. Esta es la posición del creyente en Cristo. En términos muy sencillos, si el creyente realmente murió cuando Cristo murió, entonces está muerto al pecado y está libre del pecado, su culpa y su castigo. ¡Qué glorioso don de Dios! ¡Qué gloriosa posición recibe de la maravillosa gracia de Dios!

Lo que ocurre es esto. Cuando una persona realmente cree en Cristo, entonce Dios toma la fe de esa persona y la cuenta como la muerte de Cristo. Esto es, Dios cuenta a la persona como habiendo muerto en Cristo. Dios toma la fe de esa persona (y el bautismo, como se declara en este pasaje) y cuenta a esa persona como *participante en la muerte de Cristo*. Dios cuenta y considera a la persona como...

- que ha muerto en la muerte de Cristo.
- que ha sido puesta en la muerte de Cristo.
- identificada con la muerte de Cristo.
- participante de la muerte de Cristo.
- unida con Cristo en su muerte.

Cuando una persona verdaderamente honra al Hijo de Dios confiando en Él, Dios honra a esa persona y lo pone espiritualmente en la muerte de Cristo. ¿Qué es lo que hace que Dios haga tanto por el creyente? Simplemente, su amor por su Hijo. Dios ama tanto a su Hijo que hará cualquier cosa en favor de la persona que honra a su Hijo creyendo y confiando en Él.

Ahora, note el centro de todo esto: si el creyente es *contado* por Dios como inmerso en la muerte de Cristo, entonces el creyente...

- ha muerto al pecado.
- es libre del pecado.
- ha muerto a la pena del pecado.
- está libre de la pena del pecado.
- ha muerto al juicio del pecado.
- está libre del juicio del pecado.

Esto significa que la soberanía de las costumbres y deseos ya no tienen control sobre nosotros. El pecado *deja* de tener lugar o posición en nuestras vidas Somos libres del pecado, pecado de...

- las costumbres del pecado.
- la esclavitud del pecado.
- el control del pecado.
- la soberanía del pecado.
- el cautiverio del pecado.
- la culpa del pecado.

Esto significa que ya no vivimos «en» el pecado, en la *posición y lugar del pecado*. No podemos vivir sin pecado, no en forma perfecta, pero estamos *libres* de vivir «en» el pecado. Ya no practicamos ni deseamos el pecado. Deseamos y practicamos la justicia, buscando agradar a Dios en todo lo que hacemos. Y tan glorioso como es esto, significa que estamos libres de la condenación del pecado, el terrible castigo que será infligido el terrible día del juicio.

Esta es la posición del creyente en Cristo. Está sumergido, sepultado, puesto en, identificado con Cristo en su muerte. Habiendo muerto, el creyente nunca tiene que estar bajo el dominio y el reino del pecado y su juicio. El comparte de la muerte de Cristo, unido a Cristo en su muerte; por eso, está muerto al pecado y todos sus efectos.

Sin embargo, note un punto crucial. Un creyente verdadero es una persona que *cree verdaderamente*. Significa sencillamente que se arrepiente, confiesa, obedece y es bautizado. Es esta persona a la que Dios cuenta como habiendo muerto en Cristo. Esta es la gloriosa posición del verdadero creyente.

> **«¿O no sabéis que todos los que hemos sido bautizados en Cristo Jesús, hemos sido bautizados en su muerte» (Ro. 6:3).**
>
> **«Sabiendo esto, que nuestro viejo hombre fue crucificado juntamente con Él, para que el cuerpo del pecado sea destruido, a fin de que ya no sirvamos al pecado» (Ro. 6:6).**
>
> **«Porque por un solo Espíritu fuimos todos bautizados en un cuerpo, sean judíos o griegos, sean esclavos o libres; y a todos nos dio a beber de un mismo Espíritu» (1 Co. 12:13).**

«Porque nosotros que vivimos, siempre estamos entregados a muerte por causa de Jesús, para que también la vida de Jesús se manifieste en nuestra carne mortal» (2 Co. 4:11).

«Con Cristo estoy juntamente crucificado, y ya no vivo yo, mas vive Cristo en mí; y lo que ahora vivo en la carne, lo vivo en la fe del Hijo de Dios, el cual me amó y se entregó a sí mismo por mí» (Gá. 2:20).

«Porque todos los que habéis sido bautizados en Cristo, de Cristo estáis revestidos» (Gá. 3:27).

2. El creyente es sumergido, puesto dentro, o identificado con Cristo en su resurrección. El mismo cuadro del bautismo es usado nuevamente para hacer que llegue al corazón esta gloriosa verdad. Dios cuenta al creyente bautizado como resucitado en Cristo. Dios toma la fe del creyente (y su bautismo, como se afirma en este pasaje) y cuenta a la persona como participante en la resurrección de Cristo. Cuenta y considera a la persona...

- resucitada en la resurrección de Cristo.
- plantada en la resurrección de Cristo.
- identificada con la resurrección de Cristo.
- como participante de la resurrección de Cristo.
- en unión con la resurrección de Cristo.
- unida con Cristo en su resurrección.

Note dos puntos significativos.

a. Cristo fue resucitado de entre los muertos por la gloria del Padre. Esto nos dice cómo ocurrió nuestra gloriosa posición en Cristo. Ocurrió por la gloria y el poder de Dios. La «gloria» (*doxa*) de Dios son todas las excelencias de Dios; todo lo que Él es en su autoridad y poder, amor y gracia, compasión y misericordia. Son todos sus atributos: su omnipotencia (todo poder), omnisciencia (todo conocimiento), omnipresencia (estar en todo lugar), y soberanía. En este pasaje en particular se refiere primariamente a su glorioso poder. Fue la gloria de su poder lo que resucitó a Jesús de entre los muertos, y es por la gloria de su poder que nos *pone y da una posición* en Cristo.

«Y Dios, que levantó al Señor, también a nosotros nos levantará con *su poder*» (1 Co. 6:14).

«Porque aunque fue crucificado en debilidad, vive por *el poder de Dios*» (2 Co. 13:4).

b. El propósito de resucitarnos con Cristo es dinámico y significativo. Involucra el caminar en una nueva vida. La palabra «caminar» (*peripateo*) significa caminar, andar paso a paso, controlar y ordenar nuestra conducta, andar constante y habitualmente en «novedad de vida».

Piense al respecto por un momento. Cuando Cristo murió, puso de lado su vieja vida y la dejó detrás. Por lo tanto, cuando resucitó, tomo una vida completamente nueva, una vida cambiada, una vida resucitada. Es au nueva vida, au vida cambiada y resucitada la que nos es dada. En la Biblia, la palabra «nueva» con frecuencia lleva la idea de pureza, justicia, santidad, piedad. El creyente...

- recibe un «nuevo nacimiento» (1 P. 1:23; 2:2).
- recibe un «nuevo corazón» (Ez. 11:19; 18:31).
- llega a ser una «nueva criatura» (2 Co. 5:17; Gá. 6:15).
- llega a ser un «nuevo hombre» (Ef. 4:24; Co. 3:10).

El propósito de Dios al *ponernos* en la vida resucitada de Jesucristo es que podamos andar en Cristo, andar prudente, justa y piadosamente en este mundo. El verdadero creyente se despoja del viejo hombre de pecado y se viste del nuevo hombre en justicia y piedad. Vive una vida pura, limpia y santa.

«Sepultados con Él en el bautismo, en el cual fuisteis también resucitados con Él, mediante la fe en el poder de Dios que le levantó de los muertos» (Col. 2:12).

«[Que sepáis cuál es] la supereminente grandeza de su poder para con nosotros los que creemos, según la operación del poder de su fuerza, la cual operó en Cristo, resucitándole de los muertos y sentándole a su diestra en los lugares celestiales» (Ef. 1:19-20).

«Digo, pues: Andad en el Espíritu, y no satisfagáis los deseos de la carne» (Gá. 5:16).

«Yo pues, preso en el Señor, os ruego que andéis como es digno de la vocación con que fuisteis llamados» (Ef. 4:1).

«Por tanto, de la manera que habéis recibido al Señor Jesucristo, andad en Él» (Col. 2:6).

3. El creyente es sumergido, puesto en, o identificado con la más gloriosa esperanza: que será plantado (sumergido) en la semejanza misma de la resurrección de Jesús. Esto sencillamente significa que...

- como Jesús fue resucitado a *una nueva vida*, así también el creyente lo será.

  «Aun estando nosotros muertos muertos en pecados [Dios] nos dio vida juntamente con Cristo (por gracia sois salvos), y juntamente con Él nos resucitó, y asimismo nos hizo sentar en los lugares celestiales con Cristo Jesús» (Ef. 2:5-6).

  «Si, pues, habéis resucitado con Cristo, buscad las cosas de arriba, donde está Cristo sentado a la diestra de Dios» (Col. 3:1).

- como Jesús fue resucitado para *vivir con Dios*, así también el creyente lo será.

  «En la casa de mi Padre muchas moradas hay; si así no fuera, yo os lo hubiera dicho; voy, pues, a preparar lugar para vosotros, y si me fuere y os preparare lugar, vendré otra vez, y os tomaré a mí mismo, para que donde yo estoy, vosotros también estéis» (Jn. 14:2-3).

  «Porque el Señor mismo con voz de arcángel, y con trompeta de Dios, descenderá del cielo; y los muertos en Cristo resucitarán primero. Luego nosotros los que vivimos, los que hayamos quedado, seremos arrebatados juntamente con ellos en las nubes para recibir al Señor en el aire, y así estaremos siempre con el Señor» (1 Ts. 4:16-17).

  «Palabra fiel es esta: Si somos muertos con Él, también viviremos con Él» (2 Ti. 2:11).

(*Véase* Estudio a fondo 1, ***El creyente, posición en Cristo***—Ro. 8:1 para ampliar la discusión).

ESTUDIO A FONDO 1

(6:3-5) ***Bautismo:*** esta nota se pone como la última nota bajo el versículo 10, Estudio a fondo 2, debido a su extensión, y porque es una nota especializada que trata con el significado de «bautismo» según se usa en este pasaje. Se sugiere que esa nota sea estudiada al final debido a su extensión, pensando que el lector puede recibir más ayuda si sigue adelante y estudia las notas sobre los puntos mayores del bosquejo para que no pierda la continuidad del pensamiento.

3 (6:6-7) ***Viejo hombre—cuerpo de pecado—el creyente, crucificado con Cristo:*** segundo, el viejo hombre del creyente fue crucificado con Cristo. Esta es la segunda cosa que el creyente debe saber acerca de su posición en Cristo. El griego definitivamente usa el pretérito: «Nuestro viejo hombre *fue* crucificado con Cristo». Fue un *acto definitivo realizado* por Cristo mismo. Llevó nuestro «viejo hombre» a la cruz consigo cuando Él murió. El «viejo hombre» significa...

- nuestro viejo yo.
- nuestra naturaleza corrupta.
- nuestra vida vieja.

- nuestra naturaleza depravada.
- nuestro yo pecaminoso.
- nuestra naturaleza no regenerada.
- nuesta vida pecaminosa.
- nuesta naturaleza pecaminosa.

Nuestro «viejo hombre» significa nuestra vieja vida sin Dios, la antigua vida pecaminosa que es sumergida o identificada con Cristo en su muerte. Nótense tres puntos.

1. El viejo hombre fue crucificado de modo que «el cuerpo de pecado» pueda ser destruido. El «cuerpo de pecado» no es plural (pecados) sino singular (pecado). El pecado es visto como un *cuerpo, todo un paquete*. El cuerpo humano es visto como el *asiento* del pecado y como el *instrumento* del pecado. Es visto como que contiene, incorpora y envuelve todo el pecado dentro de sí. La idea es que todo pecado dentro de un creyente es destruido, vencido, perdonado y crucificado con Cristo. El creyente es liberado del pecado, comienza de nuevo, y *queda* limpio y libre del pecado, caminando en una confesión constante y en comunión delante de Dios. (1 Jn. 1:9).

> **«Y decía a todos: Si alguno quiere venir en pos de mí, niéguese a sí mismo, tome su *cruz* cada día, y sígame» (Lc. 9:23).**
>
> **«Sabiendo esto, que nuestro viejo hombre fue crucificado juntamente con Él, para que el cuerpo del pecado sea destruido, a fin de que no sirvamos más al pecado» (Ro. 6:6).**
>
> **«Como está escrito: Por causa de ti somos muertos todo el tiempo; somos contados como ovejas de matadero» (Ro. 8:36).**
>
> **"Porque nosotros que vivimos, siempre estamos entregados a muerte por causa de Jesús, para que también la vida de Jesús se manifieste en nuestros cuerpos" (2 Cor.4:11).**
>
> **«Con Cristo estoy juntamente crucificado, y ya no vivo yo, mas vive Cristo en mí; y lo que ahora vivo en la carne, lo vivo en la fe del Hijo de Dios, el cual me amó y se entregó a sí mismo por mí» (Gá. 2:20).**
>
> **«Palabra fiel es esta: Si somos muertos con Él, también viviremos con Él» (2 Ti. 2:11).**

2. El viejo hombre fue crucificado a fin de *capacitar* y *dar poder* al creyente para renunciar al pecado. El creyente no debe servir al pecado; tiene que renunciar al pecado, sabiendo que ha sido crucificado y puesto a muerte en Cristo. Por el poder de la cruz, el pecado no debe ser servido; hay que...

- renunciarlo.
- rechazarlo.
- repudiarlo.
- rehusarlo.
- decirle que no.
- vencerlo.

> **«Sabiendo esto, que nuestro viejo hombre fue crucificado juntamente con Él, para que el cuerpo del pecado sea destruido, a fin de que no sirvamos más al pecado» (Ro. 6:6).**
>
> **«Así también vosotros consideraos muertos al pecado, pero vivos para Dios en Cristo Jesús, Señor nuestro» (Ro. 6:11).**
>
> **«Pero los que son de Cristo han crucificado la carne con sus pasiones y deseos» (Gá. 5:24).**
>
> **«Porque habéis muerto, y vuestra vida está escondida con Cristo en Dios.... Haced morir, pues, lo terrenal en vosotros: fornicación, impureza, pasiones desordenadas, malos deseos y avaricia que es idolatría» (Col. 3:3, 5).**
>
> **«Quien llevó Él mismo nuestros pecados en su cuerpo sobre el madero, para que nosotros, estando muertos a los pecados, *vivamos a la justicia;* y por cuya herida fuisteis sanados» (1 P. 2:24).**
>
> **«Puesto que Cristo ha padecido por nosotros en la carne, vosotros también armaos del mismo pensamiento; pues quien ha padecido en la carne, terminó con el pecado, para no vivir el tiempo que resta en la carne, conforme a las concupiscencias de los hombres, sino conforme a la voluntad de Dios» (1 P. 4:1-2).**

3. La más clara de todas las ilustraciones es dada para mostrar la posición del creyente en Cristo. No ha de servir al pecado porque está muerto; ha sido crucificado con Cristo. Y el hombre muerto ha sido liberado del pecado. Cuando creemos que Jesús murió por nuestros pecados, nuestra creencia es contada como justicia; nuestra creencia nos hace aceptables ante Dios de una vez por todas. Y hace algo más que es tan maravilloso: nos da un acceso constante a la presencia de Dios mientras caminamos día en día. Esto significa que a medida que recogemos las inmundicias de este mundo y fracasamos aquí y allí, podemos venir constantemente ante Dios y pedirle perdón; y cuando pedimos, El perdona. Esta es la forma en que somos liberados del pecado: andando constantemente en confesión abierta ante Dios, orando todo el día por su perdón. Y como Él promete, siempre nos perdona (1 Jn. 1:9). ¿Por qué hace Él una cosa tan gloriosa como liberarnos del pecado eternamente?

- Porque honramos a su Hijo confiando en que la muerte de Cristo nos libera del pecado.
- Porque Él ama a su Hijo y honrará a cualquier hombre que de ese modo confíe en su Hijo. Honrará a dicho hombre haciendo exactamente lo que ese hombre cree. Si un hombre honra a Cristo *creyendo* que está libre del pecado por la muerte de Cristo, entonces Dios considera a ese hombre liberado del pecado.

> **«En quien tenemos redención por su sangre, el perdón de pecados según las riquezas de su gracia» (Ef. 1:7).**
>
> **«Si confesamos nuestros pecados, Él es fiel y justo para perdonar nuestros pecados, y limpiarnos de toda maldad» (1 Jn. 1:9).**
>
> **«Hijitos míos, estas cosas os escribo para que no pequéis; y si alguno hubiere pecado, abogado tenemos para con el Padre, a Jesucristo el justo. Y Él es la propiciación por nuestros pecados; y no sólo por los nuestros, sino también por los de todo el mundo» (1 Jn. 2:1-2).**
>
> **«Por tanto, de la manera que habéis recibido al Señor Jesucristo, andad en Él» (Col. 2:6).**
>
> **«Porque en el evangelio la justicia de Dios se revela por fe y para fe, como está escrito: mas el justo vivirá por la fe» (Ro. 1:17).**

Esta es la gloriosa posición del creyente en Cristo: su viejo hombre «fue crucificado» con Cristo con el fin de librarlo del pecado. Note una verdad altamente gloriosa y sorprendente: todo es a través de la *muerte de Cristo*. Nuestra salvación es *a través de la muerte del querido Hijo de Dios*.

[4] (6:8-10) ***El creyente, posición en Cristo—esperanza—Jesucristo, resurrección:*** tercero, el creyente *vivirá con Cristo ahora y para siempre*. Esta es la tercera cosa que el creyente debe saber acerca de su posición en Cristo. Sabemos y poseemos una absoluta seguridad y confianza de que «viviremos con Cristo». La idea es que viviremos eternamente con Él. ¿Qué es lo que nos da tal creencia y esa seguridad absoluta?

1. Cristo ha vencido la muerte—de una vez para siempre. Piense en ello. Cristo ya ha muerto. Ahora tenemos que *saber*...

- «que Cristo habiendo resucitado de entre los muertos ya no muere».
- «que la muerte ya no tiene dominio sobre Él».
- que Él está liberado de la muerte.

> **«Ahora ha sido manifestada [el propósito y la gracia de Dios] por la aparición de nuestro Salvador Jesucristo, el cual quitó la muerte y sacó a luz la vida y la inmortalidad por el evangelio» (2 Ti. 1:10).**
>
> **«Así que, por cuanto los hijos participaron de carne y sangre, él también participó de lo mismo, para destruir por medio de la muerte al que tenía el imperio de la muerte, esto es, al diablo, y librar a todos los que por el temor de la muerte estaban toda la vida sujetos a servidumbre» (He. 2:14-15).**

«Porque Cristo también padeció *una sola vez* por los pecados, el justo por los injustos, para llevarnos a Dios, siendo a la verdad muerto en la carne, pero vivificado en espíritu» (1 P. 3:18).

2. Cristo ahora vive por siempre para Dios. Debemos saber...
   - que Cristo murió al pecado una sola vez.
   - que Cristo ahora vive en la presencia de Dios para siempre.
   - que Cristo vive para Dios; esto es, vive en una devoción y servicio inquebrantable a Dios.

El creyente debe vivir para Dios a través de toda la eternidad, comenzando ya ahora, desde el momento mismo de la conversión. La muerte ya no tiene más dominio sobe él. Se ha sumergido o ha sido puesto dentro de la vida resucitada de Cristo. Es una persona eterna *ahora*; por lo tanto, tiene que vivir para Dios a partir de ahora mismo, como vivirá para Dios a través de toda la eternidad.

«Salí del Padre, y he venido al mundo; otra vez dejo el mundo, y voy al Padre» (Jn. 16:28).

«Y ya no estoy en el mundo; mas éstos están en el mundo, y yo voy a ti. Padre santo, a los que me has dado, guárdalos en tu nombre, para que sean uno, así como nosotros» (Jn. 17:11).

«Y el Señor, después que les habló, fue recibido arriba en el cielo, y se sentó a la diestra de Dios» (Mr. 16:19).

«Desde ahora el Hijo del Hombre se sentará a la diestra de Dios» (Lc. 22:69).

«La cual operó en Cristo, resucitándole de los muertos y sentándole a su diestra en los lugares celestiales» (Ef. 1:20).

«Y estando en la condición de hombre, se humilló a sí mismo, haciéndose obediente hasta la muerte, y muerte de cruz. Por lo cual Dios también le exaltó hasta lo sumo, y le dio un nombre que es sobre todo nombre» (Fil. 2:8-9).

«Pero Cristo, habiendo ofrecido una vez para siempre un solo sacrificio por los pecados, se ha sentado a la diestra de Dios» (He. 10:12).

Pensamiento. Esto significa, por cierto, que nosotros también estaremos viviendo continuamente en una devoción y servicio ininterrumpido a Dios—para siempre.

«Porque de tal manera amó Dios al mundo, que ha dado a su Hijo unigénito, para que todo aquel que en Él cree, no se pierda, mas tenga vida etern» (Jn. 3:16).

«De cierto, de cierto os digo: Él que oye mi palabra y cree al que me envió, tiene vida eterna; y no vendrá a condenación, mas ha pasado de muerte a vida» (Jn. 5:24).

«Padre, aquellos que me has dado, quiero que donde yo estoy, también ellos estén conmigo, para que vean mi gloria que me has dado; porque me has amado desde antes de la fundación del mundo» (Jn. 17:24).

«Porque el amor de Cristo nos constriñe pensando esto: que si uno murió por todos, luego todos murieron; y por todos murió, para que los que viven, ya no vivan para sí, sino para aquel que murió y resucitó por ellos» (2 Co. 5:14-15).

ESTUDIO A FONDO 2

(6:3-5) ***Bautismo:*** recuerde que esta nota no está fuera de lugar. Se pone como la última nota de este bosquejo por su longitud y porque trata de un tema especializado. Los hombres han examinado y argumentado tan detalladamente y tanto acerca de cómo una persona es «salva», que en demasiados casos lo precioso, la verdad de la experiencia se ha perdido. El resultado es un público confundido. Mucha gente piensa que si han sido bautizados y hacen un giro a la derecha, entonces ya son salvos y Dios jamás los rechazará. Otros, que son altamente disciplinados y han reformado sus vidas, piensan que son tan aceptables ante Dios como cualquiera otro, porque llevan una vida moral y decente. Un público confundido, incluida gente de fuera y de dentro de la iglesia, está basando su vida eterna en una o más de las siguientes cosas. Piensan que son salvos...

- por el bautismo.
- por hacer buenas obras.
- por ser tan buenos como pueden.
- por ser miembros de una iglesia.
- por la fe.
- por el arrepentimiento.

Gran parte de la confusión ha sido provocada por hombres que *sobreenfatizan o malentienden* una de las verdades de las Escrituras. Muchos de nosotros, con demasiada frecuencia, somos culpables de utilizar mal las Escrituras; y una vez que hemos tomado una posición fuerte, no hemos querido retroceder o dar el debido equilibrio a toda la verdad, aun cuando comprendemos que hemos ido demasiado lejos. Es tiempo que entreguemos completamente nuestras vidas al Señor, dejemos de lado nuestros *partidarismos* y trabajemos exhaustivamente en la proclamación de toda la verdad a la iglesia y al mundo. Repetimos, es tiempo de proclamar la verdad, completamente centrada en las Escrituras—tiempo que ayudemos a acabar con la confusión pública, porque muchos dentro de la iglesia están engañados y están sin Cristo. Y el mundo no puede venir a Cristo con una genuina experiencia hasta que vengan de acuerdo con el *dictado de las Escrituras*.

En el pasaje que tenemos por delante, hay una controversia sobre la palabra bautismo (vv. 3-4). ¿Se refiere la palabra «bautismo» a la experiencia bautismal de la persona, o se está usando en sentido simbólico o espiritual? Quienes sostienen que el bautismo es esencial para la salvación dicen que se refiere a la experiencia bautismal; los que sostienen la salvación por la fe tienden a decir que se está hablando simbólica y espiritualmente. Y la batalla arrecia. La gran tragedia es que...

- muchos dentro y fuera de la iglesia están confundidos.
- muchos no han tenido una experiencia genuina de salvación porque nunca han escuchado el mensaje de las Escrituras.
- muchos nunca oyeron ni han entendido la verdad de la Escritura.
- muchos se han burlado del carácter divisivo y de la poca pertinencia de las posturas eclesiásticas.

Y todas las personas a las cuales no hemos dado a conocer la verdad están condenadas, y la responsabilidad de su condenación es nuestra. Ahora, note varios puntos.

1. Las Escrituras hablan fuertemente y en términos inequívocos acerca del tema de la salvación —sobre cómo nos salvamos— y a una *mente honesta e inteligente* le habla claramente.

   a. Somos salvos por la *fe*.

   «Porque por gracia sois salvos por medio de la *fe;* y esto no de vosotros, pues es don de Dios; no por obras para que nadie se gloríe» (Ef. 2:8-9; cp. Jn. 1:12; 3:16; Ro. 10:9-10).

   b. Somos salvos por *obediencia*.

   «Y habiendo sido perfeccionado, vino a ser autor de eterna salvación para todos los que le *obedecen*» (He. 5:9; cp. Mt. 7:21; Jn. 5:10; Ap. 22:14).

   c. Somos salvos por *arrepentimiento*.

   «No he venido a llamar a justos, sino a pecadores al *arrepentimiento*» (Lc. 5:32; cp. Hch. 11:18).

   d. Somos salvos por *confesión*.

«A cualquiera, pues, que me *confiese delante de los hombres, yo también le* confesaré delante de mi Padre que está en los cielos» (Mt. 10:32-33; cp. Ro. 10:9-10; 1 Jn. 4:15).

e. Somos salvos por el *bautismo*.

«Pedro les dijo: Arrepentíos, y *bautícese* cada uno de vosotros en el nombre de Jesucristo para perdón de los pecados; y recibiréis el don del Espíritu Santo» (Hch. 2:38).

Ahora, con toda honestidad, ¿qué muestra esto? ¿No es la verdadera experiencia de salvación una experiencia *integral*, una experiencia que *todo abarca*, una experiencia que afecta *toda la vida* del creyente? ¿No es la salvación una experiencia pasada, presente y futura? (*Véase* Estudio a fondo 1, ***Salvación***—1 Cor.1:18 para la discusión.)

Lo que las Escrituras declaran es que la salvación es considerada como una experiencia *integral* de una persona verdaderamente *nacida de nuevo*. Cuando las Escrituras hablan de...

- creer en Cristo, quiere decir una persona que se arrepiente, confiesa, obedece y es bautizada.
- obediencia a Cristo, quiere decir una persona que cree, se arrepiente, confiesa y es bautizado.
- arrepentimiento hacia Cristo, quiere decir una persona que cree, confiesa, obedece y es bautizada.
- bautismo en Cristo, quiere decir una persona que cree se arrepiente, confiesa y obedece.
- confesar a Cristo, se refiere a una persona que cree, se arrepiente, obedece y es bautizada.

Ahora bien, note un punto altamente crítico: el que una persona profese y haga alguna de estas cosas no significa que es salva. El que una persona...

- profese fe,
- lleve una vida moral y buena,
- sea bautizada,
- pretenda vivir de acuerdo con lo que Jesús enseñó,

...no significa que sea salvada. El poder de la salvación no está en estas cosas, en la profesión, en la bondad moral, en el bautismo ni en las enseñanzas de Jesús. El poder de salvar está *en Jesucristo mismo*, en creer que Él es el Salvador crucificado, el Hijo de Dios mismo que tiene poder para salvar.

El centro del argumento es éste: Las Escrituras hablan del verdadero creyente en diferentes formas en diversas ocasiones, cualquiera de las cuales quiere decir que es salvo. Las Escrituras dicen que el ***verdadero creyente*** es una persona que...

- cree.
- obedece.
- se arrepiente.
- confiesa.
- es bautizada.

Cada una de estas palabras es *inclusiva*, esto es, las Escrituras usan cada palabra para incluir a las demás. El presente pasaje dice que los creyentes que «han sido bautizados en Cristo Jesús han sido bautizados en su muerte». Pablo usa el significado simbólico de nuestro bautismo para describir nuestra «muerte» y «resurrección» con Cristo. No está diciendo que el bautismo sea la «sustancia» que tiene el poder de «ponernos» en Cristo. Solamente Dios tiene ese poder. Pablo está diciendo que la persona bautizada (como persona que cree, se arrepiente, obedece y confiesa) es la persona que es *puesta* en la muerte de Cristo. Nuestra experiencia bautismal es utilizada como una expresión inclusiva, no como una palabra excluyente ni en un sentido excluyente.

2. Entre los creyentes del Nuevo Testamento, la fe y el bautismo no se consideraban tanto dos experiencias como dos partes de una experiencia (F. F. Bruce, *The Epistle of Paul to the Romans*. «The Tyndale New Testament Commentaries,» p. 136). Una persona que creía genuinamente *era bautizada*, y una persona que era bautizada *tenía que ser un creyente genuino*. Ser «bautizado en Jesucristo» no significaba «ser bautizado *sin fe*» y «creer en Jesucristo» no significa creer *sin ser bautizado*. Lsa Escrituras indican definitivamente esto. Por lo tanto, *cuando las Escrituras hablan de bautismo*, quiere decir que el bautismo es para un creyente genuino: un creyente genuino es bautizado, y una persona bautizada debe ser un creyente genuino. No había tal cosa como un *creyente genuino* que no fuera bautizado a menos que fuera providencialmente prohibido, y no había tal cosas como una persona *genuinamente bautizada* que no fuese un verdadero creyente.

3. Las Escrituras definitivamente enseñan que el poder para hacer a una persona aceptable ante Dios, de poner a una persona en Cristo, no está en el agua del bautismo, sino *en Cristo*. Por ejemplo, este es el centro del argumento de Romanos hasta este punto, el todo de la enseñanza de la justificación. Si el poder de salvar estuviera en el agua, entonces qué hacer con los millares que han sido bautizados y viven como el diablo mismo, los millares que no muestran de ninguna manera que sus vidas hayan sido cambiadas?

El poder definitivamente está en Cristo; Cristo es el único que salva. Él salva a la persona que cree, no a la persona que es bautizada. Esto se hace claramente evidente al observar las *vidas ajenas a la santidad que llevan tantas personas que han **sido bautizadas***.

Sin embargo, como se mencionó en el punto uno, la persona que cree verdaderamente se arrepiente y se aparta de su vida antigua para seguir a Cristo. Hace lo que Cristo dice, y el primer mandamiento es seguirle en el bautismo. El bautismo es el primer acto, la primera prueba de que una persona cree y se arrepiente.

Hay otro modo de ver la conexión entre fe y bautismo o entre nuestra unión con Cristo y el bautismo. El poder de salvar —hacer a una persona aceptable ante Dios— no está en las aguas del bautismo, sino en Cristo; por lo tanto...

- no todos los que se bautizan son salvos. Su vida de incredulidad y carente de santidad prueban el hecho.
- Cada uno de los que es salvo será bautizado inmediatamente como un *acto de creencia y obediencia* en Cristo. La persona será bautizada, a menos que esté físicamente incapacitada.

4. El símbolo físico nunca es la verdad misma; es un cuadro de la verdad. Ninguna sustancia física tiene el poder de producir algo espiritual. Todo el mundo físico y todo lo que en él hay se acaba, incluida el agua. Las sustancias pueden simbolizar la verdad espiritual, pero no pueden ser la causa o el poder para producir la realidad espiritual. Si una sustancia física como el agua del bautismo tuviera poder, significaría que la realidad tiene su fundamento en lo físico y material que pasa. Y si el fundamento (agua bautismal) pasa, entonces la sustancia (la salvación espiritual) misma también pasaría.

Otro modo de decir lo mismo es esta: lo físico no puede penetrar ni crear lo espiritual; es lo espiritual lo que debe penetrar y crear lo físico. Filosóficamente, debemos recordar siempre esto o también nos condenaremos a nosotros mismos y provocaremos las burlas de los hombres pensantes del mundo. ¿Por qué? Porque los filósofos y los pensadores del mundo saben que si somos salvados por agua (lo físico y material), entonces estamos condenados; porque ninguna sustancia física puede impartir algo que no posee, una calidad eterna (vida eterna, salvación, perdón de los pecados). Solamente lo espiritual —solamente Dios y su poder— pueden impartir la calidad espiritual de la vida eterna, la salvación y el perdón de los pecados. Dios puede impartir la salvación espiritual y entonces dice: «La inmersión en agua es una cuadro de lo que yo hago por vosotros. Y si realmente creéis en mí, entonces la primera evidencia de vuestra fe es que seáis bautizados».

5. La experiencia práctica nos dice que la creencia y el bautismo son *actos separados* que se incluyen en la salvación. Sin embargo, los dos están incluidos. Están ambos incluidos en el sentido de que el bautismo es un acto inmediato de obediencia y arrepentimiento. Un verdadero creyente debe ser bautizado, y ningún creyente verdadero dejará de ser bautizado a menos que sea providencialmente detenido.

- Ejemplo uno: un creyente vuela de un punto a otro en el país y lleva a una persona a confiar verdaderamente en Cristo para la salvación. El avión se estrella y el nuevo creyente muere antes de ser bautizado. No es condenado al infierno. Las Escrituras no enseñan que se vaya a condenar. Decir que es condenado equivale a decir que el poder de la salvación radica en las aguas del bautismo y no en el Hijo de Dios. En realidad, decir eso es deshonrar al Hijo de Dios, tomar el amor, el poder y la gracia que son de Él, para atribuirlos a una sustancia material. Si el nuevo creyente cree verdaderamente en su corazón y honra en verdad al Hijo de Dios confiando en Jesús para salvación, Dios acepta a ese hombre. Dios acepta al hombre porque honra al Hijo de Dios, y Dios hará cualquier cosa en favor de todo hombre que honre a Su Hijo. Por lo tanto, el hombre es aceptado por Dios, aceptado porque honra al Hijo de Dios creyendo y consagrando a Él su vida.

  Sin embargo, el hombre que alcanza este punto y no es bautizado tan pronto como pueda hacer los arreglos para ello, no es genuino. Su fe es sospechosa, porque no está poniendo a Dios en primer lugar en su vida. No se ha vuelto a Cristo *dispuesto* a obedecer y a vivir para Él. El hombre que cree verdaderamente es el hombre que está no solamente dispuesto a obedecer a Crisro; *obedece* y *vive* para Cristo.

  Notemos otro ejemplo: Hay masas de personas que viven países desérticos y áridos, donde la gente por miles muere de hambre y sed. ¿Qué pasa con ellos y el bautismo? ¿Qué pasa si un misionero lleva a alguien a Cristo? ¿Deben ser sumergidos cuando hay tan poca agua y las multitudes mueren de sed? El punto es claro, no solamente en la enseñanza de las Escrituras, sino en el amor de Dios, y en asuntos prácticos. Una persona es justificada por la *fe*, pero debe ser bautizado inmediatamente, tan pronto como pueda. ¿Por qué? Porque es genuino, cree en el Señor Jesús, le ama y desea obedecerle en todas las cosas y, por lo tanto, cumplir toda justicia. Sin embargo, su salvación no depende del bautismo; depende del querido Hijo de Dios, nuestro Señor y Salvador Jesucristo.

	B. El creyente no persevera en el pecado (Parte II): debe vivir su posición en Cristo, 6:11-13	de modo que lo obedezcáis en sus concupiscencias;	b. No le obedece en sus concupiscencias
1 Se ve muerto al pecado, mas vivo para Dios[EF1] a. Muerto al pecado b. Vivo para Dios c. Fuente: en Cristo **2 Resiste al pecado** a. No deja que reine	11 Así también vosotros consideraos muertos al pecado, pero vivos para Dios en Cristo Jesús, Señor nuestro. 12 No reine, pues, el pecado en vuestro cuerpo mortal,	13 ni tampoco presentéis vuestros miembros al pecado como instrumentos de iniquidad, sino presentaos vosotros mismos a Dios como vivos de entre los muertos, y vuestros miembros a Dios como instrumentos de justicia.	**3 No presenta los miembros de su cuerpo al pecado**[EF2] a. Se presenta a Dios b. Presenta los miembros de su cuerpo para ser instrumentos de justicia

B. El creyente no persevera en el pecado (Parte II): debe vivir su posición en Cristo, 6:11-13

(6:11-13) ***Introducción:*** el verdadero creyente no persevera en el pecado. Vence y triunfa sobre el pecado. En términos muy claros este pasaje dice exactamente lo que el creyente debe hacer para vivir en victoria sobre el pecado.

1. Se considera a sí mismo muerto al pecado, pero vivo para Dios (v. 11).
2. Resiste al pecado (v. 12).
3. No presenta los miembros de su cuerpo al pecado (v. 13).

[1] (6-11) ***Pecado—vida victoriosa:*** el creyente debe considerarse muerto al pecado, pero vivo para Dios (*véase* Estudio a fondo 1, ***Consideraos***—Ro. 6:11 para su discusión). ¿Cómo hace el creyente para guardarse de andar en el pecado?

1. El creyente debe considerarse a sí mismo *muerto al pecado*. Si una persona es un creyente verdadero, entonces está *muerto* con Cristo. Dios ha tomado su creencia y lo considera muerto en Cristo, y un hombre muerto no puede hacer nada; no puede pecar. Es liberado del pecado.

Lo que ocurre es esto: cuando un creyente cree verdaderamente en Cristo, Dios toma su fe y lo considera *muerto en Cristo*. Dios lo libera del pecado y su poder así como de sus consecuencias y de su castigo. Por lo tanto, el creyente debe...

- contarse a sí mismo como
- considerarse a sí mismo como
- mirarse a sí mismo como
- tratarse a sí mismo como
- acreditarse por
- tenerse por

... *muerto en Cristo*, como estando libre del pecado y su poder. Debe *recibir* esta verdad en su corazón y vida, llegando a estar completamente *convicto y convencido* de ella.

(Note un punto de gran importancia: el verdadero creyente no es abandonado al poder de su propia mente o pensamientos para que se convenza a sí mismo de esta gloriosa verdad. No es solamente una cuestión de *pensamiento* y *razonamiento humano* o control mental. Dios nos ha dado al Espíritu Santo para estimular y edificar dentro del creyente la confianza en la gloriosa verdad. El Espíritu Santo es nuestro «sello», nuestra garantía, de salvación. Pero este es el tema de otra discusión, del capítulo ocho. Este capítulo se preocupa de *nuestra parte* en la lucha por vencer el pecado. Dios nos ayuda a vencer el pecado por medio del Espíritu Santo, pero nosotros también tenemos una parte. Y es nuestra parte la que se está considerando en esta parte.)

«Y decía a todos: Si alguno quiere venir en pos de mí, niéguese a sí mismo, tome su cruz cada día, y sígame» (Lc. 9:23).

«En ninguna manera. Porque los que hemos muerto al pecado, ¿cómo viviremos aún en Él.... Sabiendo esto, que nuestro viejo hombre fue crucificado juntamente con Él, para que el cuerpo del pecado sea destruido, a fin de que no sirvamos más al pecado. Porque el que ha muerto, ha sido justificado del pecado» (Ro. 6:2, 6-7).

«Con Cristo estoy juntamente crucificado, y ya no vivo yo, mas vive Cristo en mí; y lo que ahora vivo en la carne, lo vivo en la fe del Hijo de Dios, el cual me amó y se entregó a sí mismo por mí» (Gá. 2:20).

«Pero los que son de Cristo han crucificado la carne con sus pasiones y deseos» (Gá. 5:24).

«Porque habéis muerto, y vuestra vida está escondida con Cristo en Dios» (Col. 3:3).

«Palabra fiel es esta: Si somos muertos con él, también viviremos con Él» (2 Ti. 2:11).

«Quien llevó Él mismo nuestros pecados en el madero, para que nosotros, *estando muertos a los pecados*, vivamos a la justicia; por cuya herida fuisteis sanados» (1 P. 2:24).

2. El creyente debe considerarse *vivo para Dios*. El verdadero creyente no solamente se identifica con Cristo en su muerte, también es identificado con Cristo en su resurrección. Dios no solamente cuenta la fe del creyente como su *muerte en Cristo*; le cuenta su fe como *vida en Cristo*. El creyente es contado como resucitado en la resurrección de Cristo. La resurrección del Señor Jesús se cuenta como la resurrección del creyente. Así como Jesucristo fue resucitado para una nueva vida, el creyente es resucitado a una nueva vida. Como Cristo fue resucitado para vivir en la presencia de Dios y para servirle por siempre, así el creyente es resucitado para vivir en la presencia de Dios y para servirle por siempre.

El punto central es que el creyente reciba en su corazón y en su vida la verdad de *su vida resucitada*. Que el creyente ahora *viva para Dios*. Que el creyente ahora *sirva a Dios y no al pecado*. Que el creyente *camine delante de Dios* en esta nueva vida resucitada; que camine sobria, justa y piadosamente en este presente mundo. Que camine...

- contándose a sí mismo
- considerándose a sí mismo
- tratándose a sí mismo
- viéndose a sí mismo

...como vivo para Dios, para servir a Dios desde ahora y para siempre.

«Porque Dios no es Dios de muertos, sino de vivos, pues para Él todos viven» (Lc. 20:38).

«Así también vosotros consideraos muertos al pecado, pero vivos para Dios en Cristo Jesús, Señor nuestro» (Ro. 6:11).

«Pues si vivimos, para el Señor vivimos; y si morimos, para el Señor morimos. Así pues, sea que vivamos, o que muramos, del Señor somos» (Ro. 14:8).

»Y por todos murió, para que los que viven, ya no vivan para sí, sino para aquel que murió y resucitó por ellos» (2 Co. 5:15).

3. Note una verdad muy gloriosa. La vida del creyente se debe a Cristo y a Cristo solamente. Todo lo que el creyente conoce —su gloriosa liberación del pecado y la maravillosa victoria de la vida eterna— se debe a la muerte y resurrección de Cristo. Note que el creyente que realmente *mantiene su mente* en la muerte y resurrección de Cristo es el que *camina por sobre el pecado*. Es el que camina libre de pecado, el que lo vence en cada paso del camino y glorifica a Dios por la victoria de su vida justa.

En conclusión, el primer paso del creyente en la victoria sobre el pecado es considerarse muerto al pecado, pero vivo para Dios. El creyente debe *conocer y vivir* su posición, la gloriosa vida que Dios le ha dado en la muerte y resurrección de Jesucristo nuestro Señor. El creyente que conserva su mente y pensamientos en su posición en la muerte y resurrección de Cristo es el que vencerá el pecado—en todo tiempo.

ESTUDIO A FONDO 1

(6:11) ***Contar—imputar*** (*logizethe*): contar; atribuir; acreditar; poner a favor en la cuenta de uno; cargar a la cuenta de uno; imputar; juzgar; considerar; tratar; computar. Es un término contable; implica anotar algo a favor de un hombre, acreditarle. Es usado varias veces en Romanos, unas once veces en el capítulo cuatro de Romanos solamente. Es una idea de extrema importancia en las Escrituras.

1. Las Escrituras dicen que Dios imputa la justicia o es puesta a la cuenta del creyente genuino.

> **«Por lo cual también su fe le fue contada por justicia. Y no solamente con respecto a él se escribió que le fue contada, sino también con respecto a nosotros a quienes ha de ser contada, esto es, a los que creemos en el que levantó de los muertos a Jesús, Señor nuestro, el cual fue entregado por nuestras transgresiones resucitado para nuestra justificación» (Ro. 4:22-25).**

2. Las Escrituras dicen que el creyente genuino es sumergido, es imputado como, tenido por, o contado por muerto en la muerte de Cristo; esto es, su «viejo hombre» es imputado o tenido por crucificado en la muerte de Cristo.

> **«¿O no sabéis que todos los que hemos sido bautizados en Cristo Jesús, hemos sido bautizados en su muerte? Porque somos sepultados juntamente con Él para muerte por el bautismo, a fin de que como Cristo resucitó de los muertos por la gloria del Padre, así también nosotros andemos en vida nueva» (Ro. 6:3-4).**
>
> **«Sabiendo esto, que nuestro viejo hombre fue crucificado juntamente con él, para que el cuerpo del pecado sea destruido, a fin de que no sirvamos más al pecado» (Ro. 6:6). (*Véase* la nota, *Pecado*—Ro. 6:11 para ampliar la discusión y más versículos.)**

3. Las Escrituras dicen que por la resurrección de Cristo es imputada, acreditada, o atribuida a favor del creyente una nueva vida, una vida resucitada.

> **«Porque si fuimos plantados juntamente con Él en la semejanza de su muerte, así también lo seremos en la de su resurrección» (Ro. 6:5).**
>
> **«Y si morimos con Cristo, creemos que también viviremos con Él; sabiendo que Cristo, habiendo resucitado de los muertos, ya no muere; la muerte no se enseñorea más de Él. Porque en cuanto murió, al pecado murió una vez por todas; mas en cuanto vive, para Dios vive» (Ro. 6:8-10).**

Expresado muy simplemente, Dios considera justo al creyente por lo que Cristo hizo. Cristo es visto como «Jehová justicia nuestra», y se afirma que su justicia es puesta a la cuenta del hombre por medio de la fe (cp. Flm. 18).

[2] (6:12) ***Pecado—vida victoriosa:*** el creyente debe resistir al pecado. Esto es un imperativo—un mandamiento que obliga. Corresponde al creyente resistir el pecado; es responsable de resistirlo.

1. No debe dejar que el pecado reine (*basileueto*): tenga autoridad, gobierne, controle, ocupe, retenga, prevalezca sobre el creyente. Se usa el tiempo presente, de modo que la idea es una actitud o conducta continua. El creyente debe mantener siempre su mente alejada del pecado. Debe conservar su mente bajo control manteniendo los pensamientos alejados de...

- las riquezas y cosas materiales.
- la concupiscencia de la carne.
- el deseo de alcanzar posición y poder.
- el orgullo de la vida.
- lograr reconocimiento y fama.
- las fiestas y el sexo.
- la concupiscencia de los ojos.
- la apariencia personal y de las vestiduras.

El creyente no debe dejar que el pecado domine, controle, reine en su cuerpo mortal. El pecado no debe dominar sus pensamientos ni su vida. Debe resistir el pecado poniéndose en su contra, rechazándolo y luchando en su contra. Debe oponerse al pecado con todas sus fuerzas.

> **«Mira, has sido sanado; no peques más para que no te venga alguna cosa peor» (Jn. 5:14)**
>
> **«No reine, pues, el pecado en vuestro cuerpo mortal, de modo que lo obedezcáis en sus concupiscencias» (Ro. 6:12).**
>
> **«Velad debidamente, y no pequéis; porque algunos no conocen a Dios; para vergüenza vuestra lo digo» (1 Co. 15:34).**
>
> **«Hijitos míos, estas cosas os escribo para que no pequéis; y si alguno hubiere pecado, abogado tenemos para con el Padre, a Jesucristo el justo» (1 Jn. 2:1).**

2. No debe obedecer al pecado en sus concupiscencias (*epitumiais*): la palabra indica un fuerte deseo, anhelo y pasión. El impulso del pecado es a veces fuerte, muy fuerte. Todos los hombres saben lo que es codiciar las cosas, más y más, sea dinero, propiedad, seguridad, posición, placer, diversión o estímulos carnales. El verdadero creyente no debe *ceder* ante tales impulsos. No debe dejar que la concupiscencia de los ojos y de la carne gobiernen y regulen su mente y su conducta. No debe permitir que los deseos *ordenen* su vida. No debe obedecer al pecado en sus concupiscencias, deseos, anhelos y pasiones. Debe resistir las concupiscencias de su «cuerpo mortal».

> **«Si tu ojo derecho te es ocasión de caer, sácalo, y échalo de ti; pues mejor te es que se pierda uno de tus miembros, y no que todo tu cuerpo sea echado al infierno» (Mt. 5:29).**
>
> **«Porque si vivís conforme a la carne, moriréis; mas si por el Espíritu hacéis morir las obras de la carne, viviréis» (Ro. 8:13).**
>
> **«Vestíos del Señor Jesucristo, y no proveáis para los deseos de la carne» (Ro. 13:14).**
>
> **«Haced morir, pues, lo terrenal en vosotros: fornicación, impureza, pasiones desordenadas, malos deseos y avaricia, que es idolatría» (Col. 3:5).**
>
> **«Amados, yo os ruego como a extranjeros y peregrinos, que os abstengáis de los deseos carnales que batallan contra el alma» (1 P. 2:11).**
>
> **»Para no vivir el tiempo que resta en la carne, conforme a las concupiscencias de los hombres, sino conforme a la voluntad de Dios» (1 P. 4:2).**

[3] (6:13) ***Pecado:*** es necesario decir tres cosas acerca del pecado en este punto de Romanos. (1) El pecado es una ofensa y una enfermedad en los capítulos 1-4. En el capítulo 6 es un amo o un poder que domina. (2) El pecado no es «destruido» en el creyente. Todavía está activo y aún puede causar daño. El creyente debe luchar contra su impulso. (3) El cuerpo no es la fuente del pecado, pero la Biblia dice que la experiencia del hombre demuestra que el cuerpo es el *instrumento* del pecado, el *órgano* que el pecado usa para manifestarse y satisfacerse. El cuerpo está bajo la *pesada influencia* y el *severo poder* del pecado y de la corrupción, tanto que los apetitos sensuales del cuerpo tienden a esclavizar el alma y a

llevar al hombre a pecar, aun en contra de su mejor juicio. Así que se exhorta enfáticamente al creyente para que resista: «No reine el pecado en vuestro cuerpo mortal» (Ro. 6:12).

ESTUDIO A FONDO 2

(6:13) ***El pecado—la vida victoriosa:*** el creyente no debe rendir los miembros de su cuerpo al pecado. La palabra «rendir» (*paristemi*) significa ofrecer; ponerse a disposición de; dar; conceder; otorgar. El creyente *no debe* rendir los miembros de su cuerpo para ser instrumentos o útiles para la injusticia. Si toma un miembro de su cuerpo y lo usa como instrumento o útil para la injusticia, peca. Los miembros del cuerpo de una persona se refiere a todas las partes del cuerpo: los ojos, los oídos, la boca, la lengua, las manos, los pies, la mente o cualquiera de las partes que se cubren con la ropa. Ningún creyente debe ofrecer o dar alguna parte de su cuerpo a la injusticia. Hacerlo es pecar. El tiempo es acción presente, de modo que el creyente debe estar constantemente en guardia para no permitir que ningún miembro de su cuerpo se rinda al pecado. Note que la palabra «rendir» tiene la idea de lucha. Es una batalla para combatir el pecado, controlar y proteger los miembros de nuestro cuerpo.

1. El creyente debe rendirse a Dios. Note un hecho significativo: en el griego esto no está escrito en tiempo presente, sino en el aoristo. Esto significa sencillamente que el creyente tiene que hacer una decisión *definitiva* por Dios, una dedicación *de una vez para siempre* de su vida a Dios. La presentación de su vida a Dios debe ser sincera y genuina, una decisión de una sola vez. Debe rendirse —su cuerpo, su vida, todo lo que es—a Dios; y su decisión debe ser permanente, una decisión definitiva.

Note cuán completa debe ser esta dedicación. Debe ser un compromiso tan profundo como la dedicación de los que están vivos de entre los muertos, Y piense ¡cuán profundamente consagrados a Dios están los creyentes que han partido para estar con Él!

2. El creyente debe rendir los miembros de su cuerpo como instrumentos de justicia *para* Dios. El creyente debe *entregar* los miembros de su cuerpo a Dios: sus ojos, oídos, boca, lengua, manos, pies, mente—todos sus miembros. Cada parte de su cuerpo debe ser entregado como instrumento o herramienta para hacer la justicia. Cada parte del cuerpo del creyente debe ser entregada a Dios con el propósito de obrar la justicia.

> **«Por tanto, si tu ojo derecho te es ocasión de caer, sácalo y échalo de ti; pues mejor te es que se pierda uno de tus miembros, y no que todo tu cuerpo sea echado al infierno. Y si tu mano derecha te es ocasión de caer, córtala y échala de ti; pues mejor te es que se pierda uno de tus miembros y no que todo tu cuerpo sea echado al infiern» (Mt. 5:29-30; cp. Mt. 18:8-9).**
>
> **«Ni tampoco presentéis vuestos miembros al pecado como instrumentos de iniquidad, sino presentaos vosotros mismos a Dios como instrumentos de justicia» (Ro. 6:13).**
>
> **«Así que, hermanos, os ruego por las misericordias de Dios que presentéis vuestros cuerpos en sacrificio vivo, santo, agradable a Dios, que es vuestro culto racional. No os conforméis a este siglo, sino transformaos por medio de la renovación de vuestro entendimiento, para que comprobéis cuál sea la buena voluntad de Dios, agradable y perfecta» (Ro. 12:1-2).**
>
> **«Por tanto, tomad toda la armadura de Dios, para que podáis resistir en el día malo, y habiendo acabado todo, estar firmes» (Ef. 6:13).**
>
> **«Someteos, pues, a Dios; resistid al diablo, y huirá de vosotros» (Stg. 4:7).**
>
> **«Así que vosotros, oh amado, sabiéndolo de antemano, guardaos, no sea que arrastrados por el error de los inicuos, caigáis de vuestra firmeza» (2 P. 3:17).**

1 **Aprended algo: el pecado no dominará al verdadero creyente**
   a. Porque no está bajo la ley, sino bajo la gracia.
   b. ¿Perseverará en el pecado? ¿Tiene licencia para pecar?

2 **Sabed algo: podéis servir solamente a un amo: el pecado o Dios**
   a. ¿Servís al pecado o sometéis vuestras vidas al pecado? Moriréis
   b. ¿Servís a Dios o sometéis vuestra vida a Él? Viviréis

3 **Recordad algo: acordaos de vuestra decisión—elegisteis la justicia**
   a. Hecho: «erais... habéis obedecido»
   b. Resultado: libertados del pecado, el amo déspota

4 **Haced algo: servid a Dios con el mismo fervor con que servíais al pecado**
   a. Vuestro pecado trabajaba en favor de más pecado—producía más y más pecado
   b. Ahora vuestra justicia obre la santidad
   c. Antes nunca tuvisteis tal oportunidad

5 **Preguntaos algo: ¿Qué fruto hay en el pecado?**

6 **Considerad algo: la paga del pecado vs. el don de Dios, la vida eterna**

C. El creyente no persevera en el pecado (Parte III): no tiene licencia para pecar, 6:14-23

14 Porque el pecado no se
enseñoreará de vosotros; pues
no estáis bajo la ley, sino bajo
la gracia.
15 ¿Qué, pues? ¿Pecaremos,
porque no estamos bajo la ley,
sino bajo la gracia? En ninguna
manera.
16 ¿No sabéis que si os
sometéis a alguien como es-
clavos para obedecerle, sois
esclavos de aquel a quien
obedecéis, sea del pecado para
muerte, o sea de la obediencia
para justicia?
17 Pero gracias a Dios, que
aunque erais esclavos del
pecado, habéis obedecido de
corazón a aquella forma de
doctrina a la cual fuisteis en-
tregados;
18 y libertados del pecado,
vinisteis a ser siervos de la
justicia.
19 Hablo como humano, por
vuestra humana debilidad;
que así como para iniquidad
presentasteis vuestros miem-
bros para servir a la inmun-
dicia y a la iniquidad, así aho-
ra para santificación presentad
vuestros miembros para servir
a la justicia.
20 Porque cuando erais es-
clavos del pecado, erais libres
acerca de la justicia.
21 ¿Pero qué fruto teníais de
aquellas cosas de las cuales
ahora os avergonzáis? Porque
el fin de ellas es muerte.
22 Mas ahora que habéis
sido libertados del pecado y
hechos siervos de Dios, tenéis
por vuestro fruto la santifica-
ción, y como fin, la vida
eterna.
23 Porque la paga del pecado
es muerte, mas la dádiva de
Dios es vida eterna en Cristo
Jesús Señor nuestro.

C. El creyente no persevera en el pecado (Parte III): no tiene licencia para pecar, 6:14-23

(6:14-23) ***Introducción:*** el creyente no debe perseverar en el pecado, porque no tiene licencia para pecar.

1. Aprended algo: el pecado no dominará al verdadero creyente (vv. 14-15).
2. Sabed algo: podéis servir solamente a un amo: al pecado o a Dios (v. 16).
3. Recordad algo: acordaos de vuestra decisión—elegisteis la justicia (vv. 17-18).
4. Haced algo: servid a Dios con el mismo fervor con que servíais al pecado (vv. 19-20).
5. Preguntaos algo: ¿qué fruto hay en el pecado (vv. 21-22)?
6. Considerad algo: la paga del pecado vs. el don de Dios, la vida eterna (v. 23).

(6:14-23) ***Otro bosquejo:*** El creyente no tiene licencia para pecar.

1. No debe ser dominado por el pecado (v. 14).
   a. No está bajo la ley, sino bajo la gracia.
   b. Esto no da licencia para pecar (v. 15).
2. Puede elegir solamente un amo—una ilustración (v. 16).
   a. Hay dos amos: el pecado o la obediencia a Dios (cp. v. 22).
   b. El pecado conduce a la muerte; la obediencia a la justicia.
3. Ha sido emancipado—se ha convertido en un nuevo hombre, siervo de la justicia (v. 17; cp. v. 22).
   a. La emancipación: «Erais ... pero ahora.»
   b. Obedeciendo la forma de la doctrina de Dios.
   c. Siendo liberado del pecado, ese amo despótico (v. 18).
   d. Rindiendo los miembros de su cuerpo a la justicia (v. 19).
4. Ahora se avergüenza de su conducta anterior (el pecado) (v. 20).
   a. Porque no era libre para hacer la justicia.
   b. Porque el fin de tales cosas (el pecado) es muerte (v. 21).
5. Ahora tiene una nueva vida y un nuevo fin (v. 22).
   a. Una vida de fruto: santidad.
   b. Un fin de esperanza: vida eterna.
6. Conclusión: La paga del que obra (v. 23; cp. v. 16).

[1] (6:14-15) ***Gracia vs. ley—Dios, padre—libertinaje:*** aprended algo: el pecado no dominará al verdadero creyente. Hay una poderosa razón para esto: el creyente está bajo la gracia y no bajo la ley.

1. La persona que está bajo la ley está siempre luchando por guardar la ley; sin embargo, siempre está consciente de que fracasa y no logra cumplir la ley. La ley está siempre delante de su rostro. Lucha y se esfuerza, pelea y batalla, trabaja y obra por obedecer; pero su experiencia está llena de tensión y presión, de desilusión y desaliento. La persona que está bajo la ley nunca logra una vida victoriosa, porque está constantemente destituido de la gloria de Dios y lejos de la perfección. Cuando fracasa, pasa por períodos de autorecriminación, de reproches y censuras contra sí mismo por haber fracasado. Se acusa y se abate, sintiéndose indigno y sin méritos, miserable y vil delante de Dios. Está constantemente sintiéndose inaceptable ante los ojos de Dios, como si ya no tuviera derecho a acercarse a Dios; y con frecuencia se mantiene alejado de Dios por largos períodos, llevando una vida de derrota, llevando siempre consigo la carga de su pecado y su fracaso. (*Véase* nota, ***Lucha espiritual***—Ro. 7:24, para ampliar la discusión.)

> **«Tribulación y angustia sobre todo ser humano que hace lo malo, el judío primeramente y también el griego» (Ro. 2:9).**

«Y tendrás tu vida como algo que pende delante de ti, y estarás temeroso de noche y de día, y no tendrás seguridad de tu vida. Por la mañana dirás: ¡Quién diera que fuese la tarde! y a la tarde dirás: ¡Quién diera que fuese la mañana! por el miedo de tu corazón con que estarás amedrentado, y por lo que verán tus ojos» (Dt. 28:66-67).

«Si yo me justificare, me condenaría mi boca; si me dijere perfecto, esto me haría inicuo» (Job 9:20).

«Todos sus días el impío es atormentado de dolor, y el número de sus años está escondido para el violento» (Job 15:20).

«Porque mis iniquidades se han agravado sobre mi cabeza; como carga pesada se han agravado sobre mí» (Sal. 38:4).

«Porque me han rodeado males sin número; me han alcanzado mis maldades, y no puedo levantar la vista. Se han aumentado más que los cabellos de mi cabeza, y mi corazón me falla» (Sal. 40:12).

«Porque yo reconozco mis rebeliones, y mi pecado está siempre delante de mí» (Sal. 51:3).

«Fueron afligidos los insensatos, a causa del camino de su rebelión y a causa de sus maldades» (Sal. 107:17).

«El buen entendimiento da gracia; mas el camino de los transgresores es duro» (Pr. 13:15).

2. El verdadero creyente está bajo la gracia, no bajo la ley. Dios no es un juez legalista que está vigilando al creyente para castigarlo cada vez que peca quebrantando determinado precepto. El creyente no está bajo ese dominio aterrador: no está bajo la ley, sino bajo la gracia. ¿Qué significa esto?

a. Significa que el creyente acepta la gracia de Dios demostrada en Jesucristo. Esto es, el creyente acepta la justicia, la perfección sin pecado de Jesucristo como su propia justicia. El creyente identifica su vida con la vida de Cristo, y Dios toma la aceptación de Jesucristo y cuenta su aceptación como justicia. (*Véanse* bosquejo y Estudios 1, 2—Ro. 4:22; 5:1; 6:1-10 para ampliar la discusión.) Dicho en forma muy sencilla, Dios acredita la justicia al creyente cuando el creyente acepta la justicia de Cristo. Dios cuenta la fe del creyente como la justicia de Jesucristo. Así es el gran *amor de Dios*. Pero note, esta es la *posición de la gracia*, esto es, el creyente es contado como justo y puesto en la *posición de justicia* cuando cree en Cristo. Es *puesto en Cristo* y *situado en Cristo* de una vez por todas cuando cree en verdad. Tal es la *posición justa* del creyente.

Sin embargo, ¿qué de la *vida justa* del creyente? En forma muy práctica, ¿cómo se guarda el creyente de servir al pecado, de vivir bajo el dominio del pecado y de desagradar a Dios? ¿Cómo puede vivir honestamente *bajo* la gracia de día en día? ¿Como puede vivir todo el tiempo bajo el favor de Dios? ¿Cómo puede andar agradando a Dios y recibiendo su aprobación y aceptación?

b. El creyente genuino *debe* tener presente *en forma constante* la gloriosa verdad: él está *bajo* la gracia de Dios. Dios es el Padre del creyente, y el creyente ha llegado a ser un verdadero hijo de Dios. Así que, el creyente verdadero es favorecido y aceptado por su Padre. Lo que tiene que hacer el hijo es permanecer en ese favor. Debe conservar el favor y la aprobación de su Padre. Cuando peca, necesita ir a su Padre con toda sinceridad, pedir perdón y arrepentirse de su pecado. Si mantiene una relación abierta con su Padre —se acerca siempre a Él, le pide perdón y se arrepiente— él es perdonado. La pizarra queda limpia—el pecado no tiene dominio sobre él. Nada se interpone entre el hijo y su Padre. Todo ha sido discutido y perdonado. La ofensa se acabó, ha sido resuelto, ha sido puesta de lado para siempre. Por lo tanto, el pecado no domina ni gobierna al hijo.

Ahora, note el centro del argumento: Dios es un Padre de gracia y amor. Se preocupa y soporta a los hijos que crecen. Cuando su hijo cae en pecado, Dios es paciente, siempre dispuesto a perdonar al hijo que ha errado, si el hijo tan solo viene, pide perdón y se aparta del pecado (Lc. 17:3-4; 1 Jn. 1:9). ¿Cuánta paciencia tiene Dios? «Su misericordia dura para siempre«; Su misericordia cubre todo pecado y cada pecado (Sal. 106:1; 107:1; 118:1-4).

«Mejor le fuera que se le atase al cuello una piedra de molino y se le arrojase al mar, que hacer tropezar a uno de estos pequeñitos. Mirad por vosotros mismos. Si tu hermano pecare contra ti, repréndele; y si se arrepintiere, perdónale» (Lc. 17:2-3).

«En quien tenemos redención por su sangre, el perdon de pecados según las riquezas de su gracia» (Ef. 1:7).

«Si confesamos nuestros pecados, Él es fiel y justo para perdonar nuestros pecados, y limpiarnos de toda maldad» (1 Jn. 1:9).

«Alabad a Jehová, porque Él es bueno, porque para siempre es su misericordia» (Sal. 136:1).

«Jehová cumplirá su propósito en mí; tu misericordia, oh Jehová, es para siempre; no desampares la obra de tus manos" (Sal. 138:8).

3. A la luz de una relación tan maravillosa, es necesario hacer una pregunta: ¿Se permite que el hijo de Dios persevere en el pecado? ¿Puede pecar y pecar esperando que Dios lo perdone y lo siga perdonando? Las Escrituras exclaman: «¡De ninguna manera!» Enseguida las Escrituras argumentan que un verdadero hijo de Dios no debe perseverar en el pecado. (*Véase* nota—Ro. 6:1-2; ***Introducción, propósito—Colosenses***.) No deja a Dios a un lado por un par de noches para pecar. No racionaliza diciendo que puede seguir adelante y pecar porque Dios lo va a perdonar de todos modos. ¿Por qué no hace una cosa así un verdadero hijo de Dios? ¿Por qué se mantiene alejado del pecado?

- Porque su Padre (Dios) lo ama y él ama a su Padre. Un verdadero hijo de Dios no quiere herir ni desagradar a su Padre, y su Padre siente desagrado por el pecado. En consecuencia, un verdadero hijo de Dios lucha por no pecar (Ro. 2:23-24; He. 6:6). Combate el pecado, porque el pecado es contrario a la naturaleza de su Padre y hiere el corazón de su Padre más que cualquier otra cosa. Por lo tanto, él hace todo lo posible para alejarse del pecado.

  «Y recayeron, sean otra vez renovados para arrepentimiento, crucificando de nuevo para sí mismos al Hijo de Dios, y exponiéndole a vituperio» (He. 6:6).

  «Porque abominación es a Jehová tu Dios cualquiera que hace esto, y cualquiera que hace injusticia» (Dt. 25:16).

  «Porque tú no eres un Dios que se complace en la maldad; el malo no habitará junto a ti» (Sal. 5:4).

- Porque se volvió a Dios con el fin de apartarse del pecado, de su vergüenza y de su destrucción. No se apartó de Dios con el fin de tener libertad para pecar, sino para ser libertado de la esclavitud y de los hábitos del pecado, para romper la esclavitud de pecado y sus consecuencias. (*Véase* nota, ***Libertinaje***—Ro. 6:1-2 para ampliar la discusión.)

  «¿Pero qué fruto teníais de aquellas cosas de las cuales ahora os avergonzáis? Porque el fin de ellas es muerte» (Ro. 6:21).

  «Porque la paga del pecado es muerte, mas la dádiva de Dios es vida eterna en Cristo Jesús Señor nuestro» (Ro. 6:23).

En suma de lo dicho, el creyente debe aprender algo: el pecado no dominará al verdadero creyente. Hay tres razones.

1. Dios no es un juez legalista que vigila a su hijo para castigarlo cada vez que peca quebrantando un precepto. El hijo no está bajo un dominio tan aterrador.

2. Dios es un Padre de gracia y amor. Cuida y tiene paciencia con sus hijos que crecen. Cuando su hijo cae en pecado, Dios es paciente, y quiere perdonar a su hijo que ha errado—si el hijo tan sólo viene, pide perdón y se aparta del pecado (Lc. 17:3-4; 1 Jn. 1:9).

3. Dios es un padre que enseña y disciplina. Exhorta a su hijo que no caiga en la trampa esclavizadora del pecado (cp. He. 12:5-11; 1 Jn. 2:1-2).

Sin embargo, el énfasis de este capítulo es de importancia suprema. Un creyente genuino —que realmente pertenece a Cristo— muestra su autenticidad obedeciendo a Cristo como Maestro. No practica corrientemente el pecado. (*Véase* nota—Ro. 6:1-2.)

2 (6:16) ***El pecado: resultados—el pecado: liberación:*** sabed algo: podéis servir sólo a un amo, el pecado o Dios. La palabra «siervo» (*doulos*) significa «esclavo». Una persona es esclavo del pecado o de Dios, y hay una prueba muy sencilla para decir a qué amo sirve una persona.

- ¿Te rindes al pecado, esto es, le sirves?
- ¿Te rindes a Dios, esto es, sirves a Dios?

Si te rindes al pecado, morirás. Si te rindes a Dios y le obedeces, serás considerado justo y vivirás.

Note un punto fundamental. Tu amo es el pecado o Dios es tu Amo. Te rindes al pecado o te rindes a Dios. Esto no significa que llegas a ser impecable y perfecto, sino que...

- no tienes planes de pecar.
- odias el pecado y luchas en su contra.
- luchas por agradar a Dios abandonando el pecado.
- procuras diligentemente hacer de Dios el Amo de tu vida por medio de la obediencia.
- estudias la Palabra de Dios para conocer sus mandamientos y obedecerlos.
- buscas inmediatamente el perdón de Dios cuando pecas y te arrepientes—te apartas del pecado (1 Jn. 1:9; 2:1-2).
- andas en franca confesión ante Dios, conversas con Él todo el día, obteniendo siempre una comunión inquebrantable con Él como Señor de tu vida.

Además, notemos los resultados, porque *a quién* servimos determina nuestro destino. Si cedemos al dominio del pecado, moriremos; pero si nos entregamos a Dios, seremos considerados justos y viviremos eternamente.

«Ninguno puede servir a dos señores; porque o aborrecerá a uno y amará al otro, o estimará al uno y menospreciará al otro. No podéis servir a Dios y a las riquezas» (Mt. 6:24).

«Jesús les respondió: De cierto, de cierto os digo, que todo el que hace pecado, esclavo es del pecado» (Jn. 8:34).

«¿No sabéis que si os sometéis a alguien como esclavo para obedecerle, sois esclavos de aquel a quien obedecéis, sea del pecado para muerte, o sea de la obediencia para justicia» (Ro. 6:16).

«Porque según el hombre interior, me deleito en la ley de Dios; pero veo otra ley en mis miembros, que se rebela contra la ley de mi mente, y me lleva cautivo a la ley del pecado que está en mis miembros» (Ro. 7:22-23).

«No podéis beber la copa del Señor, y la copa de los demonios; no podéis participar de la mesa del Señor, y de la mesa de los demonios» (1 Co. 10:21).

«El hombre de doble ánimo es inconstante en todos sus caminos» (Stg. 1:8).

«Les [a los hombres carnales] prometen libertad, y son ellos mismos esclavos de corrupción. Porque el que es vencido por alguno es hecho esclavo del que lo venció» (2 P. 2:19).

«Prenderán al impío sus propias iniquidades, y retenido será con las cuerdas de su pecado» (Pr. 5:22).

3 (6:17-18) ***Decisión—pecado, castigo—pecado, liberación:*** recordad algo, acordaos de vuestra decisión. Elegisteis la justicia.

1. Note la declaración del hecho: los creyentes «eran esclavos del pecado». Tenían por hábito someterse a toda suerte de pecados desde...

- simples chistes de color subido hasta el de usar el nombre de Dios en vano.
- pensamientos inmorales hasta el adulterio.
- simples pensamientos de orgullo hasta la embriaguez.
- simples actos de egoísmo hasta el robo.
- querer más hasta caer en el desenfreno.
- buscar posición y poder hasta dañar y aplastar a las personas.

Pero *ahora* los creyentes han obedecido la doctrina de Dios, esto es, el evangelio de la justificación. Note la palabra «obedecido». Han obedecido el evangelio de Dios, haciendo exactamente lo que Dios ha mandado.

Obedecieron el mandamiento de Dios. «Creyeron» en el nombre del Hijo de Dios, Jesucristo; por lo tanto, Dios tomó su fe y la contó por justicia. Escogieron a Dios y la justicia, y porque lo hicieron, Dios los aceptó como justos.

«Y este es su mandamiento: Que creamos en el nombre de su Hijo Jesucristo, y nos amemos unos a otros como nos lo ha mandado» (1 Jn. 3:23).

«No todo el que me dice: Señor, Señor, entrará en el reino de los cielos, sino el que hace la voluntad de mi Padre que está en los cielos» (Mt. 7:21).

«Y el mundo pasa, y sus deseos; pero el que hace la voluntad de Dios permanece para siempre» (1 Jn. 2:17).

2. Note la declaración del resultado: los creyentes han sido libertados del pecado. Son considerados justos, *no pecadores*, por Dios. Dios mira a los creyentes como personas justas, no como pecadores. Por lo tanto, los creyentes son libertados del pecado y sus consecuencias. Dios no acusa de pecado a los creyentes; no hace caer la culpa sobre ellos. Los creyentes han sido liberados de la acusación de pecar, y nunca serán cargados con el pecado. Dios los ha libertado del pecado por medio de su Hijo, el Señor Jesucristo (cp. Ro. 8:33-34).

Ahora bien, esto quiere decir algo muy importante, muy significativo. El creyente se convierte en esclavo de la justicia. No hay forma de que pueda servir al pecado nuevamente; no si es que ha sido realmente justificado; no si realmente ha llegado a conocer el amor de Dios revelado en el Señor Jesucristo. Una vez que ha conocido verdaderamente el glorioso amor de Dios, es llevado a servir a Dios en gratitud por lo que Dios ha hecho por él en Cristo Jesús. Es llevado a ser siervo de Dios y vive justa y piadosamente en este presente mundo.

Pensamiento. El grado de entendimiento del amor de Dios que el creyente tiene al ser justificado es igual al grado de servicio a Dios y al nivel de vida justa que lleva.

«¿Quién acusará a los escogidos de Dios? Dios es el que justifica. ¿Quién es el que condenará? Cristo es el que murió; más aun, el que también resucitó, el que además está a la diestra de Dios, el que también intercede por nosotros» (Ro. 8:33-34).

«Porque el amor de Cristo nos constriñe, pensando esto: que si uno murió por todos, luego todos murieron; y por todos murió para que los que viven, ya no vivan para sí, sino para aquel que murió y resucitó por ellos» (2 Co. 5:14-15).

«De modo que si alguno está en Cristo, nueva criatura es; las cosas viejas pasaron; he aquí todas son hechas nuevas.... Al que no conoció pecado, por nosotros lo hizo pecado, para que nosotros fuésemos hechos justicia de Dios en Él» (2 Co. 5:17, 21).

"Y vestíos del nuevo hombre, creado según Dios en la justicia y santidad de la verdad» (Ef. 4:24).

4 (6:19-20) ***Dedicación—esclavitud al pecado:*** haced algo—servid a Dios con el mismo fervor con que servisteis al pecado.

1. Tu pecado fomentaba el pecado; daba como resultado más y más pecado. La palabra «miembros» significa partes del cuerpo de una persona: los ojos, oídos, boca, lengua, manos, pies, mente o cualquier otra parte del cuerpo cubierta y vestida. Antes que una persona obedeciera el evangelio, creyera verdaderamente en Jesucristo, rindió las partes de su cuerpo para servir a la inmundicia y para obrar pecado sobre pecado. Pecaba y encontraba que el *pecado obraba más pecado*, se desarrollaba y se desarrollaba, crecía y crecía. Se dio cuenta que el pecado lo esclavizaba, se convirtió en servidumbre, un hábito que no podía romper con facilidad. El pecado llevaba simplemente a más pecado, no importa que el pecado fuera...

- el fumar
- el egoísmo
- las murmuraciones
- la inmoralidad
- el reconocimento
- las quejas
- la codicia
- la fama
- la lujuria
- el beber
- la popularidad
- las críticas
- la glotonería
- el poder
- el maldecir

El centro del argumento es éste. El creyente se dio cuenta que su pecado obraba más pecado y que no podía romper el poder del pecado, ni el poder de *todo* pecado. Entonces, se volvió a la única esperanza que tenía, a Dios mismo.

«Porque mientras estábamos en la carne, las pasiones pecaminosas que eran por la ley obraban en nuestros miembros llevando fruto para muerte» (Ro. 7:5).

«En cuanto a la pasada manera de vivir, despojaos del *viejo hombre,* que está viciado conforme a los deseos engañosos» (Ef. 4:22).

«Baste ya al tiempo pasado para haber hecho lo que agrada a los gentiles, andando en lascivias, concupiscencias, embriagueces, orgías, disipación y abominables idolatrías» (1 P. 4:3).

«Cada uno es tentado, cuando de su propia concupiscencia es atraído y seducido. Entonces la concupiscencia, después que ha concebido, da a luz el pecado; y el pecado, siendo consumado, da a luz la muerte» (Stg. 1:14-15).

2. Ahora el creyente debe dejar que la justicia obre la santidad (*hagiasmon*). La palabra significa santificación o santo. El creyente debe rendir las partes de su cuerpo para servir a la justicia, y debe permitir que la justicia lo santifique más y más. Debe vivir justamente y hacerse más y más santo como Dios. (*Véase* Estudio a fondo 1, ***Santo***—1 P. 1:15-16 para ampliar la discusión.)

3. El creyente nunca tuvo la oportunidad de obrar la justicia antes de ser justificado. Antes de creer el creyente no era considerado justo; Dios no lo consideraba como tal. Dios jamás acredita la justicia a una persona a menos que esa persona honre a su Hijo creyendo en el glorioso nombre de su Hijo. Solamente los que creen son considerados justos. Así que el mensaje es potente y claro: «Cuando servíais al pecado, erais libres de la justicia: no os acreditaban la justicia. No teníais la oportunidad de vivir justamenteante Dios. Pero ahora habéis obedecido a Dios; habéis creído. Ahora tenéis la oportunidad de vivir en justicia; así que comenzad a servir a Dios con el mismo fervor y energía con que servíais al pecado. Que la justicia os esclavice y llegue a ser la esclavitud y hábito de vuestra vida».

«Ni tampoco presentéis vuestros miembros al pecado como instrumentos de iniquidad, sino presentaos vosotros mismos a Dios como vivos de entre los muertos, y vuestros miembros a Dios como instrumentos de justicia» (Ro. 6:13).

«Sino vestíos del Señor Jesucristo, y no proveáis para los deseos de la carne» (Ro. 13:14).

«Digo, pues: Andad en el Espíritu, y no satisfagáis los deseos de la carne» (Gá. 5:16).

«Pero los que son de Cristo han crucificado la carne con sus pasiones y deseos» (Gá. 5:24).

«Poned la mira en las cosas de arriba, no en las de la tierra. Porque habéis muerto, y vuestra vida está escondida con Cristo en Dios. Cuando Cristo, vuestra vida, se manifieste, entonces vosotros también seréis manifestados con Él en gloria. Haced morir, pues, lo terrenal en vosotros: fornicación, impureza, pasiones desordenadas, malos deseos y avaricia, que es idolatría» (Col. 3:2-5).

«Amados, yo os ruego como a extranjeros y peregrinos, que os abstengáis de los deseos carnales que batallan contra el alma» (1 P. 2:11).

«Para no vivir el tiempo que resta en la carne, conforme a las concupiscencias de los hombres, sino conforme a la voluntad de Dios» (1 P. 4:2).

5 (6:21-22) ***Pecado:*** preguntaos algo: ¿qué fruto hay en el pecado? Note varios hechos claros.

1. El verdadero creyente se avergüenza de su pecado pasado.

«Y él respondió: Oí tu voz en el huerto, y tuve miedo, porque estaba desnudo; y me escondí» (Gé. 3:10).

«Y dije: Dios mío, confuso y avergonzado estoy para levantar, oh Dios mío, mi rostro a ti, porque nuestras iniquidades se han multiplicado sobre nuestra cabeza, y nuestos delitos han crecido hasta el cielo» (Esd. 9:6).

«Cada día mi vergüenza está delante de mí, y la confusión de mi rostro me cubre» (Sal. 44:15).

2. El fruto del pecado es muerte (*véanse* Estudio a fondo 1, ***Muerte***—Ro. 6:23; Estudio a fondo 1—He. 9:27). El fruto del pecado no es bueno; nada bueno hay en ello. El pecado corrompe, destruye y condena a todo aquel que busca su fruto. Esto debiera ser recordado siempre por los hombres.

3. Los creyentes son «liberados» del pecado por la justificación, esto es por el glorioso amor de Dios. Por lo tanto, han llegado a ser esclavos de Dios...

- y llevan fruto de santidad.

«Y conoceréis la verdad y la verdad os hará libres» (Jn. 8:32).

«Yo soy la vid, vosotros los pámpanos; el que permanece en mí, y yo en Él, éste lleva mucho fruto; porque separados de mí nada podéis hacer» (Jn. 15:5).

«Y libertados del pecado, vinisteis a ser siervos de la justicia» (Ro. 6:18).

«Mas ahora que habéis sido libertados del pecado y hechos siervos de Dios, tenéis por vuestro fruto la santificación, y como fin la vida eterna» (Ro. 6:22).

«Porque la ley del Espíritu de vida en Cristo Jesús me ha librado de la ley del pecado y de la muerte» (Ro. 8:2).

«Que, librados de nuestros enemigos, sin temor le serviríamos en santidad y en justicia delante de Él todos los días» (Lc. 1:74-75).

«Así que, amados, puesto que tenemos tales promesas, limpiémonos de toda contaminación de carne y de espíritu, perfeccionando la santidad en el temor de Dios» (2 Co. 7:1).

«Y el Señor os haga crecer y abundar en amor unos para con otros y para con todos, como también lo hacemos nosotros para con vosotros, para que sean afirmados vuestros corazones, irreprensibles *en santidad* delante de Dios nuestro Padre, en la venida de nuestro Señor Jesucristo con todos sus santos» (1 Ts. 3:12-13).

«Seguid la paz con todos, y la santidad, sin la cual nadie verá al Señor» (He. 12:14).

«Porque escrito está: Sed santos, porque yo soy santo» (1 P. 1:16).

«Puesto que todas estas cosas han de ser desechas, ¡cómo no debéis vosotros andar en santa y piadosa manera de vivir!» (2 P. 3:11).

- y tienen la gloriosa esperanza y como fin la vida eterna.

«El que cree en el Hijo tiene vida eterna; pero el que rehúsa creer en el Hijo no verá la vida, sino

que la ira de Dios está sobre él» (Jn. 3:36).

«Y el que siega recibe salario, y recoge fruto para vida eterna, para que el que siembra goce juntamente con el que siega» (Jn. 4:36).

«De cierto, de cierto os digo: El que oye mi palabra, y cree al que me envió, tiene vida eterna; y no vendrá a condenación, mas ha pasado de muerte a vida» (Jn. 5:24).

«El que ama su vida la perderá; y el que aborrece su vida en este mundo, para vida eterna la guardará» (Jn. 12:25).

«Y esta es la vida eterna: que te conozcan a ti, el único Dios verdadero, y a Jesucristo, a quien has enviado» (Jn. 17:3).

«Porque el que siembra para su carne, de la carne segará corrupción; mas el que siembra para el Espíritu, del Espíritu segará vida eterna» (Gá. 6:8).

6 (6:23) ***Paga del pecado—muerte:*** considerad algo, la paga del pecado vs. el don de Dios.

1. La paga del pecado es muerte. (*Véase* Estudio a fondo 1, ***Muerte***—He. 9:27 para ampliar la discusión.) El pecado merece la muerte por dos razones muy claras.
    a. El pecado actúa contra Dios, actúa en contra de su naturaleza misma. El pecado golpea contra Dios, intenta destruir la naturaleza de Dios...
        - de pureza y moralidad.
        - de santidad y gloria.
        - de justicia y rectitud.
        - de amor y gracia.
    b. El pecado es rebelión contra Dios. Es rechazar a Dios, ignorar a Dios, desobedecer a Dios, negar a Dios y negarse a vivir para Dios. (*Véase* nota—Ro. 5:10 para ampliar la discusión.)

    El centro de la cuestión es éste. La verdadera justicia exige que el pecado reciba su paga o su salario. Dado que el pecado es tan contrario a la naturaleza de Dios y es realmente rebelión contra Dios, merece morir...
        - ser arrojado lejos, muy lejos de Dios.
        - no tener parte con Dios.
        - ser destituido de la vista de Dios.
        - ser separado para siempre de la presencia de Dios.
        - ser condenado y castigado por haber deshonrado y maldecido tanto a Dios.

    Así como el trabajador recibe su salario, el pecado va a recibir su paga. Así como sería injusto no pagarle al trabajador, sería injusto no pagarle al pecado por su trabajo. En efecto, si el pecado no recibe su justa retribución, sería la más crasa injusticia de la eternidad. ¿Por qué? Porque el pecado es contra la soberana majestad del universo, contra Dios mismo. El pecado debe recibir su justa retribución. El pecado debe morir; debe ser expulsado para siempre de la presencia de Dios.

«Por tanto, como el pecado entró en el mundo por un hombre, y por el pecado la muerte, así la muerte pasó a todos los hombres, por cuanto todos pecaron» (Ro. 5:12).

«Porque la paga del pecado es muerte, mas la dádiva de Dios es vida eterna en Cristo Jesús Señor nuestro» (Ro. 6:23).

«Porque el ocuparse de la carne es muerte, pero el ocuparse del Espíritu es vida y paz» (Ro. 8:6).

«Entonces la concupiscencia después que ha concebido, da a luz el pecado; y el pecado, siendo consumado, da a luz la muerte» (Stg. 1:15).

«Pero los cobardes e incrédulos, los abominables y homicidas, los fornicarios y hechiceros, los idólatras y todos los mentirosos tendrán su parte en el lago que arde con fuego y azufre, que es la muerte segunda» (Ap. 21:8).

«Mas del árbol de la ciencia del bien y del mal no comerás; porque el día que de él comieres, ciertamente morirás» (Gn. 2:17).

«Como la justicia conduce a la vida, así el que sigue el mal lo hace para su muerte» (Pr. 11:19).

«El alma que pecare, esa morirá; el hijo no llevará el pecado del padre, ni el padre llevará el pecado del hijo; la justicia del justo será sobre él, y la impiedad del impío será sobre él» (Ez. 18:20).

2. El don de Dios es la vida eterna. Note que la vida eterna *no es el pago de un salario. El hombre no puede trabajar para ganar la vida eterna. Es el don de Dios, y es solamente por medio de Jesucristo nuestro Señor (véanse bosquejo y notas—Ro. 6:14-15; 5:1; 6:1-10).*

«De tal manera amó Dios al mundo, que ha dado a su Hijo unigénito, para que todo aquel que en Él cree, no se pierda, mas tenga vida eterna» (Jn. 3:16).

«Nos salvó, no por obras de justicia que nosotros hubiéramos hecho, sino por su misericordia, por el lavamiento de la regeneración y por la renovación en el Espíritu Santo, el cual derramó en nosotros abundantemente por Jesucristo nuestro Salvador; para que justificados por su gracia, viniésemos a ser herederos conforme a la esperanza de la vida eterna» (Tit. 3:5-7).

1 La ley domina al hombre solamente mientras éste vive

a. Las posiciones ilustradas por el matrimonio
1) La ley está viva y vigente para los vivos
2) La ley está muerta e inactiva por muerte

b. La conclusión
1) La ley condena a los vivos que violan sus demandas
2) La muerte de una persona la libera de la ley

2 Posición 1: la ley está muerta para los creyentes

a. Por la muerte de Cristo
b. El propósito de la muerte del creyente
1) Unirle con Cristo
2) Llevar fruto

3 Posición 2: la ley está viva para «los que están en la carne»

a. Despertando la conciencia de ser pecador
b. La muerte

4 La ley es desactivada por la conversión

a. Por la muerte «en» Cristo
b. Servir en novedad de Espíritu

CAPÍTULO 7

V. LUCHA Y CONFESIÓN: EL CREYENTE DEBE ESTAR LIBRE DE LA LEY, 7:1-25

A. Las dos posiciones de la ley en relación con el hombre, 7:1-6

¿Acaso ignoráis, hermanos
(pues hablo con los que con-
ocen la ley), que la ley se
enseñorea del hombre entre
tanto que éste vive?
2 Porque la mujer casada está
sujeta por la ley del marido
mientras éste vive; pero si
el marido muere, ella queda
libre de la ley del marido.
3 Así que, si en vida del
marido se uniese a otro varón,
será llamada adúl-tera; pero si
su marido muriere, es libre de
esa ley, de tal manera que
si se uniere a otro marido,
no será adúltera
4 Así también vosotros,
hermanos míos, habéis
muerto a la ley mediante
el cuerpo de Cristo, para
que seáis de otro, del que
resucitó de los muertos, a
fin de que llevemos fruto
para Dios.
5 Porque mientras es-
tá-bamos en la carne, las
pasiones pecaminosas que
eran por la ley obraban en
nuestros miembros llevan-
do fruto para muerte.
6 Pero ahora estamos li-
bres de la ley, por haber
muerto para aquella en
que estába-mos sujetos, de
modo que sirvamos bajo el
régimen nuevo del Espíritu
y no bajo el régimen viejo
de la letra.

V. LUCHA Y CONFESIÓN: EL CREYENTE DEBE ESTAR LIBRE DE LA LEY, 7:1-25

A. Las dos posiciones de la ley en relación con el hombre, 7:1-6

(7:1-6) ***Introducción:*** la ley de Dios ante el hombre. Tiene dos posiciones que es necesario entender si el hombre desea recibir la paz en esta vida.

1. La ley domina al hombre *solamente* mientras éste vive (vv. 1-3).
2. Posición 1: la ley está muerta para los creyentes (v. 4)
3. Posición 2: la ley está viva para «los que están en la carne» (v. 5).
4. La ley es desactivada por la conversión (v. 6).

(7:1-6) ***Otro bosquejo:*** los dos matrimonios ilustran la relación entre la ley y el hombre.

1. Matrimonio 1: unido con la ley (vv. 1-3).
2. Matrimonio 2: unido con Cristo (v. 4).
3. El divorcio de la ley (vv. 5-6).

[1] (7:1-3) ***La ley:*** la ley domina y rige sobre el hombre *solamente* mientras éste vive. La ley se aplica solamente a los vivos; no tiene vigencia alguna sobre los muertos. El muerto es libre de la ley; ésta ya no tiene jurisdicción ni poder sobre un muerto.

1. Note las dos posiciones de la ley ilustrada por la ley del matrimonio (v. 2).
   a. La ley está viva y vigente para los vivos. (Cp. el marido y la mujer que están vivos, están bajo la ley del matrimonio y del divorcio.)
   b. La ley está muerta y no tiene vigencia cuando la muerte entra en el cuadro. (Cp. la esposa queda libre de la ley cuando muere el marido.)
2. Note la conclusión de la ilustración (v. 3).
   a. La ley condena a los vivos que violan sus demandas. (Cp. la mujer que se casa con otro hombre mientras su marido vive.)
   b. La muerte libera a una persona de la ley. (Cp. la mujer queda libre cuando muere el marido.)
   El punto es claro. Cuando la muerte entra en el cuadro, la persona *ya no está bajo* la ley y ya *no puede ser condenado* por la ley. La muerte libera de la ley para siempre a la persona, de sus exigencias, de la culpa y de la condenación.

[2] (7:4) ***La ley—Jesucristo, redención:*** la primera posición de la ley es una verdad gloriosa—la ley está muerta para los «hermanos» (creyentes). Note que las Escrituras dicen que los creyentes «están muertos a la ley,» mientras el bosquejo afirma que la ley está muerta para el creyente. Ambas cosas son verdad y quieren decir lo mismo.

- Los creyentes están «muertos a la ley»; por lo tanto, la ley tiene que estar muerta e inactiva para los creyentes.

La ley no tiene jurisdicción, poder, autoridad, soberanía o dominio sobre el creyente verdadero. La ley es un asunto muerto para el creyente; nada tiene que ver con el creyente. El creyente está muerto a la ley y la ley está muerta para el creyente. La ley simplemente no existe para el creyente. Esto es sorprendente para la mayoría de las personas, pero es exactamente lo que las Escrituras declaran. El creyente ya no está bajo la ley y su dedo acusador, ya no está bajo...

- su culpa y deshonra.
- su tensión y presión.
- su condenación y castigo.
- su sentido de fracaso e indignidad.
- su desaliento y frustración.
- su sentido de desengaño y derrota.

1. Note como la gloriosa verdad se convierte en realidad en la vida de una persona. El creyente está muerto a la ley por el cuerpo [crucificado] de Jesucristo. El creyente es sacrificado o muerto *en Cristo*. La ley nada tiene que decir al hombre muerto. La muerte del creyente en Cristo es una *muerte vicaria*: no muere literalmente, pero participa de la muerte de Cristo—*espiritualmente*. Cuando un hombre cree en la muerte de Cristo, Dios toma la fe de ese hombre y lo cuenta como que ha muerto en Cristo. Esto es, Dios cuenta la muerte de Cristo como muerte *en favor* del creyente; Dios considera al creyente como si hubiera estado en Cristo cuando Cristo murió. ¿Por qué Dios hace esto? Porque Cristo murió en favor del pecador, en lugar del pecador, llevando la pena y el castigo del pecado sobre Sí. Por lo tanto, el creyente —estando muerto en Cristo— es liberado de la ley, de sus demandas, su culpa y su castigo.

El creyente es liberado «por el cuerpo de Cristo», esto es, por su cuerpo castigado o por su muerte. Cristo redimió al creyente de la ley...

- hecho maldición.

  «Porque todos los que dependen de las obras de la ley están bajo maldición, pues escrito está; maldito todo aquel que no permaneciere en todas las cosas escritas en el libro de la ley, para hacerlas.... Cristo nos redimió de la maldición de la ley, hecho por nosotros maldición (porque está escrito: Maldito todo el que es colgado en un madero)» (Gá. 3:10,13).

- por su sangre.

  «En quien tenemos redención por su sangre, el perdón de pecados según las riquezas de su gracia» (Ef. 1:7).

  «Pero ahora en Cristo Jesús, vosotros que en otro tiempo estabais lejos, habéis sido hechos cercanos por la sangre de Cristo» (Ef. 2:13).

- por su carne.

  «Aboliendo en su carne las enemistades, la ley de los mandamientos expresados en ordenanzas, para crear en sí mismo de los dos un nuevo hombre, haciendo la paz» (Ef. 2:15).

- por la cruz.

  «Y mediante la cruz reconciliar con Dios a ambos en un solo cuerpo, matando en ellas las enemistades» (Ef. 2:16).

- por el cuerpo de su carne.

  «En su cuerpo de carne, por medio de la muerte, para presentaros santos y sin mancha e irreprensibles delante de Él» (Col. 1:22).

Estas son expresiones equivalentes. Enseñan la misma verdad: Cristo llevó nuestros pecados en su cuerpo sobre el madero (1 P. 2:24). Sus sufrimientos satisficieron la justicia. Su muerte nos hace aceptos delante de Dios y nos libra del castigo de la ley; así que el creyente es libre de la ley.

«Quien llevó él mismo nuestros pecados en su cuerpo sobre el madero, para que nosotros, estando muertos a los pecados, vivamos a la justicia; y por cuya herida fuisteis sanados» (1 P. 2:24).

«Porque también Cristo padeció una sola vez por los pecados, el justo por los injustos, para llevarnos a Dios, siendo a la verdad muerto en la carne, pero vivificado en espíritu» (1 P. 3:18).

2. Note el glorioso propósito para la muerte del creyente a la ley.

   a. El creyente muere a la ley para ser unido a Cristo, el Señor resucitado y viviente. Note que nuevamente es usado el cuadro del matrimonio. Antes de la venida de Cristo, el creyente estaba unido en matrimonio a la ley; estaba bajo su soberanía y autoridad. Pero ahora, desde que vino a Cristo, está unido en matrimonio con Cristo; está bajo su dominio y autoridad. El creyente ya no vive según manda la ley, sino según Cristo vivió y según el dio mandamientos. (Note: Cristo vino a cumplir la ley; por lo tanto, Él y sus mandamientos incluyen no solamente la ley, sino mucho más. *Véase* nota—Mt. 5:17-18 para ampliar la discusión.) Note que los creyentes están casados con Cristo, el Señor resucitado y viviente. No es un matrimonio muerto o inactivo, sino vivo y activo.

   «Así también vosotros, hermanos míos, habéis muerto a la ley mediante el cuerpo de Cristo, para que seáis de otro, del que resucitó de los muertos, a fin de que llevemos fruto para Dios» (Ro. 7:4).

   «¿No sabéis que vuestros cuerpos son miembros de Cristo? ¿Quitaré, pues, los miembros de Cristo y los haré miembros de una ramera? De ningún modo» (1 Co. 6:15).

   «Porque os celo con celo de Dios; pues os he desposado con un solo esposo, para presentaros como una virgen pura a Cristo» (2 Co. 11:2).

   «Porque somos miembros de su cuerpo, de su carne y de sus huesos» (Ef. 5:30).

   «Lo que habéis oído desde el principio, permanezca en vosotros. Si lo que habéis oído desde el principio permanece en vosotros, también vosotros permaneceréis en el Hijo y en el Padre» (1 Jn. 2:24).

   b. El creyente muere a la ley a fin de llevar fruto para Dios. Llevar fruto significa...
   - producir justicia (Ro. 6:21-23; Fil. 1:11).
   - producir convertidos (Ro. 1:13; Jn. 15:16).
   - producir un carácter cristiano, el fruto del Espíritu (Gá. 5:22-23; Col. 1:10).

[3] (7:5) ***La ley—lujuria—pecado:*** la segunda posición de la ley es una advertencia—la ley está viva para los que «están en la carne». Hombre «en la carne» es el hombre natural: el hombre sin Cristo, el no salvo, el no justificado, el hombre no regenerado. Estar «en la carne» significa que un hombre está todavía «bajo la ley», que debe observar sus demandas, sufrir la culpa y cargar con el castigo. (*Véanse* Estudio a fondo 1, ***Carne***—Jn. 1:14; Estudio a fondo 1—1 Co. 3:1-4 para ampliar la discusión.) Note dos puntos significativos.

1. La ley está viva y activa para el hombre sin Cristo.

   a. Está viva y activa en que señala el pecado y hace resaltar la culpa en el hombre que viola la ley. (*Véase* nota ***Gracia vs. ley***—Ro. 6:14-15 para ampliar la discusión y los versículos acerca del sentimiento de culpa.)

   «Por medio de la ley es el conocimiento del pecado» (Ro. 3:20).

   «Pero la ley se introdujo para que el pecado abundase» (Ro. 5:20).

   «¿Qué diremos, pues? ¿La ley es pecado? En ninguna manera. Pero yo no conocí el pecado sino por la ley; porque tampoco conociera la codicia, si la ley no dijera: No codiciarás» Ro. 7:7).

   «Entonces, ¿para qué sirve la ley? Fue añadida a causa de las transgresiones, hasta que viniese la simiente a quien fue hecha la promesa» (Gá. 3:19).

   «De manera que la ley ha sido nuestro ayo, para llevarnos a Cristo, a fin de que fuésemos justificados por la fe» (Gá. 3:24).

   «Conociendo esto, que la ley no fue dada para el justo, sino para los transgresores y desobedientes, para los impíos y pecadores, para los irreverentes y profanos, para los parricidas y los matricidas, para los homicidas» (1 Ti. 1:9).

   b. Esta viva y activa en que suscita pasiones pecaminosas o «pasiones de pecados» (*ta pathemata ton hamartion*). La ley no solamente señala el pecado, sino despierta además los sentimientos y agita las emociones para hacer lo prohibido. Los sentimientos pecaminosos son realmente «obrados» (*energeito*) por la ley en nuestros miembros. Cuando la ley prohíbe o no permite algo, crea realmente en nosotros...

- interés.
- estímulo.
- atracción.
- fasinación.
- excitación.
- seducción.
- apelación.
- despertartamiento.

Hay algo en el hombre que le lleva a querer hacer lo que está prohibido. Cuando se le restringe o se le ponen límites, quiere quebrantar las restricciones o límites. Quiere ir más allá de lo que está permitido, tomar el control de su propia vida y hacer lo que quiere y desea. (*Véase* nota—Ro. 7:8 para ampliar la discusión).

«Porque mientras estábamos en la carne, las *pasiones pecaminosas* que eran por la ley obraban en nuestros miembros llevando fruto para muerte» (Ro. 7:5).

«Mas el pecado, tomando ocasión por el mandamiento, *produjo en mí toda codicia*; porque sin la ley el pecado está muerto» (Ro. 7:8).

«Sino que cada uno es tentado, cuando de su propia concupiscencia es atraído y seducido. Entonces la concupiscencia, después que ha concebido, da a luz el pecado; y el pecado siendo consumado, da a luz la muerte» (Stg. 1:14-15).

«¿De dónde vienen las guerras y los pleitos entre vosotros? ¿No es de vuestras pasiones, las cuales *combaten en vuestros miembros*? Codiciáis, y no tenéis; matáis y ardéis de envidia, y no podéis alcanzar; combatís y lucháis, pero no tenéis lo que deseáis, porque no pedís» (Stg. 4:1-2).

«Porque el *deseo* de la carne *es contra* el Espíritu, y el del Espíritu es contra la carne; y estos se oponen entre sí, para que no hagáis lo que quisiereis» (Gá. 5:17).

2. El resultado de combatir la ley —de negarse a obedecerla— es que produce el fruto del pecado. Cuando el hombre viola la ley, produce transgresión y pecado, y el pecado lleva a la muerte. En efecto, el pecado merece la muerte (*véase* nota—Ro. 6:23 para ampliar la discusión).

«Por tanto, como el pecado entró en el mundo por un hombre, y por el pecado la muerte, así la muerte pasó a todos los hombres, por cuanto todos pecaron» (Ro. 5:12).

«Porque la paga del pecado es muerte, mas la dádiva de Dios es vida eterna en Cristo» (Ro. 6:23).

«Porque el ocuparse de la carne es muerte, pero el ocuparse del Espíritu es vida y paz» (Ro. 8:6).

«Entonces la concupiscencia, después que ha concebido, da a luz el pecado; y el pecado, siendo consumado, da a luz la muerte» (Stg. 1:15).

«Pero los cobardes e incrédulo, los abominables y homicidas, los fornicarios y hechiceros, los idólatras y a todos los mentirosos tendrán su parte en el lago que arde con fuego y azufre, que es la muerte segunda» (Ap. 21:8).

«Mas del árbol de la ciencia del bien y del mal no comerás; porque el día que de él comieres, ciertamente morirás» (Gn. 2:17).

«Como la justicia conduce a la vida, así el que sigue el mal lo hace para su muerte» (Pr. 11:19).

«El alma que pecare, esa morirá, el hijo no llevará el pecado del padre, ni el padre llevará el pecado del hijo; la justicia del justo será sobre Él, y la impiedad del impío será sobre Él» (Ez. 18:20).

4 (7:6) ***Ley—nueva vida:*** la ley es inactivada por la conversión. Los creyentes son «liberados» (*katergethemen*), esto es, han sido *descargados* de la ley. ¿Cómo? Por su muerte «en» Cristo (*véase*nota, ***Jesucristo, redención***— Ro. 7:4 para su discusión.)

El creyente es liberado de la ley para que pueda servir bajo el «régimen nuevo del Espíritu» y no en el «régimen viejo de la letra».

- El «régimen viejo de la letra» se refiere a la ley. Es la ley *escrita* la que el hombre trata de guardar para agradar a Dios. Pero note que la ley era el *viejo régimen* de vida para el hombre; ya no es el camino por el cual el hombre se acerca a Dios.
- El «régimen nuevo del espíritu» puede referirse al Espíritu Santo o al nuevo espíritu del hombre. El Espíritu Santo es el que trae la nueva vida al creyente y produce fruto dentro del creyente. (Cp. 8:13-17; Gá. 5:22-23; *véanse* bosquejo y notas—Ro. 8:1-17.)

El nuevo espíritu del creyente se centra además en Dios y en su relación con Dios. El creyente ahora es un hijo de Dios, un miembro verdadero de la familia de Dios que ha abierto el acceso a la presencia de Dios en cualquier circunstancia y bajo cualquier condición. El creyente procura servir a Dios sabiendo que si falla Dios le perdonará y le permitirá seguir adelante, como si nada hubiera ocurrido. El creyente ya no sirve a Dios con un espíritu legalista y esclavizante que lo condena al desaliento y a la derrota; pero sirve a Dios en un «nuevo espíritu» de amor, gozo, paz, perdón y aceptación.

«Porque si vivís conforme a la carne, moriréis; mas si por el Espíritu hacéis morir las obras de la carne, viviréis. Porque todos los que son guiados por el espíritu de Dios, éstos son hijos de Dios. Pues no habéis recibido el espíritu de esclavitud para estar otra vez en temor, sino que habéis recibido el espíritu de adopción, por el cual clamamos; ¡Abba, Padre! El Espíritu mismo da testimonio a nuestro espíritu, de que somos hijos de Dios. Y si hijos, también herederos; herederos de Dios y coherederos con Cristo, si es que padecemos juntamente con Él, para que juntamente con Él seamos glorificados» (Ro. 8:13-17).

«Porque el amor de Cristo nos constriñe, pensando esto: que si uno murió por todos, luego todos murieron; y por todos murió, para que los que viven, ya no vivan para sí, sino para aquel que murió y resucitó por ellos» (2 Co. 5:14-15).

«De modo que si alguno está en Cristo, nueva criatura es; las cosas viejas pasaron; he aquí todas son hechas nuevas» (2 Co. 5:17).

«Porque en Cristo Jesús ni la circuncisión vale nada, ni la incircuncisión, sino una nueva creación» (Gá. 6:15).

«En quien tenemos redención por su sangre, el perdón de pecados según las riquezas de su gracia» (Ef. 1:7).

«Y vestíos del nuevo hombre, creado según Dios en la justicia y santidad de la verdad» (Ef. 4:24).

«Y revestido del nuevo, el cual conforme a la imagen del que lo creó se va renovando hasta el conocimiento pleno» (Col. 3:10).

«Si confesamos nuestros pecados, Él es fiel y justo para perdonar nuestros pecados, y limpiarnos de toda maldad» (1 Jn. 1:9).

«Hijitos míos, estas cosas os escribo para que no pequéis; y si alguno hubiere pecado, abogado tenemos para con el Padre, a Jesucristo el justo. Y Él es la propiciación por nuestros pecados; y no solamente por los nuestros, sino también por los de todo el mundo» (1 Jn. 2:1-2).

1 La ley **¿Es pecado?** **¿Es mala?** **2 La ley revela el hecho del pecado** **3 La ley da al pecado la oportunidad de suscitar y obrar toda clase de mal** **4 La ley revela el hecho de la condenación y la muerte**	**B. El propósito de la ley, 7:7-13** 7 ¿Qué diremos, pues? ¿La ley es pecado? En ninguna manera. Pero yo no conocí el pecado sino por la ley; porque tampoco conociera la codicia, si la ley no dijera: no codiciarás. 8 Mas el pecado, tomando ocasión por el mandamiento, produjo en mí toda codicia; porque sin la ley el pecado está muerto. 9 Y yo sin la ley vivía en un tiempo; pero venido el mandamiento, el pecado revivió y yo morí. 10 Y hallé que el mismo	mandamiento que era para vida, a mí me resultó para muerte; 11 porque el pecado, to- mando ocasión por el man- damiento, me engañó y por él me mató. 12 De manera que la ley a la verdad es santa, y el manda- miento santo, justo y bueno. 13 ¿Luego lo que es bueno, vino a ser muerte para mí? En ninguna manera; sino que el pecado, para mos- trarse pecado, produjo en mí la muerte por medio de lo que es bueno, a fin de que por el mandamiento el pecado llegase a ser sobre- manera pecaminoso.	**5 La ley revela el carácter engañoso del pecado** **6 La ley revela el camino de Dios: santidad, justicia y bondad** **7 La ley muestra que el pecado es sobremanera pecaminoso y que es la causa de la muerte**

B. El propósito de la ley, 7:7-13

(7:7-13) ***Introducción:*** este pasaje señala claramente el propósito de la ley. Es un pasaje que necesita ser estudiado con sumo cuidado tanto por el mundo como por el creyente. Es un pasaje que debe ser proclamado desde las azoteas, porque la ley fue dada por Dios para mostrar su desesperada necesidad de un Salvador.

1. La ley, ¿es pecado? ¿Es mala? (v. 7).
2. La ley revela el hecho del pecado (v. 7).
3. La ley da al pecado la oportunidad de suscitar y obrar toda clase de mal (v. 8).
4. La ley revela el hecho de la condenación y la muerte (vv. 9-10).
5. La ley revela el carácter engañoso del pecado (v. 11).
6. La ley revela el camino de Dios: santidad, justicia y bondad (v. 12).
7. La ley muestra que el pecado es sobremanera pecaminoso y que es la causa de la muerte (v. 13).

[1] (7:7) ***La ley:*** ¿Es la ley pecado? ¿Es mala? Esta es una pregunta legítima debido a lo que Romanos ha declarado acerca de la ley.

1. La ley juzga y condena a los hombres: «y todos los que bajo la ley han pecado, por la ley serán juzgados» (Ro. 2:12).
2. La ley y el rito no hacen cristiana a una persona: «Sino que es judío [cristiano] el que lo es en lo interior, y la circuncisión [un ritual] es la del corazón, en espíritu, no en letra [la ley]; la alabanza del cual no viene de los hombres, sino de Dios» (Ro. 2:29).
3. La ley no puede hacer que un hombre sea justo o aceptable delante de Dios: «Ya que por las obras de la ley ningún ser humano será justificado delante de Él; porque por medio de la ley es el conocimiento del pecado»(Ro. 3:20; cp. Ro. 3:27).
4. El propósito de la ley no es salvar al hombre sino dar testimonio de que el hombre necesita desesperadamente la justicia de Dios: «Pero ahora, aparte de la ley, se ha manifestado la justicia de Dios, testificada por la ley y por los profetas; la justicia de Dios por medio de la fe en Jesucristo, para todos los que creen en Él. Porque no hay diferencia» (Ro .3:21-22).
5. La ley lleva al hombre a jactarse en sí mismo —en sus propias obras y en su justicia propia— no en Dios: «¿Dónde, pues, está la jactancia? Queda excluida. ¿Por cuál ley? ¿Por la de las obras? No, sino por la ley de la fe» (Ro. 3:27; cp. Ro.4:2, 4; 2:29).
6. La ley no justifica a la persona: «Porque si Abraham fue justificado por las obras [la ley], tiene de qué gloriarse, pero no para con Dios. Porque ¿qué dice la Escritura? Creyó Abraham a Dios, y le fue contado por justicia. Pero al que obra, no se le cuenta el salario como gracia, sino como deuda; mas al que no obra, sino cree en aquel que justifica al impío, su fe le es contada por justicia» (Ro. 4:2-5).
7. La ley no es la forma en que una persona recibe la promesa de Dios: «Porque no por la ley fue dada a Abraham o a su descendencia la promesa de que sería heredero del mundo, sino por la justicia de la fe» (Ro. 4:13).
8. La ley obra la ira en que acusa al hombre de pecado y lo condena: «Pues la ley produce ira; pero donde no hay ley, tampoco hay transgresión» (Ro. 4:15).
9. La ley hace que el pecado crezca y se multiplique: «Pero la ley se introdujo para que el pecado abundase; mas cuando el pecado abundó, sobreabundó la gracia» (Ro. 5:20).
10. La ley esclaviza y pone al hombre bajo servidumbre: «Porque el pecado no se enseñoreará de vosotros; pues no estáis bajo la ley, sino bajo la gracia» (Ro. 6:14; cp. 7:1).
11. La ley lleva a los hombres a pecar: Porque mientras estábamos en la carne, las pasiones pecaminosas que eran por la ley obraban en nuestros miembros llevando fruto para muerte» (Ro. 7:5).

Factores como estos pueden, naturalmente, hacer que una persona cuestione el valor de la ley de Dios. Si la ley pone tal carga de pecado sobre el hombre, ¿de qué sirve? ¿No es mala? Las Escrituras afirman con fuerza y claridad: «¡De ninguna manera! ¡Jamás! ¡Tal pensamiento está lejos de la verdad!"

[2] (7:7) ***La ley:*** la ley de Dios revela el hecho del pecado. Aparte de la ley, el hombre podría estar consciente de que algunos actos son incorrectos, tales como robar y matar. Sin embargo, podría haber mucho de lo que el hombre no se daría cuenta si no existiera la ley, muchas cosas que necesitaría saber con desesperación a fin de vivir una vida plena y apacible.

La ley revela el hecho del pecado, el hecho...

- de que los hombres no mantienen una buena relación con Dios.
- de que los hombres no mantienen una buena relación con los demás hombres.
- de que los hombres viven egoístamente, condenándose a sí mismos.

- de que los hombres codician y desean, destruyendo su mundo y su futuro.
- de que los hombres desagradan a Dios y se han hecho inaceptables delante de Él.

El punto central del argumento es éste: cuando el hombre ve el hecho del pecado, el hecho de que es pecador, puede *corregirse* y *hacer algo* al respecto. El conocimiento del pecado es una cosa grande y gloriosa, porque podemos tomar nuestro conocimiento y usarlo para *corregir lo incorrecto*. Sin la ley, estaríamos errantes en la ignorancia, sin distinguir lo correcto de lo incorrecto, lo que nos condena de lo que nos libera. Si no hubiera restricción, esto es la ley, cada hombre haría su antojo cuando quisiera; estaría haciendo lo suyo propio —cumpliendo sus propios deseos— sin importar el resultado y el daño infligido a los demás.

Ahora bien, note: la ley revela el pecado; despierta al hombre en cuanto a tres hechos respecto del pecado.

1. La ley revela el hecho del pecado, que el pecado realmente existe. La ley despierta al hombre a la realidad y verdad del pecado. El hombre sabe que codiciar es incorrecto porque la ley dice: «No codiciarás». El hombre sabe que algunas cosas son buenas y otras son malas porque la ley lo dice. Sabe que ciertas cosas agradan a Dios y otras le desagradan porque la ley lo dice. En lenguaje sencillo y claro, la ley dice al hombre...
   - lo que es la naturaleza y la voluntad de Dios.
   - lo que debe hacer para ser aceptable a Dios.

2. La ley revela el hecho del pecado de un hombre, el que el hombre es sin duda un pecador. La ley despierta al hombre a la realidad de que él mismo es un pecador. La ley revela al hombre...
   - que no siempre hace la voluntad de Dios.
   - que no es capaz de guardar la ley de Dios, no en forma perfecta.
   - que es culpable de actuar en contra de la naturaleza de Dios.
   - que es imperfecto, culpable de violar la ley de Dios.
   - que siendo imperfecto, está destituido de la gloria de Dios.
   - que estando destituido de la gloria de Dios, no es aceptable delante de los ojos de Dios.

3. La ley revela el hecho de la naturaleza pecaminosa del hombre, que el hombre está realmente inclinado a hacer las cosas prohibidas. La ley muestra al hombre que tiene una naturaleza depravada, contaminada y corrompida. La ley muestra al hombre que él codicia y desea, se siente estimulado a...
   - apoderarse de la segunda ración de alimento.
   - sacar los melones del otro lado de la cerca.
   - tratar de lograr lo que posee su prójimo.
   - ir en busca de excitación y estímulo prohibido.
   - llenar las codicias de la carne.
   - satisfacer las codicias de los ojos.
   - satisfacer la vanagloria de la vida.

El propósito de la ley es revelar el pecado para que el hombre pueda corregir su conducta y que se salve a sí mismo y a su mundo. Sin la ley de Dios, no sabría que necesita ser salvo.

> **«Ya que por las obras de la ley ningún ser humano será justificado delante de Él; porque por medio de la ley es el conocimiento del pecado» (Ro. 3:20).**
>
> **«Pero la ley se introdujo para que el pecado abundase; mas cuando el pecado abundó, sobreabundó la gracia» (Ro. 5:20).**
>
> **«¿Qué diremos, pues? ¿La ley es pecado? En ninguna manera. Pero yo no conocí el pecado sino por la ley; porque tampoco conociera la codicia, si la ley no dijera: No codiciarás» (Ro. 7:7).**
>
> **«Entonces, ¿para qué sirve la ley? Fue añadida a causa de las transgresiones, hasta que viniese la simiente a quien fue hecha la promesa» (Gá. 3:19).**
>
> **«De manera que la ley ha sido nuestro ayo, para llevarnos a Cristo, a fin de que fuésemos justificados por la fe» (Gá. 3:24).**
>
> **«Conociendo esto, que la ley no fue dada para el justo, sino para los transgresores y desobedientes, para los impíos y pecadores, para los irreverentes y profanos, para los parricidas y matricidas, para los homicidas» (1 Ti. 1:9).**

[3] (7:8) ***La ley—lujuria—pecado:*** la ley da oportunidad al pecado para manifestarse plenamente obrando toda clase de mal. Note las palabras exactas de las Escrituras: «El pecado, tomando ocasión [oportunidad] por el mandamiento, obra en los hombres toda forma de mal», esto es, el pecado usa el mandamiento. El pecado *no* está *dentro* del mandamiento; está *separado* de él. El mandamiento o ley no es pecaminoso. El pecado está dentro del hombre, no dentro de la ley. El envejecimiento del hombre, el deterioro, y la naturaleza corrupta tiene dentro de sí...

- el principio del pecado
- una carne enferma
- la tendencia a pecar
- un apetito egoísta
- la afición al pecado
- un apetito egoísta
- la necesidad de pecar
- un espíritu muerto

Note tres puntos.

1. Es la ley la que da al pecado la oportunidad de manifestarse. La ley realmente estimula, despierta y anima al pecado para obrar toda forma de mal. Cuando al hombre se le dice que no haga algo, hay algo en su interior que se agita y desea hacerlo. A veces el deseo de hacer lo prohibido es tan fuerte que se convierte en una pasión, inflamada a tal punto que la persona tiene que hacerlo. (*Véase* nota—Ro. 7:5 para ampliar la discusión.)

2. Es el hombre el que toma y hace mal uso de la ley; no es la ley la que toma al hombre y hace un mal uso de él. La ley no viola al hombre; el hombre viola la ley. No es la ley la que *toma* al hombre y lo obliga a pecar. Es el hombre el que *toma* la ley, la quebranta, y deliberadamente va en sentido contrario de lo que ella manda. Es el pecado dentro del hombre el que toma y mal usa la ley para obrar toda suerte de pecado. Por lo tanto, no es la ley la mala; el hombre es el malo.

3. Sin la ley, *el pecado estaba muerto*; esto es, no estaba viva ni activa. No estaba dirigiendo ni guiando al hombre; no podía cumplir su función que era tan desesperadamente necesaria: mostrar al hombre su necesidad crítica de ser liberado del pecado y de la condenación de la muerte.

Sin la ley, *el pecado está muerto*, pero con la ley el pecado vive. El hombre puede mirar la ley y su verdadera condición, que es pecador y debe ser salvado si ha de llegar acepto ante Dios y vivir eternamente. La ley no es mala sino buena, gloriosamente buena, porque nos muestra que tenemos una urgente necesidad de salvación.

> **«Porque mientras estábamos en la carne, las pasiones pecaminosas que eran por la ley obraban en nuestros miembros llevando frutos para muerte» (Ro. 7:5).**
>
> **«Mas el pecado, tomando ocasión por el mandamiento, produjo en mí toda codicia; porque sin la ley el pecado está muerto» (Ro. 7:8).**
>
> **«Sino que cada uno es tentado, cuando de su propia concupiscencia es atraído y seducido. Entonces la concupiscencia, después que ha concebido, da a luz el pecado; y el pecado, siendo consumado, da a luz la muerte» (Stg. 1:14-15).**
>
> **«¿De dónde vienen las guerras y los pleitos entre vosotros? ¿No es de vuestras pasiones, las cuales combaten en vuestros miembros? Codiciáis, y no tenéis; matáis y ardéis de envidia, y no podéis alcanzar; combatís y lucháis, pero no tenéis lo que deseáis, porque no pedís» (Stg. 4:1-2).**
>
> **«Porque el deseo de la carne es contra el Espíritu, y el del Espíritu es contra la carne; y éstos se oponen entre sí, para que no hagáis lo que quisiereis» (Gá. 5:17).**

4 (7:9-10) ***La ley:*** la ley revela el hecho de la condenación y la muerte. Este es el mayor propósito de la ley. Note tres puntos.

1. El hombre que no conoce o no presta atención a la ley se siente vivo. No tiene conciencia de la ley; por lo tanto, no presta atención al pecado. No está consciente de que es pecador y está destituido de la gloria de Dios, que viola la voluntad de Dios y va en contra de la naturaleza de Dios. Ignora la ley de Dios; presta poca atención a lo justo o a lo malo. Cuando hace lo malo y no hace el bien, no tiene conciencia de ello. Por lo tanto...

- no tiene conciencia de pecado.
- no tiene conciencia de culpa.
- no tiene temor del castigo.
- no tiene sentido del juicio.

Se siente vivo, a salvo, seguro, confiado y con la certidumbre de que está agradando a Dios y será aprobado y aceptado por Dios. Se siente vivo a pesar de la realidad de su pecaminoso estado y condición. Sin la ley no conoce la verdad, de que es pecador, condenado, inmundo y siempre destituido de la gloria y de la aceptación de Dios.

2. El hombre que conoce la ley de Dios y le presta atención ve vivir el pecado. Por el conocimiento de la ley el hombre se hace *muy consciente* de pecado cuando quebranta la ley. Es la ley la que le da...

- una dolorosa convicción de pecado.
- sentido de culpabilidad.
- conciencia del juicio venidero.
- temor por el castigo y la muerte.

Es la ley la que hace que su espíritu muera, destruye su confianza y seguridad, consuelo y certidumbre. Es la ley la que le muestra el verdadero estado y condición del hombre: que es pecador enfrentado a la condenación y a la muerte; que necesita desesperadamente ser liberado del pecado y la muerte; que necesita urgentemente un Salvador que pueda hacerlo acepto delante de Dios.

3. El foco del asunto es: la ley ha sido ordenada para dar vida, pero no en el sentido que los hombres piensan. Los hombres piensan que la ley fue dada para ser guardada, y que por guardar el mandamiento pueden ganarse la aceptación de Dios obrando para ganar su camino al cielo. Sin embargo, este no es el modo en que la ley da vida al hombre. La ley da vida al hombre...

- destruyendo su egocentrismo y su justicia propia.
- revelándole la verdad, su verdadero estado y condición.
- mostrándole que es un ser corrupto y pecador.
- demostrándole que necesita urgentemente ser liberado del pecado y la muerte.
- demostrándole que necesita urgentemente un Salvador, Uno que pueda hacerle acepto ante los ojos de Dios.

Cuando el hombre realmente mira la ley de Dios, aprende su verdadera condición: está corrompido y destinado a enfrentarse a la condenación y la muerte. Al aprender este hecho, es llevado a buscar la salvación de Dios. Por lo tanto, la ley no es mala; es buena.

> **«Porque según el hombre interior, me deleito en la ley de Dios; pero veo otra ley en mis miembros, que se rebela contra la ley de mi mente, y que me lleva cautivo a la ley del pecado que está en mis miembros. ¡Miserable de mí! ¿quién me librará de este cuerpo de muerte?» (Ro. 7:22-24).**
>
> **«De manera que la ley ha sido nuestro ayo, *para llevarnos a Cristo,* a fin de que fuésemos justificados por la fe» (Gá. 3:24).**
>
> **«En el camino de la justicia está la vida; y en sus caminos no hay muerte» (Pr. 12:28).**
>
> **«Y cuando el impío se apartare de su impiedad, e hiciere según el derecho y la justicia, vivirá por ello» (Ez. 33:19).**

5 (7:11) ***La ley:*** la ley revela lo engañoso del pecado. Note otra vez: es el pecado el que toma la ley y la mal usa; toma la ley y nos engaña. ¿Cómo? Hay por lo menos dos modos.

1. El pecado hace mal uso de la ley y engaña a la persona haciéndola sentirse segura y a salvo. El pecado, esto es, la justicia propia, dice: obedece la ley y vivirás. Pero eso es un engaño, porque ningún hombre puede guardar perfectamente la ley. En lo profundo, el hombre honesto y pensante sabe que nunca logrará la perfección guardando la ley de Dios; pero su pecado, su justicia propia, le hace seguir tratando permanentemente; pero está para siempre engañado y condenado. El centro de la cuestión es esta: la ley revela el carácter engañoso del pecado o de la justicia propia. La ley demuestra que el hombre no es perfecto, que no puede vivir sin pecar, que peca y peca y no puede dejar de pecar. Cuando un hombre mira honestamente la ley, la ley destruye el engaño del pecado.

2. El pecado hace mal uso de la ley y engaña al hombre desanimándolo y haciéndolo sentirse desamparado y sin esperanzas. El pecado engaña al hombre haciéndole pensar que ha sido dejada para dar vida al hombre. Por lo tanto, cuando el hombre sigue quebrantando la ley, se siente muy consciente de que está condenado e incapaz de lograr la justicia de la ley. Sabe que ha desagradado a Dios y siente que es inaceptable para Dios. Los sentimientos de desamparo y desesperación le afectan y se siente derrotado, caído y excluido. El pecado sencillamente toma la ley y usa el fracaso del hombre para desanimarlo. El pecado usa la ley, por decirlo así, para azotar al hombre, y hacerlo sentirse indigno, desamparado y sin esperanzas, para sumirlo más y más en la desesperación.

> **«Porque el pecado, tomando ocasión por el mandamiento, me engañó, y por él mató» (Ro. 7:11).**
>
> **«Porque nosotros también éramos en otro tiempo insensatos, rebeldes, extraviados, esclavos de concupiscencias y deleites diversos, viviendo en malicia y envidia, aborrecibles, y aborreciéndonos unos a otros» (Tit. 3:3).**
>
> **«Antes exhortaos los unos a los otros cada día, entre tanto que se dice: Hoy; para que ninguno de vosotros se endurezca por el engaño del pecado» (He. 3:13).**
>
> **«La integridad de los rectos los encaminará; pero destruirá a los pecadores la perversidad de ellos" (Pr. 11:3).**
>
> **«Como la justicia conduce a la vida, así que el que sigue el mal lo hace para su muerte» (Pr. 11:19).**

Ahora note: una actitud tal hacia la ley es una actitud de pecado. La ley jamás fue dada para llevar al hombre a la desesperación, y en verdad, no puede. Es el pecado *dentro* de los hombres lo que los lleva a la desesperación. La mente torcida y los pensamientos impíos llevan a los hombres al estado de desesperanza. La ley fue dada para revelar al hombre su pecado, para tomar el pecado ya existente y revelar al hombre su vergüenza y sus consecuencias. Cuando se dio la ley, el hombre ya estaba en un estado de pecado y muerte: estaba pecando y moría. Dios le dio la ley porque lo amaba, porque sabía que los hombres necesitaban ser dirigidos a Cristo, necesitaban que se les mostrara su terrible condición y la desesperada necesidad de un Salvador. Tal es el propósito glorioso de la ley, un propósito que está lejos de ser malo.

6 (7:12) ***La ley:*** la ley revela el camino de Dios, el camino de la santidad, la justicia y la bondad.

1. La ley es santa: apartada, llena de pureza, majestad y gloria—apartada en que revela la naturaleza y la voluntad de Dios—apartada en que delata el pecado, todo lo que es contrario a la naturaleza y voluntad de Dios. La ley es santa en que es diferente y apartada de toda otra cosas que hay sobre la tierra. La ley es el camino de la santidad dado por Dios, el camino para vivir una vida de santidad, el camino que es tan diferente y tan apartado que ningún hombre puede alcanzar su pureza.

2. La ley es justa: recta, imparcial, honesta, equitativa, derecha. La ley trata al hombre exactamente como debe ser tratado; no muestra parcialidad hacia nadie. Además revela cómo debe tratar el hombre a los demás. La ley es justa en que revela exactamente cómo debe

vivir el hombre. Le muestra cómo vivir en relación con Dios y con sus semejantes, y lo juzga honesta e imparcialmente.

3. La ley es buena: muestra al hombre cómo debe vivir y le avisa cuando ha fallado. Revela su pecado y le demuestra su urgente necesidad de un Salvador. La ley dice al hombre la verdad acerca de la naturaleza del hombre en un forma completamente explícita, y le indica la necesidad de recibir ayuda de *afuera* para ser salvo.

> **«La ley de Jehová es perfecta, que convierte el alma; el testimonio de Jehová es fiel, que hace sabio al sencillo» (Sal. 19:7).**
>
> **«Tu justicia es justicia eterna, y tu ley la verdad» (Sal. 119:142).**
>
> **«De manera que la ley a la verdad es santa, y el mandamiento santo, justo y bueno» (Ro. 7:12).**
>
> **«Porque sabemos que la ley es espiritual; mas yo soy carnal, vendido al pecado» (Ro. 7:14).**
>
> **«Pero sabemos que la ley es buena, si uno la usa legítimamente» (1 Ti. 1:8).**

7 (7:13) ***La ley—pecado:*** la ley muestra que el pecado es sobremanera pecaminoso y que es la causa de la muerte. Note tres puntos.

1. La ley es buena; no es la causa de la muerte. «¡De ninguna manera! ¡Imposible!»

2. La ley fue dada para revelar el pecado y hacer que los hombre estén plenamente conscientes de su presencia y sus consecuencias. Los hombres necesitaban saber cuán excesivamente pecaminoso es el pecado. Los hombres necesitaban saber que el pecado...

- es la peor afrenta posible contra Dios.
- es la peor rebelión imaginable contra Dios.
- está contra todo lo que Dios representa.

La ley demuestra que el pecado es contra Dios: contra todo lo que Él es, contra toda su naturaleza y voluntad. El pecado es egoísta, destructivo, sucio, feo e impuro. La ley es todo lo contrario. La ley fue dada para mostrar cuán pecaminoso, sobremanera pecaminoso, es el pecado; para mostrar cuán terrible es. Tome cualquier pecado y compárelo con la ley que lo prohíbe y entonces resalta el gran contraste.

Por ejemplo, tome el homicidio y póngalo junto al mandamiento «No matarás». Considere el gran contraste.

- El mandamiento protege la vida del hombre, pero el pecado quita la vida.
- El mandamiento protege la presencia del hombre entre sus seres queridos, pero el pecado quita su presencia.
- El mandamiento protege la existencia del hombre sobre la tierra, pero el pecado quita su existencia.
- El mandamiento protege la contribución del hombre a la sociedad, pero el pecado quita su contribución.
- El mandamiento dice que el hombre podría vivir, pero el pecado dice «no», y lo mata.

Así ocurre con cada pecado, sea el adulterio, el robo, o tomar el nombre de Dios en vano. La ley fue dada para mostrar que el pecado es sobremanera pecaminoso. Fue dada para hacer pensar a los hombres en su estado y condición pecaminosa y en su urgente necesidad de liberación y salvación.

3. La ley fue dada para hacer pensar a los hombres en la muerte, para que los hombres estén conscientes de que mueren porque violan la voluntad y la naturaleza de Dios. Los hombres murieron *antes de que* fuera dada la ley. Murieron porque no vivieron santa y justamente, no vivieron en conformidad con la naturaleza y la voluntad de Dios. Dios les dio la ley para que el pecado y su condenación de muerte fuese *revelada* más que nunca antes. Había que demostrar a los hombres que eran grandes pecadores y que morían por cuanto pecaban. La ley muestra a los hombres en forma más clara que nunca antes y en términos inconfundibles...

- que cometen pecado.
- que no son perfectos.
- que están condenados a morir.

Por lo tanto, necesitan un Salvador que los libre del pecado y las terribles consecuencias de la muerte. La ley muestra al hombre su urgente necesidad de ser salvado del pecado, la muerte y el juicio.

> **«Como está escrito: No hay justo, ni aun uno; no hay quien entienda, no hay quien busque a Dios. Todos se desviaron, a una se hicieron inútiles; no hay quien haga lo bueno, no hay ni siquiera uno» (Ro. 3:10-12, 19; cp. v.9-19).**
>
> **«Porque la paga del pecado es muerte, mas la dádiva de Dios es vida eterna en Cristo Jesús Señor nuestro» (Ro. 6:23).**

1 La ley es espiritual
2 Confesión 1: el es carnal, vendido al pecado
a. La vida carnal es una lucha vana e incesante
b. La vida carnal demuestra que la naturaleza y el conocimiento humano son inadecuados
c. El hombre tiene una naturaleza pecaminosa, depravada y corrupta
3 Confesión 2: está vacío de toda cosa buena
a. Quiere y resuelve, pero es incapaz

C. Las confesiones de un alma humana que lucha, 7:14-25

14 Porque sabemos que la ley es espiritual; mas yo soy carnal, vendido al pecado.
15 Porque lo que hago, no lo eniendo; pues no hago lo que quiero, sino lo que aborrezco, eso hago.
16 Y si lo que no quiero, esto hago, apruebo que la ley es buena.
17 De manera que ya no soy yo quien hace aquello, sino el pecado que mora en mí.
18 Y yo sé que en mí, esto es, en mi carne, no mora el bien; porque el querer el bien está en mí, pero no el hacerlo.
19 Porque no hago el bien que quiero, sino el mal que no quiero, eso hago.
20 Y si hago lo que no quiero, ya no lo hago yo, sino el pecado que mora en mí.
21 Así que, queriendo hacer yo el bien, hallo esta ley: que el mal está en mí.
22 Porque según el hombre interior, me deleito en la ley de Dios;
23 pero veo otra ley en mis miembros, que se rebela contra la ley de mi mente, y que me lleva cautivo a la ley del pecado que está en mis miembros.
24 ¡Miserable de mí! ¿quién me librará de este cuerpo de muerte?
25 Gracias doy a Dios, por Jesucristo Señor nuestro. Así que, yo mismo con la mente sirvo a la ley de Dios, mas con la carne a la ley del pecado.

b. Conclusión: tiene una naturaleza humana pecaminosa, depravada y corrupta
4 Confesión 3: encuentra dos leyes o fuerzas en su interior
a. La ley de Dios obra interiormente
b. La ley del pecado lucha contra la ley de la mente
5 Confesión 4: es un hombre desesperado y miserable que necesita un libertador
6 Confesión 5: el libertador es Jesucristo

C. Las confesiones de un alma humana que lucha, 7:14-25

(7:14-25) ***Introducción:*** este es un gran pasaje de las Escrituras en que describe el alma luchadora del creyente en el camino de la vida. Es un raro cuadro de la vida de Pablo, de lo que sintió y aprendió mientras luchaba por agradar a Dios y por ser conformado a la gloriosa imagen del Señor Jesús. Es la confesión del alma de un hombre mientras lucha a través de la vida.

1. La ley es espiritual (v. 14).
2. Confesión 1: él es carnal, vendido al pecado (vv. 14-17)
3. Confesión 2: está vacío de toda cosa buena (vv. 18-20).
4. Confesión 3: encuentra dos leyes o fuerzas en su interior (vv. 21-23).
5. Confesión 4: es un hombre desesperado, miserable que necesita un libertador (v. 24).
6. Confesión 5: el Libertador es Jesucristo (v. 25).

[1] (7:14) ***Ley:*** la ley es espiritual. Es espiritual por lo menos en tres sentidos.

1. La ley fue dada al hombre por el espíritu de Dios (*pneumatikos*). La palabra griega utilizada es el nombre mismo del Espíritu Santo. El Espíritu Santo es la fuente de la ley.
2. La ley es la expresión de la voluntad y naturaleza de Dios. La ley es espiritual porque describe la voluntad de Dios y dice al hombre cómo es Dios. Las reglas de la ley revelan tanto la mente como la naturaleza de Dios.
3. La ley es espiritual debido a sus objetivos (*véase* nota ***Ley, Propósito***—Ro. 7:12 para la discusión; cp. además el bosquejo y las notas—Ro. 7:7-13 para ampliar la discusión.)

[2] (7:14-17) ***Carnal—carne—hombre, naturaleza:*** la primera confesión de Pablo es que Él es carnal, vendido al pecado. La palabra «carnal» (*sarkinos*) significa hecho de carne; consistir de carne; tener un cuerpo de carne y sangre. Quiere decir la carne en que el hombre ha nacido, la naturaleza carnal que uno hereda de los padres cuando nace.

La palabra carnal significa también ser entregado a la carne, esto es, vivir una vida carnal, sensual; ser entregado a los apetitos animales; ser controlado por la naturaleza pecaminosa que hay en uno. (*Véase* Estudio a fondo 1, ***Carnal***—1 Co. 3:1-4 para ampliar la discusión.)

Pablo dice que él está «vendido al pecado». Simplemente quiere decir que como criatura de carne, esto es, como hombre...

- es esclavo del pecado.
- está bajo la influencia del pecado.
- está sujeto al pecado.
- es capaz de pecar.
- es culpable de pecado.
- no puede librarse del hecho de estar destituido de la gloria de Dios.
- no puede dejar de pecar, no perfectamente.
- no puede borrar completamente la presencia del pecado, no en forma completa.
- no puede expulsar el pecado de su vida, no completamente.
- no puede deshacerse del pecado, no permanentemente.

> **«Prenderán al impío sus propias iniquidades, y retenido será con las cuerdas de su pecado» (Pr. 5:22).**
>
> **«Jesús les respondió: De cierto, de cierto os digo, que todo aquel que hace pecado, esclavo es del pecado» (Jn. 8:34).**
>
> **«Porque en hiel de amargura y en prisión de maldad veo que estás» (Hch. 8:23).**
>
> **«Ni tampoco presentéis vuestros miembros al pecado como instrumentos de iniquidad, sino presentaos vosotros mismos a Dios como vivos de entre los muertos, y vuestros miembros a Dios como instrumentos de justicia» (Ro. 6:13).**
>
> **«Y [los hombres carnales] escapen del lazo del diablo, en que están cautivos a voluntad de él» (2 Ti. 2:26).**

«Les [a los hombres carnales] prometen libertad, y son ellos mismos esclavos de corrupción. Porque el que es vencido por alguno es hecho esclavo del que lo venció» (2 P. 2:19).

Pablo plantea tres puntos acerca de ser carnal y vendido al pecado.

1. Dice que la vida carnal es una lucha vana e incesante.
   a. «Lo que hago no lo entiendo»: la palabra «entiendo» (*ginosko*) quiere decir reconocer, conocer, percibir. El hombre carnal se encuentra haciendo cosas y no entiende por qué las está haciendo. Las combate y lucha contra ellas, pero antes de darse cuenta, ya peca y no logra cumplir. El pecado está sobre él antes de reconocerlo y verlo. Si hubiera sabido que su conducta era pecado, nunca lo hubiera hecho, pero no lo reconocía como procedente del hecho de que su vida está destituida de la gloria y de la voluntad de Dios.
   b. «No hago lo que quiero». Pablo dice que él quería hacer lo bueno y agradar a Dios en su andar en la vida cotidiana. Quería ser conformado a la imagen de Cristo y llegar a ser todo lo que Dios quería que él fuera. Pero a pesar de su deseo y esperanza, antes de saberlo, se encontró destituido de la gloria y de la voluntad de Dios.
   c. «Lo que aborrezco, eso hago.» Pablo odiaba el pecado, y no quería estar apartado de la gloria de Dios. Luchaba para no fallar y para no desagradar a Dios; odiaba todo lo que hiriera el corazón de Dios; luchaba por borrar completamente el pecado de su vida. Pero sin importar cuanto aborreciera estar apartado de Dios, y cuanto luchara contra ello, encuentra que todavía fracasaba.

«Porque el deseo de la carne es contra el Espíritu, y el Espíritu es contra la carne; y éstos se oponen entre sí, para que no hagáis lo que quisiereis» (Gá. 5:17).

2. Una vida carnal demuestra que la naturaleza y el conocimiento humano es inadecuado. El hombre carnal no logra vivir para Dios como quisiera. No importa cuanto se esfuerce por agradar a Dios y ser conformado a la imagen de Cristo, se queda corto.

Ahora note que es la ley la que le dice al hombre que ha quedado lejos. La ley le dice que pese a todos sus esfuerzos por agradar a Dios, está destituido de Dios y no es acepto. Puede conocer la ley, y tratar de observar la ley, pero el deseo de conocer a Dios y de buscarlo no le salvará. Su naturaleza y conocimiento no bastan; llevan al fracaso. Lo que necesita es un Salvador, uno que desde fuera de su carne pueda perdonar sus pecados e impartirle la vida eterna.

Note también que una vida carnal demuestra que la ley es buena. La palabra «apruebo» (*sumphemi*) significa estar de acuerdo, decir lo mismo, hablar en la misma línea de la ley, probar, demostrar y mostrar que la ley es buena. La ley prueba y demuestra que el hombre no puede llevar una vida perfectamente justa. El hombre carnal demuestra la misma cosa. Peca y se encuentra haciendo exactamente lo que la ley dice que no haga y lo que él mismo prefiere no hacer.

El centro del argumento es éste: cuando el hombre carnal peca, la ley señala su pecado. La ley dice la verdad al hombre carnal; es un pecador condenado a morir. Sabiendo esto, el hombre carnal está dispuesto a buscar al Señor y su perdón. Por lo tanto, el hombre carnal concuerda con la ley; la ley es muy buena, porque le dice que debe buscar al Salvador y su perdón. Pueder ser que en realidad ni siga ni busque al Señor, pero la ley ha cumplido por lo menos su función y ha mostrado al hombre carnal lo que necesita hacer.

«No conocieron camino de paz, ni hay justicia en sus caminos; sus veredas son torcidas; cualquiera que por ellas fuere, no conocerá paz» (Is. 59:8).

«Porque mi pueblo es necio, no me conocieron; son hijos ignorantes y no son entendidos; sabios para hacer el mal, pero hacer el bien no supieron» (Jer. 4:22).

«Pero yo dije: Ciertamente éstos son pobres, han enloquecido, pues no conocen el camino de Jehová, el juicio de su Dios» (Jer. 5:4).

«Mas ellos no conocieron los pensamientos de Jehová, ni entendieron su consejo; por lo cual los juntó como gavillas en la era» (Mi. 4:12).

«Porque ignorando la justicia de Dios, y procurando establecer la suya propia, no se han sujetado a la justicia de Dios» (Ro. 10:3).

«Teniendo el entendimiento entenebrecido, ajenos de la vida de Dios por la ignorancia que en ellos hay, por la dureza de su corazón» (Ef. 4:18).

3. La conclusión es que el hombre tiene una naturaleza pecaminosa, depravada y corrupta. ¿Qué es lo que hace que él llegue a esta conclusión? Como hombre que era un creyente genuino, no quería pecar. Sin embargo, descubrió que no podía dejar de pecar. Continuamente quedaba apartado de la gloria de Dios y no lograba conformarse coherentemente a la imagen de Dios. ¿Por qué?

- No porque no hubiera ejercitado su voluntad.
- No porque su mente no se haya centrado en Cristo.
- No porque no conozca la voluntad de Dios.
- No porque no trate de hacer la voluntad de Dios.
- No por no haber reunido todas las facultades y poderes de su ser.

Quedó alejado y fracasó porque el *pecado mora en él*, debido al *pecado* en su carne. El hombre carnal descubre un principio, una ley *en* su carne que lo arrastra y lo empuja a pecar. Descubre que sin importar lo que haga, peca...

- viviendo para sí mismo en vez de vivir para Dios y para el prójimo.
- poniéndose él mismo por delante de las leyes referentes a Dios y de las leyes referentes a los hombres. (Esto se refiere a los Diez Mandamientos, en el que las primeras leyes gobiernan nuestra relación con Dios y las demás nuestra relación con los hombres.)

No importa qué recursos y facultades use el hombre ni cuán diligentemente lo procure, es incapaz de controlar el pecado y de evitar el pecado. El pecado está *dentro de* su carne; *mora* en él. En efecto, el hombre es corrupto y muere por esta mismísima razón. No fue hecho para ser corruptible ni para morir; no fue creado con la *semilla de la corrupción* que le hace envejecer, deteriorarse y decaer (Ro.5:12). La *semilla de la corrupción* fue plantada en su carne, en su cuerpo y en su vida cuando pecó. La vida carnal demuestra que el hombre no puede dejar de pecar, que el hombre está enfermo con la *semilla de la corrupción*, la semilla de una naturaleza pecaminosa o depravada.

«Respondió Jesús y les dijo: De cierto, de cierto os digo que me buscáis, no porque habéis visto las señales, sino porque comisteis el pan y os saciasteis» (Jn. 6:26).

«Porque según el hombre interior, me deleito en la ley de Dios; pero veo otra ley en mis miembros, que se rebela contra la ley de mi mente, y que me lleva cautivo a la ley del pecado que está en mis miembros. ¡Miserable de mí! ¿quién me librará de este cuerpo de muerte?» (Ro. 7:22-24).

«Por cuanto los designios de la carne son enemistad contra Dios; porque no se sujetan a la ley de Dios, ni tampoco pueden; y los que viven según la carne no pueden agradar a Dios» (Ro. 8:7-8).

«Esto, pues, digo y requiero en el Señor: que ya no andéis como los otros gentiles, que andan en la vanidad de su mente» (Ef. 4:17).

«Todas las cosas son puras para los puros, mas para los corrompidos e incrédulos nada les es puro; pues hasta su mente y su conciencia están corrompidas» (Tit. 1:15).

3 (7:18-20) ***Carne—pecado—hombre, naturaleza:*** la segunda confesión de Pablo es que está vacío de cosas buenas. Por «carne» (*sarki*) Pablo quiere decir la naturaleza humana, pecaminosa, depravada y corrupta del hombre. (*Véase* nota, ***Carnal***—Ro. 7:14-17 para ampliar la discusión.) Pablo declara: no hay «cosa buena» en su carne. Esto no significa que nunca hizo alguna cosa u obra buena. Significa que su carne...

- es incapaz de agradar la bondad de Dios.
- es incapaz de ser tan bueno como él quisiera.
- es incapaz de ser perfectamente bueno.
- es incapaz de ser conformado a la imagen de Cristo.
- está corrompida y apartado de la gloria de Dios.
- está contaminado y enfermo por el pecado.
- es incapaz de alcanzar a Dios por sus propios medios y por sí mismo.
- está envejeciendo, deteriorando, muriendo y decayendo.
- está condenado a enfrentar el juicio de Dios.

1. Note por qué Pablo dice que en su carne no mora el bien. El quiere y resuelve no pecar, pero pero de nada vale. No importa cuánto lo quiera y resuelva, fracasa y se queda corto. Note que en él *está siempre presente el querer hacer el bien*. La palabra «presente» signfica que está constantemente delante de su rostro. El está siempre deseoso de hacer el bien y de agradar a Dios. No hay falta de voluntad en él. No es la debilidad de su voluntad ni de su resolución lo que lo hace quedar apartado de la gloria y de la voluntad de Dios. ¿Cómo sabe esto?

- porque lo que quiere hacer no lo hace.
- porque el mal que trata de evitar, eso hace.

2. La conclusión de Pablo es la misma del punto uno. En él no mora el bien porque tiene una naturaleza pecaminosa, depravada y corrupta. Está en esclavitud espiritual (*véase* la nota, pto. 3—Ro. 7:14-17 para la discusión y los versículos).

4 (7:21-23) ***Ley del pecado—ley de la mente—hombre interior:*** la tercera confesión de Pablo es que encuentra dos leyes o dos fuerzas en su interior. Simplemente, en cuanto Pablo desea hacer el bien, inmediatamente se ve confrontado...

- por una ley del mal (v. 21).
- por la ley del pecado (v. 23).

La ley del pecado y del mal combate contra *la ley del hombre interior* (v. 22), *la ley de su mente* (v. 23).

1. La *ley del mal* o la *ley del pecado* significa que el pecado es una ley, una regla, una fuerza, un principio, una disposición, un impulso, una tendencia, una corrupción, una depravación dentro de la naturaleza humana o del ser interior. Es llamado ley...

- debido a su regularidad; surge y rige todo el tiempo.
- debido a su permanente poder controlador.
- porque es imposible romper su vigencia y dejar de pecar.
- porque ha cautivado y esclavizado la naturaleza del hombre (Ro. 7:14ss)
- porque no es pasivo sino activo, lucha continuamente para ganar el dominio sobre la ley de la mente.

Todo hombre que deja que la ley del pecado rija su vida es una miserable y desamparada víctima del pecado.

2. La *ley del hombre interior* o la *ley de la mente* significa...

- la naturaleza divina de Dios implantada dentro del creyente.

> **«Por medio de las cuales nos ha dado preciosas y grandísimas promesas para que por ellas llegaseis a ser participantes de la *naturaleza divina* habiendo huido de la corrupción que hay en el mundo a causa de la concupiscencia» (2 P. 1:4).**

- el «nuevo hombre» creado cuando el creyente ha nacido de nuevo.

> **«Y renovaos en el espíritu de vuestra mente, y vestíos del nuevo hombre, creado según Dios en la justicia y santidad de la verdad» (Ef. 4:23-24).**
>
> **«Y revestido del nuevo, el cual conforme a la imagen del que lo creó se va renovando hasta el conocimiento pleno» (Col. 3:10).**

- la presencia permanente de Cristo en la vida del creyente.

> **«No os dejaré huérfanos; vendré a vosotros. En aquel día vosotros conoceréis que yo estoy en mi Padre, y vosotros en mí, y yo en vosotros» (Jn. 14:18, 20).**
>
> **«Con Cristo estoy juntamente crucificado, y ya no vivo yo, mas vive Cristo en mí; y lo que ahora vivo en la carne, lo vivo en la fe del Hijo de Dios, el cual me amó y se entregó a sí mismo por mí» (Gá. 2:20).**

- la morada permanente del Espíritu Santo.

> **«Y yo rogaré al padre, y os dará otro Consolador, para que esté con vosotros para siempre: el Espíritu de verdad, al cual el mundo no puede recibir, porque no le ve, ni le conoce; pero vosotros le conocéis, porque mora con vosotros, y estará en vosotros.... mas el Consolador, el Espíritu Santo, a quien el Padre enviará en mí nombre, él os enseñará todas las cosas, y os recordará todo lo que yo os he dicho» (Jn. 14:16-17, 26).**
>
> **«¿O ignoráis que vuestro cuerpo es templo del Espíritu Santo, el cual está en vosotros, el cual tenéis de Dios, y que no sois vuestros? Porque habéis sido comprados por precio; glorificad, pues, a Dios en vuestro cuerpo y vuestro espíritu, los cuales son de Dios» (1 Co. 6:19-20).**

- el «hombre oculto del corazón».

> **«Sino [el ornato sea] el interno [oculto], el del corazón, en el incorruptible ornato de un espíritu afable y apacible, que es de grande estima delante de Dios» (1 P. 3:4).**

Dicho en forma muy sencilla, *la ley del hombre interior* es la ley, la regla, la disposición, el impulso, la tendencia, la acción del Espíritu Santo para agradar a Dios y deleitarse haciendo su voluntad.

La confesión de Pablo es sorprendente. El declara que la ley del pecado lucha contra la ley de su mente y que gana el dominio. La ley del pecado lo cautiva y lo esclaviza.

5 (7:24) ***Lucha espiritual—santificación—Pablo:*** la cuarta confesión de Pablo es que él es un hombre desesperado y miserable que necesita un Libertador. Hay un sentido en que el hombre está caminando con una guerra civil en su interior. Tiene la capacidad de ver lo que es bueno, pero no puede hacerlo. Puede ver lo que es incorrecto, pero no puede dejar de hacerlo. Pablo dice que él es arrastrado en dos direcciones, tanto que era casi como si dos hombres estuvieran en un mismo cuerpo. Conoce *lo correcto*, pero hace *lo malo*. Sabía qué era lo malo, sin embargo, era incapaz de apartarse de ello.

No hay creyente, no importa cuán avanzado esté en cuanto a santidad, que no pueda utilizar el mismo lenguaje utilizado por el apóstol. Hay ua esclavitud, una capacidad de pecar dentro de la naturaleza del creyente que no puede resistir completamente. Es verdad que podía luchar contra el pecado, y lo hacía, y deseaba ser liberado de él; pero a pesar de todos sus esfuerzos, todavía se encuentra bajo su influencia. Esta es precisamente la esclavitud del pecado, el quedar apartado de la gloria de Dios. Con mucha frecuencia se encuentra desconfiando de Dios, siendo duro de corazón, amando al mundo y al yo, siendo muy soberbio, demasiado frío, muy indolente, desaprobando lo que es bueno, y aprobando lo que aborrece. Gime bajo el peso del pecado, por estar destituido de la gloria de Dios y por no lograr conformarse a la imagen de Cristo. Desea andar en humildad y mansedumbre, ser lleno de frutos de amor, gozo y paz. Pero día tras día encuentra la fuerza del pecado reafirmando su poder sobre él. Lucha y lucha en contra, pero encuentra que no puede hallar el poder para librarse. El creyente siente un completo desamparo y anhela y desea que Dios lo libre. Es un esclavo que busca y anhela la libertad. Como alguien ha dicho, este conflicto entre la carne y el Espíritu «continúa en nosotros mientras vivamos, en algunos más en otros menos, según uno u otro principio sea más fuerte. Sin embargo, el hombre entero es carne y espíritu, y lucha consigo mismo hasta que es completamente espiritual» (Martín Lutero, citado por Charles Hodge. *Commentary on the Epistle to the Romans*. Grand Rapids, MI: Eerdmans, 1950, p. 236).

Es esta conciencia lo que lleva al creyente al conocimiento de que la liberación se encuentra solamente por medio de Jesucristo, Señor nuestro. (*Véase* nota—Gá. 5:16-18.)

«Y recayeron, sean otra vez renovados para arrepentimiento, crucificando de nuevo para sí mismos al Hijo de Dios y exponiéndole a vituperio» (He. 6:6).

«Porque abominación es a Jehová tu Dios cualquiera que hace esto, y cualquiera que hace injusticia» (Dt. 25:16).

«Porque tú no eres un Dios que se complace en la maldad; el malo no habitará junto a ti» (Sal. 5:4).

6 (7:25) ***Lucha espiritual—santificación—liberación—vida victoriosa:*** la quinta confesión de Pablo es que el gran libertador es el Señor Jesucristo. ¡Es una exclamación! Pablo prorrumpe en una alabanza a Dios, porque hay una gloriosa liberación del pecado. Pero noye que la liberación no viene por medio...

- de una ley de confección humana.
- de algún poder poseído por el hombre.
- de alguna hablidad controlada por el hombre.
- de alguna cualidad y facultad superior.
- de alguna gran fuerza espiritual.

1. La liberación viene por medio del gran Libertador mismo, Jesucristo, nuestro Señor. El es el Libertador del pecado; solamente El puede librar del pecado. El deja esto bien claro.

«Jesús le dijo: Yo soy el camino, y la verdad, y la vida; nadie viene al Padre, sino por mí» (Jn. 14:6).

«Y sucedió que le trajeron un paralítico, tendido sobre una cama; y al ver Jesús la fe de ellos, dijo al paralítico: Ten ánimo, hijo; tus pecados te son perdonados» (Mt. 9:2).

«Porque esto es mi sangre del nuevo pacto, que por muchos es derramada para remisión de los pecados» (Mt. 26:28).

«Pedro les dijo: Arrepentíos, y bautícese cada uno de vosotros en el nombre de Jesucristo para perdón de los pecados; y recibiréis el don del Espíritu Santo» (Hch. 2:38).

«Porque la ley del Espíritu de vida en Cristo Jesús me ha librado de la ley del pecado y de la muerte» (Ro. 8:2).

«En quien tenemos redención por su sangre, el perdón de pecados según las riquezas de su gracia» (Ef. 1:7).

«Porque esto es bueno y agradable delante de Dios nuestro Salvador, el cual quiere que todos los hombres sean salvos y vengan al conocimiento de la verdad, porque hay un solo Dios, y un solo mediador entre Dios y los hombres, Jesucristo hombre, el cual se dio a sí mismo en rescate por todos, de lo cual se dio testimonio a su debido tiempo» (1 Ti. 2:3-6).

Jesucristo libera al creyente del pecado de dos maneras.

a. Jesucristo justifica al creyente (*véase* nota, ***Gracia vs. ley,*** ptos. 1, 2—Ro. 6:14-15 para la discusión.)

b. Jesucristo pone al creyente bajo la gracia de Dios (*véase* nota, pto. 2f—Ro. 6:14-15 para la discusión.)

2. La conclusión de Pablo es que sirve a la ley de Dios con su mente, esto es, con *una mente renovada*. El creyente que verdaderamente *sabe* que su liberación es por medio de Jesucristo nuestro Señor, aprende algo. Aprende que *su mente* es *transformada* y *renovada* por Jesucristo; aprende que su «mente» es nacida de nuevo y experimenta un nuevo nacimiento como lo ha hecho su «viejo hombre». Aprende que su *vieja mente* se convierte en una *nueva mente* y que su «viejo hombre» se convierte en un «nuevo hombre». (*Véase* nota, ***Mente***—Ro. 12:2 para ampliar la discusión y los versículos.)

«No os conforméis a este siglo, sino transformaos por medio de *la renovación de vuestro entendimiento,* para que comprobéis cuál sea la buena voluntad de Dios, agradable y perfecta» (Ro. 12:2).

«Porque el amor de Cristo nos constriñe, pensando esto: que si uno murió por todos, luego todos murieron; y por todos murió, para que los que viven, ya no vivan para sí, sino para aquel que murió y resucitó por ellos» (2 Co. 5:14-15).

«En cuanto a la pasada manera de vivir, despojaos del viejo hombre, que está viciado conforme a los deseos engañosos, y *renovaos en el espíritu de vuestra mente*, y vestíos del nuevo hombre, creado según Dios en la justicia y santidad de la verdad» (Ef. 4:22-24).

«Por tanto, ceñid los lomos de *vuestro entendimiento*, sed sobrios, y esperad por completo en la gracia que se os traerá cuando Jesucristo sea manifestado» (1 P. 1:13).

Por causa de Jesucristo, el creyente toma su *nueva mente* y hace todo lo que puede para servir a la ley de Dios. Cuando falla —cuando su carne se hunde en el pecado— sabe que es la ley o fuerza del pecado que lo ha causado, no la ley de su *nueva mente*. El sabe que todavía es carne, además de ser espíritu, que todavía está habitado por dos leyes, dos fuerzas que luchan por la lealtad; por lo tanto, hace todo lo que puede para centrar su mente sobre la ley de Dios. Simplemente sirve a Dios—su voluntad y su naturaleza (esto es, su ley)— tratando de agradar a Dios en todo lo que hace. Se dedica no a alejarse de la gloria de Dios, sino a ser conformado a la imagen de Cristo. Sabe que es liberado de la ley (fuerza) del pecado por medio de Jesucristo; así que el creyente mantiene la justificación y la gracia de Dios siempre delante de su rostro. El creyente sabe que cuando su carne sirve a la ley del pecado y ha fracasado, tiene acceso abierto a la presencia de Dios para pedir perdón. Por lo tanto, "ciñe los lomos de su mente" y se presenta ante Dios en busca de perdón. Y al recibir una nueva oleada del perdón y la gracia de Dios, hace un nuevo comienzo. El creyente comienza a sentir la ley de Dios con nuevo fervor, el fervor de su mente renovada.

Cabe notar que la mayoría de los comentaristas ven la última parte del versículo como un retorno a lo que Pablo ha estado diciendo, como una declaración resumida de lo que el hombre carnal o el creyente experimenta. No obstante, parece mucho más natural ver a Pablo edificando su confesión de Jesucristo como el gran libertador del pecado. Después de llegar a conocer a Jesucristo como el gran Libertador, no es razonable que esté volviendo a la lucha carnal del hombre carnal. Es más razonable ver la mente como la mente renovada del «nuevo hombre». Sin embargo, si uno prefiere la interpretación como resumen, entonces el sentido sería el siguiente.

- El hombre carnal usa la mente, su razonamiento humano, carnal para servir a la ley de Dios. Con todas sus fuerzas trata, y sigue tratando, de honrar a Dios y de mantenerse dentro del marco de la ley de Dios.
- Sin embargo, él es carne y es carnal; en consecuencia, sujeto a pecar. No importa cuánto se esfuerce en su lucha contra el pecado, su carne cede ante la ley del pecado y se aleja de la gloria de Dios.

1 **Ahora que Cristo ha venido (3:21-22)**
- a. El creyente no es condenado
- b. El por qué: él está «en» Cristo[EF1]

2 **El Espíritu da vida**
- a. Liberando al creyente de la muerte y el pecado
- b. Haciendo lo que la ley no podía hacer
- c. Por Cristo que condena el pecado en la carne[EF2]
- d. Por Cristo que provee la justicia: para los que no caminan según la carne, sino según el Espíritu

3 **El Espíritu guía la mente a las cosas espirituales**
- a. La mente carnal vs. la mente espiritual
- b. El destino de las dos mentes: Muerte vs. vida y paz
- c. El designio de la mente carnal está puesto en la muerte
  - 1) Es enemistad con Dios
  - 2) No pueden agradar a Dios

4 **El Espíritu mora en el creyente**
- a. Lo aleja de vivir «en» la carne
- b. Lo identifica como estando «en» Cristo

5 **El Espíritu da vida al espíritu del creyente**
- a. El da vida ahora
- b. Da vida, vivifica el cuerpo mortal *después*[EF3]

6 **El Espíritu da poder para mortificar —dar muerte a— las obras de la carne**
- a. Los creyentes son deudores al Espíritu
- b. Los creyentes deciden su propio destino: muerte o vida

7 **El Espíritu guía al creyente, y lo identifica como hijo de Dios**

8 **El Espíritu adopta**
- a. Libra de la esclavitud del temor
- b. Da acceso a Dios

9 **El Espíritu da testimonio a nuestro espíritu**
- a. Somos hijos de Dios
- b. Somos herederos de Dios
- c. Somos coherederos con Cristo[EF4]
- d. Somos vencedores sobre los padecimientos

CAPÍTULO 8

VI. LIBERACIÓN Y REDENCIÓN: POR EL ESPÍRITU, EL CREYENTE SE LIBERÁ DE LA LUCHA Y EL SUFRIMIENTO, 8:1-39

A. El hombre en Cristo Jesús se liberá de la condenación: el poder del Espíritu, 8:1-17

Ahora, pues, ninguna condenación hay para los que están en Cristo Jesús, los que no andan conforme a la carne, sino conforme al Espíritu.
2 Porque la ley del Espíritu de vida en Cristo Jesús me ha librado de la ley del pecado y de la muerte.
3 Porque lo que era imposible para la ley, por cuanto era débil por la carne, Dios, enviando a su Hijo en semejanza de carne de pecado y a causa del pecado, condenó al pecado en la carne;
4 para que la justicia de la ley se cumpliese en nosotros, que no andamos conforme a la carne, sino conforme al Espíritu.
5 Porque los que son de la carne piensan en las cosas de la carne; pero los que son del Espíritu, en las cosas del Espíritu.
6 Porque el ocuparse de la carne es muerte, pero el ocuparse del Espíritu es vida y paz.
7 Por cuanto los designios de la carne son enemistad contra Dios; porque no se sujetan a la ley de Dios, ni tampoco pueden;
8 y los que viven según la carne no pueden agradar a Dios.
9 Mas vosotros no vivís según la carne, sino según el Espíritu, si es que el Espíritu de Dios mora en vosotros. Y si alguno no tiene el Espíritu de Cristo, no es de él.
10 Pero si Cristo está en vosotros, el cuerpo en verdad está muerto a causa del pecado, mas el espíritu vive a causa de la justicia.
11 Y si el Espíritu de aquel que levantó de los muertos a Jesús mora en vosotros, el que levantó de los muertos a Cristo Jesús vivificará también vuestros cuerpos mortales por su Espíritu que mora en vosotros.
12 Así que, hermanos, deudores somos, no a la carne, para que vivamos conforme a la carne;
13 porque si vivís conforme a la carne, moriréis; mas si por el Espíritu hacéis morir las obras de la carne, viviréis.
14 Porque todos los que son guiados por el Espíritu de Dios, éstos son hijos de Dios.
15 Pues no habéis recibido el espíritu de esclavitud para estar otra vez en temor, sino que habéis recibido el espíritu de adopción, por el cual clamamos: ¡Abba, Padre!
16 El Espíritu mismo da testimonio a nuestro espíritu, de que somos hijos de Dios.
17 Y si hijos, también herederos; herederos de Dios y coherederos con Cristo, si es que padecemos juntamente con él, para que juntamente con él seamos glorificados.

VI. LIBERACIÓN Y REDENCIÓN: POR EL ESPÍRITU, EL CREYENTE SE LIBERÁ DE LA LUCHA Y EL SUFRIMIENTO, 8:1-39

A. El hombre en Cristo Jesús se liberá de la condenación: el poder del Espíritu, 8:1-17

(8:1-17) ***Introducción:*** este es uno de los pasajes más importantes de las Escrituras. El tema nunca podrá ser sobreenfatizado: el poder del Espíritu de Dios en la vida del creyente. Si el creyente necesita algo, eso es el poder del Espíritu de Dios. Enfáticamente, las Escrituras desarrollan punto por punto lo que es el poder del Espíritu Santo.

1. Ahora, puesto que Cristo ha venido (v. 1).

2. El Espíritu da vida (vv. 2-4).
3. El Espíritu guía la mente hacia las cosas espirituales (vv. 5-8).
4. El Espíritu mora en el creyente (v. 9).
5. El Espíritu da vida al espíritu del creyente (vv. 10-11).
6. El Espíritu da poder para mortificar —dar muerte a— las obras de la carne (vv. 12-13).
7. El Espíritu guía al creyente, y lo identifica como hijo de Dios (v. 14).
8. El Espíritu adopta (v. 15).
9. El Espíritu da testimonio a nuestro espíritu (vv. 16-17).

1 (8:1) ***Condenación—liberación de:*** desde la venida de Cristo, ha ocurrido algo maravilloso. La persona que cree *en* Cristo no es condenada.

1. «Ninguna condenación» (*ouden katakrima*) significa que el creyente no está condenado, sino liberado de la pena y la condenación del pecado; no es juzgado como pecador, antes bien es liberado de la condenación de la muerte y el infierno; no es juzgado como injusto, sino es considerado justo.

Dicho en forma muy sencilla, el hombre que está *en* Cristo está salvado y libre de la condenación seguro desde ahora y para siempre. No será juzgado como pecador; no tendrá que enfrentar la condenación. Está por sobre la condenación; no será jamás condenado por el pecado; nunca será apartado del amor de Dios que es *en* Cristo Jesús nuestro Señor (cp. Jn. 3:16; Ro. 8:33-39). (Pero hay que recordar que él será juzgado por su fidelidad a Cristo. Será juzgado según la responsabilidad que haya mostrado —por la forma en que usa para bien sus «dones espírituales» para Cristo— por la medida de diligencia que ha mostrado en su servicio a Cristo en la obra de Dios. El juicio del creyente ocurrirá en el *gran tribunal* de Cristo.)

2. Ahora note el punto más importante: Solamente el creyente que está *en* Cristo no será condenado. Todos los incrédulos tendrán que enfrentarse con la condenación por el pecado. El creyente genuino es una persona que no anda «según la carne, sino según el Espíritu». Note lo que significa estar «en» Cristo Jesús(*véase* Estudio a fondo 1, ***Creyente***—Ro. 8:1 para ladiscusión).

ESTUDIO A FONDO 1

(8:1) ***Creyente, posición en Cristo:*** ¿Qué significan las palabras «en» Cristo? ¿Qué significa que una persona está en Cristo?

1. En las palabras más sencillas, estar *en Cristo* significa que la fe de un creyente en Cristo *lo coloca* en Cristo. Posicionalmente, la persona es puesta en Cristo en todo lo que Cristo es. Cristo vivió, murió y resucitó, de modo que estar *en* Cristo significa que una persona vive, muere y resucita *en* Cristo. Cristo es el representante, el agente, el sustituto, el mediador de la persona en su vida, muerte y resurrección. La persona que cree *en* Jesucristo es *identificada* con Cristo: contada y acreditada como que está «en» Cristo.

Expresado con al más de detalle, cuando una persona cree *en* Cristo, Dios *coloca y establece* al creyente «en» Cristo. La fe del creyente realmente hace que Dios identifique al creyente *con Cristo*, que cuente al creyente...

- como habiendo vivido en Cristo cuando Cristo vivía en la tierra; así que el creyente es considerado como sin pecado y justo porque Cristo era sin pecado y justo.
- como muerto *en* Cristo; en consecuencia el creyente ya no tiene que morir (Jn. 3:16). El castigo y la condenación de sus pecados ya han sido pagados por la muerte de Cristo.
- como resucitado «en» Cristo; en consecuencia, el creyente ha recibido la «*nueva vida*» de Cristo. Así como Cristo tuvo nueva vida después de su resurrección, el creyente recibe la «nueva vida» de Cristo cuando cree en Cristo.(*Véanse* el bosquejo y las notas—Ro. 6:3-5. Además *véanse* Estudios a fondo 1, 2—Ro. 4:22; 5:1; 6:14-15.)

2. Estar *en* Cristo significa que el creyente camina y vive *en* Cristo de día en día. El verdadero creyente vive, se mueve y tiene su ser *en* Cristo. Está en unión con Cristo. Creer verdaderamente es caminar y caminar verdaderamente es creer. El verdadero creyente...

- pone su vida —sus pecados pasados, su conducta presente, todo lo que es— en Cristo.
- confía su bienestar presente y su destino —todo lo que es y lo que será— en las manos de Cristo.

Una persona que *pone* verdaderamente su vida en Cristo y *confía* todo lo que es a Cristo es una persona...

- que cree verdaderamente.
- que vive y camina *en* Cristo.

Ahora bien, vivir y caminar *en* Cristo significa que no «andamos según la carne, sino según el Espíritu» (Ro. 8:1, 4). Significa que «renunciando a la impiedad y a los deseos mundanos, vivamos en este siglo sobria, justa y piadosamente» (Tit. 2:12). Significa que llevamos el fruto del Espíritu (Gá. 5:22-23). Significa que permanecemos *en* Cristo, que llegamos a estar conectados y unidos con Cristo...

- como los miembros del cuerpo están ligados y unidos entre sí (1 Co. 12:12-27).
- como los pámpanos están conectados y unidos a la vid (Jn. 15:4-7).

Esto es lo que significa que una persona esté «en» Cristo. La persona sencillamente *cree* en Cristo, poniendo todo lo que es y todo lo que tiene en las manos y bajo el cuidado de Cristo. La persona cree honestamente que Cristo se hará cargo de sus pecados pasados, su bienestar presente y de su destino futuro. Por lo tanto, el creyente sencillamente se pone y establece —su fe y su bienestar— *en* Cristo; y Dios a su vez identifica a la persona con Cristo, con todo lo que Cristo es. Dios cuenta y considera a la persona como que está *en* Cristo. (*Véase* nota, ***Creyente, posición en Cristo***—Ro. 6:3-5 para ampliar la discusión.)

2 (8:2-4) ***Espíritu Santo—vida—creyente:*** el Espíritu da vida. La expresión «la ley del *Espíritu* de vida» significa dos cosas. Significa...

- la *ley* del Espíritu Santo.
- el *Espíritu de vida* que está Jesucristo.

Dentro del universo hay una ley tan importante que ha llegado a ser la ley del Espíritu Santo. Es llamada «*la ley del Espíritu de vida.*» ¿Qué se quiere decir por esta ley? Muy sencillo, la vida es en Jesucristo y en Él solamente. Sea lo que fuere la vida —energía, ser, espíritu, amor, gozo, paz— está toda en Jesucristo y en nadie más. En Cristo, en su ser mismo está el *Espíritu de vida*, la energía misma y el ser de la vida. Este hecho es importante, tan importante que Dios lo ha dejado escrito en las leyes del universo. Se llama «la ley del *Espíritu de vida*» que está en Jesucristo y en Él solamente. El Espíritu de vida por el que suspira y sufre está disponible *en* Cristo Jesús.

> **«En él estaba la *vida*, y la *vida* era la luz de los hombres» (Jn. 1:4).**
>
> **«Yo he venido para que tengan *vida*, y para que la tengan en abundancia» (Jn. 10:10).**
>
> **«Le dijo Jesús: Yo soy la resurrección y la *vida*; el que cree en mí, aunque esté muerto, vivirá. Y todo aquel que vive y cree en mí, no morirá eternamente. ¿Crees esto?» (Jn. 11:25-26).**
>
> **«Yo soy el camino, y la verdad, y *la vida*» (Jn. 14:6).**
>
> **«De cierto, de cierto os digo: El que oye mi palabra,**

y cree al que me envió, tiene vida eterna; y no vendrá a condenación, mas *ha pasado de muerte a vida*» (Jn. 5:24).

«El que tiene al Hijo, tiene la *vida;* el que no tiene al Hijo de Dios no tiene la *vida*» (1 Jn.5:12).

Ahora una pregunta crítica. ¿Cómo da vida el Espíritu? ¿Cómo puede una persona hacer para obtener del «Espíritu de vida» de modo que en vez de morir viva para siempre?

1. El Espíritu da vida liberando al creyente del pecado y de la muerte, esto es, de la «ley del pecado y la muerte». La «ley del pecado y la muerte» sencillamente significa el dominio y el reinado de la muerte. Cada hombre muere: la muerte domina y reina sobre cada hombre. Pero el Espíritu de Dios libera al hombre del dominio y reinado de la muerte. Esto es natural y comprensible; es sentido común, porque es una regla del universo. Si una persona tiene el Espíritu de vida, entonces naturalmente no tiene el espíritu del pecado y la muerte. No está pecando y muriendo; vive justa y eternamente. Esto es lo que el Espíritu de vida hace por el creyente:

- Libera al creyente del pecado y la muerte: de la ley o energía y poder del pecado y la muerte.
- Libera al creyente para que viva con justicia eternamente: para vivir en el Espíritu de vida o en la energía y poder de la vida.

Dicho de otro modo, el Espíritu de vida libera al creyente tanto del pecado como de la muerte. El Espíritu Santo libera al creyente para que viva como Cristo vivió, para que viva realmente la vida que Cristo vivió. La *energía activa* de la vida, la fuerza dinámica y el ser de la vida —todo lo que está en Cristo Jesús— es dado al creyente. El creyente vive realmente *en* Cristo Jesús. Y el Espíritu de vida que está en Cristo libera al creyente del destino (ley) del pecado y la muerte. Esto significa simplemente que el creyente vive una vida en una conciencia de ser libre. Respira y siente la profundidad de la vida, una riqueza y plenitud de vida que es indescriptible. Vive con poder —poder sobre la presión y la tensión, los impedimentos y servidumbre de la vida— las esclavitudes del pecado y la muerte. Vive ahora y vivirá para siempre. Siente esto y sabe esto. La vida para él es *un espíritu, un hálito, una conciencia* de haber sido liberados por medio de Cristo. Aun cuando peca y se establece la culpa, hay un impulso, un poder (Espíritu Santo) que lo conduce de regreso a Dios. Pide el perdón y la remoción de la culpa (1 Jn.1:9), e inmediatamente después de pedir, el mismo poder (el Espíritu Santo) infunde una instantánea seguridad de limpieza. El espíritu de vida, la conciencia de vivir instantáneamente entra a morar en su interior una vez más. Se siente libre nuevamente, y se siente lleno de vida con todo su poder liberador y con toda libertad. Rebosa con toda la profundidad de las riquezas y la plenitud de vida misma. Está lleno del «Espíritu de vida». La vida misma se convierte una vez más en *un espíritu, una conciencia de vivir*. Vive ahora y para siempre.

«Porque el Señor es el Espíritu; y donde está el Espíritu del Señor, allí hay libertad» (2 Co. 3:17).

«Mas el fruto del Espíritu es amor, gozo, paz, paciencia, benignidad, bondad, fe, mansedumbre templanza; contra tales cosas no hay ley» (Gá. 5:22-23).

«Me mostrarás la senda de la vida; en tu presencia hay plenitud de gozo; delicias a tu diestra para siempre» (Sal. 16:11).

2. El Espíritu da vida haciendo lo que la ley no pudo hacer. La ley no pudo hace recto al hombre debido a que es demasiado débil para guardar la ley. Ningún hombre ha sido capaz jamás de guardar la ley de Dios, ni la perfección, ni siquiera la cercanía a la perfección. Toda carne ha fracasado miserablemente—ha quedado destituida de la gloria y la ley de Dios. Consecuentemente, toda carne muere física y espiritualmente. En consecuencia, la justicia y la vida no pueden conseguirse por medio de la ley. *Pero* lo que la ley no pudo hacer, el Espíritu es poderoso para hacerlo. El puede proveer la justicia y la vida.

3. El Espíritu da vida por medio de Cristo condenando el pecado en la carne (*véase* Estudio a fondo 3, ***Cristo cumple la ley***—Ro. 8:3 para discusión*)*.

4. El Espíritu da vida por medio de Cristo proveyéndonos justicia. Provee la justicia para los que no andan según la carne, sino según el Espíritu. Esta es una afirmación maravillosa, una verdad gloriosa.

a. El Espíritu «cumple la justicia *en* nosotros». El acredita la justicia como que está *en* nosotros. ¿Cuándo?

- Cuando creemos en Jesucristo justicia nuestra, el Hijo de Dios sin pecado y perfecto.
- Cuando creemos que Jesucristo es nuestro Salvador, el que murió *por* nosotros.

Cuando creemos en Jesucristo, el Espíritu cumple la justicia en nosotros; esto es, toma la justicia de Jesucristo (que es la justicia de la ley) y nos la acredita. Pone realmente dentro de nosotros la perfecta justicia de Jesucristo. Pone la naturaleza divina (la justicia) de Dios *en* nosotros (2 P. 1:4).

Es importante ver este hecho, porque el Espíritu Santo nos llena de su justicia, *no por nosotros*, sino *en nosotros*. No podemos de ningún modo acercarnos siquiera a observar la perfecta ley de Dios, pero Cristo lo hizo (*véase* Estudio a fondo 3—Ro. 8:3). Si su justicia no puede ser acreditada y cumplida *en* nosotros, entonces estamos desamparados y condenados.

«Al que no conoció pecado, por nosotros lo hizo pecado, para que nosotros fuésemos hechos justicia de Dios en Él» (2 Co. 5:21).

«Y [Abraham] creyó a Jehová, y le fue contado por justicia» (Gn. 15:6).

«Y de todo aquello de que por la ley de Moisés no pudisteis ser justificados, en Él es justificado todo aquel que cree» (Hch. 13:39).

«Y no solamente con respecto a Él se escribió que [la justicia] le fue contada, sino también con respecto a nosotros a quienes ha de ser contada, esto es a los que creemos en el que levantó de los muertos a Jesús, Señor nuestro, el cual fue entregado por nuestras transgresiones y resucitado para nuestra justificación» (Ro. 4:23-25).

«Llenos de frutos de justicia que son por medio de Jesucristo, para gloria y alabanza de Dios» (Fil. 1:11).

b. Ahora note que la justicia no es cumplida o acreditada a cada uno. Se cumple solamente en los que...

- no andan según la carne,
- andan según el Espíritu.

Usted puede decir quién es justo y quién no lo es; puede ver realmente quien está cumpliendo la justicia y quien no. Todo lo que tenemos que hacer es mirar y ver:

- ¿Está el hombre caminando según la carne?
- ¿Está el hombre caminando según el Espíritu?

El asunto es este: el Espíritu da vida a los hombres, pero da vida solamente a los que abandonan el pecado y andan según el Espíritu. El hombre espiritual, el hombre que anda según el Espíritu, ama a Cristo y quiere honrar a Cristo *en todo lo que hace*. En consecuencia, se esfuerza por seguir a Cristo y su ejemplo. Semejante amor y actitud de honrar a Cristo agrada a Dios sin límites, porque Dios ama a su Hijo con un amor perfecto. El ama tanto a su Hijo que tomará cualquier honra que el hombre dé a su Hijo y se la aplica al hombre. Cualquiera sea el reconocimiento y la honra que un hombre amontona sobre Cristo, Dios lo adjudica al hombre.

- Si el hombre confía en Cristo para su justicia, Dios le da la justicia a ese hombre.

- Si el hombre confía en Cristo en su búsqueda de significación, propósito y sentido, Dios da al hombre sentido, propósito y significación.
- Si el hombre confía en Cristo para que lo guíe en alguna prueba o necesidad, Dios le guiará a través de la prueba o necesidad.
- Si el hombre confía en Cristo para sanidad, entonces Dios da sanidad a ese hombre.

Todo lo que el hombre siembra en Cristo, lo siega: Dios hace que sea así. En todo lo que el hombre pondera a Cristo, lo mismo le es medido al hombre: Dios lo hace. En efecto, las Escrituras dicen que Dios irá más allá y hará mucho más de lo que pedimos o pensamos (cp. Ef. 3:20).

Por lo tanto, al hombre que *anda según* el «Espíritu de vida» que es en Jesucristo se le otorga el Espíritu de vida. El Espíritu Santo lo llena y le acredita la justicia de la ley, con el derecho de vivir eternamente.

«Porque somos sepultados juntamente con Él para muerte por el bautismo, a fin de que como Cristo resucitó de los muertos por la gloria del Padre, así también nosotros *andemos en vida nueva*» (Ro. 6:4).

«Ahora, pues, ninguna condenación hay para los que están en Cristo Jesús, los que no andan conforme a la carne, sino conforme al Espíritu» (Ro.8:1).

«Porque si vivís conforme a la carne, moriréis; mas si por el Espíritu hacéis morir las obras de la carne, viviréis. Porque todos los que son guiados por el Espíritu de Dios, éstos son hijos de Dios» (Ro. 8:13-14).

«Digo, pues: Andad en el Espíritu, y no satisfagáis los deseos de la carne» (Gá. 5:16).

«Yo pues, preso en el Señor, os ruego que andéis como es digno de la vocación con que fuisteis llamados» (Ef. 4:1).

«Y andad en amor, como también Cristo nos amó, y se entregó a sí mismo por nosotros, ofrenda y sacrificio a Dios en olor fragante» (Ef. 5:2).

«Por tanto, de la manera que habéis recibido al Señor Jesucristo, andad en Él» (Col. 2:6).

«Pero si andamos en luz, como Él está en luz, tenemos comunión unos con otros, y la sangre de Jesucristo su Hijo nos limpia de todo pecado» (1 Jn. 1:7).

«El que dice que permanece en Él, debe andar como Él anduvo» (1 Jn. 2:6).

ESTUDIO A FONDO 2

(8:3) ***Cristo, cumple la ley—pecado:*** Cristo condenó el pecado en la carne por medio de tres actos.

1. Cristo señala el pecado y lo condena como malo. El solo hecho de que él nunca pecó indica que el pecado es contrario a Dios y a la naturaleza de Dios. Cristo rechazó el pecado, y al rechazarlo mostró que era malo, que no debía ser tocado. Lo condenó como malo e indigno de Dios y del hombre.

2. Cristo obtuvo la justicia en favor de todos los hombres. Cuando vino al mundo, vino en la misma carne en que nacen todos los hombres —la misma carne con todos sus deseos, con todas sus pasiones y con su potencial para el pecado. Sin embargo, Él nunca pecó, ni siquiera una sola vez. En consecuencia, obtuvo una perfecta justicia; y debido a que su justicia es perfecta e ideal, se constituye en el modelo y patrón para todos los hombres. Está en favor de todos los hombres y cubre sus injusticias. Su perfecta justicia vence al pecado y su castigo—condena al pecado. Debe notarse que Él condenó el pecado en la carne; por lo tanto, toda carne halla su perfección e ideal en su justicia y perfección. Toda carne encuentra su poder para condenar el pecado «en Cristo», en su justicia ideal.

«¿Quién de vosotros me redarguye de pecado? Pues si digo la verdad, ¿por qué vosotros no me creéis?» (Jn. 8:46).

«Al que no conoció pecado, por nosotros lo hizo pecado, para que nosotros fuésemos hechos justicia de Dios en Él» (2 Co. 5:21).

«Porque no tenemos un sumo sacerdote que no pueda compadecerse de nuestras debilidades, sino uno que fue tentado en todo según nuestra semejanza, pero sin pecado» (He. 4:15).

«Porque tal sumo sacerdote nos convenía: santo, inocente, sin mancha, apartado de los pecadores, y hecho más sublime que los cielos» (He. 7:26).

«¿Cuánto más la sangre de Cristo, el cual mediante el Espíritu eterno se ofreció a sí mismo sin mancha a Dios, limpiará vuestras conciencias de obras muertas para que sirváis al Dios vivo?» (He. 9:14).

«Sino con la sangre preciosa de Cristo, como de un cordero sin mancha y sin contaminación» (1 P. 1:19).

«El cual no hizo pecado, ni fue hallado engaño en su boca» (1 P. 2:22).

«Y sabéis que Él apareció para quitar nuestros pecados, y no hay pecado en Él» (1 Jn. 3:5).

3. Cristo permitió que la ley del pecado y la muerte cayese sobre Él en lugar de caer sobre el pecador. El hombre ha pecado, de modo que la consecuencia natural es la corrupción y la muerte. Sin embargo, Cristo se acercó a Dios e hizo dos peticiones. Primero, le pidió a Dios que aceptara su *justicia ideal* por la injusticia del hombre. Segundo, pidió a Dios que cargara sobre sí mismo el pecado y la muerte del hombre. Pidió a Dios que lo dejara cargar la ley del pecado y la muerte en lugar del hombre y experimentar el infierno en favor del hombre. Le pidió a Dios que le permitiese condenar el pecado y la muerte «en su propio cuerpo sobre el madero» (1 P. 2:24). Era el hombre perfecto, ideal. En consecuencia, él podía cargar sobre sí todas las violaciones de la ley y todas las experiencias de muerte por *todos* los hombres. Dios así lo propuso, y Dios cargó el terrible precio de tener que condenar el pecado y la muerte en la muerte de su mismísimo Hijo. El pecado y su poder han quedado sin fuerza. La muerte ha sido vencida (1 Co. 15:1-58, especialmente los versículos 54-57), y el que tenía el poder de la muerte, esto es Satanás, ha sido destruido. (*Véase* Estudio a fondo 1—Jn.16:11; cp. He. 2:24.) (*Véase* nota—Mt. 5:17-18.)

«Porque Cristo, cuando aún éramos débiles, a su tiempo murió por los impíos» (Ro. 5:6).

«Mas Dios muestra su amor para con nosotros, en que siendo aún pecadores, Cristo murió por nosotros» (Ro. 5:8).

«Porque primeramente os he enseñado lo que asimismo recibí: Que Cristo murió por nuestros pecados, conforme a las Escrituras» (1 Co. 15:3).

«Y por todos murió, para que los que viven, ya no vivan para sí, sino para aquel que murió y resucitó por ellos» (2 Co. 5:15).

«Cristo nos redimió de la maldición de la ley, hecho por nosotros maldición (porque está escrito: Maldito todo el que es colgado en un madero)» (Gá. 3:13).

«Quien se dió a sí mismo por nosotros para redimirnos de toda iniquidad y purificar para sí un pueblo propio, celoso de buenas obras» (Tit. 2:14).

«Pero vemos a aquel que fue hecho un poco menor que los ángeles, a Jesús, coronado de gloria y honra, a causa del padecimiento de la muerte, para que por la gracia de Dios gustase la muerte por todos» (He. 2:9).

«Así también Cristo fue ofrecido una sola vez para llevar los pecados de muchos; y aparecerá por segunda vez, sin relación con el pecado, para salvar a los que le esperan» (He. 9:28).

«Quien llevó Él mismo nuestros pecados en su cuerpo sobre el madero, para que nosotros, estando muertos a los pecados, vivamos a la justicia; y por cuya herida fuisteis sanados» (1 P. 2:24).

> **«Porque también Cristo padeció una sola vez por los pecados, el justo por los injustos para llevarnos a Dios, siendo a la verdad muerto en la carne, pero vivificado en el espíritu» (1 P. 3:18).**
>
> **«En esto hemos conocido el amor, en que Él puso su vida por nosotros; también nosotros debemos poner nuestras vidas por los hermanos» (1 Jn. 3:16).**

3 (8:5-8) ***La mente—carnal—carne—mente espiritual:*** el Espíritu impulsa la mente hacia las cosas espirituales. Este es uno de los pasajes más importantes de las Escrituras, porque discute la mente humana: «Como [el hombre] *piensa* en su corazón, así es él» (Pr. 23:7). Lo que el hombre tiene en su mente y lo que piensa determina quien es y lo que hace. Si un hombre tiene su mente y sus pensamientos en la inmundicia, se convierte en parte de la inmundicia del arroyo. Si conserva su mente en lo *bueno*, se hace bueno. Si enfoca su ente en logros y en el éxito, logra el éxito. Si se llena la mente de pensamientos religiosos, se hace religioso. Si sus pensamientos los pone en Dios y la justicia, se hace piadoso y justo. El hombre llega a ser lo que piensa. Es la ley de la mente. Las Esrituras dicen tres cosas acerca del poder del Espíritu y de la mente humana.

1. Está la mente carnal vs. la mente espiritual. La mente carnal es la la mente de la carne del hombre o de su cuerpo. La frase «mente carnal» (*to fronema tes sarkos*, v. 6) significa la *mente de la carne*. Es la mente en que él ha nacido, la mente carnal que ha heredado de sus padres.

La mente carnal además significa algo más, algo a lo que hay que prestar atención. Significa la mente que ha sido *dada o entregada a la carne*; lo que se centra en la carne y en los deseos y apetitos mundanos; que presta su atención y busca los apetitos de la carne; que saborea la carne y participa de ella; que es controlado por la naturaleza pecaminosa que uno tiene.

La mente carnal se centra en tres áreas de la vida, o para expresarlo de otra forma, hay tres direcciones en el pensamiento de la mente carnal:

a. La mente carnal podría centrarse en lo bajo, lo inmoral, lo violento, lo material y lo físico. Este es usualmente el estilo de vida en que la mayor parte de la gente piensa cuando se menciona una persona carnal o corporal. La mente de algunos es consumida con la lujuria del sexo, el poder, el dinero, las casas, las tierras, los muebles, el reconocimiento, la posición—preocupados y llenos con lo terrenal y mundano.

b. La mente carnal podría centrarse en la vida moral, justa y cultural. Algunas mentes están centradas en el bienestar y la comodidad de sí mismos y de su sociedad. Quieren ser ellos mismos y su sociedad tan refinados y educados, tan morales y justos como sea posible, de modo que centran su mente sobre fines tan *elogiosos*. Y son propósitos dignos, pero una persona puede ser muy refinada y bien educada, pero vivir tan independientemente y separado de Dios como la persona más baja e inmoral. Las personas más cultas dependen de sus *buenas obras* y servicios para hacerse aceptas ante Dios. La mayoría de los justos piensan que Dios los aceptará porque sus vidas y esfuerzos han sido centrados en la edificación de una buena vida y una mejor sociedad para todos. Lo que no logran ver es que Dios está interesado en edificar una sociedad teocéntrica y no una sociedad mundocéntrica. Dios quiere que las necesidades de cada hombre sean suplidas, pero quiere que sea hecho sobre una base espiritual, no sobre una base humanista. Quiere que los hombres sean llevados a Cristo —sus mentes y sus vidas centradas en Dios— de modo que puedan tener vida, la vida que es *abundante y eterna*. El tener cuidado de las necesidades físicas del hombre no es satisfacer las necesidades espirituales del hombre. Deja un gran vacío en la vida del hombre; porque el *espíritu* del hombre determina cómo vive el hombre, sea derrotado o victorioso, con Dios o apartado de Él (*véase* la nota—Ef. 1:3).

c. La mente carnal puede centrarse también sobre la religión: en vivir una vida religiosa de benevolencia y buenas obras, de ceremonias y rituales. Sin embargo, note otra vez: una persona puede ser estrictamente religiosa y todavía vivir separado de Dios. Puede tener su mente *puesta en la religión* y en su bienestar y no en Dios. Puede estar viviendo para la religión en lugar de estar viviendo para Dios, llevando a cabo la función de una *religión institucional* en lugar de la misión de Dios. Puede estar confiando en su entrega a la religión para ser aceptable ante Dios, en vez de creer y confiar en el Hijo de Dios, Jesucristo nuestro Señor. En todo esto, note dónde está puesta la mente del religioso; note dónde están sus pensamientos. Hay poco o ningún énfasis en una *relación personal* con Dios; poco énfasis en conocer a Dios —conocerle realmente, creer y entenderle— poco énfasis en andar y vivir en Él. El énfasis del religioso carnal es su religión y sus ritos y ceremonias, su bienestar y sus proyectos. Este enfoque es carnal y corporal. Es de la tierra, unido a la *institución* física y material que pasa y muere.

El centro del argumento es este: una mente carnal no significa necesariamente que los pensamientos del hombre están puestos en lo bajo, lo inmoral y lo vicioso. La mente carnal indica cualquier mente que no halla su base en Dios, toda mente que no se centra en primer lugar en Dios. La mente carnal puede estar puesta sobre una vida moral, justa y culta, sin embargo, ignora, descuida y exceptúa a Dios. La mente carnal también podría centrarse sobre la religión y aun dejar a un lado a Dios. La mente carnal es la mente que encuentra su base en este mundo, que centra sus pensamientos en lo físico y material en vez de centrarse en Dios.

> **«Y como ellos no aprobaron tener en cuenta a Dios, Dios los entregó a una mente reprobada, para hacer cosas que no convienen» (Ro. 1:28).**
>
> **«Por cuanto los designios de la carne son enemistad contra Dios; porque no se sujetan a la ley de Dios, ni tampoco pueden« (Ro. 8:7).**
>
> **«Esto, pues, digo y requiero en el Señor: que ya no andéis como los otros gentiles, que andan en la vanidad de su mente» (Ef. 4:17).**
>
> **«Nadie os privede vuestro premio,afectando humildad y culto a los ángeles, entremetiéndose en lo que no ha visto, vanamente hinchado por su propia mente carnal» (Col. 2:18).**
>
> **«Todas las cosas son puras para los puros, mas para los corrompidos e incrédulos nada les es puro; pues hasta su mente y su conciencia están corrompidas» (Tit. 1:15).**

2. Hay la mente espiritual. Es la mente natural del hombre que ha sido *renovada por el Espíritu de Dios*. (*Véanse* las notas, pto.2—Ro. 7:21-23; 7:25 para ampliar la discusión.)

> **«No os conforméis a este siglo, sino transformaos por medio de la renovación de vuestro entendimiento, para que comprobéis cuál sea la buena voluntad de Dios, agradable y perfecta» (Ro. 12:2).**
>
> **«En cuanto a la pasada manera de vivir, despojaos del viejo hombre, que está viciado conforme a los deseos engañosos, y renovaos en el espíritu de vuestra mente, y vestíos del nuevo hombre, creado según Dios en la justicia y santidad de la verdad» (Ef. 4:22-24).**

Las palabras «mente espiritual» (*to phronema tou pneumatos*) quiere decir estar poseído por el Espíritu o ser controlado y dominado por el Espíritu. Quiere decir que el hombre que camina según el Espíritu *piensa* en «las cosas del Espíritu» cada día. Y note: es el

Espíritu de Dios el que conduce la mente del creyente a centrarse en las cosas espirituales. El Espíritu de Dios vive en el creyente, tanto para querer como para hacer lo que a Dios le agrada; Él está allí para mantener la mente y los pensamientos del creyente enfocados en las cosas espirituales.

a. El creyente *conserva* su mente en el desarrollo de un carácter y frutos espirituales.

«Mas el fruto del Espíritu es amor, gozo, paz, paciencia, benignidad, bondad, fe, mansedumbre, templanza; contra tales cosas no hay ley» (Gá. 5:22-23).

b. El creyente *mantiene* su mente en querer llevar a cabo el ministerio y la misión de Cristo.

«Como el Hijo del Hombre no vino para ser servido, sino para servir, y para dar su vida en rescate por muchos» (Mt. 20:28).

«Porque el Hijo del Hombre vino a buscar y a salvar lo que se había perdido» (Lc. 19:10).

«Entonces Jesús les dijo otra vez: Paz a vosotros. Como me envió el Padre, así también yo os envío» (Jn. 20:21).

«Por tanto, id, y haced dicípulos a todas las naciones, bautizándolos en el nombre del Padre, y del Hijo, y del Espíritu Santo; enseñándoles que guarden todas las cosas que os he mandado; y he aquí yo estoy con vosotros todos los días, hasta el fin del mundo» (Mt. 28:19-20).

«Y les dijo: Id por todo el mundo y predicad el evangelio a toda criatura» (Mr. 16:15).

«Pero recibiréis poder, cuando haya venido sobre vosotros el Espíritu Santo, y me seréis testigos en Jerusalén, en toda Judea, en Samaria, y hasta lo último de la tierra» (Hch. 1:8).

«Así que, somos embajadores en nombre de Cristo, como si Dios rogase por medio de nosotros; os rogamos en nombre de Cristo: Reconciliaos con Dios» (2 Co. 5:20).

«Lo que has oído de mí ante muchos testigos, esto encarga a hombres fieles que sean idóneos para enseñar también a otro» (2 Ti. 2:2).

«Sino santificad a Dios el Señor en vuestros corazones, y estad siempre preparados para presentar defensa con mansedumbre y reverencia ante todo el que os demande razón de la esperanza que hay en vosotros» (1 P. 3:15).

c. El creyente *mantiene* su mente en conocer, creer y entender a Dios.

«Vosotros sois mis testigos, dice Jehová, y mi siervo que yo escogí, para que me conozcáis y creáis, y entendáis que yo mismo soy; antes de mí no fue formado dios, ni lo será después de mí» (Is. 43:10).

«Y esta es la vida eterna; que te conozcan a ti, el único Dios verdadero, y a Jesucristo, a quien has enviado» (Jn. 17:3).

«A fin de conocerle, y el poder de su resurrección, y la participación de sus padecimientos, llegando a ser semejante a Él en su muerte» (Fil. 3:10).

d. El creyente *mantiene* su mente en ser conformado más y más a la imagen de Cristo.

«Porque a los que antes conoció, también los predestinó para que fuesen hechos conformes a la imagen de su Hijo, para que Él sea el primogénito entre muchos hermanos» (Ro. 8:29).

«Por tanto, nosotros todos, mirando a cara descubierta como en un espejo la gloria del Señor, somos transformados de gloria en gloria en la misma imagen, como por el Espíritu del Señor» (2 Co. 3:18).

«Mas nuestra ciudadanía está en los cielos, de donde también esperamos al Salvador, al Señor Jesucristo; el cual transformará el cuerpo de la humillación nuestra, para que sea semejante al cuerpo de la gloria suya, por el poder con el cual puede también sujetar a sí mismo todas las cosas» (Fil. 3:20-21).

«Y revestido del nuevo, el cual conforme a la imagen del que lo creó se va renovando hasta el conocimiento pleno» (Col. 3:10).

«Amados, ahora somos hijos de Dios, y aún no se ha manifestado lo que hemos de ser; pero sabemos que cuando Él se manifieste, seremos semejantes a Él, porque le veremos tal como Él es» (1 Jn. 3:2).

e. El creyente *mantiene* su mente en desechar la imaginación y llevar todo pensamiento cautivo en obediencia a Cristo.

«Derribando argumentos y toda altivez que se levanta contra el conocimiento de Dios, y llevando cautivo todo pensamiento a la obediencia a Cristo» (2 Co. 10:5).

«Por lo demás, hermanos, todo lo que es verdadero, todo lo honesto, todo lo justo, todo lo puro, todo lo amable, todo lo que es de buen nombre; si hay virtud alguna, si algo digno de alabanza, en esto pensad» (Fil. 4:8).

3. Hay el destino de ambas mentes. La mente carnal es fuertemente amonestada, mientras la mente espiritual es asegurada y confortada.

a. El destino de la mente carnal es muerte. Por muerte quiere decir muerte espiritual, siendo separado y será separado de Dios eternamente. Significa que el alma está muerta *ahora*, mientras el hombre vive sobre la tierra; y significa que el alma permanece muerta (separada apartada de Dios) aun cuando el hombre entra en el nuevo mundo. La mente carnal...

- no puede ignorar a Dios ahora y esperar tener pensamientos de Dios en el nuevo mundo.
- no puede tener su centro en la carne ahora y esperar tener su centro en Dios en el nuevo mundo.
- no puede pensar según su voluntad ahora y esperar pensar según la voluntad de Dios en el nuevo mundo.
- no puede tener una mente mundanal ahora y esperar tener una mente espiritual en el nuevo mundo.
- no puede elegir la carne ahora y esperar ser salvado de la carne en el nuevo mundo.
- no puede rechazar a Dios ahora y esperar ser aceptado por Dios en el nuevo mundo.

Dicho en forma muy sencilla, lo que la mente elige ser seguirá siendo. Si la mente elige la carne en lugar de Dios, la elección está hecha. La mente continuará sin Dios de ahora en adelante, para siempre jamás. Se permite a la mente hacer lo que elija. Si elige estar separada y alejada de Dios de modo que puede morar en la carne, entonces el alma *tendrá* la carne; será apartada y alejada de Dios. Dios ama al hombre; Dios no viola la mente del hombre ni le fuerza a elegirle. La decisión es del hombre: puede elegir a Dios, o puede elegir la carne y la muerte (o ser apartado y alejado de Dios).

«El hombre que se aparta del camino de la sabiduría vendrá a parar en compañía de los muertos» [espiritualmente muertos] (Pr. 21:16).

«Jesús les dijo: de cierto, de cierto os digo: Si no coméis la carne del Hijo del Hombre, y bebéis su sangre, no tenéis vida en vosotros» (Jn. 6:53).

«Porque la paga del pecado es muerte, mas la dádiva de Dios es vida eterna en Cristo Jesús Señor nuestro» (Ro. 6:23).

«Porque el amor de Cristo nos constriñe, pensando

esto: que sí uno murió por todos, luego todos murieron [espiritualmente]» (2 Co. 5:14).

«Y estabais muertos en vuestros delitos y pecados» (Ef. 2:1).

«Por lo cual dice: Despiértate, tú que duermes, levántate de los muertos, y te alumbrará Cristo» (Ef. 5:14).

«Entonces la concupiscencia, después que ha concebido, da a luz el pecado; y el pecado, siendo consumado, da a luz la muerte» (Stg. 1:15).

«Escribe al ángel de la iglesia en Sardis: El que tiene los siete espíritus de Dios, y las siete estrellas dice esto: yo conozco tus obras, que tienes nombre de que vives y estás muerto» (Ap. 3:1).

«Pero los cobardes e incrédulos, los abominables y homicidas, los fornicarios y hechiceros, los idólatras y todos los mentirosos tendrán su parte en el lago que arde con fuego y azufre que es la muerte segunda» (Ap. 21:8).

b. El destino de la mente espiritual es vida y paz. Es lo opuesto a la muerte. La mente espiritual es un estado de la mente, una mente que está llena con vida y paz, con pensamientos de vida y paz. La mente espiritual habita en vida; vive todo lo que debió ser la vida y lo vive eternamente. La mente espiritual está llena...

- de significación, propósito y de sentido.
- de seguridad y confianza.
- de gozo y regocijo.
- de conocimiento creencia y entendimiento de Dios.
- de fruto espiritual, fruto de amor, gozo y paz (Gá. 5:22-23).

La mente espiritual además está llena de paz. El hombre de mente espiritual esta en *paz con Dios*: tiene paz con Dios porque conoce fuera de toda duda que sus pecados son perdonados y que ahora es aceptable para Dios. Además mora en la *paz de Dios*: tiene la *paz de Dios* porque experimenta cada día el cuidado y la dirección de Dios en su vida. Anda realmente a través de la vida en la paz de Dios, sabiendo que Dios está cuidándolo y obrando todo el tiempo para su bien. Sabe que su eternidad es cuidada, que le será dado el glorioso privilegio de vivir eternamente y de servir a Dios en alguna gloriosa responsabilidad. Nótese algo más también: el hombre de mente espiritual está en paz con todos los demás hombres. Ama a todos los hombres y se preocupa por ellos, no importa quiénes son, así como Jesús los ama y se preocupa por ellos.

La mente espiritual, la mente que se centra en las cosas del espíritu, conoce y experimenta la vida y la paz. La vida y la paz son su destino para siempre jamás. Tal es la promesa de Dios y el testimonio de sus santos que han seguido antes. Tener una mente espíritual tiene su recompensa y su recompensa es vida eterna y paz.

«De cierto, de cierto os digo: El que oye mi palabra, y cree al que me envió, tiene vida eterna, y no vendrá a condenación, mas ha pasado de muerte a vida» (Jn. 5:24).

«Estas cosas os he hablado para que en mí tengáis paz. En el mundo tendréis aflicción; pero confiad, yo he vencido al mundo» (Jn. 16:33).

«Porque el reino de Dios no es comida ni bebida, sino justicia, paz y gozo en el Espíritu Santo» (Ro. 14:17).

«Más el fruto del Espíritu es amor, gozo, paz, paciencia, benignidad, bondad, fe, mansedumbre, templanza; contra tales cosas no hay ley» (Gá. 5:22, 23).

«Mucha paz tienen los que aman tu ley, y no hay para ellos tropiezo» (Sal. 119:165).

«En el camino de la justicia está la vida; y en sus caminos no hay muerte» (Pr. 12:28).

«Tú guardarás en completa paz a aquel cuyo pensamiento en ti persevera; porque en ti ha confiado» (Is. 26:3).

4. Hay la razón por la que la mente carnal mora en muerte. La mente carnal mora en muerte porque está en enemistad con Dios. Esto se ve en forma sencilla.

- Dios es santo, justo y puro; en cambio la mente carnal es impura, inmoral y contaminada. La mente carnal o sensual es opuesta a Dios por su naturaleza misma.
- Dios actúa solamente con moralidad, justicia y bondad; en cambio, la mente carnal se comporta inmoral, injusta y egoístamente. La mente carnal o sensual es opuesta a Dios por su misma conducta.
- Dios es eterno, de eternidad a eternidad; en cambio, la mente carnal envejece, se deteriora, muere, y va a la ruina. La mente carnal o sensual es opuesta a Dios por su destino mismo.

La mente carnal es opuesta a Dios, a todo lo que Él es. No es pura ni duradera; es sensual, llena de corrupción y acentúa la muerte. La mente carnal o sensual es amargamente opuesta a todo lo que Dios es. En consecuencia, la mente carnal se detiene en la muerte, y morará en muerte por toda la eternidad.

Ahora note: todo esto dice una sola cosa: la mente carnal «no se sujeta a la ley de Dios, ni tampoco puede». La mente carnal no puede sujetarse a la ley de Dios porque no es como Dios: ni por naturaleza, ni por conducta, ni por destino. La mente carnal no tiene interés en la ley de Dios ni trata de vivir como Dios quiere. La mente carnal quiere vivir según su propio deseo y hacer sus propias cosas. La mente carnal quiere complacer su carne, sea por comidas, sexo, orgullo, poder, posición, dinero, reconocimiento, fama o justicia propia.

El destino de la mente carnal está claramente expresado, un destino contra el que se hace una fuerte adevertencia.

«Y los que viven según la carne no pueden agradar a Dios» (Ro. 8:8).

«Pero la que se entrega a los placeres, viviendo está muerta» (1 Ti. 5:6).

«Así también Cristo fue ofrecido una sola vez para llevar los pecados de muchos; y aparecerá por segunda vez, sin relación con el pecado, para salvar a los que le esperan» (He. 9:28).

«Entonces dirá también a los de la izquierda: Apartaos de mí, malditos, al fuego eterno preparado para el diablo y sus ángeles» (Mt. 25:41).

Sin embargo, la gloriosa verdad es esta. El Espíritu de Dios puede transformar la mente del hombre. El Espíritu de Dios puede arrastrar la mente hacia las cosas espirituales. (Cp. Ro.12:2; Ef. 4:22-24. *Véanse* notas, pto. 2—Ro. 7:21-23; 7:25 para ampliar la discusión.)

Pensamiento. La mayoría de las mentes carnales están fuertemente influidas por su medio y por los que las rodean. Si sus amigos son materialistas o inmorales, las mentes se centran en lo mismo. Si el medio les ofrece cine y lecturas, llenaran la mente con tales cosas, sean prohibidas, o educativas y filosóficas. Pocas mentes carnales rompen con su ambiente y con sus amistades. Solamente el Espíritu de Dios puede penetrar la mente humana y liberarla de la carne y de sus pasiones sensuales.

4 (8:9) ***Morada interior, presencia—poder del Espíritu Santo:*** el Espíritu mora dentro del creyente, poniendo dentro de él al Espíritu de Cristo. Es tan denso el contenido de estos dos versículos que no se puede bosquejar al lado de los versículos en la sección inicial de este capítulo. No hay suficiente espacio.

1. El poder del Espíritu se ve en la palabra «mora» (*oikeo*).

La palabra «morada» es el cuadro de un hogar (*oikos*). El Espíritu Santo mora en el interior del creyente: hace su hogar, su residencia y vive dentro del creyente, como nosotros vivimos en nuestros hogares.

2. El poder del Espíritu crea la gloriosa verdad de la presencia interior de Dios en el creyente y del creyente dentro de Dios.

- Se dice que el creyente vive «según el Espíritu [Santo]» (v. 9).
- Se dice que el Espíritu de *Dios* «mora» en el creyente (v. 9).
- Se dice que el creyente tiene el «Espíritu de Cristo» (v. 9).
- Se dice que Cristo está en el creyente (v. 10).

«Y yo rogaré al Padre, y os dará otro Consolador, para que esté con vosotros para siempre: el Espíritu de verdad, al cual el mundo no puede recibir, porque no le ve, ni le conoce; pero vosotros le conocéis, porque mora con vosotros, y estará en vosotros» (Jn. 14:16-17).

«En aquel día conoceréis que yo estoy en mi Padre, y vosotros en mí, y yo en vosotros ... El que me ama, mi palabra guardará; y mi Padre le amará, y vendremos a Él, y haremos morada con Él» (Jn. 14:20, 23).

«Mas vosotros no vivís según la carne, sino según el Espíritu, si es que el Espíritu de Dios mora en vosotros. Y si alguno no tiene el Espíritu de Cristo, no es de Él» (Ro. 8:9).

«¿No sabéis que sois templo de Dios, y que el Espíritu de Dios mora en vosotros?» (1 Co. 3:16).

«¿O ignoráis que vuestro cuerpo es el templo del Espíritu Santo?, el cual está en vosotros, el cual tenéis de Dios, y que no sois vuestros?» (1 Co. 6:19).

«Guarda el buen depósito por el Espíritu Santo que mora en nosotros» (2 Ti. 1:14).

«Pero la unción [Espíritu Santo] que recibísteis de Él permanece en vosotros, y no tenéis necesidad de que nadie os enseñe; así como la unción misma os enseña todas las cosas, y es verdadera y no es mentira, según ella os ha enseñado, permaneced en Él» (1 Jn. 2:27).

«Y pondré dentro de vosotros mi Espíritu, y haré que andéis en mis estatutos, y guardéis mis preceptos, y los pongáis por obra» (Ez. 36:27).

Note cómo se proclama la deidad de Cristo. Se dice que el «Espíritu de Cristo» mora en el creyente al igual que el »Espíritu de Dios». De ambos se dice igualmente que moran en el creyente. (Cp. Gá. 4:6; Fil. 1:10; 2 Co. 3:18; 1 P.1 :11.)

3. El poder del Espíritu saca al creyente de estar en la carne y lo pone en sí mismo, dentro del Espíritu de Dios. Muy simplemente...

- el creyente ya no está *situado* «en» la carne: no ante los ojos de Dios ni ante las cuentas que Dios lleva. El creyente ya no mora «en» la carne: ya no tiene su hogar en la carne ni vive en la carne. Ya no está en casa, esto es, ya no se siente cómodo con las cosas de la carne.
- el creyente está *situado* «en» el Espíritu de Dios. Dios ve y cuenta al creyente como colocado y situado en su Espíritu. Por lo tanto, el creyente mora «en» el Espíritu Santo. Hace su hogar en el Espíritu, y toma su residencia y vive «en» el Espíritu. Está en casa y cómodo solamente con las cosas del Espíritu.

4. El poder del Espíritu identifica al creyente como estando «en» Cristo. Esto se ve fácilmente. Sea cual fuere el espíritu que mora en un hombre, a *ese espíritu* pertenece el hombre. Si tiene el espíritu de egoísmo dentro de sí, pertenece al espíritu de egoísmo y es conocido como egoísta. Si tiene el espíritu de queja, pertenece al espíritu de queja y es conocido como quejumbroso. Si tiene el espíritu del mal, pertenece al mal y es conocido como una mala persona. Si tiene el espíritu de temor, pertenece al espíritu de temor, y es conocido como miedoso. Si tiene el Espíritu de Cristo, pertenece a Cristo y es conocido como seguidor de Cristo.

«No os dejaré huérfanos; vendré a vosotros» (Jn. 14:18).

«Con Cristo estoy juntamente crucificado, y ya no vivo yo, mas vive Cristo en mí; y lo que ahora vivo en la carne, lo vivo en la fe del Hijo de Dios, el cual me amó y se entregó a sí mismo por mí» (Gá. 2:20).

«Para que habite Cristo en la fe de vuestros corazones» (Ef. 3:17).

«A quienes Dios quiso dar a conocer las riquezas de la gloria de este misterio entre los gentiles; que es Cristo en vosotros, la esperanza de gloria» (Col. 1:27).

«Y el que guarda sus mandamientos, permanece en Dios, y Dios en Él» (1 Jn. 3:24).

«He aquí, yo estoy a la puerta y llamo; si alguno oye mi voz y abre la puerta, entraré a Él, y cenaré con Él, y Él conmigo» (Ap. 3:20).

Una persona está *animada,* llevada a vivir de acuerdo con el espíritu que está en ella. El Espíritu Santo tiene el poder de llevar al creyente a vivir como Cristo vivió. Podemos mirar al espíritu de una persona y decir si tiene el Espíritu de Cristo. Si lo tiene, entonces lleva el fruto del Espíritu de Cristo. El Espíritu y su fruto son vistos en la vida del creyente. El verdadero creyente *demuestra* que está «e» Cristo, que ha sido puesto y situado «en» Cristo por la vida que lleva.

5 (8:1-11) ***Espíritu Santo—resurrección de los creyentes:*** el Espíritu da vida al *espíritu* del creyente. la idea del griego aclara este versículo: «Si Cristo está en vosotros, *aunque* el cuerpo tenga que morir a causa del pecado, el espíritu vivirá a causa de la justicia». Dicho en forma muy sencilla, el cuerpo del hombre muere, pero su espíritu puede vivir para siempre si Cristo está «en» él. Note dos puntos.

1. El Espíritu de Cristo da vida al *espíritu del hombre* ahora, en el momento mismo que una persona cree. El cuerpo del hombre debe morir por el pecado: el cuerpo es corruptible, envejece, se deteriora, se desvanece y muere. Es en el proceso de morir —en el rápido movimiento hacia la muerte— que se puede decir que está realmente *muerto*. El cuerpo muere; por lo tanto, su muerte es inevitable. Sin embargo, es en medio de la muerte que aparece el Espíritu de Cristo. Entra y convierte el espíritu del hombre de la muerte a la vida. ¿Cómo?

a. El espíritu del hombre vive debido a la justicia y muerte de Jesucristo (*véase* Estudio a fondo 1, «*En Cristo*»—Ro. 8:1; cp. Ro.4:22; 5:1).

«Que si confesares con tu boca que Jesús es el Señor, y creyeres en tu corazón que Dios le levantó de los muertos, serás salvo. Porque con el corazón se cree para justicia, pero con la boca se confiesa para salvación» (Ro. 10:9-10).

«Al que no conoció pecado, por nosotros lo hizo pecado, para que nosotros fuésemos hechos justicia de Dios en Él» (2 Co. 5:21).

«Quien llevó Él mismo nuestros pecados en su cuerpo sobre el madero, para que nosostros, estando muertos a los pecados, vivamos a la justicia y por cuya herida fuisteis sanados» (1 P. 2:24).

b. El espíritu del hombre lleva una vida justa y piadosa (*véanse* notas—Ro. 6:14-15; 6:17-18; 6:19-20).

«No todo el que me dice: Señor, Señor, entrará en el reino de los cielos, sino el que hace la voluntad de mi Padre que está en los cielos» (Mt. 7:21).

«Pero gracias a Dios, que aunque erais esclavos del pecado, habéis obedecido de corazón a aquella forma de doctrina a la cual fuisteis entregados; y libertados del pecado, vinisteis a ser siervos de la justicia» (Ro. 6:17-18).

«Ahora, pues, ninguna condenación hay para los que están en Cristo Jesús, los que no andan

conforme a la carne, sino conforme al Espíritu» (Ro. 8:1).

2. El Espíritu de Cristo vivifica el cuerpo mortal *en el futuro*, en el gran día de la redención. Note dos cosas.

a. La palabra «vivificar» (*zoopoiesei*) significa hacer vivo, dar vida, hacer vivir, renovar y rehacer la vida.

b. El «cuerpo mortal» será vivificado y vivirá.

- El cuerpo mortal es el mismo cuerpo que murió. La persona es la misma persona.
- El cuerpo mortal recibe una vida totalmente nueva; sus elementos son recreados y vueltos a formar en un cuerpo perfecto y eterno. Al nuevo cuerpo se le da el poder y la energía de elementos eternos, moléculas y átomos eternos o cualesquiera que sean los elementos más diminutos. Todo será ordenado para que el cuerpo mortal se convierta en un cuerpo inmortal.

«Y esta es la voluntad del que me ha enviado: Que todo aquel que ve al Hijo, y cree en Él, tenga vida eterna; y yo le resucitaré en el día postrero» (Jn. 6:40).

«Le dijo Jesús: Yo soy la resurrección y la vida; el que cree en mí, aunque esté muerto, vivirá» (Jn. 11:25).

«Teniendo esperanza en Dios, la cual ellos también abrigan, de que ha de haber resurrección de los muertos, así de justos como de injustos» (Hch. 24:15).

«Así también es la resurrección de los muertos. Se siembra en corrupción, resucitará en incorrupción. Se siembra en deshonra, resucitará en gloria; se siembra en debilidad, resucitará en poder. Se siembra cuerpo animal, resucitará cuerpo espiritual. Hay cuerpo animal y hay cuerpo espiritual» (1 Co. 15:42-44).

«Pero esto digo, hermanos: que la carne y la sangre no pueden heredar el reino de Dios, ni la corrupción hereda la incorrupción. He aquí os digo un misterio: No todos dormiremos; pero todos seremos transformados, en un momento, en un abrir de ojos, a la final trompeta; porque se tocará la trompeta, y los muertos serán resucitados incorruptibles, y nosotros seremos transformados. Porque es necesario que esto corruptible se vista de incorrupción, y esto mortal se vista de inmortalidad» (1 Co. 15:50-53).

«Sabiendo que el que resucitó al Señor Jesús, a nosotros también nos resucitará con Jesús, y nos presentará juntamente con vosotros» (2 Co. 4:14).

«Porque el Señor mismo, con voz de mando, con voz de arcángel y con trompeta de Dios, descenderá del cielo; y los muertos en Cristo resucitarán primero» (1 Ts. 4:16).

«Bendito el Dios y Padre de nuestro Señor Jesucristo, que según su grande misericordia nos hizo renacer para una esperanza viva, por la resurrección de Jesucristo de los muertos» (1 P. 1:3-4).

c. Hay dos grandes garantías de la resurrección del creyente.

- La garantía de la resurrección de Jesús (*véase* Estudio a fondo 3, *Resurrección de los Creyentes*—Ro. 8:11 para la discusión. Además *véanse* el bosquejo y las notas—1 Co. 15:12-19; 15:20-23.)
- La garantía del Espíritu Santo, Aquel que habita en el creyente. El mismo Espíritu que levantó a Cristo resucitará al creyente (2 Co. 4:14). Es el poder y energía de la vida, y Él habita en el interior del creyente. En consecuencia, Él resucitará al creyente. (*Véase* nota, *Espíritu de Vida*—Ro. 8:2-4 para ampliar la discusión.)

«[Jesucristo] fue declarado Hijo de Dios con poder, según el Espíritu de santidad, por la resurrección de entre los muertos» (Ro. 1:4).

«Sabiendo que el que resucitó al Señor Jesús, a nosotros también nos resucitará con Jesús, y nos presentará juntamente con vosotros» (2 Co. 4:14).

ESTUDIO A FONDO 3

(8:11) ***Resurrección de creyentes—resurrección de Jesucristo:*** la resurrección de Jesucristo garantiza al creyente que él también será resucitado de entre los muertos.

1. La resurrección de Cristo demuestra lo que *Dios* es: que Él existe y cuida la tierra. No existe poder en el mundo que pueda resucitar a un hombre de entre los muertos. Solamente un poder supremo, eterno y personal puede hacerlo. Solamente Dios puede dar vida a la materia muerta y al polvo de la tierra. El hecho mismo que Jesucristo haya resucitado de entre los muertos demuestra que Dios existe y se preocupa de su tierra.

2. La resurrección de Cristo muestra que Jesucristo es la persona que Él dijo ser, el Hijo de Dios mismo. Demuestra que Jesucristo fue enviado a la tierra para lograr la justicia ideal para el hombre y para morir y resucitar de entre los muertos en favor del hombre. (*Véase* nota, ***Justificación***—Ro. 5:1 para ampliar la discusión.)

«Fue declarado Hijo de Dios con poder, según el Espíritu de santidad, por la resurrección de entre los muertos» (Ro. 1:4).

«La cual [el poder de la fuerza de Dios] operó en Cristo resucitándole de los muertos y sentándole a su diestra en los lugares celestiales» (Ef. 1:20).

3. La resurrección de Cristo demuestra que Jesucristo es el Salvador del mundo. Demuestra que Cristo es la Persona misma que Dios envió a la tierra para salvar a los hombres de la muerte y para darles vida. (*Véase* Estudio a fondo 2—Ro. 6:3-5 para la discusión.)

«El cual fue entregado por nuestras transgresiones, y resucitado para nuestra justificación» (Ro. 4:25).

«Que si confesares con tu boca que Jesús es el Señor, y creyeres en tu corazón que Dios le levantó de los muertos serás, salvo» (Ro. 10:9).

«Por el cual [evangelio] asimismo, si retenéis la palabra que os he predicado, sois salvos si no creísteis en vano. Porque primeramente os he enseñado lo que asimismo recibí: Que Cristo murió por nuestros pecados, conforme a las Escrituras; y que fue sepultado, y que resucitó al tercer día, conforme a las Escrituras» (1 Co. 15:2-4).

4. La resurrección de Cristo demuestra que Él es el Espíritu de vida. Demuestra que Cristo es la energía misma y la fuerza de la vida, el poder y el ser de la vida, y que Él puede dar el mismo «Espíritu de vida» a los hombres. Puede resucitar a los hombres de entre los muertos como Él resucitó de los muertos. (*Véase* nota—Ro. 8:2-4 para ampliar la discusión. *Véanse* además el bosquejo y las notas—1 Co.15:12-19; 15:20-23.)

«Y si el Espíritu de aquel que levantó de los muertos a Jesús mora en vosotros, el que levantó de los muertos a Cristo Jesús vivificará también vuestros cuerpos mortales por su Espíritu que mora en vosotros» (Ro. 8:11).

«Porque si creemos que Jesús murió y resucitó, así también traerá Dios con Jesús a los que durmieron con Él» (1 Ts. 4:14).

«Bendito el Dios y Padre de nuestro Señor Jesucristo, que según su grande misericordia nos hizo renacer para una esperanza viva, por la resurrección de Jesucristo de los muertos, para una herencia incorruptible, incontaminada e inmarcesible, reservada

en los cielos para vosotros» (1 P. 1:3-4).

«Porque también Cristo padeció una sola vez por los pecados, el justo por los injustos para llevarnos a Dios, siendo a la verdad muerto en la carne, pero vivificado en el espíritu» (1 P. 3:18).

6 (8:12-13) ***Espíritu Santo:*** el Espíritu da el poder de mortificar o dar muerte a las malas obras. La palabra «deudores» (*ofeiletes*) significa estar obligado, deber, estar sometidos a algún deber.

a. Los creyentes están en deuda con el Espíritu, no con la carne. La carne nada ha hecho por el hombre, nada de un valor verdadero. Note lo que la carne ha hecho por el hombre.
   - es carne pecaminosa, contaminada por el pecado (v. 3).
   - es carnal o carnalmente orientada (v. 5).
   - hace que el hombre muera (vv. 6, 13).
   - es lo contrario de vida y paz (v. 6).
   - es una mente que está en enemistad con Dios (v. 7).
   - no puede agradar a Dios (v. 8).

   El hombre nada debe a la carne. No está en deuda ni obligado a la carne, porque la carne no trae nada sino sufrimiento y miseria al hombre.

Pensamiento. El hombre es un necio al centrar su vida en una cosa débil como la carne; un necio para vivir como si estuviera en deuda y obligado a algo que lo *sepulta en...*
- el dolor y la enfermedad con tanta frecuencia.
- el pecado y la vergüenza con tanta frecuencia.
- en la muerte con demasiada rapidez.

«Y yo sé que en mí, esto es, en mi carne, no mora el bien; porque el querer el bien está en mí, pero no el hacerlo» (Ro. 7:18).

«Porque el ocuparse de la carne es muerte, pero el ocuparse del Espíritu es vida y paz» (Ro. 8:6).

«Y los que viven según la carne no pueden agradar a Dios» (Ro. 8:8)

«Porque si vivís conforme a la carne, moriréis; mas si por el Espíritu hacéis morir las obras de la carne, viviréis» (Ro. 8:13).

«Porque el deseo de la carne es contra el Espíritu, y el del Espíritu es contra la carne; y estos se oponen entre sí, para que no hagáis lo que quisiereis» (Gá. 5:17).

«Porque el que siembra para su carne, de la carne segará corrupción; mas el que siembra para el Espíritu, del Espíritu segará vida eterna»(Gá. 6:8).

«No améis al mundo, ni las cosas que están en el mundo. Si alguno ama al mundo, el amor del padre no está en él. Porque todo lo que hay en el mundo, los deseos de la carne, los deseos de los ojos, y la vanagloria de la vida, no proviene del Padre, sino del mundo» (1 Jn. 2:15-16).

b. Los creyentes están en deuda con el Espíritu. Es el Espíritu el que ha hecho tanto por el hombre, el Espíritu a quien estamos tan endeudados. El Espíritu de Dios...
   - es el «Espíritu de vida» (v. 2).
   - nos ha librado del pecado y la muerte (v. 2).
   - cumple la justicia «en» nosotros (v. 4).
   - atrae nuestra mente hacia las cosas espirituales (v. 5).
   - nos da vida y paz (v. 6).
   - mora en nosotros, apartándonos de la carne e identificándonos como estando «en» Cristo (v. 9).
   - da vida a nuestros espíritus ahora y garantiza que dará vida a nuestros cuerpos mortales en el gran día de la redención (vv. 10-11).

   Es el Espíritu el que ha hecho tanto por nosotros; es el Espíritu con quien estamos «en deuda» y con quien estamos obligados.

2. Los creyentes determinan su propio destino. El punto se ve claramente: si un hombre vive según la carne, morirá porque la carne muere. La carne es condenada; muere, y nunca ha habido una excepción. Por lo tanto, si un hombre elige vivir según la carne, esto es, seguir la carne, y luego, al seguir la carne experimenta lo que la carne experimenta. Si la carne tropieza y cae, el hombre tropieza y cae, porque está siguiendo la carne. Si la carne se mata a sí misma, entonces el hombre muere con la carne, porque está siguiendo a la carne. Las Escrituras enseñan esto claramente.

«Porque la paga del pecado es muerte, mas la dádiva de Dios es vida eterna en Cristo Jesús Señor nuestro» (Ro. 6:23).

«Porque el ocuparse de la carne es muerte, pero el ocuparse del Espíritu es vida y paz» (Ro. 8:6).

«Porque si vivís *conforme a* la carne, moriréis» (Ro. 8:13).

«Entonces la concupiscencia después que ha concebido, da a luz el pecado; y el pecado, siendo consumado, da a luz la muerte» (Stg. 1:15).

«El alma que pecare, esa morirá» (Ez. 18:20).

Sin embargo, si un hombre mortifica o da muerte a los hechos de su cuerpo, vivirá. Note cuatro hechos.

a. «Las obras de la carne» significa malas obras, deseos y pasiones malas, los deseos y codicias que llevan la pecado y la vergüenza, a la destrucción y la muerte.

b. Mortificar (*thanatoute*) significa dar muerte. La idea es la de negar, sujetar, subyugar, matando, destruyendo el poder de.

c. El poder de mortificar las obras malas del cuerpo viene a través del Espíritu. Sin embargo, note esto: negamos las malas obras, y entonces el Espíritu da las fuerzas para *mortificar* y *subyugar* su fuerza. Nosotros estamos envueltos al igual que el Espíritu está involucrado. No puede destruir la fuerza del pecado a menos que nosotros ejerzamos nuestra voluntad y trabajemos para destruirlo nosotros mismos, y nosotros no podemos querer y trabajar al respecto sin El. Tanto el Espíritu como nosotros tenemos que estar involucrados haciendo cada cual su parte si deseamos que sean mortificadas las malas obras del cuerpo. Para repetir el punto de arriba: ejercemos nuestra voluntad para negar las malas obras, y entonces el Espíritu inmediatamente entra para *dar muerte* al atractivo y la fuerza de las malas obras. Si no queremos ver destruidas las malas obras de nuestro cuerpo, si queremos continuar viviendo en los pecados de la carne, si no queremos tener nada que ver con el Espíritu—entonces el Espíritu no puede hacer nada por nosotros. Dios nos ama mucho como para forzarnos; no atropellará nuestra decisión. Pero si honestamente queremos seguir al Espíritu y honestamente deseamos destruir las malas obras de nuestro cuerpo, el Espíritu entrará y dará el poder para hacerlo así. El quebrantará el poder del Espíritu: mortificará y subyugará la fortaleza de ello.
   - Nuestra parte es *querer* seguir al Espíritu: mortificar las malas obras y comienza a negarlas. (*Véanse* nota y Estudio a fondo 1—Lc. 9:23 para ampliar la discusión.)
   - La parte del Espíritu es mortificar y subyugar, y finalmente destruir el poder de las malas obras.

Ahora bien, note que la victoria sobre las malas obras no es una cosa inmediata, de una vez para siempre. Es una lucha continua que dura mientras vivimos en la carne. Esto es realmente expresado en el tiempo del verbo «vivir». El tiempo es una acción continua y habitual. Debemos continuar siguiendo al Espíritu y continuar mortificando las malas obras de la carne. Es una experiencia cotidiana así como vivir es una experiencia diaria. Tenemos que *vivir* desarrollando el hábito de vivir en el Espíritu y vencer las malas obras del cuerpo. El creyente *no puede destruir* su carne mientras está en la tierra, pero *puede quebrantar* el poder de las malas obras en su carne. Puede destruir las malas obras de su cuerpo.

d. La persona que mortifica las malas obras de su carne vivirá. El hombre muere debido al mal, y vive debido a la justicia. Si destruye las malas obras y sigue la justicia no morirá. Vivirá.

«Si tu ojo derecho te es ocasión de caer, sácalo, y échalo de ti; pues mejor te es que se pierda uno de tus miembros, y no que todo tu cuerpo sea echado al infierno» (Mt. 5:29; cp. Mt. 18:8).

«Sabiendo esto, que nuestro viejo hombre fue crucificado juntamente con Él, para que el cuerpo del pecado sea destruido, a fin de que ya no sirvamos al pecado» (Ro. 6:6).

«Porque si vivís conforme a la carne, moriréis; mas si por el Espíritu hacéis morir las obras de la carne, viviréis» (Ro. 8:13).

«Vestíos del Señor Jesucristo, y no proveáis para los deseos de la carne» (Ro. 13:14).

«Digo, pues: Andad en el Espíritu, y no satisfagáis los deseos de la carne» (Gá. 5:16).

«Pero los que son de Cristo han crucificado la carne con sus pasiones y deseos» (Gá. 5:24).

«Haced morir, pues, lo terrenal en vosotros: fornicación, impureza, pasiones desordenadas, malos deseos y avaricia, que es idolatría» (Col. 3:5).

«Amados, yo os ruego como a extranjeros y peregrinos, que os abstengáis de los deseos carnales que batallan contra el alma» (1 P. 2:11).

«Para no vivir el tiempo que resta en la carne, conforme a las concupiscencias de los hombres, sino conforme a la voluntad de Dios» (1 P. 4:2).

7 (8:14) ***Creyentes, deber:*** el Espíritu dirige al creyente. Hay varias ideas en la palabra griega *dirigir* o *llevar* (*ago*).

- Está la idea de *llevar y cargar a lo largo*. El Espíritu conduce al creyente y lo lleva a través de las pruebas de esta vida. Levanta al creyente y lo lleva por sobre las corrupciones de este mundo.
- Está la idea de *conducir y guiar a lo largo*. El Espíritu conduce y guía al creyente a lo largo del camino de la justicia y la verdad. Guía al creyente moviéndose anticipadamente y yendo delante de él. Ilumina el sendero, dando seguridad al creyente sobre el camino por donde anda (cp. Jn.16:13; cp. Gá.5:18; 2 P. 1:21).
- Está la idea de *dirigir sobre un camino y de llevar a lo largo* de él hacia el final. El Espíritu dirige al creyente en cuado a dónde ir y cómo llegar, y lleva realmente al creyente al final de su destino. El Espíritu se involucra realmente en la vida del creyente, dirigiéndole para que viva una vida de justicia y se conforme a la imagen de Cristo. Realmente lleva al creyente hacia el fin al cual ha sido destinado, esto es, al cielo, para vivir eternamente en la presencia de Dios mismo.

Este es uno de los grandes poderes del Espíritu Santo, el poder para dirigir al creyente e involucrarse en su vida.

Note un punto fundamental. La evidencia o prueba de que una persona es hijo de Dios es justamente esta: ¿Es la persona guiada por el Espíritu de Dios?

- ¿Está la persona siendo llevada a través de las pruebas de la vida en forma victoriosa, reconociendo a Dios y regocijándose en su fortaleza y en su seguridad eterna?
- ¿Está siendo guiada la persona a lo largo del camino de la justicia y la verdad?
- ¿Está la persona siendo dirigida y conducida a lo largo del camino al cielo, para pasar la eternidad con Dios?

Dicho en palabras simples, ¿está la persona viviendo para Dios y hablando de las cosas de Dios? La persona que verdaderamente es guiada por el Espíritu está involucrada en las cosas de Dios, porque es un hijo de Dios. Se regocija en su Padre y trata de agradar a Su Padre en todo lo que hace.

«Pero cuando venga el Espíritu de verdad, Él os guiará a toda la verdad; porque no hablará por su propia cuenta, sino que hablará todo lo que oyere, y os hará saber las cosas que habrán de venir» (Jn. 16:13).

«Lo cual también hablamos, no con palabras enseñadas por sabiduría humana, sino con las que enseña el Espíritu, acomodando lo espiritual a lo espiritual. Pero el hombre natural no percibe las cosas que son del Espíritu de Dios, porque para él son locura, y no las puede entender, porque se han de discernir espiritualmente» (1 Co. 2:13-14).

«Mas el fruto del Espíritu es amor, gozo, paz, paciencia, benignidad, bondad, fe, mansedumbre, templanza; contra tales cosas no hay ley» (Gá. 5:22-23).

«Pero la unción que vosotros recibisteis de Él permanece en vosotros, y no tenéis necesidad de que nadie os enseñe; así como la unción misma os enseña todas las cosas, y es verdadera, y no es mentira, según ella os ha enseñado, permaneced en Él» (1 Jn. 2:27).

«Porque este Dios es Dios nuestro eternamente y para siempre; Él nos guiará aun más allá de la muerte» (Sal. 48:14).

«Me has guiado según tu consejo, y después me recibirás en gloria» (Sal. 73:24).

«Entonces tus oídos oirán a tus espaldas palabra que diga: Este es el camino, andad por Él; y no echéis a la mano derecha, ni tampoco torzáis a la mano izquierda» (Is. 30:21).

8 (8:15) ***Adopción:*** el Espíritu adopta al creyente. Note dos puntos significativos.

1. El Espíritu libera al hombre de un espíritu terrible, «el espíritu de esclavitud». Note lo que es la esclavitud: es temor. El hombre es aprehendido por la esclavitud del temor, y experimenta alguna aprehensión, ansiedad, tensión, temor, alarma, peligro, terror. El hombre siente usualmente alguna sujeción, algo de esclavizamiento a alguna forma de temor. El espíritu con el cual todos los hombres están familiarizados es el *espíritu de temor*. Los hombres son esclavizados y mantenidos en esclavitud por el temor. ¿Qué es lo que causa el temor? Casi todo y cualquier cosa puede suscitar el temor: la lista podría ser extensa y sin fin. Algunas de las más prominentes son...

- sufrimiento.
- enfermedad.
- traumáticas.
- pérdida de posición.
- pérdida del cónyuge.
- no lograrlo.
- castigo.
- condenación.
- rechazo.
- muerte.
- pruebas.
- desempleo.
- pérdida de empleo.
- no estar a la altura de.
- fracaso.
- desaprobación.
- culpa.

El punto central es éste: el Espíritu Santo libera al creyente de la esclavitud del temor. ¿Cómo? Por medio de la adopción, adoptando realmente al creyente como un hijo de Dios.

«Mas a todos los que le recibieron, a los que creen en su nombre, les dio potestad de ser hechos hijos de Dios» (Jn. 1:12).

«Pues no habéis recibido el espíritu de esclavitud para estar otra vez en temor, sino que habéis recibido el espíritu

de adopción, por el cual clamamos: ¡Abba, Padre!» (Ro. 8:15).

«Por lo cual, salid de en medio de ellos, y apartaos, dice el Señor, y no toquéis lo inmundo; y yo os recibiré, y seré para vosotros por Padre, y vosotros me seréis hijos e hijas, dice el Señor Todopoderoso» (2 Co. 6:17-18).

«Pero cuando vino el cumplimiento del tiempo, Dios envió a su Hijo, nacido de mujer y nacido bajo la ley, para que redimiese a los que estaban bajo la ley, a fin de que recibiésemos la adopción de hijos. Y por cuanto sois hijos, Dios envió a vuestros corazones el Espíritu de su Hijo, el cual clama: ¡Abba, Padre!» (Gá. 4:4-6).

«Porque eres pueblo santo a Jehová tu Dios, y Jehová te ha escogido para que le seas un pueblo único» (Dt. 14:2).

«Pero tú eres nuestro padre, si bien Abraham nos ignora, e Israel no nos conoce; tú, oh Jehová, eres nuestro padre; nuestro Redentor perpetuo es tu nombre» (Is. 63:16).

2. El Espíritu da acceso a la presencia de Dios. El creyente tiene acceso a la presencia de Dios porque ha sido adoptado como hijo de Dios. Note que el Espíritu es llamado «Espíritu de adopción». Así la adopción es una obra importante del Espíritu Santo que es llamado «Espíritu de adopción». El creyente recibe realmente el «Espíritu de adopción» y el sentimiento —la conciencia, el conocimiento, la certeza— de ser un hijo de Dios. El creyente es hijo de Dios con todos los privilegios del hijo, especialmente el privilegio de acceso, de entrar a la presencia de Dios en cualquier momento y en cualquier lugar. Este maravilloso privilegio es el que capacita al creyente para que rompa la esclavitud del temor y tenga la victoria sobre el espíritu de temor.

No importa qué tenga que enfrentar el creyente, es capaz de...

- entrar a la presencia de Dios.
- poner su temor delante de Dios.
- clamar: «¡Padre, Padre—ayúdame!»
- conocer que Dios le ayudará, porque Dios le ama como su Hijo adoptivo.

«Yo soy la puerta; el que por mí entrare, será salvo; y entrará, y saldrá, y hallará pastos» (Jn. 10:9).

«Justificados, pues, por la fe, tenemos paz para con Dios por medio de nuestro Señor Jesucristo; por quien también tenemos entrada por la fe a esta gracia en la cual estamos firmes, y nos gloriamos en la esperanza de la gloria de Dios» (Ro. 5:1-2).

«Porque por medio de Él los unos y los otros tenemos entrada por un mismo Espíritu al Padre» (Ef. 2:18).

«En quien tenemos seguridad y acceso con confianza por medio de la fe en Él» (Ef. 3:12).

«Por tanto, teniendo un gran sumo sacerdote que traspasó los cielos, Jesús el hijo de Dios, retengamos nuestra profesión. Porque no tenemos un sumo sacerdote que no pueda compadecerse de nuestra debilidades, sino uno que fue tentado en todo según nuestra semejanza, pero sin pecado. Acerquémonos, pues, confiadamente al trono de la gracia, para alcanzar misericordia y hallar gracia para el oportuno socorro» (He. 4:14-16).

«Así que, hermanos, teniendo libertad para entrar en el Lugar Santísimo por la sangre de Jesucristo» (He. 10:19).

«Porque los ojos del Señor están sobre los justos, y sus oídos atentos a sus oraciones; pero el rostro del Señor está contra aquellos que hacen el mal» (1 P. 3:12).

Cada *creyente genuino* sabe lo que es el temor en esta vida, y sabe lo que es experimentar a Dios que lo libera del temor. Sabe lo que es tener el «Espíritu de adopción» obrando a través de su ser, dándole confianza y seguridad de que Dios está en el control y está cuidándole. Sabe lo que es ser un verdadero hijo de Dios, un hijo al que Dios ama tanto que moverá el universo para satisfacer la necesidad de Su querido hijo. El amor de Dios por sus hijos adoptivos es tan grande como su soberano poder. Dios hará cualquier cosa por el creyente que es su hijo adoptivo. (Uno de los grandes poderes del Espíritu es el poder de adopción. *Véase* Estudio a fondo 2, ***Adopción***—Gá. 4:5-6 para ampliar la discusión.)

«Y sabemos que a los que aman a Dios, todas las cosas les ayudan a bien, esto es, a los que conforme a su propósito son llamados» (Ro. 8:28).

9 (8:16-17) ***Adopción:*** otro poder del Espíritu es el de dar testimonio a nuestro espíritu. Da testimonio de cuatro verdades gloriosas.

1. El Espíritu Santo da testimonio de que somos hijos de Dios. Dicho en forma muy sencilla, el Espíritu Santo *vivifica* nuestros corazones con el conocimiento perfecto y la completa confianza de que somos hijos de Dios.

Note ahora cuán claramente las Escrituras proclaman esta gloriosa verdad, la verdad que todo creyente anhela conocer.

a. El Espíritu derrama el amor de Dios en nuestros corazones. Difunde el conocimiento de que Dios nos ama y lo difunde a todo nuestro ser.

«Y la esperanza no avergüenza; porque el amor de Dios ha sido derramado en nuestros corazones por el Espíritu Santo que nos fue dado» (Ro. 5:5).

b. El Espíritu es la arras o la garantía de que somos hijos de Dios.

«El cual también nos ha sellado, y nos ha dado las arras del Espíritu en nuestros corazones» (2 Co. 1:22).

«Mas el que nos hizo para esto mismo es Dios, quien nos ha dado las arras del Espíritu» (2 Co. 5:5).

c. El Espíritu es el sello o garantía de que somos hijos de Dios.

«En Él también vosotros, habiendo oído la palabra de verdad, el evangelio de vuestra salvación, y habiendo creído en Él, fuisteis sellados con el Espíritu Santo de la promesa» (Ef. 1:13).

«Y no contristéis al Espíritu Santo de Dios, con el cual fuisteis sellados para el día de la redención» (Ef. 4:30).

2. El Espíritu Santo da testimonio de que somos herederos de Dios. Si Dios es verdaderamente nuestro Padre, entonces heredamos lo que Él posee.

a. Somos herederos de la vida eterna.

«Para que justificados por su gracia, viniésemos a ser herederos conforme a la esperanza de la vida eterna» (Tit. 3:7)

b. Somos herederos de la salvación.

«¿No son todos espíritus ministradores, enviados para servicio a favor de los que serán herederos de la salvación?» (He. 1:14).

c. Somos herederos de las promesas hechas a Abraham, esto es, las promesas de heredar el mundo y de convertirnos en ciudadanos de una gran nación. Los herederos de Dios heredarán el gran reino, esto es, los cielos nuevos y la tierra nueva.

«Porque no por la ley fue dada a Abraham o a su descendencia la promesa de que sería heredero del mundo, sino por la justicia de la fe» (Ro. 4:13).

«Y si vosotros sois de Cristo, ciertamente linaje de Abraham sois, y herederos según la promesa» (Gá. 3:29).

«Que los gentiles son coherederos y miembos del mismo cuerpo, y copartícipes de la promesa con Cristo Jesús por medio del evangelio» (Ef. 3:6).

«Porque sabéis esto, que ningún fornicario, o inmundo, o avaro, que es idólatra, tiene herencia en el reino de Cristo y de Dios» (Ef. 5:5. *Véase* la nota—Ro. 4:13 para ampliar la discusión.)

«Por fe habitó como extranjero en la tierra prometida como en tierra ajena, morando en tien-

das con Isaac y Jacob, coherederos de la misma promesa; porque buscaba la ciudad que tiene fundamentos, cuyo arquitecto y constructor es Dios» (He. 11:9-10).

«Conforme a la fe murieron todos éstos sin haber recibido lo prometido, sino mirándolo de lejos, y creyéndolo, y saludándolo, y confesando que eran extranjeros y peregrinos sobre la tierra. Porque los que esto dicen, claramente dan a entender que buscan una patria; pues si hubiesen estado pensando en aquella de donde salieron, ciertamente tenían tiempo de volver. Pero anhelaban una mejor, esto es, celestial; por lo cual Dios no se avergüenza de llamarse Dios de ellos; porque les ha preparado una ciudad» (He. 11:13-16).

«Pero el día del Señor vendrá como ladrón en la noche; en el cual los cielos pasarán con grande estruendo, y los elementos ardiendo serán deshechos, y las obras que en ella hay serán quemadas. Puesto que todas estas cosas han de ser deshechas, ¡cómo no debéis vosotros andar en santa y piadosa manera de vivir, esperando y apresurándoos para la venida del día de Dios, en el cual los cielos, encendiéndose, serán deshechos, y los elementos, siendo quemados, se fundirán! Pero nosotros esperamos, según sus promesas [de la herencia], cielos nuevos y tierra nueva, en los cuales mora la justicia» (2 P. 3:10-13).

d. Somos herederos de la gloria.

«Y si hijos, también herederos; herederos de Dios y coherederos con Cristo, si es que padecemos juntamente con Él» (Ro. 8:17).

«Alumbrando los ojos de vuestro entendimiento, para que sepáis cuál es la esperanza a que Él os ha llamado, y cuales las riquezas de la gloria de la herencia de los santos» (Ef. 1:18).

«Con gozo dando gracias al Padre que nos hizo aptos para participar de la herencia de los santos en luz» (Col. 1:12).

e. Somos herederos de justicia.

«Por la fe Noé, cuando fue advertido por Dios acerca de cosas que aún no se veían, con temor preparó el arca en que su casa se salvase; y por esa fe condenó al mundo, y fue hecho heredero de la justicia que viene por la fe» (He. 11:7).

f. Somos herederos de la gracia de la vida.

«Vosotros, maridos, igualmente, vivid con ellas sabiamente, dando honor a la mujer como a vaso más frágil, y como a coherederas de la gracia de la vida, para que vuestras oraciones no tengan estorbo» (1 P. 3:7).

El punto es que el Espíritu Santo es uno que sella la verdad en nuestros corazones. El es «la arras [garantía] de nuestra herencia» (Ef. 1:14). Hay mucho más que heredamos como hijos de Dios (*véanse* nota—Lc. 16:10-12; Estudio a fondo 4—Ro. 8:17).

3. El Espíritu Santo da testimonio de que somos coherederos con Cristo. Sin embargo, esto no significa que recibiremos una cantidad o monto igual con Cristo. (*Véase* Estudio a fondo 4, ***Herencia***—Ro. 8:17 para la discusión.)

4. El Espíritu Santo da testimonio de que somos vencedores sobre el sufrimiento. Todos los hombres sufren: mientras el hombre viva en un mundo pecaminoso y corrupto, sufrirá y será incapaz de eludir el sufrimiento. El pecado y la corrupción cobran lo suyo sobre su cuerpo y su espíritu y le arrastan hacia la tumba. Sin embargo, este no es el sufrimiento del que se habla en este pasaje. Hay un sufrimiento que es distinto para el creyente cristiano, un sufrimiento que puede llamarse *persecución piadosa*. *Persecución piadosa* significa más que ser perseguido por alguna gran causa o propósito. Muchos hombres del mundo sufren persecución debido a su dedicación a algún gran propósito. Sin embargo, no todos los hombres del mundo se les oponen. Es en esto que la *persecución piadosa* es diferente y distinta. Toda persona del mundo que no es piadosa se opone al creyente cristiano *genuino*. El mundo y sus ciudadanos se oponen por su naturaleza misma. El creyente está en favor de la justicia y la negación de sí mismo, y así lo proclama; está por el sacrificio de todo lo que uno es y tiene. El mundo se opone a ese tipo de vida y a ese mensaje, y desean eliminarlo. (*Véase* nota, ***Perseguido***—Mt. 5:10-12 para ampliar la discusión.)

Es el sufrimiento para el reino de Dios y su justicia el punto de las Escrituras. Si sufrimos con Cristo en la gran causa de Dios y su justicia, entonces será glorificado con Él eternamente.

El punto se ve claramente. La persona que es un verdadero seguidor de Jesucristo proclama a Cristo y está por Él; por lo tanto, sufre la persecución del mundo como Cristo sufrió. Y puesto que sufre con Cristo, participará también en la gloria de Cristo.

«Bienaventurados sois cuando por mi causa os vituperen y os persigan, y digan toda clase de mal contra vosotros, mintiendo» (Mt.5:11).

«Y seréis aborrecidos de todos por causa de mi nombre; mas el que persevere hasta el fin, éste será salvo» (Mt. 10:22).

«Y cualquiera que haya dejado casas, o hermanos, o hermanas, o padre, o madre, o mujer, o hijos, o tierras, por mi nombre, recibirá cien veces más, y heredará la vida eterna» (Mt. 19:29).

«Como está escrito: Por causa de ti somos muertos todo el tiempo; somos contados como ovejas de matadero (Ro. 8:36).

«Y nuestra esperanza respecto de vosotros es firme, pues sabemos que así como sois compañeros en las aflicciones, también lo sois en la consolación» (2 Co. 1:7).

«Porque nosotros que vivimos, siempre estamos entregados a muerte por causa de Jesús, para que también la vida de Jesús se manifieste en nuestra carne mortal» (2 Co. 4:11).

«Porque a vosotros os es concedido a causa de Cristo, no sólo que creáis en Él, sino también que padezcáis por Él» (Fil. 1:29).

«A fin de conocerle, y el poder de su resurrección, y la *participación de sus padecimientos,* llegando a ser semejante a Él en su muerte» (Fil. 3:10).

«Si sufrimos, también reinaremos con Él; si le negáremos, Él también nos negará» (2 Ti. 2:12).

«Escogiendo antes ser maltratado con el pueblo de Dios, que gozar de los deleites temporales del pecado» (He. 11:25).

«Pues ¿qué gloria es, si pecando sois abofeteados, y lo soportáis? Mas si haciendo lo bueno sufrís, y lo soportáis, esto ciertamente es aprobado delante de Dios» (1 P. 2:20).

«Mas también si alguna cosa padecéis por causa de la justicia, bienaventurados sois. Por tanto, no os amedrentéis por temor de ellos, ni os conturbéis» (1 P. 3:14).

«Pero si alguno padece como cristiano, no se avergüence, sino glorifique a Dios por ello» (1 P. 4:16).

«Mas el Dios de toda gracia, que nos llamó a su gloria eterna en Jesucristo, después que hayáis padecido un poco de tiempo, Él mismo os perfeccione, afirme, fortalezca y establezca» (1 P. 5:10).

ESTUDIO A FONDO 4

(8:17) ***Herencia:*** el creyente es coheredero con Cristo. Esta es una verdad y promesa sorprendente. Heredaremos todo lo que Dios tiene y todo lo que Cristo es y tiene. Se nos dará el privilegio de compartir todas las cosas con el Hijo de Dios mismo.

Sin embargo, note esto: ser un coheredero con Cristo no significa que los creyentes recibirán el mismo monto de la herencia que Cristo. Más bien significa que los creyentes son coherederos con Cristo; esto es, los creyentes participarán de la herencia de

Cristo; *compartirán* con Cristo su herencia.

Ser coheredero de Cristo quiere decir por lo menos tres cosas gloriosas: significa que compartiremos la *naturaleza*, *posición* y *responsabilidad* de Cristo. El siguiente diagrama muestra esto en una mirada rápida.

COHEREDEROS POR NATURALEZA

Cristo es el Hijo de Dios, el ser mismo y la energía de la vida y la perfección. Por lo tanto participamos en la herencia de su naturaleza. Recibimos...

- la adopción como hijo de Dios (Gá. 4:4-7; 1 Jn. 3:1).
- una naturaleza sin pecado, un ser sin culpa (Fil. 2:15).
- vida eterna (Jn. 1:4; 10:10; 17:2-3; Jn. 3:16; 1 Ti. 6:19).
- una realidad perdurable (He. 10:34).
- un cuerpo glorioso (Fil. 3:21; 1 Co. 15:42-44).
- gloria, honra y paz eterna (Ro. 2:10).
- descanso eterno y paz (He. 4:9; Ap.14:13).
- un cuerpo incorruptible (1 Co. 9:25).
- un ser justo (2 Ti. 4:8).

COHEREDEROS POR RESPONSABILIDAD

Cristo es la Soberana Majestad del Universo, el Unico que es ordenado para gobernar y supervisar todo. En consecuencia, compartimos en la herencia de su responsabilidad. Recibimos...

- la posición de seres exaltados (Ap. 7:9-12).
- la ciudadanía en el Reino de Dios (Stg. 2:5; Mt. 25:34).
- enormes tesoros celestiales (Mt. 19:21; Lc. 12:33).
- inescrutables riquezas (Ef. 3:8).
- el derecho de estar alrededor del trono de Dios (Ap. 7:9-13; 20:4).
- la posición de un rey (Ap. 1:5; 5:10).
- la posición de un sacerdote (Ap. 1:5; 5:10; 20:6).
- la posición de gloria (1 P. 5:4).

COHEREDEROS POR POSICION

Cristo es el Señor exaltado, la Soberana Majestad del universo, el Señor de señores y Rey de reyes. En consecuencia, participamos en la herencia de su posición. Recibimos...

- dominio sobre mucho (Mt. 25:23).
- el derecho de reinar y de tener autoridad (Lc.12:42-44; 22:28-29).
- responsabilidad eterna y gozo (Mt.25:21, 23).
- reino y autoridad sobre ciudades (Lc.19:17, 19).
- tronos y el privilegio de reinar para siempre (Ap. 20:4; 22:5).

Estos pasajes darán alguna idea de lo que las Escrituras enseñan cuando habla del creyente como *coheredero* con Cristo. Hay una gran cantidad de textos bíblicos que se podrían sumar a estos. Como Pablo declara:

> **«Cosa que ojo no vio, ni oído oyó, ni han subido en corazón de hombre, son las que Dios ha preparado para los que le aman» (1 Co. 2:9).**
>
> **«¡Oh profundidad de la riquezas de la sabiduría y de la ciencia de Dios¡ ¡Cuán insondables son sus juicios, e inescrutables sus caminos! Porque ¿quién entendió la mente del Señor? ¿Oh quién fue su consejero? ¿O quién le dio a él primero, para que le fuese recompensado? Porque de Él, y por Él, y para Él, son todas las cosas. A Él sea la gloria por los siglos» (Ro. 11:33-36).**

	B. Toda la creación será liberada de la lucha y el sufrimiento, 8:18-27	que tenemos las primicias del Espíritu, nosotros también gemimos dentro de nosotros mismos, esperando la adopción, la redención de nuestro cuerpo.	**lucha por la liberación de la corrupción** a. Las primicias del Espíritu lo liberan y lo salvan
1 En esta vida a. El creyente sufre y lucha b. Por la gloria futura valdrá la pena el sufrimiento	18 Pues tengo por cierto que las aflicciones del tiempo presente no son comparables con la gloria venidera que en nosotros ha de manifestarse.	24 Porque en esperanza fuimos salvos; pero la esperanza que se ve, no es esperanza; porque lo que alguno vé, ¿a qué esperarlo?	b. La esperanza lo libera y lo salva[EFI]
2 La creación sufre y lucha por su liberación de la corrupción a. La creación está sujeta a corrupción	19 Porque el anhelo ardiente de la creación es el aguardar la manifestación de los hijos de Dios. 20 Porque la creación fue sujetada a vanidad, no por su propia voluntad, sino por causa del que la sujetó en esperanza;	25 Pero si esperamos lo que no vemos, con paciencia lo aguardamos. 26 Y de igual manera el Espíritu nos ayuda en nuestra debilidad; pues qué hemos de pedir como conviene, no lo sabemos, pero el Espíritu mismo intercede por nosotros con gemidos indecibles.	c. La oración y el Espíritu lo liberan y lo salvan
b. La creación será liberada	21 porque también la creación misma será libertada de la esclavitud de corrupción, a la libertad gloriosa de los hijos de Dios.		
c. La creación gime y sufre dolores de parto por su liberación	22 Porque sabemos que toda la creación gime a una, y a una está con dolores de parto hasta ahora;	27 Mas el que escudriña los corazones sabe cuál es la intención del Espíritu, porque conforme a la voluntad de Dios intercede por los santos.	d. Dios lo libera y lo salva
3 El creyente sufre y	23 y no sólo ella, sino que		

B. Toda la creación será liberada de la lucha y el sufrimiento, 8:18-27

(8:18-27) ***Introducción:*** esta es una de las más gloriosas promesas en todas las Escrituras. Dios va a liberar *toda la creación* de la lucha y el sufrimiento.

1. En su vida (v. 18).
   a. El creyente sufre y lucha.
   b. La gloria futura hace que valga la pena el sufrimiento.
2. La creación sufre y lucha por la liberación de la corrupción (vv. 19-22).
3. Los creyentes sufren y luchan por la liberación de la corrupción (vv. 23-27).

[1] (8:18) ***Sufrimiento—guerra y lucha espiritual:*** en esta vida el creyente sufre y lucha. La palabra «sufrimiento» significa toda clase de sufrimientos que el creyente experimenta a través de la vida. Quiere decir…

- los sufrimientos que vienen de las persecución.
- los sufrimientos que vienen de la lucha de su espíritu por vencer la carne y el mundo.

En forma sencilla, el sufrimiento es la lucha librada por nuestro espíritu para vencer todo lo que se experimenta en esta vida, todo lo que involucra la carne y el mundo. (*Véase* nota—Gá. 5:16-18 para ampliar la discusión.) Es la lucha espiritual que se discute en Romanos capítulos 5—8, y tan descriptivamente ilustrada en el capítulo 7. Es el peso y la agonía de luchar por vencer…

- el pecado y la corrupción.
- las debilidades y derrotas.
- la enfermedad y el dolor.
- el deterioro y la pérdida.
- el abuso y la persecución.
- el envejecimiento y el desgaste.
- los apetitos y deseos no regulados

El creyente genuino lucha contra todo lo que le impide vivir abundante y eternamente. Su sola pasión es ponerlo todo bajo el control de Cristo y ser conformado a la imagen de Cristo. En consecuencia, lucha para vencer la carne y el mundo con su desgaste y corrupción, el pecado y la muerte. No importa qué sufrimientos sea necesario enfrentar, el creyente lo soporta con el fin de vencer y obtener la victoria de la vida eterna y su gloria.

Note que el creyente debe sufrir con Cristo con «el fin de que» (griego—*ina*) él sea glorificado con Cristo (Ro. 8:17). El sufrimiento prepara al creyente para participar en la gloria de Cristo. Es la condición necesaria para la exaltación. El sufrimiento y la lucha son un proceso de refinamiento por el que el creyente debe pasar (1 P. 1:6-7). Refina al creyente forzándolo a acrecentar su confianza en Dios más y más. El sufrimiento lleva al creyente a descansar más y más en el cuidado de Dios; por lo tanto, el creyente se acerca más y más a la perfecta confianza en el cuidado de Dios. Nunca alcanzará la perfecta confianza en el cuidado de Dios, pero llegará a conocerla cuando Dios lo transporte al mismísimo reino de los cielos. El sufrimiento amplía, purifica, expande y ennoblece al creyente. Lo hace más y más semejante a lo que será cuando realmente viva cara a cara con Dios. Esta gloria futura *trasciende inmensurablemente* el sufrimiento y las luchas del mundo presente.

a. La gloria futura será revelada «en» nosotros; formará parte de nuestra propia naturaleza y ser. La gloria radiará y dará resplandor desde nuestros cuerpos resucitados.

«Tengo por cierto que las aflicciones del tiempo presente no son comparables con la gloria venidera que en *nosotros ha de manifestarse*» (Ro. 8:18).

«Cuando Cristo, vuestra vida, se manifieste, entonces vosotros también seréis manifestados con Él en gloria» (Col. 3:4).

«Alumbrando los ojos de vuestro entendimiento, para que sepáis cuál es la esperanza a que Él os ha llamado, y cuales las riquezas de la gloria de la herencia de los santos» (Ef. 1:18).

«Por tanto, todo lo soporto por amor de los escogidos, para que ellos también obtengan la salvación que es en Cristo Jesús con gloria eterna» (2 Ti. 2:10).

«Ruego a los ancianos que están entre vosotros, yo anciano también con ellos, y testigo de los padecimientos de Cristo, que soy también participante de la gloria que será revelada» (1 P. 5:1).

b. La gloria futura será un *eterno peso* de gloria (sólo imagine tal peso, un peso que sobrepasa toda medida, superando toda medida y cálculo).

«Porque esta leve tribulación momentánea produce en nosotros un cada vez más excelente y eterno peso de gloria; no mirando nosotros las cosas que se ven, sino las cosas que no se ven; pues las cosas que se ven son temporales, pero las que no se ven son eternas» (2 Co. 4:17-18).

c. La gloria futura excederá ampliamente cualquier cosa que hayan visto, oído, anhelado o imaginado nuestros corazones.

«Cosa que ojo no vio, ni oído oyó, ni han subido en corazón de hombre, son las que Dios ha preparado para los que le aman» (1 Co. 2:9).

«Y cuando aparezca el Príncipe de los pastores, vosotros recibiréis la corona incorruptible de gloria» (1 P. 5:4).

d. La gloria futura será tan gloriosa que se reflejará a través de nosotros hacia los demás, convirtiéndonos en *ministros* de gloria.

«Son mensajeros de la iglesia, y gloria de Cristo» (2 Co. 8:23).

«Para que la multiforme sabiduría de Dios sea ahora dada a conocer por medio de la iglesia a los principados y potestades en los lugares celestiales» (Ef. 3:10).

e. La gloria futura nos hará como Jesús en todo lo que Él es.

«Amados, ahora somos hijos de Dios, y aún no se ha manifestado lo que hemos de ser; pero sabemos que cuando Él se manifieste, seremos semejantes a Él, porque le veremos tal como Él es» (1 Jn. 3:2).

«Mas nuestra ciudadanía está en los cielos, de donde también esperamos al Salvador, al Señor Jesucristo; el cual transformará el cuerpo de la humillación nuestra, para que sea semejante al cuerpo de la gloria suya, por el poder con el cual puede también sujetar a sí mismo todas las cosas» (Fil. 3:20-21).

2 (8:19-22) ***Creación:*** sufre y lucha por liberarse de la corrupción. La palabra «creación» se refiere a todo lo que está *bajo* el hombre: animales, plantas y minerales. Se describe a toda la creación como viviendo y esperando expectante el día en que los hijos de Dios sean glorificados. Las palabras «anhelo ardiente» (*apokaradokia*) expresa la idea de esperar con el cuello extendido y la cabeza levantada. Es una expectación persistente, inquebrantable, una expectación que no cede sino se mantiene mirando hasta que las cosas suceden. Note tres factores revelados acerca del universo en que el hombre vive.

1. La creación es sujeta a corrupción. Esto es claramente visto por los hombres; y lo que el hombre ve es constantemente confirmado por autoridades tales como los botánicos, los zoólogos, los geólogos y los astrónomos del mundo. Toda la creación, sea mineral, vegetal o animal, sufre de la manera que los hombres sufren. Toda la creación sufre daño, perjuicio, pérdidas, deterioro, erosión, muerte y desgaste—toda la creación lucha por la vida. Está llena de «vanidad» (*mataios*), esto es, condenada a la futilidad y a la frustración, incapaz de comprender su propósito, sujeta a corrupción. Note las dos cosas dichas acerca de la creación en este versículo (v. 20).

a. La creación fue condenada a vanidad —a futilidad y frustración— por Dios. La creación no eligió voluntariamente ser condenada a corrupción. El mundo fue hecho para ser el hogar del hombre, su lugar para vivir. En consecuencia, cuando el hombre pecó, su mundo fue condenado a sufrir las consecuencias del pecado junto con Él. El mundo del hombre fue maldecido junto con Él.

«Maldita será la tierra por tu causa» (Gé. 3:17).

«Se destruyó, cayó la tierra; enfermó, cayó el mundo; enfermaron los altos pueblos de la tierra. Y la tierra se contaminó bajo sus moradores; porque traspasaron las leyes, falsearon el derecho quebrantaron el pacto sempiterno. Por esta causa *la maldición consumió la tierra*» (Is. 24:4-6).

«¿Hasta cuando estará desierta la tierra, y marchita la hierba de todo el campo? Por la maldad de los que en ella moran» (Jer. 12:4).

Pensamiento. Forme una idea del enorme daño, perjuicio y desgaste que ocurre en nuestro mundo. Piense acerca...

- de la enfemedad y el salvajismo en el mundo animal.
- del perjuicio y daño que fácilmente recibe el mundo vegetal.
- de la destrucción y el deterioro que ocurre en el mundo mineral.

Piense en los terremotos, tornados, tormentas, enfermedades, hambrunas, ataques y luchas por sobrevivir que se llevan a cabo. Y estas son apenas unos pocos de las miríadas de sucesos que muestran la corrupción del mundo.

b. La creación ha sido sujeta a corrupción «en esperanza». Las noticias de las Escrituras son gloriosas: la situación del mundo no es final ni desesperada. La creación tiene la misma *esperanza de redención y de renovación* que el hombre. El mundo fue hecho por el hombre, por lo tanto, toda la creación será finalmente liberada de la corrupción así como el hombre será libre de la corrupción.

2. La creación será librada de la corrupción. Esta es la maravillosa noticia del glorioso evangelio. Note un punto altamente significativo: sea lo que fuere que le ocurra al hombre, lo mismo ocurrirá al mundo. El hombre es la cumbre de la creación de Dios; por lo tanto, todo lo que está bajo el hombre está entretejido, entremezclado e interrelacionado con él. El hombre y su mundo son uno y el mismo; son interdependientes. Esto es enormemente significativo: puesto que el hombre y su mundo están interrelacionados, quiere decir que el mundo experimentará todo lo que el hombre experimente. Cuando el hombre cayó, este mundo tuvo que caer con él. Pero esta es la gloriosa nueva. Cuando el hombre sea liberado de la corrupción, su mundo también será liberado. Dios tenía que sujetar al mundo del hombre al destino del hombre, pero Dios lo sujetó «en» esperanza. La creación experimentará la gloriosa esperanza de *vivir para siempre* con el hombre, de ser completa y perfectamente renovada. Habrá nuevos «cielos y una tierra nueva» (cp. Sal. 96:11-13; 98:7-9; Is. 11:6-9; Ap. 5:13).

«Pero el día del Señor vendrá como ladrón en la noche; en el cual los cielos pasarán con grande estruendo, y los elementos ardiendo serán deshechos, y las obras que en ella hay serán quemadas. Puesto que todas estas cosas han de ser deshechas, ¡cómo

no debéis vosotros andar en santa y piadosa manera de vivir, esperando y apresurándoos para la venida del día de Dios, en el cual los cielos, encendiéndose, serán deshechos, y los elementos, siendo quemados, se fundirán! Pero nosotros esperamos, según sus promesas, cielos nuevos y tierra nueva, en los cuales mora la justicia» (2 P. 3:10-13).

«Vi un cielo nuevo y una tierra nueva; porque el primer cielo y la primera tierra pasaron, y el mar ya no existía más» (Ap. 21:1; cp. He. 12:26-27).

«Porque he aquí yo crearé nuevos cielos y nueva tierra; y de lo primero no habrá memoria, ni más vendrá al pensamiento» (Is. 65:17).

«Porque como los cielos nuevos y la tierra nueva tierra que yo hago permanecerán delante de mí, dice Jehová, así permanecerá vuestra descendencia y vuestro nombre» (Is. 66:22).

3. La creación gime con dolores de parto por su liberación. Note que toda la creación gime a una: toda la creación está interrelacionada, entretejida, e interconectada. Todo el universo depende de sus diversas partes para sobrevivir. La tierra no podría sobrevivir sin los cielos, y los cielos no tendrían propósito si Dios no hubiera creado al hombre y su tierra. Esto no significa que el hombre deba ser egocéntrico y egoísta. Simplemente significa que el hombre y su tierra son el centro de la increíble creación de Dios, de su eterno plan y propósito. Ser el centro de la creación *delante de Dios* no es una verdad para que el hombre se ensoberbezca, más para hacerlo humilde—una verdad que hace que él se incline en adoración y alabanza, aprecio y gratitud. Ser la cumbre de la creación de Dios no es un dar un privilegio, sino una enorme responsabilidad.

Note la expresión «gime y sufre dolores de parto.» El cuadro es de una mujer que da a luz. La creación experimenta dolores de parto en su lucha por sobrevivir. Y note que ha estado sufriendo «dolores de parto» ***hasta ahora,*** esto es, desde la caída del hombre hasta el presente.

En conclusión, toda la escena de estos cuatro versículos, consiste en la creación que espera un mundo renovado. La creación siente el mal y lucha contra el deterioro y la muerte. Lucha por sobrevivir. Lucha contra la esclavitud de ser asesinada o cambiada.

La idea expresada es que la creación aguarda el día de la redención: ansiosamente, en forma expectante, anhelante y ansiosamente espera su liberación de la corrupción. La creación se lamenta y gime por la manifestación del Hijo de Dios.

«Porque también la creación misma será libertada de la esclavitud de corrupción, a la libertad gloriosa de los hijos de Dios» (Ro. 8:21).

«Pero nosotros esperamos, según sus promesas, cielos nuevos y tierra nueva, en los cuales mora la justicia» (2 P. 3:13).

«Y *no habrá más maldición*; y el trono de Dios y del Cordero estará en ella, y sus siervos le servirán, y verán su rostro, y su nombre estará en sus frentes. No habrá allí más noche, y no tienen necesidad de luz de lámpara, ni de luz del sol, porque Dios el Señor los iluminará; y reinará por los siglos de los siglos» (Ap. 22:3-5).

3 (8:23-27) ***Liberación de la corrupción:*** el creyente sufre y lucha por la liberación de la corrupción. Note cuatro hechos.

1. Son las primicias del Espíritu las que salvan al hombre. La expresión primicias significa la presencia del Espíritu Santo o el fruto del Espíritu Santo: vida, amor, gozo, paz (Gá. 5:22-23). Cuando el creyente es verdaderamente salvo, posee el Espíritu Santo y lleva el fruto del Espíritu. Realmente empieza a vivir abundante y eternamente, y experimenta la plenitud del Espíritu de Dios: su amor, gozo y paz. El experimentar esto hace que el creyente gima y anhele...

- la perfección de la presencia y fruto del Espíritu.
- el día de la adopción, el día cuando realmente entrará en la perfecta presencia de Dios.
- la redención de su cuerpo.

El creyente es estimulado a gustar el Espíritu y sus primicias, estimulado a gemir por su perfección. Gime y anhela ser liberado de los sufrimientos de este mundo y liberado en la gloriosa *libertad de la perfección* con Dios.

«Se siembra cuerpo animal, resucitará cuerpo espiritual. hay cuerpo animal y hay cuerpo espiritual» (1 Co. 15:44).

«Y así como hemos traído la imagen del terrenal, traeremos también la imagen del celestial» (1 Co. 15:49).

«Pero esto os digo, hermanos: que la carne y la sangre no pueden heredar el reino de Dios, ni la corrupción hereda la incorrupción ... Porque es necesario que esto corruptible se vista de incorrupción, y esto mortal se vista de inmortalidad. Y cuando esto corruptible se haya vestido de incorrupción, y esto mortal se haya vestido de imortalidad, entonces se cumplirá la palabra que está escrita: sorbida es la muerte en victoria» (1 Co. 15:50, 53-54).

«Y por esto también gemimos, deseando ser revestidos de aquella nuestra habitación celestial» (2 Co. 5:2).

«Enjugará Dios toda lágrima de los ojos de ellos; y ya no habrá muerte, ni habrá más llanto, ni clamor, ni dolor; porque las primeras cosas pasaron. Y el que estaba sentado en el trono dijo: He aquí, yo hago nuevas todas las cosas. Y me dijo: Escribe: porque estas palabras son fieles y verdaderas» (Ap. 21:4-5).

2. Es la esperanza que libera y salva al hombre. La esperanza nos salva, porque es la esperanza lo que nos mantiene buscando a Dios y su redención. Esperamos la redención, por lo tanto «la esperamos con paciencia» (*véase* Estudio a fondo 1, ***Esperanza***—Ro. 8:24-25 para su discusión).

3. Es la oración y el Espíritu Santo lo que libera y salva al hombre. Cuando el creyente enfrenta los sufrimientos de esta vida tiene el mayor de los recursos que pueda imaginar: la oración. Tiene el derecho de acercarse a Dios cuando sea que lo necesita, y de pedir a Dios la fortaleza para andar a través del sufrimiento y vencerlo. Para eso es la oración.

Se dicen dos cosas significativas sobre la oración.

a. Los creyentes no saben orar *como debieran*. Note la palabra «nosotros». Pablo se incluye a sí mismo en esto, lo que quiere decir que ningún creyente sabe orar. Somos por naturaleza débiles, nos falta poder...
   - para una concentración prolongada.
   - para evitar las distracciones.
   - para evitar que los pensamientos vaguen.
   - para prevenir cambios emocionales.
   - para gobernar los volubles afectos.
   - para saber lo que hay en el futuro, aun con una hora de anticipación.
   - para saber lo que es *realmente* lo mejor para nosotros y para nuestro crecimiento en cualquier situación dada.

b. El Espíritu Santo nos ayuda en nuestras debilidades. Es verdad que Él nos ayuda en *todas* nuestras debilidades, pero el argumento de este pasaje tiene que ver solamente con la oración. Note que se supone que estamos orando en este versículo. El Espíritu no nos va a obligar a orar. Es nuestra responsabilidad orar: tomar el tiempo para estar a solas y orar. Cuando hacemos esto el Espíritu comienza a actuar tanto *sobre* nosotros como *por* nosotros.

   Note también esto: el Espíritu «nos ayuda en nuestras debilidades». Sea cual fuere nuestra debilidad específica, es en esa debilidad que nos ayuda. Si somos verdaderamente sinceros y estamos luchando por orar, entonces el Espíritu nos ayuda a controlar las concentraciones, las distracciones, los pensamientos vagabundos, los cambios emocionales y los afectos. ¿Cómo? Cuando luchamos por orar controlando nuestra carne y sus debilidades, el Espíritu toma nuestra mente y emociones y...

- las aquieta y las silencia.
- estimula la mente y la agita.
- las dirige y las impulsa.
- las dirige y las guía.

Nos conduce a orar como debiéramos, controlando y sujetando la carne y concentrándonos sobre la oración.

Note otro factor: el Espíritu Santo «intercede por nosotros con gemidos indecibles». A veces las luchas y sufrimientos de la vida llegan a ser tan pesados que no los podemos soportar. En otros tiempos, se apoderan de nuestro corazón asuntos de tal importancia y en tal medida que es imposible expresarlos en palabras. Las emociones llegan a ser demasiadas para ser expresadas en palabras. Nos perdemos en la presencia de Dios. Cada creyente genuino sabe lo que es estar sin palabras delante de Dios y permanecer gimiendo en el Espíritu. Cada creyente ha experimentado...

- el don inefable de Dios.

  «¡Gracias a Dios por su don inefable!» (2 Co. 9:15).

- gozo inefable.

  «Sabiendo que fuisteis rescatados de vuestra vana manera de vivir, la cual recibisteis de vuestros padres, no con cosas corruptibles, como oro o plata» (1 P. 1:8).

- palabras que son indecibles.

  «Que fue arrebatado al paraíso, donde oyó palabras inefables que no le es dado al hombre expresar» (2 Co. 12:4).

El punto destacable es que el Espíritu Santo toma estos «gemidos» y nos ayuda en nuestros gemidos delante del Señor. No somos capaces de emitir palabras; por lo tanto, el Espíritu intercede por nosotros con gemidos inexpresables.

«Orando en todo tiempo con toda oración y súplica *en el Espíritu,* y velando en ello con toda perseverancia y súplica por todos los santos» (Ef. 6:18).

Pensamiento. La gran necesidad el creyente es venir ante el Señor —y venir con frecuencia— en oración tan intensa.

«Buscad a Jehová y su poder; buscad su rostro continuamente» (1 Cr. 16:11).

«Pedid, y se os dará; bucad, y hallaréis; llamad, y se os abrirá» (Mt. 7:7).

«También les refirió Jesús una parábola sobre la necesidad de orar siempre y no desmayar» (Lc. 18:1).

4. Es Dios el que libera y salva al hombre. Note las tres cosas dichas en este versículo.

a. Dios escudriña el corazón de todos nosotros. No hay excepciones. Él sabe exactamente lo que hay dentro de nuestros corazones. Él puede leer y entender lo que nuestros gemidos y necesidades son. Ninguna necesidad será pasada por alto.

«Y tú, Salomón, hijo mío, reconoce al Dios de tu padre, y sírvele con corazón perfecto y con ánimo voluntario; porque Jehová escudriña los corazones de todos, y entiende todo intento de los pensamientos. Si tu le buscares, lo hallarás; mas si lo dejares, Él te desechará para siempre» (1 Cr. 28:9).

«¿No demandaría Dios esto? Porque Él conoce los secretos del corazón» (Sal. 44:21).

«Yo Jehová, que escudriño la mente, que pruebo el corazón, para dar a cada uno según su camino, según el fruto de sus obras» (Jer. 17:10).

b. Dios conoce la mente del Espíritu Santo. El Espíritu Santo ora por nosotros en conformidad con la voluntad de Dios; por lo tanto, Dios conoce exactamente lo que el Espíritu está pidiendo por nosotros. Hay un perfecto acuerdo entre el Espíritu Santo, y Dios el Padre.

«Pero cuando venga el Espíritu de verdad, Él os guiará a toda la verdad; porque *no hablará por su propia cuenta,* sino que hablará todo lo que oyere, y os hará saber las cosas que habrán de venir» (Jn. 16:13).

c. Dios responderá nuestra oración y satisfará nuestra necesidad. El nos librará y salvará, haciendo que ocurra lo mejor.

«Para que todo lo que pidiéreis al Padre en mi nombre, Él os lo dé» (Jn. 15:16).

«En aquel día no me preguntaréis nada. De cierto, de cierto os digo, que todo cuanto pidiéreis al Padre en mi nombre, os lo dará. Hasta aquí nada habéis pedido en mi nombre; pedid, y recibiréis, para que vuestro gozo sea cumplido» (Jn. 16:23-24).

«En aquel día pediréis en mi nombre; y no os digo que yo rogaré al Padre por vosotros, pues el Padre mismo os ama, porque vosotros me habéis amado, y habéis creído que yo salí de Dios» (Jn. 16:26-27).

«Y sabemos que a los que aman a Dios, todas las cosas les ayudan a bien, esto es, a los que conformea su propósito son llamados» (Ro. 8:28).

ESTUDIO A FONDO 1

(8:24-25) ***Esperanza*** *(elpis):* esperanza garantizada, conocimiento confiado, posesión interior, seguridad espiritual. Note las declaraciones de definición nuevamente, porque están llenas de significación. La esperanza del creyente no puede ser definida en la forma que el mundo define la esperanza. La esperanza del creyente es enteramente diferente de la esperanza, deseo o anhelo del mundo. El mundo desea y anhela lo que puede ver, y pueden o no pueden ser capaces de obtener lo que anhelan.

La esperanza del creyente es enteramente diferente en que trata de cosas espirituales y el creyente incuestionablemente obtendrá lo que espera. La esperanza del creyente está basada en la *experiencia interior y en el testimonio del Espíritu de Dios*. El creyente sabe que el Espíritu de Dios vive dentro de Él, y experimenta realmente las cosas del Espíritu *ahora*. Sí, por cierto, su experiencia es sólo un sorbito; las cosas del Espíritu *no son perfeccionadas todavía* en su vida, *pero existen*, y están presentes en su cuerpo. Ya tiene las cosas de Dios mientras está en la carne. Su esperanza de salvación es una experiencia presente —es salvo ahora— ya ha recibido un bocado de la salvación. La esperanza del creyente de ser salvo es una realidad viva hoy; en consecuencia, la suya es una esperanza *segura*. Para el creyente genuino, la esperanza es la seguridad absoluta de las cosas prometidas, pero que aún no se ven.

Tiene una seguridad absoluta porque ya experimenta las cosas de Dios. Ya son una *posesión interior*, una *certeza espiritual*, una *espectación segura*, un *conocimiento confiado*. Note cuatro factores acerca de la esperanza.

1. Dios nos ha escogido para ser salvos por esperanza y no por vista. Si somos salvos por vista, no debemos esperar en Dios. Si pudiéramos realmente ver y experimentar la redención y salvación perfecta ahora, entonces no habría nada más que esperar. El resultado sería catastrófico: no pdríamos acercarnos a Dios, creyendo y confiando en Él, sin mirarle para proveernos una perfecta salvación. *No habría libertad entre Dios y el hombre, tampoco se establecería el amor y la confianza*. No habría

relación ni comunión entre Dios y el hombre, no una que esté basada en un *amor, confianza y creencia libre y moral*.

2. Dios busca una cosa: que seamos pacientes en la esperanza, esto es, perseverantes en la esperanza. ¿Por qué? mientras más *esperamos* la salvación y la redención, más nos acercamos a Dios. Y por sobre todo lo demás, Dios quiere que nos acerquemos a Él: en comunión con Él, creyendo, confiando y esperando en El.

3. El camino de la esperanza es el único camino que Dios podía elegir para la salvación. Porque solamente como un hombre que espera en Dios se podrá acercar a Dios; y en realidad, mientras más espera un hombre en Dios, más se acerca a El. Mientras más espera, más confiará, creerá, amará a Dios y descansará en El. Y es exactamente esto lo que busca Dios; es su plan y propósito para el hombre y su mundo.

4. La esperanza del creyente se expresa en diversas formas gloriosas. Note que Dios mismo es llamado «Dios de esperanza» (Ro. 15:13).

a. La esperanza de la «resurrección de entre los muertos» (Hch. 23:6).
b. La esperanza de la promesa (Hch. 26:6-7).
c. La esperanza de Israel (Hch. 28:20).
d. La esperanza que es el objeto de la fe (Ro. 4:18; cp. Hch. 26:6-7).
e. La esperanza de la gloria de Dios (Ro. 5:2; Col. 1:27; Tit. 2:13).
f. La esperanza que nos salva (Rom.8:24).
g. La esperanza que permite a los creyentes soportar las aflicciones (Ro. 8:25; 1 Ts. 1:3).
h. La esperanza de creyentes que viene a través de las Escrituras (Ro. 15:4).
i. La esperanza que es un don del Espíritu Santo (Ro. 15:13).
j. La esperanza que es uno de los rasgos esenciales del creyente (1 Co. 13:13).
k. La esperanza en Cristo (1 Co. 15:10; 1 Ti. 1:1).
l. La esperanza de la justicia (Gá. 5:5).
m. La esperanza del llamamiento de Dios (Ef. 1:18; 4:4).
n. La esperanza que los perdidos no tienen (Ef. 2:12).
o. La esperanza del evangelio (Col. 1:23).
p. La esperanza de salvación (1 Ts5:8).
q. La «buena esperanza» que Dios da (2 Ts. 2:16).
r. La esperanza de la vida eterna (Tit. 1:2; 3:7; cp. Hch. 2:26).
s. La «esperanza bienaventurada» de la segunda venida del Señor (Tit. 2:13).
t. La esperanza que estimula la diligencia y da plena seguridad (He. 6:11).
u. La esperanza puesta delante de los creyentes (He. 6:18).
v. La esperanza que sirve de ancla al alma del creyente (He. 6:19).
w. La esperanza que estimula la fe (He. 11:1).
x. La «esperanza viva» del creyentes (1 P. 1:3).
y. La esperanza que estimula a los creyentes a purificarse a sí mismo (1 Jn. 3:3).

1 **Garantía 1: Dios obra en favor de los que le aman**

2 **Garantía 2: Dios ha decidido cumplir su propósito en favor del creyente**
   a. Para conformarlo a Cristo
   b. Para honrar a Cristo

3 **Garantía 3: Dios ha establecido la glorificación del creyente—de una vez para siempre**

4 **Garantía 4: Dios ha actuado en favor del creyente, no en su contra**
   a. El es nuestro Salvador
   b. El es nuestro Proveedor
   c. Es nuestro Justificador

C. Dios garantiza la liberación (libertad) de lalucha y el sufrimiento, 8:28-39

28 Y sabemos que a los que
aman a Dios, todas las cosas
les ayudan a bien, esto es, a
los que conforme a su propó-
sito son llamados.
29 Porque a los que antes
conoció, también los predes-
tinó para que fuesen hechos
conformes a la imagen de
su Hijo, para que él sea el
primogénito entre muchos
hermanos.
30 Y a los que predestinó, a
éstos también llamó; y a los
que llamó, a éstos también
justificó; y a los que justificó,
a éstos también glorificó.
31 ¿Qué, pues, diremos a
esto? Si Dios es por nosotros,
¿quién contra nosotros?
32 El que no escatimó ni a
su propio Hijo, sino que lo
entregó por todos nosotros,
cómo no nos dará también con
él todas las cosas.
33 ¿Quién acusará a los es-
cogidos de Dios? Dios es el
que justifica.
34 ¿Quién es el que conde-
nará? Cristo es el que mu-
rió; más aun, el que tam-
bién resucitó, el que además
está a la diestra de Dios, el
que también intercede por
nosotros.
35 ¿Quién nos separará
del amor de Cristo? ¿Tribu-
lación, o angustia, o perse-
cución, o hambre, o desnudez,
o peligro, o espada?
36 Como está escrito: Por
causa de ti somos muertos
todo el tiempo; Somos conta-
dos como ovejas de matadero.
37 Antes, en todas estas cosas
somos más que vencedores por
medio de aquel que nos amó.
38 Por lo cual estoy seguro
de que ni la muerte, ni la vida,
ni ángeles, ni principados, ni
potestades, ni lo presente, ni
lo por venir,
39 ni lo alto, ni lo profundo,
ni ninguna otra cosa creada
nos podrá separar del amor de
Dios, que es en Cristo Jesús
Señor nuestro.

5 **Garantía 5: Cristo no condena al creyente**
   a. El murió por nosotros
   b. Resucitó por nosotros
   c. Fue exaltado por nosotros
   d. El intercede por nosotros

6 **Garantía 6: Cristo protege al creyente de las más graves circunstancias**

7 **Garantía 7: Cristo protege al creyente de las más extremas experiencias y fuerzas**

C. Dios garantiza la liberación (libertad) de la lucha y el sufrimiento, 8:28-39

(8:29-39) ***Introducción—predestinación—luchas del hombre—sufrimientos:*** el glorioso mensaje de Romanos es que Dios garantiza la liberación (libertad) de las luchas y tribulaciones—por medio de Cristo. Este es el centro del argumento de todo lo que se ha dicho anteriormente. El hombre lucha desesperadamente contra las presiones y fuerzas tanto de dentro como de fuera de él. El lucha contra el peso y el desaliento de las tribulaciones; contra la contaminación y la corrupción de la vida; contra la implacable acusación y los bombardeos de la conciencia y la ley; contra el dolor y el desgaste de su cuerpo; contra el horrible temor y la desesperanza de un juicio eterno en el futuro. Lucha contra lo desconocido, contra el dolor, los daños, la tristeza, la soledad, la enajenación, el decaimiento, la muerte y el infierno (cp. Gá. 5:17). Y de alguna manera, a través sus sufrimientos y la lucha durante su vida, siente que sus sufrimientos y luchas *se deben a una mala relación con Dios*.

En consecuencia, el hombre considera sus muchos problemas como que es *realmente* un problema supremo: cómo establecer una buena relación con Dios. Si puede establecer una relación correcta con Dios, se siente seguro de que Dios le ayudará a través de sus tribulaciones y cuidará de su futuro de allí en adelante.

Este es el mensaje de Romanos. El hombre necesita establecer una relación correcta con Dios, porque está bajo condenación y bajo la ira de Dios (Ro. 1:18-3:20). El hombre necesita una correcta relación con Dios; necesita ser justificado, esto es, ser declarado justo por Dios (Ro. 3:21-5:21). El hombre necesita ser liberado de la lucha del pecado, porque el pecado corrompe y conduce a la muerte (Ro. 6:1-23). El hombre necesita ser liberado de la esclavitud de la ley (legalismo espiritual); porque la ley esclaviza, acusa, condena y golpea el corazón con desesperanza (Ro. 7:1-25).

> **«¡Miserable de mí! ¿quién me librará de este cuerpo de muerte?» (Ro. 7:24).**
>
> **«Gracias doy a Dios, por Jesucristo Señor nuestro que me librará de la lucha y el sufrimiento» (Ro. 7:25[a]; cp. Ro. 8:1-39).**

Toda la discusión del capítulo 8 hasta este punto nos ha llevado hasta la cumbre. Los que aman a Dios y son llamados por él definitivamente serán liberados de las esclavitudes y corrupciones de esta vida y serán llevados hasta la gloria. Dios garantiza esto. Nada, absolutamente nada, impedirá que el plan y propósito establecido por Dios para la vida del creyente llegue a su consumación. El plan y propósito establecido por Dios para el universo se consumará. El ha determinado dos cosas supremas (Ro. 8:29).

- Los creyentes serán conformados a la imagen de su Hijo amado (v. 29).
- Su Hijo tendrá muchos hermanos, entre ellos El debe ser honrado como la primera Persona (el más prominente) (v. 29).

1. Garantía 1: Dios obra en favor de los que le aman (v. 28).
2. Garantía 2: Dios ha decidido cumplir su propósito en favor del creyente (v. 29).
3. Garantía 3: Dios ha establecido la glorificación del creyente—de una vez para siempre (v. 30).
4. Garantía 4: Dios ha actuado en favor del creyente, no en su contra (vv. 31-33).

5. Garantía 5: Cristo no condena al creyente (v. 34).

6. Garantía 6: Cristo protege al creyente de las circunstancias más graves (vv. 35-37).

7. Garantía 7: Cristo protege al creyente de las más extremas experiencias y fuerzas (vv. 38-39).

1 (8:28) ***Garantía—llamamiento—luchas del hombre—salvación:*** Dios hace que todas las cosas ayuden a bien a los que le aman. Esta es la primera garantía de liberación. ¡Qué declaración consoladora! Las Escrituras declaran realmente que «todas las cosas obran en conjunto para bien» del creyente. Piense al respecto: nada puede dar más seguridad al creyente que Dios obrando con todas las cosas para su bien. Note cuatro cosas.

1. Las palabras «todas las cosas» comprenden cosas que están más allá de los grandes acontecimientos del mundo. Dios controla los acontecimientos del mundo, pero controla mucho más. El gobierna sobre «todas las cosas»—todos los sucesos y acontecimientos de la vida del creyente. El «obra todas las cosas» para bien en favor de sus hijos muy amados.
2. La expresión «obran juntas» (*sunergei*) significa crear y eliminar, poner y reponer, conectar y agrupar, interrelacionar y mezclar, dar forma y forjar, presionar y estirar, mover y operar, controlar y guiar, arreglar e influir. Las palabras «obran juntas» son además una acción presente que significa que todas las cosas *están continuamente* obrando juntas para bien. Dios es el que controla la vida del creyente. Diariamente, momento a momento, Dios está ordenando y reordenando todas las cosas para bien del creyente.
3. La palabra «bien» (*agathon*) significa para el bienestar final. No podemos ver el futuro; no podemos tomar un solo suceso y ver todas las líneas y ramificaciones que salen de Él. No podemos ver todas las cosas que resultan de un solo suceso, mucho menos podemos ver el resultado de cada acontecimiento. Pero Dios sí; en consecuencia, Dios toma todos los hechos de nuestra vida y las elabora para nuestro bien final.
4. No obstante, hay una limitación para esta gloriosa promesa, limitación que hay que destacar con urgencia. Dios hace que todas las cosas ayuden a bien *solamente* en aquellos que *aman a Dios* y son *llamados* conforme a su propósito.

a. El hecho se ve gráficamente en el griego. La frase «A los que aman a Dios» aparece en primer lugar en el griego en la oración "Y sabemos que todas las cosas ayudan a bien a los que a Dios aman» .Las Escrituras se preocupan de que el punto no sea pasado por alto. Dios *sólo* se preocupa por los asuntos de la persona que le ama.

Pensamiento 1. Piense un momento al respecto, porque es la única conclusión razonablemente posible. Si un hombre no ama a Dios —no pone su vida en las manos de Dios— ¿cómo podría Dios cuidar de él? Si el hombre da la espalda a Dios y se aleja de Dios, ¿cómo podría Dios cuidar de él? Dios no obliga a nadie a recibir sus cuidados. El no hace de nosotros robots mecánicos, obligándonos a vivir a su antojo y llamado. El amor no es así; eso es solamente conducta mecánica. Lo que Dios quiere es un amor que fluye del corazón y que *decide* amarle. La decisión es nuestra: o volvemos nuestras vidas y las entregamos a El en amor, o seguimos tomando nuestras vidas en nuestras propias manos.

b. Note las palabras «conforme a su propósito son llamados». La liberación del creyente está en el propósito de Dios. Dios lo llama para el glorioso propósito de ser salvado de la lucha y de los sufrimientos de esta vida.

Note un hecho significativo. La *posición* y *conducta* del creyente están involucradas en el llamado de Dios.

- *Posicionalmente*, Dios elige al creyente y lo aparta por medio del Espíritu Santo y por la creencia de la verdad.

«Pero nosotros debemos siempre dar gracias a Dios respecto a vosotros, hermanos amados por el Señor, de que Dios os haya escogido desde el principio para salvación, mediante la santificación por el Espíritu y la fe en la verdad, a lo cual os llamó mediante nuestro evangelio, para alcanzar la gloria de nuestro Señor Jesucristo» (2 Ts. 2:13-14).

- *En conducta*, Dios llama al creyente a una vida de pureza y honestidad.

«Pues no nos ha llamado Dios a inmundicia, sino a santificación» (1 Ts. 4:7).

El punto es éste: Dios libera a la persona que está puesto en Cristo y que lleva una vida pura y santa. La persona que verdaderamente *ama a Dios* y lleva una vida santa es la persona que experimenta el hecho de que todas las cosas ayudan a bien. Es la persona piadosa que ama a Dios quien será liberada de la lucha y el sufrimiento de este mundo corrupto.

«No os ha sobrevenido ninguna tentación que no sea humana; pero fiel es Dios, que no os dejará ser tentados más de lo que podéis resistir, sino que dará también juntamente con la tentación la salida, para que podáis soportar» (1 Co. 10:13).

«Muchas son las aflicciones del justo, pero de todas ellas le librará Jehová» (Sal. 34:19).

«No temas, porque yo estoy contigo; no desmayes, porque yo soy tu Dios que te esfuerzo; siempre te ayudaré, siempre te sustentaré con la diestra de mi justicia» (Is. 41:10).

«Cuando pases por las aguas, yo estaré contigo; y si por los ríos, no te anegarán. Cuando pases por el fuego, no te quemarás, ni la llama arderá en ti» (Is. 43:2).

Pensamiento. Contraste entre la actitud carnal de Jacob y la actitud espiritual de Pablo.

- Jacob dijo: «Todo está en mi contra» (Gé. 42:36).
- Pablo dijo: «Todas las cosas ayudan a bien a los que a Dios aman» (Ro. 8:28).

2 (8:29) ***Garantía—presciencia—predestinación—conformado—imagen—salvación:*** Dios ha determinado cumplir su propósito para el creyente.Esta es la segunda garantía de liberación. Note tres puntos muy importantes.

1. Con frecuencia se abusa y malusa este pasaje. No trata tanto de teología o filosofía como de la experiencia espiritual del creyente. Si se aplicara la pura lógica de la filosofía y la teología, entonces el pasaje dice que Dios elige a algunos para el cielo y a otros para un terrible infierno. Pero simplemente este no es el significado que Dios se proponía para este pasaje. Lo que Dios quiere es que el creyente cobre ánimo, porque tiene garantizada la salvación.

Dios sabe de los sufrimientos que los creyentes pasan a diario (cp. Ro. 8:28-39). Dios «conoció» ya antes de la fundación del mundo (v. 29). Pero no importa cuán grande sea el sufrimiento, cuán grande sea la oposición, no importa cuán grande la lucha, Dios va a completar su propósito para con los creyentes. Dios ha «predestinado [a los creyentes] para ser conformadoa a la imagen de su Hijo», y absolutamente nada puede cambiar eso. ¿Por qué? «Para que Cristo sea el primogénito [tenga la preeminencia] entre muchos hermanos» (Ro. 8:29).

Dios ama a su Hijo en la forma más elevada que es posible. Dios ha ordenado quesu Hijo tenga muchos hermanos (hermanos adoptivos) que le amarán y le servirán como el primogénito, esto es, como la primera persona o la persona más preeminente del universo. Dios ha ordenado que Cristo tenga el rango y posición más elevado: ser la excelsa Cabeza de toda la creación y Aquel a quien todos los hombres deben mirar (cp. Col. 1:15, 18). Por lo tanto, Dios no permitirá que nada derrote permanentemente a los creyentes. Dios no va a permitir que ningún hijo suyo que haya caído permanezca definitivamente caído. Dios va a cumplir su propósito con cada uno de sus hijos, y nada puede impedirle el cumplimiento de su propósito. Jesucristo, Su Hijo, tendrá una *multitud de hermanos y hermanas* que le adorarán y le servirán a través de la eternidad.

2. Los creyentes serán conformados a la imagen del amado Hijo de Dios. Las palabras «conformes a su imagen» (*summorfous tes eikonos*) indican tanto una semejanza interior como una exterior.

a. «Conformes» (*summorfous*) significa la misma forma o semejanza con Cristo. En nuestra naturaleza interior —nuestro ser, nuestra persona— será hecha como Cristo. Así como Él es perfecto y eterno —sin males ni dolores, sin pecado y sin muerte— nosotros seremos perfeccionados como Él es. Seremos transformados a su semejanza.

b. «Imagen» (*eikonos*) significa una semejanza derivada o dada. La imagen de Cristo no es algo que el creyente merece o por la cual obran; no es una imagen que viene de su propia naturaleza o carácter. Ningún hombre puede producir la perfección y la vida eterna poseída por Cristo. La imagen de Cristo, su perfección y su vida, es un don de Dios. Ser conformado a la imagen del Hijo de Dios significa...

- llegar a ser partícipes de la naturaleza divina (2 P. 1:4).
- ser adoptados como hijos de Dios (Ef. 1:5).
- ser santos y sin mancha delante de Él (Ef. 1:4; 4:24).
- llevar la imagen del celestial: que es un cuerpo incorruptible, inmortal (1 Co. 15:49-54; cp. 1 Co. 15:42-44).
- tener el cuerpo semejante (conforme) a su cuerpo glorioso (Fil. 3:21).
- ser transformado (cambiado) en la misma imagen del Señor (2 Co. 3:18).
- ser recreado como Él es (1 Jn. 3:2-3).

3. Note qué es lo que garantiza la liberación del creyente de los sufrimientos y luchas de este mundo. Hay dos cosas.

a. La presciencia de Dios. La palabra «antes conoció» (*proginosko*) se usa de tres maneras en las Escrituras. Significa...

- saber algo de antemano, desde antes de los tiempos.
- conocer algo íntimamente por amor, aceptándolo y aprobándolo.
- elegir, preordenar y predeterminar una cosa.

Este pasaje es interpretado de diversas maneras por los estudiosos. Note que el segundo y tercer significados en muchos sentidos son el mismo. Cuando una persona es amada y aprobada, está involucrada la selección o elección. La persona llega a ser una persona muy especial o selecta.

Además, el punto para considerar no es pura lógica de un argumento teológico o filosófico. Este no es el propósito de Dios en este pasaje. El propósito de Dios es dar una garantía al creyente: el creyente va a ser conformado a la imagen de Cristo, y nada puede detener ese glorioso proceso. Dios *antes conoció* el hecho, lo vio aun antes de la fundación del mundo. Siempre ha amado y aprobado al creyente, eligiéndolo y ordenándolo desde el principio mismo. (Véase Estudio a fondo 3, ***Presciencia***—Hch. 2:23 para una discusión más detallada.)

«Dice el Señor, que hace conocer todo esto desde tiempos antiguos» (Hch. 15:18).

«Porque a los que antes conoció, también los predestinó para que fuesen hechos conformes a la imagen de su Hijo, para que Él sea el primogénito entre muchos hermanos» (Ro. 8:29).

«No ha desechado Dios a su pueblo, al cual desde antes conoció, ¿o no sabéis qué dice de Elías la Escritura, cómo invoca a Dios contra Israel» (Ro. 11:2).

«Sabiendo que fuisteis rescatados de vuestra vana manera de vivir, la cual recibisteis de vuestros padres, no con cosas corruptibles, como oro o plata» (1 P. 1:18-19).

«Pero el fundamento de Dios está firme teniendo este sello; Conoce el Señor a los que son suyos; y: Apártese de iniquidad todo aquel que invoca el nombre de Cristo» (2 Ti. 2:19).

«Elegidos según la presciencia de Dios Padre en santificación del Espíritu, para obedecer y ser rociados con la sangre de jesucristo: Gracia y paz os sean multiplicadas» (1 P. 1:2).

b. La predestinación de Dios. La palabra predestinación (*proorisen*) significa destinar o designar de antemano, preordenar, determinar anticipadamente. La palabra básica en griego (proorizo] significa *marcar o establecer* los límites de algo. La idea es un cuadro glorioso de lo que Dios está haciendo en favor del creyente. El límite es marcado o establecido para el creyente: el límite de ser conformado a la imagen del Hijo amado de Dios. El creyente será hecho como Cristo, conformado a su misma semejanza e imagen. Nada puede detener el propósito de Dios para el creyente. Ha sido predestinado, establecido y marcado. El creyente puede luchar y sufrir a través del pecado y vergüenza de este mundo; puede aun tropezar y caer, o llegar a desalentarse y a desanimarse. Pero si es un genuino hijo de Dios, no será derrotado, no totalmente. Pronto se levantará de su caída y continuará siguiendo a Cristo. Está predestinado a ser hermano de Cristo, a adorar y servir a Cristo a través de toda la eternidad. Y Cristo no será desengañado. Dios ama a su Hijo a tal punto que no permitirá que sea desengañado por la pérdida de un solo hermano. Jesucristo tendrá su gozo completo; verá a cada hermano suyo cara a cara, conformado perfectamente a su imagen. El tendrá la adoración y servicio de cada hermano elegido para ser suyo por Dios el Padre. El destino eterno del creyente, el de ser un hermano adoptado del Señor Jesucristo, ha sido determinado. El creyente puede estar seguro de esta gloriosa verdad. Dios lo ha predestinado para ser liberado del sufrimiento y las luchas de este mundo pecaminoso. (*Véase* notas, ***Predestinación***—Jn. 6:37; 6:39; 6:44-46 en cuanto a la parte de Dios y la parte del hombre en la salvación. *Véanse* Estudio a fondo 3—Hch. 2:23; Estudio a fondo 1—Ro.9:10-13; nota—9:14-33 para ampliar la discusión.)

«Según nos escogió en Él antes de la fundación del mundo, para que fuésemos santos y sin mancha delante de Él, en amor habiéndonos predestinado para ser adoptados hijos suyos por medio de Jesucristo, según el puro afecto de su voluntad» (Ef. 1:4-5).

«Conforme al propósito eterno que hizo en Cristo Jesús nuestro Señor, en quien tenemos seguridad y acceso con confianza por medio de la fe en Él» (Ef. 3:11-12).

3 (8:30) ***La gloria del creyente:*** Dios ha establecido la glorificación del creyente de una vez para siempre. Esta es la tercera garantía de salvación. Debemos recordar que a través de este pasaje las Escrituras están hablando del creyente genuino.

Un creyente genuino es una persona que ha creído sinceramente en Jesucristo y busca diligentemente agradar a Dios viviendo en forma sobria, justa y piadosa en este mundo (Tit. 2:11-13). Es el creyente genuino cuya glorificación ha sido predestinada, establecida para siempre jamás por Dios. El verdadero creyente puede descansar en su gloriosa verdad, porque Dios ha hecho tres cosas maravillosas en su favor. Dios *lo ha llamado, justificado y glorificado*. Note que los tres pasos se presentan en tiempo pasado; los tres pasos son algo ya cumplido. La glorificación del creyente ya ha ocurrido en el plan y la mente de Dios. Dios ya ve al creyente glorificado; El ya ve a los creyentes en Su presencia. Está garantizado y predestinado—ya escrito en los anales del cielo, para no ser borrado jamás.

Entonces, ¿significa esto que algunos han sido destinados al infierno y otros al cielo? ¡No, mil veces no! Este no es el propósito de las Escrituras. El propósito de Dios es dar una gran seguridad al verdadero creyente: será liberado de las luchas y sufrimientos de este mundo de pecado. Va a ser liberado —si es un verdadero creyente—liberado de todo pecado y vergüenza, fracasos y frustraciones, del dolor y la muerte. Va a ser glorificado junto con el amado Hijo de Dios, el Señor Jesucristo.

1. Dios ha *llamado* al verdadero creyente. Algún tiempo antes el Espíritu llamó y estimuló el corazón del verdadero creyente para que acudiera a Cristo. El creyente respondió al llamado. Las Escrituras claramente enseñan que el creyente tenía una decisión que hacer. Podía elegir entre responder o no responder. (Cp. Ap. 22:17.) Gracias a Dios respondió y vino a Cristo. En consecuencia, el llamamiento fue *eficaz*; el llamamiento obró. El creyente respondió a Cristo. (*Véase* nota, ***Traer***—Jn. 6:44-46 en cuanto a la parte de Dios y la parte del hombre en la salvación.)

«Venid a mí todos los que estáis trabajados y cargados, y yo os haré descansar» (Mt. 11:28).

«Así que, somos embajadores en nombre de Cristo, como si Dios rogase por medio de nosotros; os rogamos en nombre de Cristo: Reconciliaos con Dios» (2 Co. 5:20).

«He aquí, yo estoy a la puerta y llamo; si alguno oye mi voz y abre la puerta, entraré a él, y cenaré con él, y él conmigo» (Ap. 3:20).

«Y el Espíritu y la Esposa dicen: Ven. Y el que oye diga: Ven. Y el que tiene sed, venga; y el que quiera, tome del agua de la vida gratuitamente» (Ap. 22:17).

«Venid luego, dice Jehová, y estemos a cuenta: si vuestros pecados fueren como la grana, como la nieve serán emblanquecidos; si fueren rojos como el carmesí, vendrán a ser como blanca lana» (Is. 1:18).

«A todos los sedientos: venid a las aguas; y los que no tienen dinero, venid, comprad y comed. Venid, comprad sin dinero y sin precio, vino y leche» (Is. 55:1).

2. Dios ha justificado al creyente. Nuevamente, note el tiempo pasado. La justificación *ya ha ocurrido* para el verdadero creyente. (*Véase* nota, ***Justificación***—Ro. 5:1.)

Pensamiento. El punto es claro. Si el creyente ha sido verdaderamente *llamado*, si ha sido verdaderamente salvado, entonces su liberación de la lucha y del sufrimiento está asegurada. Su liberación es un hecho pasado y ha sido establecida eternamente por Dios. No importa cuán profundamente sienta sus fracasos y frustraciones, su lucha con el pecado y el sufrimiento de este mundo, el creyente es un hijo de Dios. Cada vez que fracasa o tropieza y cae, necesita levantarse y comienza todo de nuevo. No debe desalentarse ni darse por derrotado, autoacusarse e incrimarse, ni debe sentirse indigno e inmerecedor, no deseado y rechazado. Tal estado de mente es una de las estrategias más útiles del diablo—una estrategia que usa para derrotar a los creyentes por multitudes. Dios *ha llamado* al creyente, de modo que debe levantarse y comenzar a seguir diligentemente a Cristo nuevamente. Cada creyente que anda derrotado —no importa cuán grande sea su caída—debiera levantarse ahora mismo para volver a Cristo. Este es nuestro llamamiento, nuestro deber.

«Y esto erais algunos; mas ya habéis sido lavados, ya habéis sido santificados, ya habéis sido justificados en el nombre del Señor Jesús, y por el Espíritu de nuestro Dios» (1 Co. 6:11).

«Hijitos míos, estas cosas os escribo para que no pequéis; y si alguno hubiere pecado, abogado tenemos para con el Padre, a Jesucristo el justo. Y Él es la propiciación por nuestros pecados; y no solamente por los nuestros, sino también por los de todo el mundo» (1 Jn. 2:1-2).

Pablo el apóstol, un homicida convertido, es un ejempo dinámico de la actitud victoriosa, precisamente la actitud tan desesperadamente necesitada por todos los creyentes.

«Hermanos, yo mismo no pretendo haberlo ya alcanzado; pero una cosa hago: olvidando ciertamente lo que queda atrás, y extendiéndome a lo que está delante, prosigo a la meta, al premiio del supremo llamamiento de Dios en Cristo Jesús» (Fil. 3:13-14; cp. Job 17:9; Sal. 84:7; Pr. 4:18; He. 12:4).

3. Dios ha glorificado al creyente. Este también es tiempo pasado: la glorificación del creyente es un hecho consumado, un hecho que ya ha ocurrido en la mente y el plan de Dios. Dios ya ve y cuenta al creyente como *glorificado* en su presencia para toda la eternidad (*véanse* Estudios a fondo 1, 2, 3—Ro. 2:7; Estudio a fondo—13:23; Estudio a fondo 1—Jn. 17:22 en cuanto a lo que incluye la glorificación del creyente).

«Tengo por cierto que las aflicciones del tiempo presente no son comparables con la gloria venidera que en nosotros *ha* de manifestarse» (Ro. 8:18).

«Porque esta leve tribulación momentánea produce en nosotros un cada vez más excelente y eterno peso de gloria» (2 Co. 4:17).

«Para que sepáis cuál es la esperanza a que Él os ha llamado, y cuales las riquezas de la gloria de la herencia de los santos» (Ef. 1:18).

«El cual tranformará el cuerpo de la humillación nuestra, para que sea semejante el cuerpo de la gloria suya, por el poder con el cual puede también sujetar a sí mismo todas las cosas» (Fil. 3:21).

«Cuando Cristo, vuestra vida, se manifieste, entonces vosotros también seréis manifestados con Él en gloria» (Col. 3:4).

«Por tanto, todo lo soporto por amor de los escogidos, para que ellos también obtengan la salvación que es en Cristo Jesús con gloria eterna» (2 Ti. 2:10).

«Ruego a los ancianos que están entre vosotros, yo anciano también con ellos, y testigo de los padecimientos de Cristo, que soy también participante de la gloria que será revelada» (1 P. 5:1).

«No habrá allí más noche; y no tienen necesidad de luz de lámpara, ni de luz del sol, porque Dios el Señor los iluminará; y reinarán por los siglos de los siglos» (Ap. 22:5).

«Me has guiado según tu consejo, y después me recibirás en gloria» (Sal. 73:24).

4 (8:31-33) ***Obra de Dios—garantía—muerte de Jesucristo:*** Dios ha actuado en favor del creyente, no en su contra. Esta es la cuarta garantía de liberación. Esta es la verdad más grande del mundo. Dios no tenía que actuar en favor del hombre, pero lo hizo. Dios ama a todo hombre, no importa su condición o pecado o vergüenza. Por lo tanto, los creyentes pueden descansar seguros de que nada, absolutamente nada lo separará del plan y propósito de Dios. El amor de Dios es absoluto. Es perfecto. Y Dios expresará su perfecto amor completando su plan perfecto y el propósito para cada vida. El creyente puede tener la seguridad absoluta de que Dios hará que todas las cosas obren para su bien, aun los fracasos y las cosas que son dolorosas al corazón. Dios librará al creyente de las luchas y sufrimientos de este mundo. El creyente será conformado a la imagen de Cristo y será glorificado con Él (vv. 29-30).

El punto es éste: Dios mismo es la garantía del creyente. Dios mismo ha actuado en favor del creyente. El ha hecho todo lo necesario y algo más: «Si Dios es por nosotros, ¿quién contra nosotros?»

1. Dios es nuestro Salvador. Fue Dios mismo el que «no escatimó a su propio Hijo, sino lo entregó por todos nosotros» (v. 32). Las palabras «no escatimó» (*ouk epheisato*) significan que Dios no lo retuvo, que no se refrenó y dio a su Hijo; no se negó, ni vaciló en dar a su Hijo. El cuadro es el de Dios sopesando la separación eterna entre el hombre y Él por un lado y el sacrificio de su Hijo. Dios iba a hacer una decisión, y la hizo; deliberadamente escogió sacrificar a su Hijo por nosotros. Dios sabía exactamente lo que estaba haciendo. Quería que el hombre fuera librado de este mundo de luchas y sufrimientos, y había solamente un camino para que el hombre fuese salvado:

- alguien tenía que llevar el castigo por la transgresión del pecado, que era juicio de muerte.

En consecuencia, Dios entregó a su propio Hijo para que muriera *por* nosotros—en favor de nosotros, en nuestro lugar, como nuestro sustituto. Dios *no escatimó* a su propio Hijo; entregó a Jesucristo por todos nosotros. ¡Qué amor glorioso, asombroso, maravilloso! Y cuán maravilloso es su amor se puede ver claramente en esto: cuando aún éramos pecadores actuando contra Dios y rebelándonos en su contra fue que El dio a su Hijo para morir por nosotros.

«Mas Dios *muestra* su amor para con nosotros, en que siendo aún pecadores, Cristo murió por nosotros» (Ro. 5:8).

«Porque Cristo, cuando aún éramos débiles, a su tiempo murió *por los impíos*» (Ro. 5:6).

«Porque de tal manera amó Dios al mundo, que *ha dado* a su Hijo unigénito, para que todo aquel que en Él cree, no se pierda, mas tenga vida eterna» (Jn. 3:16).

«El cual se dio a sí mismo por nuestros pecados para librarnos del presente siglo malo, conforme a la *voluntad de nuestro Dios* y Padre» (Gá. 1:4).

«Todos nosotros nos descarriamos como ovejas, cada cual se apartó por su camino; mas Jehová *cargó* en Él el pecado de todos nosotros» (Is. 53:6).

(*Véase* nota, ***Muerte de Jesucristo***—Jn. 3:16; Hch. 2:23 para ampliar la discusión. Cp. 1 P. 2:24; 3:18.)

2. Dios es nuestro proveedor. Puesto que Dios ha hecho algo tan grande y glorioso, ¿cómo no nos dará con Él todas las cosas? Dar a su propio Hijo por todos nosotros fue el mayor don en todo el mundo; en consecuencia, está dispuesto a darnos todo lo demás. Nada podría tener para Dios un costo que se aproxime al precio que Él pagó al dar a Su Hijo; por lo tanto, Dios nos dará todas las cosas. Note tres puntos.

a. La provisión de Dios incluye dones espirituales, eternos y materiales.

- La provisión espiritual es el fruto del Espíritu. (*Véase* nota—Ef. 1:3.)

«Mas el fruto del Espíritu es amor, gozo, paz, paciencia, benignidad, bondad, fe, mansedumbre, templanza; contra tales cosas no hay ley» (Gá. 5:22-23).

«Bendito el Dios y Padre de nuestro Señor Jesucristo, que nos bendijo con toda bendición espiritual en los lugares celestiales en Cristo» (Ef. 1:3).

- La eterna provisión es la liberación de las luchas y sufrimientos de este mundo pecaminoso. Es el don de la vida eterna, de vivir gloriosamente conformados a la imagen de su amado Hijo, Jesucristo (*véase* la nota, pto. 2—Ro. 8:29 por lo que esto significa).

«Para mostrar en los siglos venideros las abundantes riquezas de su gracia en su bondad para con nosotros en Cristo Jesús» (Ef. 2:7).

- Los dones materiales son las necesidades de esta vida (*véanse* bosquejo y notas—Mt. 6:25-34).

«No os afanéis, pues, diciendo: ¿Qué comeremos, o qué beberemos, o qué vestiremos? Mas buscad primeramente el reino de Dios y su justicia, y todas estas cosas os serán añadidas» (Mt. 6:31, 33).

«Mi Dios, pues, suplirá todo lo que os falta conforme a sus riquezas en gloria en Cristo Jesús» (Fil. 4:19).

b. La provisión es dada *gratuitamente*. El don de Dios de su Hijo fue dado gratuitamente. Ningún hombre puede merecer o ganar la provisión de Dios. Dios provee y hace frente a la necesidad del creyente porque ama al creyente.

«Porque por gracia sois salvos por medio de la fe; y esto no de vosotros, pues es don de Dios; no por obras, para que nadie se gloríe» (Ef. 2:8-9).

c. La provisión de Dios viene por medio de Cristo y solamente por medio de Él. Note las palabras «con Él». Es *con Cristo* que Dios nos da todas las cosas. Si nosotros estamos *con Cristo*, entonces todas las cosas nos son dadas. Seremos librados de las luchas y el sufrimiento. Los creyentes descansan seguros de esto. No importa cuánto luchemos o suframos a causa del pecado y la vergüenza de este mundo, Dios velará por nosoros a través de todo eso. El va a conformarnos a la gloriosa imagen de Su Hijo.

«Respondió Jesús y le dijo: Si conocieras el don de Dios, y quién es el que te dice: Dame de beber; tú le pedirías, y Él te daría agua viva» (Jn. 4:10).

«Porque la paga del pecado es muerte, mas la dádiva de Dios es vida eterna en Cristo Jesús Señor nuestro» (Ro. 6:23).

«¡Gracias a Dios por su don inefable!» (2 Co. 9:15).

3. Dios es nuestro Justificador. Esta es la verdad más gloriosa: Dios no nos acusa de pecado. En efecto, Él no nos *acusa nada*; nos justifica (*véanse* Estudios a fondo 1, 2, ***Justificación***—Ro. 4:22; 5:1 para ampliar la discusión.)

Note la pregunta: ¿Quién acusará a los escogidos de Dios? Es Dios; solamente Dios puede acusarnos de pecado y culpa. Pero note: Si realmente hemos confiado en Jesucristo como nuestro Salvador, si somos de los elegidos de Dios, no nos acusa de pecado. Nos justifica. Perdona nuestros pecados y nos cuenta como justos en Cristo Jesús. Si somos hijos de Dios, nadie puede acusarnos de nada. Somos de Dios; pertenecemos a Dios. Nadie puede acusarnos, condenarnos o considerarnos…

- un fracaso.
- perdidos.
- sin esperanza.
- una vergüenza.
- indignos.
- derrotados.
- un estorbo.
- un perjuicio.
- inútiles.
- desamparado.
- un pecador.
- de ningún valor.

El hombre no es nuestro juez; por lo tanto, el hombre no puede juzgar si estas cosas nos corresponden—solamente Dios puede. Dios es nuestro Juez, y esta es la gloriosa verdad: Dios no juzga a sus elegidos. No pone el pecado y la vergüenza contra sus Hijos; El justifica a sus hijos. No importa cuanto hayamos luchado y sufrido por el pecado y la deshonra de este mundo, Dios nos libra. No importa cuán lejos hayamos caído, no importa cuán desalentados hallamos llegado a estar, si somos verdaderos hijos de Dios, El nos toma y nos justifica en Cristo Jesús y sigue conformándonos a la imagen de su amado Hijo. Dios no nos deja caídos y derrotados, ni se aparta acusándonos de pecado y culpa. Dios nos justifica y sigue su obra de perdón y gracia en nuestras vidas. (*Véase* nota, ***Gracia***—Ro. 6:14-15 para ampliar la discusión. Además, *véanse* las notas, ***Presciencia y predestinación***—Ro. 8:29 para una discusión en cuanto a los elegidos.)

«¿No sabéis que los injustos no heredarán el reino de Dios? No erréis; ni los fornicarios, ni los idólatras, ni los adúlteros, ni los afeminados, ni los que se echan con varones, ni los ladrones, ni los avaros, ni los borrachos ni los maldicientes, ni los estafadores heredarán el reino de Dios. Y ésto erais algunos; mas ya habéis sido lavados, ya habéis sido santificados, ya *habéis sido justificados* en el nombre del Señor Jesús, y por el Espíritu de nuestro Dios» (1 Co. 6:9-11).

«Estando persuadido de esto, que el que comenzó en vosotros la buena obra, la perfeccionará hasta el día de Jesucristo» (Fil. 1:6).

«¿Tú quién eres, que juzgas al criado ajeno? Para *su propio señor* está en pie, o cae; pero estará firme, porque poderoso es el Señor para hacerle estar firme» (Ro. 14:4).

«De manera que podemos decir confiadamente: el Señor es mi ayudador; no temeré lo que me pueda hacer el hombre» (He. 13:6).

«No tendrá temor de malas noticias; su corazón está firme, confiado en Jehová» (Sal. 112:7).

«Mas el que me oyere, habitará confiadamente y vivirá tranquilo, sin temor del mal» (Pr. 1:33).

5 (8:34) ***Obra de Jesucristo—salvación:*** Cristo no condena al creyente. Esta es la quinta garantía de salvación. Note cuán directa y convincente es la pregunta: «¿Quién es el que condenará?» Es Cristo; solamente Cristo puede condenarnos por nuestros pecados y por nuestra conducta vergonzosa. Pero la nueva gloriosa es que Cristo no nos condena. Antes bien, lo opuesto es la verdad. Cristo hace cuatro cosas maravillosas por nosotros.

1. Cristo ha muerto por nosotros. Cristo es nuestro glorioso Salvador. Cuando acudimos *honestamente* a Él, Él no nos condena por nuestro pecado y deshonor; nos perdona. El puede perdonarnos porque murió por nosotros.

- Nuestros pecados son una deshonra, porque el pecado es rebelión contra Dios. El pecado actúa contra Dios, combate y lucha contra Dios. El pecado va en contra de todo aquello que Dios sustenta. El pecado es insurrección contra Dios; es crimen de alta traición contra Dios. El pecado es el acto más terrible que se puede ejecutar contra Dios.

Por lo tanto, merecemos ser condenados por Dios y llevados a la muerte a causa de nuestro pecado. Sin embargo, no tenemos que enfrentar la condenación. Cristo ya ha pagado la pena del pecado. Cristo ya ha sido condenado y ejecutado por nuestra transgresión contra Dios. Este es el glorioso amor de Cristo. El ya murió *por nosotros:* en vez de nosotros, en nuestro lugar, como nuestro sustituto. En consecuencia, cuando sinceramente venimos a Cristo, El no nos condena; nos ama y perdona nuestro pecado y deshonra. Este es el propósito mismo de su muerte—librarnos del pecado, de su pena y condenación.

«Porque Cristo, cuando aún éramos débiles, a su tiempo murió por los impíos» (Ro. 5:6).

«Mas Dios muestra su amor para con nosotros, en que siendo aún pecadores, Cristo murió por nosotros» (Ro. 5:8).

«Porque si siendo enemigos, fuimos reconciliados con Dios por la muerte de su Hijo, mucho más, estando reconciliados, seremos salvos por su vida» (Ro. 5:10).

«Quien llevó Él mismo nuestros pecados en su cuerpo sobre el madero, para que nosotros, estando muertos a los pecados, vivamos a la justicia; y por cuya herida fuisteis sanados» (1 P. 2:24).

«Porque también Cristo padeció una sola vez por los pecados, el justo por los injustos para llevarnos a Dios, siendo a la verdad muerto en la carne, pero vivificado en el espíritu» (1 P. 3:18).

«Y sabéis que Él apareció para quitar nuestros pecados, y no hay pecado en Él» (1 Jn. 3:5).

«Todos nosotros nos descarriamos como ovejas, cada cual se apartó por su camino; mas Jehová cargó en Él el pecado de todos nosotros» (Is. 53:6).

2. Cristo ha resucitado de entre los muertos por nosotros. Cristo es nuestro Señor resucitado. Su resurrección hace dos cosas maravillosas por el creyente.

   a. La resurrección del Señor prueba que Dios quedó plenamente *satisfecho* con la muerte del Jesucristo. Lo que Cristo hizo —morir por nuestros pecados—fue *aceptable* para Dios; por lo tanto, Dios ha *aceptado* la muerte de Jesús *por nosotros*. Dios ha *aprobado* su morir *por nosotros*. La justicia divina quedó perfectamente satisfecha con la muerte de Cristo por nosotros. Esto se ve claramente en la resurrección de Jesucristo: si Dios no hubiera quedado satisfecho, habría dejado a Jesús en el sepulcro. Pero gracias a Dios, quedó satisfecho, de modo que Dios resucitó a Jesús para que viva para siempre como el Soberano Salvador del mundo.

   «Fue declarado Hijo de Dios con poder, según el Espíritu de santidad, por la resurrección de entre los muertos» (Ro. 1:4).

   «El cual fue entregado por nuestras transgresiones, y resucitado para nuestra justificación» (Ro. 4:25).

   «Por cuanto ha establecido un día en el cual juzgará al mundo con justicia, por aquel varón a quien designó, dando fe a todos con haberle levantado de los muertos» (Hch. 17:31).

   «Si Cristo no resucitó, vuestra fe es vana; aún estáis en vuestros pecados» (1 Co. 15:17).

   b. La resurrección del Señor da al creyente una nueva vida, convirtiendo al creyente en *una nueva criatura* y *un nuevo hombre* (*véase* nota, pto. 2—Ro. 6:3-5 para la discusión).

   «Porque somos sepultados juntamente con Él para muerte por el bautismo, a fin de que como Cristo resucitó de los muertos por la gloria del Padre, así también nosotros andemos *en vida nueva*» (Ro. 6:4).

   «Porque en cuanto murió, al pecado murió una vez por todas; mas en cuanto vive, para Dios vive. Así también vosotros consideraos muertos al pecado, pero *vivos para Dios* en Cristo Jesús, Señor nuestro» (Ro. 6:10-11).

   «Porque nosotros que vivimos, siempre estamos entregados a muerte por causa de Jesús, para que *también la vida de Jesús se* manifieste en nuestra carne mortal» (2 Co. 4:11).

   «Y por todos murió, para que los que viven ya no vivan para sí, sino para aquel que murió y resucitó por ellos.... De modo que si alguno está en Cristo, nueva criatura es; las cosas viejas pasaron; he aquí todas son hechas nuevas» (2 Co. 5:15, 17).

   «[Para que podáis conocer] cuál [es] la supereminente grandeza de su poder para con nosotros los que creemos, según la operación del poder de su fuerza» (Ef. 1:19-20).

   «Sepultados con Él en el bautismo, en el cual fuisteis también resucitados con Él, mediante al fe en el poder de Dios que le levantó de los muertos» (Col. 2:12).

   «Si, pues, habéis resucitado con Cristo, buscad las cosas de arriba, donde está Cristo sentado a la diestra de Dios» (Col. 3:1).

3. Cristo ha sido exaltado por nosotros. El es nuestro Señor excelso. Se sienta cara a cara con Dios, a su diestra. Esto da dos garantías al creyente.

   a. El creyente también será exaltado y entrará en la presencia de Dios. Así como Cristo vive cara a cara con Dios, el creyente también vivirá cara a cara con Dios por toda la eternidad. (*Véase* nota, pto.2—Ro. 8:29 para su discusión. *Véase* Estudio a fondo 1—Ro. 3:23 para ampliar la discusión.)

«Porque si fuimos plantados juntamente con Él en la semejanza de su muerte, así también lo seremos en la de su resurrección» (Ro. 6:5).

«Y si morimos con Cristo, creemos que también viviremos con Él; sabiendo que Cristo, habiendo resucitado de los muertos, ya no muere; la muerte no se enseñorea más de Él. Porque en cuanto murió, al pecado murió una vez por todas; mas en cuanto vive, para Dios vive» (Ro. 6:8-10).

«Y si el Espíritu de aquel que levantó de los muertos a Jesús mora en vosotros, el que levantó de los muertos a Cristo Jesús vivificará también vuestros cuerpos mortales por su Espíritu que mora en vosotros» (Ro. 8:11).

«El Espíritu mismo da testimonio a nuestro espíritu, de que somos hijos de Dios. Y si hijos, también herederos; herederos de Dios y coherederos con Cristo, si es que padecemos juntamente con Él, para que juntamente con Él seamos glorificados» (Ro. 8:16-17).

«En la casa de mi Padre muchas moradas hay; si así no fuera, yo os lo hubiera dicho; voy, pues, a preprar lugar para vosotros. Y si me fuere y os preparare lugar, vendré otra vez, y os tomaré a mi mismo, para que donde yo estoy, vosotros también estéis» (Jn. 14:2-3).

«Padre, aquellos que me has dado, quiero que donde yo estoy, también ellos estén conmigo, para que vean mi gloria que me has dado; porque me has amado desde antes de la fundación del mundo» (Jn. 17:24).

«Cuando Cristo, vuestra vida, se manifieste, entonces vosotros también seréis manifestados con Él en gloria» (Col. 3:4).

b. El Señor Jesucristo ha sido exaltado como soberano y majestuoso Señor del universo. Es el soberano que reina y domina sobre todo, que posee toda potencia y potestad y está lleno de sabiduría y verdad. Él es el que va a destruir y eliminar finalmente el pecado y el mal del mundo. Él es el que va a establecer el reino de justicia y rectitud, amor y verdad en el cielo nuevo y la tierra nueva.

«La cual operó en Cristo, resucitándole de los muertos y sentándole a su diestra en los lugares celestiales, sobre todo principado y autoridad y poder y señorío, sobre todo nombre que se nombra, no sólo en este siglo, sino también en el venidero» (Ef. 1:20-21).

«Por lo cual Dios también le exaltó hasta lo sumo, y le dio un nombre que es sobre todo nombre, para que en el nombre de Jesús se doble toda rodilla de los que están en los cielos, en la tierra, y debajo de la tierra; y toda lengua confiese que Cristo es el Señor, para la gloria de Dios Padre» (Fil. 2:9-11).

«El cual, siendo el resplandor de su gloria, y la imagen misma de su sustancia, y quien sustenta todas las cosas con la palabra de su poder, habiendo efectuado la purificación de nuestros pecados por medio de sí mismo, se sentó a la diestra de la Majestad en las alturas» (He. 1:3).

«Quien habiendo subido al cielo está a la diestra de Dios; y a Él están sujetos ángeles, autoridades y potestades» (1 P. 3:22).

«Pero el día del Señor vendrá como ladrón en la noche; en el cual los cielos pasarán con grande estruendo, y los elementos ardiendo serán deshechos, y las obras que en ella hay serán quemadas. Puesto que todas estas cosas han de ser deshechas, ¡cómo no debéis vosotros andar en santa y piadosa manera de vivir, esperando y apresurándoos para la venida del día de Dios, en el cual los cielos, encendiéndose, serán deshechos, y los elementos, siendo quemados, se fundirán! Pero nosotros esperamos, según sus promesas, cielos nuevos y tierra nueva, en los cuales mora la justicia» (2 P. 3:10-13).

«Al que venciere, le daré que se siente conmigo en mi trono, así como yo he vencido, y me he sentado con mi Padre en su trono» (Ap. 3:21).

Note: es Jesucristo (y no otro) el que reina y domina sobre el universo. Esto provoca una enorme seguridad en el corazón de los creyentes genuinos. ¿Por qué? Porque Cristo ha demostrado Su glorioso amor y cuidado por el mundo. Él no solamente puede cuidar de nostros, sino que se preocupará y hará que todas las cosas nos ayuden a bien hasta que Él venga otra vez (v. 28). El *control del mal* en el mundoo y nuestras vidas estan a Su cargo. Él está haciendo que todas las cosas ayuden a bien a todos los que verdaderamente le amamos y conforme a su propósito hemos sido llamados (v. 28).

«No os afanéis, pues, diciendo: ¿Qué comeremos, o qué beberemos, o qué vestiremos? ... Mas buscad primeramente el reino de Dios y su justicia, y todas estas cosas os serán aãdidas» (Mt. 6:31, 33).

«He aquí yo estoy con vosotros todos los días, hasta el fin del mundo» (Mt. 28:20).

«Pues aun los cabellos de vuestras cabezas están todos contados. No temáis, pues; más valéis vosotros que muchos pajarillos» (Lc. 12:7).

«Y yo les doy vida eterna; y no perecerán jamás, ni nadie les arrebatará de mi mano» (Jn. 10:28).

«Y sabemos que a los que aman a Dios, todas las cosas les ayudan a bien, esto es, a los que conforme a su propósito son llamados» (Ro. 8:28).

«Sean vuestras costumbres sin avaricia, contentos con lo que tenéis ahora; porque Él dijo: No te desampararé ni te dejaré» (He. 13:5).

«Echando toda ansiedad sobre Él porque Él tiene cuidado de vosotros» (1 P. 5:7).

«Y a aquel que es poderoso para guardaros sin caída, y presentaros sin mancha delante de su gloria con gran alegría» (Jud. 24).

«He aquí, yo estoy contigo, y te guardaré por dondequiera que fueres, y volveré a traerte a esta tierra; porque no te dejaré hasta que haya hecho lo que te he dicho» (Gé. 28:15).

«He aquí, no se adormecerá ni dormirá el que guarda a Israel» (Sal. 121:4).

«Cuando pases por las aguas, yo estaré contigo; y si por los ríos, no te anegarán. Cuando pases por el fuego, no te quemarás, ni la llama arderá en ti» (Is. 43:2).

4. Cristo hace intercesión por nosotros delante del trono de Dios. El es nuestro gran intercesor, nuestro mediador y abogado puesto entre Dios y el hombre. Es Cristo Jesús el que nos lleva a Dios y hace posibles la redención y el perdón de los pecados (Ef. 1:7).

- Su abogacía, la defensa que hizo en su muerte y resurrección por nosotros es lo que perdona nuestros pecados.

  «Hijitos míos, estas cosas os escribo para que no pequéis; y si alguno hubiere pecado, abogado tenemos para con el padre, a Jesucristo el justo. Y Él es la propiciación por nuestros pecados; y no solamente por los nuestros, sino también por los de todo el mundo» (1 Jn. 2:1-2).

- Su intercesión, la intercesión de su muerte y resurrección por nosotros es lo que nos salva.

  «El cual fue entregado por nuestras transgresiones, y resucitado para nuestra justificación» (Ro. 4:25).

- Su presencia en los cielos y su argumento, el *argumento* de su muerte y resurrección es lo que abre la puerta del cielo *para nosotros*.

«Porque no entró Cristo en el santuario hecho de mano, figura del verdadero, sino en el cielo mismo para presentarse ahora por nosotros ante Dios» (He. 9:24).

El punto es éste. El creyente tiene la garantía más grande que pueda imaginarse: será liberado de la lucha y el sufrimiento de este mundo. No importa el pecado y la deshonra de su vida, no es condenado si acude verdaderamente a Cristo. No es juzgado por el pecado, no importa cuán terrible o cuán lejos haya caído. Si sólo vienen a Cristo, Cristo los librará. Cristo no lo dejará caído, desalentado y derrotado. Cristo ni siquiera lo reprochará ni lo reprenderá. Cristo recibirá a su hijo amado con los brazos abiertos.

«En quien tenemos redención por su sangre, el perdón de los pecados según las riquezas de su gracia» (Ef. 1:7).

«Si confesamos nuestros pecados, él es fiel y justo para perdonar nuestros pecados, y limpiarnos de toda maldad» (1 Jn. 1:9).

«Venid a mí todos los que estáis trabajados y cargados, y yo os haré descansar» (Mt. 11:28).

6 (8:35-37) ***Liberación de las tribulaciones—salvación—amor de Dios:*** Cristo protege al creyente de las más graves circunstancias. Esta es la sexta garantía de salvación, y es la garantía más maravillosa que se pueda imaginar. «¿Quién nos separará del amor de Dios?» Demasiada gente, aun los creyentes, sienten que Dios no los ama, que Él no podría amarlos sin más explicación. Se sienten indignos de su amor, porque están demasiado alejados, son demasiado desobedientes, y fracasan con demasiada frecuencia. ¿Cómo es posible que Dios los ame cuando contradice tanto su voluntad? Los resultados de tales sentimientos son...

- una sensación de indignidad.
- acusarse a sí mismo.
- un rebajarse uno mismo.
- una baja autoestima.
- un sensación de desaliento.
- una vida de derrota.

Note un punto fundamental: tales sentimientos contradicen totalmente a las Escrituras. Mire el versículo: «Quién [o Qué] nos separará del amor de Cristo?» No hay circunstancia, ni situación ni acontecimiento que pueda hacer que Cristo se aparte de nosotros. No importa cuán terrible o grave sea la situación, no puede separar al verdadero creyente del amor de Cristo. Cristo ama al creyente sin consideración de las circunstancias, y anhela ser reconciliado con el creyente. No es posible imaginar circunstancias más graves que las que se mencionan:

- Tribulación: pasar por luchas, tribulaciones, tentaciones, sufrimientos o aflicciones.
- Angustia: sufrir angustias, problemas, presiones, agonías; no saber qué camino tomar o qué hacer.
- Persecución: soportar abusos, burlas, ridiculización, deshonra, maltrato, ser ignorado, sufrir descuidos, ser acosado, atacado o dañado.
- Hambre: no tener alimentos, estar muriéndose de hambre sin tener forma de obtener alimentos.
- Desnudez: ser despojado de toda las vestimentas y comodidades terrenales; estar sin nada, habiendo sido despojado de todas las posesiones terrenales.
- Peligros: estar expuestos a los riesgos más graves; ser confrontados con los peligros más terribles para el cuerpo, la mente, el alma, la propiedad, la familia y los seres amados.
- Espada: ser muerto, sufrir el martirio.

Imagine una persona que esperimenta todo esto. ¿Cuáles serían sus pensamientos? ¿Pensaría que Dios lo ha abandonado? En medio de tribulaciones tan negras, ¿creería que Dios lo ama?

Las Escrituras declaran con fuerza y claridad que Dios le ama. Ninguna cosa hay absolutamente —no importa cuán negra y deprimente, no importa cuán grave— que pueda separar al creyente del amor de Cristo. Las circunstancias por las que pasamos no son evidencia de que Dios no nos ama. Dios nos ama, no importa cuáles sean las circunstancias.

Pero los creyentes siempre deben recordar: van a sufrir mientras estén en este mundo. En efecto, este mundo los contará como ovejas de matadero, los rechazará y los perseguirá (Sal. 44:22). El mundo va a perseguir a los creyentes mientras éstos sigan viviendo para Cristo. Sus vidas de piedad dejan convicto al mundo, y el mundo rechaza la piedad. (*Véase* nota, ***Persecución***—Mt. 5:10-12 en cuanto a las razones por las que los creyentes son perseguidos.)

Sin embargo, note lo que se dice. No importa cuáles sean las circunstancias, somos más que vencedores por medio de Cristo que nos amó (v. 37). No importan las circunstancias ni su gravedad, Cristo nos llevará a través de todo, fortaleciéndonos y dándonos ánimo. no podemos perder, no importa la gravedad de la situación. Cristo nos ama y va a preocuparse y nos cuidará. El creyente puede reposar seguro. Cristo lo protege de las circunstancias más severas:

- Cristo hace provisión para todas las necesidades materiales de la vida.

  «No os afanéis, pues, diciendo: ¿Qué comeremos, o qué beberemos, o qué vestiremos? ... Mas buscad primeramente el reino de Dios y su justicia, y todas estas cosas os serán añadidas» (Mt. 6:31,33).

- Cristo nos da reposo.

  «Venid a mí todos los que estáis trabajados y cargados, y yo os haré descansar» (Mt. 11:28).

- Cristo nos da paz.

  «La paz os dejo, mi paz os doy; yo no os la doy como el mundo la da. No se turbe vuestro corazón ni tenga miedo» (Jn. 14:27).

  «Estas cosas os he hablado para que en mí tengáis paz. En el mundo tendréis aflicción; pero confiad, yo he vencido al mundo» (Jn. 16:33).

- Cristo provee una salida frente a la tentación.

  «No os ha sobrevenido ninguna tentación que no sea humana; pero fiel es Dios, que no os dejará ser tentados más de lo que podéis resistir, sino que dará también juntamente con la tentación la salida, para que podáis soportar» (1 Co. 10:13).

- Cristo nos fortalece en medio de todas las tribulaciones.

  «Bendito sea el Dios y Padre de nuestro Señor Jesucristo, Padre de misericordias y Dios de toda consolación, el cual nos consuela en todas nuestras tribulaciones, para que podamos también nosotros consolar a los que están en cualquier tribulación, por medio de la consolación con que nosotros somos consolados por Dios» (2 Co. 1:3-4).

- Cristo suple para todas nuestras necesidades.

  «Todo lo puedo en Cristo que me fortalece» (Fil. 4:13).

- Cristo nos libra a través de persecuciones.

  «Considerad a aquel que sufrió tal contradicción de pecadores contra sí mismo, para que vuestro ánimo no se canse hasta desmayar» (He. 12:3).

  «Amados, no os sorprendáis del fuego de prueba que os a sobrevenido, como si alguna cosa extraña os aconteciese, sino gozaos por cuanto sois participantes de los padecimientos de Cristo, para que también en la revelación de su gloria os gocéis con gran alegría» (1 P. 4:12-13).

- Cristo nos libra llevándonos a su misma presencia, dándonos la vida eterna si sufrimos el martirio.

  «Y el Señor me librará de toda obra mala, y me preservará [me transportará, me llevará al] en el reino celestial. A Él sea la gloria por los siglos de los siglos» (2 Ti. 4:18).

«Al que venciere, le daré que se siente conmigo en mi trono, así como yo he vencido, y me he sentado con mi Padre en su trono» (Ap. 3:21).

- Cristo cuida de nosotros sin importar la situación.

  «Echando toda vuestra ansiedad sobre Él, porque Él tiene cuidado de vosotros» (1 P. 5:7).

- Cristo nos da poder para vencer al mundo.

  «Porque todo lo que es nacido de Dios vence al mundo; y esta es la victoria que vence al mundo, nuestra fe» (1 Jn. 5:4).

- Cristo muestra su poder en nuestro favor.

  «Porque los ojos de Jehová contemplan toda la tierra, para mostrar su poder a favor de los que tienen corazón perfecto para con Él. Locamente has hecho en esto; porque de aquí en adelante no habrá más guerra contra ti» (2 Cr. 16:9).

- Cristo nos libra del temor.

  «No temas, porque yo estoy contigo; no desmayes, porque yo soy tu Dios que te esfuerzo; siempre te ayudaré, siempre te sustentaré con la diestra de mi justicia» (Is. 41:10).

- Cristo sostiene y sustenta al creyente en su vejez.

  «Y hasta la vejez yo mismo, y hasta las canas os soportaré yo; yo hice, yo llevaré, yo soportaré, y guardaré» (Is. 46:4).

7 (8:38-39) ***Liberación de las tribulaciones—salvación—amor de Dios:*** Cristo protege a los creyentes de las más extremas experiencias y fuerzas. Esta es la séptima garantía de salvación. No hay nada en el universo que pueda separar al creyente del amor de Dios que es en Cristo Jesús Señor nuestro. El creyente puede estar plenamente convencido de este hecho glorioso. Considere las experiencias y fuerzas mencionadas en las Escrituras:

- Ni la muerte: enfrentar la muerte y dejar este mundo no puede separarnos de Cristo y su amor (Jn. 5:24).
- Ni la vida: ninguna tribulación, placer o comodidad de vida, ni ninguna persona ni cosa en esta vida puede separarnos de Cristo y su amor.
- Ni ángeles, ni principados, ni potestades: ninguna criatura celestial ni espiritual, ningún ser de otra dimensión puede separarnos de Cristo y de su amor.
- Ni lo presente ni lo por venir: ni los acontecimientos, seres o cosas del presente, ni acontecimientos, seres o cosas del futuro —absolutamente nada que exista ahora ni nada de futura existencia— puede separarnos de Cristo y su amor.
- Ni lo alto ni lo profundo: nada del espacio exterior o de las profundades de la tierra puede separarnos de Cristo y su amor.

Note el *gran final*: si existe alguna otra criatura aparte de las mencionadas, esa criatura no podrá separarnos «del amor de Dios, que está en Cristo Jesús nuestro Señor».

«Jehová está en medio de ti, poderoso, Él salvará; se gozará sobre ti con alegría, ***descansará en su amor, se regocijará sobre ti con cánticos» (Sof. 3:17).***

«Porque de tal manera amó Dios al mundo, que ha dado a su Hijo unigénito, para que todo aquel que en Él cree, no se pierda, mas tenga vida eterna» (Jn. 3:16).

«En aquel día [después de la ascensión de Jesús] pediréis en mi nombre; y no os digo que yo rogaré al Padre por vosotros, pues el Padre mismo os ama, porque vosotros me habéis amado, y habéis creído que yo salí de Dios» (Jn. 16:26-27).

«Mas Dios muestra su amor para con nosotros, en que siendo aún pecadores, Cristo murió por nosotros» (Ro. 5:8).

«Pero Dios, que es rico en misericordia, por su gran amor con que nos amó, aun estando nosotros muertos en pecados, nos dio vida juntamente con Cristo» (Ef. 2:4-5).

«Mirad cuál amor nos ha dado el Padre, para que seamos llamados hijos de Dios. Por esto el mundo no nos conoce, porque no le conoció a Él» (1 Jn. 3:1).

«En esto se mostró el amor de Dios para con nosotros, en que Dios envió a su Hijo unigénito al mundo, para que vivamos en Él» (1 Jn. 4:9).

«Jehová se manifestó a mí hace ya mucho tiempo, diciendo: Con amor eterno te he amado; por tanto te prolongué mi misericordia» (Jer. 31:3).

1 **El gran amor de un hombre por su pueblo** a. El alegato de un hombre angustiado b. El corazón de un	**CAPÍTULO 9** **VII. ISRAEL Y EL EVANGELIO DE JUSTICIA, 9:1—11:36** **A. Los privilegios de Israel y su trágico fracaso, 9:1-5** Verdad digo en Cristo, no miento, y mi conciencia me da testimonio en el Espíritu Santo, 2 que tengo gran tristeza y continuo dolor en mi corazón.	3 porque deseara yo mismo ser anatema, separado de Cristo, por amor a mis hermanos 4 que son israelitas, de los cuales son la adopción, la gloria, el pacto, la promulgación de la ley, el culto y las promesas; 5 de quienes son los patriarcas, y de los cuales, según la carne, vino Cristo, el cual es Dios sobre todas las cosas, bendito por los siglos. Amén.	hombre angustiado c. La increíble disposición de ser sacrificado por su pueblo 2 **El gran respeto de un hombre por su pueblo** a. Eran israelitas[EF1] b. Tenían la adopción[EF2] c. Tenían la gloria[EF3] d. Tenían los pactos[EF4] e. Tenían la ley[EF5] f. Tenían culto verdadero[EF6] g. Tenían las promesas[EF7] h. Tenían a los padres[EF8] i. Tenían al Mesías[EF9]

VII. ISRAEL Y EL EVANGELIO DE JUSTICIA, 9:1—11:36

A. Los privilegios de Israel y su trágico fracaso, 9:1-5

(9:1—11:36) ***Israel:*** el cambio desde el capítulo 8 es abrupto y sorprendente. Los capítulos 9—11 tienen que ver con el lugar de los judíos en la historia del mundo. La iglesia enfrenta este problema abrumador porque los judíos eran el pueblo escogido de Dios con un lugar único y especial en los propósitos de Dios. Sin embargo, cuando Dios envió su Hijo al mundo, los judíos lo rechazaron. ¿Cómo se puede explicar esta trágica paradoja? ¿Por qué el pueblo de Dios decidió rechazar y crucificar al mismísimo Hijo de Dios? Este es el problema que Pablo comienza a tratar en estos capítulos.

Hay que destacar dos cosas a través de esta sección.

Primero: los judíos era el especial pueblo escogido de Dios. Pablo nunca dudó de esto. Los judíos tenían un lugar muy especial en el plan de Dios para la salvación del hombre a través de la historia humana. (*Véanse* notas y Estudio a fondo 1—Jn. 4:22; Estudio a fondo 1—Ro. 4:1-25.)

Segundo, el verdadero pueblo escogido, el verdaero Israel, siempre estuvo en un remanente justo, no en toda la nación (cp. Ro. 9:25, esp. 27ss).

(9:1-5) ***Introducción:*** Pablo pone su corazón en este pasaje, y revela un profundo fervor por la evangelización de su pueblo, los judíos. Es un vistazo muy especial a la ardiente compasión que todo siervo de Dios debiera poseer por sus seres queridos y por sus semejantes.

1. El gran amor de un hombre por su pueblo (v.1-3).
2. El gran respeto de un hombre por su pueblo (v.4-5).

[1] (9:1-3) ***Evangelismo—testimonio—compasión—gran comisión:*** este es el cuadro del gan amor y preocupación de un hombre por su pueblo, amor y preocupación por su salvación.

1. Pablo implora que su pueblo confíe en Él. Los judíos llamaban a Pablo falso profeta y mentiroso. ¿Por qué? Ahora estaba proclamando el amor de Dios y la salvación para todos los hombres y no solamente por los judíos. El hombre ya no necesitaba hacerse prosélito de la religión judía para conocer a Dios (cp. Ro. 10:12-13). Para el judío tradicional, Pablo era un hereje. Era un hombre del cual había que desconfiar completamente. Lo odiaban y lo despreciaban, querían matarlo y suprimir su mensaje (*véanse* notas—Hch. 21:27-30; 24:1-9. Cp. Hch. 22:22; 1 Co. 4:13.)

2. Note cuán agobiado está el corazón de Pablo. A pesar del rechazo y el maltrato de los judíos, Pablo sigue amando a sus connacionales, y tiene una sensación de profunda urgencia de que ellos reciban la verdad. La salvación de ellos era motivo de tal preocupación que pone tres testigos: Cristo, su conciencia, y el Espíritu Santo. Pablo está diciendo con energía: «No estoy mintiendo...

- «verdad digo *en Cristo*...
- «*mi conciencia* me da testimonio...
- «mi conciencia me da testimono el *Espíritu Santo*...

«Tengo una gran preocupación y amor por mis parientes en la carne. Pero mi preocupación no está en que los caminos pecaminosos de ellos sean aprobados, sino en que lleguen al conocimiento de la verdad; porque sin la verdad, ellos se perderán y serán condenados.»

En la descripción de su corazón se ve claramente cuán profundamente agobiado por sus hermanos en la carne estaba el corazón de Pablo.

- «Tengo gran tristeza» (*lupe*): pesar, pena, lloro.
- «Tengo continuo dolor» (*odune*): intenso dolor, angustia, tormento. Y note: es continuo e incesante. Pablo cargaba continuamente con el dolor por la salvación de sus connacionales. En lo que dice se ve gráficamente el profundo amor y preocupación de Pablo.

3. Pablo es el cuadro de un hombre que tenía la increíble disposición a ser sacrificado por su pueblo. El estaba dispuesto a que una maldición (anathema) cayera sobre Él, esto es, ser separado de Cristo con la condición de ver salvado a su pueblo. Estaba dispuesto a canjear su salvación personal por la condenación de ellos, si ello los llevaba a la salvación. Pablo tenía una profunda emoción, amor y preocupación por su pueblo.

Note que no es necesario buscar un sentido muy lejano a las palabras de Pablo. Está hablando con fervor evangelizador, no desde un punto de vista teológico. Estaba profundamente inmerso en su emoción, del mismo modo que muchos en el pueblo de Dios a veces sienten por sus seres queridos que se pierden. Muchos se han sentido tan embargados por la emoción que han ofrecido cambiar su propia salvación por la de un ser amado. A veces el Espíritu de Dios obra en los corazones del pueblo de Dios para esforzarse y sufrir en oración intensa por la salvación de las almas perdidas, y a veces la tensión y la intensidad de la oración es tan profunda que el creyente podría desear perder un extremo (su propia salvación) por obtener el otro (la salvación de los seres amados).

> ***Pensamiento.*** El argumento es contundente: el pueblo de Dios debe estar dispuesto a sufrir el dolor extremo por la salvación de las almas.
>
> **«¿No decís vosotros: Aún faltan cuatro meses para que llegue la siega? He aquí os digo: Alzad vuestros**

ojos y mirad los campos, porque ya están blancos para la siega» (Jn. 4:35).

«Hermanos, ciertamente el anhelo de mi corazón, y mi oración a Dios por Israel, es para salvación» (Ro. 10:1).

«Me ha hecho débil a los débiles, para ganar a los débiles; a todos me he hecho de todo, para que de todos modos salve a algunos» (1 Co. 9:22).

«Así que, somos embajadores en nombre de Cristo, como si Dios rogase por medio de nosotros; os rogamos en nombre de Cristo: Reconciliaos con Dios» (2 Co. 5:20).

«En esto hemos conocido el amor, en que Él puso su vida por nosotros; también nosotros debemos poner nuestra vida por los hermanos» (1 Jn. 3:16).

«Conservaos en el amor de Dios, esperando la misericordia de nuestro Señor Jesucristo para vida eterna. A algunos que dudan, convencedlos. A otros salvad, arrebatándolos del fuego; y de otros tened misericordia con temor, aborreciendo aun la ropa contaminada por su carne» (Jud. 21-23).

2 (9:3-5) ***Privilegios de Israel—gloria:*** el gran respeto de un hombre por su pueblo. Pablo acaba de declarar su gran amor por Israel; ahora les garantiza su respeto. No niega el lugar de ellos en el plan y en los propósitos de Dios. Sabía que eran un pueblo grandemente privilegiado, pueblo altamente favorecido por Dios. (*Véanse* Estudios a fondo 1—9—Ro. 9:4-5 para la discusión. Además *véase* Estudio a fondo 8, ***Israel***—Mt. 21:43 para unasíntesis sobre Israel.)

ESTUDIO A FONDO 1

(9:4) ***Israel—israelitas:*** los judíos eran israelitas. El nombre de ellos, Israel, quiere decir *príncipe de Dios* o *uno que reina con Dios* o *uno que contiende con Dios*. Y el nombre les fue dado desde la fundación misma de la nación. Venía de Jacob, a quien Dios había cambiado el nombre por Israel. Más adelante el nombre fue adoptado por los descendientes de Jacob (Gé. 32:28; 34:7; Jn. 1:47).

Pensamiento. En la providencia de Dios, los creyentes han sido altamente privilegiados como Israel lo fue. Los creyentes han recibido el nombre del propio Hijo de Dios, *cristianos*, que significa *seguidor* o *discípulo de Jesucristo*. Lo que nosotros debemos hacer es cuidarnos de deshonrar el nombre del Señor. Muchos profesansu nombre, pero realmente no le siguen.

«No todo el que me dice: Señor, Señor, entrará en el reino de los cielos, sino el que hace la voluntad de mi Padre que está en los cielos» (Mt. 7:21).

«Este pueblo de labios me honra; mas su corazón está lejos de mí» (Mt. 15:8; cp. Is. 29:13).

«Profesan conocer a Dios, pero con los hechos lo niegan, siendo abominables y rebeldes, reprobados en cuanto a toda buena obra» (Tit. 1:16).

ESTUDIO A FONDO 2

(9:4) ***Adopción:*** los judíos tuvieron el privilegio de ser adoptados por Dios. Fueron elegidos en un sentido muy especial para ser los hijos de Dios (*véanse* Estudio a fondo 1—Jn. 4:22; Estudio a fondo 8—Mt. 21:43 para ampliar la discusión).

«Hijos sois de Jehová vuestro Dios; no os sajaréis, ni os raparéis a causa de muerto» (Dt. 14:1).

«Y dirás a Faraón: Jehová ha dicho así: Israel es mi hijo, mi primogénito» (Éx. 4:22).

«Cuando Israel era muchacho, yo lo amé, y de Egipto llamé a mi hijo» (Os. 11:1).

Note un punto fundamental: esto no significa que toda la nación de Israel era salvada. No todos los ciudadanos de Israel *creían* a Dios, y ser adoptados en la familia de Dios siempre ha sido por medio de una fe genuina. Para ser un verdadero hijo de Dios siempre ha sido necesario que la *persona* crea en Dios, confiando todo el ser a la custodia divina. (Cp. Ro .9:6-8, 27, 29; 2:28-29; 4:13. *Véase* Estudio a fondo 8, ***Israel,*** pto. 3—Mt. 21:43 para ampliar la discusión.)

Pensamiento. Los creyentes también tienen el glorioso privilegio de ser adoptados por Dios por medio de la fe (*véanse* nota, ***Adopción***—Ro.8:15; 8:16-17; Estudio a fondo 2—Gá. 4:5-6 en cuanto a discusión y aplicación).

«Mas a todos los que le recibieron, a los que creen en su nombre, les dio potestad de ser hechos hijos de Dios» (Jn. 1:12).

«Pues no habéis recibido el espíritu de esclavitud para estar otra vez en temor, sino que habéis recibido el espíritu de adopción, por el cual clamamos: ¡Abba, Padre!» (Ro. 8:15).

«Por lo cual, salid de en medio de ellos, y apartaos, dice el Señor, y no toquéis lo inmundo; y yo os recibiré, y seré para vosotros por Padre, y vosotros me seréis hijos e hijas, dice el Señor Todopoderoso» (2 Co. 6:17-18).

«Para que redimiese a los que estaban bajo la ley, a fin de que recibiésemos la adopción de hijos. Y por cuanto sois hijos, Dios envió a vuestros corazones el Espíritu de su Hijo, el cual clama: ¡Abba, Padre!» (Gá. 4:5-6).

ESTUDIO A FONDO 3

(9:4) ***Gloria shekiná***: los judíos tenían el privilegio de la gloria de Dios, esto es, de la gloria shekiná. La gloria shekiná era la luz brillante que descendía en medio del pueblo cuando Dios visitaba a su pueblo. Simbolizaba la presencia gloriosa de Dios y era revelada en la forma de una nube. La nube de la gloria y la presencia de Dios era revelada en dos formas muy especiales.

1. La gloriosa presencia de Dios en la nube fue lo que guió a Israel durante sus peregrinaciones por el desierto.

«Y Jehová iba delante de ellos de día en una columna de nube para guiarlos por el camino, y de noche en una columna de fuego para alumbrarles, a fin de que anduviesen de día y de noche» (Éx. 13:21).

«Y hablando Aarón a toda la congregación de los hijos de Israel, miraron hacia el desierto, y he aquí la gloria de Jehová apareció en la nube» (Éx.16:10).

«Aconteció que al tercer día, cuando vino la mañana, vinieron truenos y relámpagos, y espesa nube sobre el monte, y sonido de bocina muy fuerte; y se estremeció todo el pueblo que estaba en el campamento.... Todo el monte Sinaí humeaba, porque Jehová había descendido sobre él en fuego; y el humo subía como el humo en un horno, y todo el monte se estremecía en gran manera....Y descendió Jehová sobre el monte Sinaí...» (Ex. 19:16, 18, 20).

2. La gloriosa presencia de Dios en la nube fue lo que llenó el tabernáculo y reposó sobre el arca.

«Entonces una nube cubrió el tabernáculo de reunión, y la *gloria de Jehová* llenó el tabernáculo» (Éx. 40:34).

«Allí me reuniré con los hijos de Israel; y el lugar será santificado con *mi gloria*» (Éx.29:43).

«Porque yo apareceré en la nube sobre el propiciatorio» (Lv. 16:2).

«Porque la gloria de Jehová había llenado la casa de Jehová» (1 R. 8:11).

Pensamiento. Los creyentes han visto «la gloria de Dios en la faz de Jesucristo» (2 Co. 4:6); los creyentes son la luz del mundo (Mt. 5:14). Esto significa dos cosas importantes.

1) Es algo terrible poseer la luz y la gloria de Dios y no compartirla con los que están en tinieblas (*véase* nota—Mt.5:14-15 para ampliar la discusión).

«Así alumbre vuestra luz delante de los hombres, para que vean vuestras buenas obras, y glorifiquen a vuestro Padre que está en los cielos» (Mt. 5:16).

«Por tanto, todo lo soporto por amor de los escogidos, *para que ellos* también obtengan la salvación que es en Cristo Jesús con gloria eterna» (2 Ti. 2:10).

«*Ruego* a los ancianos que están entre vosotros, yo anciano también con ellos, y testigo de los padecimientos de Cristo, que soy también participante de la gloria que será revelada» (1 P. 5:1).

2) Es algo terrible estar en tinieblas y ver la luz lejos en la distancia y no seguirla. No hay absolutamente ninguna excusa para dejar de seguir la gloria de Dios cuando se la ha visto.

«Entre tanto que tenéis la luz, creed en la luz, para que seáis hijos de luz» (Jn. 12:36).

ESTUDIO A FONDO 4

(9:4) ***Pactos:*** los judíos tienen el privilegio de los pactos. Pacto es un acuerdo hecho entre dos partes; un contrato formalizado entre dos o más personas; se describe y establece una relación especial entre personas. Note que se usa el plural: pactos. Dios ha hecho diversos pactos con Israel. Está...

- el pacto con Noé después del diluvio (Gn.9:9ss).
- el pacto con Abraham (Gn.12:1ss; 15:18; 17:4ss).
- el pacto de la ley hecho en el monte Sinaí (Éx.19:5; 24:8; 34:10; Dt.29:1ss).
- el pacto con David (2 S.7:16).
- el pacto de gracia (He. 8:8-13).

El punto digno de destacar es el gran amor de Dios. El no intenta salvar al hombre una sola vez para dejarlo luego sumido en la condenación. Dios procura la salvación del hombre una y otra vez. Dios busca al hombre en toda oportunidad, procurando establecer una relación con Él.

«Jehová se manifestó a mí hace ya mucho tiempo, diciendo: Con amor eterno te he amado; por tanto, te prolongué mi misericordia» (Jer. 31:3).

«Extiende tu misericordia a los que te conocen, y tu justicia a los rectos de corazón» (Sal. 36:10).

«He aquí, yo estoy a la puerta y llamo; si alguno oye mi voz y abre la puerta, entraré a él, y cenaré con él y él conmigo» (Ap. 3:20).

ESTUDIO A FONDO 5

(9:4) ***Ley:*** los judíos tenían el privilegio de la ley. Tenían no solamente los diez mandamientos dados a Moisés en el monte Sinaí, sino también toda la ley de Dios. Por ley se quiere decir simplemente la voluntad escrita de Dios. A través de los siglos Dios sencillamente hizo que Moisés y sus mensajeros escribiesen su voluntad para que el hombre pudiera conocer siempre en forma exacta cómo debe vivir.

Pensamiento 1. Una de las grandes tragedias de la vida humana es que una persona sepa que algo es lo correcto y no lo haga. Sin embargo, esta es la vida cotidiana del hombre. Puede ser simplemente una cuestión de consumir algo que daña el cuerpo o algo más grave como maldecir el nombre de Dios. No importa de qué transgresión se trate, el hombre es culpable. Es inexcusable porque tiene la ley de Dios, y ha tenido la ley de Dios por muchos siglos. El hombre sabe que debe vivir en amor y justicia. No puede haber acusación más grande que las palabras: «No hay justo, ni aun uno» (Ro. 3:10; cp. Ro. 3:9-18).

«Aquel siervo que conociendo la voluntad de su señor, no se preparó, ni hizo conforme a su voluntad, recibirá muchos azotes» (Lc. 12:47).

«Elías era hombre sujeto a pasiones semejantes a las nuestras, y oró fervientemente para que no lloviese, y no llovió sobre la tierra por tres años y seis meses» (Stg. 5:17).

«Maldito el que hiciere indolentemente la obrade Jehová» (Jer. 48:10).

ESTUDIO A FONDO 6

(9:4) ***Culto—testimonio:*** los judíos tenían el privilegio del culto verdadero y del servicio verdadero a Dios. Ellos tenían...

- el verdadero templo.
- las verdaderas ordenanzas de Dios.
- los verdaderos sacerdotes, profetas y mensajeros de Dios.
- el verdadero acercamiento a Dios. A los judíos se había dado la gran oportunidad y el privilegio de acercarse a Dios, y aun más, de entender y captar la persona de Dios mismo. Los judíos eran grandemente privilegiados. Mientras otros pueblos tropezaban y vagaban en las tinieblas de una falsa adoración, creando dioses conforme a su propia imaginación, los judíos tenían acceso a Dios mismo, acceso al único Dios vivo y verdadero. Tenían la oportunidad de establecer una relación personal con Dios.

Pensamiento. ¡Qué acusación! Tener la oportunidad de conocer a Dios personalmente, pero darle las espaldas y alejarse. Sin embargo, hay una ofensa aun mayor que esta. Cuánto mayor es la ofensa cuando una persona conoce el verdadero acercamiento a Dios y no lo comunica a los demás.

Los creyentes conocen la verdad; conocen el camino a Dios. Por lo tanto, debe compartir el glorioso mensaje del *único* Dios vivo y verdadero. Note dos hechos significativos.

1) Muchos conocen la verdad; conocen el verdadero acercamiento a Dios, sin embargo, se niegan a entrar en su presencia. El hecho trágico es éste: Dios no les cierra la puerta; ellos mismos se cierran la puerta.

«Porque el corazón de este pueblo se ha engrosado, y con los oídos oyeron pesadamente, y sus ojos han cerrado, para que no vean con los ojos, y oigan con los oídos, y entiendan de corazón, y se conviertan, y yo los sane» (Hch. 28:27).

2) La sangre de los perdidos está en las manos del creyente. ¿Por qué? Porque el camino de Dios y los medios para proclamar el mensaje al mundo han existido desde hace algún tiempo. Sin embargo, ni hemos ido por el mundo para dar a conocer las buenas nuevas de salvación. A nadie podemos culpar

sino a nosotros mismos. Note la severa advertencia que Dios hace a su pueblo:

«Pero si el atalaya viere venir la espada y no tocare la trompeta, el pueblo no se apercibiere, y viniendo la espada, hiriere de él a alguno, éste fue tomado por causa de su pecado, pero demandaré su sangre de mano del atalaya. A ti, pues, hijo de hombre, te he puesto por atalaya a la casa de Israel, y oirás la palabra de mi boca, y los amonestarás de mi parte. Cuando yo dijere al impío: Impío, de cierto morirás; si tú no hablares para que se guarde el impío de su camino, el impío morirá por su pecado, pero su sangre yo la demandaré de tu mano» (Ez. 33:6-8).

El único camino para ser liberados de este juicio es compartir el mensaje de Dios y su advertencia a loshombres.

ESTUDIO A FONDO 7

(9:4) ***Promesas:*** los judíos tenían las promesas de Dios. Dios había participado a ellos todas sus bendiciones y les había dado la esperanza que el alma del hombre anhela. Había compartido con ellos el plan y el destino para los cuales había creado al hombre. Cuando el hombre pecó y se alejó de Dios, fue a los judíos a quienes entregó...

- la promesa del Salvador. (*Véanse* notas—Lc. 3:24-31; Estudio a fondo 3—Jn. 1:45 en cuanto a la mayoría de las profecías acerca de la primera venida de Jesucristo.)
- la promesa del mundo como una herencia (cp. Hch.13:23,32-33. *Véanse* notas—Rom.4:13; Estudio a fondo 4—8:17; Hch. 7:2-8 para una discusión más detallada.)
- todas las gloriosas promesas que se extienden desde Génesis hasta el Apocalipsis.

Pensamiento. Tres cosas son esenciales cuando tratamos de las promesas de Dios, tres cosas que tantas personas dentro de Israel dejaron de hacer.

1) No debemos titubear frente a las promesas de Dios.

«Tampoco dudó, por incredulidad, de la promesa de Dios, sino que se fortaleció en fe, dando gloria a Dios, plenamente convencido que era también poderoso para hacer todo lo que había prometido» (Ro. 4:20).

«Pero sin fe es imposible agradar a Dios; porque es necesario que el que se acerca a Dios crea que le hay, y que es galardonador de los que le buscan» (He. 11:6).

2) Temamos no alcanzar las promesas.

«Porque no tenemos un sumo sacerdote que no pueda compadecerse de nuestras debilidades, sino uno que fue tentado en todo según nuestra semejanza, pero sin pecado» (He. 4:1).

«Por tanto, es necesario que con más dilgencia atendamos a las cosas que hemos oído, no sea que nos deslicemos. Porque si la palabra dicha por los ángeles fue firme, y toda transgresión y desobediencia recibió justa retribución, ¿cómo escaparemos nosotros, si descuidamos una salvación tan grande? La cual, habiendo sido anunciada primeramente por el Señor, nos fue confirmada por los que oyeron» (He. 2:1-3).

3) Debemos mirar con constancia la promesa de un cielo nuevo y una tierra nueva.

«Sabiendo primero esto, que en los postreros tiempos vendrán burladores, andando según sus propias concupiscencias, y diciendo: ¿Dónde está *la promesa de su advenimiento*? Porque desde el día en que los padres durmieron, *todas las cosas permanecen* así como desde el principio de la creación.... Pero el día del Señor vendrá como ladrón en la noche; en el cual los cielos pasarán con grande estruendo, y los elementos ardiendo serán deshechos, y las obras que en ella hay serán quemadas. Puesto que todas estas cosas han de ser deshechas, ¡cómo no debéis vosotros andar en santa y piadosa manera de vivir, esperando y apresurándoos para la venida del día de Dios, en el cual los cielos, encendiéndose, serán deshechos, y los elementos, siendo quemados, se fundirán! Pero nosotros esperamos, *según su promesa,* cielos nuevos y tierra nueva, en los cuales mora la justicia» (2 P. 3:3-4, 10-13).

ESTUDIO A FONDO 8

(9:5) ***Herencia—apostasía:*** los judíos tenían el privilegio de los padres y su herencia. Sus antepasados habían recibido las promesas entre Dios y el hombre. Tenían ambas la tradición y la historia. (*Véase* Estudio a fondo 1—Jn. 4:22 para los cuatro motivos primarios de Dios para escoger a Israel.)

Pensamiento. Es cosa triste que una persona tenga una herencia devota (padres, parientes, maestros, educación, etc.) y que se desvíe. La Biblia está llena de ejemplos.

- Están los dos que comenzaron a negar la resurrección (2 Ti. 2:16-19).
- Está Demas, que regresó al mundo (2 Ti. 4:10).
- Está Judas que traicionó a Cristo (Mt. 26:14-16).

«Porque es imposible que los que una vez fueron iluminados y gustaron del don celestial, y fueron hechos partícipes del Espíritu Santo, y asimismo gustaron de la buena palabra de Dios y los poderes del siglo venidero, y recayeron, sean otra vez renovados para arrepentimiento, crucificando para sí mismos al Hijo de Dios y exponiéndole a vituperio» (He. 6:4-6).

«Porque si pecáremos voluntariamente después de haber recibido el conocimiento de la verdad, ya no queda más sacrificio por los pecados, sino una horrenda expectación de juicio, y hervor de fuego que ha de devorar a los adversarios» (He. 10:26-27).

ESTUDIO A FONDO 9

(9:5) ***Israel—Mesías:*** los judíos tuvieron el privilegio de que el Mesías venía de sus raíces. Este era el más glorioso privilegio de los judíos. Involucraba ser el pueblo mismo...

- a través del cual Dios iba a enviar a su Hijo.
- a través de quien Dios iba a bendecir al mundo.

Note que Pablo declara tanto la humanidad como la divinidad de Jesucristo. El vino en «la carne», pero «es ***Dios*** sobre todas las cosas, bendito por los siglos».

Pensamiento. La actitud y respuesta de una persona a Cristo determina su destino eterno.

«A cualquiera, pues, que me confiese delante de los hombres, yo también le confe-

saré delante de mi Padre que está en los cielos. Y a cualquiera que me niegue delante de los hombres, yo también le negaré delante de mi Padre que está en los cielos» (Mt. 10:32-33).

«Porque el que se avergonzare de mí y de mis palabras en esta generación adúltera y pecadora, el Hijo del Hombre se avergonzará también de Él, cuando venga en la gloria de su Padre con los santos ángeles» (Mr. 8:38).

«Os digo que todo aquel que me confesare delante de los hombres, también el Hijo del Hombre le confesará delante de los ángeles de Dios» (Lc. 12:8).

«Que si confesares con tu boca que Jesús es el Señor, y creyeres en tu corazón que Dios le levantó de los muertos, serás salvo» (Ro. 10:9).

«Si sufrimos, también reinaremos con Él; si le negáremos, Él también nos negará» (2 Ti. 2:12).

«Pero hubo también falsos profetas entre el pueblo, como habrá entre vosotros falsos maestros, que introducirán encubiertamente herejías destructoras, y aun negarán al Señor que los rescató, atrayendo sobre sí mismos destrucción repentina» (2 P. 2:1).

«¿Quién es el mentiroso sino el que niega que Jesús es el Cristo? Este es anticristo, el que niega al Padre y al Hijo. Todo aquel que niega al Hijo, tampoco tiene al Padre. El que confiesa al Hijo, tiene también al Padre» (1 Jn. 2:22-23).

«Todo el que confiese que Jesús es el Hijo de Dios, Dios permanece en Él y Él en Dios» (1 Jn. 4:15).

1 La Palabra de Dios, su promesa, no falla **2 No son miembros de una raza o institución** **3 No son de ninguna parente la o herencia en particular** **4 Son los creyentes de la promesa de Dios** a. Prueba 1: las Escrituras—la Palabra de Dios y la promesa de Dios a Abraham	**B. El verdadero Israel o los hijos de Dios, 9:6-13** 6 No que la palabra de Dios haya fallado; porque no todos los que descienden de Israel son israelitas, 7 ni por ser descendientes de Abraham, son todos hijos; sino: en Isaac te será llamada descendencia. 8 Esto es: no los que son hijos según la carne son hijos de Dios, sino los que son hijos según la promesa son contados como descendientes. 9 Porque la palabra de la	promesa es esta: Por este tiempo vendré, y Sara tendrá un hijo. 10 Y no sólo esto, sino también cuando Rebeca concibió de uno, de Isaac nuestro padre 11 (pues no habían aún nacido, ni habían hecho aún ni bien ni mal, para que el propósito de Dios conforme a la elección permaneciese, no por las obras sino por el que llama), 12 se le dijo: El mayor servirá al menor. 13 Como está escrito: A Jacob amé, mas a Esaú aborrecí.	b. Prueba 2: la Palabra de Dios y la promesa de Dios a Isaac[EF1] 1) La promesa ya estaba antes del nacimiento del hijo 2) La promesa era por elección, no por las bondades de los hijos[EF2]

B. El verdadero Israel o los hijos de Dios, 9:6-13

(9:6-13) ***Introducción:*** este es un pasaje asombroso, un pasaje que debiera despertar a muchas personas en cuanto a su verdadera relación con Dios. En palabras no inciertas, este pasaje declara quiénes son los hijos de Dios.

1. La Palabra de Dios, su promesa, no ha fallado (v. 6).
2. Los hijos de Dios no son miembros de una raza o institución (v. 6).
3. Los hijos de Dios no son de ninguna parentela o herencia particular (v. 7).
4. Los hijos de Dios son los creyentes de la promesa de Dios (vv. 7-13).

[1] (9:6) ***La palabra de Dios—promesas—Israel vs. gentiles:*** la Palabra de Dios, su promesa, no ha fallado. Dios hizo una promesa gloriosa a Abraham, promesa que tiene dos puntos de primera importancia. Si Abraham seguía a Dios...

- El le daría una simiente, un hijo a través del cual iba a nacer una gran nación. El llegaría a ser el padre de una multitud de pueblos.
- entonces Dios haría que todas la naciones fuesen bendecidas en su simiente.

Las Escrituras dicen que Abraham hizo exactamente lo que Dios había dicho. Creyó de todo corazón y siguó a Dios sin saber adónde lo llevaría Dios (He. 11:8. Piense en qué sentido esto es verdad para todo seguidor de Dios.) (*Véanse* Estudio a fondo 1—Ro. 4:1-25; Estudio a fondo 1—Jn. 4:22 para una discusión más detallada.)

Note un punto significativo: todas las promesas de las Escrituras están basadas en esta sola promesa a Abraham; esto es, si la promesa hecha a Abraham es anulada y se dejan de lado, entonces todas las promesas de la Palabra de Dios quedan invalidadas. La Palabra de Dios y sus promesas habrían fracasado. A la luz de esto hay dos cosas que hacen que la gente piense que la Palabra de Dios ha fallado.

1. Israel rechazó al Hijo de Dios, Jesucristo, cuando Dios lo envió a la tierra. Desde ese día, muy pocos judíos se han convertido para seguir a Cristo. ¿Dónde está la nación que Dios prometió a Abraham?
2. Los gentiles son los únicos que están siguiendo a Dios por medio de Su Hijo Jesucristo, no los judíos. En consecuencia, da la impresión de que Dios se ha apartado de Israel para volverse a los gentiles.

Estos dos hechos no se pueden negar. Son hechos históricos. ¿Cómo podrán cumplirse la Palabra de Dios y la promesa hecha a Abraham? Han fallado la Palabra y la promesa de Dios? ¿Ha sido invalidada la Palabra de Dios?

Enfáticamente Pablo declara que la Palabra de Dios no ha fallado. La palabra de Dios y la promesa de ella son efectivas y aún están vigentes. Dios está cumpliendo su promesa a Abraham: una nación está naciendo de Abraham, una nación que el verdadero Israel y los verdaderos hijos de Dios.

> **«Sécase la hierba, marchítase la flor; mas la palabra del Dios nuestro permanece para siempre» (Is. 40:8).**
>
> **«Porque de cierto os digo que hasta que pasen el cielo y la tierra, ni una jota ni una tilde pasará de la ley, hasta que todo se haya cumplido» (Mt. 5:18).**
>
> **«El cielo y la tierra pasarán, pero mis palabras no pasarán» (Lc. 21:33).**
>
> **«Por tanto, es [la promesa] por la fe, para que sea por gracia, a fin de que la promesa sea firme para toda su descendencia; no solamente para la de la ley, sino también para la que es de la fe» (Ro. 4:16).**

[2] (9:6) ***Salvación:*** los verdaderos hijos de Dios no son miembros de una raza o institución: «No todos los israelitas son de Israel». muchos judíos creyeron que eran hijos de Dios porque habían...

- nacido en la nación de Israel como israelitas.
- sido educados en la religión judaica.

El pueblo judío reverenciaba a Dios y su ley, y era conocido como un pueblo temeroso de Dios y religioso. Así que el judío sentía que era hijo de Dios por el hecho de ser ciudadano de Israel y miembro circuncidado del judaísmo. Muchos judíos sentían que la promesa de Dios dada a Abraham significaba que cada ciudadano de la nación de Israel era un hijo de Dios si tan sólo era circuncidado y practicaba a medias la religión del judaísmo.

> ***Pensamiento 1.*** El mismo pensamiento ha prevalecido siempre entre los pueblos de todo el mundo. Muchos creen que son cristianos por el hecho de que son ciudadanos de una así llamada nación cristiana o miembros de una institución cristiana. Piensan que son aceptables delante de Dios porque profesan creer en Dios y han sido bautizados, llegando a ser miembros de una iglesia con todas las de la ley. Por cierto, no es así. Una persona que *no llega a ser* hijo de Dios por ser...
>
> - ciudadano de una nación en particular, no importa qué nación sea, ni cuán buena y benevolente sea esa nación.
> - miembro de una institución o religón en par-

ticular, no importa cuán verdadera y piadosa sea la religión o institución.

Pensamiento 2. Ser ciudadano de una gran nación cristiana y ser miembro de una gran iglesia no convierte a la persona en hijo de Dios. No es una nación terrenal ni una iglesia material lo que hace a una persona acepta delante de Dios.

«Mas a todos los que le recibieron, a los que creen en su nombre, les dio potestad de ser hechos hijos de Dios; los cuales no son engendrados de sangre [herencia], ni de voluntad de carne, ni de voluntad de varón, sino de Dios» (Jn. 1:12-13).

«Respondiendo Él, les dijo: Hipócritas, bien profetizó de vosotros Isaías, como está escrito: Este pueblo de labios me honra, mas su corazón está lejos de mí» (Mr. 7:6).

«Profesan conocer a Dios, pero con los hechos lo niegan, siendo abominables y rebeldes, reprobado en cuanto a toda buena obra» (Tit/ 1:16).

«Y vendrán a ti como viene el pueblo, y estarán delante de ti como pueblo mío, y oirán tus palabras y no las pondrán por obra; antes hacen halagos con sus bocas, y el corazón de ellos anda en pos de su avaricia»(Ez. 33:31).

3 (9:7) ***Salvación:*** los verdaderos hijos de Dios no son de ninguna parentela o herencia particular: «No por ser simiente de Abraham, son todos hijos». Como se ha dicho, muchos judíos sentían que eran hijos de Dios porque eran hijos de Abraham, uno de los grandes siervos de Dios (cp. Mt .3:9; Jn. 8:38-39). Descansaban...

- en la piedad de Abraham, sintiendo que su piedad los cubriría.
- en la promesa hecha a Abraham, pensando que las promesas que le fueron hechas los incluiría a ellos.

Muchos judíos confían en que eran hijos de Dios por su herencia piadosa. Confiaban en el hecho de que sus padres y tantos otros en sus raíces (genealogías) adoraban al Dios del judaísmo. Se consideraban a sí mismos hijos de antepasados piadosos; en consecuencia, profesaban creer en Dios sin importar el tipo de vida que llevaban.

Pensamiento. Algunos confian en sus piadosos antepasados para salvarse. Muchos están confiando en que la piedad se les pasará—se les transmitirá de...

- sus padres piadosos.
- sus cónyuges piadosos.
- sus hermanas y hermanos piadosos.
- sus amigos piadosos.
- sus ministros piadosos.

Pocos piensan que Dios realmente los rechazará. Piensan que *en último análisis* Dios los aceptará. Ellos piensan que suficiente piedad les será transmitida por alguna herencia piadosa, de persona, o institución para que Dios los acepte.

«No todo el que me dice: Señor, Señor, entrará en el reino de los cielos, sino el que hace la voluntad de mi Padre que está en los cielos» (Mt.7:21).

«Haced, pues, frutos dignos de arrepentimiento, y no comencéis a decir dentro de vosotros mismos: Tenemos a Abraham [o algún padre cristiano] por padre; porque os digo que Dios puede levantar hijos a Abraham aun de estas piedras» (Lc. 3:8).

«Pues no es judío [cristiano] el que lo es exteriormente, ni es la circuncisión la que se hace exteriormente en la carne; sino que es judío el que lo es en lo interior, y la circuncisión es la de corazón, en espíritu, no en letra; la alabanza del cual no viene de los hombres sino de Dios» (Ro. 2:28-29).

«¿Quién hará limpio a lo inmundo? Nadie» (Job 14:4).

«Muchos hombres proclaman cada uno su propia bondad, pero hombre de verdad, ¿quién lo hallará?» (Pr. 20:6).

«Hay generación limpia en su propia opinión, sibien no se ha limpiado de su inmundicia» (Pr. 30:12).

4 (9:7-13) ***Salvación—promesa—Abraham—Isaac—Ismael—Agar:*** los hijos de Dios son *creyentes de las promesas de Dios.* Note dos pruebas.

1. La prueba de las Escrituras, de la Palabra de Dios y la promesa a Abraham: «En Isaac te será llamada descendencia» (v. 7; cp. Gn. 21:12). Cuando Dios dio esta promesa a Abraham, éste tenía dos hijos, Ismael e Isaac. Ismael había nacido a través de una esclava, Agar. Durante décadas la esposa de Abraham, Sara, no había podido concebir un hijo. Poco después de terminados sus años de fertilidad, Sara insistió en que Abaham intentara tener un hijo para ella a través de Agar, su esclava personal. Fue de esta unión física que nació Ismael. Sin embargo, fue solamente unos pocos años después que Dios le apareció a Abraham y le dijo que Sara era la que le iba a dar el hijo de la promesa, el hijo prometido por Dios a Abraham cuando lo llamó (cp. Gn. 18:1ss)

El punto es doble.

a. Los hijos de la carne no son los hijos de la promesa de Dios. El nacimiento de Ismael se debió al esfuerzo humano. Nació porque Sara y Abraham estaban tratando de obtener la «promesa» por sus propias obras. Ismael fue enteramente el producto de planes naturales, humanos, materiales y carnales. Abraham y Sara estaban tratando que se cumpliera la promesa de Dios por sus propios esfuerzos y obras. Dios nada tenía que ver en lo absoluto con el nacimiento de Ismael.

Pensamiento. Ismael representa a todos los que buscan la promesa de Dios —esto es, de llegar a ser hijos de Dios—por sus propias obras y esfuerzos carnales.

«Mas a todos los que le recibieron, a los que creen en su nombre, les dio potestad de ser hechos hijos de Dios; los cuales no son engendrados de sangre [herencia], ni de voluntad de carne [deseo sexual], ni de voluntad de varón [un padre humano], sino de Dios» (Jn. 1:12-13).

«Nos salvó, no por obras de justicia que nosotros hubiéramos hecho, sino por su misericordia, por el lavamiento de la regeneración y por la renovación en el Espíritu Santo» (Tit. 3:5).

«Porque por gracia sois salvos por medio de la fe; y esto no de vosotros, pues es don de Dios; *no por obras,* para que nadie se gloríe» (Ef. 2:8-9).

b. Los hijos de la promesa son la simiente. Isaac era el hijo que Dios había prometido a Abraham (vv. 8-9). Esto significa tres cosas.

- El hijo prometido es la «simiente» a través del cual se iba a cumplir la promesa.
- El hijo prometido iba a nacer milagrosamente por la gracia de Dios. Abraham y Sara tenían alrededor de cien años, mucho más allá de los años fértiles, cuando nació Isaac (Ro. 4:19).
- El hijo de la promesa nació por la fe (He. 11:11).

Pensamiento. Una persona llega a ser hijo de Dios por la fe en la promesa de Dios. Un hijo de la promesa es una persona que cree la promesa de Dios, una persona que...

- no trata de obtener la promesa por obras y esfuerzos propios.
- sigue adelante en su fe, esperando en que Dios cumpla su promesa.

«Pues todos sois hijos de Dios por la fe en Cristo Jesús; porque todos los que habéis sido bautizados en Cristo, de Cristo estáis revestidos. Ya no hay judío ni griego;

no hay esclavo ni libre; no hay varón ni mujer; porque todos vosotros sois uno en Cristo Jesús. Y si vosotros sois de Cristo, ciertamente linaje de Abraham sois, y herederos según la promesa» (Gá. 3:26-29).

«Pero sin fe es imposible agradar a Dios; porque es necesario que el que se acerca a Dios crea que le hay, y que es galardonador [cumple con su promesa] de los que le buscan» (He. 11:6).

«Vida eterna a los que *perseverando* en bien hacer, buscan gloria y honra e inmortalidad» (Ro. 2:7).

«Por tanto hermanos, *tened paciencia* hasta la venida del Señor. Mirad como el labrador espera el buen fruto de la tierra, aguardando con *paciencia* hasta que reciba la lluvia temprana y la tardía. *Tened* también vosotros *paciencia*, y afirmad vuestros corazones; porque la venida del Señor se acerca» (Stg. 5:7-8).

2. Está la prueba de las Escrituras, de la Palabra de Dios y la promesa a Rebeca: «El mayor servirá al menor» (Gn. 25:23). (*Véanse* Estudios a fondo 1, 2—Ro. 9:10-10 para su discusión.)

ESTUDIO A FONDO 1

(9:10-13) ***Elección—predestinación—gracia de Dios—Jacob—Esaú:*** en la elección de Jacob por sobre Esaú nos da una prueba sorprendente y decisiva de la elección divina. En los dos hijos se ve también una sorprendente prueba de que la salvación es solamente por la gracia de Dios y no por las obras y la bondad de los hombres. Note tres hechos.

1. La promesa a Rebeca fue dada antes que nacieran jacob y Esaú. El carácter, la conducta, la habilidad, las obras y los padres nada tuvieron que ver con que Dios le eligiera. Dios y solamente Dios eligió a Jacob para que fuese el hijo de la promesa. La elección de Jacob no fue por sus propios esfuerzos personales sino por la gracia de Dios.

2. La promesa fue por elección, no por algo «bueno o malo» de los hijos (v. 11). Indudablemente, cuando aceptamos la Escritura por lo que dice, nuestras mentes vacilan ante este argumento. Pero hay una gran verdad que siempre hay que recordar: ni Jacob ni Esaú *merecían* la misericordia. Ninguno *merecía* ser elegido por Dios para algo. Ningún hombre merece la misericordia o el propósito de Dios. Dios no tiene misericordia de un hombre porque ese hombre *merezca* o haya hecho méritos para recibirla, ni porque el hombre quiera a Dios o corra tras Él (cp. Jn. 1:12; Ro. 9:16). Dios tiene misericordia de un hombre porque es un Dios misericordioso.

3. Ser hijos de la promesa, la elección, es, *no por obras, sino de Dios que llama a los hombres a la salvación*. El punto es éste. Pablo usa a los dos hijos para llegar al mismo punto que enfatizó con Isaac: el verdadero hijo de Dios no es una persona que...

- pertenezca a una raza o institución en particular.
- pertenezca a una familia o linaje en particular.
- obre para obtener la promesa según sus propios esfuerzos y planes.

Dios es misericordioso y es amor—absolutamente así. Así que Dios ha predestinado una línea de personas que reciban su promesa de gloria. En la antigüedad, Dios eligió a Jacob, mostrándole su misericordia. Eligió a Jacob para continuar la línea por medio de la cual enviaría al Salvador al mundo y a través de la cual iba a cumplir todas las promesas de Dios al hombre. El hecho de que Dios eligió a Jacob para la línea no significa en ningún sentido de la palabra que haya condenado a Esaú al infierno.

«Porque de tal manera amó Dios al mundo, que ha dado a su Hijo unigénito, para que todo *aquel que en Él cree,* no se pierda, mas tenga vida eterna» (Jn. 3:16).

«De cierto, de cierto os digo: *El que oye mi palabra, y cree* al que me envió, tiene vida eterna; y no vendrá a condenación, mas ha pasado de muerte a vida» (Jn. 5:24).

«Respondió Jesús y les dijo: Esta es la obra de Dios, que *creáis* en el que Él ha enviado» (Jn. 6:29).

«Pero éstas se han escrito para que *creáis* que Jesús es el Cristo, el Hijo de Dios, y para que creyendo, tengáis vida en su nombre» (Jn. 20:31).

«Que si confesares con tu boca que Jesús es el Señor, y *creyeres* en tu corazón que Dios le levantó de los muertos, serás salvo. Porque con el corazón se *cree* para justicia, pero con la boca se confiesa para salvación» (Ro. 10:9-10).

«*Todo aquel que cree* que Jesús es el Cristo, es nacido de Dios; y todo aquel que ama al que engendró, ama también al que ha sido engendrado por Él» (1Jn. 5:1).

ESTUDIO A FONDO 2

(9:11-13) ***Dios—propósito—predestinación:*** «A Esaú aborrecí». Esto no significa odiar en el sentido de despreciar. Es simplemente una decisión deliberada de parte de Dios para que Jacob fuese el hijo de la promesa y no Esaú. *No hay sentimientos personales* involucrados. Esaú no había hecho nada para merecer la desaprobación de Dios. Tampoco Jacob había hecho algún bien para merecer la aprobación divina. Simplemente es el derecho de Dios elegir a Jacob por sobre Esaú. Es un punto crítico destacar que Dios siempre fue eligiendo al menor por sobre el mayor a través del Antiguo Testamento. Lo hizo así con un propósito específico: Dios estaba ilustrando que el hombre recibe Su promesa por gracia. La ley y los esfuerzos del hombre dan la herencia al hijo mayor; por lo tanto, Dios eligió al menor por sobre el mayor. Dios sobrepasó la ley y los esfuerzos del hombre al dar la promesa y la herencia al hijo menor, porque el hijo menor no era el señalado por los hombres para recibir la herencia, ni la merecía. Recibió la herencia y la promesa *solo por la misericordia y la gracia de Dios*. Además, note esto: la elección de Jacob por parte de Dios no fue una cuestión de salvación personal, sino del *propósito de Dios* que fue establecido antes de que nacieran (cp. Mal. 1:2-3. Además cp.Gn. 29:33; Mt. 6:24; Lc. 14:26; Jn. 12:25.)

2 Dios tiene el derecho de ser miricordioso y justo
a. Muestra misericordia como Él quiere
b. Muestra justicia como Él quiere

3 Dios tiene el derecho de hacer como Él quiere
a. El hombre no tiene derecho a replicar contra Dios
b. El derecho de Dios es como el derecho del alfarero sobre el barro

4 Dios tiene el derecho de tolerarar a los malos para compartir su gloria con algunos hombres
a. Dios está dispuesto a soportar el mal
b. El propósito de Dios
1) Dar a conocer su gloria

C. Rechazo de Israel: el derecho de Dios de mostrar misericordia y justicia como Él quiere, 9:14-33

14 ¿Qué, pues, diremos?
¿Que hay injusticia en Dios?
En ninguna manera.
15 Pues a Moisés dice: Tendré
misericordia del que yo tenga
misericordia, y me compade-
ceré del que yo me compadezca
16 Así que no depende del
que quiere, ni del que corre,
sino de Dios que tiene mi-
sericordia.
17 Porque la Escritura dice
a Faraón: Para esto mismo
te he levantado, para mostrar
en ti mi poder, y para que mi
nombre sea anunciado por
toda la tierra.
18 De manera que de quien
quiere, tiene misericordia, y al
que quiereendurecer, endurece.
19 Pero me dirás: ¿Por qué,
pues, inculpa? porque ¿quién
ha resistido a su voluntad?
20 Mas antes, oh hombre,
¿quién eres tú para que al-
terques con Dios? ¿Dirá el
vaso de barro al que lo formó:
¿Por qué me has hecho así?
21 ¿O no tiene potestad el
alfarero sobre el barro, para
hacer de la misma masa un
vaso para honra y otro para
deshonra?
22 ¿Y qué, si Dios, queriendo
mostrar su ira y hacer notorio
su poder, soportó con mucha
paciencia los vasos de ira
preparados para destrucción,
23 y para hacer notorias
las riquezas de su gloria, las
mostró para con los vasos
de misericordia que él preparó
de antemano para gloria,
24 a los cuales también ha
llamado, esto es, a nosotros,
no sólo de los judíos, sino
también de los gentiles?
25 Como también en Oseas
dice: Llamaré mi pueblo al
que no era mi pueblo, y a la
no amada, amada.
26 Y en el lugar donde se les
dijo: Vosotros no sois pueblo
mío, Allí serán llamados dijos
del Dios viviente.
27 También Isaías clama
tocante a Israel: Si fuere el
número de los hijos de Israel
como la arena del mar, tan
sólo el remanente será salvo;
28 porque el Señor eje-
cutará su sentencia sobre la
tierra en justicia y prontitud.
29 Y como antes dijo Isaías:
Si el Señor de los ejércitos
no nos hubiera dejado descen-
dencia, como Sodoma habría-
mos venido a ser, y a Go-
morra seríamos seme-
jantes.
30 ¿Qué, pues, diremos? Que
los gentiles, que no iban tras
la justicia, han alcanzado la
justicia, es decir, la justicia
que es por fe;
31 mas Israel, que iba tras un
ley de justicia, no la alcanzó.
32 ¿Por qué? Porque iban tras
ella no por fe, sino como por
obras de la ley, pues tropeza-
ron en la piedra de tropiezo,
33 como está escrito: He
aquí pongo en Sión piedra de
tropiezo y roca de caída; y
el que creyere en él, no será
avergonzado.

1 ¿Es Dios justo, esto es, equitativo?

2) Preparar a algunos para la gloria
3) Los sujetos de su gloria: judíos y gentiles

5 Dios ha identificado hace tiempo a sus elegidos en las profecías
a. Son de otras naciones y de Israel
b. Son el pequeño remanente de Israel
1) Dios terminará la obra—cumplirá su promesa a Israel
2) Dios dejará una descendencia de creyentes en Israel
c. Son los que van tras la justicia por la fe
d. No van tras la justicia por las obras de la ley—como Israel
e. No son de los que tropiezan en la Piedra (Jesucristo) como Israel
f. Son las personas que creen en Cristo

C. Rechazo de Israel: el derecho de Dios de mostrar misericordia y justicia como Él quiere, 9:14-33

(9:14-33) ***Introducción:*** este pasaje discute dos cuestiones importantes: ¿Es justo Dios (vv. 14-24)? y ¿Por qué Israel ha sido rechazado por Dios como su fuerza misionera primaria al mundo (vv. 25-33)?

1. ¿Es Dios justo, esto es, equitativo? (v. 14).
2. Dios tiene el derecho de ser misericordioso y justo (vv. 15-18).
3. Dios tiene el derecho de hacer lo que Él quiere (vv. 19-21).
4. Dios tiene el derecho de soportar a los malos (incrédulos) con el fin de compartir su gloria con algunos hombres (creyentes) (vv. 22-24).
5. Dios ha identificado hace tiempo a sus elegidos en las profecías (vv. 25-33).

1 (9:14) ***Naturaleza de Dios:*** ¿Es Dios justo, esto es, equitativo?

La pregunta es chocante: ¿Hay justicia en Dios? Recuerde qué fue lo que provocó esta pregunta. Dios traspasó todas las leyes del hombre del mundo antiguo, las leyes que gobernaban las herencias dejadas a los hijos. Según la ley humana, el hijo mayor debía recibir la herencia; no obstante, al tratar con los hijos de Isaac, Dios anunció que el hijo mayor, Esaú, serviría al hijo menor, Jacob. Jacob fue elegido por Dios para heredar la promesa hecha a Abraham y a Isaac, y note: Dios eligió a Jacob aun antes que los hijos hubieran nacido (Ro. 9:10-13).

La pregunta es ésta: ¿puede Dios elegir a los hombres, favorecer o no favorecer a los hombres, y todavía ser justo y equitativo? ¿Puede Dios elegir y rechazar a un hombre aun antes de su nacimiento y seguir siendo justo y equitativo? ¿Hay injusticia en Dios?

¡De ninguna manera! ¡Jamás! Es completamente imposible que Dios sea injusto y falto de equidad. *Dé una mirada rápida* a los cinco puntos del bosquejo y quedará completamente clara la respuesta a la pregunta.

2 (9:15-18) ***Elección de Dios:*** Dios tiene el derecho de ser misericordioso y justo.

1. Dios muestra misericordia como Él quiere. Tiene misericordia y compasión con quien quiere. Por lo tanto, si Dios decide mostrar misericordia a un hombre, tiene derecho a hacerlo, aun cuando los hombres no lo merezcan. Además, si Dios decide mostrar compasión a un hombre, tiene derecho a hacerlo aun cuando los hombres no lo merezcan.

Note cuándo fue que Dios habló estas palabras a Moisés (Éx. 33:19). Israel había estado adorando el becerro de oro, cometiendo la ofensa más grave, la de idolatría; y Moisés había intercedido por Israel, pidiendo a Dios que perdonara su pecado (Éx. 32:32). El pueblo no merecía el perdón de Dios. Merecían ser aniquilados ante la presencia del Dios de la santidad. Un vistazo rápido al hecho idolátrico y licencioso mostrará por qué. El hecho demuestra cuán depravado puede ser el corazón del hombre (Éx. 32:1-6). Dios respondió a Moisés diciendo que no destruiría al pueblo, pero tendría misericordia y compasión. Él es Dios; por lo tanto, si decide ser misericordioso, puede ser misericordioso.

> **«Pues a Moisés dice: Tendré misericordia del que yo tenga misericordia, y me compadeceré del que yo me compadezca» (v. 15).**

Ahora note: Dios tuvo misericordia y compasión de Israel no porque ellos...

- quisieran recibir su misericordia (decisión humana).
- estuvieran buscando a Dios (obras humanas, esfuerzo y energía).
- merecieeran la misericordia divina.

Israel recibió el perdón y la misericordia de Dios porque Dios quería ser misericordioso con ellos. El punto es claro: Dios no es injusto si ha mostrado misericordia sobre los hombres. El hombre no merece la misericordia; merece el juicio. En consecuencia, cuando Dios hace un regalo al injusto, eso no es injusticia, ni falta de equidad; es ser misericordioso y compasivo.

2. Dios muestra justicia como Él quiere. Un ejemplo es el hecho histórico de Faraón. Note cinco puntos.

a. Las Escrituras dicen que Dios «levantó» (*exegeiro*) a Faraón. Esto significa que Dios permitió que apareciera en el escenario de la historia del mundo. Siempre debemos recordar la enseñanza de las Escrituras:

> **«Porque no hay autoridad sino de parte de Dios,y las que hay, por Dios han sido establecidas» (Ro. 13:1).**

b. Faraón era malo, muy malo. Era incrédulo: un hombre duro, obstinado que se levantó contra Dios y maldijo a Dios cara a cara. Las Escrituras declaran que Dios no tienta a los hombres con el mal (Stg. 1:13). Por lo tanto, Faraón hubiera sido malo, soberbio, duro e incrédulo aun cuando hubiera sido un pequeño comerciante del sur de Egipto. Dios no hizo a Faraón pecaminoso y malo. Faraón hubiera sido pecador y malo no importa donde hubiera vivido.

c. Faraón tuvo una oportunidad única; tenía algo que muchos nunca reciben: Faraón oyó la verdad de uno de los siervos de Dios más grandes que haya existido. Tuvo una oportunidad tras otra para arrepentirse, pero se negó. Las Escrituras dicen repetidas veces que Faraón mismo había endurecido su corazón (Éx. 8:15, 32; 9:34).

d. Las Escrituras dicen, además, que Dios endureció su propio corazón (Éx. 4:21; 7:3; 9:12; 10:20,27; 11:10). ¿Qué significa esto? Sobre la base de las Escrituras...

- no quiere decir que Dios hizo pecar a Faraón, ni le hizo ser soberbio. Dios nunca tienta a los hombres a ser pecadores (Stg. 1:13).
- significa que Dios juzgó a Faraón del mismo modo que juzga a todos los hombres. Faraón endureció su corazón; por lo tanto, fue juzgado y condenado a tener un corazón endurecido. Faraón «sembró» un corazón duro. En consecuencia, «cosechó» un corazón endurecido (Gá. 6:7-8); Faraón «midió» un corazón endurecido; en consecuencia, «fue medido» de acuerdo con su corazón duro (Mt. 7:2).

Dicho en forma sencilla, la ley y la naturaleza de la justicia divina, de equidad judicial tuvo efecto sobre Faraón del mismo modo que sobre todos los hombres. Faraón cosechó exactamente lo que sembró. (*Véanse* notas—Mt. 13:13-15; Estudio a fondo 1—Jn. 12:39-41; nota—Ro. 1:24 para una discusión más detallada.)

e. Dios anuló el mal de Faraón y lo usó para bien de Su pueblo (Ro. 8:28). Dios usó la maldad de Faraón para demostrar su soberano poder y declarar el nombre de Dios a toda la tierra.

El punto es éste: Faraón era un hombre muy pecador y malo; Dios demostró su justicia en Faraón. Dios actuó justamente hacia Faraón. Así como los hombres ejecutan su justicia sobre los hombres malos, Dios ejecutó su justicia sobre Faraón debido a su maldad. Dios es Dios; por lo tanto, tiene derecho de ejecutar la justicia como a El le place.

La conclusión se asevera claramente:

> **«De manera que de quien [Dios] quiere, tiene misericordia y al que quiere endurecer, endurece» (v. 18).**

Pensamiento. El hombre necesita desesperadamente dos cosas.

1) El hombre necesita buscar el rostro de Dios para obtener misericordia.

> **«Deje el impío su camino, y el hombre inicuo sus pensamientos, y vuélvase a Jehová, el cual tendrá de él misericordia, y al Dios nuestro, el cual será amplio en perdonar» (Is. 55:7).**
>
> **«Por la misericordia de Jehová no hemos sido consumidos, porque nunca decayeron sus misericordias» (Lm. 3:22).**
>
> **«¿Qué Dios como tú, que perdona la maldad, y olvida el pecado del remanente de su heredad? No retuvo para siempre su enojo, porque se deleita en misericorda» (Mi. 7:18).**
>
> **«Pero Dios, que es rico en misericordia, por su gran amor con que nos amó, aun estando nosotros muertos en pecados, nos dio vida juntamente con Cristo (por gracia sois salvos)» (Ef. 2:4-5).**
>
> **«Nos salvó, no por obras de justicia que nosotros hubiéramos hecho, sino por su misericordia, por el lavamiento de la regeneración y por la renovación en**

el Espíritu Santo» (Tit. 3:5).

«Porque seré propicio a sus injusticias, y nunca más me acordaré de sus pecados y de sus iniquidades» (He. 8:12).

2) El hombre necesita guardarse diligentemente para no endurecerse contra Dios.

«No endurezcáis vuestro corazón como en Meriba, como en el día de Masah en el desierto» (Sal. 95:8).

«El hombre que reprendido endurece la cerviz, de repente será quebrantado, y no habrá para él medicina» (Pr. 29:1).

«Pero por tu dureza y por tu corazón no arrepentido, atesoras para ti mismo ira para el día de la ira y de la revelación del justo juicio de Dios» (Ro. 2:5).

«Antes exhortaos los unos a los otros cada día, entre tanto que se dice: Hoy; para que ninguno de vosotros se endurezca por el engaño del pecado» (He. 3:13).

3 (9:19-21) ***Elección—soberanía de Dios:*** Dios tiene el derecho de hacer como Él quiere. Los hombres objetan su soberanía, su derecho de gobernar el mundo como El quiere. La razón por la que los hombres objetan el derecho de Dios de gobernar y reinar se afirma claramente. Los hombres quieren tener el derecho de autodeterminar su propio destino, de vivir sobre la tierra y todavía tener asegurada una buena vida en el nuevo mundo. No quieren que Dios ni nadie determine el destino de ellos. Es este espíritu centrado sobre sí mismo y de orgullo lo que hace que los hombres objeten la soberanía de Dios. Note cómo está redactada esta objeción. Si Dios tiene misericordia de algunos y endurece a otros...

- ¿por qué Él halla falta y acusa al pecador?
- ¿quién ha resistido Su voluntad? Porque Dios ha decidido perdonar a algunos y ha decidido no perdonar a otros.

Pablo da tres respuestas a esta objeción, respuestas que establecen la soberanía de Dios más allá de toda duda. Note que la tercera respuesta se plantea como un punto de primera magnitud debido a su importancia para todo el tema (pto. 4, vv. 22-24).

1. El hombre no tiene derecho a réplica contra Dios, ningún derecho a acusar a Dios de ser injusto y falto de equidad. Todo hombre que replica contra Dios tiene un concepto demasiado bajo de Dios y demasiado elevado del hombre. ¿Cómo puede una criatura que ha sido formado por Dios decir a Dios ¿porqué me has hecho así? ¿Cómo puede una criatura cuestionar a Dios, criatura...

- que debe a Dios su vida, todo lo que es y todo lo que tiene?
- que es tan frágil y que se ve fácilmente sujeta a destrucción?
- que conoce tan poco del universo y su verdad?
- que es tan moralmente indisciplinada y pecaminosa?
- que está tan limitada al mundo material y a las dimensiones físicas del ser?
- que vive sólo por breves años?

¿Cómo se atreve el hombre a cuestionar al Ser Supremo que hizo el universo y todo lo que contiene? ¿Qué es el hombre que piensa que puede acusar al Dios del universo de ser injusto y falto de equidad? ¿Qué se cree que es el hombre para acusar a Dios de ser inmoral y de mostrar parcialidad y favoritismo?

El punto es: Dios es Dios, en consecuencia, puede hacer lo que quiera. Como Dios tiene todo el cuadro a la vista; por lo tanto, sabe lo que se debe hacer, y lo hace. El hombre es necio al cuestionar a Dios y acusarle de maldad, de ser injusto y falto de equidad. En realidad, cuando cuestiona y acusa a Dios, el hombre solamente muestra...

- cuán *finito* y *necio* es en realidad.
- cuán *malvado* y *depravado* es en realidad.

2. El derecho de Dios sobre el hombre es el derecho del alfarero sobre el barro. Ahora, nótese un punto crucial que no debe perderse de vista si hemos de entender correctamente este pasaje.

- El barro ya existe. Este pasaje no trata de la creación, sino del gobierno de Dios sobre la creación. Dios no está creando el barro; Él está tomando una masa de barro ya existente y lo usa para sus propósitos.

Pablo no dice que Dios haya creado hombres para que fuesen pecadores. Dios no se ha propuesto condenar a los hombres al infierno. El hecho es que Dios no quiere que el hombre perezca; quiere que todos los hombres sean salvos (2 P. 3:9). Entonces, ¿qué está diciendo este versículo?

Muy simplemente, Dios usa el barro tal como lo encuentra. Toma el barro (al hombre), lo modela y lo usa para sus objetivos. Todos los hombres son pecadores, nacidos en un mundo pecaminoso y depravado. Dios conoce los corazones de todos los hombres aun cuando nacen. El sabe si un corazón es un vaso para honra o si es un vaso de deshonra.

- Todos los corazones que son para honra, Dios los toma y modela un vaso de honra.
- Todos los corazones que son para deshonra, Dios los toma y modela vasos para deshonra.

Dios es Dios, por lo tanto, Él sabe lo que hay en el corazón de cada hombre. Sabe si el corazón sera tierno, amoroso y si va a responderle. Si el corazón responde a las cosas de Dios, entonces Dios da el evangelio a esa persona, vivifica el corazón de esa persona, la salva y comienza el proceso de hacerle un vaso de honra.

Dios también sabe si el corazón de una persona está sujeta a dureza, egoísmo y rechazo de Dios. Esta persona es convertida en un vaso de deshonra; esto es, Dios usa aun al pecador en el rechazo de su gloria. Cómo es utilizado el rechazo del pecador para glorificar a Dios se verá en el próximo punto (*véase* nota, pto. 6—Ro. 9:22).

El punto es éste: Dios tiene *derecho* de hacer y usar tanto hombres para honra como para deshonra para que todas las cosas ayuden a bien. Tiene el derecho de usar tanto a hombres buenos como a malos para elaborar sus propósitos, propósitos que siempre son buenos. Su derecho no es distinto del del alfarero.

«Y sabemos que a los que aman a Dios, todas las cosas les ayudan a bien, esto es, a los que conforme a su propósito son llamados. Porque a los que antes conoció, también los predestinó para que fuesen hechos conforme a la imagen de su Hijo, para que él sea el primogénito entre muchos hermanos» (Ro. 8:28-29).

«Según nos escogió en Él antes de la fundación del mundo, para que fuésemos santos y sin mancha delante de Él, en amor habiéndonos predestinado para ser adoptados hijos suyos por medio de Jesucristo, según el puro afecto de su voluntad» (Ef. 1:4-5).

«Por lo cual Dios también le exaltó hasta lo sumo, y le dio un nombre que es sobre todo nombre, para que en el nombre de Jesús se doble toda rodilla de los que están en los cielos, en la tierra, y debajo de la tierra; y toda lengua confiese que Cristo es el Señor, para la gloria de Dios Padre» (Fil. 2:9-11).

«Quien nos salvó y llamó con llamamiento santo, no conforme a nuestras obras, sino según el propósito suyo y la gracia que nos fue dada en Cristo Jesús ante de los tiempos de los siglos» (2 Ti. 1:9).

«En la esperanza de la vida eterna, la cual Dios, que no miente, prometió desde antes del principio de los siglos» (Tit. 1:2).

«Y nos hizo reyes y sacerdotes para Dios, su Padre; a Él sea gloria e imperio por los siglos de los siglos» (Ap. 1:6).

«Señor, digno eres de recibir la gloria y la honra y el poder; porque tú creaste todas las cosas, y por tu voluntad existen y fueron creadas» (Ap. 4:11).

«Y la adoraron todos los moradores de la tierra cuyos nombres *no* estaban *escritos* en el libro de la vida del Cordero que fue inmolado desde el principio del mundo» (Ap. 13:8).

«Y oí como la voz de una gran multitud, como el estruendo de muchas aguas, y como la voz de grandes truenos, que decía: ¡Aleluya, porque el Señor nuestroDios Todopoderoso reina!» (Ap. 19:6).

4 (9:22-24) ***Elección—predestinación—soberanía de Dios—gracia:*** Dios tiene el derecho de arreglárselas con el hombre malo e incrédulo con el fin compartir su gloria con algunos creyentes. El bosquejo da un vistazo de lo dicho.

Dios está dispuesto a tolerar (soportar, aguantar, sufrir) al malo por largo tiempo. ¿Por qué? ¿Por qué Dios no sigue adelante y hace a un lado el mal y a los malos hombres? Hay una razón muy poderosa: Dios está cumpliendo su propósito en el mundo.

- Dios está dando a conocer las riquezas de su gloria sobre los creyentes, los sujetos de su misericordia.
- Dios aún está preparando a otros para la gloria (cp. 2 P. 3:9).
- Los que están siendo preparados para la gloria son judíos y gentiles. (Note que aun este factor indica que Dios no ha sido parcial haciendo acepción de persona, sea judío o gentil. Dios no toma a algunos para el pecado y el infierno y otros para la justicia y el cielo.)

En estos versículos cabe destacar varias cosas significativas.

1. Note la diferencia entre la palabra «adecuado» y la palabra «preparado». Los vasos de ira son «adecuados» para la destrucción, pero los vasos de misericordia han sido «preparados» para la gloria. *No se identifica* al agente que «preparó» los vasos para la ira. Las Escrituras dicen sencillamente que son aptos para destrucción. Esto permite la interpretación de que ellos mismos se hicieron «listos» para destrucción; por otra parte, se dice que Dios *prepara* los vasos de misericordia para la gloria. Se usa una palabra enteramente diferente.

Pensamiento. Las Escrituras son claras en cuanto a este hecho. Los hombres son *adecuados* para la ira; Dios no trata de dirigir a los hombres al pecado (Stg. 1:13). La verdad es lo contrario. Dios salva a los hombres y quiere que todos los hombres sean salvos; y El prepara a todos aquellos que vienen a Él en busca de gloria.

«Porque de tal manera amó Dios al mundo, que ha dado a su Hijo unigénito, para que todo aquel que en El cree, no se pierda, mas tenga vida eterna. Porque no envió Dios a su Hijo al mundo para condenar al mundo, sino para que el mundo sea salvo por Él. El que en Él cree, no es condenado; pero el que no cree, ya ha sido condenado, porque no ha creído en el nombre del unigénito Hijo de Dios» (Jn. 3:16-18).

«En el último y gran día de la fiesta, Jesús se puso en pie y alzó la voz, diciendo: Si alguno tiene sed, venga a mí y beba» (Jn. 7:37).

«Porque no hay diferencia entre judío y griego, pues el mismo que es Señor de todos, es rico para con todos los que le invocan» (Ro. 10:12).

«[Dios] quiere que todos los hombres sean salvos y vengan al conocimiento de la verdad» (1 Ti. 2:4).

«El Señor no retarda su promesa, según algunos la tienen por tardanza, sino es paciente para con nosotros, no queriendo que ninguno perezca, sino que todos procedan al arrepentimiento» (2 P. 3:9).

«[Cristo] es la propiciación por nuestros pecados; y no solamente por los nuestros, sino también por los de todo el mundo» (1 Jn. 2:2).

«Y el Espíritu y la Esposa dicen: Ven. Y el que oye diga: Ven. Y el que tiene sed, venga; y el que quiera, tome del agua de la vida gratuitamente» (Ap. 22:17).

«Mirad a mí, y sed salvos, todos los términos de la tierra, porque yo soy Dios, y no hay más» (Is. 45:22).

«A todos los sedientos: venid a las aguas; y los que no tienen dinero, venid, comprad y comed. Venid, comprad sin dinero y sin precio, vino y leche» (Is. 55:1).

2. Note que todo el pasaje se dedica a mostrar que Dios es justo y equitativo. Si Dios realmente creó al hombre para que fuese pecaminoso y para condenarlo a la ira, no sería justo ni equitativo. Aun en nuestro mundo finito, hacer algo malo es considerado injusto y falto de equidad. ¿Cuánto más es esto así en el infinito mundo del cielo? Dios no *prepara a* los hombres para la ira; los hombres se hacen aptos para la ira.

3. Todo el mundo es pecaminoso y depravado. «No hay justo, ni siquiera uno» (Ro. 3:10). «Todos pecaron y están destituidos de la gloria de Dios» (Ro. 3:23. Cp. Ro. 10:9-18 para un cuadro descriptivo de la condición pecaminosa del hombre.) Dios conoce el corazón de cada hombre, aun desde antes de su nacimiento. Sabe hasta quién será salvo y quién no será salvo. Entonces, ¿por qué no detiene el mundo en lugar de dejarlo seguir adelante, cuando sabe que algunos hombres están yendo hacia su propia condenación? Hay una razón primaria: si Dios detuviese al mundo ya no habría...

- más vasos de misericordia, más creyentes.
- más creyentes para ser atraídos y ofrecidos como hermanos y hermanas en Cristo (Ro. 8:29).
- más gente sobre la cual Dios demuestre su gloriosa misericordia y amor (Ro. 9:23; Ef. 2:7).

Note lo que dicen las Escrituras, porque claramente afirman por qué Dios no acaba con el mundo y evita que más hombres malos sean condenados: Dios está dispuesto a soportar a los hombres malos a fin de hacer llover «las riquezas de su gloria» sobre los que creen en su Hijo (v. 23; cp. v. 33). Dios tiene solamente un Hijo, y ama tanto a su Hijo que quiere que Él sea glorificado y honrado más allá de toda imaginación.

4. Hay que recordar una cosa: no hay nada incoherente en que Dios muestre misericordia hacia algunos mientras condena a otros. Dios castiga al *malvado* solamente por sus pecados. La experiencia humana al igual que la Biblia, demuestra más allá de toda duda que todos los hombres son pecadores. Nadie merece misericordia. Ningún hombre merece ser elegido por Dios para algo (véase Estudio a fondo 1, ***Elección***—Ro. 9:10-13). Todos los hombres están bajo la ira de Dios. Por lo tanto, no se hace injusticia a un impío si Dios elige mostrar misericordia a otro. Sin embargo, ocurrirá una cosa. El vaso de misericordia caerá sobre su rostro en adoración y alabanza, y se convertirá en un siervo dispuesto, recibido voluntariamente y poseído por su Salvador (Ro. 9:22-23; cp. Ro. 11:33-36).

Pensamiento. Cuando comprendemos verdaderamente que Dios ha tenido misericordia sobre nosotros, nos hace caer sobre nuestro rostro delante de Él. Él nos ha amado verdaderamente, nos amó al punto de perdonar nuestros pecados por medio del Señor Jesucristo. Viendo su amor por nosotros en humilde adoración y culto. Es el amor de Cristo el que nos constriñe a amar a Dios.

«Porque el amor de Cristo nos constriñe, pensando esto: que si uno murió por todos, luego todos murieron; y por todos murió, para que los que viven, ya no vivan para sí, sino para aquel que murió y resucitó por ellos» (2 Co. 5:14-15).

«Nosotros le amamos a Él, porque Él nos amó primero» (1 Jn. 4:19).

«Conservaos en el amor de Dios, esperando la misericordia de nuestro Señor Jesucristo para vida eterna» (Jud. 21).

5. Otro punto que surge de este pasaje es este: las «riquezas de la gloria de Dios» se ven más claramente en la vida de los elegidos debido a la maldad de todos los demás. Se dice que el sumo bien se

cumple tanto en los malvados como en los vasos elegidos. La gloria del amor de Dios se ve con mucho mayor claridad en contraste con un universo caído y depravado (cp. vv. 22-23).

6. Otro punto más que hay que tener muy presente es éste: no hay incoherencia alguna ni injusticia en Dios si ante los hombres que nada merecen decide tener misericordia de uno de ellos. No se hace injusticia al impío si Dios decide perdonar al otro.

Algunas personas dicen que debe de haber algo en el hombre o algo que el hombre haya hecho para que Dios decida elegirlo. Pero no es así, porque eso querría decir que el hombre se ha ganado la salvación. Eso querría decir que la salvación es por las obras, y esto es completamente ajeno a la enseñanza de las Escrituras. La salvación es por la pura gracia de Dios; «no por obras para que nadie se gloríe» (Ef. 2:8-9). Por lo tanto, como lo enseña este pasaje, Dios elige vasos de misericordia por lo profundo de su justicia y misericordia.

La mente tambalea ante todo este pasaje. ¡Solamente podemos contemplar y maravillarnos ante la profundidad de las riquezas de la sabiduría y el conocimiento de Dios!

> **«¡Oh profundidad de las riquezas de la sabiduría y de la ciencia de Dios! ¡Cuán insondables son sus juicios, e inescrutables sus caminos! Porque ¿quién entendió la mente del Señor? ¿O quién fue su consejero?« (Ro. 11:33-34).**
>
> **«Por tanto, al Rey de los siglos, inmortal, invisible, al único y sabio Dios, sea honor y gloria por los siglos de los siglos» (1 Ti. 1:17).**

Entenderemos la providencia de Dios y nuestra libertad de elección el Día de la Redención. Hasta entonces, sólo podemos aceptar la doctrina como dos líneas paralelas que encuentran su unión y explicación en Él. En aquel día, Él nos explicará estas cosas cara a cara. (¡Qué día glorioso será!)

Un punto final que es de importancia suprema es la conclusión que se saca en los versículos 25-33. Lo que Pablo busca es dar prominencia a este hecho: Dios juzgó el rechazo de Israel como nación eligiendo personas de las naciones gentiles también. El pueblo de Dios son personas de *todas las naciones* que buscan su justicia según se encuentra en Cristo (véase Estudio a fondo 1—Jn. 4:22). La conclusión de todo el pasaje es «el que en El [Cristo] cree no será avergonzado (Ro. 10:11). Esta conclusión, que elque cree será salvo, da equilibrio a todo el argumento.

5 (9:25-33) ***Los elegidos—elección—Israel vs. los gentiles:*** Dios ha identificado a *los elegidos* hace mucho tiempo en la profecía. «La salvación viene de los judíos» (Jn. 4:22). Israel era el pueblo elegido de Dios; elegido para ser testigos de Dios y llevar el mensaje de salvación al mundo (*véase* nota—Jn. 4:22 acerca de las razones por las que Dios eligió a Israel). Sin embargo, Israel fracasó, guardó el mensaje para sí y excluyó a todos los demás pueblos. Israel llegó a tomar la delantera al matar al Hijo de Dios, Jesucristo. Este es el énfasis en estos versículos, para indicar como *el pueblo escogido* de Dios procede de todas las naciones de la tierra. Este hecho se ve claramente aun en los profetas judíos. «Los elegidos» son identificados en seis afirmaciones irrefutables para una mente abierta y honesta. (*Véase* Estudio a fondo 8, ***Israel***—Mt. 21:43 para ampliar la discusión de este punto.)

1. El pueblo escogido de Dios está formado también de otras naciones así como de Israel. El profeta judío Oseas anunció este hecho. Note tres cosas que Oseas dijo acerca de los gentiles. Los gentiles…

- serán llamados «pueblo de Dios». Los mismos que antes no eran «pueblo» de Dios (Os. 2:23).
- serán llamados «amados» [RVR: «compadecida», «tendré misericordia»]. Son los mismos para los que antes no había amor [RVR: «no compadecida»].
- estaban en un lugar donde se decía que ellos no eran pueblo de Dios. Estaba en un lugar donde iban a ser llamados hijos de Dios (Os.1:10).

Pensamiento. La historia siempre ha mostrado que los gentiles son tan moralmente depravados y justos ante sus propios ojos como una persona puede ser. Pero a pesar de todo, en su gloriosa misericordia, Dios ha abierto de par en par las puertas de la salvación para los gentiles así como para los judíos. No importa cuán justo ante sí mismo o moralmente perversa haya sido una persona, Dios la busca. Ni la más perversa corrupción, ni la justicia propia más humanista puede impedir que Dios perdone a una persona si verdaderamente cree en Su Hijo, el Señor Jesucristo (v. 33).

> **«De éste [Jesucristo] dan testimonio todos lo profetas, que todos lo que en Él creyeren, recibirán perdón de pecados por su nombre» (Hch. 10:43).**
>
> **«Porque no me avergüenzo del evangelio, porque es poder de Dios para salvación a todo aquel que cree; al judío primeramente, y también al griego» (Ro. 1:16).**
>
> **«Porque todo aquel que invocare el nombre del Señor, será salvo» (Ro. 10:13).**
>
> **«Pues todos sois hijos de Dios por la fe en Cristo Jesús; porque todos los que habéis sido bautizados en Cristo, de Cristo estáis revestidos. Ya no hay judío ni griego; no hay esclavo ni libre; no hay varón ni mujer; porque todos vosotros sois uno en Cristo Jesús» (Gá. 3:26-28).**
>
> **«Todo aquel que cree que Jesús es el Cristo, es nacido de Dios; y todo aquel que ama al que engendró, ama también al que ha sido engendrado por Él» (1 Jn. 5:1).**

2. Los elegidos son el pequeño remanente de Israel. El gran profeta Isaías anunció esto.

   a. El profeta anunció que solamente unos pocos en Israel verdaderamente creerían y amarían a Dios en forma suprema. La nación sería un gran pueblo cuyo número sería como la arena del mar, pero sólo un *remanente* sería salvo (v. 27). Note que Dios tendría que cumplir su Palabra cortando bruscamente sus tratos con Israel. Eso significaría que muchísimos en Israel serían tan malos, que serían un peligro de destrucción para todos. Por lo tanto, Dios tendría que detener su obra en los tratos con Israel con el fin de asegurar un remanente de creyentes y cumplir su palabra a Abraham (cp. Is. 10:22-23).

   b. Isaías además predijo que Dios iba a dejar un resto de creyentes en Israel (Is. 1:9). Note que la maldad de Israel se compara con Sodoma y Gomorra. Israel ha sufrido un destino tan terrible como Sodoma y Gomorra, quizás peor debido a que los sufrimientos de la nación han sido el epítome de la severidad a través de los siglos. Pero note que Dios ha salvado un remanente en todo esto. Hay judíos que han confiado en el hijo de Dios, Jesucristo de Nazaret (cp. Ro. 11:27-29).

> **«Digo, pues: ¿Ha desechado Dios a su pueblo? En ninguna manera. Porque también yo soy israelita, de la descendencia de Abraham, de la tribu de Benjamín…. Pero ¿qué le dice la divina respuesta? Me he reservado siete mi hombres, que no han doblado la rodilla delante de Baal» (Ro. 11:1, 4).**

3. Los elegidos son los que buscan la justicia por la fe (*véase* nota, ***Justicia***—Ro. 1:17). Note el contraste entre este punto y el siguiente. Ocurrió lo más improbable.

- Los gentiles, que siempre han sido tan bajos y justos

en sus propios ojos, de repente se volvieron a Dios en busca de justicia, la justicia de la fe.

- Los judíos que siempre habían sido tan centrados en Dios y religiosos no alcanzaron la justicia de Dios, la justicia de la fe en Cristo.

«Respondiendo él, les dijo: Hipócritas, bien profetizó de vosotros Isaías, como está escrito: Este pueblo de labios me honra, mas su corazón está lejos de mí» (Mr. 7:6).

«Porque ignorando la justicia de Dios, y procurando establecer la suya propia, no se han sujetado a la justicia de Dios; porque el fin de la ley es Cristo, para justicia a todo aquel que cree» (Ro. 10:3-4).

«Mas por Él estáis vosotros en Cristo Jesús, el cual nos ha sido hecho por Dios sabiduría, justificación, santificación y redención» (1 Co. 1:30).

«Al que no conoció pecado, por nosotros lo hizo pecado, para que nosotros fuésemos hechos justicia de Dios en Él» (2 Co. 5:21).

«Y ser hallado en él, no teniendo mi propia justicia, que es por la ley, sino la que es por la fe de *Cristo, la justicia que es de Dios* por la fe» (Fil. 3:9).

«Tendrán la apariencia de la piedad, pero negarán la eficacia de ella; a éstos evita» (2 Ti. 3:5).

4. Los elegidos no son los que buscan la justicia por las obras de la ley—como lo hizo Israel (vv. 31-32). Note que esto comienza a responder por qué Dios tuvo que apartarse de Israel como la fuerza misionera primaria de su gracia. Israel estaba celoso por lograr la justicia, pero fracasó porque buscó la justicia por la ley.

«Muchos me dirán en aquel día: Señor, Señor, ¿no profetizamos en tu nombre, y en tu nombre echamos fuera demonios, y en tu nombre hicimos muchos milagros? Y entonces les declararé: Nunca os conocí; apartaos de mí, hacedores de maldad» (Mt. 7:22-23).

«Ya que por las obras de la ley ningún ser humano será justificado delante de Él; porque por medio de la ley es el conocimiento del pecado» (Ro. 3:20).

«Sabiendo que el hombre no es justificado por las obras de la ley, sino por la fe de Jesucristo, nosotros también hemos creído en Jesucristo, para ser justificados por la fe de Cristo y no por las obras de la ley, por cuanto por las obras de la ley nadie será justificado» (Gá. 2:16).

«Porque por gracia sois salvos por medio de la fe; y esto no de vosotros, pues es don de Dios; no por obras, para que nadie se gloríe» (Ef. 2:8-9).

«Pero cuando se manifestó la bondad de Dios nuestro Salvador, y su amor para con los hombres, nos salvó, no por obras de justicia que nosotros hubiéramos hecho, sino por su misericordia, por el lavamiento de la regeneración y por la renovación en el Espíritu Santo» (Tit. 3:4-5).

5. Los escogidos no son los que tropiezan en la Roca, Cristo mismo, como Israel tropezó (cp. Is. 8:14; 28:16). (*Véase* Estudio a fondo 7, ***Jesucristo, la piedra del ángulo***—Mt. 21:42 para su discusión.)

«Y bienaventurado el que no halle tropiezo en mí» (Mt. 11:6).

«Pero nosotros predicamos a Cristo crucificado, para los judíos ciertamente tropezadero, y para los gentiles locura» (1 Co. 1:23).

«Para vosotros, pues, los que creéis, Él es precioso; pero para los que no creen, la piedra que los edificadores desecharon, ha venido a ser la cabeza del ángulo; y: Piedra de tropiezo, y roca que hace caer, porque tropiezan en la palabra, siendo desobedientes; a lo cual fueron también destinados» (1 P. 2:7-8).

6. Los elegidos son personas que creen en Cristo. (*Véase* la nota, ***Creer***—Ro. 10:16-17 para su discusión.)

«Todo aquel que aborrece a su hermano es homicida; y sabéis que ningún homicida tiene vida eterna permanente en Él» (Jn. 3:15).

«De cierto, de cierto os digo: El que oye mi palabra, y cree al que me envió, tiene vida eterna; y no vendrá a condenación, mas ha pasado de muerte a vida» (Jn. 5:24).

«Le dijo Jesús: Yo soy la resurrección y la vida; el que cree en mí, aunque esté muerto, vivirá» (Jn. 11:25).

«Yo, la luz, he venido al mundo, para que todo aquel que cree en mí no permanezca en tinieblas» (Jn. 12:46).

«Pero éstas se han escrito para que creáis que Jesús es el Cristo, el Hijo de Dios, y para que creyendo, tengáis vida en su nombre» (Jn. 20:31).

«Que si confesares con tu boca que Jesús es el Señor, y creyeres en tu corazón que Dios le levantó de los muertos, serás salvo. Porque con el corazón se cree para justicia, pero con la boca se confiesa para salvación» (Ro. 10:9-10).

	CAPÍTULO 10	6 Pero la justicia que es por la fe dice así: No digas en tu corazón: ¿Quién subirá al cielo? (esto es, para traer abajo a Cristo);	**o libertador (utopía)** a. La justicia no es tratar de escalar al cielo b. La justicia no es bajar a las profundidades para vencer la muerte y el infierno
	D. El trágico error de Israel: no alcanzó la justicia de Dios, 10:1-11	7 o, ¿quién descenderá al abismo? (esto es, para hacer subir a Cristo de entre los muertos).	
1 El anhelo de Pablo y el error de Israel a. El anhelo de Pablo por la salvación de Israel b. El error de Israel: ellos tienen celo, pero no según ciencia 1) Buscan su propia justicia 2) No se someten a la justicia de Dios	Hermanos, ciertamente el anhelo de mi corazón, y mi oración a Dios por Israel, es para salvación. 2 Porque yo les doy testimonio de que tienen celo de Dios, pero no conforme a ciencia. 3 Porque ignorando la justicia de Dios, y procurando establecer la suya propia, no se han sujetado a la justicia de Dios;	8 Mas ¿qué dice? cerca de ti está la palabra, en tu boca y en tu corazón. Esta es la palabra de fe que predicamos: 9 que si confesares con tu boca que Jesús es el Señor, y creyeres en tu corazón que Dios le levantó de los muertos, serás salvo.	**5 La justicia de Dios y la salvación están cerca, delante de la persona** a. Al confesar que Jesús es el Señor (del cielo, cp. v. 6) b. Creyendo que Dios resucitó a Jesús de entre los muertos (de las profundidades, cp. v. 7)
2 La justicia de Dios es Jesucristo	4 porque el fin de la ley es Cristo, para justicia a todo aquel que cree.	10 Porque con el corazón se cree para justicia, pero con la boca se confiesa para salvación.	c. Creyendo con el corazón y confesando con la boca
3 La justicia de Dios es opuesta a la del hombre, al modo humano de buscar a Dios **4 La justicia de Dios no necesita buscar un Mesías**	5 Porque de la justicia que es por la ley Moisés escribe así: El hombre que haga estas cosas, vivirá por ellas.	11 Pues la Escritura dice: Todo aquel que en el creyere, no será avergonzado.	**6 La justicia de Dios y la salvación liberan a la persona de la vergüenza**

D. El trágico error de Israel: no alcanzó la justicia de Dios, 10:1-11

(10:1-11) ***Introducción:*** este pasaje tiene dos puntos poderosos. Muestra el trágico error de Israel, y proclama el gran peligro de no alcanzar la justicia de Dios. Es un excelente estudio de la justicia de Dios. Muestra al hombre exactamente lo que tiene que hacer para recibir su utopía sobre la tierra, exactamente lo que tiene que hacer para que todo salga bien. Revela cómo el hombre puede recibir la justicia y ser salvo de la muerte, del juicio y vivir para siempre.

1. El anhelo de Pablo y el error de Israel (vv. 1-3).
2. La justicia de Dios es Jesucristo (v. 4).
3. La justicia de Dios es opuesta a la justicia del hombre, al modo humano de buscar a Dios (v. 5)
4. La justicia de Dios no tiene que buscar un Mesías o un libertador (utopía) (vv. 6-7).
5. La justicia de Dios y la salvación están cerca, delante de la persona (vv. 8-10).
6. La justicia de Dios y la salvación liberan a la persona de la vergüenza (v. 11).

1 (10:1-3) ***Los errores de Israel:*** el anhelo de Pablo y el error de Israel. Pablo tenía un ardiente anhelo por la salvación de Israel. Amaba a su pueblo y lo amaba profundamente.

- La palabra «anhelo» (*eudokía*) significa desear, querer, codiciar. Deseaba, codiciaba ver la salvación de su pueblo. Si veía su salvación, su deseo estaría cumplido.
- Note que Pablo oraba por la salvación de Israel. Podían ser salvos; su rechazo de Cristo no era desesperado. La puerta de la salvación está abierta para todos los hombres, judíos y gentiles.

Pensamiento. El hecho de que Pablo oraba por la salvación de los judíos es una lección para todos los creyentes. Nosotros también tenemos necesidad de orar por la salvación de los judíos. ¿Por qué? Porque gran parte de la herencia del mundo que es buena y decente ha venido de los judíos:

- moralidad
- el Hijo de Dios, Jesús
- los profetas
- la Biblia
- ley
- la religión verdadera

«Vosotros adoráis lo que no sabéis; nosotros adoramos lo que sabemos; porque la salvación viene de los judíos» (Jn. 4:22).

Ahora, note el gran error de Israel: tenían celo de Dios, pero no estaba basado en un conocimiento correcto.

- Los judíos tenían conocimiento (*gnosis*) acerca de Dios, y sabían mucho acerca de Él (Ro.2:17ss).
- Pero los judíos no tenían un conocimiento correcto de Dios. La palabra conocimiento (*epignosis*) significa correcto, recto, pleno, completo. Quiere decir *conocimiento experimental* de la verdad.

El punto es, los judíos sabían algunas cosas acerca de Dios, pero su conocimiento era sólo parcial. Lo que sabían era incompleto; no era suficiente. En consecuencia, su conocimiento era incorrecto. Como resultado, no conocían a Dios personalmente.

¿Por qué Israel tenía un conocimiento incorrecto de Dios? Hay tres razones.

1. Israel ignoraba la justicia de Dios. no lograron entender…
   - la verdadera naturaleza de Dios: su santidad y perfección, y la absoluta necesidad de ser perfectos para ser aceptables a Él y obtener el derecho de vivir en su presencia.
   - la verdadera naturaleza del hombre: su pecado y su urgente necesidad de una justicia *perfecta* para ser aceptable ante Dios y tener el derecho de vivir en la presencia de Dios.
   - el amor de Dios: su amor al enviar a su Hijo para salvar al hombre proveyéndole una justicia perfecta.

Muy simplemente, Israel ignoraba el método divino de la justificación, ignorante en cuanto al modo como el hombre llega a ser realmente aceptable a Dios.

«Teniendo el entendimiento entenebrecido, ajenos de la vida de Dios por la ignorancia que en ellos hay, por la dureza de su corazón» (Ef. 4:18).

«Pero yo dije: Ciertamente estos son pobres, han enloquecido, pues no conocen el camino de Jehová, el juicio de su Dios» (Jer. 5:4).

«Mas ellos no conocieron los pensamientos de Jehová, ni entendieron su consejo; por lo cual los juntó como gavillas en la era» (Mi. 4:12).

2. Israel estableció su propio camino de justicia. Ellos procuraban hacerse aceptos a Dios por medio de...

- ritos.
- ceremonias.
- leyes.
- obras.

Ellos procuraban salvarse a sí mismos siendo tan religiosos como les fuera posible. Sentían que Dios nunca los rechazaría si hacían lo mejor que les era posible. Por lo tanto, ellos elaboraron estatutos y reglas, cuantas fueron posibles, para hacerse *religiosamente buenos* y aceptables, y trabajaban y se esforzaban por seguir tales estatutos y reglas. Trataban de construir su propio camino hacia Dios.

«Respondiendo Él, les dijo: Hipócritas, bien profetizó de vosotros Isaías, como está escrito: Este pueblo de labios me honra, mas su corazón está lejos de mí» (Mr. 7:6).

«Porque no nos atrevemos a contarnos ni a compararnos con algunos que se alaban a sí mismos; pero ellos, midiéndose a sí mismos por sí mismos, no son juiciosos» (2 Co. 10:12).

«Si yo me justificare, me condenaría mi boca; si me dijere perfecto, esto me haría inicuo» (Job 9:20).

«Muchos hombres proclaman cada uno su propia bondad, pero hombre de verdad, ¿quién lo hallará?» (Pr. 20:6).

«Hay generación limpia en su propia opinión, si bien no se ha limpiado de su inmundicia» (Pr. 30:12).

3. Israel no quiso someterse a la justicia de Dios. Simplemente, se negaron a aceptar a Jesucristo, que es la justicia de Dios.

> ***Pensamiento.*** Note un punto crucial. El celo y la sinceridad no son suficientes para buscar a Dios. Ninguna persona o grupo de personas podría ser más celoso o sincero en la búsqueda de Dios que los judíos. Pero siempre se necesita algo más; el celo y la sinceridad requieren otro ingrediente: conocimiento exacto y completo. El celo y la sinceridad por sí mismas no pueden llegar a destino. Para llegar al destino debe conocerse el camino correcto.
>
> **«El [Dios]cual quiere que todos los hombres sean salvos y vengan al conocimiento de la verdad. Porque hay un solo Dios, y un solo mediador entre Dios y los hombres, Jesucristo hombre» (1 Ti. 2:4-5).**

2 (10:4) ***Justicia—Jesucristo, la justicia de Dios:*** la justicia de Dios es Jesucristo. Jesucristo es el que pone fin (*telos*) a la obligación del hombre de tener que buscar la justicia por medio de la ley. El hombre ya no tiene que hacer obras y más obras para ser aceptable delante de Dios, obrar y obrar sabiendo siempre que está lejos de la gloria de Dios y de sus demandas. El hombre ya no tiene que vivir bajo el poder esclavizante del pecado, bajo su culpa, su deshonra y su castigo. El hombre ya no tiene que vivir bajo el peso y la prisión de fracasar y ser siempre tan indigno e inútil, solitario y enajenado. El hombre ahora puede ser puesto en libertad y saber con certeza que es aceptado por Dios. El hombre ahora puede tener un corazón henchido de seguridad y confianza, con el conocimiento perfecto de que es de Dios y que Dios es suyo. El hombre ahora puede saber que es aceptado como justo delante de Dios. ¿Cómo? Por medio de la justicia de Jesucristo. «El fin de la ley es Cristo para justicia a todo aquel que cree.» Esto significa por lo menos tres cosas.

1. Cristo *puso fin* a la ley en que Él es el objeto hacia el cual señalaba la ley. Todas las ceremonias, sacrificios, ofrendas y purificaciones—llevaba a Cristo y apuntaba en su dirección.

- La ley fue un ayo para llevarnos a Cristo.

«De manera que la ley ha sido nuestro ayo, para llevarnos a Cristo, a fin de que fuésemos justificados por la fe. Pero venida la fe, ya no estamos bajo ayo» (Gá. 3:24-25).

Sencillamente, la ley nunca tuvo como objetivo ser el camino para llegar a ser justo y aceptado por Dios. La ley fue dada para señalar a Cristo y guiar a los hombres a Cristo, que es la justicia de Dios.

- La ley era sólo una sombra de la verdadera sustancia por venir.

«[La ley y sus ceremonias] todo lo cual es sombra de lo que ha de venir; pero el cuerpo es de Cristo» (Col. 2:17; cp. He. 9:9).

2. Cristo *puso fin* a la ley en que la cumplió y la completó en forma perfecta. Vivió bajo la ley y la guardó en forma perfecta. Fue sin pecado, y obedeció cada norma y requisito de la ley. por medio del cumplimiento de la ley, Jesucristo llegó a ser...

- el hombre ideal.
- el hombre perfecto.
- el hombre representante.

La ley halla su perfección en Cristo Jesús. El es la encarnación misma de todo lo que Dios quiere que el hombre sea. Por lo tanto, el hombre ya no mira a la ley en busca de su justicia. El hombre ya no mira a la ley como el camino para llegar a Dios y obtener el favor de Dios. El hombre ahora mira a Jesucristo y se acerca a Dios por medio de Jesucristo.

«Al que no conoció pecado, por nosotros lo hizo pecado, para que nosotros fuésemos hechos justicia de Dios en Él» (2 Co. 5:21).

«Sabiendo que fuisteis rescatados de vuestra vana manera de vivir, la cual recibisteis de vuestros padres, no con cosas corruptibles como oro y plata, sino con la sangre preciosa de Cristo, como de un cordero sin mancha y sin contaminación» (1 P. 1:18-19).

3. Cristo *puso fin* a la ley en que destruyó la pena y la condenación de la ley contra el hombre. Cristo llevó sobre sí el pecado del hombre y cargó la condenación por el hombre. Cristo murió por el hombre; llevó la ejecución de ser separado de Dios en favor del hombre.

«Aboliendo en su carne las enemistades, la ley de los mandamientos expresados en ordenanzas» (Ef. 2:15).

«Anulando el acta de los decretos que había contra nosotros, que nos era contraria, quitándola de en medio clavándola en la cruz» (Col. 2:14).

No obstante, note un punto crítico: Cristo es el fin da la ley para justicia *solamente de los que creen*. El hombre es justificado, Dios lo tiene por justo, solamente si cree verdaderamente que Jesucristo es la justicia de Dios. (*Véanse* notas—Ro. 5:1; Estudio a fondo 2—Mt. 5:17. *Véanse* además bosquejo y notas—Ro. 3:21-22; 8:2-4; Estudio a fondo 2—8:3.)

> ***Pensamiento.*** Jesucristo es la justicia de Dios; es la encarnación misma de la justicia de Dios.
>
> **«Porque el fin de la ley es Cristo, para justicia a todo aquel que cree» (Ro. 10:4).**
>
> **«Mas por él estáis vosotros en Cristo Jesús, el cual nos ha sido hecho por Dios sabiduría, *justificación,* santificación y redención» (1 Co. 1:30).**
>
> **«Y ser hallado en Él, no teniendo mi propia justicia, que es por la ley, sino la que es por la fe de *Cristo, la justicia que es de Dios* por la fe» (Fil. 3:9).**

3 (10:5) ***Justicia:*** la justicia de Dios es opuesta a la justicia del hombre, esto es, se opone al camino del hombre para llegar a Dios. El hombre trata de llegar a Dios por medio de la ley y las obras, simplemente por hacer lo que mejor le parece. Sin embargo, hay un terrible defecto en este acercamiento. Moisés fue el primero en señalar el defecto: el hombre que vive por la ley debe guardar la ley, y debe guardarla perfectamente (cp. Lv. 18:5).

«El hombre que haga estas cosas, vivirá por ellas» (Ro. 10:5).

«Porque todos los que dependen de las obras de la ley están bajo maldición, pues escrito está: Maldito todo aquel que no permaneciere en todas las cosas escritas en el libro de la ley, para hacerlas» (Gá. 3:10).

«Y la ley no es de fe, sino que dice: El que hiciere estas cosas vivirá por ellas» (Gá. 3:12).

El punto es éste: hay solamente dos caminos para llegar a ser justo. Una persona puede ser justo…

- guardando perfectamente la ley, sin pecar en hecho, palabra ni pensamiento. Si alguien pudiera guardar la ley perfectamente —sin pecar ni siquiera una vezpodría ser declarado justo.
- confiando en la justicia de una persona que ha vivido una vida sin pecado y que están delante de nosotros como el hombre ideal, el hombre ideal que puede representarnos delante de Dios. (*Véanse* la nota, ***Justificación***—Ro. 5:1 para ampliar la discusión.)

4 (10:6-7) ***Justicia—utopía:*** la justicia de Dios no tiene que tratar de encontrar un Mesías o libertador (utopía). Note el contraste entre el cielo y lo mas profundo o abismo. Este es un cuadro de la cima y el abismo. El hombre busca…

- la altura del cielo: busca el vivir, los goces y el placer; busca su sumo bien, su utopía.
- la respuesta a la muerte y el infierno: busca ser suelto de la muerte y la liberación de ella y de la sensación de condenación—busca su utopía.

Otro modo de decir esto mismo es esta: los hombres buscan la justicia, esto es, todo lo recto. Si pueden lograr la justicia y hacer que todo marche bien, habrán logrado su utopía.

El punto es este. La búsqueda de la vida o de la utopía es *realmente* la búsqueda de un libertador que puede hacer dos cosas: ascender a los cielos para traer la utopía a la tierra y descender al abismo para vencer el pecado, la muerte y el infierno (cp. Dt. 30:11-13. Cp. Sal. 139:6-9; Pr. 24:7; Am. 9:2.) Realmente los hombres buscan un verdadero Mesías, a Cristo mismo.

> ***Pensamiento.*** El hombre no tiene que escalar los cielos ni sondear las profundidades para ser salvo. Si lo hiciera estaría eternamente perdido, porque ningún hombre puede penetrar los cielos y obtener la justicia, o descender al abismo y vencer la muerte y al infierno. No hay hombre que pueda trabajar tan arduamente como para escalar los cielos y trabajar con el suficiente ahínco como para vencer la muerte y el infierno. No hay hombre ni combinación de hombres que pueda penetrar en el mundo espiritual y la dimensión espiritual, o que pueda transformar al hombre en un ser perfecto de modo que no tenga que morir y enfrentar el juicio. La justicia —el hombre recto y perfecto— está fuera del alcance de los esfuerzos del hombre.
>
> **«¿Quién subió al cielo, y descendió? ¿Quién encerró el viento en sus puños? ¿Quién ató las aguas en un paño? ¿Quién afirmó los términos de la tierra? ¿Cuál es su nombre, y el nombre de su hijo, si sabes?» (Pr. 30:4).**
>
> **«*Nadie* subió al cielo, sino el que descendió del cielo; el Hijo del Hombre que está en el cielo» (Jn. 3:13).**

5 (10:8-10) ***Justicia:*** la justicia y salvación proveniente de Dios (utopia) están al alcance del hombre (cp. Dt. 30:14). Jesucristo es ellibertador que subió al cielo y trajo la utopía para darla al hombre, y Él es el Salvador que ha descendido a las profundidades para vencer la muerte y el infierno (Ro. 10:9).

«Por lo cual dice: Subiendo a lo alto, llevó cautiva la cautividad, y dio dones a los hombres. Y eso de que subió, ¿qué es, sino que también había descendido primero a las partes más bajas de la tierra? Él que descendió, es el mismo que también subió por encima de todos los cielos para llenarlo todo» (Ef. 4:8-10).

Puesto que Cristo ha venido, el evangelio no requiere del hombre que escale los cielos ni sondee el gran abismo. Esos requisitos son imposibles de cumplir. El evangelio solamente pide la fe y una confesión franca en el sentido de que Cristo hizo ambas cosas. ¿Por qué iba Dios a comisionar a su Hijo para que descendiera a tales límites en favor del hombre. Sencillamente porque así tanto ama Dios al hombre (Jn. 3:16; Ro. 5:8).

Todo lo que un hombre desea —justicia, salvación y utopía—se encuentran en la boca y el corazón del hombre. El hombre tiene que hacer tres cosas sencillas para ser tenido por justo y ser aceptado por Dios. Tiene que hacer tres cosas sencillas para ser salvo del pecado, la muerte y el infierno, y poder recibir la utopía:

1. El hombre debe confesar con su boca al *Señor Jesús*. Debe confesar que Jesucristo es el *Señor del Cielo* (cp. v. 6. *Véase* Estudio a fondo 1, «***De arriba***»—Jn. 3:31.)

«Nadie subió al cielo, sino el que descendió del cielo; el Hijo del Hombre que está en el cielo» (Jn. 3:13).

«El que de arriba viene, es sobre todos; el que es de la tierra es terrenal, y cosas terrenales habla; el que viene del cielo, es sobre todos» (Jn. 3:31).

«Porque el pan de Dios es aquel que descendió del cielo y da vida al mundo» (Jn. 6:33).

«Este es el pan que viene del cielo, para que el que de Él come, no muera. Yo soy el pan vivo que descendió del cielo; si alguno comiere de este pan, vivirá para siempre; y el pan que yo daré es mi carne, la cual yo daré por la vida del mundo» (Jn. 6:50-51).

«¿Pues qué, si vieres al Hijo del Hombre subír adonde estaba primero?» (Jn. 6:62).

«Jesús entonces les dijo: Si vuestro padre fuese Dios, ciertamente me amaríais; porque yo de Dios he salido, y he venido; pues no he venido de mí mismo, sino que Él me envió» (Jn. 8:42).

«Ahora pues, Padre, glorifícame tú al lado tuyo, con aquella gloria que tuve contigo antes que el mundo fuese» (Jn. 17:5).

2. El hombre debe creer que Dios resucitó a Jesús de entre los muertos. Debe creer que Jesucristo…

- murió por el hombre.
- fue resucitado de entre los muertos porque satisfizo en forma perfecta la demanda divina de justicia.

La santidad y la justicia de Dios fueron plenamente satisfechas con la muerte de Jesucristo. Dios quedó perfectamente satisfecho por el hecho de que Cristo tomara sobre sí el pecado del hombre y llevara por el hombre el castigo del pecado. Dios quedó perfectamente satisfecho por el hecho de que Cristo muriera por el hombre; en consecuencia, Dios resucitó a Jesucristo de entre los muertos.

«El cual fue entregado por nuestras transgresiones, y resucitado para nuestra justificación» (Ro. 4:25).

«Declarado Hijo de Dios con poder, según el Espíritu de santidad, por la resurrección de Jesucristo de entre los muertos» (Ro. 1:4).

«Y nosotros también os anunciamos el evangelio de aquella promesa hecha a nuestros padres, la cual Dios ha cumplido a los hijos de ellos, a nosotros resucitando a Jesús; como está escrito también en el salmo segundo: Mi hijo eres tú, yo te he engendrado hoy» (Hch. 13:32-33).

«Por cuanto ha establecido un día en el cual juzgará al mundo con justicia, por aquel varón a quien designó, dando fe a todos con haberle levantado de los muertos» (Hch. 17:31).

«Bendito el Dios y Padre de nuestro Señor Jesucristo, que según su grande misericordia nos hizo renacer para una esperanza viva, por la resurrección de Jesucristo de los

muertos, para una herencia incorruptible, incontaminada e inmarcesible, reservada en los cielos para vosotros» (1 P. 1:3-4).

3. El hombre debe creer con el corazón y entonces confesar con su boca. El hombre cree para justicia; esto es, el hombre cree en Jesucristo, y Dios toma la fe del hombre y la cuenta como *justicia*. Entonces el hombre confiesa a Jesucristo *para salvación*; es decir, se salva confesando abiertamente a Cristo. Ningún hombre puede negar al Hijo de Dios y esperar que Dios le salve.

«A cualquiera, pues, que me confiese delante de los hombres, yo también le confesaré delante de mi Padre que está en los cielos;y a cualquiera que me niegue, delante de los hombres, yo también le negaré delante de mi Padre que está en los cielos» (Mt. 10:32-33).

«Os digo que todo aquel que me confesare delante de los hombres, también el Hijo del Hombre le confesará delante de los ángeles de Dios» (Lc. 12:8).

«Que si confesares con tu boca que Jesús es el Señor, y creyeres en tu corazón que Dios le levantó de los muertos, serás salvo» (Ro. 10:9).

«Todo aquel que niega al Hijo, tampoco tiene al Padre. [Mas] el que confiesa al Hijo, tiene también al Padre» (1 Jn. 2:23).

«Todo el que confiese que Jesús es el Hijo de Dios, Dios permanece en Él y Él en Dios» (1 Jn. 4:15).

6 (10:11) ***Justicia:*** la justicia y salvación de Dios libran al hombre de la vergüenza (cp. Is. 28:16). Note dos puntos.

1. Todo el que cree en Cristo es salvo. El evangelio está disponible para todos, judíos y gentiles. El evangelio es el mensaje de la justicia y salvación de Dios para todo el mundo. El evangelio es universal.

«En el último y gran día de la fiesta, Jesús se puso en pie y alzó la voz, diciendo: Si alguno tiene sed, venga a mí y beba» (Jn. 7:37).

«El cual quiere que todos los hombres sean salvos y vengan al conocimiento de la verdad» (1 Ti. 2:4).

«Todo aquel que cree que Jesús es el Cristo, es nacido de Dios; y todo aquel que ama al que engendró, ama también al que ha sido engendrado por Él» (1 Jn. 5:1).

«Y el Espíritu y la Esposa dicen: Ven. Y el que oye diga: Ven. Y el que tiene sed, venga; y el que quiera, tome del agua de la vida gratuitamente» (Ap. 22:17).

«Mirad a mí, y sed salvos, todos los términos de la tierra, porque yo soy Dios, y no hay más» (Is. 45:22).

»A todos los sedientos: venid a las aguas; y los que no tienen dinero, venid, comprad y comed. Venid, comprad sin dinero y sin precio, vino y leche» (Is. 55:1).

2. El creyente verdadero no es avergonzado.
   a. No es avergonzado al encontrarse con Dios, porque está cubierto con la justicia de Cristo.

   «*Vestíos del Señor Jesucristo,* y no proveáis para los deseos de la carne» (Ro. 13:14).

   «Porque todos los que habéis sido bautizados en Cristo, *de Cristo estáis revestidos»* (Gá. 3:27).

   «Y vestíos del nuevo hombre, creado según Dios en la justicia y santidad de la verdad» (Ef. 4:24).

   «Y revestido del nuevo, el cual conforme a la imagen del que lo creó se va renovando hasta el conocimiento pleno» (Col. 3:10).

   b. No se avergüenza de confesar a Cristo delante de los hombres. Confiesa prestamente la vida gloriosa y la seguridad que Dios le ha dado en Cristo Jesús el Señor.

   «Pero recibiréis poder, cuando haya venido sobre vosotros el Espíritu Santo, y me seréis testigos en Jerusalén, en toda Judea, en Samaria, y hasta lo último de la tierra» (Hch. 1:8).

   «Por tanto, no te avergüences de dar testimonio de nuestro Señor, ni de mí, preso suyo, sino participa de las aflicciones por el evangelio, según el poder de Dios» (2 Ti. 1:8).

   «Sino santificad a Dios el Señor en vuestros corazones, y estad siempre preparados para presentar defensa con toda mansedumbre y reverencia ante todo el que os demande razón de la esperanza que hay en vosotros» (1 P. 3:15).

1 **Prueba 1: el Señor trata a todos los hombres por igual** a. No hace distinción entre los hombres b. Es rico para con todos 2 **Prueba 2: todos los hombres son salvos por la misma promesa** 3 **Prueba 3: el mundo no puede ser salvo sin el evangelio** a. El mundo no puede invocar, creer ni oír sin un predicador, cp. Is. 52:7 b. El predicador no puede proclamar a menos que sea enviado	**E. El evangelio (justicia por la fe) no es para Israel solamente—es universal, 10:12-21** 12 Porque no hay diferencia entre judío y griego, pues el mismo que es Señor de todos, es rico para con todos los que le invocan; 13 porque todo aquel que invocare el nombre del Señor será salvo. 14 ¿Cómo, pues, invocarán a aquel en el cual no han creído? ¿Y cómo creerán en aquel de quien no han oído? ¿Y cómo oirán sin haber quien les predique? 15 ¿Y cómo predicarán si no fueren enviados? Como está escrito: ¡Cuán hermosos son los pies de los que anuncian la paz, de los que anuncian buenas nuevas!	16 Mas no todos obedecie- ron al evangelio; pues Isaías dice: Señor, ¿quién ha cre- ído a nuestro anuncio? 17 Así que la fe es por el oír, y el oír, por la palabra de Dios. 18 Pero digo: ¿No han oído? Antes bien, por toda la tierra ha salido la voz de ellos, y hasta los fines de la tierra sus palabras. 19 También digo: ¿No ha conocido esto Israel? Prime- ramente Moisés dice: Yo os provocaré a celos con un pue- blo que no es pueblo; con pueblo insensato os provo- caré a ira. 20 E Isaías dice resuel- tamente: Fui hallado de los que no me buscaban; me manifesté a los que no pre- guntaban por mí. 21 Pero acerca de Israel dice: Todo el día extendí mis manos a un pueblo rebelde y contradictor.	4 **Prueba 4: las Escrituras afirman que el evangelio es universal**[EF1] a. Prueba que algunos judíos no creyeron b. La prueba «creer la proclamación» es el método de salvación 5 **Prueba 5: La desobediencia de Israel prueba que el evangelio es universal** a. No porque no oyeran, cp. Sal. 19:4 b. No porque no conocieran, cp. Dt. 32:21; Is. 65 c. Porque fueron desobedientes y obstinados (incrédulos), cp. Ro. 9:33; Is. 65:2

E. El evangelio (justicia por la fe) no es para Israel solamente—es universal, 10:12-21

(10:12-21) ***Introducción:*** Dios ama a todo el mundo y a cada persona que está en el mundo. Su amor no está limitado a ninguna nación, pueblo o tipo de persona. El evangelio es universal; es para el mundo.

1. Prueba 1: el Señor trata a todos los hombres por igual (v. 12)
2. Prueba 2: todos los hombres son salvos por la misma promesa (v. 13).
3. Prueba 3: el mundo no puede ser salvo sin el evangelio (vv. 14-15).
4. Prueba 4: las Escrituras afirman que el evangelio es universal (vv. 16-17).
5. Prueba 5: la desobediencia de Israel prueba que el evangelio es universal (vv. 18-21).

1 (10:12) ***Parcialidad—Israel vs. gentiles:*** el evangelio es universal—Dios trata a todo los hombres por igual.

1. No hay distinción entre los hombres, no delante de los ojos de Dios. Todos los hombres se relacionan con Dios del mismo modo. Ante los ojos de Dios, todos los hombres...

- son sus criaturas.
- son pecadores y están apartados de Él.
- son amados por Él.
- son salvos solamente por medio de la justicia proporcionada por su Hijo.

Dios no salva a un hombre de cierto modo y a otros de otra manera; tampoco Dios rechaza a un hombre por ser judío o griego. Dios no hace acepción de personas; Él no tiene favoritos. Ninguna persona es favorecida por sobreotra al ser salvada o condenada.

> **«Mas sabemos que el juicio de Dios contra los que practican tales cosas es según verdad» (Ro. 2:2).**
>
> **«Entonces Pedro, abriendo la boca, dijo: En verdad comprendo que Dios no hace acepción de personas, sino que en toda nación se agrada del que le teme y hace justicia» (Hch. 10:34-35).**
>
> **«¿Se dirá al rey: Perverso; y a los príncipes: Impíos? ¿Cúanto menos a aquel que no hace acepción de personas de príncipes, ni respeta más al rico que al pobre, porque todos son obra de sus manos?» (Job 34:18-19).**

2. Dios el Señor es «*rico* con todos los que le invocan». Las Escrituras dicen claramente:

> **«Y pasando Jehová por delante de Él, proclamó: ¡Jehová! ¡Jehová! fuerte, misericordioso y piadoso; tardo para la ira, y grande en misericordia y verdad» (Éx. 34:6; cp. 2 Cr. 30:9; Sal. 103:8; 116:5; 145:8; Jl. 2:13).**

El Señor Dios es rico en gracia y misericordia y en todo lo que es bueno y benéfico. También es tan rico que toda buena dádiva y todo don perfecto que existe en el mundo han fluido de su misericordia y gracia (Stg. 1:17). Note dos puntos significativos.

a. Dios tiene abundancia para bendecir ricamente a todos los que le invocan. No hay límites en las riquezas de su gracia.

> **«En quien tenemos redención por su sangre, el perdón de los pecados según las riquezas de su gracia» (Ef. 1:7).**
>
> **«Alumbrando los ojos de vuestro entendimiento, para que sepáis cuál es la esperanza a que Él os ha llamado, y cuales las riquezas de la gloria de la herencia de los santos» (Ef. 1:18).**
>
> **«Pero Dios, que es rico en misericordia, por su gran amor con que nos amó, aun estando nosotros muertos en pecados, nos dio vida juntamente con Cristo (por gracia sois salvos), y juntamente con Él nos resucitó, y asimismo nos hizo sentar en los los lugares celestiales con Cristo Jesús, para mostrar en los siglos venideros las abundantes riquezas de su gracia en su bondad para con nosotros en Cristo Jesús» (Ef. 2:4-7).**

«Mi Dios, pues, suplirá todo lo que os falta conforme a sus *riquezas* en gloria en Cristo Jesús» (Fil. 4:19).

b. El hombre debe invocar a Dios para recibir las riquezas de la misericordia y de la gracia de Dios. (*Véase* nota—Ro. 10:13 para más discusión.)

2 (10:13) ***Salvación:*** todos los hombres se salvan por la misma promesa. Note que esta promesa fue anunciada en el Antiguo Testamento (Jl. 2:32). Este versículo es una de las grandes promesas de Dios. Dios ama a toda persona, sin importar su nacionalidad o raza. Dios quiere que nadie se pierda; quiere que todos se salven (2 P. 3:9). En efecto, Dios promete salvación a toda persona si el hombre tan solo hace una cosa: «invocar el nombre del Señor». Note lo que Dios dice.

1. «*Todo aquel* que invocare el nombre del Señor, será salvo». La expresión «Todo aquel» que quiere decir todos y cada uno, no importa quien sea.

- Quiere decir toda persona, toda nacionalidad, toda raza, todo color.
- Quiere decir toda persona de cualquier ambiente, condición, antecedente, nación, gobierno o familia.
- Quiere decir cualquier persona, inmoral o moral, justo o injusto, malo o bueno, pobre o rico, desagradable o agradable, solitario o rodeado de amigos, impopular o popular, deformado o atractivo, enfermo o sano, necesitado o sin necesidad.

«Todo aquel» significa que cualquier persona puede ser salva, sea quien sea. No importa cuán terrible sea una persona y su condición, pueder salvarse. Puede estar en lo profundo de la gran ciudad, o en lo profundo de la selva; puede ser esclavo del más terrible espíritu de pecado y de todo mal que uno pueda imaginar—Dios de todos modos lo salvará.

«En el último y gran día de la fiesta, Jesús se puso en pie y alzó la voz, diciendo: Si alguno tiene sed, venga a mí y beba» (Jn. 7:37).

«El cual quiere que todos los hombres sean salvos y vengan al conocimiento de la verdad» (1 Ti. 2:4).

«Todo aquel que cree que Jesús es el Cristo, es nacido de Dios; y todo aquel que ama al que engendró, ama también al que ha sido engendrado por Él» (1 Jn. 5:1).

«Y el Espíritu y la Esposa dicen: Ven. Y el que oye diga: Ven. Y el que tiene sed, venga; y el que quiera, tome del agua de la vida gratuitamente» (Ap. 22:17).

«Mirad a mí, y sed salvos, todos los términos de la tierra, porque yo soy Dios, y no hay más» (Is. 45:22).

«A todos los sedientos: venid a las aguas; y los que no tienen dinero, venid, comprad y comed. Venid, comprad sin dinero y sin precio, vino y leche» (Is. 55:1).

2. «Todo aquel que ***invocare el nombre del Señor*** será salvo.» «Invocar el nombre del Señor» quiere decir por lo menos dos cosas.

a. Significa que una persona *llama* el nombre del Señor Jesucristo: cree que Jesucristo puede salvarle y le salvará. Significa que la persona mira a Jesucristo y cree que Él es el Salvador del mundo, que Él es el Hijo de Dios que vino al mundo a salvar a los hombres. Simplemente, significa que una persona cree el mensaje de Juan 3:16.

«Porque de tal manera amó Dios al mundo, que ha dado a su Hijo unigénito, para que todo aquel que en Él cree, no se pierda, mas tenga vida eterna» (Jn. 3:16).

«De cierto, de cierto os digo: El que oye mi palabra, y cree al que me envió, tiene vida eterna; y no vendrá a condenación, mas ha pasado de muerte a vida» (Jn. 5:24).

b. Significa que una persona llama Señor a Jesucristo, que mira a Jesucristo como el *Señor* Dios del universo, y a sí mismo como su siervo. Significa que la persona se rinde y se dedica a sí mismo a servir a Jesucristo a través de la vida—en todas y cada una de las cosas, sin importar el costo. «Invocar el nombre del *Señor*» significa una rendición y dedicación total de todo lo que es y tiene. (*Véanse* nota y Estudio a fondo 1—Lc. 9:23; Estudio a fondo 2—Hch. 2:36 para ampliar la discusión.)

«Y decía a todos: Si alguno quiere venir en pos de mí, niéguese a sí mismo, tome su cruz cada día, y sígame» (Lc. 9:23).

«Así que, hermanos, os ruego por las misericordias de Dios que presentéis vuestros cuerpos en sacrificio vivo, santo, agradable a Dios, que es vuestro culto racional. No os conforméis a este siglo, sino transformaos por medio de la renovación de vuestro entendimiento, para que comprobéis cuál sea la buena voluntad de Dios, agradable y perfecta» (Ro. 12:1-2).

«Y toda lengua confiese que Cristo es el Señor, para gloria de Dios Padre» (Fil. 2:11).

«Todo el que confiese que Jesús es el Hijo de Dios, Dios permanece en Él y Él en Dios» (1 Jn. 4:15).

3. «Todo aquel que invocare ... será ***salvo***.» (*Véase* Estudio a fondo 1, ***Salvación***—Ro. 1:16 para su discusión.)

3 (10:14-15) ***Evangelio—misiones:*** el mundo no puede ser salvo sin el evangelio. Recuerde lo que se acaba de decir: «***Todo aquel*** que invocare el nombre del Señor, será salvo». «Todo aquel» se refiere a todo el mundo. Pero note el punto crítico: una persona tiene que «invocar» para ser salva. Una persona no puede «invocar el nombre del Señor» si no ha oído acerca del Señor. Por lo tanto, el evangelio debe ser llevado a todo el mundo. Este es el punto principal de estos dos versículos.

1. El mundo no puede invocar, creer u oír sin un predicador. Para demostrar este punto, las Escrituras invierten el orden de lo que realmente ocurre.

a. ¿Cómo puede una persona invocar a Jesucristo si no ha creído en Él? Es imposible. Aun en asuntos seculares, uno tiene que creer realmente en el propósito antes de dedicar a ello su vida. Imagínese tener que dar todo lo que uno es y tiene. Ninguna persona lo va a hacer si no cree realmente en algo. Lo mismo ocurre en los tratos con el Señor. Ninguna persona va a invocar al *Señor* pidiéndole que le salve, ni nadie va la rendir y a dedicar todo lo que es o tiene al Señor a menos que crea verdaderamente en Él.

b. ¿Cómo puede una persona creer en Cristo si no ha oído acerca de Él? ¿Cómo puede una persona saber que Jesucristo vino a la tierra y murió por sus pecados, y que Jesucristo resucitó de entre los muertos venciendo la muerte para que pueda vivir eternamente? ¿Nace la persona con el conocimiento de Jesucristo?

- Un nativo en las profundidades de la selva. ¿Sabe que el Hijo de Dios murió por sus pecados? ¿Nació con el conocimiento de Jesucristo? La respuesta es obvia: ¡No! El nativo en las profundidades de la jungla tiene que oír antes de creer e invocar al Señor pidiéndole que lo salve.
- Un hombre en medio de la gran ciudad, el habitante urbano que nunca ha escuchado el evangelio, que está interesado solamente en las cosas de la ciudad y el mundo. ¿Sabe que el Hijo de Dios murió por sus pecados? La respuesta es obvia: ¡No! No, si nunca lo ha oído. El habitante de la ciudad tiene que oír antes de poder creer e invocar el nombre del

Señor para que lo salve.

- Tenemos al religioso que está metido en las profundidades de su religión, al que nunca se le ha expuesto con claridad el evangelio, que ha oído solamente acerca de la vida de Jesús, y de las fórmulas, ceremonias y rituales de la religión. ¿Sabe el religioso que el Hijo de Dios murió para librarle del pecado, la muerte y el infierno para que ya no sirva más al pecado? La respuesta es obvia: ¡No! No, si nunca ha escuchado una clara presentación del evangelio. Aun el religioso tiene que oír antes que pueda creer verdaderamente e invocar el nombre del Señor para que le salve. (¡Qué acusación y advertencia para los ministros y maestros cristianos!—una advertencia para que presenten el evangelio en palabras sencillas, y claras.

c. ¿Cómo puede una persona oír sin un predicador? ¿Cómo puede una persona oír que Jesús murió por él si no les habla un predicador o un creyente? Oír alguna cosa requiere que haya una persona que hable o escriba. Recibir una comunicación requiere que haya un comunicador. Oír un mensaje requiere un mensajero. El mensaje de Cristo debe ser llevado al mundo, pero para que sea llevado se necesita un mensajero. Los creyentes cristianos deben predicar el mensaje si la gente ha de oírlo.

2. Ahora, note que la base de las misiones y el evangelismo es el predicador o testigo mismo. En el presente contexto la palabra «predicador» significa cualquier creyente que da testimonio del Señor Jesucristo. Se requiere de un predicador para la proclamación del mensaje del Señor Jesús de un modo tal que la gente pueda oír, creer e invocarle. Sin embargo, note lo que este versículo dice: el predicador no puede predicar si no es enviado.

a. Dios es el que envía predicadores y testigos del Señor Jesucristo. Dios es el que comisiona, habilita e instruye a los predicadores y testigos del evangelio.

«No me elegisteis vosotros a mí, sino que yo os elegí a vosotros, y os he puesto para que vayáis y llevéis fruto, y vuestro fruto permanezca; para que todo lo que pidiéreis al Padre en mi nombre, Él os lo dé» (Jn. 15:16).

«Así que, somos embajadores en nombre de Cristo, como si Dios rogase por medio de nosotros; os rogamos en nombre de Cristo: Reconciliaos con Dios» (2 Co. 5:20).

«Del cual yo fui hecho ministro por el don de la gracia de Dios que me ha sido dado según la operación de su poder» (Ef. 3:7).

«Doy gracias al que me fortaleció, a Cristo Jesús nuestro Señor, porque me tuvo por fiel, poniéndome en el ministerio» (1 Ti. 1:12).

«Del cual yo fui constituido predicador, apóstol y maestro de los gentiles» (2 Ti. 1:11).

«Apacentad la grey de Dios que está entre vosotros, cuidando de ella, no por fuerza, sino voluntariamente; no por ganancia deshonesta, sino con ánimo pronto; no como teniendo señorío sobre los que están a vuestro cuidado, sino siendo ejemplos de la grey» (1 P. 5:2-3).

b. Los creyentes cristianos participan en el envío de obreros junto con Dios. Tenemos que orar por obreros (Mt. 9:37).

- Tenemos que ir nosotros mismos.

«Por tanto, id, y haced dicípulos a todas las naciones, bautizándolos en el nombre del Padre, y del Hijo, y del Espíritu Santo enseñándoles que guarden todas las cosas que os he mandado; y he aquí yo estoy con vosotros todos los días, hasta el fin del mundo» (Mt. 28:19-20).

«Y les dijo: Id por todo el mundo y predicad el evangelio a toda criatura» (Mr. 16:15).

- Tenemos que orar por obreros.

«Entonces dijo a sus dicípulos: A la verdad la mies es mucha, mas los obreros pocos. Rogad, pues, al Señor de la mies, que envíe obreros a su mies» (Mt. 9:37-38).

c. Tenemos que dar para enfrentar las necesidades del mundo.

«Por tanto, como en todo abundáis, en fe, en palabra, en ciencia y en toda solicitud, y en vuestro amor para con nosotros, abundad también en esta gracia» (2 Co. 8:7).

«Pero esto digo: El que siembra escasamente, también segará escasamente; y el que siembra generosamente, generosamente también segará» (2 Co. 9:6).

«El que hurtaba, no hurte más, sino trabaje, haciendo con sus manos lo que es bueno, para que tenga qué compartir con el que padece necesidad» (Ef. 4:28).

«Pero el que tiene bienes de este mundo y ve a su hermano tener necesidad, y cierra contra Él su corazón, ¿cómo mora el amor de Dios en Él?» (1 Jn. 3:17).

3. El evangelio es el mensaje de paz y «alegres nuevas de buenas cosas». Note tres puntos.

a. El mensaje del evangelio es paz (*véase* nota, ***Paz***—Ro. 5:1; Jn. 14:27 para su discusión).

«La paz os dejo, mi paz os doy; yo no os la doy como el mundo la da. No se turbe vuestro corazón ni tenga miedo» (Jn. 14:27).

«Estas cosas os he hablado para que en mí tengáis paz. En el mundo tendréis aflicción; pero confiad, yo he vencido al mundo» (Jn. 16:33).

b. El mensaje del evangelio es «buenas nuevas» de *cosas buenas* (*véase* nota, ***Herencia***—Ro. 8:17. Además, *véanse* Estudio a fondo 1, ***Salvación***—Ro. 1:16; bosquejo y notas—Ro. 8:1-39 para la discusión.)

«De cierto, de cierto os digo: El que oye mi palabra, y cree al que me envió, tiene vida eterna; y no vendrá a condenación, mas ha pasado de muerte a vida» (Jn. 5:24).

«El ladrón no viene sino para hurtar matar y destruir; yo he venido para que tengan vida, y para que la tengan en abundancia» (Jn. 10:10).

«Mas el fruto del Espíritu es amor, gozo, paz, paciencia, benignidad, bondad, fe, mansedumbre, templanza; contra tales cosas no hay ley» (Gá. 5:22-23).

«Bendito el Dios y Padre de nuestro Señor Jesucristo, que según su grande misericordia nos hizo renacer para una esperanza viva, por la resurrección de Jesucristo de los muertos, para una herencia incorruptible, incontaminada e inmarcesible, reservada en los cielos para vosotros» (1 P. 1:3-4).

c. Los pies del predicador y del testigo son hermosos, esto es, son una visión bienvenida en el mundo. El mundo necesita desesperadamente el mensaje de paz y buenas nuevas. (Note que este versículo es una cita de Is. 52:7.)

4 (10:16-17) ***Salvación—creer—oír:*** las Escrituras dicen que el evangelio es universal. Isaías dice que muchos judíos no han «creído el anuncio [mensaje] de Dios» (cp. Is. 53:1). En consecuencia, ellos prueban que la salvación no es por raza, herencia, tradición, religión, institución, ni por las obras establecidas por la nación judía u otro pueblo.

Note una segunda cosa: Isaías usa la frase «creído nuestro anuncio». Isaías estaba diciendo que *creer el mensaje* es el camino de salvación. El mensaje debía estimular la fe.

Hay tres pasos comprendidos en la fe. (*Véase* Estudio a fondo 2—Jn. 2:24.)

1. El paso de oír. El hombre debe estar dispuesto a oír el mensaje de Cristo.

«Pero bienaventurados vuestros ojos, porque ven; y vuestros oídos, porque oyen» (Mt. 13:16).

«Mas el que fue sembrado en buena tierra, éste es el que oye y entiende la palabra, y da fruto; y produce a ciento, a sesenta, y a treinta por uno» (Mt. 13:23).

«Esta tenía una hermana que se llamaba María, la cual, sentándose a los pies de Jesús, oía su palabra» (Lc. 10:39).

«Traían a Él los niños para que los tocase; lo cual viendo los discípulos, les reprendieron» (Lc. 18:15).

«Mas a todos los que le recibieron, a los que creen en su nombre, les dio potestad de ser hechos hijos de Dios» (Jn. 1:12).

«Y éstos eran más nobles que los que estaban en Tesalónica, pues recibieron la palabra con toda solicitud, escudriñando cada día las Escrituras para ver si estas cosas eran así» (Hch. 17:11).

«Por lo cual también nosotros sin cesar damos gracias a Dios, de que cuando recibisteis la palabra de Dios que oísteis de nosotros, la recibisteis no como palabra de hombres, sino según es en verdad, la palabra de Dios, la cual actúa en vosotros los creyentes» (1 Ts. 2:13).

«Por esto, mis amados hermanos, todo hombre sea pronto para oír, tardo para hablar, tardo para airarse» (Stg. 1:19).

«Bienaventurado el hombre que me escucha, velando a mis puertas cada día, aguardando a los postes de mis puertas» (Pr. 8:34).

«El oído que escucha las amonestaciones de la vida, entre los sabios morará» (Pr. 15:31).

«El corazón del entendido adquiere sabiduría; y el oído de los sabios busca la ciencia» (Pr. 18:15).

2. El paso del asentimiento mental. El hombre debe estar de acuerdo en que el mensaje es la verdad, que los hechos del caso son exactamente esos. Pero esto no basta. El simple acuerdo no conduce a la acción. Muchas personas saben que algo es verdad, pero no cambian su conducta para que armonice con su conocimiento. Por ejemplo, el hombre sabe que comer demasiado le hace daño a su cuerpo, pero sigue comiendo demasiado. Es un hombre de doble mentalidad: concuerda con la verdad y conoce la verdad, pero no hace lo que debe hacer al respecto. Este hombre aún no tiene la fe, no el tipo de fe de la que la Biblia habla.

«Él, de su voluntad, nos hizo nacer por la palabra de verdad, para que seamos primicias de sus criaturas» (Stg. 1:18).

«Acercaos a Dios, y Él se acercará a vosotros. Pecadores, limpiad las manos; y vosotros los de doble ánimo, purificad vuestros corazones» (Stg. 4:8).

«Y si en lo ajeno no fuisteis fieles, ¿quién os dará lo que es vuestro?» (Lc. 16:12).

«No podéis beber la copa del Señor, y la copa de los demonios; no podéis participar de la mesa del Señor, y de la mesa de los demonios» (1 Co. 10:21).

«Está dividido su corazón. Ahora serán hallados culpables; Jehová demolerá sus altares, destuirá sus ídolos» (Os. 10:2).

3. El paso de la entrega. Cuando el Nuevo Testamento habla de fe, habla de *entrega*, de un compromiso personal con la verdad. El hombre oye la verdad y está de acuerdo en que es la verdad, y hace algo con ello. Se compromete y rinde su vida a la verdad. La verdad llega a ser parte de su mismo ser, parte de su conducta y su vida.

La fe salvadora es creer en el nombre de Jesucristo y entregar su vida a Él. Es confiar en Jesucristo, poniendo completamente la confianza en Él, en quien es Él y en lo que Él ha hecho. Es poner la vida de uno en sus manos, creyendo que Él se hará cargo del pasado (pecados), del presente (cuidados), y del futuro (librar de la muerte para vida eterna).

«Todo aquel que aborrece a su hermano es homicida; y sabéis que ningún homicida tiene vida eterna permanente en Él» (Jn. 3:15).

«El que cree en el Hijo tiene vida eterna; pero el que rehúsa creer en el Hijo no verá la vida, sino que la ira de Dios está sobre Él» (Jn. 3:36).

«De cierto, de cierto os digo que el que oye mi palabra, y cree al que me envió, tiene vida eterna» (Jn. 5:24).

«Entonces le dijeron: ¿Qué debemos hacer para poner en práctica las obras de Dios? Respondió Jesús y les dijo: Esta es la obra de Dios, que creáis en el que él ha enviado» (Jn. 6:28-29).

«Le dijo Jesús: Yo soy la resurrección y la vida; el que cree en mí, aunque esté muerto, vivirá» (Jn. 11:25).

«Pero éstas se han escrito para que creáis que Jesús es el Cristo, el Hijo de Dios, y para que creyendo, tengáis vida en su nombre» (Jn. 20:31).

«Felipe dijo: Si crees de todo corazón, bien puedes. Y respondiendo, dijo: Creo que Jesucristo es el Hijo de Dios» (Hch. 8:37).

«De éste dan testimonio todos lo profetas, que todos lo que en él creyeren, recibirán perdón de pecados por su nombre» (Hch. 10:43).

«Y que de aquello de que por la ley de Moisés no pudisteis ser justificados, en él es justificado todo aquel que cree» (Hch. 13:39).

«Ellos dijeron: Cree en el Señor Jesucristo, y serás salvo, tú y tu casa» (Hch. 16:31).

«Que si confesares con tu boca que Jesús es el Señor, y creyeres en tu corazón que Dios le levantó de los muertos serás, salvo» (Ro. 10:9).

«Así también la fe, si no tiene obras, es muerta en sí misma» (Stg. 2:17).

ESTUDIO A FONDO 1

(10:16) ***Fe—obediencia:*** note que el evangelio es para ser obedecido. Obediencia y creencia son términos sinónimos cuando se trata del evangelio. Creer en Cristo es obedecerle, y obedecerle es creerle. Una persona que cree verdaderamente en Jesucristo le obedecerá. (*Véase* Estudio a fondo 2, ***Creencia***—Jn. 2:24 para más discusión.) No hay tal cosa...

- como creer sin obediencia.
- como creer en Jesús Cristo y no seguirle.
- como creer que Jesús Cristo ha perdonado el pecado de uno y el vivir en pecado.
- como creer en el evangelio mientras uno vive como el mundo.

«Por lo cual, salid de en medio de ellos, y apartaos, dice el Señor, Y no toquéis lo inmundo; Y no os recibiré, y seré para vosotros por Padre, Y vosotros me seréis hijo e hijas, dice el Señor todopoderoso» (2 Co. 6:17-18).

«Y habiendo sido perfeccionado, vino a ser autor de eterna salvación para todos los que le *obedecen*» (He. 5:9).

5 (10:18-21) ***Israel vs. los gentiles:*** la desobediencia de Israel demuestra que el evangelio es universal. ¿Por qué Israel no obedeció al evangelio?

1. La desobediencia de Israel no fue porque ellos no oyeran la Palabra de Dios (v.18). La verdad es todo lo contrario. Israel estaba encargado de la custodia de las Escrituras, era el mismísimo pueblo al cual Dios había elegido para llevar salvación al mundo (*véase* nota—Jn. 4:2 para la discusión). No importa donde fuera esparcido

el pueblo judío, tenían la Palabra de Dios y la oían. (Note que Pablo cita Sal. 19:4 como prueba bíblica que corrobora lo que ha dicho.)

2. La desobediencia de Israel no se debió a que el pueblo no conociese la verdad (v. 19). Sabían la verdad, y tenían un ejemplo dinámico y una demostración de la verdad. Tenían el ejemplo de los gentiles que se convertían al evangelio en grandes cantidades.

Note que las palabras de las Escrituras son: «Os provocaré a celos». Israel tenía el estímulo del celo y la envidia que podría haberles ayudado a volver al evangelio. Habían oído y sabían. Su desobediencia al evangelio no se debió a que fueran ignorantes del evangelio. El evangelio era vivido ante sus propios ojos en la persona de Jesucristo y en los gentiles que se convertían a Cristo para salvación. (Nuevamente Pablo apoya su punto de vista con citas del Antiguo Testamento, Dt. 32:21; Is. 65:1.)

3. El rechazo de Israel se produjo porque fueron un pueblo desobediente y obstinado. Note cuán bueno había sido Dios con Israel.

a. Dios «extendió sus manos»: para invitar, para ofrecer perdón, paz, y reconciliación, suplicando y rogando a Israel que se vuelva a Él.

b. «Todo el día»: con paciencia y tolerancia esperó por largo tiempo, esperando hasta el último momento que ellos volvieran.

«Diles: Vivo yo, dice Jehová el Señor, que no quiero la muerte del impío, sino que se vuelva el impío de su camino, y que viva. Volveos, volveos de vuestros malos caminos; ¿por qué moriréis, oh casa de Israel?» (Ez. 33:11).

«Venid y volvamos a Jehová; porque Él arrebató, y nos curará; hirió, y nos vendará» (Os. 6:1).

«Así que, somos embajadores en nombre de Cristo, como si Dios rogase por medio de nosotros; os rogamos en nombre de Cristo: Reconciliaos con Dios» (2 Co. 5:20).

«He aquí, yo estoy a la puerta y llamo; si alguno oye mi voz y abre la puerta, entraré a él, y cenaré con él, y él conmigo» (Ap.3:20).

Sin embargo, Israel rechazó y se negó a aceptar las invitaciones de la gracia de Dios. Israel prefirió permanecer en la desobediencia y la obstinación. Cerraron la mente a pesar de la clara evidencia y se negaron a considerar la verdad de Cristo como el verdadero Salvador del mundo» (*véanse* Estudios 3, 4—Mt. 12:24; 21:33-46; 22:1-14 para su discusión).

«No endurezcáis vuestro corazón como en Meriba, como en el día de Masah en el desierto» (Sal. 95:8).

«Bienaventurado el hombre que siempre teme a Dios; mas el que endurece su corazón caerá en el ma» (Pr. 28:14).

«El hombre que reprendido endurece la cerviz, de repente será quebrantado, y no habrá para él medicina» (Pr. 29:1).

«Pero por tu dureza y por tu corazón no arrepentido, atesoras para ti mismo ira para el día de la ira y de la revelación del justo juicio de Dios» (Ro. 2:5).

«Antes exhortaos los unos a los otros cada día, entre tanto que se dice: Hoy; para que ninguno de vosotros se endurezca por el engaño del pecado» (He. 3:13).

1 Israel fue desobediente (10:21)
- a. ¿Ha sido rechazado todo Israel?
- b. ¡De ninguna manera!

2 Prueba 1: Pablo mismo era parte del remanente

3 Prueba 2: la presciencia de Dios garantiza un remanente

4 Prueba 3: Elías previó un remanente[EF1]
- a. El error de Elías: Sentía que era el único creyente fiel en todo Israel
- b. La garantía de Dios para Elías: hay un remanente fiel

CAPÍTULO 11

F. El endurecimiento de Israel no es total—hay un remanente, 11:1-10

Digo, pues: ¿Ha desechado
Dios a su pueblo? En ninguna
manera. Porque también yo
soy israelita, de la descen-
dencia de Abraham, de la tribu
de Benjamín.
2 No ha desechado Dios a su
pueblo, al cual desde antes
conoció.
¿O no sabéis qué dice de Elías
la Escritura, cómo invoca a
Dios contra Israel, diciendo:
3 Señor, a tus profetas han
dado muerte, y tus altares han
derribado; y sólo yo he que-
dado, y procuran matarme?
4 Pero ¿qué le dice la divina
respuesta? Me he reservado
siete mil hombres, que no
han doblado la rodilla delante
de Baal.
5 Así también aun en este
tiempo ha quedado un rema-
nente escogido por gracia.
6 Y si por gracia, ya no es por
obras; de otra manera la gracia
ya no es gracia. Y si por obras,
ya no es gracia, de otra manera
la obra ya no es obra.
7 ¿Qué pues? Lo que buscaba
Israel, no lo ha alcanzado;
pero los escogidos sí lo han
alcanzado, y los demás fueron
endurecidos;
8 como está escrito: Dios les
dio espíritu de estupor, ojos con
que no vean y oídos con que no
oigan, hasta el día de hoy.
9 Y David dice: Sea vuelto
su convite en trampa y en red,
en tropezadero y en retribu-
ción;
10 Sean oscurecidos sus ojos
para que no vean, y agóbiales
la espalda para siempre.

5 Prueba 4: hay un remanente en el tiempo presente—una fuerte aseveración

6 Prueba 5: la gracia de Dios garantiza un remanente
- a. Israel no obtuvo la justicia, pero los elegidos sí[EF2]
- b. Israel es acusado por las Escrituras
  1) de estar adormecido
  2) de ser digno de juicio
  3) de ser ciegos

F. El endurecimiento de Israel no es total—hay un remanente, 11:1-10

(11:1-10) ***Introducción:*** hay una gloriosa esperanza tanto para Israel como para el mundo. Las promesas de Dios siempre se cumplen. El endurecimiento del *corazón de Israel* no es total—hay un remanente. El endurecimiento en *el corazón de cualquier pueblo* no es total—puede haber un remanente. Dios tendrá sus testigos entre toda la gente. En todo lugar la gente puede salvarse si se vuelven a Jesucristo el Hijo de Dios.

1. Israel fue desobediente (v. 1).
2. Prueba 1: Pablo mismo era parte del remanente (v. 1).
3. Prueba 2: la presciencia de Dios garantiza un remanente (v .2).
4. Prueba 3: Elías previó un remanente (vv. 2-4).
5. Prueba 4: hay un remanente en el tiempo presente—una fuerte aseveración (v. 5).
6. Prueba 5: la gracia de Dios garantiza un remanente (vv.6-10).

[1] (11:1) ***Israel, un remanente:*** Israel fue desobediente a Dios, afectado por una obstinada incredulidad (cp. Ro. 10:21). La nación, como un todo, no creyó ni obedeció a Dios. Llegaron al punto de rechazar al mismísimo Hijo de Dios (Jn. 1:11). ¿Cómo se puede reconciliar esto con el hecho de que Israel es *el pueblo de Dios*? Note que aun en este versículo son llamados «Su pueblo» (v. 1).

- Dios había dado nacimiento a Israel por medio de Abraham y había hecho grandes promesas a la nación por medio de Abraham (*véanse* notas—Ro. 9:6; Estudio a fondo 1—4:1-25 para la discusión).
- Dios aun había prometido que jamás desecharía a su pueblo: «Porque no abandonará Jehová a su pueblo, ni desamparará su heredad» (Sal. 94:14).

A la luz de esto, ¿no es una incoherencia, y negar la Palabra de Dios enseñar que Israel no es salvo, que Israel ya no es el pueblo de Dios? Hacer la pregunta en la forma que Pablo la plantea: «¿ha desechado Dios a su pueblo?» La palabra «desechado»(*aposato*) significa echar fuera, arrojar, repeler, expulsar, repudiar. La idea es echar fuera *completa, total y definitivamente*. ¿Ha desechado Dios completamente a los judíos? Pablo exclama: «En ninguna manera» (*me genoito*). ¡Es imposible! ¡Nunca será posible! Dios no ha quebrantado ni ha violado su Palabra dada a Israel. Las promesas de Dios a Israel no significaban que todos los judíos *juntos* iban a ser salvos sin importar cuán pecadores y desobedientes fueran. No significaba que un judío incrédulo y desobediente era aceptado por Dios solamente por haber *nacido* judío. Las promesas de Dios estaban dirigidas a los que *creyeron y le obedecieron*. La gente que creyó y le obedeció ha sido siempre «su pueblo». Pablo da cinco pruebas para demostrar que Dios no ha rechazado a todo judío. Dios acepta y cumple sus promesas a todo aquel que cree y le obedece.

[2] (11:1) ***Israel, remanente:*** la primera prueba es que Pablo mismo era parte del remanente de Dios. Dios no había rechazado completamente a Israel. Había un remanente de creyentes piadosos y obedientes en Israel. Pablo mismo era una prueba de este hecho glorioso.

1. Pablo era judío puro, un verdadero descendiente de Abraham, no era un simple prosélito; era de la minoría selecta, de la aristocracia benjamita.
2. Pablo era parte del remanente de Dios. Reclama que es un hijo verdadero de Dios, verdadero hijo de Abraham, uno de los hijos a quien Dios no ha desechado. Por lo tanto, Él mismo era prueba de que Dios no había desechado a su pueblo. (Cp. Hch. 9:1-19; 22:1-6; 26:12-18 acerca de la conversión de Pablo.)

> **«El dijo: ¿Quién eres, Señor. Y le dijo: Yo soy Jesús, a quien tú persigues; dura cosa te es dar coces contra el aguijón. Él, temblando y temeroso, dijo: Señor, ¿qué quieres que yo haga? Y el Señor le dijo: levántate y entra en la ciudad, y se te dirá lo que debes hacer» (Hch. 9:5-6).**

«Pero cuantas cosas eran para mí ganancia, las he estimado como pérdida por amor de Cristo. Y ciertamente, aún estimo todas las cosas como pérdida por la excelencia del conocimiento de Cristo Jesús, mi Señor, por amor del cual lo he perdido todo, y lo tengo por basura, para ganar a Cristo, y ser hallado en Él, no teniendo mi propia justicia, que es por la ley, sino la que es por la fe de Cristo, la justicia que es de Dios por la fe» (Fil. 3:7-9; cp. vv. 3-16).

3 (11:2) ***Israel, remanente—Dios, presciencia:*** la segunda prueba es que la presciencia de Dios garantiza un remanente (*véase* nota, ***Presciencia***, pto. 3-Ro. 8:29 para su desarrollo. *Véase* además Estudio a fondo 3—Hch. 2:23 para una discusión más detallada.) Dicho en forma muy simple, Dios mismo garantiza un remanente; salva a los que antes conoció.

«Dice el Señor, que hace conocer todo esto desde tiempos antiguos» (Hch. 15:18).

«Porque a los que antes conoció, también los predestinó para que fuesen hechos conformes a la imagen de su Hijo, para que Él sea el primogénito entre muchos hermanos» (Ro. 8:29).

«No ha desechado Dios a su pueblo [Israel], al cual desde antes conoció» (Ro. 11:2).

«Sabiendo que fuisteis rescatados de vuestra vana manera de vivir, la cual recibisteis de vuestros padres, no con cosas corruptibles, como oro o plata, sino con la sangre preciosa de Cristo, como de un cordero sin mancha y sin contaminación, ya *destinado* [ya conocido] desde antes de la fundación del mundo, pero manifestado en los postreros tiempos por amor de vosotros» (1 P. 1:18-20).

«Pero el fundamento de Dios está firme teniendo este sello: Conoce el Señor a los que son suyos; y: Apártese de iniquidad todo aquel que invoca el nombre de Cristo» (2 Ti. 2:19).

«Elegidos según la presciencia de Dios Padre en santificación del Espíritu, para obedecer y ser rociados con la sangre de Jesucristo: Gracia y paz os sean multiplicadas» (1 P. 1:2).

4 (11:2-4) ***Israel, remanente:*** la tercera prueba es que Elías tuvo un conocimiento anticipado del remanente (1 R. 19:9-18). Esta prueba viene de la autoridad suprema para el hombre, la autoridad de las Escrituras mismas. Desde el comienzo mismo, las Escrituras dicen muy claramente que no todo Israel fue salvo, sino que solamente un remanente siguió verdaderamente a Dios. Esto se ve claramente en la experiencia de Elías. Su tiempo fue una terrible época de pecado y apostasía, y él mismo fue marcado para morir por no dejar de predicar la justicia. En un momento de extrema presión e incertidumbre, clamó a Dios en oración preguntando si él era el único piadoso que quedaba en Israel. Dios consoló a Elías diciéndole que quedaban siete mil creyentes piadosos en la nación. El argumento es éste: En la época de Elías la mayor parte del pueblo era como en la actualidad: desobedientes y desleales a Dios, que rechazan y niegan a Dios, que controlan sus vidas por sí mismos y siguen a dioses de confección humana y pensamientos humanistas de este mundo. Pero *había* un remanente, unos pocos que eran leales y obedientes a Dios. Había solamente siete mil; no obstante, había un remanente, unos pocos que confiaban en que Dios iba a cumplir las promesas que había hecho.

Pensamiento 1. Note dos hechos reveladores:

- ¡cuántos se alejan de Dios y le rechazan—cuántos dentro de una nación, un estado o provincia, una ciudad, un barrio, una familia, un grupo religioso!
- ¡Dios tiene siempre sus pocos, su remanente prometido que le obedece y permanece leal a Él!

«Por tanto, nosotros también, teniendo en derredor nuestro tan grande nube de testigos, despojémonos de todo peso y del pecado que nos asedia, y corramos con paciencia la carrera que tenemos por delante» (He. 12:1).

«Por tanto, ceñid los lomos de vuestro entendimiento, sed sobrios, y esperad por completo en la gracia que se os traerá cuando Jesucristo sea manifestado» (1 P. 1:13).

«Pero tienes unas pocas personas en Sardis que no han manchado sus vestiduras; y andarán conmigo en vestiduras blancas, porque son dignas» (Ap. 3:4).

«He aquí, yo vengo pronto; retén lo que tienes, para que ninguno tome tu corona» (Ap. 3:11)

«La ley de verdad estuvo en su boca, e iniquidad no fue hallada en sus labios; en paz y en justicia anduvo conmigo, y a muchos hizo apartar de la iniquidad» (Mal. 2:6).

Pensamiento 2. Note que la imagen de una nación es determinada por el estilo de vida de la mayoría. La maldad de la mayoría en Israel oscureció la piedad de la minoría. Aun Elías el gran profeta de Dios, estaba en desconocimiento de los siete mil piadosos esparcidos a través de la nación. Sin embargo, allí estaban. Dios nunca se deja sin testimonio, y nunca dejará a su pueblo sin obreros a través del mundo. Podríamos no conocernos entre nosotros, pero podemos estar seguros de que hay otros testigos esparcidos por el mundo, testigos que están dando testimonio para el Señor Jesús. Dios tiene su remanente, sus pocos fieles.

«La justicia engrandece a la nación; mas el pecado es afrenta de las naciones» (Prov.14:34).

ESTUDIO A FONDO 1

(11:2) ***Israel, remanente:*** Elías supo anticipadamente acerca del remanente en 1 R. 19:9-18. Otros profetas también vieron el remanente: Isaías (Is. 1:9; 4:3; 11:16; 37:4), Jeremías (Jer. 6:9; 23:3; 3:7), Ezequiel (Ez.14:14, 20, 22), Amós (Am. 9:8-12), Miqueas (Mi. 2:12; 5:3), Sofonías (Sof. 2:9; 3:12-13).

5 (11:5) ***Israel, remanente:*** la cuarta prueba es que hay un remanente en este tiempo. Esta es una aseveración muy fuerte: «Hay un remanente». El hecho es incuestionable. Note por qué: debido a «la elección de gracia». Si había un remanente en la época de Elías, ha de haber un remanente de creyentes hoy en día. ¿Por qué? Debido a la gracia: a la gracia de Dios en Jesucristo que ahora ha venido a la tierra, y al Espíritu de Dios que obra activamente dando a conocer la gracia de Dios.

«Porque la gracia de Dios se ha manifestado para salvación a todos los hombres, enseñándonos que, renunciando a la impiedad y a los deseos mundanos, vivamos en este siglo sobria, justa y piadosamente, aguardando la esperanza bienaventurada y la manifestación gloriosa de nuestro gran Dios y Salvador Jesucristo, quien se dio a sí mismo por nosotros para redimirnos de toda iniquidad y purificar para sí un pueblo propio, celoso de buenas obras» (Tit. 2:11-14).

«También Isaías clama tocante a Israel: Si fuere el número de los hijos de Israel como la arena del mar, tan sólo el remanente será salvo» (Ro. 9:27).

6 (11:6-10) ***Israel, remanente—gracia de Dios:*** la quinta prueba es que la gracia de Dos garantiza un remanente. Una persona no se salva porque lo merezca o porque hace obras para lograr la salvación. Nadie merece la gracia de Dios. Nadie merece ser elegido por Dios para nada. Dios no otorga su gracia a un hombre porque tal hombre merezca o gane la gracia. El hombre no obtiene la aceptación de Dios porque quiera o haya corrido tras Dios (Jn. 1:12). Dios tiene misericordia del hombre porque es un Dios de misericordia. Si el hombre se salvara por la obras, entonces la salvación…

- no sería por la gracia (de Dios), sino por las obras (del hombre).
- sacaría del cuadro la gracia (de Dios) y pondría en el primer plano las obras (del hombre).

Simplemente, Dios ya no sería necesario, porque el hombre se estaría salvando a sí mismo. Si por algún invento de la imaginación y del trabajo científico el hombre pudiera salvarse a sí mismo calculando cómo vivir eternamente, entonces Dios mismo ya no sería necesario. En efecto, ni la gracia ni las obras serían necesarias, porque el hombre habría alcanzado la perfección. (Lo absurdo de tal posibilidad se ve claramente en el pensamiento.) (*Véase* Estudio a fondo 1, ***Elección***—Ro. 9:10-13 para ampliar la discusión.)

El centro del argumento es este: es la gracia de Dios la que salva al hombre. Por lo tanto, Dios siempre se preocupará de que haya un remanente de creyentes en Israel. La vasta mayoría de los judíos tropezó y cayó en la trampa de las obras (v. 6), pero la dureza del corazón de Israel no es total. Hay un remanente. Note dos puntos.

1. La gran mayoría de Israel no alcanzó la justicia, pero los pocos escogidos sí la alcanzaron.
   - La mayoría buscó la justicia, pero no la lograron porque la buscaron por las obras (*véase* nota, ***Israel***—Ro. 10:1-3 para ampliar la discusión.)
   - Sin embargo, los elegidos han obtenido la justicia (*véase* nota—Ro. 10:4 para ampliar la discusión).
2. Israel es acusado y condenado por la Escritura de tres cosas terribles:
   - De espíritu de estupor y condenado al estupor (Is. 29:10; 6:9).
   - De ser digno de juicio y condenado a juicio (Sal. 69:22).
   - De ser ciego y condenado a la ceguera (Sal. 69:23).

El cuadro es el de hombres sentados a la mesa del banquete haciendo fiesta con toda comodidad. Están cómodos, seguros y poseídos de una sensación de seguridad. En realidad, se sienten tan cómodos que su seguridad se convierte en su ruina. El enemigo se introduce furtivamente y los sorprende.

Note esto: Se dice que Dios es el que provocó somnolencia, ceguera e hizo digno de juicio a Israel. Este es el modo en que las Escrituras enfatizan lo que ha sido llamado *ceguera judicial y rechazo de los hombres* (*véase* Estudio a fondo 2—Ro. 11:7-10 para su desarrollo).

ESTUDIO A FONDO 2

(11:7-10) ***Juicio—ceguera judicial y rechazo—abandono espiritual:*** note las palabras «fueron cegados» y «Dios les ha dado espíritu de sueño» (cp. Is. 29:10; 6:9; Sal. 69:22-23). La idea es que Dios es el que cegó a Israel. Sin embargo, las Escrituras claramente dicen que Dios no tienta al hombre, ni, menos aun, les hace pecar (Stg. 1:13). ¿Qué significa esto entonces? Significa por lo menos dos cosas.

1. El rechazo del incrédulo es voluntario, siempre deliberado. El incrédulo no ve ni oye, sin embargo, se niega a abrir realmente sus ojos y sus oídos. Se niega a entender. Pero, ¿por qué una persona actúa en forma tan ilógica, rebelándose y negándose a entender? Cristo contesta esta pregunta diciendo: «El corazón de este pueblo se ha engrosado» (Mt. 13:15). El griego dice: «el corazón de este pueblo ha engordado [sobrepeso]». Ser gordo indica sensualidad y falta de sentido. Comer y comer, y agregar kilo sobre kilo es vivir según la carne; y vivir según la carne no tiene sentido. Es sensual y sin sentido. Así que Cristo está diciendo que el incrédulo se ha hecho tan sensual y falto de sentidos, que se rebela y se niega a entender el evangelio de Dios.
   - Su sensualidad se debe a la mundanalidad y el anhelo de las cosas de este mundo.

     «Porque los que son de la carne piensan en las cosas de la carne; pero los que son del Espíritu, en las cosas del Espíritu. Porque el ocuparse de la carne es muerte, pero el ocuparse del Espíritu es vida y paz. Por cuanto los designios de la carne son enemistad contra Dios; porque no se sujetan a la ley de Dios, ni tampoco pueden; y los que viven según la carne no pueden agradar a Dios» (Ro. 8:5-8).

     «No améis al mundo, ni las cosas que están en el mundo. Si alguno ama al mundo, el amor del Padre no está en él. Porque todo lo que hay en el mundo, los deseos de la carne, los deseos de los ojos, y la vanagloria de la vida, no proviene del Padre, sino del mundo» (1 Jn. 2:15-16).
   - Su falta de sentido se debe a que está siendo engañado por el malo.

     «Pero si nuestro evangelio está aún encubierto, entre los que se pierden está encubierto; en los cuales el dios de este siglo cegó el entendimiento de los incrédulos, para que no les resplandezca la luz del evangelio de la gloria de Cristo, el cual es la imagen de Dios» (2 Co. 4:3-4).
2. El incrédulo experimenta una ceguera judicial y el rechazo por Dios. Una persona que *elije deliberadamente* ser ciego al evangelio y rechazar a Cristo recibe *un justo castigo*. Dios ofrece su amor y salvación, la vida eterna, al hombre, pero el hombre tiene que decidirse a recibir la oferta de Dios.
   - Se permite que la incredulidad del hombre vague en la esfera de la incredulidad y se convierta en incredulidad obstinada—si el hombre sigue cegándose ante la verdad. Dios ni violará la libertad del hombre.
   - Se permite que el pecado del hombre vague por la esfera del pecado y se convierta en pecado constante—si el hombre sigue cegándose ante la verdad. Dios no violará la voluntad del hombre.

El rechazo de una persona la conduce a la *ceguera judicial* y a ser rechazada por Dios. (*Véanse* notas»Ro.1:24; Estudio a fondo 1—Jn. 12:39-41 para ampliar la discusión.)

«Porque con el juicio con que juzgáis, seréis juzgados, y con la medida con que medís, os será medido» (Mt. 7:2).

«Por lo cual también Dios los entregó a la inmundicia,... Por esto Dios los entregó a pasiones vergonzosas» (Ro. 1: 24, 26, 28).

«Pero por tu dureza y por tu corazón no arrepentido, atesoras para ti mismo ira para el día de la ira y de la revelación del justo juicio de Dios, el cual pagará a cada uno conforme a sus obras» (Ro. 2:5-6).

«No os engañéis: Dios no puede ser burlado: pues todo lo que el hombre sembrare, eso también segará. Porque el que siembra para su carne, de la carne segará corrupción; mas el que siembra para el Espíritu, del Espíritu segará vida eterna» (Gá. 6:7-8).

«No contenderá mi espíritu con el hombre para siempre» (Gn. 6:3).

«Pero mi pueblo no oyó mi voz, e Israel no me quiso a mí. Los dejé, por tanto, a la dureza de su corazón; caminaron en sus propios consejos» (Sal. 81:11-12)

«El hombre que reprendido endurece la cerviz, de repente será quebrantado, y no habrá para él medicina» (Pr. 29:1).

«Efraín es dado a ídolos; déjalo» (Os. 4:17).

1 **Prueba 1: Dios usa para bien el que Israel tropezara en Cristo** a. Dios abre la salvación a los gentiles b. Dios estimula a los judíos a restaurarse c. Dios garantiza una gloriosa restauración de Israel y una rica	**G. El endurecimiento del corazón de Israel no es definitivo: habrá una restauración, 11:11-16** 11 Digo, pues: ¿Han tropezado los de Israel para que cayesen? En ninguna manera; pero por su transgresión vino la salvación a los gentiles, para provocarles a celos. 12 Y si su transgresión es la riqueza del mundo, y su defección la riqueza de los gentiles, ¿cuánto más su plena	restauración? 13 Porque a vosotros hablo, gentiles. Por cuanto yo soy apóstol a los gentiles, honro mi ministerio, 14 por si en alguna manera pueda provocar a celos a los de mi sangre, y hacer salvos a algunos de ellos. 15 Porque si su exclusión es la reconciliación del mundo, ¿qué será su admisión, sino vida de entre los muertos? 16 Si las primicias son santas, también lo es la masa restante; y si la raíz es santa, también lo son las ramas.	bendición para toda la tierra 2 **Prueba 2: Pablo estimula a los judíos para que sean salvos** a. Magnificando su ministerio a los gentiles b. El propósito de Pablo 1) Estimular a algunos para que sean salvos 2) Producir la restauración, el gran clímax de la historia 3 **Prueba 3: los primeros padres, esto es, los patriarcas, dan una herencia de santidad**

G. El endurecimiento del corazón de Israel no es definitivo: habrá una restauración, 11:11-16

(11:11-16) ***Introducción:*** la dureza del corazón del corazón no tiene que ser final. Todo hombre se puede arrepentir, volverse a Cristo y ser restaurado ante Dios. Este es el mensaje de este pasaje. El endurecimiento del corazón de Israel no es definitivo. Va a haber una restauración de Israel. Muchos en Israel van a volverse a Dios y aceptarán al Señor Jescristo como su Salvador.

1. Prueba 1: Dios ha usado para bien el hecho de que Israel tropezara en Cristo (vv. 11-12).
2. Prueba 2: Pablo estimula a los judíos para que sean salvos (vv. 13-15).
3. Prueba 3: los primeros padres, esto es, los patriarcas, dan una herencia de santidad (v. 16).

1 (11:11-12) ***Israel, restrauración—Dios, soberanía:*** la primera prueba es que Dios ha usado para bien el hecho de que Israel tropezara en Cristo.

- Israel ha tropezado en Cristo (*véanse* Estudios a fondo 9, 10—Mt. 21:44 para su discusión).
- ¿Ha tropezado Israel para caer?

El contraste entre tropezar y caer es demoledor. La idea es de una caída permanente y definitiva—espiritualmente hablano. El problema de Israel con Cristo, ¿es permanente y definitivo? ¿Nunca aceptará Israel a Jesucristo, el Hijo de Dios, como el verdadero Mesías? La caída espiritual de Israel, ¿es para siempre?

Pablo responde en forma enfática: ¡De ninguna manera! ¡Perezca tal pensamiento! ¡Que nunca tal acontezca! Tal cosa es un imposible dentro del plan de Dios para el mundo. Dios ha usado de tres maneras gloriosas para bien el tropiezo de Israel con Cristo.

1. Dios ha abierto la puertas de la salvación a todo el mundo. Los mensajeros del Señor primero fueron a Israel, pero Israel no quiso oír que Jesucristo es el Mesías, el Hijo mismo de Dios. Muy pocos recibieron el evangelio. En realidad, tantos rechazaron el mensaje que se puede decir que Israel, la nación como un todo, tropezó en Cristo. Israel, los judíos...

- cerraron sus ojos para no ver a Cristo (v. 8).
- cerraron sus oídos, para no oír a Cristo (v. 8).
- se han opuesto amargamente a Cristo (1 Ts. 2:15-16).

Dios tenía como única opción: hacer lo lógico. El glorioso mensaje de su amor y de su Hijo estaba en juego;por lo tanto, Dios envió sus mensajeros por todo el mundo (mundo gentil) en busca de toda persona que quisiera recibir el mensaje de su Hijo. Dios hizo lo que los judíos no habían logrado hacer: Dios abrió de par en par las puertas de la salvación a todo el mundo. (*Véase* Estudio a fondo 8, *Israel*—Mt. 21:43 para una discusión más detallada.)

> **«Entonces Pablo y Bernabé, hablando condenuedo, dijeron: A vosotros a la verdad era necesario que se os hablase primero la palabra de Dios; mas puesto que la desecháis, y no os juzgáis dignos de la vida eterna, he aquí, nos volvemos a los gentiles» (Hch. 13:46).**
>
> **«Porque el corazón de este pueblo se ha engrosado, y con los oídos oyeron pesadamente, y sus ojos han cerrado, para que no vean con los ojos, y oigan con los oídos, y entiendan de corazón, y se conviertan, y yo los sane. Sabed, pues, que a los gentiles es enviada esta salvación de Dios; y ellos oirán» (Hch. 28:27-28).**
>
> **«Entonces dijo[Dios] a sus siervos: Las bodas a la verdad están preparadas; mas los que fueron convidados no eran dignos. Id, pues, a las salidas de los caminos, y llamad a las bodas a cuantos halléis» (Mt. 22:8-9).**
>
> **«Entonces enojado el padre de familia, dijo a su siervo: Vé pronto por las plazas y las calles de la ciudad, y trae acá a los pobres, los mancos, los cojos y los ciegos. Y dijo el siervo: Señor, se ha hecho como mandaste, y aún hay lugar. Dijo el señor al siervo: Vé por los caminos y por los vallados, y fuérzalos a entrar, para que se llene mi casa. Porque os digo que ninguno de aquellos hombres que fueron convidados, gustará mi cena» (Lc. 14:21-24).**

Pensamiento 1. Note dos pensamientos molestos.

1) ¡Qué maravilloso hubiera sido si los judíos hubieran aceptado a Jesucristo y se hubieran convertido en la fuerza misionera de Dios para llevar el mensaje de Cristo al mundo! ¿Habría sido alcanzado el mundo ahora? Han pasado dos mil años desde que Cristo vino a la tierra, y el mundo aún no ha sido alcanzado con el evangelio. Si los judíos hubieran aceptado a Cristo, ¿estaría ahora completa la tarea? ¿cuántas persona más se hubieran salvado?
2) ¡Qué maravilloso sería que más de nosotros (los gentiles) aceptaran a Cristo! Si nosotros dedicáramos nuestras vidas en forma más sacrificada a llevar el mensaje de la salvación de Dios al mundo, ¿cuántas personas más podrían ser salvas y ser libradas de la muerte?

Pensamiento 2. Note como Dios hace que «todas las cosas ayuden a bien». Tomó el rechazo que Israel hizo de su Hijo y *enriqueció* al mundo. ¿Por qué? Porque Dios había decidido que su Hijo Jesucristo tendría muchos *hermanos* que le adorarían y le servirían por toda la eternidad. De modo que si un pueblo rechaza el mensaje de su Hijo, Dios obrará para enviar el mensaje a otro pueblo. (Cp. Ro. 8:28-29.)

2. Dios estimula a los judíos para que sean restaurados. Dios no ha abandonado a los judíos. La puerta de la salvación está abierta para ellos asi como para los gentiles. Los judíos pueden mirar a los verdaderos cristianos y ver santidad, amor, gozo y paz en sus vidas; y los judíos pueden sentirse animados a recibir a Cristo. En efecto, este es el centro mismo de este pasaje. Dios se preocupa de «provocar» a los judíos, esto es, estimularlos para que reciban a Cristo y la gloriosa vida de salvación que Él ofrece.

> **«Pero yo os digo la verdad: Os conviene que yo me vaya; porque si no me fuese, el Consolador no vendría a vosotros; mas si me fuere, os lo enviaré. Y cuando Él venga, convencerá al mundo [*judíos* y *gentiles*] de pecado, de justicia y de juicio. De pecado, por cuanto no creen en mí; de justicia, por cuanto voy al Padre, y no me veréis más; y de juicio, por cuanto el príncipe de este mundo ha sido ya juzgado» (Jn. 16:7-11).**
>
> **«Y que se predicase en su nombre el arrepentimiento y el perdón de pecados en todas las naciones, comenzando desde Jerusalén» (Lc. 24:47).**
>
> **«Porque no me avergüenzo del evangelio, porque es poder de Dios para salvación a todo aquel que cree; al judío primeramente, y también al griego» (Ro. 1:16).**
>
> **«Porque todos los que habéis sido bautizados en Cristo, de Cristo estáis revestidos. Ya no hay judío ni griego; no hay esclavo ni libre; no hay varón ni mujer; porque todos vosotros sois uno en Cristo Jesús» (Gá. 3:27-28).**

3. Dios garantiza la gloriosa restauración de Israel y un rico período para toda la tierra. Note el agudo contraste...

- entre «plenitud» y «riquezas».
- entre «defección» y «riquezas».

La palabra «defección» (*hettema*) significa pérdida, derrota, daño, perjuicio. Quiere decir que espiritualmente Israel se empobreció. Israel estaba espiritualmente herido y derrotado; el pueblo judío perdió las bendiciones de la salvación. Ahora...

- si la caída espiritual de Israel hizo que las riquezas de la salvación fuesen llevadas al mundo...
- si la defección espiritual de Israel hizo que las riquezas de la salvación fuesen llevadas a los gentiles...

...¿cuánto más la plenitud (restauración de Israel) traerá las bendiciones de Dios a la tierra?

Note la palabra «plenitud» (*pleroma*), que significa la acción de completar, o lo que se llena. La idea es que viene el día en que se completará el plan y el propósito de Dios para Israel y tendrá su perfecto cumplimiento. Ese día, el día de la restauración de Israel, será causa de mayores bendiciones aun, que se difundirán a través del mundo.

> ***Pensamiento.*** La difusión del evangelio ha tenido una influencia enorme sobre el mundo.
>
> - Ha liberado a millones del pecado y la deshonra.
> - Ha salvado a millones de la muerte y el infierno.
> - Ha obtenido la vida eterna con Dios para millones.
> - Ha liberado a mujeres y niños de la esclavitud.
> - Ha proclamado mundialmente la pureza y la moralidad.
> - Ha promovido la justicia y ha promulgado leyes justas entre los hombres.

Sin embargo, cuando Israel sea restaurado y grandes números de judíos comiencen a convertirse a Cristo, el mundo experimentará bendiciones sin precedentes de la mano de Dios. Dios promete tales bendiciones al mundo.

El punto es claro: Dios ha usado para bien y seguirá utilizando para bien el hecho de que Israel haya tropezado y caído en Cristo.

- Más y más gentiles se van a salvar. Todos los confines de la tierra van a oír el evangelio.

> **«Y será predicado este evangelio del reino en todo el mundo, para testimonio a todas las naciones; y entonces vendrá el fin» (Mt. 24:14).**

- Más y más judíos van a ser movidos a aceptar a Cristo y serán restaurados a Dios.
- Va a ocurrir una gloriosa restauración de Israel. Los judíos por millares se volverán a Cristo algún día en el futuro. Tantos judíos se volverán a Cristo que se podrá decir que la nación de Israel ha sido restaurada. Y cuando llegue ese día, toda la tierra recibirá grandes bendiciones, bendiciones más completas que nunca antes.

> **«Porque no quiero, hermanos, que ignoréis este misterio, para que no seáis arrogantes en cuanto a vosotros mismos: que ha acontecido a Israel endurecimiento en parte, hasta que haya entrado la plenitud de los gentiles; y luego todo Israel será salvo, como está escrito: Vendrá de Sion el Libertador, que apartará de Jacob la impiedad» (Ro. 11:25-26).**
>
> **«Y les daré corazón para que me conozcan que yo soy Jehová; y me serán por pueblo, y yo les seré a ellos por Dios; porque se volverán a mí de todo su corazón» (Jer. 24:7).**

[2] (11:13-15) ***Israel, restauración—Pablo, amor por su pueblo:*** la prueba dos es el intento de Pablo de estimular a los judíos a salvarse. Pablo era el ministro de Dios a los gentiles primariamente durante el siglo primero. Pablo magnificó el ministerio y se glorió en el llamamiento de Dios, y enfatizó el hecho cada vez que tuvo la oportunidad. ¿Por qué? Pablo tenía dos propósitos.

1. Quería que los judíos sintieran celos; esto es, quería molestarles para que miraran a Cristo, y vieran lo que Cristo había hecho por los gentiles. Quería estimular a los hombres para que miraran la vida de los creyentes y vieran el cambio maravilloso que Cristo había obrado. Por este medio, esperaba que algunos judíos se salvaran.

2. Pablo quería acelerar el día de la restauración de Israel. Sabía que iba a haber una restauración; así que sabía que cada vez que tuviera oportunidad de alcanzar un judío para Cristo, el endurecido corazón de Israel se suavizaría un poquito más. Mientras más se ablandara la dureza, más pronto se realizaría la restauración. Note la pregunta de Pablo:

> **«Porque si su exclusión [esto es, el rechazo] es la reconciliación del mundo [con Dios], ¿qué será su admisión [la restauración], sino vida de entre los muertos?»**

a. La *reconciliación* del mundo tiene un doble significado. Significa...

- que *todos* los hombres, judíos y gentiles, ahora pueden ser reconciliados con Dios. Todos los hombres ahora pueden tener *paz con Dios* y poseer *la paz de Dios* (*véanse* notas, ***Paz***—Ro. 5:1; Estudio a fondo 1—5:10; Jn. 14:27).

> **«Porque si siendo enemigos, fuimos reconciliados con Dios por la muerte de su Hijo, mucho más, estando reconciliados, seremos salvos por su vida» (Ro. 5:10).**
>
> **«De modo que si alguno está en Cristo, nueva criatura es; las cosas viejas pasaron; he aquí todas son hechas nuevas. Y todo esto proviene de Dios, quien nos *reconcilió* consigo mismo por Cristo, y nos dio el ministerio de la reconciliación» (2 Co. 5:17-18).**

«Y por medio de él reconciliar consigo todas las cosas, así las que están en la tierra como las que están en los cielos» (Col. 1:20).

- que todos los hombres, judíos y gentiles, ahora pueden ser reconciliados unos con otros (*véanse* bosquejo y notas—Ef. 2:13-18 para su discusión).

«Y mediante la cruz reconciliar con Dios a ambos en un solo cuerpo, matando en ella las enemistades» (Ef. 2:16).

b. Pablo creía firmemente en la restauración de Israel. El hecho mismo de hacer la pregunta indica su creencia. Esperaba firmemente que Israel fuese restaurado, y esperaba que su restauración trajese a la tierra un avivamiento tan grande que sería como si el mundo se estuviese moviendo hacia «la vida de entre los muertos».

c. La frase «vida de entre los muertos» se interpreta de diversas maneras.
   - Algunos dicen que se refiere a la resurrección de los muertos, al clímax de la historia humana, cuando Jesucristo venga por segunda vez a librar de la corrupción a toda la creación y a reinar y gobernar sobre el mundo (p. Ro. 8:21). Por cierto, esto significa que los creyentes no resucitan hasta el tiempo de la restauración de los judíos a Dios.
   - Otros dicen que sencillamente es lenguaje figurado. Cuando los judíos sean restaurados, será como una resurrección, como obtener vida de entre los muertos.

Cualquiera sea la interpretación, la restauración de Israel será un acontecimientos glorioso, tanto, que será una verdadera resurrección. Nos conducirá a un nuevo mundo, un mundo de justicia que beneficiará a todos los involucrados. La perspectiva es que las bendiciones más gloriosas serán derramadas sobre todo el mundo y sus habitantes.

«Y les daré corazón para que me conozcan que yo soy Jehová; y me serán por pueblo, y yo les seré a ellos por Dios; porque se volverán a mí de todo su corazón» (Jer. 24:7).

«Y profeticé como me había mandado, y entró espíritu en ellos, y vivieron, y estuvieron sobre sus pies, un ejército grande en extremo» (Ez. 37:10).

«Porque este mi hijo muerto era, y ha revivido; se había perdido, y es hallado. Y comenzaron a regocijarse» (Lc. 15:24).

«Y si el Espíritu de aquel que levantó de los muertos a Jesús mora en vosotros, el que levantó de los muertos a Cristo Jesús vivificará también vuestros cuerpos mortales por su Espíritu que mora en vosotros» (Ro. 8:11).

«Alumbrando los ojos de vuestro entendimiento, para que sepáis cuál es la esperanza a que Él os ha llamado, y cuales las riquezas de la gloria de la herencia de los santos» (Ef. 1:18).

«Pero Dios, que es rico en misericordia, por su gran amor con que nos amó, aun estando nosotros muertos en pecados, nos dio vida juntamente con Cristo (por gracia sois salvos), y juntamente con Él nos resucitó, y asimismo nos hizo sentar en los lugares celestiales con Cristo Jesús, para mostrar en los siglos venideros las *abundantes riquezas* de su gracia en su bondad para con nosotros en Cristo Jesús» (Ef. 2:4-7).

«Pero la gracia de nuestro Señor fue *más abundante* con la fe y el amor que es en Cristo Jesús» (1 Tit. 1:14).

[3] (11:16) ***Israel, restauración—remanente—padres:*** la tercera prueba es que los primeros padres de Israel, esto es, los patriarcas, dejaron una herencia de santidad. Este es un versículo sumamente importante que trata de la restauración de Israel. Dios da dos cuadros para mostrar que Israel nunca puede ser rechazado total o definitivamente. Ambos cuadros tienen que ver con las primicias.

- El judío siempre dedicaba las primicias de su cosecha a Dios. Daba la primera parte a Dios, y al dar la primera parte, estaba diciéndole que dedicaba todos sus alimentos a Dios. No era necesario ofrecer cada bocado a Dios. La ofrenda de las primicias santificaba la totalidad.
- El segundo cuadro es el de un arbolito que se planta y cuya savia se ofrenda a Dios. Cada rama se considera de allí en adelante como consagrada a Dios. No era necesario dedicar cada rama separadamente.

Lo que Pablo está diciendo es que la raíz, la primera parte, se refiere a los patriarcas, esto es, a los padres de Israel. Israel por mérito de sus patriarcas, sus padres, tiene un lugar muy especial en el corazón de Dios. Toda la nación recibe los beneficios de la vida consagrada de Abraham y de los otros padres piadosos. Toda la nación (la masa de ella) será restaurada y salvada, llevada de regreso a Dios debido a la piedad de sus primeros padres y a causa de la promesa de Dios a los padres (cp. v. 25).

Note esto: llamar santa la nación de Israel no significa que el pueblo judío lleva una vida santa ante los ojos de Dios. Las Escrituras no están hablando de una santidad práctica, cotidiana. Ha habido pocos judíos —como simpre ha habido unos pocos gentiles— que han llevado vidas santas. Pero Israel fue elegido *inicialmente* por Dios para ser su testigo sobre la tierra: elegido para ser su *nación federal* o su *nación representativa* para dar testimonio de Él. Los primeros padres de la nación creyeron en Dios y llevaron vidas de fe, y unos pocos judíos se han mantenido siguiendo a Dios a través de las generaciones en cada siglo. Dios dice con mucha claridad que debido a la santidad de los pocos, Él cuida de la nación como un todo—de toda la masa. Lo que significa es esto: debido a la vida santa de los pocos, Dios mira favorablemente a toda la nación. No quiere decir que salva a cada uno en la nación; sino más bien, bendice a la nación, a todos los que viven alrededor de los que siguen a Dios. Los que llevan vidas santas acarrean bendiciones de Dios sobre todos los que les rodean y les suceden. En Israel muchos serán bendecidos y restaurados por Dios debido a los patriarcas piadosos de la nación.

Pensamiento 1. Note la influencia de los padres piadosos, los antepasadosy las naciones sobre los hijos y las generaciones siguientes. Es importante que cada padre y generación lleve una vida piadosa.

«¡Jehová! fuerte, misericordioso y piadoso; tardo para la ira, y grande en misericordia y verdad; que guarda misericordia a millares, que perdona la iniquidad, la rebelión y el pecado, y que de ningún modo tendrá por inocente al malvado; que visita la iniquidad de los padres sobre los hijos y sobre los hijos de los hijos, hasta la tercera y cuarta generación» (Ex. 34:6-7; cp. Nm. 14:18).

«Y desecharon sus estatutos, y el pacto que Él había hecho con sus padres, y los testimonios que él había prescrito a ellos; y siguieron la vanidad, y se hicieron vanos, y fueron en pos de las naciones que estaban alrededor de ellos, de las cuales Jehová les había mandado que no hiciesen a la manera de ellas» (2 R. 17:15).

«Dios guardará para los hijos de ellos su violencia; le dará su pago, para que conozca» (Job 21:19).

«Que haces misericordia a millares, y castigas la

maldad de los padres en sus hijos después de ellos; Dios grande, poderoso, Jehová de los ejércitos es su nombre; grande en consejo, y magnífico en hechos; porque tus ojos están abiertos sobre todos los caminos de los hijos de los hombres, para dar a cada uno según sus caminos, y según el fruto de sus obras» (Jer. 32:18-19).

«Nuestros padres pecaron, y han muerto; y nosotros llevamos su castigo» (Lm. 5:7).

«Guárdate que no tropieces yendo en pos de ellas, después que sean destruidas delante de ti; no preguntes acerca de sus dioses, diciendo: De la manera que servían aquellas naciones a sus dioses, yo también les serviré» (Dt. 12:30).

«Así que, todo lo que os digan que guardéis, guardadlo y hacedlo; mas no hagáis conforme a sus obras, porque dicen, y no hacen» (Mt. 23:3).

Pensamiento 2. Note la influencia de los hombres piadosos sobre las naciones.

«Y vosotros me seréis un reino de sacerdotes, y gente santa. Estas son las palabras que dirás a los hijos de Israel» (Éx. 19:6).

«Son amados por causa de los padres» (Ro. 11:28).

«Y por cuanto Él amó a tus padres, escogió a su descendencia después de ellos, y te sacó de Egipto con su presencia y con su gran poder» (Dt. 4:37).

Sin embargo, debemos recordar siempre que la gente de una nación puede ser restaurada por Dios solamente a través del arrepentimiento, solamente apartándose del pecado y volviéndose a Dios.

«Y confesarán su iniquidad, y la iniquidad de sus padres, por su prevaricación con que prevaricaron contra mí; y también porque anduvieron conmigo en oposición, yo también habré andado en contra de ellos, y los habré hecho entrar en la tierra de sus enemigos; y entonces se humillará su corazón incircunciso, y reconocerán su pecado. *Entonces yo me acordaré de mi pacto con Jacob, y asimismo de mi pacto con Isaac, y también de mi pacto con Abraham me acordaré, y haré memoria de la tierra*» (Lv. 26:40-42).

H. El endurecimiento del corazón de Israel es una advertencia a las demás naciones, 11:17-24

1 La parábola del olivo
- a. Algunas ramas son desgajadas: los judíos
- b. Algunas ramas silvestres son injertadas: los gentiles

2 Advertencia 1: no te jactes
- a. Son silvestres y fueron injertadas
- b. No son la raíz

3 Advertencia 2: teme la complacencia y la incredulidad
- a. Israel fue desechado por su incredulidad
- b. Los gentiles están en pie por la fe, no por méritos
- c. Dios está menos inclinado a perdonar las ramas que no son las naturales

4 Advertencia 3: mira la bondad y la severidad de Dios
- a. Dios fue severo con los que cayeron
- b. Dios es bueno para el que permanece firme

5 Advertencia 4: la restauración es un acontecimiento probable
- a. Si dejan la incredulidad
- b. «Poderoso es Dios...»
- c. El injerto de una rama natural (los judíos) es más probable que el llamado de los gentiles

17 Pues si algunas de las ramas fueron desgajadas, y tú, siendo olivo silvestre, has sido injertado en lugar de ellas, y has sido hecho participante de la raíz y de la rica savia del olivo,

18 no te jactes contra las ramas; y si te jactas, sabe que no sustentas tú a la raíz, sino la raíz a ti.

19 Pues las ramas, dirás, fueron desgajadas para que yo fuese injertado.

20 Bien; por su incredulidad fueron desgajadas, pero tú por la fe estás en pie. No te ensoberbezcas, sino teme.

21 Porque si Dios no perdonó a las ramas naturales, a ti tampoco te perdonará.

22 Mira, pues, la bondad y la severidad de Dios; la severidad ciertamente para con los que cayeron, pero la bondad para contigo, si permaneces en esa bondad; pues de otra manera tú también serás cortado.

23 Y aun ellos, si no permanecieren en incredulidad, serán injertados, pues poderoso es Dios para volverlos a injertar.

24 Porque si tú fuiste cortado del que por naturaleza es olivo silvestre, y contra naturaleza fuiste injertado en el buen olivo, ¿cuánto más éstos, que son las ramas naturales, serán injertados en su propio olivo?

H. El endurecimiento del corazón de Israel es una advertencia a las demás naciones, 11:17-24

(11:17-24) ***Introducción:*** los hombres pueden endurecer sus corazones contra Dios. Los hombres pueden endurecerse tanto contra Dios que no sienten la convicción que el Espíritu obra. La dureza de corazón puede condenar al hombre a una eternidad de separación de Dios. El endurecimiento del corazón de Israel es una advertencia a los hombres en todo lugar, una advertencia a las naciones del mundo.

1. La parábola del olivo (v. 17).
2. Advertencia 1: no te jactes (v. 18).
3. Advertencia 2: teme la complacencia y la incredulidad (vv. 19-21).
4. Advertencia 3: mira la bondad y la severidad de Dios (v. 22).
5. Advertencia 4: la restauración es un acontecimiento probable (vv. 23-24).

[1] (11:17) ***Israel vs. gentiles:*** esta es una parábola del olivo. El olivo era el árbol más útil, productivo y valioso de Israel; por eso era precioso para la economía y bienestar de la nación. Debido a esto, la relación de la nación con Dios a veces se representaba con un olivo (cp. Sal. 52:8; Jer. 11:16; Os. 14:6).

Ahora note el cuadro exacto que se da. Las ramas naturales se refieren a Israel, y las ramas del olivo silvestre se refieren a los creyentes gentiles. El olivo se refiere a Dios y a una relación correcta con Él.

1. Algunas ramas naturales se quiebran y son rechazadas. Algunos judíos no creyeron y no creen en Cristo; en consecuencia no se encuentran unidos a Dios. No llevan una relación correcta con Dios. Pero note que solamente algunas de las ramas son desgajadas. Algunos judíos aceptaron a Cristo como el Mesías y mantuvieron una correcta relación con Dios.

> **«Por tanto os digo, que el reino de Dios será quitado de vosotros, y será dado a gente que produzca los frutos de Él» (Mt. 21:43).**
>
> **«Porque os digo que ninguno de aquellos hombres que fueron convidados, gustará mi cena» (Lc. 14:24).**
>
> **«Vendrá y destruirá a estos labradores, y dará su viña a otros. Cuando ellos oyeron esto, dijeron: ¡Dios nos libre!» (Lc. 20:16).**
>
> **«Pues si algunas de las ramas fueron desgajadas, y tú, siendo olivo silvestre, has sido injertado en lugar de ellas, y has sido hecho participante de la raíz y de la rica savia del olivo» (Ro. 11:17).**
>
> **«Mi Dios los desechará, porque ellos no le oyeron; y andarán errantes entre las naciones» (Os. 9:17).**

2. Algunas ramas del olivo sivestre fueron injertadas en el árbol. Note que las palabras «y tú» (*kai su)* es singular. Pablo no está hablando a los gentiles como un todo, sino a gentiles como individuos. Note dos cosas.

   a. Se dice que el creyente gentil es una *rama de olivo silvestre*. La palabra «silvestre» quiere decir que el gentil no era parte del olivo (Dios); estaba fuera, separado y alejado del olivo (Dios). Por lo tanto...
      - era parte del mundo silvestre, desierto e inculto.
      - se estaba haciendo independiente y descontrolado.
      - era inútil y sin valor.
      - desamparado y sin protección.
      - esta infestado de insectos, amargo e inferior.

   b. El creyente gentil se dice que ahora ha sido injertado en el olivo. Ahora está unido a Dios, esto es, está en una buena relación con Dios; en consecuencia, ahora participa de la raíz y de la grosura del olivo. Simplemente esto significa que el creyente es alimentado y fortalecido por Dios.

Pensamiento 1. El glorioso privilegio de ser nutrido por Dios llega a ser privilegio del gentil tanto como del judío.

> **«En tu simiente serán benditas todas las naciones de la tierra, por cuanto obedeciste a mi voz» (Gn. 22:18).**
>
> **«Se acordarán, y se volverán a Jehová todos los**

confines de la tierra, y todas las familias de las naciones adorarán delante de ti» (Sal. 22:27).

«Todas las naciones que hiciste vendrán y adorarán delante de ti, Señor, y glorificarán tu nombre» (Sal. 86:9).

«El pueblo que andaba en tinieblas vio gran luz; los que moraban en tierra de sombra de muerte, luz resplandeció sobre ellos» (Is. 9:2).

«Dice: Poco es para mí que tú seas mi siervo para levantar las tribus de Jacob, y para que restaures el remanente de Israel; también te di por luz de las naciones, para que seas mi salvación hasta lo postrero de la tierra» (Is. 49:6).

«Y andarán las naciones a tu luz, y los reyes al resplandor de tu nacimiento» (Is. 60:3)

«Y le fue dado dominio, gloria y reino, para que todos los pueblos, naciones y lenguas le sirvieran; su dominio es dominio eterno, que nunca pasará, y su reino uno que no será destruido» (Dn. 7:14).

«Y la sembraré para mí en la tierra, y tendré misericordia de Loruhama; y diré a Loammi: Tú eres pueblo mío, y él dirá: Dios mío» (Os. 2:23).

«Oyeron los apóstoles y los hermanos que estaban en Judea, que también los gentiles habían recibido la palabra de Dios» (Hch. 11:1).

«Los gentiles, oyendo esto, se regocijaban y glorificaban la palabra del Señor, y creyeron todos los que estaban ordenados para vida eterna» (Hch. 13:48).

«Y después de mucha discusión, Pedro se levantó y les dijo: Varones hermanos, vosotros sabéis cómo ya hace algún tiempo que Dios escogió que los gentiles oyesen por mi boca la palabra del evangelio y creyesen» (Hch. 15:7).

«Pero oponiéndose y blasfemando éstos, les dijo, sacudiéndose los vestidos: Vuestra sangre sea sobre vuestra propia cabeza; yo, limpio; desde ahora me iré a los gentiles» (Hch. 18:6).

«Sabed, pues, que a los gentiles es enviada esta salvación de Dios; y ellos oirán» (Hch. 28:28).

«Y para que los gentiles glorifiquen a Dios por su misericordia, como está escrito: Por tanto, yo te confesaré entre los gentiles, y cantaré a tu nombre» (Ro. 15:9).

«Que los gentiles son coherederos y miembros del mismo cuerpo, y copartícipes de la promesa con Cristo Jesús por medio del evangelio» (Ef. 3:6).

«El séptimo ángel tocó la trompeta, y hubo grandes voces en el cielo, que decían: Los reinos del mundo han venido a ser de nuestro Señor y de su Cristo; y Él reinará por los siglos de los siglos» (Ap. 11:15).

c. Note las palabras «con ellos». El creyente gentil es injertado en el olivo *con las ramas naturales*. Es importante notar esto, porque significa que hay *solamente* una familia de Dios, no dos. Tanto las ramas naturales como las silvestres son parte del mismo olivo. La única diferencia es que las ramas naturales fueron las primeras ramas que crecieron en el olivo. Las ramas silvestres tenían que ser traídas e injertadas en el árbol.

Pensamiento. Note que algunas ramas naturales son desgajadas por no haber llevado fruto.

«El que en mí no permanece, será echado fuera como pámpano, y se secará; y los recogen, y los echan en el fuego, y arden» (Jn. 15:6).

[2] (11:18) ***Arrogancia—orgullo—gentiles vs. judíos:*** hay una primera advertencia. El creyente gentil no debe ensoberbecerse contra los judíos. La idea es que...

- no debemos tratarlos como a seres inferiores porque niegan a Cristo.
- no debemos insultarlos y ridiculizarlos porque difieren de nosotros como creyentes cristianos.
- no debemos pisotearlos porque se niegan a creer como nosotros.
- no debemos jactarnos de que conocemos la verdad en cuanto al Mesías mientras ellos no.
- no debemos gloriarnos en nuestro conocimiento de Cristo, dejando la idea de que somos mejores que los judíos.

El creyente gentil no tiene derecho a elevarse por sobre el judíos ni sobre otra persona. La razón se ve claramente. Nosotros somos las ramas silvestres, muy silvestres. Nosotros no llevamos a la raíz (judaísmo); es la raíz que nos lleva a nosotros (el cristianismo). Si no hubiera sido judaísmo, no habría cristiandad. Si no hubiera sido por los creyentes judíos, no habría creyentes cristianos. Si Pedro y Pablo y los demás no hubieran rendido sus vidas para predicar a Cristo, entonces el mensaje de Cristo nunca nos hubiera alcanzado. No debemos olvidar jamás que «la salvación viene de los judíos» (Jn. 4:22).

Pensamiento 1. Todo creyente gentil tiene una deuda con el pueblo judío. Debemos llevar el evangelio a los judíos todavía como lo hicieran algunos de los primeros cristianos judíos al traernos a nosotros el mensaje.

«Porque no me avergüenzo del evangelio, porque es poder de Dios para salvación a todo aquel que cree; al *judío primeramente*, y también al griego» (Ro. 1:16).

«Por tanto, id, y haced discípulos *a todas las naciones*, bautizándolos en el nombre del Padre, y del Hijo, y del Espíritu Santo» (Mt. 28:19).

Pensamiento 2. Toda jactancia, arrogancia, orgullo y engreimiento contra el judío es incorrecta. Es malo elevarse a uno mismo por sobre los demás; en realidad, es aun más malo pensar que somos *mejores* o más *elevados* que los demás.

«Digo, pues, por la gracia que me es dada, a cada cual que está entre vosotros, que no tenga más alto concepto de sí que el que debe tener, sino que piense de sí con cordura, conforme a la medida de fe que Dios repartió a cada uno» (Ro. 12:3).

«Unánimes entre vosotros; no altivos, sino asociándoos con los humildes. No seáis sabios en vuestra propia opinión» (Ro. 12:16).

«Y confías en que eres guía de los ciegos, luz de los que están en tinieblas» (Ro. 2:19).

«Nada hagáis por contienda o por vanagloria; antes bien con humildad, estimando cada uno a los demás como superiores a Él mismo; no mirando cada uno por lo suyo propio, sino cada cual también por lo de los otros» (Fil. 2:3-4).

«Humillaos delante del Señor, y Él os exaltará» (Stg. 4:10)

«No seas sabio en tu propia opinión, teme a Jehová, y apártate del mal» (Pr. 3:7).

«Mejor es lo poco con justicia que la muchedumbre de frutos sin derecho» (Pr. 16:8).

«¡Ay de los sabios en sus propios ojos, y de los que son prudentes delante de sí mismos!» (Is. 5:21)

[3] (11:19-21) ***Incredulidad—complacencia—gentil vs. judío:*** hay una segunda advertencia. El creyente gentil debe temer la complacencia y la incredulidad. (*Véanse* bosquejos y notas—He. 3:7-19 para ampliar la discusión.) Está el peligro de que los creyentes gentiles piensen...

- que son más *aceptables* a Dios porque han tomado el lugar de los judíos como seguidores verdaderos de Dios.
- que están seguros y salvos en el cristianismo porque el cristianismo es la religión que reconoce al Hijo de Dios.

Sin embargo, debemos siempre recordar lo que dicen las Escrituras. Israel no fue rechazado por Dios para que nosotros los gentiles fuésemos salvos. Israel fue rechazado por Dios por causa de su incredulidad. Dios no ha rechazado a un pueblo, ni lo rechazará con el fin de salvar a otro pueblo. Dios alcanza a toda nación y pueblo que anhela ser injertado en Él.

Dios acepta a una persona porque cree en su Hijo Jesucristo. Los judíos no creyeron; algunos gentiles creyeron. El creyente gentil está unido al olivo por medio de la fe, no por alguna bondad o mérito o valor que tenga en sí mismo.

Ahora, note que el creyente gentil debe cuidarse de la satisfacción por sí mismo, del sentimiento de seguridad y salvación, y de sentirse más aceptable porque está en el cristianismo, la religión que reconoce al Hijo de Dios. El creyente gentil debe cuidarse de su magnanimidad; en cambio, debe temer. Debe temer, porque es menos probable que Dios perdone a las ramas silvestres que a las ramas naturales. La advertencia es muy dura: «a ti tampoco te perdonará» (v. 21).

Pensamiento. Si Dios no perdonó a los judíos a causa de su incredulidad, con mayor razón no nos perdonará a nosotros. Los judíos eran las ramas naturales; nosotros somos las ramas silvestres.

- Los judíos tenían la herencia piadosa; nosotros tenemos la herencia silvestre, impía.
- Los judíos tenían a los padres, los seguidores del único Dios vivo y verdadero; nosotros tenemos padres politeístas, padres creadores de dioses humanistas adecuados a sus fantasías.
- Los judíos tenían la palabra de Dios y al Salvador; nosotros, nada.
- Los judíos tenían a los profetas de Dios; nosotros teníamos a los sacerdotes falsos del humanismo mundano.

A la luz de esto y de tanta depravación, debemos cuidarnos contra la autocomplacencia y la soberbia. Debemos caminar en el temor de Dios con humildad, temiendo la incredulidad para que nosotros no seamos *desgajados* (v. 17).

«El que cree en el Hijo tiene vida eterna; pero el que rehúsa creer en el Hijo no verá la vida, sino que la ira de Dios está sobre Él» (Jn. 3:36).

«Por eso os dije que moriréis en vuestros pecados; porque si no creéis que yo soy, en vuestros pecados moriréis» (Jn. 8:24).

«Mirad, hermanos, que no haya en ninguno de vosotros corazón malo de incredulidad para apartarse del Dios vivo» (He. 3:12).

«Procuremos, pues, entrar en aquel reposo, para que ninguno caiga en semejante ejemplo de desobediencia» (He. 4:11).

«Y si invocáis por Padre a aquel que sin acepción de personas juzga según la obra de cada uno, conducíos en temor todo el tiempo de vuestra peregrinación» (1 P. 1:17).

«Ahora, pues, Israel, ¿qué pide Jehova tu Dios de ti, sino que temas a Jehová tu Dios, que andes en todos sus caminos, y que lo ames, y sirvas a Jehová tu Dios con todo tu corazón y con toda tu alma?» (Dt. 10:12).

«A Jehová de los ejércitos, a Él santificad; sea Él vuestro temor,Él sea vuestro miedo» (Is. 8:13).

4 (11:22) ***Juicio—bondad de Dios:*** hay una tercera advertencia. El creyente gentil debe mirar atentamente la bondad y la severidad de Dios.

1. La severidad de Dios se ve en la caída espiritual de Israel. La palabra «severidad» (*apotomía*) significa abrupta, aguda, áspera, cortar. Los judíos habían cometido los mismos pecados acerca de los cuales se hace la advertencia a los gentiles en este pasaje. Los judíos...

- habían desarrollado una actitud de arrogancia y jactancia hacía otros pueblos, negándose a llevarles la Palabra de Dios.
- se habían sentido orgullosos y pagados de sí mismos, sintiéndose a salvo y seguros, pensando que por sí mismos eran más aceptables ante Dios que otros pueblos.

Además de estos flagrantes pecados, los judíos habían rechazado a los profetas de Dios a través de los siglos hasta que finalmente dieron muerte al propio Hijo de Dios. En suma, el pecado de ellos había sido la *incredulidad*. La vasta mayoría de los judíos nunca creyeron a Dios, no al punto de amar a Dios en forma suprema. Como resultado, el juicio y la severidad de Dios cayó sobre ellos (*véase* Estudio a fondo 2, ***Juicio***—Ro. 11:7-10 para ampliar la discusión.)

«A vosotros solamente he conocido de todas las familias de la tierra; por tanto, os castigaré por todas vuestras maldades» (Am. 3:2).

«Aquel siervo que conociendo la voluntad de su señor, no se preparó, ni hizo conforme a su voluntad, recibirá muchos azotes» (Lc. 12:47).

«El que en mí no permanece, será echado fuera como pámpano, y se secará; y los recogen, y los echan en el fuego, y arden» (Jn. 15:6).

«¿Y por qué no decir (como se nos calumnia, y como algunos, cuya condenación es justa, afirman que nosotros decimos): Hagamos males para que vengan bienes? ¿Qué, pues? ¿Somos nosotros mejores que ellos? En ninguna manera; pues, ya hemos acusado a judíos y a gentiles, que todos están bajo pecado» (Ro. 3:8-9).

«¿Cuánto mayor castigo pensáis que merecerá el que pisoteare al Hijo de Dios, y tuviere por inmunda la sangre del pacto en la cual fue santificado e hiciere afrenta al Espíritu de gracia?» (He. 10:29).

«Y castigaré al mundo por su maldad y a los impíos por su iniquidad; y haré que cese la arrogancia de los soberbios y abatiré la altivez de los fuertes» (Is. 13:11).

«Yo os castigaré conforme al fruto de vuestras obras, dice Jehová, y haré encender fuego en su bosque, y consumirá todo lo que está alrededor de Él» (Jer. 21:14).

«Acontecerá en aquel tiempo que yo escudriñaré a Jerusalén con linterna, y castigaré a los hombres que reposan tranquilos como el vino asentado, los cuales dicen en su corazón: Jehová ni hará bien ni hará mal» (Sof. 1:12).

2. La bondad de Dios se ve en el hecho de injertar a los gentiles y de aceptarlos. Pero note el énfasis de este argumento: la bondad de Dios es dada solamente a quienes permanecen en la bondad de Dios. La persona que conoce el amor de Dios debe caminar y vivir en la bondad de Dios. La palabra «permanecer» (*epimeno*) significa seguir, estar firme, quedarse, perseverar, continuar, estar. La idea es tanto de *posición* como de *relación*. El creyente...

- está establecido en la bondad de Dios.
- está relacionado, unido, a la bondad de Dios.

Es el cuadro de una persona que permanece y habita en la casa de la bondad de Dios. El creyente gentil debe permanecer y habitar, seguir y perseverar en la bondad de Dios, o él también será cortado (*ekkopesei*) así como los judíos fueron cortados (v. 17).

«Mas sabemos que el juicio de Dios contra los que practican tales cosas es según verdad» (Ro. 2:4).

«Porque de tal manera amó Dios al mundo, que ha dado a su Hijo unigénito, para que todo aquel que en Él cree, no se pierda, mas tenga vida eterna» (Jn. 3:16).

«Mas Dios muestra su amor para con nosotros, en que siendo aún pecadores, Cristo murió por nosotros» (Ro. 5:8).

«En quien tenemos redención por su sangre, el perdón de los pecados según las riquezas de su gracia [bondad]» (Ef. 1:7).

«Cualquiera que se extravía, y no persevera en la doctrina de Cristo, no tiene a Dios; el que persevera en la doctrina de Cristo, ése sí tiene al Padre y al Hijo» (2 Jn. 9).

5 (11:23-24) ***Israel, restauración:*** hay una cuarta advertencia.

El creyente gentil debe saber que la restauración de Israel es un acontecimiento probable.

1. La restauración de Israel es condicional. Note la palabra «si»—«si no permanecieren en incredulidad». La creencia genuina es una condición para salvación. La persona tiene que huir de la incredulidad hacia la fe para ser injertado y ser aceptado por Dios. Ninguno se acerca a Dios a menos que crea en su Hijo Jesucristo.

«Porque de tal manera amó Dios al mundo, que ha dado a su Hijo unigénito, para que todo aquel que en Él cree, no se pierda, mas tenga vida eterna» (Jn. 3:16).

«Así que, arrepentíos y convertíos, para que sean borrados vuestros pecados; para que vengan de la presencia del Señor tiempos de refrigerio» (Hch. 3:19).

«Convertíos, hijos rebeldes, y sanaré vuestras rebeliones. He aquí nosotros venimos a ti, porque tú eres Jehová nuestro Dios» (Jer. 3:22).

2. Dios puede volver a injertar a los judíos en el olivo. Esto quiere decir dos cosas.

a. Dios puede debido a su gran amor. Dios ama a cada uno y perdonará a cualquier persona si esa persona se aparta de su vida de pecado e incredulidad. Dios aceptará a toda persona que se acerque a El a través de su Hijo Jesucristo.

«¿Qué Dios como tú, que perdona la maldad, y olvida el pecado del remanente de su heredad? No retuvo para siempre su enojo, porque se deleita en misericordia» (Mi. 7:18).

«Pero cuando se manifestó la bondad de Dios nuestro Salvador, y su amor para con los hombres, nos salvó, no por obras de justicia que nosotros hubiéramos hecho, sino por su misericordia, por el lavamiento de la regeneración, y por la renovación en el Espíritu Santo, el cual derramó en nosotros abundantemente por Jesucristo nuestro Salvador, para que justificados por su gracia, viniésemos a ser herederos conforme a la esperanza de la vida eterna» (Tit. 3:4-7).

b. Dios puede debido a su enorme conocimiento y poder. Dios es Dios; por lo tanto, tiene un conocimiento y poder ilimitados. Sabe cuando el corazón del hombre está sujeto a Él y se mueve hacia Él. Sabe cuándo mover el corazón de una persona, y puede ordenar circunstancias que harán que una persona se vuelva a Él. En consecuencia, llegado el momento, tiene el poder para mover el corazón de los judíos para que se vuelvan a Él en grandes cantidades. El valle de huesos secos puede ser resucitado por el poder de Dios (Ez. 37:1ss).

«Y al que puede confirmaros según mi evangelio y la predicación de Jesucristo, según la revelación del misterio que se ha mantenido oculto desde tiempos eterno» (Ro. 16:25).

«Porque nada hay imposible para Dios» (Lc. 1:37).

«Para que sepáis ... cuál la supereminente grandeza de su poder para con nosotros los que creemos, según la operación del poder de su fuerza la cual operó en Cristo, resucitándole de los muertos y sentándole a su diestra en los lugares celestiales» (Ef. 1:18-20).

«Y Él os dio vida a vosotros, cuando estabais muertos en vuestros delitos y pecados» (Ef. 2:1).

«Las riquezas y la gloria proceden de ti, y tú dominas sobre todo; en tu mano están la fuerza y el poder, y en tu mano el hacer grande y el dar poder a todos» (1 Cr. 29:12).

3. El injerto de las ramas naturales (los judíos) es altamente más probable de lo que era el llamamiento de los gentiles. Note las palabras «cuánto más». Pablo está confiado en que Dios no solamente es poderoso, sino que Él injertará nuevamente a los judíos en el olivo. Pablo proclama que los judíos se volverán a Cristo y serán restaurados para establecer una relación correcta con Dios (*véase* notas—Ro. 11:16 para la discusión).

«También Isaías clama tocante a Israel: Si fuere el número de los hijos de Israel como la arena del mar, tan sólo el remanente será salvo» (Ro. 9:27).

«Así también aun en este tiempo ha quedado un remanente escogido por gracia» (Ro. 11:5).

«Porque no quiero, hermanos, que ignoréis este misterio, para que no seáis arrogantes en cuanto a vosotros mismos: que ha acontecido a Israel endurecimiento en parte, hasta que haya entrado la plenitud de los gentiles; y luego todo Israel será salvo, como está escrito: Vendrá de Sion el Libertador, que apartará de Jacob la impiedad» (Ro. 11:25-26).

«Entonces Jehová hará volver a tus cautivos, y tendrá misericordia de ti, y volverá a recogerte de entre todos los pueblos adonde te hubiere esparcido Jehová tu Dios» (Dt. 30:3).

«Si Jehová de los ejércitos no nos hubiese dejado un resto pequeño, como Sodoma fuéramos, y semejantes a Gomorra» (Is. 1:9).

«Y yo mismo recogeré el remanente de mis ovejas de todas las tierras adonde las eché, y las haré volver a sus moradas; y crecerán y se multiplicarán» (Jer. 23:3).

«Porque pondré mis ojos sobre ellos para bien, y los volveré a esta tierra, y los edificaré, y no los destruiré; los plantaré y no los arrancaré. Y les daré corazón para que me conozcan que yo soy Jehová; y me serán por pueblo, y yo les seré a ellos por Dios; porque se volverán a mí de todo su corazón» (Jer. 24:6-7).

«Porque así ha dicho Jehová: Regocijaos en Jacob con alegría, y dad voces de júbilo a la cabeza de naciones; haced oír, alabad, y decid: Oh Jehová, salva a tu pueblo, el remanente de Israel. He aquí yo los hago la tierra del norte, y los reuniré de los fines de la tierra, y entre ellos ciegos y cojos, la mujer encinta y la que dio a luz juntamente; en gran compañía volverán acá» (Jer. 31:7-8).

«Sin embargo, he aquí quedará en ella un remanente, hijos e hijas, que serán llevados fuera; he aquí que ellos vendrán a vosotros, y veréis su camino y sus hechos, y seréis consolados del mal que hice venir sobre Jerusalén, de todas las cosas que traje sobre ellas» (Ez. 14:22).

«Y profeticé como me había mandado, y entró espíritu en ellos, y vivieron, y estuvieron sobre sus pies, un ejército grande en extremo» (Ez. 37:10).

«De cierto te juntaré todo, oh Jacob; recogeré ciertamente el resto de Israel» (Mi. 2:12).

«Por tanto, vivo yo, dice Jehová de los ejércitos, Dios de Israel, que Moab será como Sodoma, y los hijos de Amón como Gomorra; campo de ortigas, y mina de sal, y asolamiento perpetuo; el remanente de mi pueblo los saqueará, y el *remanente de mi pueblo los heredará*» (Sof. 2:9)

1 Primera garantía: la gran revelación sobre los judíos[EFI] a. Era un misterio b. La ceguera de Israel es solo parcial: «En parte» c. La ceguera es solamente temporal 1) Hasta la plenitud de los gentiles 2) Israel será salvo	**I. La restauración de Israel y su seguridad, 11:25-36** 25 Porque no quiero, hermanos, que ignoréis este misterio, para que no seáis arrogantes en cuanto a vosotros mismos: que ha acontecido a Israel endurecimiento en parte, hasta que haya entrado la plenitud de los gentiles; 26 y luego todo Israel será salvo, como está escrito:	30 Pues como vosotros también en otro tiempo erais desobedientes a Dios, pero ahora habéis alcanzado misericordia por la desobediencia de ellos, 31 así también éstos ahora han sido desobedientes, para que por la misericordia concedida a vosotros, ellos también alcancen misericordia.	para con Israel **4 Cuarta garantía: la misericordia y testimonio del creyente a los judíos**
2 Segunda garantía: la promesa de las Escrituras: Jesucristo, se volverá a Israel	Vendrá de Sion el Libertador, que apartará de Jacob la impiedad. 27 Y este será mi pacto con ellos, cuando yo quite sus pecados.	32 Porque Dios sujetó a todos en desobediencia, para tener misericordia de todos.	**5 Quinta garantía: la santidad y misericordia de Dios**
3 Tercera garantía: el agrado de Dios con los patriarcas de Israel a. Dios ama a Israel debido a la gran fe de los patriarcas b. Dios es inmutable: Cumplirá su voluntad	28 Así que en cuanto al evangelio, son enemigos por causa de vosotros; pero en cuanto a la elección, son amados por causa de los padres. 29 Porque irrevocables son los dones y el llamamiento de Dios.	33 ¡Oh profundidad de las riquezas de la sabiduría y de la ciencia de Dios! ¡Cuán insondables son sus juicios, e inescrutables sus caminos! 34 Porque ¿quién entendió la mente del Señor? ¿O quién fue su consejero? 35¿O quién le dio a El primero, para que le fuese recompensado? 36 Porque de él, y por él, y para él son todas las cosas. A él sea la gloria por los siglos. Amén.	**6 Sexta garantía: el plan glorioso de Dios para el mundo** a. Su plan incluye su sabiduría y conocimiento sus juicios y caminos b. Ningún hombre puede captar el plan de Dios c. Ningún hombre puede ganar el don de Dios d. Dios es la única fuente, canal y fin de todas las cosas

I. La restauración de Israel y su seguridad, 11:25-36

(11:25-36) ***Introducción:*** la historia de Israel es una garantía. Dios ama al hombre con infinito amor, y el amor de Dios es inmutable. Por lo tanto, cualquier persona puede ser restaurada en su relación con Dios si esa persona invoca el nombre del Señor Jesucristo y le pide a Cristo que lo salve. Esto se ve claramente en la historia de Israel. La restauración de Israel es una garantía, y como tal, Israel está como ejemplo principal del amor inmutable de Dios hacia el hombre.

1. Primera garantía: la gran revelación de Dios acerca de los judíos (vv. 25-26).
2. Segunda garantía: la promesa de las Escrituras—el libertador divino, Jesucristo, se volverá a Israel (vv. 26-27).
3. Tercera garantía: el agrado de Dios con los patriarcas de Israel (vv. 28-29).
4. Cuarta garantía: la misericordia y testimonio del creyente a los judíos (vv. 30-31).
5. Quinta garantía: la santidad y misericordia de Dios (v. 32).
6. Sexta garantía: el plan glorioso de Dios para el mundo (vv. 33-36).

[1] (11:25-26) ***Israel, restauración—ceguera:*** la primera garantía es la gran revelación de Dios acerca de Israel. La revelación viene de Pablo. Note tres hechos significativos.

1. La revelación había sido un misterio desconocido hasta Pablo. La palabra «misterio» (*musterion*) en la Biblia no se usa según la usa la mayoría de los hombres, como algo oculto o difícil de entender. *Un misterio bíblico significa que…*

- algo que era desconocido ahora ha sido revelado.
- algo que estaba escondido ahora ha sido dado a conocer.
- algo que era secreto ahora ha sido revelado.

El futuro de Israel ahora es revelado y dado a conocer a los hombres. Note exactamente por qué Dios reveló el futuro de Israel: para que no ignoremos el futuro de Israel, y que no seamos sabios en nuestra propia opinión ni imaginemos que somos sabios. Esta última razón puede significar dos cosas.

- Los gentiles son culpables de mirar en menos a los judíos porque son tan diferentes del resto de nosotros. Han rechazado a Jesucristo y se oponen al cristianismo a tal grado que permanecen casi completamente solos. Los gentiles corren el peligro de inflarse, de pensar que son más aceptables a Dios porque miran con favor a Jesucristo y son más abiertos en su profesión cristiana. Hay el peligro de ponerse orgullosos y arrogantes, de enseñorearse de los judíos.
- El gentil, especialmente el creyente gentil, puede comenzar a pensar que su idea del destino de Israel es la idea correcta y que él y todos los seguidores de su posición son personas que tienen el entendimiento pleno de la verdad. Toda otra idea es incorrecta. Está el peligro de ser sabio en su propia opinión.

2. La ceguera de Israel es solamente parcial, sólo «en parte». Había creyentes judíos que seguían a Cristo en su tiempo y ha habido creyentes judíos que han seguido a Cristo a través de los siglos. La ceguera y dureza de Israel hacia el evangelio no es total; es solamente parcial. De acuerdo, como dicen las Escrituras, son tantos los judíos que ha rechazado y todavía rechazan a Cristo, que es como si *todo Israel como una nación* hubiera tropezado en Cristo y hubiera caído (cp. vv. 8-9). Sin embargo, ha habido y siempre habrá judíos que creen. La ceguera de Israel es sólo parcial.

3. La ceguera de Israel es solamente temporal. Dos afirmaciones muestran claramente esto.

a. La ceguera de Israel es solamente «hasta que haya entrado la plenitud de los gentiles». Note un punto significativo. *No importa cómo una persona interprete esta oración,* cuando se haya completado la plenitud de los gentiles, *será quitada la ceguera de Israel*, según las Escrituras. Qué es «la plenitud de los gentiles» está abierto a diferentes interpretaciones, pero eso no cambia lo que sucede a Israel. Solamente afecta *cuándo* la ceguera será quitada a Israel. La ceguera de Israel ha de continuar *solamente* hasta que haya entrado la plenitud de los gentiles. Ahora, ¿en qué consiste este acontecimiento? La plenitud de los gentiles puede significar...
   - un determinado número de gentiles convertidos que serán salvos, para reemplazar las «ramas desgajadas de Israel» (vv. 7-21).
   - el final de la era de los gentiles, época cuando el énfasis en la salvación ya no estará sobre los gentiles sino sobre los judíos.
   - el fin de la era de los gentiles, época cuando Dios arrebatará la iglesia (todos los creyentes) y producirá un avivamiento entre los judíos que entonces llegarán a ser los principales testigos para Él.

   El punto es digno de ser repetido. No importa lo que signifique «la plenitud de los gentiles», no cambia el hecho del avivamiento de Israel. La ceguera de Israel será quitada.

b. «Todo Israel será salvo». El hecho no puede ser más claro:
   - La ceguera de Israel es solamente temporal.
   - La restauración de Israel es una garantía.
   - Israel experimentará un avivamiento.
   - Israel se convertirá al Hijo de Dios, al Señor Jesucristo.

Pensamiento. Hay esperanza para toda persona. Note dos hechos críticos:

1) La ceguera de una persona en cuanto al Señor Jesucristo es sólo parcial. Mientras la persona vive, aún puede volverse a Cristo.
2) La ceguera de una persona es temporal *solamente* si esa persona se vuelve al Señor Jesucristo. Si la persona no cree ni entrega su vida a Cristo, su ceguera se hace permanente, y se pierde para siempre.

«Y esta es la condenación: que la luz vino al mundo, y los hombres amaron más las tinieblas que la luz, porque sus obras eran malas» (Jn. 3:19).

«El cual [Dios] nos ha librado de la potestad de las tinieblas, y trasladado al reino de su amado Hijo, en quien tenemos redención por su sangre, el perdón de los pecados» (Col. 1:13-14).

«Nuestro Salvador Jesucristo, el cual quitó la muerte y sacó a luz la vida y la inmortalidad por el evangelio» (2 Ti. :10).

«Este es el mensaje que hemos oído de Él, y os anunciamos: Dios es luz, y no hay ningunas tinieblas en Él. Si decimos que tenemos comunión con Él, y andamos en tinieblas, mentimos, y no practicamos la verdad; pero si andamos en luz, como Él está en luz, tenemos comunión unos con otros, y la sangre de Jesucristo su Hijo nos limpia de todo pecado» (1 Jn. 1:5-7).

ESTUDIO A FONDO 1

(11:25-26) ***Israel, restauración:*** hay muchas razones para tomar este pasaje en forma literal, esto es, como una predicción de la conversión del pueblo judío como una nación.

1. El conjunto del contexto favorece este punto de vista. La conversión de los judíos como un acontecimiento probable ha sido descrito en las palabras más claras y sencillas.

2. La nación fue rechazada, no como individuos, sino como una comunidad o nación. En consecuencia, es completamente natural decir que cuando habla de una restauración, Dios no está hablando de la restauración de individuos, sino de la comunidad o nación (vv. 11, 15).

3. Pablo habla de un gran acontecimiento, de algo que atraerá la atención mundial.

4. Pablo dice que es un «misterio». La conversión gradual de algunos judíos no sería un misterio. Cuando habla del misterio de los gentiles (Ef. 1:9; 3:4), Pablo habla de los gentiles como una comunidad que es admitida en la iglesia de Dios. Así que, es completamente natural suponer que cuando habla del misterio de los judíos, Pablo habla de un gran acontecimiento, de un gran movimiento de judíos que se vuelven a Cristo.

5. La expresión «todo Israel» (v. 26) no puede significar un Israel espiritual. Ese tipo de interpretación hace violencia al uso de la palabra «Israel» a través de todo este contexto. Sencillamente significa Israel como una nación, como una comunidad de personas. Esto también es claro en las advertencias que se dan a través de todo el pasaje a gentiles y judíos.

Sin embargo, «todo Israel» tiene en la mira a la nación en masa. No significa necesariamente cada individuo. Note un hecho muy significativo: cuando la nación se endureció, las Escrituras hablan de que la nación, esto es, todo Israel fue rechazado. No obstante, no fue rechazada cada persona. Hubo individuos que todavía creían y componían un remanente (cp. Ro. 11:1-10). No se perdió cada individuo, de modo que lo mismo es posible cuando la nación sea restaurada. Habrá un gran número de judíos que se abrirán y serán sensibles al evangelio, pero no necesariamente cada individuo. Dicho en una sola afirmación sencilla: Israel se abrirá al evangelio del mismo modo que los gentiles lo están. Muchos judíos comenzarán a ser salvos así como muchos gentiles ahora se salvan.

«Entonces Jehová hará volver a tus cautivos, y tendrá misericordia de ti, y volverá a recogerte de entre todos los pueblos adonde te hubiere esparcido Jehová tu Dios» (Dt. 30:3).

«Restauraré tus jueces como al principio, y tus consejeros como eran antes; entonces te llamarán ciudad de justicia, Ciudad fiel» (Is. 1:26).

«Y levantará pendón a las naciones, y juntará a los desterrados de Israel, y reunirá los esparcidos de Judá de los cuatro confines de la tierra» (Is. 11:12).

«Acontecerá también en aquel día, que se tocará con gran trompeta, y vendrán los que habían sido esparcidos en la tierra de Asiria, y los que habían sido desterrados a Egipto, y adorarán a Jehová en el monte santo, en Jerusalén» (Is. 27:13).

«Mira a Sion, ciudad de nuestras fiestas solemnes; tus ojos verán a Jerusalén, morada de quietud, tienda que no será desarmada, ni serán arrrancadas sus estacas, ni ninguna de sus cuerdas será rota» (Is. 33:20).

«Hablad al corazón de Jerusalén; decidle a voces que su tiempo es ya cumplido, que su pecado es perdonado; que doble ha recibido de la mano de Jehová por todos sus pecados» (Is. 40:2).

«Así dijo Jehová el Señor: He aquí, yo tenderé mi mano a las naciones, y a los pueblos levantaré mi bandera; y traerán en brazos a tus hijos, y tus hijas serán traídas en hombros» (Is. 49:22).

«Y extranjeros edificarán tus muros, y tus reyes te servirán; porque en mi ira te castigué, mas en mi buena voluntad tendré de ti misericordia» (Is. 60:10).

«Y yo mismo recogeré el remanente de mis ovejas de todas las tierras adonde las eché, y las haré volver a sus moradas; y crecerán y se multiplicarán» (Jer. 23:3).

«Porque pondré mis ojos sobre ellos para bien, y los volveré a esta tierra, y los edificaré, y no los destruiré; los plantaré y no los arrancaré. Y les daré corazón para que me conozcan que yo soy Jehová; y me serán por pueblo, y yo les seré a ellos por Dios; porque se volverán a mí de todo su corazón» (Jer. 24:6-7).

«Porque así ha dicho Jehová: Regocijaos en Jacob con alegría, y dad voces de júbilo a la cabeza de naciones; haced oír, alabad, y decid: Oh Jehová, salva a tu pueblo, el remanente de Israel. He aquí yo los hago la tierra del norte, y los reuniré de los fines de la tierra, y entre ellos ciegos y cojos, la mujer encinta y la que dio a luz juntamente; en gran compañía volverán acá» (Jer. 31:7-8).

«Sin embargo, he aquí quedará en ella un remanente, hijos e hijas, que serán llevados fuera; he aquí que ellos vendrán a vosotros, y veréis su camino y sus hechos, y seréis consolados del mal que hice venir sobre Jerusalén, de todas las cosas que traje sobre ellas» (Ez. 14:22).

«Pero en mi santo monte, en el alto monte de Israel, dice Jehová el Señor, allí me servirá toda la casa de Israel, toda ella en la tierra; allí los aceptaré, y allí demandaré vuestras ofrendas, y las primicias de vuestros dones, con todas vuestras cosas consagradas» (Ez. 20:40).

«Mas vosotros, oh montes de Israel, daréis vuestras ramas, y llevaréis fruto para mi pueblo Israel; porque cerca están para venir» (Ez. 36:8).

«Y profeticé como me había mandado, y entró espíritu en ellos, y vivieron, y estuvieron sobre sus pies, un ejército grande en extremo» (Ez. 37:10).

«De cierto te juntaré todo, oh Jacob; recogeré ciertamente el resto de Israel» (Mi. 2:12).

«Por tanto, vivo yo, dice Jeho vá de los ejércitos, Dios de Israel, que Moab será como Sodoma, y los hijos de Amón como Gomorra; campo de ortigas, y mina de sal, y asolamiento perpetuo; el remanente de mi mi pueblo los saqueará, y *el remanente de mi pueblo los heredará*» (Sof. 2:9).

«Clama aún, diciendo: Así dice Jehová de los ejércitos: Aún rebosarán mis ciudades con la abundancia del bien, y aún consolará Jehová a Sion, y escogerá todavía a Jerusalén» (Zac. 1:17).

«Porque yo fortaleceré la casa de Judá, y guardaré la casa de José, y los haré volver; porque de ellos tendré piedad, y serán como si no los hubiera desechado; porque yo soy Jehová su Dios, y los oiré» (Zac. 10:6).

«Y morarán en ella, y no habrá nunca más maldición, sino que Jerusalén será habitada confiadamente» (Zac. 14:11).

«Y será grata la ofrenda de Judá y Jerusalén, como en los días pasados, y como en los años antiguos» (Mal. 3:4).

2 (11:26-27) ***Israel, restauración—perdón de pecados:*** la segunda garantía es la promesa de las Escrituras. El gran libertador divino, Jesucristo mismo, hará volver a Israel. Las Escrituras dan un vistazo a la futura restauración de Israel en este versículo, pero note que es solamente un vistazo. Cómo será restaurado Israel es algo que no se discute en este pasaje. Se dan solamente dos cosas importantes.

1. Alguna gran manifestación de Cristo el libertador hará que Israel se vuelva al evangelio.

«Porque os [Israel] digo que desde ahora no me veréis, hasta que digáis: Bendito el que viene en el nombre del Señor» (Mt. 23:39).

«Así que, arrepentíos y convertíos, para que sean borrados vuestros pecados; para que vengan de la presencia del Señor tiempos de refrigerio, y Él envíe a Jesucristo, que os [Israel] fue antes anunciado; a quien de cierto es necesario que el cielo reciba hasta los tiempos de la restauración de todas las cosas, de que habló Dios por boca de sus santos profetas que han sido desde tiempo antiguo» (Hch. 3:19-21).

«Ha acontecido a Israel endurecimiento en parte, hasta que haya entrado la plenitud de los gentiles» (Ro. 11:25).

«Pero el entendimiento de ellos [Israel] se embotó; porque hasta el día de hoy, cuando leen el antiguo pacto, les queda el mismo velo no descubierto, el cual por Cristo es quitado. Y aun hasta el día de hoy, cuando se lee a Moisés, el velo está puesto en el corazón de ellos. Pero cuando [Israel] se conviertan al Señor, el velo se quitará» (2 Co. 3:14-16).

«¡Oh, que de Sion saliera la salvación de Israel! Cuando Jehová hiciere volver a los cautivos de su pueblo, se gozará Jacob, y se alegrará Israel» (Sal. 14:7).

«Y vendrá el Redentor a Sion, y a los que se volvieren de la iniquidad en Jacob, dice Jehová. Y este será mi pacto con ellos, dijo Jehová: El Espíritu mío que está sobre ti, y mis palabras que puse en tu boca, no faltarán de tu boca, ni de la boca de tus hijos, ni de la boca de los hijos de tus hijos, dijo Jehová, desde ahora y para siempre» (Is. 59:20-21).

«De esta manera, pues, será perdonada la iniquidad de Jacob» [literalmente, quitado su pecado] (Is. 27:9).

«He aquí que vienen días, dice Jehová, en los cuales haré nuevo pacto con la casa de Israel y con la casa de Judá. No como el pacto que hice con sus padres el día que tomé su mano para sacarlos de la tierra de Egipto; porque ellos invalidaron mi pacto, aunque fui yo un marido para ellos, dice Jehová. Pero este es el pacto que haré con la casa de Israel después de aquellos días, dice Jehová: Daré mi ley en su mente, y la escribiré en su corazón; y yo seré a ellos por Dios, y ellos me serán por pueblo. Y no enseñará más ninguno a su prójimo, ni ninguno a su hermano, diciendo: Conoce a Jehová; porque todos me conocerán, desde el más pequeño de ellos hasta el más grande, dice Jehová; porque perdonaré la maldad de ellos, y no me acordaré más de su pecado» (Jer. 31:31-34).

«Porque muchos días estarán los hijos de Israel sin rey, sin príncipe, sin sacrificio, sin estatua, sin efod y sin terafines. Después volverán los hijos de Israel, y buscarán a Jehová su Dios, y a David su rey; y temerán a Jehová y a su bondad en el fin de los días» (Os. 3:4-5).

«Y derramaré sobre la casa de David, y sobre los moradores de Jerusalén, espíritu de gracia y de oración; y mirarán a mí, a quien traspasaron, y llorarán como se llora por hijo unigénito, afligiéndose por él como quien se aflige por el primogénito» (Zac. 12:10).

2. El gran libertador, Jesucristo, hará dos cosas por Israel.
   a. Jesucristo apartará la impiedad de Israel (cp. Is. 27:9).
   b. Jesucristo cumplirá el pacto con Israel: quitará sus pecados (cp. Is. 59:21; 27:9).

«Pedro les dijo: Arrepentíos, y bautícese cada uno de vosotros en el nombre de Jesucristo para perdón de los pecados; y recibiréis el don del Espíritu Santo» (Hch. 2:38).

«A éste, Dios ha exaltado con su diestra por Príncipe y Salvador, para dar a Israel arrepentimiento y perdón de pecados» (Hch. 5:31)

«Sabed, pues, esto, varones hermanos: que por medio de él se anuncia perdón de pecados» (Hch. 13:38).

«En quien tenemos redención por su sangre, el perdón de los pecados según las riquezas de su gracia» (Ef. 1:7).

«Yo, yo soy el que borro tus rebeliones por amor de mí mismo, y no me acordaré de tus pecados» (Is. 43:25).

«Yo deshice como una nube tus rebeliones, y como

niebla tus pecados; vuélvete a mí, porque yo te redimí» (Is. 44:22).

«Deje el impío su camino, y el hombre inicuo sus pensamientos, y vuélvase a Jehová, el cual tendrá de él misericordia, y al Dios nuestro, el cual será amplio en perdonar» (Is. 55:7).

3 (11:28-29) ***Israel, restauración:*** la tercera garantía es que Dios tuvo agrado en los patriarcas de Israel.

1. La afirmación «[los judíos] son enemigos por causa de vosotros» suena como si Dios hubiera predestinado el rechazo de Israel. Sin embargo, Dios no causa el pecado (Stg. 1:13-14); Dios no hace que la gente rechace a su Hijo y su voluntad. Lo que esa afirmación significa es esto: la palabra «enemigo» (*echthroi*) tiene un significado pasivo y uno activo. Quiere decir hostil u odiado por, y significa odiar o ser odiado. Es posible que en este pasaje en particular haya que entenderlo de las dos maneras. Los judíos eran hostiles a Dios; habían rechazado la oferta de la justicia de Dios en Cristo Jesús, y se habían negado a ser la fuerza misionera del Hijo de Dios. En consecuencia, suscitaron el desagrado de Dios. Aborrecían a Dios; consecuentemente, Dios se desagradó de ellos.

Note que Dios hizo lo que tenía que hacer. Se volvió a los gentiles. Israel no quiso ser la fuerza misionera del Hijo de Dios, de modo que Dios se volvió a los gentiles. Entre los gentiles Dios encontró un pueblo receptivo. Los gentiles aceptaron la oferta de la justicia de Dios en Jesucristo, y se constituyeron en la fuerza misionera de Cristo ante todo el mundo. Sin embargo, es fundamental recordar algo: esto no significa que cada gentil es salvo. La mayoría no lo son, aunque sí un buen número de ellos han aceptado y todavía aceptan a Jesucristo. Debemos recordar esto: en este pasaje Dios está hablando *nacionalmente, no individualmente*.

- Unos pocos judíos aceptaron a Cristo como el Mesías, pero el número es pequeño. El número es tan pequeño, que Dios puede decir que Israel como una nación ha rechazado a Cristo.
- Un número mucho más grandes de gentiles acepta a Cristo como su Salvador. Sin embargo, como queda en evidencia por la vida sin santidad de la mayoría de los gentiles, la mayoría rechaza a Cristo; Pero el número de los que lo reciben es bastante grande. Es suficientemente grande como para que Dios diga que los gentiles, como una *comunidad* han aceptado su oferta de salvación en Cristo.

Pensamiento. El punto es que Dios está hablando *nacionalmente, no individualmente*. Y debemos recordar esto, porque es absolutamente esencial que cada uno haga una *decisión personal* de recibir a Cristo y seguirle, llevando una vida pura.

«Porque la gracia de Dios se ha manifestado para salvación a todos los hombres, enseñándonos que, renunciando a la impiedad y a los deseos mundanos, vivamos en este siglo sobria, justa y piadosamente, aguardando la esperanza bienaventurada y la manifestación gloriosa de nuestro gran Dios y Salvador Jesucristo, quien se dio a sí mismo por nosotros para redimirnos de toda iniquidad y *purificar para sí* un pueblo propio, celoso de buenas obras» (Tit. 2:11-14).

2. La afirmación «[los judíos] son amados por causa de los padres» muestra que Dios todavía ama a Israel. Como una gente, todavía le es muy especial. ¿Cómo puede ser cuando ellos han sido tan hostiles hacia el hijo de Dios, Jesucristo, y contra el esfuerzo misionero del hijo de Dios? Hay dos razones porque Dios todavía a Israel.

a. Los patriarcas de Israel eran personas piadosas, personas de una fe en Dios fuera de lo común. (*Véase* nota—Ro. 11:16; además *véase* Estudio a fondo 1, ***Abraham***—Ro. 4:1-25 para ampliar la discusión.) Hubo personas como Abraham, Isaac, Jacob, Moisés, Josué, Débora, Rut, Elías—y la lista podría alargarse más y más. Como dicen las Escrituras:

«¿Y qué más digo? Porque el tiempo me faltaría contando de Gedeón, de Barac, de Sansón, de Jefté, de David, así como de Samuel y de los profetas; que por fe conquistaron reinos, hicieron justicia, alcanzaron promesas, taparon bocas de leones, apagaron fuegos, evitaron filo de espada, sacaron fuerzas de debilidad, se hicieron fuertes en batallas, pusieron en fuga ejércitos extranjeros. Las mujeres recibieron sus muertos mediante resurrección; mas otros fueron atormentados, no aceptando el rescate, a fin de obtener mejor resurrección. Otros experimentaron vituperios y azotes, y a más de esto prisiones y cárceles. Fueron apedreados, aserrados, puestos a prueba, muertos a filo de espada; anduvieron de acá para allá cubiertos de pieles de ovejas y de cabras, pobres, angustiados, maltratados; de los cuales el mundo no era digno; errando por los desiertos, por los montes, por las cuevas y por las cavernas de la tierra» (He. 11:32-38).

Estos hombres y mujeres piadosos conocían a Dios —lo conocían personal e íntimamente— y Dios no podría jamás olvidar a una persona que los amó tanto. Recuerde esto también: la gente piadosa son personas que oran, que oran por sus familiares y vacinos, por su nación y por el mundo. Y Dios oye y responde las oraciones de su pueblo. Dios nunca podría dar la espalda a Israel por esta sola razón.

b. Hay una segunda razón por la que Dios todavía ama a Israel: Dios mismo es *inmutable en sus dones y llamamiento*. Dios llamó y prometió dones muy especiales a los patriarcas de Israel, y Dios es inmutable; por lo tanto...

- cada propósito para el cual Dios llamó a Israel será cumplido en la vida de muchos judíos.
- cada don que Dios prometió a Israel será dado a muchos judíos.

El punto es notable. Dios no cambia su propósito. Él es constante, inmutable, no cambia. Cumplirá fielmente Su llamamiento y los dones a Israel.

«El consejo de Jehová permanecerá para siempre; los pensamientos de su corazón por todas las generaciones» (Sal. 33:11)

«Pero tú eres el mismo, y tus años no se acabarán» (Sal. 102:27).

«Oh Jehová, eterno es tu nombre; tu memoria, oh Jehová, de generación en generación» (Sal. 135:13).

«Tu reino es reino de todos los siglos, y tu señorío en todas las generaciones» (Sal. 145:13).

«Porque yo Jehová no cambio» (Mal. 3:6).

«Tú eres el mismo, y tus años no acabarán» (He. 1:12).

«Jesucristo es el mismo ayer, hoy y por los siglos» (He. 13:8).

«Toda buena dádiva y todo don perfecto desciende de lo alto, del Padre de las luces, en el cual no hay mudanza, ni sombra de variación» (Stg. 1:17).

«Yo soy el Alfa y la Omega, principio y fin, dice el Señor, el que es y que era y que ha de venir, el Todopoderoso» (Ap. 1:8).

(11:30-36) ***Otro bosquejo:*** el plan mundial de Dios para todos los hombres.

1. Dios escogió a los judíos (v. 30).
2. Dios movió a los gentiles: de la incredulidad a la misericordia (v. 30).
3. Dios va a mover a los judíos nuevamente: de la incre-

dulidad a la misericordia (v. 31).

4. El propósito de Dios es mover a todos los hombres: de la incredulidad a la misericordia (v. 32).

5. El plan mundial de Dios descansa en la profundidad de las riquezas de Su sabiduría y conocimiento (v. 33).

a. Ningún hombre puede entender el plan de Dios (v. 34).
b. Ningún hombre puede ganar el don de Dios (v. 35).
c. Dios es el todo en todos (v. 36).

4 (11:30-31) ***Israel, restauración:*** la cuarta garantía es la misericordia y testimonio del creyente a los judíos. Estos dos versículos hablan históricamente. Muy simplemente, la historia se repetirá.

- En el pasado —antes de la venida de Cristo— los gentiles no conocían a Dios ni le obedecían, pero los judíos sí.
- Con el tiempo, los judíos rechazaron a Dios, lo cual se ve finalmente en el hecho de que dieron muerte al hijo de Dios, a Jesucristo. Ellos también dejaron de creer (no obedecieron a Dios).
- Por lo tanto, Dios se volvió a los gentiles.

Ahora bien, note: si llegamos a conocer a Dios por medio de la incredulidad de los judíos, ¿cuánto más se mostrará misericordia a los judíos a través de la misericordia de los gentiles? Para decirlo en otra forma...

- si la misericordia vino a causa de la incredulidad, ¿cuánto más la misericordia resultará en misericordia?
- si la misericordia hacia los gentiles vino por la incredulidad de los judíos, ¿cuánto más vendrá la misericordia a los judíos a través de la misericordia de los gentiles?

El argumento parece ser este: nosotros conocimos verdaderamente la misericordia de Dios por medio de Jesucristo nuestro Señor; por lo tanto, queremos que el mundo experimente la misma misericordia y perdón de pecados. En particular, nos sentimos endeudados con los judíos, el pueblo a través del cual Dios nos dio Su Palabra, a su Hijo y sus promesas. Así que las Escrituras anuncian que los esfuerzos de evangelización orientados hacia los judíos darán fruto algún día. Los judíos serán alcanzados por la misericordia de Dios; creerán y obedecerán a Jesucristo como Señor. Los judíos serán restaurados al favor de Dios.

Pensamiento. Todo creyente que conoce la misericordia de Dios debe compartirla. Dios aborrece el exclusivismo, el prejuicio, la parcialidad. El mundo necesita urgentemente del evangelio, los judíos al igual que los gentiles, y Dios exige que su misericordia sea compartida con el mundo.

«Entonces Jesús les dijo otra vez: Paz a vosotros. *Como me envió el Padre*, así también yo os envío» (Jn. 20:21).

«Dios estaba en Cristo reconciliando consigo al mundo, no tomándoles en cuenta a los hombres sus pecados, y nos encargó a nosotros la palabra de la reconciliación. Así que, somos embajadores en nombre de Cristo, como si Dios rogase por medio de nosotros; os rogamos en nombre de Cristo: reconciliaos con Dios» (2 Co. 5:19-20).

«Lo que hemos visto y oído, eso os anunciamos, para que también vosotros tengáis comunión con nosotros; y nuestra comunión verdaderamente es con el Padre, y con su Hijo Jesucristo» (Jn. 1:3).

5 (11:32) ***Israel, restauración:*** la quinta garantía es la santidad y la misericordia de Dios. La palabra «sujetó» (*sunekleisen*) significa encerrar en un lugar, encerrar, clausurar. Esta es una idea poco común: Dios ha tomado a los hombres, judíos y gentiles, y los ha encerrado en desobediencia (*apeitheian*) o incredulidad. Este es el juicio de la corte divina (*véanse* Estudio a fondo 2— Ro.11:7-10; nota—1:24; Estudio a fondo 1—Jn. 12:29-41). Es el cuadro de Dios utilizando para bien los pecados y las circunstancias. Dios toma el pecado y lo usa para bien del mundo. El hombre ha escogido el pecado, ha elegido hacer su propia voluntad en la vida, de modo que Dios lo deja seguir sus propios caminos. Dios encierra al hombre en su propio mundo de egoísmo, y le deja deambular en su mundo de pecado. ¿Por qué? Para que se vea claramente la verdadera naturaleza pecaminosa del hombre, y en consecuencia, el hombre honesto y pensador busque a Dios. Dios desea y quiere tener misericordia de todos, judíos y gentiles; pero antes de acercarse a Dios, el hombre debe confesar dos cosas:

- que son criaturas pecadoras y moribundas con una urgente necesidad de Dios.
- que Dios existe y Él tendrá misericordia de la persona que le busca diligentemente.

Ahora, note: todos los hombres, judíos y gentiles, están encerrados en su mundo de pecado. ¿Por qué? Para que Dios pueda tener misericordia de ambos. La santidad y el amor de Dios garantizan que los judíos serán salvados y restaurados a la misricordia de Dios. Todo lo que se necesita es que los judíos empiecen a buscar a Dios. Dios tendrá misericordia de cualquiera que le busque genuinamente.

«Pero sin fe es imposible agradar a Dios; porque es necesario que el que se acerca a Dios crea que le hay, y que es galardonador de los que le buscan» (He. 11:6).

«Mas si desde allí buscares [el mundo] a Jehová tu Dios, lo hallarás, si lo buscares de todo tu corazón y de toda tu alma» (Dt. 4:29).

«Si se humillare mi pueblo, sobre el cual mi nombre es invocado, y oraren, y buscaren mi rostro, y se convirtieren de sus malos caminos; entonces yo oiré desde los cielos, y perdonaré sus pecados, y sanaré su tierra» (2 Cr. 7:14).

«Mas la misericodia de Jehová es desde la eternidad hasta la eternidad sobre los que le temen, y su justicia sobre los hijos de los hijos» (Sal. 103:17).

«Porque mi boca hablará verdad, y la impiedad abominan mis labios» (Pr. 8:7).

«Y me buscaréis y me hallaréis, porque me buscaréis de todo vuestro corazón» (Jer. 29:13).

«Por la misericordia de Jehová no hemos sido consumidos, porque nunca decayeron sus misericordias» (Lm. 3:22).

«Rasgad vuestro corazón, y no vuestros vestidos, y convertíos a Jehová vuestro Dios; porque miseriordioso es y clemente, tardo para la ira y grande en misericordia, y que se duele del castigo» (Jl. 2:13).

«¿Qué Dios como tú, que perdona la maldad, y olvida el pecado del remanente de su heredad? No retuvo para siempre su enojo, porque se deleita en misericorda» (Mi. 7:18).

6 (11:33-36) ***Israel, restauración:*** la sexta garantía es el glorioso plan de Dios para el mundo. Note cuatro puntos.

1. El glorioso plan de Dios para el mundo involucra cuatro grandes actos de Dios.

a. Su infinita sabiduría y conocimiento: el saber hacer cada cosa en forma perfecta; el saber cómo crear y ordenar, arreglar y gobernar todas las cosas de modo que todas las cosas obren perfectamente. Note que la sabiduría y el conocimiento de Dios se presentan como que son profundos y ricos: «¡Oh profundidad de las riquezas de la sabiduría y de la ciencia de Dios!» La sabiduría y el conocimiento de Dios son tan profundos y ricos...

- que los ángeles desean mirar en ellos (1 P. 1:13).
- que son infinitos (Ef. 3:18)
- que son demasiado maravillosos para el hombre (Sal. 139:6. Este solo versículo muestra

cuán grande es la misericordia de Dios hacia nosotros.)
- que incluyen pensamientos más numerosos que los granos de arena que hay en el mundo (Sal. 139:17-18).

b. Sus juicios y caminos infinitos: su juicio al planificar y decidir cada cosa, y sus caminos al ejecutar sus propósitos y decisiones. Note que se dice que su juicio y sus caminos son inescrutables e insondables.
- Las cosas secretas pertenecen a Dios (Dt. 29:29).
- Dios es glorificado por Sus juicios y caminos infinitos (Pr. 25:2).
- Las grandes cosas de Dios son inescrutables y sin número (Job 5:9; 9:10).
- El hombre no puede descubrir a Dios escudriñando (Job 11:7).
- No se puede escudriñar el entendimiento de Dios (Is. 40:28).

2. Ningún hombre puede captar el plan de Dios. Ningún hombre puede conocer la mente del Señor; ningún hombre puede ser consejero de Dios. Note dos puntos significativos.

a. Ningún hombre puede captar el plan de Dios. Las Escrituras dejan esto abundantemente claro.

«El único [Jesucristo] que tiene inmortalidad, que habita en luz inaccesible; a quien ninguno de los hombres ha visto ni puede ver, al cual sea la honra y el imperio sempiterno» (1 Ti. 6:16).

«¿Descubrirás tú los secretos de Dios? ¿Llegarás tú a la perfección del Todopoderoso?» (Job 11:7).

«Todo lo hizo hermoso en su tiempo; y ha puesto eternidad en el corazón de ellos, sin que alcance el hombre a entender la obra que ha hecho Dios desde el principio hasta el fin» (Ec. 3:11).

b. Sin embargo, los creyentes tienen *la mente de Cristo*. Esto no significa que los creyentes entienden a Dios y sus caminos en forma perfecta, sino que se revela a sí mismo y la verdad a los creyentes—lo suficiente de sí mismo y sus caminos para salvarlos del pecado, la muerte, el juicio y el infierno.

«Porque ¿quién conoció la mente del Señor? ¿Quién le instruirá? Mas nosotros tenemos al mente de Cristo» (1 Co. 2:16).

«Y nosotros no hemos recibido el espíritu del mundo, sino el Espíritu que proviene de Dios, para que sepamos lo que Dios nos ha concedido» (1 Co. 2:12).

«Jesús les respondió y dijo: Mi doctrina no es mía, sino de aquel que me envió. El que quiera hacer la voluntad de Dios, conocerá si la doctrina es de Dios, o si yo hablo por mi propia cuenta» (Jn. 7:16-17).

«Dijo entonces Jesús a los judíos que habían creído en Él: si vosotros permaneciereis en mi palabra, seréis verdaderamente mis discípulos; y conoceréis la verdad y la verdad os hará libres» (Jn. 8:31-32).

«Y esta es la vida eterna: que te conozcan a ti, el único Dios verdadero, y a Jesucristo, a quien has enviado» (Jn. 17:3).

«No cesamos de orar por vosotros, y de pedir que seáis llenos del conocimiento de su voluntad en toda sabiduría e inteligencia espiritual» (Col. 1:9-10).

«Y conoceremos, y proseguiremos en conocer a Jehová» (Os. 6:3).

3. Ningún hombre puede ganar el don de Dios. Note dos hechos respecto de este versículo.

a. Nadie puede poner a Dios como su deudor. Ningún hombre puede dar nada a Dios y pretender que Dios le deba algo a cambio. Dios no debe nada a nadie. El hombre se ha negado y se ha rebelado para no seguir a Dios, prefiriendo seguir sus propios caminos. El hombre está cometiendo alta traición contra Dios. El hombre no merece el favor de Dios ni puede ganarlo. Si el hombre ha de recibir un favor de Dios, Dios debe dárselo gratuitamente.

«Muchos me dirán en aquel día: Señor, Señor, ¿no profetizamos en tu nombre, y en tu nombre echamos fuera demonios, y en tu nombre hicimos muchos milagros? Y entonces les declararé: Nunca os conocí; apartaos de mí, hacedores de maldad» (Mt. 7:22-23).

«Ya que por las obras de la ley ningún ser humano será justificado delante de Él; porque por medio de la ley es el conocimiento del pecado» (Ro. 3:20).

«Sabiendo que el hombre no es justificado por las obras de la ley, sino por la fe de Jesucristo, nosotros también hemos creído en Jesucristo, para ser justificados por la fe de Cristo y no por las obras de la ley, por cuanto por las obras de la ley nadie será justificado» (Gá. 2:16).

«Porque por gracia sois salvos por medio de la fe; y esto no de vosotros, pues es don de Dios; no por obras, para que nadie se gloríe» (Ef. 2:8-9).

«Pero cuando se manifestó la bondad de Dios nuestro Salvador, y su amor para con los hombres, nos salvó, no por obras de justicia que nosotros hubiéramos hecho, sino por su misericordia, por el lavamiento de la regeneración y por la renovación en el Espíritu Santo» (Tit. 3:4-5).

b. La depravación del hombre debiera silenciar su jactancia. No lo hace, pero debiera (*véase* nota—Ro. 3:19-20. Cp. Ro. 3:9-20 para la discusión.)

4. Solamente Dios es la fuente, el medio y el fin de todas las cosas. Por lo tanto, Dios debe ser glorificado por siempre jamás.
- Todas las cosas son *de Dios:* todas las cosas fueron creadas por Dios y encuentran su fuente en Él.
- Todas las cosas son *a través de Dios*: todas las cosas vienen a través de su sabiduría y conocimiento, sus juicios y caminos.
- Todas las cosas son *de Dios*: todas las cosas existen para Dios, por su bondad y beneplácito.

«Señor, digno eres de recibir la gloria y la honra y el poder; porque tú creaste todas las cosas, y por tu voluntad existen y fueron creadas» (Ap. 4:11).

«Los que teméis a Jehová, alabadle; glorificadle, descendencia toda de Jacob, y temedle vosotros, descendencia toda de Israel» (Sal. 22:23).

«Te alaben, oh Jehová, todas tus obras, y tus santos te bendigan» (Sal. 145:10).

«Porque habéis sido comprados por precio; glorificad, pues, a Dios en vuestro cuerpo y en vuestro espíritu, los cuales son de Dios» (1 Co. 6:20).

«En esto es glorificado mi Padre, en que llevéis mucho fruto, y seáis así mis dicípulos» (Jn. 15:8).

	CAPÍTULO 12 **VIII. EL CREYENTE Y SU CONDUCTA DIARIA, 12:1—15:13** **A. El creyente y Dios, 12:1-2**
1 Insistencia en la devoción[EF1] **2 Presentad vuestros cuerpos a Dios** a. Sacrificio vivo, santo b. La razón: es aceptable y razonable	**A**sí que, hermanos, os ruego por las misericordias de Dios, que presentéis vuestros cuerpos en sacrificio vivo, santo, agradable a Dios, que es vuestro culto racional.
3 No os conforméis a este mundo **4 Sed transformados** a. Por la renovación de vuestro entendimiento b. La razón: comprobar la voluntad de Dios	2 No os conforméis a este mundo, sino transformaos por medio de la renovación de vuestro entendimiento, para que comprobéis cuál sea la buena voluntad de Dios, agradable y perfecta.

VIII. EL CREYENTE Y SU CONDUCTA DIARIA, 12:1—15:13

A. El creyente y Dios, 12:1-2

(12:1-2) ***Introducción:*** el creyente debe ser dedicado a Dios. Todo cuanto es y tiene debe consagrarlo al culto y servicio a Dios. Algo menos que la devoción total está lejos de la gloria de Dios: es pecado. Así que, al discutir la relación del creyente con Dios, las Escrituras son enfáticas en su exhortación. Sin ambigüedades, las Escrituras piden la devoción total en forma enfática.

1. Insistencia en la devoción (v. 1).
2. Presentad vuestros cuerpos a Dios (v. 1).
3. No os conforméis a este mundo (v. 2).
4. Sed transformados (v. 2).

[1] (12:1) ***Dedicación—consagración:*** se exhorta enfáticamente a la devoción. La expresión «así que» introduce un nuevo tema para ser desarrollado. Relaciona lo que está por decirse con lo que ya se ha dicho. Lo que se ha dicho es esto:

- El mundo necesita urgentemente arreglar su relación con Dios (Ro. 1:18—3:20).
- El camino para que el mundo arregle las cuentas con Dios ahora se revela claramente por medio de su Hijo, el Señor Jesucristo. El camino es la *justificación*: creer en el Señor Jesucristo y que Dios *cuente* nuestra fe como justicia (Ro. 3:21—5:21).
- El creyente en Cristo ahora puede ser *santificado*, esto es, ser apartado para Dios y ser liberado del pecado para vida eterna por el Señor Jesucristo y por su Espírittu Santo (Ro. 6:1—8:39).
- El creyente de la Iglesia, no Israel, es ahora a quien Dios ha elegido para llevar el evangelio de su Hijo a todo el mundo (Ro. 9:1—11:36).

Este es el glorioso mensaje de cuánto nos ama Dios y de lo que Dios ha hecho por nosotros. Esto es lo que se quiere significar por la expresión «las misericordias de Dios». Las misericordias de Dios son sobreabundantes; son mucho más de lo que cualquier persona pudiera desear. Basta con pensar en lo que Dios ha hecho por nosotros. Dios ha...

- resuelto nuestra urgente necesidad de restaurar nuestra relación con Él.
- ha provisto el poder para librarnos de las terribles cadenas de este mundo y vivir eternamente.
- ha dado el más glorioso de los propósitos a la vida: proclamar las nuevas del Hijo de Dios, de cómo librarse del pecado y de la muerte para vivir eternamente.

Así que, a la luz de las misericordias de Dios, de todo esto que Dios ha hecho por nosotros, debemos dedicar nuestras vidas a Dios. Debemos dedicar y consagrar nuestro ser a Él.

Note las palabras «os ruego» (*parakaleo*) —os imploro, exhorto, pido encarecidamente— consagraos a Dios. Note un punto significativo: lo que está por decirse no se le dice al mundo, esto es, a los perdidos. Se dirige a *hermanos en Cristo*: «Así que, *hermanos*, os ruego». Se enfatiza enérgicamente la devoción a Dios. El creyente debe hacer las cosas que abarcan los siguientes tres puntos del bosquejo.

[2] (12:1) ***Cuerpo—dedicación:*** el creyente debe presentar su cuerpo a Dios. La importancia del cuerpo humano no puede ser sobreestimada. Algo de lo que más se abusa en la tierra es el cuerpo del hombre. El hombre usa mal, descuida e ignora su cuerpo...

- cuando come exageradamente.
- al consumir sustancias que lo perjudican.
- al permanecer inactivo.
- al darle demasiado o muy poco descanso.
- al estar demasiado activo.
- por darle un cuidado externo mientras lo descuida.
- al maldecir, pelear y matar internamente.

La lista podría extenderse indefinidamente, pero la sola mención de estos pocos *pecados* hace que el punto logre ser entendido. Si hay una exhortación en las Escrituras que debe ser atendida por los creyentes cristianos, es la exhortación de estos dos versículos.

1. El creyente debe presentar su cuerpo en sacrificio *vivo* a Dios. Note tres hechos.
   a. Dios pide el *cuerpo del creyente*. Dios no solamente está interesado en el espíritu del hombre. Está vitalmente interesado en el cuerpo del hombre. Su interés no podía ser más fuerte ni más claro. Esto se ve claramente contrastando el punto de vista que el mundo tiene del cuerpo y punto de vista de Dios (*véase* Estudio a fondo 1, ***Cuerpo***—Ro. 12:1 para su discusión).
   b. El creyente debe presentar su cuerpo *a Dios*. La dedicación...
      - no debe ser para *sí*: vivir como uno quiere: hacer lo que uno quiere.
      - no debe hacerse para *otros*: vivir para la familia, la esposa, el marido, los hijos, los padres, la mujer, los compañeros, la concubina, o para el empleador.
      - no debe ser a *algo*: casas, tierras, posesiones, dinero, coches, bienes, profesión, recreación, retiro, lujuria, poder, reconocimiento, fama.

   El cuepo debe ser ofrecido a Dios y solamente a Dios. Dios pide el cuerpo, pide que le sea presentado a Él, Dios quiere que el cuerpo viva sacrificialmente para Él.

   c. El creyente debe presentar su cuerpo a Dios como *sacrificio vivo*. Note que el ofrecimiento de su cuerpo debe ser *sacrificial*. Este es el cuadro de los creyentes del Antiguo Testamento que llevan animales y los ofrecen a Dios en sacrificio. El creyente debe hacer el mismo tipo de ofrenda sacrificial a Dios, pero note la profunda diferencia. La ofrenda del creyente no debe ser el sacrificio de la carne y la sangre de un animal. La ofrenda y sacrificio del creyente debe ser su propio cuerpo: debe ofrecer su cuerpo como un *sacrificio vivo*. Un sacrificio vivo significa por lo menos cuatro cosas.
      - *Un sacrificio vivo* es un sacrificio constante y continuo, no solamente una dedicación ocasional del cuerpo de uno. Una persona no sacrifica su cuerpo a Dios hoy día, y luego lo toma en sus propias manos y hace su propio beneplácito mañana. Un *sacrificio vivo* significa que una persona dedica su cuerpo *para vivir para Dios y seguir viviendo para Dios*.
      - Un *sacrificio vivo* es un sacrificio del cuerpo de una persona dondequiera se encuentre su cuerpo. No se necesita un lugar en particular. El sacrificio del cuerpo es un sacrificio vivo; se puede hacer mientras el cuerpo vive, allí donde está. Y la ofrenda de un sacrificio vivo hay que hacerla *mientras* el cuerpo está vivo.
      - *Un sacrificio vivo* significa que el cuerpo sacrifica sus propios deseos y su vida por Dios. El cuerpo lleva una vida santa, justa, pura, limpia y moral para Dios. El cuerpo no se corrompe, ensucia, ni contamina con los pecados y corrupciones del mundo: tampoco con la concupiscencia de la carne, la concupiscencia de los ojos, ni la soberbia de la vida. El cuerpo del creyente es sacrificado para Dios y dedicado a vivir como Él ha ordenado.
      - *Un sacrificio vivo* significa que el cuerpo vive para Dios, sirviendo a Dios. Significa que el cuerpo sacrifica y renuncia a sus propias ambiciones y deseos, y sirve a Dios mientras está sobre esta tierra. El cuerpo se entrega a la tarea de proclamar el amor de Dios y de ministrar a un mundo que se tambalea en desesperada necesidad. El cuerpo se sacrifica para servir a Dios y a El solamente. El cuerpo es consagrado a Dios como sacrificio vivo.

   En resumen, el creyente debe dedicar su cuerpo a Dios como sacrificio vivo en el hogar, la iglesia, la escuela, la oficina, en la fábrica, en el campo, el restaurant, en el club, el avión, el coche o el ómnibus. No importa donde está el cuerpo del creyente, su cuerpo debe ser sacrificado para Dios. Sacrificarse para Dios no es una transacción que se hace en una iglesia. Sacrificarse para Dios es una transacción que se hace en cada acto del cuerpo humano. El mundo, esto es, todo el universo, es el santuario de Dios; y el cuerpo del creyente es templo de Dios. Por lo tanto, cada acto del cuerpo del creyente debe ser un acto de servicio a Dios.

   «Porque habéis sido comprados por precio; glorificad, pues, a Dios en vuestro cuerpo y en vuestro espíritu, los cuales son de Dios» (1 Co. 6:20).

2. Las razones por las que el creyente debe presentar su cuerpo a Dios son dos.
   a. La dedicación del cuerpo a Dios es *agradable* (*euareston*) a Dios. La palabra significa aceptable, aprobado y extremadamente satisfactorio para Dios. Dios acepta y se regocija por un cuerpo que es dedicado a Él y vive para Él.

Pensamiento 1. Esto es exactamente lo que los creyentes deberían buscar: ser aceptables y agradables a Dios. Debiéramos procurar ser motivo de gozo para que el se regocije en nuestros cuerpos. Nuestros cuerpos debieran ser tan dedicados —tan puros, santos y limpios, tan comprometidos en involucrados en la ayuda a las personas— que el corazón de Dios se inunde de gozo y regocijo.

Pensamiento 2. Note: el cuerpo del creyente o causa dolor y tristeza al corazón de Dios, o le causa gozo y regocijo.

«Por tanto procuramos también, o ausentes o presentes, serle agradables» (2 Co. 5:9).

   b. La dedicación del cuerpo a Dios es el culto racional del creyente a Dios.
      - la palabra «racional» (*logiken*) significa razonable, lógico, inteligente. Es un acto de la mente pensante y que calcula qué hacer y cómo hacer algo.
      - la palabra «servicio» (*latpeian*) significa culto servicio, ministerio.

   La idea es que el creyente debe usar su mente para dedicar su cuerpo al servicio a Dios. Debe estudiar las Escrituras, y pensar con inteligencia cómo servir mejor a Dios mientras camina por la vida cotidiana.

Pensamiento 1. Note que esto indica un tiempo dedicado a la Palabra de Dios y a la oración cada día. El creyente debe estar buscando constantemente saber lo que es permitido y lo que no es permitido para su cuerpo. El cuerpo del creyente debe saber qué puede comer, qué debe beber y qué debe hacer; por lo tanto, deben hacerse estudios y decisiones racionales e inteligente acerca de lo que se le permite al cuerpo. (¡Qué enorme diferencia con la forma en que la mayoría de nosotros dirige su vida y trata su cuerpo en esta vida!)

ESTUDIO A FONDO 1

(12:1) ***Cuerpo:*** el punto de vista que el mundo tiene del cuerpo humano difiere radicamente del punto de vista de Dios. Esto se nota al poner en contraste las dos opiniones.

1. Algunas personas tratan el cuerpo como si fuera lo que más importa en este mundo. Creen que el cuerpo —su desarrollo físico, mental y social— es el todo de la vida. Por lo tanto, declaran que el hombre debe cuidar su cuerpo hasta las últimas consecuencias, desarrollándolo y obteniendo el máximo de Él. El proceso de desarrollo puede seguir todo el camino desde el *fisioculturismo, pasando por el levantamiento de pesas hasta la percepción mental por medio del estudio concentrado*. Algunos ven el cuerpo —su desarrollo, vida y contribución a la sociedad— como el propósito mismo de la existencia del hombre, como la razón misma que yace tras el proceso evolucionista del ser humano. (Note: este punto de vista más frecuentemente es el sostenido por los humanistas, los disciplinantes y los estoicos de la sociedad; sin embargo, hay *pocas personas* que tienen un punto de vista *puro* del cuerpo humano. La mayoría de las personas combinan este punto de vista con el siguiente punto de vista de modo que pueden vivir como quieren.)

2. Otras personas tratan el cuerpo como si tuviera poca importancia. Es razonable o moderadamente importante, pero no de suprema importancia. La significación suprema de la vida es *el espíritu de vivir* y sacar lo sumo de la vida. Poco importa lo que una persona hace con el cuerpo si sólo lo cuida en forma razonable. *Lo importante son los deleites y placeres de la vida, el espíritu de vivir*, de experimentar realmente los mejores placeres. La actitud es: «cuida el cuerpo, sí, pero sé razonable en los cuidados. El cuerpo no va a durar para siempre, así que no dejemos que su cuidado interfiera con el deleite y placer de la vida. *Come, bebe, alégrate*—no te mates. No tiene gran importancia que una persona dedique unas pocas horas o unos pocos meses de su vida para excederse en esto o aquello. No le quites el sabor a la vida enfatizando el cuidado del cuerpo». (Nota que este punto de vista lo mantienen los carnales, los indisciplinados y la sociedad epicúrea. Sin embargo, recuerde lo declarado arriba: hay pocas personas que mantienen un punto de vista puro en estas dos posiciones.)

3. El punto de vista divino del cuerpo humano difiere radicalmente del punto de vista humano. El punto de vista de Dios acerca del cuerpo es *más alto* y *superior* que el punto de vista humano. Las Escrituras revelan varias cosas muy importantes acerca del cuerpo humano.

a. Cuando creó al hombre, Dios lo creó a su imagen (Gn. 1:27). La imagen estaba en el cuerpo humano. No importa lo que sea la *imagen*, o lo que la gente piense que es la imagen, ella estaba en el cuerpo humano. Una imagen es solamente una sombra. Es como una foto en una estampa: la foto no es la persona; es solamente una imagen de la persona. Sin embargo, es una imagen, una semejanza. Se puede discutir mucho sobre lo que significa «imagen», pero los argumentos no importan. Sea lo que fuere la imagen...
   - fue dada por Dios al hombre.
   - era parte del hombre, de su ser, de su persona, de su cuerpo.

   El punto es este: el cuerpo del hombre es de suprema importancia para Dios. Dios dio al cuerpo la estampa de su propia imagen.

b. Cuando envió a su Hijo al mundo, Dios escogió enviarlo en un cuerpo humano.

   «Así que, por cuanto los hijos participaron de carne y sangre, Él también participó de lo mismo, para destruir por la muerte al que tenía el imperio de la muerte, esto es al diablo, y librar a todos los que por el temor de la muerte estaban durante toda la vida sujetos a servidumbre» (He. 2:14-15).

c. Cuando el Hijo de Dios fue muerto y sepultado su cuerpo, Dios resucitó su cuerpo de la tumba y su cuerpo resurrecto fue introducido en el mundo espiritual.

d. Las Escrituras enseñan que el cuerpo es templo del Espíritu Santo, que el cuerpo realmente sirve de morada a la presencia del Espíritu de Dios.

   «¿O ignoráis que vuestro cuerpo es templo del Espíritu Santo, el cual está en vosotros, el cual tenéis de Dios, y que no sois vuestros? Porque habéis sido comprados por precio; glorificad, pues, a Dios en vuestro cuerpo y vuestro espíritu, los cuales son de Dios» (1 Co. 6:19-20).

e. Las Escrituras enseñan que el cuerpo fue creado para existir eternamente y que el cuerpo del hombre será resucitado realmente del polvo de la tierra y será recreado como un cuerpo perfecto (1 Co. 15: 1-58; 1 Ts. 4:14-180.

f. Las Escrituras enseñan que el cuerpo debe ser cuidado hasta el último grado, siendo desarrollado y disciplinado hasta lo sumo.
   - El más alto grado de disciplina física.

   «Ni tampoco presentéis vuestos miembros [las partes del cuerpo] al pecado como instrumentos de iniquidad, sino presentaos vosotros mismos a Dios como *vivos de entre los muertos* [perfección], y vuestros miembros a Dios como instrumentos de justicia» (Ro. 6:13).

   - El más alto grado de disciplina mental.

   «Derribando argumentos y toda altivez que se levanta contra el conocimiento de Dios, y llevando cautivo *todo pensamiento* a la obediencia a Cristo» (2 Co. 10:5).

   - El grado más alto de disciplina social.

   «Y el segundo es semejante: Amarás a tu prójimo como a ti mismo»(Mt. 22:39).

   «Así que, todas las cosas que queráis que los hombres hagan con vosotros, así también haced vosotros con ellos» (Mt. 7:12).

g. Las Escrituras enseñan que el cuerpo debe disfrutar de la vida en forma plena.

   «Yo he venido para que tengan vida, y para que la tengan en abundancia» (Jn. 10:10).

   «Mas el fruto del Espíritu es amor, gozo, paz, paciencia, benignidad, bondad, fe, mansedumbre, templanza; contra tales cosas no hay ley» (Gá. 5:22-23).

En resumen, las Escrituras enseñan que el cuerpo humano es de importancia suprema para Dios; por lo tanto, el hombre debe cuidar su cuerpo cuanto le sea humanamente posible. El cuerpo no existe para esta vida solamente; tiene un propósito supremo, muy superior al de existir solamente por unos pocos años y luego extinguirse. El cuerpo humano ha sido creado por Dios para ser resucitado y vivir eternamente.

«Así que, hermanos, os ruego por las misericordias de Dios que *presentéis vuestros*

cuerpos en sacrificio vivo, santo, agradable a Dios, que es vuestro culto racional» (Ro. 12:1).

3 (12:2) ***Conforméis—mundo—mundanalidad:*** el creyente no debe conformarse a este mundo.

1. La palabra «conforméis» (*sunschematizo*) viene de la raíz *schema*, que significa molde, costumbre, forma exterior, la apariencia de un hombre. Es la apariencia de una persona que cambia día tras día y año tras año. El hombre se viste en forma diferente para el trabajo de lo que lo hace para salir de noche. Un hombre mayor se ve diferente de un hombre más joven. Su *schema* (esquema) su apariencia externa, su molde difiere.

2. La palabra «mundo» (*aion*) en su expresión más simple es el mundo mismo con todo lo que hay en él, porque es todo corruptible. El mundo, incluidos los cielos y la tierra con todo lo que en ellos hay, está envejeciendo, se deteriora, está muriendo, y pasará. El mundo no es perfecto: no en ser, orden, moralidad ni justicia.

3. El creyente no debe conformarse a este mundo. Ahora cabe notar algo: el mundo, la forma misma y la apariencia del mundo...
- parece ser duradera, permanente y sin término.
- parece ofrecer lo mejor de todo: placer, goce, felicidad, realización, satisfacción, plenitud.

Sin embargo, la forma y apariencia del mundo es una mentira, una máscara, una mascarada. Aun el *espíritu mismo del mundo* tiene en sí la simiente de la corrupción. La semilla de la corrupción se ve en los actos del mundo y su naturaleza, en el terrible espíritu de...

- egoísmo.
- muerte.
- guerra.
- ira.
- malestar.
- sufrimiento.
- amargura.
- soberbia.
- ignorancia.
- salvajismo.
- corrupción.
- división.
- codicia.
- enfermedad.
- engaño.
- odio.
- maldición.
- conflicto.
- impiedad.
- desorden.
- deterioro.

Note dos hechos significativos, hechos que desesperadamente necesitan ser atendidos por el mundo y por los creyentes.

a. El mundo mismo y todo lo que en él hay pasará.

«La apariencia de este mundo se pasa» (1 Co. 7:31).

«No mirando nosotros las cosas que se ven, sino las cosas que no se ven; pues las cosas que se ven son temporales, pero las que no se ven son eternas» (2 Co. 4:18).

«Pero el día del Señor vendrá como ladrón en la noche; en el cual los cielos pasarán con grande estruendo, y los elementos ardiendo serán desechos, y la tierra y las obras que en ella hay serán quemadas. Puesto que todas estas cosas han de ser desechas, ¡cómo no debéis vosotros andar en santa y piadosa manera de vivir, esperando y apresurándoos para la venida del día de Dios, en el cual los cielos, encendiéndose, serán deshechos, y los elementos, siendo quemados, se fundirán! Pero nosotros esperamos, según sus promesas, cielos nuevos y tierra nueva, en los cuales mora la justicia. Por lo cual, oh amados, estando en espera de estas cosas, procurad con diligencia ser hallados por Él sin mancha e irreprensibles, en paz» (2 P. 3:10-14; cp. 3-14).

«Y el mundo pasa, y sus deseos; pero el que hace la voluntad de Dios permanece para siempre» (1 Jn. 2:17).

«Vi un cielo nuevo y una tierra nueva; porque el primer cielo y la primera tierra pasaron, y el mar ya no existía más» (Ap. 21:1).

«Se destruyó, cayó la tierra; enfermó, cayó el mundo; enfermaron los altos pueblos de la tierra» (Is. 24:4).

«Está establecido para los hombres que mueran una sola vez, y después de esto el juicio» (He. 9:27).

«Pero el que es rico, en su humillación; porque Él pasará como la flor de la hierba» (Stg. 1:10).

«Cuando no sabéis lo que será mañana. Porque ¿qué es vuestra vida? Ciertamente es neblina que se aparece por un poco de tiempo, y luego se desvanece» (Stg. 4:14).

«Porque: Toda carne es como hierba, y toda la gloria del hombre como flor de la hierba. La hierba se seca y la flor se cae» (1 P. 1:24).

«Porque nosotros, extranjeros y advenedizos somos delante de ti, como todos nuestros padres; y nuestros días sobre la tierra, cual sombra que no dura» (1 Cr. 29:15).

«Y mis días fueron más veloces que la lanzadera del tejedor, y fenecieron sin esperanza» (Job 7:6).

«Mis días han sido más ligeros que un correo; huyeron, y no vieron el bien» (Job 9:25).

«He aquí, diste a mis días término corto, y mi edad es como nada delante de ti. Ciertamente es completa vanidad todo hombre que vive» (Sal. 39:5).

«Mas el hombre no permanecerá en honra; es semejante a las bestias que perecen» (Sal.49:12).

«Se acordó de que eran carne, soplo que va y no vuelve» (Sal. 78:39).

«Desde el principio tú fundaste la tierra, y los cielos son obra de tus manos. Ellos perecerán, mas tú permanecerás; y todos ellos como una vestidura se envejecerán; como un vestido los mudarás, y serán mudados» (Sal. 102:25-26)

«Porque Él conoce nuestra condición; se acuerda de que somos polvo» (Sal. 103:14).

«El hombre, como la hierba son sus días; florece como la flor del campo, que pasó el viento por ella y pereció, y su lugar no la conocerá más» (Sal. 103:15-16).

«Dejaos del hombre, cuyo aliento está en su nariz; porque ¿de qué es Él estimado» (Is. 2:22).

«Voz que decía: Da voces. Y yo respondí: ¿Qué tengo que decir a voces? Que toda carne es hierba, y toda su gloria como flor del campo. La hierba se seca, y la flor se marchita, porque el viento de Jehová sopló en ella; ciertamente como hierba es el pueblo» (Is. 40:6-7).

«Si bien todos nosotros somos como suciedad, y todas nuestras justicias como trapo de inmundicia; y caímos todos nosotros como la hoja; y nuestra maldades nos llevaron como viento» (Is. 64:6).

b. El creyente no debe conformarse, esto es, tomar la forma del mundo...

- no debe seguir la comunión del mundo.

«Por lo cual, salid de en medio de ellos, y apartaos, dice el Señor, y no toquéis lo inmundo; y yo os recibiré, y seré para vosotros por Padre, y vosotros me seréis hijos e hijas, dice el Señor Todopoderoso» (2 Co. 6:17-18).

«¡Oh almas adúlteras! ¿No sabéis que la amistad del mundo es enemistad contra Dios? Cualquiera, pues que quiera ser amigo del mundo, se constituye enemigo de Dios» (Stg. 4:4).

«Y los bendijo Simeón, y dijo a su madre María: He aquí, este está puesto para caída y para levantamiento de muchos en Israel, y para señal que será contradicha» (Lc. 2:34).

- no seguir el paso y los deseos de estemundo.

«No améis al mundo, ni las cosas que están en el mundo. Si alguno ama al mundo, el amor del Padre no está en él. Porque todo lo que hay en

el mundo, los deseos de la carne, los deseos de los ojos, y la vanagloria de la vida, no proviene del Padre, sino del mundo» (1 Jn. 2:15-16).

«Como hijos obedientes, no os conforméis a los deseos que antes teníais estando en vuestra ignorancia» (1 P. 1:14).

- no seguir el curso de este mundo.

  «Edificados sobre el fundamento de los apóstoles y profetas, siendo la principal piedra del ángulo Jesucristo mismo» (Ef. 2:20).

- no seguir al dios de este mundo, Satanás.

  «En los cuales el dios de este siglo cegó el entendimiento de los incrédulos, para que no les resplndezca la luz del evangelio de la gloria de Cristo, el cual es la imagen de Dios» (2 Co. 4:4).

- no seguir a los líderes de este mundo.

  «Sin embargo, hablamos sabiduría entre los que han alcanzado madurez; y sabiduría, no de este siglo, ni de los príncipes de este siglo, que perecen. Mas hablamos sabiduría de Dios en misterio, la sabiduría oculta, la cual Dios predestinó antes de los siglos para nuestra gloria, la que ninguno de los príncipes de este siglo conoció; porque si la hubieran conocido, nunca habrían crucificado al Señor de gloria» (1 Co. 2:6-8).

- no seguir la falsa seguridad del mundo.

  «Porque como en los días antes del diluvio estaban comiendo y bebiendo, casándose y dándose en casamiento, hasta el día en que Noé entró en el arca, y no entendieron hasta que vino el diluvio y se los llevó a todos, así será la venida del Hijo del Hombre» (Mt. 24:38-39).

  «Porque vosotros sabéis perfectamente que el día del Señor vendrá así como ladrón en la noche; que cuando digan: Paz y seguridad, entonces vendrá sobre ellos destrucción repentina, como los dolores a la mujer encinta, y no escaparán» (1 Ts. 5:2-3).

- no seguir las riquezas engañosas de este mundo.

  «El que fue sembrado entre espinos, éste es el que oye la palabra, pero el afán de este siglo y el engaño de las riquezas ahogan la palabra, y se hace infructuosa» (Mt. 13:22).

- no vivir en los placeres de la tierra.

  «Habéis vivido en deleites sobre la tierra, y sido disolutos; habéis engordado vuestros corazones como en día de matanza» (Stg. 5:5).

- no seguir a los muchos en el mal.

  «No seguirás a los muchos para hacer mal» (Éx. 23:2).

4 (12:2) ***Transformada—mente:*** el creyente debe ser transformado (*metamorfousthe*). La raíz griega de la palabra es *morfe*. *Morfe* significa el ser real del hombre. Es la naturaleza y esencia misma, la parte inseparable, la forma inmutable de un hombre. El hombre con ropa de noche se ve diferente de lo que es en ropa de trabajo, pero interiormente sigue siendo el mismo hombre. El hombre entrado en años es interiormente el mismo hombre de su juventud.

Lo que la Biblia dice es claramente evidente: el creyente debe sufrir un cambio radical en su ser interior para escapar del mundo y su condenación. El creyente debe ser transformado y cambiado interiormente. Su verdadero yo —su naturaleza misma, su esencia, su personalidad, su ser interno, el hombre interior— debe ser tranformado.

1. ¿Cómo es tranformado un hombre en su ser interior? La Biblia declara en la forma más simple que se pueda esto expresar: «por la renovación de vuestro entendimiento». La mente del creyente debe ser renovada (*anakainosis*), lo que quiere decir ser hecha de nuevo, reajustada, cambiada, revertida, regenerada.

a. La mente del hombre ha sido afectada por el pecado. Necesita urgentemente ser renovada. La mente está lejos de ser perfecta. Es *básicamente mundana*, esto es...

- centrada en este mundo.
- egoísta.
- egocéntrica.
- centrada en la carne.
- interesada en sí misma.
- centrada en esta vida.

Las Escrituras son clarad en cuanto a la corrupción de la mente humana. La mente humana ha sido trágicamente corrompida por el egoísmo y el pecado del hombre.

- La mente del hombre se ha hecho *vana*, vacía e inútil en sus razonamientos.

  «Pues habiendo conocido a Dios, no le glorificaron como a Dios, ni le dieron gracias, sino que se envanecieron en sus razonamientos, y su necio corazón fue entenebrecido» (Ro. 1:21).

- La mente del hombre ha sido *reprobada*.

  «Y como ellos no aprobaron tener en cuenta a Dios, Dios los entregó a una mente reprobada, para hacer cosas que no convienen» (Ro. 1:28).

- La mente del hombre se ha hecho carnal y está en plena enemistad contra Dios.

  «Por cuanto los designios de la carne son enemistad contra Dios; porque no se sujetan a la ley de Dios, ni tampoco pueden» (Ro. 8:7).

- La mente del hombre ha sido cegada por Satanás para impedir que crean el glorioso evangelio de Cristo.

  «En los cuales el Dios de este siglo cegó el entendimiento de los incrédulos, para que no les resplandezca la luz del evangelio de la gloria de Cristo, el cual es la imagen de Dios» (2 Co. 4:4).

- La mente del hombre está llena de vanidad, fatuidad, vaciedad.

  «Esto, pues, digo y requiero en el Señor: que ya no andéis como los otros gentiles, que andan en la vanidad de su mente» (Ef. 4:17).

- La mente del hombre se ha centrado en las cosas terrenales.

  «Porque por ahí andan muchos, de los cuales os dije muchas veces, y aun ahora lo digo llorando, que son enemigos de la cruz de Cristo; el fin de los cuales será perdición, cuyo dios es el vientre, y cuya gloria es su vergüenza;que sólo piensan en lo terrenal» (Fil. 3:18-19).

- La mente del hombre se ha alejado de Dios y se ha hecho enemiga de Dios.

  «Y a vosotros también, que erais en otro tiempo extraños y enemigos en vuestra mente, haciendo malas obras, ahora os ha reconciliado» (Col. 1:21).

- La mente del hombre se ha hecho carnal.

  «Nadie os prive de vuestro premio, afectando humildad y culto a los ángeles, entremetiéndose en lo que no ha visto, vanamente hinchado por su propia mente carnal» (Col. 2:18).

- La mente del hombre se ha hecho inmunda.

  «Todas las cosas son puras para los puros, mas para los corrompidos e incrédulos nada les es puro; pues hasta su mente y su conciencia están corrompidas» (Tit. 1:15).

b. La mente es renovada por la *presencia e imagen* de

Cristo en la vida del creyente. Cuando una persona recibe al Señor Jesucristo como su Señor, el hombre, *espiritualmente*...

- ha nacido de nuevo (Jn. 3:3-8; 1 P. 1:23).
- ha sido hecho un nuevo hombre (Ef. 4:24; Col. 3:10).
- ha sido hecho nueva criatura (2 Co. 5:17)
- le es dada la mente de Cristo (1 Co. 2:16; cp. vv. 9-15).
- es cambiado a la imagen de Cristo (2 Co. 3:18; cp. Ro. 8:29; 1 Co. 15:49; Col. 3:10; 1 Jn. 3:2).

Lo que esto significa es una verdad muy maravillosa, y se puede ver fácilmente. Cuando una persona recibe a Jesucristo en su vida, recibe la *mente y la imagen* de Cristo también. Cristo pone su mente en la mente del creyente; esto es, Cristo cambia la mente del creyente para que se centre en Dios. Además, estampa su imagen sobre la persona. Aunque la mente y la imagen del creyente acostumbraban a centrarse en el mundo, ahora se centran en las cosas espirituales. La imagen y la mente del creyente son renovadas, cambiadas, revertidas y regeneradas para enfocarse en Dios. Sin embargo, es fundamenta recordar que solamente Cristo puede renovar la mente y la imagen del hombre. Solamente Cristo puede implantar *la mente e imagen* de Cristo dentro de la persona. Solamente Cristo puede dar a una persona sus pensamientos y el espíritu para *vivir* sus pensamientos.

c. El creyente debe vivir una vida transformada; esto es, debe caminar día tras día *renovando más y más su mente*. Debe dejar que el Espíritu de Cristo (el Espíritu Santo) enfoque su mente más y más en Dios y en las cosas espirituales.

- El creyente debe amar al Señor con toda su mente.

  «Jesús le dijo: Amarás al Señor tu Dios con todo tu corazón, y con toda tu alma, y con toda tu mente» (Mt. 22:37).

- El creyente debe mantener su mente en las cosas espirituales, no en las cosas carnales.

  «Porque los que son de la carne piensan en las cosas de la carne; pero los que son del Espíritu, en las cosas del Espíritu. Porque el ocuparse de la carne es muerte, pero el ocuparse del Espíritu es vida y paz» (Ro. 8:5-6).

- El creyente debe desechar los razonamientos y todo pensamiento que impide el conocimiento de Dios, y debe llevar todo pensamiento cautivo a Cristo.

  «Porque aunque andamos en la carne, no militamos según la carne; porque las armas de nuestra milicia no son carnales, sino poderosas en Dios para la destrucción de fortalezas, derribando argumentos y toda altivez que se levanta contra el conocimiento de Dios, y llevando cautivo todo pensamiento a la obediencia a Cristo» (2 Co. 10:3-5).

- El creyente no debe dejar que su mente sea corrompida.

  «Pero temo que como la serpiente con su astucia engañó a Eva, vuestros sentidos sean de alguna manera extraviados de la sincera fidelidad a Cristo» (2 Co. 11:3).

- El creyente no debe satisfacer los deseos de la carne y de la mente.

  «Entre los cuales también todos nosotros vivimos en otro tiempo en los deseos de nuestra carne, haciendo la voluntad de la carne y de los pensamientos, éramos por naturaleza hijos de ira, lo mismo que los demás» (Ef. 2:3).

- El creyente no debe andar como el mundo anda, en la vanidad de su mente.

  «Esto, pues, digo y requiero en el Señor: que ya no andéis como los otros gentiles, que andan en la vanidad de su mente» (Ef. 4:17).

- El creyente debe ser renovado en el espíritu de su mente.

  «Y renovaos en el espíritu de vuestra mente» (Ef. 4:23).

- El creyente debe permitir que la mente de Cristo esté en él, andando humildemente delante de Dios y de los hombres.

  «Haya, pues, en vosotros este sentir que hubo también en Cristo Jesús» (Fil. 2:5).

- El creyente debe pensar solamente en cosas de alabanza y virtud.

  «Por lo demás, hermanos, todo lo que es verdadero, todo lo honesto, todo lo justo, todo lo puro, todo lo amable, todo lo que es de buen nombre; si hay virtud alguna, si algo digno de alabanza, en esto pensad» (Fil. 4:8).

- El creyente debe vivir por las leyes de Dios, que Dios ha puesto en su mente.

  «Por lo cual, este es el pacto que haré con la casa e Israel después de aquellos días dice el Señor: Pondré mis leyes en la mente de ellos, y sobre su corazón las escribiré; y seré a ellos por Dios, y ellos me serán a mí por pueblo» (He. 8:10).

- El creyente debe armarse con el mismo pensamiento de Cristo al soportar el sufrimiento.

  «Puesto que Cristo ha padecido por nosotros en la carne, vosotros también armaos del mismo pensamiento; pues quien ha padecido en la carne, terminó con el pecado» (1 P. 4:1).

2. La razón por la que el creyente debe ser transformado es extremadamente significativa. El creyente debe probar (*dokimazo*) la voluntad de Dios. La palabra «probar» significa *encontrar* la voluntad de Dios y *seguirla*. Esto es ciertamente comprensible. Si la mente de una persona no es renovada y centrada en Dios...

- ¿cómo puede una persona encontrar, descubrir o conocer la voluntad de Dios?
- ¿cómo puede la persona seguir, obedecer o hacer la voluntad de Dios?

La única forma concebible en que una persona puede *encontrar* y *seguir* la voluntad de Dios es centrar su mente en Dios y conservarla en El y sobre las cosas de Dios.

Note también cómo se describe la voluntad de Dios. El meditar sobre la triple descripción estimula a una persona a anhelar la voluntad de Dios. Se dice que la voluntad de Dios es...

- buena (*agathon*): beneficiosa, rica, abundante, adecuada, moral.
- aceptable (*euareston*): agradable, satisfactoria, bienvenida.
- perfecta (*teleion*): sin error ni equivocaciones, intachable, completa, absoluta, libre de toda necesidad, sin que falte nada, completamente consumada.

En resumen, la victoria sobre el mundo es ganada cuando el creyente renueva más y más su mente. El creyente debe centrar su mente sobre Dios y las cosas de Dios. Debe...

- enfocar su mente en vivir, moverse y tener su ser en Dios.
- aprender a concentrarse en Dios y en las cosas de Dios.
- debe practicar mentalmente la presencia de Dios.

En forma práctica, el creyente debe hacer exactamente lo que las Escrituras dicen. Note la claridad y las instrucciones transformadoras de la vida que hay en estos pasajes. ¡Qué enorme influencia se produce en las vidas cuando estas instrucciones de la Palabra de Dios son realmente obedecidas!

«Por lo demás, hermanos, todo lo que es verdadero, todo lo honesto, todo lo justo, todo lo puro, todo lo amable, todo lo que es de buen nombre; si hay virtud alguna, si algo digno de alabanza, *en esto pensad*» (Fil. 4:8).

«Derribando argumentos y toda altivez que se levanta contra el conocimiento de Dios, y llevando cautivo todo pensamiento a la obediencia a Cristo» (2 Co. 10:5).

«Esto lo digo para vuestro provecho; no para tenderos lazo, sino para lo honesto y decente, y para que sin impedimento os acerquéis al Señor» (1 Co. 7:35).

«Tú guardarás en completa paz a aquel cuyo pensamiento en ti persevera; porque en ti ha confiado» (Is. 26:3).

«Porque el ocuparse de la carne es muerte, pero el ocuparse del Espíritu es vida y paz» (Ro. 8:6).

	B. El creyente ante sí mismo, 12:3-8		
1 Tiene buen concepto de sí pero no demasiado a. Piensa sana y precisamente b. Las razones 1) Lo que tenemos provino de Dios 2) Dios dota a cada persona 3) Somos todos un cuerpo en Cristo	3 Digo, pues, por la gracia que me es dada, a cada cual que está entre vosotros, que no tenga más alto concepto de sí que el que debe tener, sino que piense de sí con cordura, conforme a la medida de fe que Dios repartió a cada uno. 4 Porque de la manera que en un cuerpo tenemos muchos miembros, pero no todos lo miembros tienen la misma función, 5 así nosotros, siendo muchos,	somos un cuerpo en Cristo, y todos miembros los unos de los otros.	
		6 De manera que, teniendo diferentes dones, según la gracia que nos es dada, si el de profecía, úsese conforme a la medida de la fe; 7 o si de servicio, en servir; o el que enseña, en la enseñanza; 8 el que exhorta, en la exhortación; el que reparte, con liberalidad; el que preside, con solicitud; el que hace misericordia, con alegría.	**2 Usa los dones que Dios le ha dado** a. El don de profecía b. El don de servicio c. El don de la enseñanza d. El don de la exhortación e. El don de repartir f. El don de presidir g. El don de misericordia

B. El creyente ante sí mismo, 12:3-8

(12:3-8) ***Introducción:*** después de mirar el tema del creyente y Dios, el creyente necesita considerar el tema de sí mismo. Necesita ver que la exhortación de Dios es para él personalmente. Dios dirige dos comisiones en forma enfática al creyente en forma personal.

1. Tiene buen concepto de sí pero no demasiado alto (vv. 3-5).
2. Usa los dones que Dios le ha dado (vv. 6-8).

1 (12:3-5) ***Humildad—dones espirituales—iglesia—cuerpo de Cristo:*** el creyente tiene buen concepto de sí pero no demasiado alto. La exhortación se dirige a «*todo hombre* que está entre vosotros». Todo creyente necesita trabajar con humildad. Muchas personas tienden a tener un concepto demasiado elevado de sí mismos. Muchos llegan a estar engreídos, orgullosos y arrogantes. Se *inflan* con su...

- importancia.
- opiniones.
- logros.
- popularidad.
- bondad.
- posesiones.
- capacidad.
- apariencia.
- educación.
- riquezas.
- posición.
- título.

Hay muchísimos que se tienen en alta estima, y piensan de sí mismos como *mejores* que otros. Dios está contra tales actitudes *hinchadas*.

1. Ten un buen concepto de ti mismo, pero piensa con cordura (*sofronein*). La palabra significa ser equilibrado, sano, estar en su sano juicio. Por lo tanto, la exhortación es a pensar de sí mismo sabia y centradamente, haciendo una evaluación justa y bien equilibrada de uno mismo y de sus capacidades. Hay que hacer una evaluación de sí mismo, pero debe ser un juicio sobrio y equilibrado, no un juicio insano y carente de equilibrio. Note cuán enfático es esto: tener un concepto demasiado elevado de sí es un pensamiento carente de cordura. Pensar que uno es más importante que otro es conducta insana. Toda persona es importante para Dios; cada persona es significativa e importante en el reino de Dios, no importa quién sea esa persona.

2. Las razones por las que debemos andar humildemente delante de los demás son claramente enunciadas.

a. Lo que somos y tenemos ha venido de Dios. Es Dios quien repartió a cada uno la medida de fe. La palabra «fe» en el contexto de estos versículos significa una *fe eficiente, o que obra*. Incluye...
   - los dones y capacidades que Dios da a una persona.
   - la fe y el impulso o confianza para usar los dones.

   Dicho en forma sencilla, *una fe eficiente* es la capacidad y el impulso que hay dentro de una persona para tomar el don y servir a Dios, para hacer su contribución a la vida y a la comunidad. Esta es otra forma de decir lo mismo: la medida de fe (vv. 3 y 6) es el don y el poder espiritual que Dios da a cada creyente para su tarea específica sobre la tierra. Dicho en forma sencilla, todo lo que una persona es y tiene ha venido de Dios. Nada viene del hombre mismo. Por lo tanto, ninguna persona tiene razón para tener un concepto demasiado alto de sí.

   «Toda buena dádiva y todo don perfecto desciende de lo alto, del Padre de las luces, en el cual no hay mudanza, ni sombra de variación» (Stg. 1:17).

   «Porque ¿quién te distingue? ¿o qué tienes que no hayas recibido? Y si lo recibiste, ¿por qué te glorías como si no lo hubieras recibido?» (1 Co. 4:7).

   Además, note otro factor: lo que hemos recibido de Dios es siempre *una medida solamente*. Nadie tiene una cantidad total de algo. Ninguna persona es perfecta en alguna área. Todos nos agotamos, deterioramos y decaemos. Todos tenemos que dar un paso al costado para dejar el paso a otros, no importa cuáles hayan sido nuestras capacidades y contribuciones. No tenemos razón para un concepto demasiado elevado de nosotros mismos.

   «Pero a cada uno de nosotros fue dada la gracia conforme a la *medida* del don de Cristo» (Ef. 4:7).

b. Dios da dones *a cada persona*, no solamente a una persona ni a unas pocas personas. Note que Dios repartió *a cada uno* una medida de fe. Ninguna persona o personas tiene el monopolio de algún don o capacidad. Cada creyente ha recibido un don de Dios; ninguno ha sido omitido por Dios. Un creyente es tan importante para Dios como cualquier otro creyente, no importa quién sea ese creyente. No hay lugar para el orgullo y la arrogancia en el reino de Dios; no hay lugar para pensar que uno es más importante que otros. Este tipo de pensamiento es insano.

c. Los creyentes genuinos son *un cuerpo* en Cristo. Este

es el cuadro más hermoso de Cristo en las Escrituras, y debido a su efectividad se usa con frecuencia (cp. 1 Co. 10:17; 12:12s.; 12:27; Ef. 1:22-23; 2:16; 4:4,15-16; 5:22ss; Col. 1:18, 24).

Los creyentes se pueden comparar con el cuerpo humano. El cuerpo humano tiene muchas partes o miembros, y no hay dos miembros que tengan la misma función. Así ocurre con los creyentes. Los creyentes son muchos, no obstante, son un cuerpo *en Cristo*. Cada miembro en particular tiene una clara función que cumplir en el mundo, sin embargo, es un miembro de todos los demás creyentes. Cabe destacar que la unión de los creyentes no es organizacional. No es el mismo tipo de unidad que existe en un club social o en una organización cívica, que es una unidad basada en cosas tales como la amistad, la preferencia, la vecindad, la profesión, la necesidad humana, la opinión o la organización. La unión entre creyentes genuinos es nacida del Espíritu de Dios, de un verdadero *nacimiento y unión espiritual*. Es una unión que se basa en una comunión constante e íntima con Dios y que obtiene su vida, propósito y significado de Dios. La unión entre verdaderos creyentes es una unión *vivificada y animada* por un Espíritu común, un Espíritu que realmente vive, el Espíritu de Dios mismo.

El punto se afirma claramente: todos los miembros no tienen la misma función (*praxis*) u oficio. Dios ha puesto a los creyentes en el mundo con objetivos específicos, y ha dotado al creyente con la medida de fe necesaria para cumplir su función. El creyente es una parte de todo el cuerpo, en que cada miembro tiene una tarea que ejecutar. No hay lugar para la autoexaltación, el orgullo o la arrogancia—no hay lugar para tener un concepto demasiado alto de sí. El creyente no está solo en el mundo. Cada creyente tiene una medida de fe para cumplir su función, y cada miembro necesita que su función sea cumplida. Por lo tanto, ningún creyente tiene el derecho de tener de sí un concepto más elevado que el que tiene de otros creyentes. Cada creyente como individuo es importante para el *cuerpo de Cristo*. Cada creyente es necesario para completar, consumar y perfeccionar el cuerpo. El cuerpo queda impedido sin el funcionamiento activo de cada miembro. Cada miembro es muy importante.

El punto es éste: los creyentes deben evaluarse y conocerse bien a sí mismos. Deben saber quiénes son y qué dones les ha dado Dios. Deben evaluar la medida de fe que Dios les ha dado y deben ser honestos en su evaluación. No deben valorarse en exceso, ni deben valorarse por debajo de lo que son. El juicio del creyente acerca de sí debe ser preciso y sabio para que cumpla su tarea sobre la tierra.

Pensamiento 1. Solamente cuando uno se conoce a sí mismo —en forma precisa, honesta y verdadera— es que se puede hacer la contribución debida a la familia, al trabajo, a la sociedad, a la iglesia y al mundo. Solamente cuando servimos en nuestra plena capacidad podemos cumplir nuestra tarea sobre la tierra.

- Si tenemos un concepto demasiado alto de nosotros mismos, intentaremos cosas demasiado grandes y terminaremos en el fracaso.
- Si tenemos un concepto demasiado bajo de nosotros mismos, nunca haremos todo lo que debiéramos, ni haremos las contribuciones que éramos capaces de hacer.

«Nada hagáis por contienda o por vanagloria; antes bien con humildad, estimando cada uno a los demás como superiores a Él mismo; no mirando cada uno por lo suyo propio, sino cada cual también por lo de los otros» (Fil. 2:3-4).

«Mas cuando fueres convidado, vé y siéntate en el último lugar, para que cuando venga el que te convidó, te diga: Amigo, sube más arriba; entonces tendrás honra delante de los que se sientan contigo a la mesa» (Lc. 14:10).

«Mas no así vosotros, sino sea el mayor entre vosotros como el más joven, y el que dirige, como el que sirve» (Lc. 22:26).

«Humillaos delante del Señor, y Él os exaltará» (Stg. 4:10).

«Igualmente, jóvenes, estad sujetos a los ancianos; y todos, sumisos unos a los otros, revestíos de humildad; porque: Dios resiste a los soberbios, y da gracia a los humildes» (1 P. 5:5).

«Riquezas, honra y vida son la remuneración de la humildad y del temor de Jehová» (Pr. 22:4).

«La soberbia del hombre lo abate; pero al humilde de espíritu sustenta la honra» (Pr. 29:23).

Pensamiento 2. Dios dota al creyente con una cierta medida de dones espirituales; por lo tanto, el creyente debe utilizarlos conforme a la medida de fe que Dios le ha dado para su uso. Sin embargo, el creyente debe orar siempre pidiendo más y más fe.

«Dijeron los apóstoles al Señor: auméntanos la fe» (Lc. 17:5).

«Creo; ayuda mi incredulidad» (Mr. 9:24).

«Así que la fe es por el oír, y el oír, por la palabra de Dios» (Ro. 10:17).

2 (12:6-8) ***Dones espirituales:*** el creyente debe usar los dones que Dios le ha dado. La palabra «don» (*carisma*) indica una capacidad muy especial dada por Dios al creyente. Note que el don es de Dios; no es un talento natural. El creyente no podría haber adquirido ni obtenido esa habilidad por sus propios medios. Es un don espiritual; esto es, ha sido otorgado por el Espíritu de Dios con fines espirituales. Es dado para que el creyente pueda cumplir su tarea sobre la tierra.

Note además que se dice que los dones han sido dados «según la gracia que nos es dada». Esto significa que los dones son dados después que llegamos a conocer la *gracia* de Dios. Esta es parte de nuestra *herencia en Cristo*, el glorioso privilegio...

- de habérsenos asignado una función muy especial para desempeñar en la tierra.
- de haber recibido propósito, sentido y significación para la vida.
- de habérsenos otorgado un don o dones muy especial para cumplir nuestra función sobre la tierra.

Ahora bien, ¿cuáles son los dones? En este pasaje se señalan varios. (*Véanse* bosquejo y notas—1 Co. 12:4-11; 12:12-31; 13:1-13; Ef. 4:7-16 para ampliar la discusión.)

1. Está el *don de profecía*. En el Antiguo Testamento el don de profecía consistía en el don de proclamar y explicar la voluntad de Dios. La proclamación tenía que ver con el pasado, el presente y el futuro. Sin embargo, en el Nuevo Testamento, el don de profecía cambia dramáticamente. Se ve raras veces al profeta anunciando el futuro. En cambio se le ve proclamando lo que ocurrió con el Señor Jesucristo y en lo que ha sido *revelado por Cristo* acerca de los acontecimientos futuros. Su función es edificar, exhortar y consolar. Las Escrituras son claras al respecto.

«El que profetiza habla a los hombres para edificación, exhortación y consolación» (1 Co. 14:3).

Profeta es el hombre que proclama y explica la Palabra de Dios...

- la Palabra viva, el Señor Jesucristo mismo.
- la Palabra escrita, las Sagradas Escrituras.

Habiendo dicho esto, cabe notar que la profecía es el don de hablar bajo la inspiración del Espíritu de Dios. Incluye predicción y proclamación, y ninguna de estas cosas debe minimizarse para no cometer abuso contra el don.

No hay dudas, el don de anunciar acontecimientos ha sido sujeto a abusos que rayan en lo ridículo. Sin embargo, el abuso de un don no elimina el don: el Espíritu de Dios a veces da un vistazo de sucesos futuros con el fin de prepararnos y fortalecernos para enfrentar los hechos venideros.

Sin embargo, la función principal de la profecía se afirma claramente en las Escrituras, y el hecho debe ser conocido por todos los creyentes:

«El que profetiza habla a los hombres para edificación, exhortación y consolación» (1 Co. 14:3).

Pensamiento. Note un punto fundamental. El profeta del Señor Jescristo debe conocer al Señor Jesucristo antes de proclamar las buenas nuevas acerca de Jesucristo. ¿Cómo podría un hombre hablar al mundo acerca de Alguien a quien no conoce personalmente?

2. Está el *don de ministerio* (*diakonia*). La palabra se usa frecuentemente para referirse a un sirviente, o a una persona que sirve y ayuda a los demás en cosas prácticas. Por lo tanto, el sentido sería una habilidad muy especial de servir, ministrar, ayudar, y asistir a los demás—ayudarles de tal forma que son *edificados* y reciben una verdadera ayuda. Es el más práctico de los dones. La mayoría de nosotros puede ayudar, y todos nosotros podemos. Muchos de nosotros conocemos una pocas personas que siempre están dispuestos, y que están extraordinariamente dotados para ayudar a otros cuando se necesita ayuda. Todos nosotros podemos ayudar y todos nosotros podemos desarrollar nuestra disposición y habilidad de ayudar, pero hay algunos creyente que han sido dotados en forma fuera de lo común con este muy especial don de ministerio.

«Y cualquiera que dé a uno de estos pequeñitos un vaso de agua fría solamente, por cuanto es discípulo, de cierto os digo que no perderá su recompensa» (Mt. 10:42).

«Así que, según tengamos oportunidad, hagamos bien a todos, y mayormente a los de la familia de la fe» (Gá. 6:10).

«Haya, pues, en vosotros este sentir que hubo también en Cristo Jesús, el cual siendo en forma de Dios, no estimó el ser igual a Dios como cosa a que aferrarse, sino que se despojó a sí mismo, tomando forma de siervo, hecho semejante a los hombres» (Fil. 2:5-7).

«La religión pura y sin mácula delante de Dios el Padre es esta: Visitar a los huérfanos y a las viudas en sus tribulaciones, y guardarse sin mancha del mundo» (Stg. 1:27).

3. Está el *don de enseñanza* (*didaskon*). Enseñanza es la habilidad de explicar, arraigar y fundamentar a la gente en la verdad. La Palabra de Dios no solamente necesita ser proclamada por el profeta; además debe ser explicada por el maestro. La gente debe ser guiada y arraigada en todas las verdades de la Palabra de Dios cotidianamente, semanalmente, año tras año. Esta es la tarea del maestro.

Pensamiento. Con cuánta urgencia la iglesia necesita enseñanza buena y sólida. La gente se va de la iglesia casi en la misma proporción que llegan, porque no están arraigados y cimentados en Cristo.

«Y a unos puso Dios en la iglesia, primeramente apóstoles, luego profetas, lo tercero *maestros*, luego los que hacen milagros, después los que sanan, los que ayudan, los que administran, los que tienen don de lenguas» (1 Co. 12:28).

«Y Él mismo constituyó a unos apóstoles; a otros, profetas; a otros, evangelistas; a otros, pastores y *maestros*» (Ef. 4:11).

«Enseñándoles que guarden todas las cosas que os he mandado; y he aquí yo estoy con vosotros todos los días, hasta el fin del mundo» (Mt. 28:20).

4. Está el *don de exhortación* (*parakalesei*). Se trata de la muy especial habilidad de estimular, motivar advertir, animar, consolar y aconsejar a la gente. El factor dominante sería motivar y animar a la gente, la capacidad de animar a la gente a hacer una decisión por Cristo y crecer en Él. Es el don que mueve a la gente a levantarse y ocuparse en realizar las tareas que le corresponden para el Señor.

«Que prediques la palabra; que instes a tiempo y fuera de tiempo; redarguye, reprende, exhorta con toda paciencia y doctrina» (2 Ti. 4:2)

«Retenedor de la palabra fiel tal como ha sido enseñada, para que también pueda exhortar con sana enseñanza y convencer a los que contradicen» (Tit. 1:9).

«Porque la gracia de Dios se ha manifestado para salvación a todos los hombres, enseñándonos que, renunciando a la impiedad y a los deseos mundanos, vivamos en este siglo sobria, justa y piadosamente, aguardando la esperanza bienaventurada y la manifestación gloriosa de nuestro gran Dios y Salvador Jesucristo, quien se dio a sí mismo por nosotros para redimirnos de toda iniquidad y purificar para sí un pueblo propio, celoso de buenas obras. Esto habla, y *exhorta* y reprende con toda autoridad. Nadie te menosprecie» (Tit. 2:11-15).

5. Está el *don de repartir* (*metadidomi*). Esto significa simplemente dar posesiones terrenales de uno, tales como dinero, ropa, y alimento. Note que al incluir en la lista este don en paticular, las Escrituras agregan un punto: dice cómo debe dar la persona. Debe dar con «liberalidad» (*haplotetes*). Esta palabra conprende varias ideas. Significa...

- dar con sinceridad y simplicidad.
- dar con sencillez de corazón y sin exhibicionismo.
- dar liberalmente y con generosidad.

El argumento es éste: Dios da a algunas personas un don especial para ganar dinero a fin de tener suficiente para ayudar a otros y para divulgar el evangelio alrededor del mundo. Estas personas...

- deben dar y dar con generosidad. Dios les dio el don de obtener dinero a fin de que tengan bastante para cumplir la voluntad de Dios para el mundo.
- no deben acumular, guardar en un banco ni malversar el don de la riqueza.
- no debe dar a regañadientes, quejándose acerca de dar.
- no deben dar para atraer la atención o para acumular honores para sí mismos.
- no deben dar para alimentar su ego y su orgullo.

«Mas cuando tú des limosna, no sepa tu izquierda lo que hace tu derecha» (Mt. 6:3).

«Cada primer día de la semana cada uno de vosotros ponga aparte algo según haya prosperado, guardándolo, para que cuando yo llegue no se recojan entonces ofrendas» (1 Co. 16:2).

«Cada uno dé como propuso en su corazón: no con tristeza, ni por necesidad, porque Dios ama al dador alegre» (2 Co. 9:7).

6. Está el *don de presidir* (*proistemi*). Este comprende la capacidad de liderazgo, autoridad, administración, gobierno. Note que esta persona debe dirigir con solicitud (*spoude*): en forma expedita, con celo, deseo y atención concentrada. En el reino de Dios y en su iglesia no hay lugar para la pereza, la complacencia y la irresponsabilidad. Los líderes son los que tienen que guiar en el sendero a la grey de Dios, y deben hacerlo con celo, duro trabajo y férrea determinación.

«En lo que requiere diligencia, no perezosos; fervientes en espíritu, sirviendo al Señor» (Ro. 12:11).

> **«Apacentad la grey de Dios que está entre vosotros, cuidando de ella, no por fuerza, sino voluntariamente; no por ganancia deshonesta, sino con ánimo pronto; no como teniendo señorío sobre los que están a vuestro cuidado, sino siendo ejemplos de la grey» (1 P. 5:2-3).**

7. Está el *don de la misericordia* (*eleon*). Esta es una persona llena de perdón y compasión, piadosa y bondadosa hacia los demás. Note que la persona misericordiosa debe mostrar misericordia con corazón alegre (*hilarotes*). La palabra significa bondadoso, alegre, gozoso. La persona que tiene el don de la misericordia...

- no debe perdonar a regañadientes.
- no debe vacilar en perdonar a otros.
- no debe mostrar misericordia con un espíritu airado.
- no debe mostrar misericordia con un espíritu de crítica y reprensión contra la persona que necesita ayuda. (Esto ocurre con frecuencia cuando la persona está decaída debido a la falta de empleo, falta de educación, o alguna circunstancia desafortunada.)

El creyente que tiene espíritu de misericordia debe mostrar misericordia con corazón alegre y lleno de gozo, haciendo todo lo posible por levantar a la persona que necesita misericordia.

> **«Bienaventurados los misericordiosos, porque ellos alcanzarán misericordia» (Mt. 5:7).**
>
> **«Sed, pues, misericordiosos, como también vuestro Padre es misericordioso» (Lc. 6:36).**
>
> **«Tú, pues, vuélvete a tu Dios; guarda misericordia y juicio, y en tu Dios confía siempre» (Os. 12:6).**
>
> **«Oh hombre, Él te ha declarado lo que es bueno, y qué pide Jehová de ti: solamente hacer justicia, y amar misericordia, y humillarte ante tu Dios» (Mi. 6:8).**

	C. El creyente y otros creyentes, 12:9-13
1 Amar sin hipocresía a. Odiando el mal b. Siguiendo lo bueno c. Con amor fraternal d. Dando preferencia a los demás	9 El amor sea sin fingimiento. Aborreced lo malo, seguid lo bueno. 10 Amaos los unos a los otros con amor fraternal; en cuanto a honra, prefiriéndoos los unos a los otros.
2 Servir al Señor a. Ser diligentes b. Fervientes en espíritu	11 En lo que requiere diligencia, no perezosos; fervientes en espíritu, sirviendo al Señor;
3 Vencer las pruebas a. Gozoen la esperanza b. Oraciónconstante	12 gozosos en la esperanza; sufridos en la tribulación; constantes en la oración;
4 Llenar las necesidades a. Dando generosamente b. Siendo hospitalarios	13 compartiendo para las necesidades de los santos; practicando la hospitalidad.

C. El creyente y otros creyentes, 12:9-13

(12:9-13) ***Introducción:*** ¿Cómo debiera relacionarse el creyente con los demás creyentes? ¿Cómo debería tratar a los demás creyentes, y qué conducta debiera tener ante ellos? Este tema es de preocupación vital para Cristo.

1. Amar sinceramente—sin hipocresía (vv. 9-10).
2. Servir al Señor (v. 11).
3. Vencer las pruebas (v. 12).
4. Hacer frente a las necesidades sin egoísmo (v.13).

[1] (12:9-10) ***Fraternidad—amor:*** el creyente debe amar sinceramente, sin hipocresía. La palabra «sinceramente» (*anupokritos*) significa sin hipocresía, sin simulación. Significa que la persona no sólo dice «te amo», sino que ama de verdad. Ama sinceramente; ama honesta y verdaderamente. El amor del que se habla es un amor por todos los hombres y no solamente por los creyentes. El creyente nunca debe representar lo que no es, ser hipócrita, representar un acto, o tener un motivo ulterior cuando trata con los demás. Debe mostrar amor y respeto, interés y atención, cuidado y preocupación; pero no debe mostrarlo a partir de un motivo impuro:

- buscar una ganancia.
- buscar el favor.
- cumplir un deber.
- escalar posiciones.
- atraer la atención.
- obtener una ventaja.
- promover su ego.
- tratar de adelantarse.

El creyente debe amar a los demás con un amor sincero y puro, completamente libre de motivos egoístas. Debe amar a los demás por las personas mismas, porque son seres humanos que tienen las mismas necesidades emocionales y espirituales que él tiene, necesidades que solamente en Cristo pueden hallar su satisfacción. Debe amarlos porque Dios los ama y porque necesitan urgentemente saber que Jesucristo ha venido a la tierra a revelar el amor de Dios a todos los hombres. Los tratos del creyente con todos los hombres deben ser en amor: un amor sincero, amor sin hipocresía y sin fingimiento.

«No damos a nadie ninguna oportunidad para tropiezo ... en amor sincero» (2 Co. 6:3, 6).

«Sino para poner a prueba también la sinceridad del amor vuestro» (2 Co. 8:8).

«Hijitos míos, no amemos de palabra ni de lengua, sino de hecho y en verdad» (1 Jn. 3:18).

Hay cuatro formas muy prácticas en que el creyente debe demostrar su amor por los demás hombres. Recuerde que el amor que se manda es un amor a todos los hombres. Por los perdidos así como por los creyentes.

1. El creyente ama aborreciendo el mal. La palabra «aborrecer» (*apostugountes*) es fuerte, muy fuerte. Significa odiar con un sentimiento intenso, tener aversión, mirar con horror. El amor desea lo mejor para la gente; en consecuencia, el amor odia el mal, porque el mal destruye la vida humana. El creyente está contra el mal, haciendo todo lo que puede por combatir...

- el hambre y la pobreza.
- la enfermedad y el sufrimiento.
- la ofensa y el dolor.
- la ignorancia y la educación impía.
- la borrachera y las drogas .
- la desunión familiar y el divorcio.
- los insultos y la amargura.
- las palabras sucias y la conversación subida de tono.
- los vestidos sugestivos y tentadores.
- la inmoralidad y el sexo destructivo.
- la conducta injusta e impropia.
- el egoísmo y la codicia.
- la avaricia y el divisionismo.
- la corrupción y la muerte.

La lista podría seguir extendiéndose. El punto es que el creyente debe amar, y mostrar su amor aborreciendo y combatiendo todo lo que es malo.

«Aborreced lo malo, seguid lo bueno» (Ro. 12:9).

«Mas estas cosas sucedieron como ejemplos para nosotros, para que no codiciemos cosas malas, como ellos codiciaron» (1 Co. 10:6).

«Absteneos de toda especie de mal» (1 Ts. 5:22).

«Y al que sabe hacer lo bueno, y no lo hace, le es pecado» (Stg. 4:17).

«Apártese del mal, y haga el bien; busque la paz y sígala» (1 P. 3:11).

«Y dijo al hombre: He aquí que el temor del Señor es la sabiduría, y el apartarse del mal, la inteligencia» (Job 28:28).

«Apártate del mal, y haz el bien; busca la paz, y síguela» (Sal. 34:14).

«Los que amáis a Jehová, aborreced el mal» (Sal. 97:10).

«No te desvíes a la derecha ni a la izquierda; aparta tu pie del mal» (Pr. 4:27).

«El sabio teme y se aparta del mal; mas el insensato se muestra insolente y confiado» (Pr. 14:16).

«Así habló Jehová de los ejércitos, diciendo: Juzgad conforme a la verdad, y haced misericordia y piedad cada cual con su hermano; no oprimáis a la viuda, al huérfano, al extranjero ni al pobre; ni ninguno piense mal en su corazón contra su hermano» (Zac. 7:9-10).

2. El creyente debe amar siguiendo lo bueno. La palabra «seguir» (*kollomenoi*) significa unir, apegarse a, unirse a, pegar con cemento o con cola. El creyente debe desear solamente lo mejor —todo el bien posible— para la gente. Debe apegarse al bien y trabajar para que cada uno conozca y experimente el bien. El creyente muestra que verdaderamente ama a la gente aferrándose del bien y luchando por lo bueno.

«Amad, pues, a vuestros enemigos, y haced bien, y prestad, no esperando de ello nada; y será vuestro galardón grande, y seréis hijos del Altísimo; porque Él es benigno para con los ingratos y malos» (Lc. 6:35).

«Aborreced lo malo, seguid lo bueno» (Ro. 12:9).

«Así que, según tengamos oportunidad, hagamos bien a todos, y mayormente a los de la familia de la fe» (Gá. 6:10).

«Que hagan bien, que sean ricos en buenas obras, dadivosos, generosos» (1 Ti. 6:18).

«Y de hacer bien y de la ayuda mutua no os olvidéis; porque de tales sacrificios se agrada Dios» (He. 13:16).

«Porque ésta es la voluntad de Dios: que haciendo bien, hagáis callar la ignorancia de los hombres insensatos» (1 P. 2:15).

3. El creyente debe amar mostrando amor a sus hermanos en Cristo, siendo amable y afectuoso con ellos. La palabra fraternal (*filostorgoi*) significa el afecto o amor que existe entre los miembros de una familia. Este encargo trata con la familia cristiana, los hermanos y hermanas dentro de la iglesia. Debemos amarnos unos a otros mostrando bondad y afecto. Somos una familia de hijos que realmente hemos sido adoptados por Dios como sus hijos e hijas (2 Co. 6:17-18; Gá. 4:4-6; Ro. 8:16-17). Por lo tanto, el creyente debe vivir como en una familia con sus hermanos y hermanas; debe vivir mostrándose bondadoso y afectuoso. Note que en el amor no hay disensiones ni espíritu divisivo. La iglesia debe vivir en amor, y vivir en amor es paz.

«Un mandamiento nuevo os doy: Que os améis unos a otros; como yo os he amado, que también os améis unos a otros. En esto conocerán todos que sois mis discípulos, si tuviereis amor los unos con los otros» (Jn. 13:34-35).

«Amaos los unos a los otros con amor fraternal» (Ro. 12:10).

«El amor es sufrido, es *benigno*» (1 Co. 13:4).

«Antes sed benignos unos con otros, misericordiosos, perdonándoos unos a otros, como Dios también os perdonó a vosotros en Cristo» (Ef. 4:32).

«Por tanto, si hay alguna consolación en Cristo, si algún consuelo de amor, si alguna comunión del Espíritu, si algún afecto entrañable, si alguna misericordia, completad mi gozo, sintiendo lo mismo, teniendo el mismo amor, unánimes, sintiendo una misma cosa» (Fil. 2:1-2).

«Vestíos, pues, como escogidos de Dios, santos y amados, de entrañable misericordia, de benignidad, de humildad, de mansedumbre, de paciencia» (Col. 3:12).

«Vosotros también, poniendo toda diligencia por esto mismo, añadid a vuestra fe virtud; a la virtud, conocimiento; al conocimiento, dominio propio; al dominio propio, paciencia; a la paciencia, piedad; a la piedad, afecto fraternal; al afecto fraternal, amor» (2 P. 1:5-7).

«Nosotros sabemos que hemos pasado de muerte a vida, en que amamos a los hermanos. El que no ama a su hermano, permanece en muerte» (1 Jn. 3:14).

4. El creyente debe amar dando preferencia a otros creyentes. La palabra «honra» (*time*) significa reverencia, respeto, estima. La palabra «prefiriéndoos» (pr*oegoumeno*i) significa ir adelante, dirigir, poner un ejemplo. El mandato es claro: el creyente debe tomar la iniciativa al mostrar estimación y expresar el respeto por los demás. Imagine una iglesia en que cada uno toma la iniciativa en la expresión de la estimación y la honra a los demás. ¡Qué cuadro de verdadero amor y cuidado, de verdadero cariño y ternura, de gran fortaleza y vigor!

Pensamiento. ¡Cuán necesaria es esta exhortación en la iglesia y entre los creyentes! ¡Cuántos se hallan heridos —cuántos se han dedicado a agitar problemas— cuánta división se ha causado porque un hermano o hermana...

- fue pasado por alto.
- no fue honrado.
- no se le dio lugar.
- no se le mostró aprecio.
- no se le concedió un derecho.
- no se le dio un puesto.
- no fue estimado.
- no se le agradeció.
- no fue reconocido.

«Digo, pues, por la gracia que me es dada, a cada cual que está entre vosotros, que no tenga más alto concepto de sí que el que debe tener, sino que piense de sí con cordura, conforme a la medida de fe que Dios repartió a cada uno» (Ro. 12:3).

«Amaos los unos a los otros con amor fraternal; en cuanto a la honra, *prefiriéndoos los unos a los otros*» (Ro. 12:10).

«Nada hagáis por contienda o por vanagloria; antes bien con humildad, estimando cada uno a los demás como superiores a él mismo; no mirando cada uno por lo suyo propio, sino cada cual también por lo de los otros» (Fil. 2:3-4).

«Como también yo en todas las cosas agrado a todos, no procurando mi propio beneficio, sino el de muchos, para que sean salvos» (1 Co. 10:33).

«Ninguno busque su propio bien, sino el del otro [bienestar, ganancia, ventaja]» (1 Co. 10:24).

2 (12:11) ***Servicio—ministerio:*** el creyente debe servir al Señor. El mandamiento es doble.

1. No debe ser perezoso en lo que requiere diligencia; no debe ser negligente en sus asuntos. La palabra «perezosos» (*okneros*) significa ser flojos, de movimientos pesados, lerdos, letárgicos, complacientes, vacilantes, dilatorios. La palabra «negocio» (*spoude*) significa diligencia, celo, seriedad. La exhortación es clara: el creyente debe...

- no ser perezoso o lento para moverse en lo que requiere diligencia.
- no debe ser holgazán ni letárgico en los asuntos que se le encomiendan.
- no debe ser vacilante ni dilatorio en los compromisos.

El creyente no puede aproximarse a la vida de un modo indolente, descuidado, lento. El mundo se tambalea en medio del dolor con millones de personas viven hambrientas y que sufren debido al pecado, el egoísmo y la avaricia del hombre, la enfermedad, la guerra, la muerte—y la lista se puede prolongar indefinidamente. Los creyente no deben entregarse a la indolencia y a la autocomplacencia. Deben servir al Señor con toda diligencia, celo y seriedad. Deben ser entusiastas en su servicio.

«No perezosos; fervientes en espíritu» (Ro. 12:11).

«El que hurtaba, no hurte más, sino trabaje, haciendo con sus manos lo que es bueno, para que tenga qué compartir con el que padece necesidad» (Ef. 4:28).

«Porque también cuando estábamos con vosotros, os ordenábamos esto: Si alguno no quiere trabajar, tampoco coma. Porque oímos que algunos de entre vosotros andan desordenadamente, no trabajando en nada, sino entremetiéndose en lo ajeno. A los tales mandamos y exhortamos por nuestro Señor Jesucristo, que trabajando sosegadamente, coman su propio pan» (2 Ts. 3:10-12).

«A fin de que no os hagáis perezosos, sino imitadores de aquellos que por la fe y la paciencia heredan las promesas» (He. 6:12).

«En toda labor hay fruto; mas las vanas palabras de los

labios empobrecen» (Pr. 14:23).

«La pereza hace caer en profundo sueño, y el alma negligente padecerá hambre» (Pr. 19:15).

«No ames el sueño, para que no te empobrezcas; abre tus ojos, y te saciarás de pan» (Pr. 20:13).

«Todo lo que te viniere a la mano para hacer, hazlo según tus fuerzas; porque en el Seol, adonde vas, no hay obra, ni trabajo, ni ciencia, ni sabiduría» (Ec. 9:10).

2. Fervientes en espíritu. La palabra «ferviente» (*zeo*) significa arder, hervir, inflamar. El espíritu del creyente debe ser ardiente, esto es hirviente e inflamado por Cristo. El creyente debe tener un celo santo por Cristo. Debe estar inflamado en su servicio a Cristo. ¿Por qué? El mundo se tambalea bajo el peso de la necesidad desesperante y muere sin Cristo, condenado a permanecer apartado de Dios por toda una eternidad.

«Fervientes en espíritu» (Ro. 12:11).

«Así también vosotros; pues que anheláis los dones espirituales, procurad abundar en ellos para edificación de la iglesia» (1 Co. 14:12).

«Por lo cual te aconsejo que avives el fuego del don de Dios que está en ti por la imposición de mis manos» (2 Ti. 1:6).

«Acerca de esto tenemos mucho que decir, y difícil de explicar, por cuanto os habéis hecho tardos para oír. Porque debiendo ser ya maestros, después de tanto tiempo, tenéis necesidad de que se os vuelva a enseñar cuales son los primeros rudimentos de las palabras de Dios; y habéis llegado a ser tales que tenéis necesidad de leche, y no de alimento sólido» (He. 5:11-12).

«Por lo cual, hermanos, tanto más procurad hacer firme vuestra vocación y elección; porque haciendo estas cosas, no caeréis jamás» (2 P. 1:10).

«Pues tengo por justo, en tanto que estoy en este cuerpo, el despertaros con amonestación» (2 P. 1:13).

«Por lo cual, oh amados, estando en espera de estas cosas, procurad con diligencia ser hallados por Él sin mancha e irreprensibles, en paz» (2 P. 3:14).

3. Sirviendo al Señor. La idea es que tenemos que centrar en el Señor todo lo que hacemos. Es a Él a quien servimos. Vivimos con el fin de servirle; esto es, el propósito mismo de estar en la tierra es ministrar para El y su reino.

«Sirviendo al Señor» (Ro. 12:11).

«Y todo lo que hagáis, hacedlo de corazón, como para el Señor y no para los hombres; sabiendo que del Señor recibiréis la recompensa de la herencia, porque a Cristo el Señor servís» (Col. 3:23-24).

«Así que recibiendo nosotros un reino inconmovible, tengamos gratitud, y mediante ella sirvamos a Dios agradándole con temor y reverencia» (He. 12:28).

«Siervos [empleados], obedeced a vuestros amos terrenales [empleadores] con temor y temblor, con sencillez de vuestro corazón, como a Cristo; no sirviendo al ojo, como los que quieren agradar a los hombres, sino como siervos de Cristo, de corazón haciendo la voluntad de Dios; sirviendo de buena voluntad, como al Señor y no a los hombres» (Ef. 6:5-7).

«Y me ha dicho: Bástate mi gracia; porque mi poder se perfecciona en la debilidad. Por tanto, de buena gana me gloriaré más bien en mis debilidades, para que repose sobre mí el poder de Cristo. Por lo cual, por amor a Cristo me gozo en las debilidades, en afrentas, en necesidades, en persecuciones, en angustias; porque cuando soy débil, entonces soy fuerte» (2 Co. 12:9-10).

«Ahora, pues, Israel, ¿qué pide Jehová tu Dios de ti, sino que temas a Jehová tu Dios, que andes en todos sus caminos, y que lo ames, y sirvas a Jehová tu Dios con todo tu corazón y con toda tu alma» (Dt. 10:12).

«Servid a Jehová con temor, y alegraos con temblor» (Sal. 2:11).

3 (12:12) ***Tribulación—esperanza—oración:*** el creyente debe vencer las pruebas. Mientras viva en la tierra el creyente enfrentará problemas, dificultades, tribulaciones, pruebas, sufrimientos, traumas, tormentos, sufrimientos y dolores. No obstante, el creyente tiene un *recurso para vencer*. Puede vencer las dificultades de la vida haciendo tres cosas fundamentales.

1. El creyente debe regocijarse en la esperanza. Su esperanza es Dios—la presencia de Dios, su preocupación, su cuidado. El creyente sabe que Dios hará una de dos cosas: *quitará* la prueba o lo librará *por medio* de la prueba. El creyente sabe que no tiene que enfrentar las pruebas solo y que ninguna situación es desesperada. El creyente es un eterno optimista: su esperanza está puesta en el Dios eterno. En consecuencia, no solamente espera en el poder liberador de Dios, se goza y regocija en la esperanza que Dios le ha dado.

«Gozosos en la esperanza» (Ro. 12:12).

«Enseñándonos que, renunciando a la impiedad y a los deseos mundanos, vivamos en este siglo sobria, justa y piadosamente, aguardando la esperanza bienaventurada y la manifestación gloriosa de nuestro gran Dios y Salvador Jesucristo» (Tit. 2:12-13).

«Bendito el Dios y Padre de nuestro Señor Jesucristo, que según su grande misericordia nos hizo renacer para una esperanza viva, por la resurrección de Jesucristo de los muertos, para una herencia incorruptible, incontaminada e inmarcesible, reservada en los cielos para vosotros» (1 P. 1:3-4).

«En lo cual [en vuestra salvación] vosotros os alegráis, aunque ahora por un poco de tiempo, si es necesario, tengáis que ser afligidos de diversas pruebas, para que sometida a prueba vuestra fe, mucho más preciosa que el oro, el cual aunque perecedero se prueba con fuego, sea hallada en alabanza, gloria y honra cuando sea manifestado Jesucristo, a quien amáis sin haberle visto, en quien creyendo, aunque ahora no lo veáis, os alegráis con gozo inefable y glorioso; obteniendo el fin de vuestra fe, que es la salvación de vuestras almas» (1 P. 1:6-9).

«Amados, no os sorprendáis del fuego de prueba que os ha sobrevenido, como si alguna cosa extraña os aconteciese, sino gozaos por cuanto sois participantes de los padecimientos de Cristo, para que también en la revelación de su gloria os gocéis con gran alegría» (1 P. 4:12-13).

«Como entristecidos, mas siempre gozosos; como pobres, mas enriqueciendo a muchos; como no teniendo nada, mas poseyéndolo todo» (2 Co. 6:10).

«Porque de los presos también os compadecisteis, y el despojo de vuestros bienes sufristeis con gozo, sabiendo que tenéis en vosotros una mejor y perdurable herencia en los cielos» (He. 10:34; cp. Hch. 5:41; 16:23-25).

2. El creyente debe soportar las pruebas. La palabra «sufridos» (*hupomenontes*) significa soportar, quedar, perseverar, permanecer, soportar valientemente. El creyente realmente experimenta un brote de fortaleza de Cristo cuando se ve confrontado por las pruebas.

«Sufridos en la tribulación» (Ro. 12:12).

«Todo lo puedo en Cristo que me fortalece» (Fil. 4:13).

«Para que os dé, conforme a las riquezas de su gloria, el ser fortalecidos con poder en el hombre interior por su Espíritu» (Ef. 3:16).

«Y a Aquel que es poderoso para hacer todas las cosas muchas más abundantemente de lo que pedimos o entendemos, según el poder que actúa en nosotros» (Ef. 3:20).

«No temas, porque yo estoy contigo; no desmayes, porque yo soy tu Dios que te esfuerzo; siempre te ayudaré, siempre te sustentaré con la diestra de mi justicia» (Is. 41:10).

3. El creyente debe perseverar en la oración. La palabra «constantes» (*proskartereo*) significa dar una atención permanente a; estar dedicado y atento a; dar un cuidado incesante a; esperar firmemente en, perseverar. Simplemente, el creyente vence las tribulaciones dando atención constante a Dios y esperando en su poder liberador. El creyente está en constante comunión con su Señor, dependiendo de Él para suplir la fortaleza necesaria para caminar a

través de las tribulaciones del diario vivir.

«Constantes en la oración» (Ro. 12:12).

«Pedid, y se os dará; bucad, y hallaréis; llamad, y se os abrirá. Porque todo aquel que pide recibe; y el que busca, halla; y al que llama, se le abrirá» (Mt. 7:7;cp. 9-11).

«Velad y orad, para que no entréis en tentación; el espíritu a la verdad está dispuesto, pero la carne es débil» (Mt. 26:41).

«También les refirió Jesús una parábola sobre la necesidad de orar siempre y no desmayar» (Lc. 18:1).

«Hasta aquí nada habéis pedido en mi nombre; pedid, y recibiréis, para que vuestro gozo sea cumplido» (Jn. 16:24).

«Orando en todo tiempo con toda oración y súplica en el Espíritu, y velando en ello con toda perseverancia y súplica por todos los santos» (Ef. 6:18).

«Orad sin cesar» (1 Ts. 5:17).

«Buscad a Jehová y su poder; buscad su rostro continuamente» (1 Cr. 16:11).

4 (12:13) ***Mayordomía—ministerio:*** el creyente debe hacer frente sin egoísmo a las necesidades de las personas. A los creyentes se hacen dos demandas muy sencillas.

1. El creyente debe dar generosamente, compartir con los que pasan por necesidad. El debe «repartir» (*koinoneo*), esto es, dar y compartir para satisfacer sus necesidades.

«Compartiendo para las necesidades de los santos» (Ro. 12:13).

«Mas ahora voy a Jerusalén para ministrar a los santos. Porque Macedonia y Acaya tuvieron a bien hacer una ofrenda para los pobres que hay entre los santos que están en Jerusalén. Pues les pareció bueno, y son deudores a ellos; porque si los gentiles han sido hechos participantes de sus bienes espirituales, deben también ellos ministrarles de los materiales» (Ro. 15:25-27).

«Os recomiendo además nuestra hermana Febe, la cual es diaconisa de la iglesia en Cencrea; que la recibáis en el Señor, como es digno de los santos, y que la ayudéis en cualquier cosa en que necesite de vosotros; porque ella ha ayudado a muchos, y a mí mismo» (Ro. 16:1-2).

«Así que no había entre ellos ningún necesitado; porque todos los que poseían heredades o casas, las vendían, y traían el precio de lo vendido, y lo ponían a los pies de los apóstoles; y se repartía a cada uno según su necesidad» (Hch. 4:34-35).

«Entonces los discípulos, cada uno conforme a lo que tenía, determinaron enviar socorro a los hermanos que habitaban en Judea; lo cual en efecto hicieron, enviándolo a los ancianos por mano de Bernabé y de Saulo» (Hch. 11:29-30).

«Asimismo, hermanos, os hacemos saber la gracia de Dios que se ha dado a las iglesias de Macedonia; que en grande prueba de tribulación, la abundancia de su gozo y su profunda pobreza abundaron en riquezas de su generosidad. Pues doy testimonio de que con agrado han dado conforme a sus fuerzas, y aun más allá de sus fuerzas, pidiéndonos con muchos ruegos que les concediésemos el privilegio de participar en este servicio para los santos» (2 Co. 8:1-4).

«Cuanto a la ministración para los santos, es por demás que yo os escriba; pues conozco vuestra buena voluntad, de la cual yo me glorío entre los de Macedonia, que Acaya está preparada desde el año pasado; y vuestro celo ha estimulado a la mayoría» (2 Co. 9:1-2).

2. El creyente tiene que practicar la hospitalidad. Ha de abrir la puerta de su casa a los creyentes que tienen necesidad.

- El obispo o pastor tiene que practicar la hospitalidad.

  «Pero es necesario que el obispo sea irreprensible, marido de una sola mujer, sobrio, prudente, decoroso, hospedador, apto para enseñar» (1 Ti. 3:2).

  «Sino hospedador, amante de lo bueno, sobrio, justo, santo, dueño de sí mismo» (Tit. 1:8).

- Todos los creyentes deben abrir sus puertas aun a los forasteros en necesidad.

  «No olvidéis la hospitalidad, porque por ella algunos, sin saberlo hospedaron ángeles» (He. 13:2).

- Todos los creyentes deben practicar la hospitalidad como un medio de ministrar, y sin regañar.

  «Practicando la hospitalidad» (Ro. 12:13).

  «Hospedaos los unos a los otros sin murmuraciones» (1 P. 4:9).

- En particular, las viudas deben practicar la hospitalidad como un medio de ministrar.

  «Que tenga testimonio de buenas obras; si ha criado hijos, si ha practicado la hospitalidad; si ha lavado los pies de los santos; si ha socorrido a los afligidos; si ha practicado toda buena obra» (1 Ti. 5:10).

	C. El creyente y los incrédulos, 12:14-21		
1 **Bendecid a los que os persiguen** 2 **Mostrad genuino interés en las experiencias humanas** 3 **Armonía y asociación con los humildes** a. Por la unanimidad b. Dejando la altivez c. Ser humilde 4 **Vivid irreprensibles** a. No reaccionando b. Mostrando una buena	14 Bendecid a los que os persiguen; bendecid, y no maldigáis. 15 Gozaos con los que se gozan; llorad con los que lloran. 16 Unánimes entre vosotros; no altivos, sino asociándoos con los humildes. No seáis sabios en vuestra propia opinión. 17 No paguéis a nadie mal por mal; procurad lo bueno delante de todos los hombres.	18 Si es posible, en cuanto dependa de vosotros, estad en paz con todos los hombres. 19 No os venguéis vosotros mismos, amados míos, sino dejad lugar a la ira de Dios; porque escrito está: Mía es la venganza, yo pagaré, dice el Señor. 20 Así que, si tu enemigo tuviere hambre, dale de comer; si tuviere sed, dale de beber; pues haciendo esto, ascuas de fuego amontonarás sobre su cabeza. 21 No seas vencido de lo malo, sino vence con el bien el mal.	conducta 5 **Vivid en paz con todos** a. Si fuera posible b. En cuanto dependa de vosotros 6 **No os venguéis** a. Porque la venganza es de Dios b. Porque tratar con bondad al enemigo le causará vergüenza y acumulará ira en su contra c. La venganza concede la victoria al enemigo

C. El creyente y los incrédulos, 12:14-21

(12:14-21) ***Introducción:*** se espera que el creyente se comporte del *modo más noble* cuando trate con el mundo de los incrédulos. Dios espera que su seguidor tenga dominio de sí mismo y obtenga la victoria sobre su carne. El espera que el creyente de un testimonio firme del amor de Dios, que dé muestras del amor de Dios y de Su perdón para todos los hombres.

1. Bendecid a los que os persiguen (v. 14).
2. Mostrad genuino interés en las experiencias humanas (v. 15).
3. Buscad la armonía y asociaos con los humildes (v. 16).
4. Vivid irreprensibles (v. 17)
5. Vivid en paz con todos (v. 18).
6. No os venguéis (vv. 19-21).

[1] (12:14) ***Persecución:*** el creyente debe bendecir a los que lo persiguen. La palabra «bendecir» (*eulogeo*) significa *hablar bien de*. Por lo tanto, se manda al creyente que haga algo que podría ser muy difícil: hablar bien de los que lo persiguen. Piensa en lo difícil que esto es cuando eres atacado verbal o físicamente: maltratado, insultado, pasado por alto, desestimado, calumniado, maldecido, injuriado, sometido a toda clase de abusos. Tienes que bendecir a la persona que te atacó; tienes que bendecir a tu perseguidor que puede ser...

- tu vecino inmediato.
- un compañero de clases.
- un empleado.
- un compañero de trabajo.
- un miembro de un comité.
- un familiar.
- un amigo.
- un empleador.
- un miembro de su iglesia.

¿Qué significa bendecir y hablar bien de?

1. Significa *hablar bien a nuestros perseguidores*. No reaccionamos contra ellos maldiciendo y hablando ásperamente, o golpeándolos. No tratamos de dañarles verbal ni físicamente. Por el contrario, procuramos hallar algo digno de elogio en ellos y los elogiamos por ello.

> **«No devolviendo mal por mal, ni maldición por maldición, sino por el contrario, bendiciendo, sabiendo que fuisteis llamados para que heredaseis bendición» (1 P. 3:9)**
>
> **«Quítense de vosotros toda amargura, enojo, ira, gritería y maledicencia, y toda malicia. Antes sed benignos unos con otros, misericordiosos, perdonándoos unos a otros, como Dios también os perdonó a vosotros en Cristo» (Ef4:31-32).**

2. Significa *hablar bien de nuestros perseguidores*. Al hablar con otras personas no rebajamos al perseguidor, sino mencionamos algún rasgo elogiable. Hablamos de «algo bueno» de aquella persona; no la destrozamos.

3. Significa *orar por nuestros perseguidores*. Debemos hacer lo que Jesús dijo e hizo.

> **«Pero yo os digo: Amad a vuestros enemigos, bendecid a los que os maldicen, haced bien a los que os aborrecen, y orad *por los* que os ultrajan y os persiguen» (Mt. 5:44).**
>
> **«Y Jesús decía: Padre, perdónalos, porque no saben lo que hacen. Y repartieron entre sí sus vestidos, echando suertes» (Lc. 23:34).**

Pensamiento. Piense en el impacto que tiene sobre los perseguidores cuando se les responde con una actitud de amor y bendición. Cada perseguidor no es ganado para Cristo, pero cada perseguidor recibe un poderoso testimonio, el cual puede ser usado por el Espíritu Santo en los momentos de quietud y de meditación del perseguidor. Y algunos perseguidores son ganados para Cristo. Esto es lo que quiere Dios.

> **«Porque de tal manera amó Dios al mundo, que ha dado a su Hijo unigénito, para que todo aquel que en Él cree, no se pierda, mas tenga vida eterna» (Jn. 3:16).**

4. Significa hacer bien a nuestros perseguidores.

> **«Pero a vosotros los que oís, os digo: Amad a vuestros enemigos, haced bien a los que os aborrecen» (Lc. 6:27).**
>
> **«Amad, pues, a vuestros enemigos, y haced bien, y prestad, no esperando de ello nada; y será vuestro galardón grande, y seréis hijos del Altísimo; porque Él es benigno para con los ingratos y malos» (Lc. 6:35).**
>
> **«Así que, si tu enemigo tuviere hambre, dale de comer; si tuviere sed, dale de beber; pues haciendo esto, ascuas de fuego amontonarás sobre su cabeza» (Ro. 12:20).**
>
> **«Mirad que ninguno pague a otro mal por mal; antes seguid siempre lo bueno unos para con otros, y para con todos» (1 Ts. 5:15).**
>
> **«Si vieres el asno del que te aborrece caído debajo de su carga, ¿le dejarás sin ayuda? Antes bien le ayudarás a levantarlo» (Éx. 23:5).**
>
> **«Si el que te aborrece tuviere hambre, dale de comer pan, y si tuviere sed, dale de beber agua» (Pr. 25:21).**

[2] (12:15) ***Servicio:*** el creyente debe mostrar genuino interés en las experiencias humanas. Se mencionan dos actos en particular.

1. Tenemos que gozarnos con los que se gozan. Esto no significa que tenemos que participar en lo que el mundo llama sus *momentos y asuntos de júbilo*, esto es en los *asuntos festivos* del mundo. Muy por el contrario, Dios llama al creyente a la separación (2 Co. 6:17-

18). Lo que significa que debemos regocijarnos con nuestro prójimo, amigos y conocidos cuando algo bueno les ocurre. Debemos unirnos a ellos en sus momentos de gozo:

- un nuevo bebé.
- alguna nueva compra.
- algún logro.
- algún reconocimiento.
- alguna promoción.
- algún honor.

Sea cual fuere la magnitud del gozo, debemos regocijarnos con ellos. Sin embargo, este mandamiento no es tan fácil como parece superficialmente, porque a menudo va a contra pelo con el sentir de la naturaleza humana. Con demasiada frecuencia es parte de la naturaleza humana...

- sentir envidia por el éxito de una persona.
- sentirse disgustado.
- actuar con indiferencia.

A veces pasamos momentos muy difíciles al regocijarnos con el éxito de otra persona. Esta es la razón de dar este mandamiento al creyente. El creyente debe *sentir y actuar* en forma diferente del mundo. El creyente debe vencer su naturaleza: debe sentir por el éxito de los demás y mostrar su gozo dando las congratulaciones y uniéndose a ellos en su momento de alegría.

Pensamiento. Note que esta es la conducta de Dios. Dios se regocija en la prosperidad de su pueblo.

«Canten y alégrense los que están a favor de mi justa causa, y digan siempre: Sea exaltado Jehová, que ama la paz de su siervo» (Sal. 35:27).

«Amaos los unos a los otros con amor fraternal; en cuanto a la honra, prefiriéndoos los unos a los otros» (Ro. 12:10).

«Antes sed benignos unos con otros, misericordiosos, perdonándoos unos a otros, como Dios también os perdonó a vosotros en Cristo» (Ef. 4:32).

«Vestíos, pues, como escogidos de Dios, santos y amados, de entrañable misericordia, de benignidad, de humildad, de mansedumbre, de paciencia» (Col. 3:12).

2. Debemos llorar con los que lloran. Por supuesto, esto se refiere a nuestros amigos y compañeros que enfrentan alguna prueba o pérdida, un momento de sufrimiento. Puede ser algún dolor personal o pérdida en negocios, o algún perjuicio en la familia, pesar, tristeza, o sufrimiento. No importa cual sea la causa del llanto, el creyente cristiano se acerca a esa persona y *siente con* ella. El rasgo dominante en el cristianos es la empatía, el hecho de que se siente tocado por los males de los hombres.

Pensamiento. Note que esto también es una característica divina.

«En toda angustia de ellos Él fue angustiado, y el ángel de su faz los salvó; en su amor y en su clemencia los redimió, y los trajo, y los levantó todos los días de la antigüedad» (Is. 63:9).

«Porque no tenemos un sumo sacerdote que no pueda compadecerse de nuestra debilidades, sino uno que fue tentado en todo según nuestra semejanza, pero sin pecado. Acerquémonos, pues, confiadamente al trono de la gracia, para alcanzar misericordia y hallar gracia para el oportuno socorro» (He. 4:15-16).

«En todo os he enseñado que, trabajando así, se debe ayudar a los necesitados, y recordar las palabras del Señor Jesús, que dijo: Más bienaventurado es dar que recibir» (Hch. 20:35).

«Así que, los que somos fuertes debemos soportar las flaquezas de los débiles, y no agradarnos a nosotros mismos» (Ro. 15:1).

«Sobrellevad los unos las cargas de los otros, y cumplid así la ley de Cristo» (Gá. 6:2).

«Acordaos de los presos, como si estuvierais presos juntamente con ellos; y de los maltratados, como que también vosotros mismos estáis en el cuerpo» (He. 13:3).

«La religión pura y sin mácula delante de Dios el Padre es esta: Visitar a los huérfanos y a las viudas en sus tribulaciones, y guardarse sin mancha del mundo» (Stg. 1:27).

«¿No es que partas tu pan con el hambriento, y a los pobres errantes albergues en casa; que cuando veas al desnudo, lo cubras, y no te escondas de tu hermano?» (Is. 58:7).

[3] (12:16) ***Unidad—hermandad:*** el creyente debe buscar la armonía y asociarse con los humildes. Se dan tres instrucciones específicas.

1. Esto se refiere primariamente a nuestra actitud y conducta hacia los demás y su parte en la vida. El creyente debe esforzarse por *entrar en la mente misma* de los demás hombres, y entenderles.

Debe luchar por entender sus vidas:

- sus personas y su ser.
- su suerte y condición en la vida.
- su estado y posición.
- sus necesidades y sentimientos.

El creyente debe entender a otra persona a tal grado que pueda identificarse plenamente con ella y sentir con ella. Debe decirse que el creyente es «una misma mente» con la otra persona. Piense en la enorme influencia que tal amor y empatía tendría sobre el mundo para traer la paz y la unidad, y para resolver las necesidades urgentes de tantas personas. ¿Cómo puede el creyente demostrar tal amor y empatía? Los siguientes dos puntos responden claramente la pregunta.

«Os ruego, pues, hermanos, por el nombre de nuestro Señor Jesucristo, que habléis todos una misma cosa, y que no haya entre vosotros divisiones, sino que estéis perfectamente unidos en una *misma mente* y en un mismo parecer» (1 Co. 1:10).

«Por lo demás, hermanos, tened gozo, perfeccionaos, consolaos, sed de *un mismo* sentir, y vivid en paz; y el Dios de paz y de amor estará con vosotros» (2 Co. 13:11).

«Solícitos en guardar la unidad del Espíritu en el vínculo de la paz» (Ef. 4:3).

«Solamente que os comportéis como es digno del evangelio de Cristo, para que o sea que vaya a veros, o que esté ausente, oiga de vosotros que estáis firmes en un mismo espíritu, combatiendo unánimes por la fe del evangelio» (Fil. 1:27).

«Finalmente, sed todos de un mismo sentir, compasivos, amándoos fraternalmente, misericordiosos, amigables» (1 P. 3:8).

2. El creyente no debe tener una mente altiva, sino condescender a estar con hombres de baja condición. «Altivo» es quien busca la preeminencia, el honor, el prestigio y el reconocimiento. Es tener la mente puesta en...

- la alta sociedad.
- posiciones elevadas.
- las riquezas.

El creyente no debe ser altivo, no debe dejar que su mente divague en *cosas altas* de este mundo. Por el contrario, debe condescender hacia los de baja condición. Debe mirar al pobre y humilde y dar su vida por hacer frente a sus necesidades. El creyente no está *por sobre* los humildes de este mundo. No debe descuidar, ignorar, separar, criticar o despreciar al humilde. Debe condescender y darse a sí mismo a estar entre ellos y ayudarles. Debe ser amistoso y bondadoso, amable y con gracia para ayudar a hacer frente a las necesidades de un mundo desesperado.

«Mas no así vosotros, sino sea el mayor entre vosotros como el más joven, y el que dirige, como el que sirve» (Lc. 22:26).

«Digo, pues, por la gracia que me es dada, a cada cual que está entre vosotros, que no tenga más alto concepto de sí que el que debe tener, sino que piense de sí con cordura, conforme a la medida de fe que Dios repartió a cada uno» (Ro. 12:3).

«Hermanos míos, que vuestra fe en nuestro glorioso Señor Jesucristo sea sin acepción de personas. Porque si en vuestra congregación entra un hombre con anillo de

oro y con ropa espléndida, y también entra un pobre con vestido andrajoso, y miráis con agrado al que trae la ropa espléndida y le decís: Siéntate tú aquí en buen lugar; y decís al pobre: Estate tú allí en pie, o siéntate aquí bajo mi estrado; ¿no hacéis distinciones entre vosotros mismos, y venís a ser jueces con malos pensamientos?» (Stg. 2:1-4).

«Humillaos delante del Señor, y Él os exaltará» (Stg. 4:10).

«Igualmente, jóvenes, estad sujetos a los ancianos; y todos, sumisos unos a los otros, revestíos de humildad; porque: Dios resiste a los soberbios, y da gracia a los humildes» (1 P. 5:5).

«Oh hombre, él te ha declarado lo que es bueno, y qué pide Jehová de ti: solamente hacer justicia, y amar misericordia, y humillarte ante tu Dios» (Mi. 6:8).

3. El creyente no debe ser sabio en su propia opinión. No debe tener una opinión demasiado elevada de sí mismo, como si él fuera superior y mejor que el humilde. Por cierto, muchos se sienten superiores y mejores que otros, y escogen las cosas más necias para dar escape a sus sentimientos de superioridad, por ejemplo, ropas.

¿Qué es lo que hace que las personas se den aires de superioridad, qué le hace pensar que son mejores y superiores a los demás? Mientras pensamos, nótese cuán débiles y mezquinas son estas cosas (sin embargo, la gente basa su vida en cosas tan débiles). La gente se siente superior y mejor que otros debido a...

- sus ropas.
- su escuela.
- su trabajo.
- su posición.
- sus riquezas.
- su coche.
- su grupo social.
- los honores recibidos.
- los reconocimientos.

La lista podría prolongarse más y más, pero note qué fundamento tan débil dan estas cosas para la *vida humana*. No solamente alguno de ellos, sino todos ellos podrían desaparecer, o derrumbarse de la noche a la mañana. El creyente no debe ir por la vida como un *necio altivo* pensando que está por sobre los demás y es mejor que ellos. Debe caminar con humildad, sabiendo que es humano como todos los demás hombres. Es de valor inestimable, es cierto, pero no de un valor mayor que el de cualquier otro hombre—aun de aquellos que tienen pocas de las posesiones perecederas de este mundo.

Note otro detalle que debemos considerar. El orgullo o la imaginada superioridad intelectual probablemente sea el peor orgullo que pueda existir. Es más insidioso y más injurioso que cualquier otro orgullo. Conduce a disputar las opiniones de los demás y a una confianza extrema en el yo (Col. 1:18; 3 Jn. 9).

La actitud que el evangelio demanda es la de un niño pequeño: sencilla, confiada, humilde (Pr. 3:7; Is. 5:21; Ro. 11:25).

«Digo, pues, por la gracia que me es dada, a cada cual que está entre vosotros, que no tenga más alto concepto de sí que el que debe tener, sino que piense de sí con cordura, conforme a la medida de fe que Dios repartió a cada uno» (Ro. 12:3).

«Y si alguno se imagina que sabe algo, aún no sabe nada como debe saberlo» (1 Co. 8:2).

Porque el que se cree ser algo, no siendo nada, a sí mismo se engaña» (Gá. 6:3).

«No seas sabio en tu propia opinión, teme a Jehová, y apártate del mal» (Pr. 3:7).

«¡Ay de los sabios en sus propios ojos, y de los que son prudentes delante de sí mismos!» (Is. 5:21).

4 (12:17) ***Creyente, vida y andar:*** el creyente debe vivir en forma irreprensible delante de todos los hombres. Se mencionan dos conductas en particular.

1. El creyente no debe actuar por reacción; no tiene que devolver mal por mal a nadie. En el mundo y en el comportamiento entre los hombres, cada uno es maltratado y está sujeto a recciones en una u otra oportunidad. En consecuencia, el creyente sufre males y maltratos como cualquiera—conforme es la conducta del hombre. Sin embargo, el creyente genuino además sufre males y maltratos por el hecho de ser un seguidor de Jesucristo. Como seguidor de Cristo...

- el creyente lleva una vida de justicia y pureza, honestidad y verdad; y tal conducta con frecuencia es motivo de oposición por parte del mundo. Así que la persona mundana con frecuencia se opone al creyente y abusa de él.
- el creyente da testimonio contra la corrupción del mundo y de la necesidad que el hombre tiene de escapar de la corrupción volviéndose a Jesucristo y su justicia. Por esto también la persona mundana con frecuencia se levanta contra el mensaje de Cristo y su justicia.

El punto es que el creyente no debe reaccionar contra la persona que lo maltrata y que hace mal en su contra. Hay por lo menos dos razones por las que no debe reaccionar.

a. La reacción muy probablemente conduzca a la pérdida de la amistad de la persona perdiendo de esa forma toda esperanza de alcanzar a esa persona para Jesucristo. La persona que actuó mal podrá decir: «Un cristiano me hizo esto». El creyente habrá hecho que Cristo sea un Salvador *poco atractivo*. Por otra parte, si el creyente devuelve un bien al que lo ofendió, abre la puerta para una posible amistad y da testimonio del amor de Dios hacia todos los hombres, aun por aquellos que hacen mal.

b. La reacción no es el método de Dios ni de Cristo.

«Pero yo os digo: No resistáis al que es malo; antes, a cualquiera que te hiera en la mejilla derecha, vuélvele también la otra... Para que seáis hijos de vuestro Padre que está en los cielos, que hace salir su sol sobre malos y buenos, y que hace llover sobre justos e injustos» (Mt. 5:39, 45).

«No devolviendo mal por mal, ni maldición por maldición, sino por el contrario, bendiciendo, sabiendo que fuisteis llamados para que heredaseis bendición» (1 P. 3:9).

«Mirad que ninguno pague a otro mal por mal; antes seguid siempre lo bueno unos para con otros, y para con todos» (1 Ts. 5:15).

«No te vengarás, ni guardarás rencor a los hijos de tu pueblo, sino amarás a tu prójimo como a ti mismo. Yo Jehová» (Lv. 19:18).

«No digas: Yo me vengaré; espera a Jehová, y Él te salvará» (Pr. 20:22).

«No digas: como me hizo, así le haré; daré el pago al hombre según su obra» (Pr. 24:29).

2. El creyente debe mostrar buena conducta delante de todos los hombres. La palabra «procurad» (*pornooumenoi*) significa pensar antes de actuar. La idea es esta: Cuando alguien hace algo malo contra el creyente, el creyente debe pensar antes de actuar. Debe pensar y orar en cuanto a su conducta. ¿Por qué? para que pueda responder de una manera correcta y apropiada. El creyente necesita hacer lo que es correcto y noble, y la única manera de hacerlo es pensar acerca de la situación.

Note otro punto fundamental. Las Escrituras enseñan claramente al creyente por qué debe responder de esa manera: para que su respuesta honesta y noble sea vista por los hombres. En esencia, el creyente debe amar poniendo la otra mejilla al malhechor «delante de todos los hombres». Entonces los hombres tienen un testimonio firme del amor de Dios delante de sus ojos.

«No debáis a nadie nada, sino el amaros unos a otros; porque el que ama al prójimo, ha cumplido la ley» (Ro. 13:8).

«Procurando hacer las cosas honradamente, no sólo delante del Señor sino también delante de los hombres» (2 Co. 8:21).

«Nunca se aparten de ti la *misericordia* y la verdad; atalas a tu cuello, escríbelas en la tabla de tu corazón; y hallarás gracia y buena opinión *ante los ojos de Dios y de los hombres» (Pr. 3:3-4).*

5 (12:18) *Paz—**fraternidad—guerra—divisiones:*** elcreyente debe vivir en paz con todos los hombres. Sin embargo, la paz no siempre es posible. Hay dos calificativos.

- *Si es posible,* el creyente debe vivir en paz con todos los hombres. Sin embargo, *no es siempre posible.* Algunas personas son perturbadoras: gruñones, quejumbrosos, buenos para disentir, divisivos, peleadores, egoístas, líderes egocéntricos, buscadores de una imagen, que andan a la caza del poder, belicosos. Algunas personas no tienen interés en vivir en paz con el creyente.
- *En cuanto dependa de vosotros;* el creyente debe vivir en paz con todos los hombres. El creyente debe trabajar por la paz cuanto le sea posible. Algún nivel de armonía y concordia se puede lograr por lo menos por algún tiempo. El creyente nunca debe darse por vencido, no mientras haya esperanzas de tener algún grado de paz. Debe lograr cuanta paz le sea posible. Sin embargo, la paz no siempre es posible—no con todos.

Ahora note dos puntos significativos que merecen una cuidadosa consideración y reflexión por parte de todo creyente.

1. La causa del conflicto no debe venir del creyente. Debe tratar, por todos los medios posibles, de traer la paz y mantener la paz (Ro. 12:20; cp. Mt. 5:39-41). Sin embargo, esto podría ser imposible debido a la maldad de otros o porque el control de la paz no está en sus manos. Es posible que algunos no vivan apaciblemente. Siguen dando rienda suelta a cada capricho y llevan una vida de repugnante libertinaje. Ese tipo de vida a menudo amenaza la paz y la seguridad, la preservación y la vida de uno, de la familia y de los amigos.

2. ¿Qué es lo que determina si un creyente debe volver la otra mejilla o defenderse? Por ejemplo, Jesús pasó su vida combatiendo la maldad y el pecado, y no siempre puso la otra mejilla (Jn. 19:22-23); tampoco lo hizo Pablo (Hch. 23:2-3). Pablo exhortaba a los creyente a no permitir el libertinaje y era estricto en el mandato. Por ejemplo, dijo que si por pereza un hombre no trabaja, no debe comer (2 Ts. 3:7, 10).

El principio directriz para el creyente es claro: «No seas vencido de lo malo, sino vence con el bien el mal» (Ro. 12:21). Hay ocasiones en que un atacante, si le permitimos continuar atacando, se siente estimulado en su mala naturaleza de desenfreno y libertinaje. Si se le permite continuar, su mal vence al creyente—ya sea desde *adentro* por la amargura y el deseo de venganza, o desde *afuera* tomando el dominio. Así, el creyente no debe sacrificar la verdad para preservar la paz. No se debe permitir que el mal venza a la verdad.

> **«Si el espíritu del príncipe se exaltare contra ti, no dejes tu lugar; porque la mansedumbre hará cesar grandes ofensas» (Ec. 10:4).**
>
> **«Si es posible, en cuanto dependa de vosotros, estad en paz con todos los hombres» (Ro. 12:18).**
>
> **«Así que, sigamos lo que contribuye a la paz y a la mutua edificación» (Ro. 14:19).**
>
> **«Seguid la paz con todos, y la santidad, sin la cual nadie verá al Señor» (He. 12:14).**

6 (12:19-21) ***Venganza—represalia—desquite:*** el creyente no debe dar lugar a una venganza. Hay tres razones para este mandato.

1. La venganza pertenece a Dios. Note las palabras «Amados míos». La exhortación está específicamente dirigida a los creyentes. Sería una cosa maravillosa *si todos los hombres* practicasen esta regla y viviesen por ella, pero el mundo nunca ha vivido ni vivirá libre de la venganza. Sin embargo, los *amados* de Dios no tienen elección. Toda persona que sigue a Dios debe dejar la venganza a Dios. La venganza pertenece a Dios, no al hombre. Ningún hombre tiene el derecho de condenar a otro en un juicio personal; no tiene derecho a la venganza personal. El derecho de juzgar y ejecutar la venganza es de Dios y solamente de Dios. Sin embargo, las Escrituras son claras: Dios dará el pago—Dios ejecutará la venganza. El día de su ira ya viene y será ineludible.

> **«No os venguéis vosotros mismos, amados míos, sino dejad lugar a la ira de Dios; porque escrito está: mía es la venganza, yo pagaré, dice el Señor» (Ro. 12:19).**
>
> **«Y a vosotros que sois atribulados, daros reposo con nosotros, cuando se manifieste el Señor Jesús desde el cielo con los ángeles de su poder, en llama de fuego, para dar retribución a los que no conocieron a Dios, ni obedecen al evangelio de nuestro Señor Jesucristo» (2 Ts. 1:7-8).**
>
> **«Pues conocemos al que dijo: Mía es la venganza, yo daré el pago, dice el Señor. Y otra vez: El Señor juzgará a su pueblo» (He. 10:30).**
>
> **«Mía es la venganza y la retribución; a su tiempo su pie resbalará, porque el día de su aflicción está cercano. Y lo que les está preparado se apresura» (Dt. 32:35).**
>
> **«Jehová, Dios de las venganzas, Dios de las venganzas, muéstrate» (Sal. 94:1).**

2. El tratar a un enemigo con bondad le afectará enormemente. Al hacerlo, el creyente amontona «ascuas de fuego» sobre la cabeza del enemigo. Esto significa por lo menos dos cosas.

   a. La bond ad avergonzará al enemi go y le c au s ará angustia. En sus mentos de soledad, sus pensamientos volverán al maltrato dado a los creyentes y le llevarán a meditar en Dios y a maravillarse de Él. Hay alguna oportunidad para que el enemigo se arrepienta y se convierta.

   > **«Así que si tu enemigo tuviere hambre, dale de comer; si tuviere sed, dale de beber; pues haaendo esto, ascuas de fuego amontonarás sobre su cabeza» (Ro. 12:20).**
   >
   > **«Si el que te aborrece tuviere hambre, dale de comer pan, y si tuviere sed, dale de beber agua; porque ascuas amontonarás sobre su cabeza, y Jehová te lo pagará» (Pr. 25:21-22).**

   b. La bondad acumulará ira contra el malhechor para el día del juicio. Si reprime sus pensamientos de Dios y se endurece más y más y sigue dando maltrato al pueblo de Dios, entonces acumula más y más ira contra sí en el terrible día del juicio.

   > **«Pero por tu dureza y por tu corazón no arrepentido, atesoras para ti mismo ira para el día de la ira y de la revelación del justo juicio de Dios» (Ro. 2:5).**

3. La represalia concede la victoria al mal. Si el creyente toma la venganza en sus manos, entonces permite que el mal le venza, y esto no debe hacerlo jamás. El creyente debe vencer el mal, y no debe dejar jamás que el mal le venza. Note cómo vence el mal: haciendo el bien. Vence el mal haciendo lo que debe hacer, en particular, haciendo bien a los que lo maltrataron y abusaron de él.

> **«Pero yo os digo: No resistáis al que es** malo; antes, a **cualquiera que te hiera en la mejilla derecha, vuélvele también la otra; y al que quiera ponerte a pleito y quitarte la túnica, déjale también la capa; y a cualquiera que te obligue a llevar carga por una milla, vé con él dos» (Mt. 5:39-41)**
>
> **«Pero yo os digo: Amad a vuestros enemigos, bendecid a los que os maldicen, haced bien a los que os aborrecen, y orad por los que os ultrajan y os persiguen» (Mt. 5:44).**
>
> **«Airaos, pero no pequéis; no se ponga el sol sobre vuestro enojo, ni deis lugar al diablo» (Ef. 4:26-27)**
>
> **«Mirad que ninguno pague a otro mal por mal; antes seguid siempre lo bueno unos para con otros, y para con todos» (1 Ts. 5:15).**

Bosquejo	Texto	Texto	Bosquejo
1 Someterse a las autoridades civiles **2 Las autoridades son ordenadas por Dios** a. Resistirlas equivale a resisitir la ordenación de Dios b. La resistencia será condenada **3 El gobierno existe para promover el bien y refrenar el mal** a. Los gobernantes no son puestos para refrenar el bien, sino el mal b. Los gobernantes son	**CAPÍTULO 13** **D. El creyente y el estado, 13:1-7** Sométase toda persona a las autoridades superiores; porque no hay autoridad sino de parte de Dios, y las que hay, por Dios han sido establecidas. 2 De modo que quien se opone a la autoridad, a lo establecido por Dios resiste; y los que resisten, acarrean condenación para sí mismos. 3 Porque los magistrados no están para infundir temor al que hace el bien, sino al malo. ¿Quieres, pues, no temer la autoridad? Haz lo bueno, y tendrás alabanzas de ella;	4 porque es servidor de Dios para tu bien. Pero si haces lo malo, teme; porque no en vano lleva la espada, pues es servidor de Dios, vengador para castigar al que hace lo malo. 5 Por lo cual es necesario estarle sujetos, no solamente por razón del castigo, sino también por causa de la conciencia. 6 Pues por esto pagáis también los tributos, porque son servidores de Dios que atienden continuamente a esto mismo. 7 Pagad a todos lo que debéis: al que tributo, tributo; al que impuesto, impuesto; al que respeto, respeto; al que honra, honra.	ministros de Dios para bien: para mantener el bienestar de los ciudadanos 1) Llevan la espada contra el mal 2) Ejecutan la justicia c. El creyente debe obedecer al estado por causa de la conciencia **4 El gobierno ha sido ordenado para dar beneficios por medio de los impuestos** [EFI] a. Las autoridades deben suministrar los beneficios b. Los creyentes deben pagar los impuestos c. Los creyentes deben pagar lo debido: dinero u honra

D. El creyente y el estado, 13:1-7

(13:1-7) ***Introducción:*** ¿Cuál es la relación entre el creyente y el estado? La pregunta ha sido debatida a través de los siglos. ¿Qué es superior, la iglesia o el estado? Dios no se anda con rodeos al tratar el problema, y lo que tiene que decir al creyente verdadero resulta sorprendente a algunas personas. Sencillamente Dios espera que el creyente genuino viva como un testimonio de la justicia (haciendo lo justo) mientras esté sobre la tierra.

1. Someterse a las autoridades civiles (v.1).
2. Las autoridades son ordenadas por Dios (vv. 1-2).
3. El gobierno ha sido ordenado para promover el bien y refrenar el mal (vv. 3-5).
4. El gobierno ha sido ordenado para proporcionar beneficios por medio de los impuestos (vv. 6-7).

[1] (13:1) ***Gobierno—estado—autoridades civiles:*** los creyentes deben someterse a las autoridades civiles. No importa cómo ni quién haya designado la autoridad civil. Puede haber sido designada por un senado, por un ejército o por el pueblo. Hay que obedecer a la autoridad, sea justa o injusta, legítima o ilegítima.

No obstante, cabe notar la esfera de autoridad. El gobierno tiene autoridad solamente en la *esfera civil*. La autoridad del gobierno no se extiende más allá de su posición. Por ejemplo, cuando Pablo ordena a las mujeres que obedezcan a sus esposos, se les pide que les obedezcan como *maridos*, no como amos ni como reyes. Los hijos deben obedecer a sus padres como *padres*, no como a soberanos. Lo mismo ocurre con las autoridades del gobierno.

Cuando las leyes del gobierno civil entran en conflicto con mandamientos explícitos de Dios, el cristiano debe decir: «Es necesario obdecer a Dios antes que a los hombres» (Hch. 5:29). Cuando un gobernador se arroga derechos divinos, el creyente debe responder «no», porque el gobernante está traspasando la esfera de autoridad civil que Dios le otorgó. El gobernante está invadiendo un territorio que no es el suyo (*véase* nota—Ro. 12:18). Pero el creyente cristiano debe decir que «sí» a todos los asuntos civiles que no entren en conflicto con los mandamientos de Dios. Las Escrituras dan varias razones para ello. (*Véanse* bosquejo y notas—1 Ti. 2:2; Tit. 3:1; 1 P. 2:13-17 para ampliar la discusión.)

[2] (13:1-2) ***Gobierno:*** el gobierno ha sido establecido por Dios; esto es, la existencia, la autoridad, la posición, los cargos de gobierno han sido ordenados por Dios. Es la voluntad de Dios que exista el gobierno y que tales personas tengan autoridad para gobernar dentro del estado. Las tres son instituciones ordenadas por Dios: la familia, la iglesia y el gobierno. Los tres existen porque Dios les ha dado los medios por los cuales los hombres tienen que relacionarse unos con otros y con Él como Dios. Dios ha ordenado...

- que la familia exista como el medio por el cual los miembros de la familia estén juntos y que la función de los padres sea el gobierno interno de la familia.
- que la iglesia exista como el medio por el cual la gente tiene comunión con Dios, y que sea función de los líderes de la iglesia ejercer la autoridad interna de la iglesia.
- el gobierno exista como el medio por el cual los ciudadanos se relacionan entre sí, y que la tarea de los funcionarios de gobierno sea ejercer la autoridad dentro del estado.

Las instituciones y sus autoridades son ordenadas por Dios, y los hombres son responsables de la forma en que desarrollan sus funciones. Cada una de las tres instituciones tiene líderes que son fieles y hacen una excelente tarea, y cada una tiene líderes que son completamente desobedientes a Dios y hacen un pésimo trabajo. Esto incluye a los que tienen la autoridad dentro de los diversos niveles de gobierno así como a hombres que sirven en diversos niveles en las otras dos instituciones. El hecho para recordar es que el gobierno ha sido ordenado por Dios, y las autoridades son responsables ante Él: ellos rendirán cuenta a Dios.

> **«Sométase toda alma a las autoridades superiores; porque no hay autoridad sino de parte de Dios, y las que hay, por Dios han sido establecidas» (Ro. 13:1).**
>
> **«Abominación es a los reyes hacer impiedad, porque *con justicia* será *afirmado* el trono» (Pr. 16:12).**
>
> **«Y se dispondrá el trono en misericordia; y sobre Él se sentará firmemente, en el tabernáculo de David, quien juzgue y busque el juicio, y apresure la justicia» (Is. 16:5).**

Sin embargo, el *énfasis* del pasaje no está en las autoridades del gobierno: el *énfasis* está en el creyente y su deber hacia el estado. Normalmente el creyente puede hacer muy poco en cuanto al modo que las autoridades del gobierno conducen sus asuntos, pero el creyente puede hacer mucho en cuanto a su conducta como ciudadano dentro del estado; y Dios es muy, muy claro en lo que respecta a la conducta del creyente. Tenga presente que cuando Pablo dio estas instrucciones quien reinaba como emperador era el infame Nerón.

1. El creyente no debe resistir a las autoriades del gobierno porque hacerlo equivale a oponer resistencia a lo establecido por Dios. Note tres puntos.

a. El cristianiso no debe llegar a confundirse con un movimiento ni con el gobierno nacional. Cristo no tiene nada que ver con insurrecciones, rebeliones, o con la desobediencia civil. Los cristianos no deben identificarse con homicidios ni asesinatos; no deben ser conocidos como terroristas. No deben causar estragos entre la gente ni destruir comunidades.

b. Al creyente se permite una sola excepción para oponer resistencia al gobierno. Cuando los gobernantes comienzan a ejercer dominio personal e inmoral sobre la vida humana, entonces el creyente debe obedecer a Dios y no a los hombres. El creyente siempre debe seguir la rectitud, esto es, la moralidad y la justicia. Sin embargo, note un punto fundamental: la moralidad y la justicia que se quiere alcanzar debe ser la moralidad y la justicia de las Escrituras y no una moralidad y justicia de confección humana. (*Véase* nota—Ro. 13:1 para ampliar la discusión.)

c. Los líderes del mundo están en las manos de Dios y desarrollan su papel bajo su soberana administración. Este es un gran consuelo para el corazón de los creyentes cristianos (aunque no lo sea para el incrédulo), porque significa que Dios está obrando en los asuntos de los líderes mundiales. Tiene el mundo en sus manos. El toma el fracaso y los males de las naciones y de sus líderes y hace que «a los que aman a Dios todas las cosas ayuden a bien, esto es, a los que conforme a su propósito son llamados» (Ro. 8:28).

2. El creyente que resiste a la autoridad será condenado. La palabra «condenación» (*krima*) significa juicio. La idea es que el creyente desobediente tendrá que enfrentar el juicio de Dios si desobedece las leyes justas del gobierno. Algunos autores piensan que esto se refiere al juicio ante las autoridades civiles. No hay duda, si el creyente es sorprendido transgrediendo las leyes del estado, será castigado. Sin embargo, las autoridades civiles podrían no sorprender jamás al creyente; pero Dios conoce cada ley quebrantada por el creyente, y por resistir las leyes del estado el creyente quebranta la ley de Dios. En consecuencia, el creyente es culpable delante de Dios y será juzgado por Dios.

> **«*Por causa del Señor* someteos a toda institución humana, ya sea al rey, como a superior, ya a los gobernadores, como por Él enviados para castigo de los malhechores y alabanza de los que hacen bien» (1 P. 2:13-14).**
>
> **«Y cualquiera que no cumpliere la ley de tu Dios, y la ley del rey, sea juzgado prontamente, sea a muerte, a destierro, a pena de multa, o prisión» (Esd. 7:26).**
>
> **«Teme a Jehová, hijo mío, y al rey; no te entremetas con los veleidosos; porque su quebrantamiento vendrá de repente; y el quebrantamiento de ambos, ¿quién lo comprende?» (Pr. 24:21-22).**

3 (13:3-5) ***Gobierno:*** el gobierno ha sido ordenado para promover el bien y restringir el mal. Note tres puntos.

1. Los gobernantes no se han establecido para restringir las buenas obras, sino el mal. Las autoridades y leyes civiles existen para restringir el mal; de modo que, cualquier creyente que quebrante la ley puede esperar un castigo del estrado. Por esta razón el creyente debiera...

- temer al estado tanto como para obedecer sus leyes.
- hacer lo que es bueno y lícito.

Al tener respeto y hacer lo que es bueno y lícito, el creyente tiene *alabanza* del estado. La idea es que el creyente contribuye al bien y al buen nombre del estado. Ayuda a edificar la justicia y la verdad dentro del estado, y por lo tanto puede ser ciudadano de un estado bueno y digno de elogio. El creyente recibe alabanza del estado; se le permite vivir en paz como ciudadano del estado.

> **«No injuriarás a los jueces, ni maldecirás al príncipe de tu pueblo» (Éx.22:28).**
>
> **«Te aconsejo que guardes el mandamiento del rey y la palabra del juramento de Dios» (Ec. 8:2).**
>
> **«Le dijeron: De César. Y les dijo: Dad, pues a César lo que es de César, y a Dios lo que es de Dios» (Mt. 22:21).**
>
> **«Pablo dijo: No sabía hermanos, que era el sumo sacerdote; pues escrito está: No maldecirás a un príncipe de tu pueblo» (Hch. 23:5).**
>
> **«Sométase toda alma a las autoridades superiores; porque no hay autoridad sino de parte de Dios, y las que hay, por Dios han sido establecidas» (Ro. 13:1).**
>
> **«Recuérdales que se sujeten a los gobernantes y autoridades, que obedezcan, que estén dispuestos a toda buena obra» (Tit. 3:1).**
>
> **«Por causa del Señor someteos a toda institución humana» (1 P. 2:13).**
>
> **«Honrad a Dios. Amad a los hermanos. Temed a Dios. Honrad al rey» (1 P. 2:17).**

Pensamiento. Note que el gobierno y la ley civil son una *restricción* sobre el mal. El poder del mal y la corrupción es tan fuerte que cuando los hombres no tienen ley, se lanzan en un desenfreno de egoísmo y pecado. La historia y la transgresión de las leyes en comunidades, ciudades, sociedades y aun en familias proveen una extensa evidencia. Cuando no existe el derecho y no se establecen leyes, el mal corre desenfrenado. La sociedad necesita desesperadamente atender a este hecho.

> **«Conociendo esto, que la ley no fue dada para el justo, sino para los transgresores y desobedientes, para los impíos y pecadores, para los irreverentes y profanos, para los parricidas y matricidas, para los homicidas, para los fornicarios, para los sodomitas, para los secuestradores, para los mentirosos y perjuros, y para cuanto se oponga a la sana doctrina» (1 Ti. 1:9-10).**

2. Los gobernadores son ministros de Dios para bien: proteger el bienestar de sus ciudadanos. Note que la autoridad civil gobierna para el bien del ciudadano. Este versículo sencillamente está repasando lo que ya ha sido dicho en los tres versículos anteriores.

a. La función del gobernante ha sido ordenada por Dios para bien; es para el bienestar de los ciudadanos.

> **«El Dios de Israel ha dicho, me habló la Roca de Israel: Habrá un justo que gobierne entre los hombres, que gobierne en el temor de Dios» (2 S. 23:3).**
>
> **«Y dijo a los jueces: Mirad lo que hacéis; porque no juzgáis en lugar de Jehová, el cual está con vosotros cuando juzgáis» (2 Cr. 19:6).**
>
> **«Ahora, pues, oh reyes, sed prudentes; admitid amonestación, jueces de la tierra. Servid a Jehová con temor, y alegraos con temblor» (Sal. 2:10-11).**
>
> **«Misericordia y verdad guardan al rey, y con clemencia se sustenta su trono» (Pr. 20:28).**
>
> **«El rey con el juicio afirma la tierra; Mas el que exige presentes la destruye» (Pr. 29:4).**

b. Ha de temer el creyente romper las leyes del estado porque la autoridad civil existe para mantener orden por castigar a los hacedores del pecado o los que rompen la ley.

> **«Por causa del Señor someteos a toda institución**

humana, ya sea al rey, como a superior, ya a los goberandores, como por Él enviados para castigo de los malhechores y alabanza de los que hacen bien» (1 P. 2:13-14).

3. El creyente debe obedecer al estado a causa de la conciencia así como por temor al castigo. Hay dos razones para obedecer la ley civil:

- A causa de la ira, esto es, el temor del castigo por parte del estado.
- A causa de la conciencia, esto, es por temor al castigo divino.

Hay dos formas en que se involucra la conciencia. Primero, se dice al cristiano creyente que Dios ha establecido el gobierno y que resistir al gobierno equivale a resistir la ordenación de Dios. En consecuencia, el creyente tiene un principio que gobierna su conciencia: hacer un mal uso de su ciudadanía es resisitir la voluntad de Dios y violar su conciencia.

Segundo, la conciencia determina el estado del ser de un individuo. Una conciencia tranquila trae paz al hombre; una conciencia inquieta produce intranquilidad y dolor. El hombre que se rebela contra su gobierno perturba su conciencia y vive bajo el inquieto temor de ser sorprendido y castigado.

«Y por esto procuro tener siempre una conciencia sin ofensa ante Dios y ante los hombres» (Hch. 24:16).

«Porque nuestra gloria es esta: el testimonio de nuestra conciencia, que con sencillez y sinceridad de Dios, no con sabiduría humana, sino con la gracia de Dios, nos hemos conducido [ciudadanía] en el mundo, y mucho más con vosotros» (2 Co. 1:12).

«El propósito de este mandamiento es el amor nacido de corazón limpio, y de buena conciencia, y de fe no fingida» (1 Ti. 1:5).

«Manteniendo la fe y buena conciencia, desechando la cual naufragaron en cuanto a la fe algunos» (1 Ti. 1:19).

«Que guarden el misterio de la fe con limpia conciencia» (1 Ti. 3:9).

«¿Y a quienes juró que no entrarían en su reposo, sino a aquellos que desobedecieron?» (He. 3:18).

«Porque esto merece aprobación, si alguno a causa de la conciencia delante de Dios, sufre molestias padeciendo injustamente» (1 P. 2:19).

«Teniendo buena conciencia, para que en lo que murmuran de vosotros como de malhechores, sean avergonzados los que calumnian vuestra buena conducta en Cristo» (1 P. 3:16).

4 (13:6-7) ***Gobierno:*** el gobierno ha sido establecido para suministrar beneficios *por medio de los impuestos*. Note tres puntos.

1. Los gobernantes son ministros de Dios designados para *«esto mismo»*; esto es, *Dios designa los gobernadores como sus servidores para que atiendan al pueblo*. Los gobernantes deben ministrar proveyendo algunos beneficios a los ciudadanos.

   a. El gobierno provee justicia, protección y servicios a sus ciudadanos. Es un acuerdo entre la ley y el pueblo el vivir de acuerdo con la ley que impide que los poderosos dominen a los débiles. Impide que la vida llegue a regirse por la ley de la selva. Con frecuencia es el estado el que provee servicios tales como caminos, transporte público y electricidad.

   b. El gobierno evita que el mundo se sumerja en el caos. Toda paz que disfruta interiormente un país se debe al gobierno existente. No es paz perfecta, pero normalmente dentro de sus límites hay una semblanza de paz. Así que, el hombre ha de trabajar por la paz mundial mediante la estructura del gobierno.

2. El creyente, por lo tanto, ha de pagar impuestos. Cada ciudadano tiene la obligación de rendir pago al gobierno por los beneficios que recibe del estado.Ciertos beneficios resultan del esfuerzo cooperativo de la gente de un estado. Un hombre no podría recibir estos beneficios como individual. Estos beneficios y privilegios son suyos porque el gobierno los ha producido. Así que, el hombre es obligado a pagar su parte.

«Cuando llegaron a Capernaum, vinieron a Pedro los que cobraban las dos dracmas, y le dijeron: ¿Vuestro Maestro no paga las dos dracmas?... Sin embargo, para no ofenderles, vé al mar, y echa el anzuelo, y el primer pez que saques, tómalo, y al abrirle la boca, hallarás un estatero; tómalo, y dáselo por mí y por ti» (Mt. 17:24, 27).

«Le dijeron: De César. Y les dijo: Dad, pues, a César lo que es de César, y a Dios lo que es de Dios» (Mt. 22:21).

«Pues por esto pagáis también los tributos, porque son servidores de Dios que atienden continuamente a esto mismo» (Ro. 13:6).

3. El creyente no solamente debe pagar los tributos, sino debe pagar todo cuanto debe a *todo hombre*. La palabra «pagar» (*teleo*) significa llenar, completar. El creyente debe cumplir sus obligaciones no importa cuáles sean.

- Si una nación pide tributo (impuestos), debe pagar ese tributo.
- Si una autoridad civil pide arancel (impuestos) debe pagar su arancel.
- Si a una autoridad o persona debe respeto, debe respetar a esa autoridad o persona.
- Si a una autoridad o persona debe honor, debe honrar a esa autoridad o persona.

Muy sencillamente, el creyente debe vivir en forma irreprensible delante de todos los hombres, y esto incluye el ser un *buen ciudadano* de su gobierno.

«Por la bendición de los rectos la ciudad será engrandecida; mas por la boca de los impíos será trastornada» (Pr. 11:11).

«La justicia engrandece a la nación; mas el pecado es afrenta de las naciones» (Pr. 14:34).

«Aparta al impío de la presencia del rey, y su trono se afirmará en justicia» (Pr. 25:5).

«Por la rebelión de la tierra sus príncipes son muchos; mas por el hombre entendido y sabio permanece estable» (Pr. 28:2).

«Con justicia serás adornada» (Is. 54:14).

ESTUDIO A FONDO 1

(13:6) ***Tributo—impuestos:*** este es un mandamiento difícil. A la mayoría de los creyentes, el mandamiento produce cualquier cosa menos placer, porque los impuestos establecidos por el gobierno romano contra las naciones vencidas era difíciles de soportar (*véase* nota—Mt. 9:9).

1. Estaba el impuesto a los ingresos: uno por ciento de los ingresos personales.
2. Estaba el impuesto territorial: la persona debía pagar un décimo o un quinto de la producción de su tierra. Podía pagar en dinero o en el producto mismo que se había cosechado.
3. Estaba la capitación: lo pagaba toda persona que estuviera entre los doce o catorce años y los sesenta y cinco. Alcanzaba al salario de un día de trabajo. (*Véase* Estudio a fondo 3—Mt. 22:17.)

Además había que pagar impuestos locales. Estaban los impuestos de importación y exportación, y había que pagar impuestos por el uso de los principales caminos, cruce de puentes, entrar en mercados y bahías, transferencia de animales y conducción de carros o carretas.

	E. El creyente y sus conciudadanos, 13:8-10		
1 La ley básica a. No debáis a nadie nada b. No debáis a nadie nada, *sino el amaros* **2 Prohíbe el adulterio** **3 Prohibe el homicidio**	8 No debáis a nadie nada, sino el amaros unos a otros; porque el que ama al prójimo, ha cumplido la ley. 9 Porque: No adulterarás, no matarás, no hurtarás, no	dirás falso testimonio, no codiciarás, y cualquier otro mandamiento en esta sentencia se resume: Amarás a tu prójimo como a ti mismo. 10 El amor no hace mal al prójimo; así que el cumplimiento de la ley es el amor.	**4 Prohíbe robar** **5 Prohibe falso testimonio** **6 El amor prohibe codiciar** **7 El amor es la suma de todos los mandamientos** **8 El amor no hace mal al prójimo**

E. El creyente y sus conciudadanos, 13:8-10

(13:8-10) ***Introducción:*** los mandamientos de Dios a los creyentes son claros y enérgicos—especialmente cuando tratan con su prójimo, esto es, con los conciudadanos del mundo. Las leyes de Dios son pocas, pero son notables.

1. La ley básica (v. 8).
2. El amor prohíbe el adulterio (v. 9).
3. El amor prohíbe el homicidio (v. 9)
4. El amor prohíbe robar (v. 9).
5. El amor prohíbe el falso testimonio (v. 9).
6. El amor prohíbe codiciar (v. 9).
7. El amor es la suma de todos los mandamientos (v. 9).
8. El amor no hace mal al prójimo (v. 10).

[1] (13:8) ***Amor—deudas:*** hay una ley fundamental que resume todas las demás leyes de los hombres. Es sorprendente pensar que todas las leyes de la vida humana puedan resumirse en una sola ley, sin embargo, se puede hacer. La ley que abarca todas las demás leyes es la de *amar*. Las Escrituras dicen claramente: «No debáis a nadie nada, sino el amaros unos a otros; porque el que ama al prójimo, ha *cumplido* la ley» (v. 8). Note dos puntos significativos.

1. El creyente no tiene que deber nada a nadie. A primera vista, el versículo parece decir que el creyente no debe pedir préstamos ni endeudarse con ningún hombre. A la luz de lo que acaba de enseñarse esto es verdad, y es tanto la voluntad de Dios como un *deber* que el creyente debe llevar a la práctica. El creyente debe *dar el ejemplo* al pagar a los hombres honra cuando debe honra así como al pagar deudas en dinero (v. 7).

¿Cómo funciona este mandamiento en la práctica cotidiana? ¿Significa este mandamiento que el creyente no debe jamás pedir un préstamo en dinero o comprar en base a un plan de crédito pagadero en cuotas periódicas, por ejemplo, una casa o un coche? Por cierto, hay diversas interpretaciones sobre la relación de este mandamiento con las diversas sociedades y con las prácticas monetarias. Tres cosas se pueden decir claramente y debieran ser la práctica diligente de todos los creyentes.

a. El creyente no debe comprar nada que no necesite realmente. El dinero debiera ser utilizado para hacer frente a las necesidades de un mundo que se tambalea bajo el peso del hambre, la enfermedad y las muertes masivas cada día.
b. El creyente no debe comprar a menos que pueda hacer frente a la obligación de pagar lo que compró.
c. Si el creyente *tiene que comprar* un artículo costoso como un coche o una casa y contrae la obligación de hacer pagos periódicos, *debe ser capaz de cubrir sus pagos* o no debe comprar el artículo. En realidad, nada debe mientras la cuota no esté vencida, pero sí debe en el momento en que la cuota *llega a su vencimiento*. Si no paga en la fecha su compromiso está cometiendo una clara desobediencia a Dios.

El punto es éste: un creyente no debe estar endeudado a nadie. La gente del mundo vive para el mundo y su dinero y sus posesiones. Es todo que tienes; sin embargo, juzgan a los hombres por cuánto tienen. No importa que la persona sea cristiana o nocristiana, es juzgada por su situación financiera. Si un creyente no paga prontamente lo que debe y sus obligaciones, se considera poco ética y deshonesta, un ladrón. Y lo es, porque ha tomado algo que pertenece a otro. Además. Ha engañado y mentido al hombre a quien compró el ítem. Convinció al hombre que quería y era capaz de pagar, y ahora no paga lo que debe.

Sencillamente, el cristiano creyente siempre debe pagar sus cuentas y cumplir sus obligaciones. Nunca tiene que deber nada a ningún hombre para no dañar el nombre de Cristo, y alejar a los hombres del Reino de Dios debido a que se han formado una opinión negativa de los creyentes cristianos. El creyente debe ser irreprensible, y una de las formas más significativas de vivir en forma irreprochable es no deber a nadie nada—pagar las cuentas y cumplir las obligaciones puntualmente.

«¡Ay de vosotros, escribas y fariseos, hipócritas! Porque limpiáis lo de fuera del vaso y del plato, pero por dentro estáis llenos de *robo y de injusticia*» (Mt. 23:25).

«Pagad a todos lo que debéis: al que tributo, tributo; al que impuesto, impuesto; al que respeto, respeto; al que honra, honra» (Ro. 13:7).

«He aquí, clama el jornal de los obreros que han cosechado vuestras tierras, el cual por engaño no les ha sido pagado por vosotros; y los clamores de los que habían segado han entrado en los oídos del Señor de los ejércitos» (Stg. 5:4).

«Vino ella luego, y lo contó al varón de Dios, el cual dijo: Vé y vende el aceite, y paga a tus *acreedores*; y tú y tus hijos vivid de lo que quede» (2 R. 4:7).

«Mejor es lo poco con justicia que la muchedumbre de frutos sin derecho» (Pr. 16:8).

«Amontonar tesoros con lengua mentirosa, es aliento fugaz de aquellos que buscan la muerte» (Pr. 21:6).

«Como la perdiz que cubre lo que no puso, es el que injustamente amontona riquezas; en la mitad de sus días las dejará, y en su postrimería será insensato» (Jer. 17:11).

«¡Ay del que edifica su casa sin justicia, y sus salas sin equidad, sirviéndose de su prójimo de balde, y no dándole el salario de su trabajo!» (Jer. 22:13).

«Y he aquí que batí mis manos a causa de tu avaricia que cometiste, y a causa de la sangre que derramaste en medio de ti» (Ez. 22:13).

2. El creyente no tiene que deber a nadie nada *sino el amor*. El amor hará más que cualquier otra virtud por ganar personas para Jesucristo y por el advenimiento de la sociedad ideal. Como dice este versículo, el amor cumple la ley. Así que si cada uno ama a los demás, entonces cada uno estará cumpliendo la ley; y la sociedad y vida ideal que todos anhelamos se convertirá en una realidad. Esto se ve claramente en este pasaje; en efecto, es el mayor énfasis de estos versículos. Dios está diciendo a los creyentes que se amen unos a otros con el fin de demostrar lo que la sociedad *puede* llegar a ser. El mundo y la sociedad pueden vivir en amor si se vuelven a El. Sin embargo, si los creyentes viven endeudados y cometen los pecados que consideraremos luego, entonces no son diferentes del mundo. Demuestran ser hombres que han hecho una falsa profesión de fe. Los creyentes llegan a ser solamente hipócritas, nada más. Por esta razón los creyentes *deben* obedecer a Dios: «No debáis a nadie

nada, sino el amaros unos a otros; porque el que ama al prójimo, ha cumplido la ley» (v. 8).

El tema de los puntos siguientes es cómo cumple la ley el amor. Note que las leyes mencionadas son las leyes que tratan acerca de la conducta del hombre hacia su prójimo, todas las cuales han sido tomadas de los diez mandamientos. El amor cumple los mandamientos de Dios.

[2] (13:9) ***Adulterio—amor:*** el amor prohíbe el adulterio. «No cometerás adulterio» (Éx. 20:14; Dt. 5:18; *véase* Estudio a fondo 1—Mt. 5:27-30 para ampliar la discusión). Note dos puntos significativos.

1. En el contexto de los diez mandamientos, el adulterio se refiere a todas las formas de inmoralidad sexual. Esto incluiría el sexo antes del matrimonio, la homosexualidad y todas las desviaciones sexuales.

2. El amor prohíbe el adulterio, esto es el sexo fuera del vínculo matrimonial. ¿Cómo puede el amor prohibir un acto de amor? ¿No es el sexo un acto de amor, un acto en que se comparte mutuamente una experiencia que enriquece la vida? Las Escrituras dicen:

- Sí, en caso practicarse dentro de los límites de un matrimonio verdadero, esto es, un matrimonio que esté verdadera y espiritualmente unido por Dios.
- No, si es una experiencia ajena a verdadero matrimonio, con una pareja que no es aquella con la fuera unido en verdadero matrimonio por Dios.

Las Escrituras son estrictas y claras en este punto. Note cuidadosamente lo que dicen las Escrituras:

«Huid de la fornicación. Cualquier otro pecado que el hombre cometa, está fuera del cuerpo; mas el que fornica, *contra su propio cuerpo* peca» (1 Co. 6:18).

¿En qué sentido es la inmoralidad sexual un pecado contra el cuerpo humano? ¿Cómo puede el cuerpo de una persona ser afectado por la inmoralidad? Hay cinco formas en que el cuerpo es afectado por la inmoralidad sexual.

1. La inmoralidad sexual destruye la racionalidad de la persona y su inteligencia. Este es un punto crítico que lo ve claramente la persona honesta y pensadora. Los hombres y las mujeres son criaturas racionales; por lo tanto, pueden mirarse a sí mismos y su mundo, estudiar, aprender y saber lo que ocurre cuando un hombre y una mujer tienen relación sexual. El sexo es el medio de procreación, esto es, de tener hijos y conservar la especie humana. Ahora, note: es a través del acto sexual que el ser más íntimo de la persona, sus genes, su naturaleza, fluyen hacia la otra persona para producir una nueva vida. Esto es, el sexo involucra la parte más privada e íntima de la persona—los genes mismos y su naturaleza. Así que, *por su naturaleza misma*, el sexo es el acto más íntimo y privado de una persona. Por este acto solamente, una criatura racional sabe que el sexo requiere algo de privacía, alguna limitación. Pero hay mucho más que pensar al respecto que nos dice cuán privado y limitado debe ser el sexo.

Considere el tener y procrear hijos. Por naturaleza la mujer no puede tener hijos por sí misma. Se necesita un hombre y una mujer. Un hombre y una mujer tienen un hijo, y tener un hijo requiere...

- las partes más privadas de sus *dos cuerpos*.
- el acto más íntimo de sus *dos cuerpos*.

Por lo tanto, mientras crían el hijo, las criaturas morales y racionales saben que *los dos son* uno para el otro. ¿Por qué? El hombre y la mujer han puesto su propia *naturaleza y sus genes* en el hijo, y el hijo tiene la naturaleza y los genes de ellos; en consecuencia...

- son ellos los que tienen que *criar* el hijo.
- están unidos, sus genes y sus naturalezas, *dentro del cuerpo* del hijo.

No hay un lazo y una relación más íntimo, no hay un amor, confianza, o esperanza mayor que la unión de los tres. El hombre ha dado a la mujer su propia naturaleza, y la mujer, voluntariamente, ha recibido su naturaleza y ha dado tanto su naturaleza como la de su marido al hijo. Los tres están unidos en una relación que es única, no importa cuánto se ignore, se niegue o se abuse de ella. El marido y la mujer y su relación sexual es una relación única, muy especial. Pero note esto: los hombres y las mujeres forman un grupo aparte del mundo animal por su racionalidad. Este es uno de los rasgos que hace que la relación sexual sea diferente de la relación entre animales. Ellos pueden saber quiénes son y lo que está ocurriendo mientras los animales no lo saben. El hombre y las mujeres pueden saber que sus relaciones no son simplemente *al estilo animal*. Por lo tanto, cuando tienen relaciones inmorales hacen caso omiso de ello, y descuidan, violentan, abusan y perjudican sus mentes. Hacen lo que saben que no debe hacerse. Como Dios dice:

«Porque la ira de Dios se revela desde el cielo contra toda impiedad e injusticia de los hombres que detienen con injusticia la verdad; porque lo que de Dios se conoce *les* es manifiesto [en sus mentes], pues Dios se lo manifestó» (Ro. 1:18-19).

«Porque cuando los gentiles ... hacen por naturaleza lo que es de la ley, éstos, aunque no tengan ley, son ley para sí mismos, mostrando la obra de la ley escrita en sus corazones, dando testimonio su conciencia, y acusándoles o defendiéndoles sus razonamientos» (Ro. 2:14-15).

2. La inmoralidad sexual destruye el cuerpo de una persona en el hecho de que rebaja su cuerpo al nivel del animal. Es simplemente el punto de vista equivocado del hombre. Considera al hombre como una bestia, desestimando al espíritu del hombre. Declara que la vida es para vivirla al nivel de la pasión y el instinto—ignorando la vida del espíritu. (*Véase* Estudio a fondo 1, ***Inmoralidad***—1 Co. 6:18 para una discusión más amplia y detallada de este punto.)

3. La inmoralidad sexual destruye el cuerpo de una persona en que corrompe el más íntimo templo del Espíritu Santo. Las Escrituras declaran que el cuerpo humano fue hecho para ser templo del Espíritu Santo. Dios creó al hombre para que sea su hijo. El hombre es espíritu y cuerpo, y cuando un hombre cree verdaderamente en Cristo, se dice que Cristo entra a morar *en* el cuerpo del hombre. Por lo tanto, cuando un hombre comete inmoralidad sexual, destruye su cuerpo; esto es, viola, usa mal y abusa del templo de Dios.

4. La inmoralidad sexual destruye el cuerpo de una persona porque usa el cuerpo humano como un objeto o herramienta para satisfacer los impulsos y pasiones. Evita que el cuerpo alcance su pleno potencial. Ignora la *satisfacción, la paz, la realización y el desarrollo* tanto del espíritu como de la mente que viene de una unión obrada por Dios.

5. La inmoralidad sexual destruye el cuerpo de una persona porque crea toda suerte de problemas emocionales y espirituales en las personas involucradas. Tener sexo fuera del matrimonio crea sentimientos de culpa y pensamientos negativos en la persona, lo reconozcan o no. Después de un acto ilícito, cuando la persona está a solas con sus pensamientos, piensa en su vida y tiene la sensación de carencia y de necesidad. No importa qué persona sea y no importa cuánto tiempo haya estado involucrado en una mala conducta sexual, hay tiempos cuando una persona piensa en su vida y la necesidad de algo más significativo. Dios ve que todos tenemos estos pensamientos. Son una salvaguarda para intentar que regresemos al Señor. El mal comportamiento sexual consume nuestras emociones, nuestros pensamientos y nuestro espíritu hasta que quedamos destruidos, a menos que nos arrepintamos y nos volvamos a Dios.

Ahora bien, el énfasis de este punto es éste: el amor prohíbe la inmoralidad sexual. Una persona que realmente ama nunca destruiría el cuerpo de su ser querido. Alguien que ama honestamente a otra persona nunca querría causarle problemas a ese ser querido.

«Oísteis que fue dicho: No cometerás adulterio. Pero yo os digo que cualquiera que mira una mujer para codiciarla, ya adulteró con ella en su corazón» (Mt. 5:27-28).

«Por esto Dios los entregó a pasiones vergonzosas; pues aun sus mujeres cambiaron el uso natural por el que es contra naturaleza, y de igual modo también los hombres, dejando el uso natural de la mujer, se encendieron en su lascivia unos con otros cometiendo hechos vergonzosos hombres con hombres, y recibiendo en sí mismos la retribución debida a su extravío. Y como ellos no aprobaron tener en cuenta a Dios, Dios los entregó a una mente reprobada, para hacer cosas que no convienen; estando atestados de toda injusticia, fornicación [inmoralidad]» (Ro. 1:26-29)

«¿No sabéis que los injustos no heredarán el reino de Dios? No erréis; ni los fornicarios, ni los idólatras, ni los adúlteros, ni los afeminados [homosexuales], ni los que se echan con varones» (1 Co. 6:9).

«Y manifiestas son las obras de la carne, que son: adulterio, fornicación, inmundicia, lascivia ... acerca de las cuales os amonesto, como ya os lo he dicho antes, que los que practican tales cosas no heredarán el reino de Dios» (Gá. 5:19, 21).

«Recibiendo el galardón de su injusticia, ya que tienen por delicia el gozar de deleites [fiestas, farras] cada día. Estos son inmundicias y manchas, quienes aun cuando comen con vosotros, se recrean en sus errores. Teniendo los ojos llenos de adulterio, no se sacian de pecar, seducen a las almas inconstantes, tienen el corazón habituado a la codicia, y son hijos de maldición. Han dejado el camino recto, y se han extraviado siguiendo el camino de Balaam hijo de Beor, el cual amó el premio de la maldad» (2 P. 2:13-15).

3 (13:9) ***Homicidio:*** el amor prohíbe matar. «No matarás.» La ley contra el homicidio es el sexto mandamiento (Éx. 20:13; Dt. 5:17). Dios dio el mandamiento de proteger la vida humana. La vida debe ser respetada y cuidada; nadie puede quitar la vida a nadie—ni la propia vida ni la vida de otra persona. Las sociedades civilizadas siempre han considerado el homicidio como un delito grave y digno de juicio. Sin embargo, note lo que las Escrituras dicen:

«Oísteis que fue dicho a los antiguos: No matarás; y cualquiera que matare será culpable de juicio. Pero yo os digo que cualquiera que *se enoje* contra su hermano, será culpable de juicio; y cualquiera que diga: Necio, a su hermano, será culpable ante el concilio; y cualquiera que le diga: Fatuo, quedará expuesto al infierno de fuego» (Mt. 5:21-22).

«Todo aquel que *aborrece* a su hermano es homicida» (1 Jn. 3:15).

«Le dijo: ¿Cuáles? Y Jesús dijo: No matarás. No adulterarás. No hurtarás. No dirás falso testimonio» (Mt. 19:18).

«Así que, ninguno de vosotros padezca como homicida»(1 P. 4:15).

Cristo dice que la ira y el odio son equivalentes al homicidio. Así que la respuesta para resolver el problema del homicidio es dejar la ira y el odio. ¿Cómo? Las Escrituras tienen la respuesta. Mira...

- el versículo 8: «El que *ama* al prójimo, ha cumplido la ley».
- el versículo 9: «*Amarás* a tu prójimo como a ti mismo».
- el versículo 10: «El *amor* no hace mal al prójimo.»
- el versículo 10: «El cumplimiento de la ley es el *amor*».

El amor es la respuesta a la ira, al odio y al homicidio. Es deber de los hombres amarse unos a otros: Dios lo espera y lo pide. Pero, ¿cómo? No basta con decir simplemente que los hombres deben amarse mutuamente. Las palabras solas no quitarán la ira, el odio y el homicidio del mundo. ¿Cómo pueden los hombres apartarse de la ira y del odio hacia el amor? La respuesta se encuentra en el pueblo de Dios, en aquellos que siguen a Dios y ya están amando a los demás.

- El pueblo de Dios debe *mostrar amor* ante el mundo más claramente y con mayor vigor que nunca antes.
- El pueblo de Dios debe proclamar más que nunca antes el amor al mundo—explicando cómo puede el hombre cambiar su corazón del odio al amor.

Dicho en forma muy sencilla, los cristianos creyentes deben demostrar lo que es amar y deben proclamar cómo es que una persona puede cambiar su corazón de la ira y el odio al amor. Hay cuatro pasos para *lograr* el cambio del corazón y *aprender* a amar.

1. La persona debe llegar a conocer a Dios y ser nacido de Dios por medio de su Hijo Jesucristo. La Biblia dice claramente que el verdadero amor es posible *solamente* si una persona es nacida de Dios.

«Amados, amémonos unos a otros; porque el amor es de Dios. Todo aquel que ama, es nacido de Dios, y conoce a Dios. El que no ama, no ha conocido a Dios; porque Dios es amor. En esto se mostró el amor de Dios para con nosotros, en que Dios envió a su Hijo unigénito al mundo, para que vivamos por Él. En esto consiste el amor: no en que nosotros hayamos amado a Dios, sino en que Él nos amó a nosotros, y envió a su Hijo en propiciación por nuestros pecados. Amados, si Dios nos ha amado así, debemos también nosotros amarnos unos a otros» (1 Jn. 4:7-11).

2. La persona debe pensar en el amor de Dios y entenderlo. Cuando una persona llega verdaderamente a conocer el amor de Dios, entonces amará a los demás. En efecto, si no ama a los demás, la Biblia dice que es porque no conoce el amor de Dios. En consecuencia, el modo de cambiar el corazón de una persona de la ira y el odio al amor, es compartir con ella el amor de Dios.

«En esto hemos conocido el amor, en que Él puso su vida por nosotros; también nosotros debemos poner nuestras vida por los hermanos» (1 Jn. 3:16).

3. La persona debe pedir al Espíritu Santo el *don del amor*. El Espíritu Santo de Dios puede estimular a los hombres para que se amen unos a otros si lo buscan.

«Seguid [buscad] el amor» (1 Co. 14:1; cp. 1 Co. 13:1-13).

«Porque el amor de Dios ha sido derramado en nuestros corazones por el Espíritu Santo que nos fue dado» (Ro. 5:5).

«Mas el fruto del Espíritu es amor» (Gá. 5:22).

4. La persona debe procurar obedecer diligentemente el mandamiento muy especial del Señor Jesús.

«Un mandamiento nuevo os doy: Que os améis unos a otros; como yo os he amado, que también os améis unos a otros. En esto conocerán todos que sois mis discípulos, si tuviereis amor los unos con los otros« (Jn. 13:34-35).

4 (13:9) ***Robar—ministrar—necesidades del mundo:*** el amor prohíbe robar. «No hurtarás» (Éx. 20:15; Dt. 5:19). En la Biblia la palabra «hurtar» (*klefeis*) significa engaño, estafa, tomar algo de otra persona en forma incorrecta, *sea legal o ilegalmente*. Note que las leyes de los hombres no constituyen la regla determinante si una persona está robando o no. Esto es lo que con tanta frecuencia se entiende mal en cuando a lo que es hurtar.

- Los hombres pueden usar la ley para robar.
- Los hombres pueden robar a otros sin siquiera quebrantar la ley.
- Los hombres pueden pueden recibir demasiado de algo, mucho más de lo que necesitan—algo que lícitamente pertenece a otros.

Dicho con mucha sencillez, la Biblia enseña que hurtar es

apoderarse de algo que *lícitamente* pertenece a otros. Hay por lo menos tres formas de robar.

1. Una persona roba tomando algo que *realmente es posesión o propiedad personal* de otra persona. Si le pertenece y lo tomamos, entonces somos culpables de robo. Puede ser algo tan simple como un lápiz de la oficina o la respuesta de otro estudiante en una prueba, o podría ser algo tan complejo como una malversación de fondos por medio de la contabilidad. Si lo hacemos, hemos quebrantado el mandamiento de Dios y somos culpables como ladrones.

«No defraudando, sino mostrándose fieles en todo, para que en todo adornen la doctrina de Dios nuestro Salvador» (Tit. 2:10).

«Así que, ninguno de vosotros padezca como homicida, o ladrón, o malhechor, o por entremeterse en lo ajeno» (1 P. 4:15).

«El peso falso es abominación a Jehová; mas la pesa cabal le agrada» (Pr. 11:1).

«El que compra dice: Malo es, malo es; mas cuando se aparta, se alaba» (Pr. 20:14).

«Amontonar tesoros con lengua mentirosa es aliento fugaz de aquellos que buscan la muerte» (Pr. 21:6).

«Mercader que tiene en su mano peso falso, amador de opresión» (Os. 12:7).

2. Una persona roba cuando acumula y amontona más de lo que necesita. *Retener* es robar. Es...

- guardar lo que no hace falta para las necesidades propias.
- retener algo que otros necesitan con urgencia.
- extraer lo que la naturaleza y la tierra han provisto para hacer frente a las necesidades de la población humana.
- guardar el conocimiento, los dones y las bendiciones que Dios ha dado para que se usen en el bienestar de un mundo desesperado lleno de tantos seres menos privilegiados y menos dotados.

Podemos darle el nombre que deseemos, pero para Dios es robo. Dios puso en la tierra suficientes recursos para enfrentar las necesidades de su pueblo, y ha dado a los hombres la *capacidad y el mandato de sojuzgar la tierra y señorear sobre ella*. Consideremos más de cerca su mandato:

«Y los bendijo [al hombre y a la mujer] Dios, y les dijo: Fructificad y multiplicaos; llenad la tierra y *sojuzgadla* y *señoread* en los peces del mar, en las aves de los cielos, y en todas las bestias que se mueven sobre la tierra» (Gn. 1:28).

La tierra debe ser sojuzgada y quedar bajo el dominio del hombre. Dios mandó a los hombres que desarrollen la tecnología necesaria para explorar el universo y controlar la naturaleza, para alimentar, vestir y dar habitación y salud a la gente. Note lo que Dios está diciendo. El no dice esto: solamente unos pocos son los que van a tener los beneficios y bendiciones de la tierra. Dios está diciendo esto: Los hombres deben amarse mutuamente y *compartir* juntos las bendiciones de la tierra. Cuando los hombres usan su habilidad, otorgada por Dios, para hacer dinero y producir bienes, y luego comienzan a retener y a acumular, están robando; están reteniendo para sí lo que lícitamente pertenece a los demás. En consecuencia tendrán una pérdida catastrófica en el nuevo mundo. Sufrirán una completa devastación (Lc. 12:20; 16:22-23). ¿Por qué? Porque no *amaron lo suficiente* para hacer aquello para lo que ellos y sus talentos particulares fueron puestos en esta tierra: proveer para los menos dotados y menos afortunados.

«*No os hagáis* tesoros en la tierra, donde la polilla y el orín corrompen, y donde ladrones minan ni hurtan; sino *haceos* tesoros en el cielo, donde ni la polilla ni orín corrompen, y donde ladrones no minan ni hurtan. Porque donde esté vuestro tesoro, allí estará también vuestro corazón» (Mt. 6:19-21).

«El les dijo: No exijáis más de lo que *os está ordenado*» (Lc. 3:13).

«El que hurtaba, no hurte más, sino trabaje, haciendo con sus manos lo que es bueno, para que tenga qué compartir con el que padece necesidad» (Ef. 4:28).

«Porque los que quieren enriquecerse caen en tentación y lazo, y en muchas codicias necias y dañosas, que hunden a los hombres en destrucción y perdición» (1 Ti. 6:9).

«A los ricos de este siglo manda que no sean altivos, ni pongan la esperanza en las riquezas, las cuales son inciertas, sino en el Dios vivo, que nos da todas las cosas en abundancia para que las disfrutemos. Que hagan bien, que sean ricos en buenas obras, dadivosos, generosos; *atesorando* para sí buen fundamento para lo por venir, que echen mano de la vida eterna» (1 Ti. 6:17-19).

«Precio recibieron en ti para derramar sangre; interés y usura tomaste, y a tus prójimos defraudaste con violencia; te olvidaste de mí, dice Jehová el Señor» (Ez. 22:12).

3. Una persona roba viviendo extravagantemente, muy por encima de lo necesario. Hay quienes dan para enfrentar las necesidades urgentes de un mundo que llora, pero no viven con sacrificio. *Reservan para sí en forma abundante*, y complacen su carne...

- con vestiduras.
- con recreación.
- con posesiones.
- con propiedades
- con comidas.
- con joyas.
- con viviendas.
- con medios de transporte.

Muchos en las naciones industrializadas son culpables de *egoísmo* a pesar de la lástima y la preocupación que dicen sentir por los necesitados del mundo. Sin embargo, *preocuparse y dar algo* no basta para cumplir la demanda de Dios de que compartamos y ayudemos a enfrentar las necesidades que hay alrededor del mundo. Cada día que despertamos y nos levantamos, el mundo está tambaleándose bajo el peso de las *masas...*

- que están hambrientas y muriendo de hambre.
- que no tienen agua para beber.
- que no tienen ropa adecuada.
- que están enfermos y sin medicina.
- que carecen de techo.
- que no tienen alguien que les enseñe.

No cabe dudas, los medios para ayudar a los necesitados del mundo existen hoy en día. La carencia no es potencial humano ni recursos; lo que hace falta es un *compromiso de dar con sacrificio* los recursos e ir a involucrarse personalmente. Los extravagantes y complacientes consigo mismos están robándole a los necesitados, y los mejor dotados no están haciendo frente a las necesidades de los menos dotados. La escena es trágica, porque Dios puso a los más dotados en la tierra para sastisfacer sacrifialmente las necesidades de los menos dotados. Pero en lugar de hacer frente a sus necesidades, los más dotados viven con excesiva comodidad y placer complaciendo los caprichos de su carne.

«Anda, vende lo que tienes, y dalo a los pobres, y tendrás tesoro en el cielo; y ven y sígueme» (Mt. 19:21).

«¡Ay de vosotros, escribas y fariseos, hipócritas! porque limpiáis lo de fuera del vaso y del plato, pero por dentro estáis llenos de *robo y de injusticia*» (Mt. 23:25).

«Pero los afanes de este siglo, y el engaño de las riquezas, y las codicias de otras cosas, entran y ahogan la palabra, y se hace infructuosa» (Mr. 4:19).

«*Vended lo que poseéis, y dad* limosna; haceos bolsas que no se envejezcan, tesoro en los cielos que no se agote, donde ladrón no llega, ni polilla destruye» (Lc. 12:33).

«Por tanto, puesto que vejáis al pobre y recibís de él carga de trigo, edificasteis casas de piedra labrada, mas no las habitaréis; plantasteis hermosas viñas, mas no beberéis el vino de ellas» (Am. 5:11).

¿Cuál es la respuesta? Amor—amar a la gente bastante como para dejar de robarles. Sin embargo, *debemos siempre recordar* que las palabras no bastan. *Decir* a una persona que deje de robar no impedirá que robe. Deben darse algunos pasos prácticos.

a. La persona debe seguir a Cristo dando todo lo que es y todo lo que tiene para los pobres. Cristo proclama esto en forma inconfundible una y otra vez (*véanse* bosquejo y notas—Lc. 18:18-30).

«Así, pues, cualquiera de vosotros que no renuncia a todo lo que posee, no puede ser mi discípulo» (Lc. 14:33).

«Aún te falta una cosa: vende todo lo que tienes, y dalo a los pobres, y tendrás tesoro en el cielo; y ven, sígueme. Entonces Él, oyendo esto, se puso muy triste, porque era muy rico. Al ver Jesús que se había entristecido mucho, dijo: ¡Cuán dificilmente entrarán en el reino de Dios los que tienen riquezas! Porque es más fácil pasar un camello por el ojo de una aguja, que entrar un rico en el reino de Dios» (Lc. 8:22-25).

«El que ama el dinero, no se saciará de dinero; y el que ama el mucho tener, no sacará fruto. También esto es vanidad» (Ec. 5:10).

b. La persona debe dejar de hacerse el necio y empezar a hacer tesoros en el cielo; debe recordar que su alma puede ser pedida esta misma noche.

«Y [el rico] dijo: Esto haré: derribaré mis graneros, y los edificaré mayores, y allí guardaré todos mis frutos y mis bienes; y diré a mi alma: Alma, muchos bienes tienes guardados por muchos años; repósate, come, bebe, regocíjate. Pero Dios le dijo: Necio, esta noche vienen a pedirte tu alma; y lo que has provisto, ¿de quién será. Así es el que hace para sí tesoro, y no es rico para con Dios» (Lc. 12:18-21).

c. La persona debe tener la verdad ante su mente: una vida complaciente y egoísta que descuida e ignora a los pobres lo llevará al infierno.

«Había un hombre rico, que se vestía de púrpura y de lino fino, y hacía cada día banquete con esplendidez. Había también un mendigo llamado Lázaro, que estaba echado a la puerta de aquél, lleno de llagas, y ansiaba saciarse de las migajas que caían de la mesa del rico; y aun los perros venían y le lamían las llagas. Aconteció que murió el mendigo y fue llevado por los ángeles al seno [cielo] de Abraham; y murió también el rico, y fue sepultado. Y en el Hades alzó sus ojos, estando en tormentos, y vio de lejos a Abraham, y a Lázaro en su seno» (Lc. 16:19-23).

d. La persona debe dar todo lo que tiene y no tratar de estafar a Dios.

«Pero cierto hombre llamado Ananías, con Safira su mujer, vendió una heredad, y sustrajo del precio, sabiéndolo también su mujer; y trayendo sólo una parte, la puso a los pies de los apóstoles. Y dijo Pedro: Ananías ¿por qué llenó Satanás tu corazón para que mintieses al Espíritu Santo, y sustrajeses del precio de la heredad? Reteniéndola, ¿no se te quedaba a ti? Y vendida, ¿no estaba en tu poder? ¿Por qué pusiste esto en tu corazón? No has mentido a los hombres, sino a Dios. Al oír Ananías estas palabras, cayó y expiró. Y vino un gran temor sobre todos los que lo oyeron» (Hch. 5:1-5).

e. La persona debe hacer su trabajo como servidor del Señor Jesús. En realidad, la Biblia dice que está trabajando para el Señor Jesús.

«Siervos [empleados], obedeced en todo a vuestros amos terrenales [empleados], no sirviendo al ojo, como los que quieren agradar a los hombres, sino con corazón sincero, temiendo a Dios. Y todo lo que hagáis, hacedlo de corazón, como para el Señor y no para los hombres; sabiendo que del Señor recibiréis la recompensa de la herencia, porque a Cristo el Señor servís» (Col. 3:22-24).

«Siervos, obedeced a vuestros amos terrenales con temor y temblor, con sencillez de vuestro corazón, como a Cristo; no sirviendo al ojo, como los que quieren agradar a los hombres, sino como siervos de Cristo, de corazón haciendo la voluntad de Dios; sirviendo de buena voluntad, como al Señor y no a los hombres» (Ef. 6:5-7).

f. La persona debe trabajar para ganar más de lo necesario a fin de ayudar a otros.

«El que hurtaba, no hurte más, sino trabaje, haciendo con sus manos lo que es bueno, para que tenga qué compartir con el que padece necesidad» (Ef. 4:28).

5 (13:9) ***Falso testimonio:*** el amor prohíbe el falso testimonio contra su prójimo. «No hablarás contra tu prójimo falso testimonio» (Éx. 20:16; Dt. 5:20). Cuando se piensa en este mandamiento, la mayoría de la gente piensa en un tribunal, y piensa que mentir contra alguien en la corte es lo que se encuentra prohibido. Es cierto: dar falso testimonio significa que no debemos mentir contra una persona que está sometida a juicio por algún delito. Debemos decir la verdad cuando estamos testificando en favor o en contra de alguien. Pero *hablar falso testimonio* significa mucho más que no mentir contra alguien en el tribunal. *Hablar* falso testimonio se refiere a cualquier tipo de mentira, y las hay de varias clases, de las que debemos cuidarnos diligentemente.

1. Está la calumnia: pensar algo malo contra una persona y darlo a conocer haciendo una deformación de una acción de alguien; destruir la reputación y la vida de una persona divulgando alguna noticia mala respecto de tal persona.

«Al que solapadamente infama a su prójimo, yo lo destruiré; no sufriré al de ojos altaneros y de corazón vanidoso» (Sal. 101:5).

«El que encubre el odio es de labios mentirosos; y el que propaga calumnia es necio» (Pr. 10:18).

2. Está el rumor, chisme o cuento: divulgar cuentos grandes o pequeños inofensivos o dañinos, imaginarios o reales; divulgar malas noticias que uno ha imaginado u oído.

«Y también aprenden a ser ociosas, andando de casa en casa; y no solamente ociosas, sino también chismosas y entremetidas, hablando lo que no debieran» (1 Ti. 5:13).

«Así que, ninguno de vosotros padezca como homicida, o ladrón, o malhechor, o por entremeterse en lo ajeno» (1 P. 4:15).

«No andarás chismeando entre tu pueblo» (Lv. 19:16).

«El que anda en chismes descubre el secreto; mas el de espíritu fiel lo guarda todo» (Pr.11:13).

«El hombre perverso levanta contienda, y el chismoso aparta a los mejores amigos» (Pr. 16:28).

«Sin leña se apaga el fuego, y donde no hay chismoso, cesa la contienda» (Pr. 26:20).

3. Están las alusiones sugestivas: suscitar una mala impresión sobre alguien; fomentar la idea de que algo podría ser posiblemente cierto; plantar en la mente la posibilidad de algo impropio o indecente.

«No *admitirás* falso rumor. No te concertarás con el impío para ser testigo falso» (Éx. 23:1).

«Guárdese cada uno de su compñero, y en ningún hermano tenga confianza; porque todo hermano *engaña* con falacia, y todo compañero anda calumniando» (Jer. 9:4).

4. Está el engaño: pensar o querer que algo sea verdadero, y aceptarlo como cierto y divulgarlo; engañarse uno mismo y a otros para que piensen que algo es verdadero; defraudarse a uno mismo y a otros aceptando malas noticias como verdaderas, cuando realmente no se conoce la verdad; creer uno mismo las malas noticias y hacerlas creer a otros.

«El que habla verdad declara justicia; mas el testigo mentiroso, engaño» (Pr. 12:17).

«No seas sin causa testigo contra tu prójimo, y no lisonjees con tus labios» Pr. 24:28).

5. Están las acusaciones y las críticas: acusaciones hechas contra alguien ante una tercera persona; divulgar las faltas y fracasos de una persona o conversarlas con alquien distinto de la persona afectada; hablar con alguien sobre las debilidades y faltas de otra persona; condenar, culpar y censurar a una persona ante otras en su ausencia.

«Bienaventurados sois cuando por mi causa os vituperen y os persigan, y digan toda clase de mal contra vosotros, mintiendo. Gozaos y alegraos, porque vuestro galardón es grande en los cielos; porque así persiguieron a los profetas que fueron antes de vosotros» (Mt. 5:11-12).

«Teniendo buena conciencia, para que en lo que murmuran de vosotros como de malhechores, sean avergonzados los que calumnian vuestra buena conducta en Cristo» (1 P. 3:16).

«Porque oigo la calumnia de muchos; el miedo me asalta por todas partes, mientras consultan juntos contra mí e idean quitarme la vida» (Sal. 31:13).

6. Está la exageración y la adulación exagerada: exagerar la verdad sobre una persona; elogiar en exceso a alguien; representar falsamente a alguien; pintar una falsa representación de una persona.

«No haré ahora acepción de personas, ni usaré con nadie títulos lisonjeros» (Job 32:21).

«El que anda en chismes descubre el secreto; no te entremetas, pues, con el suelto de lengua» Pr. 20:19).

«La lengua falsa atormenta al que ha lastimado, y la boca lisonjera hace resbalar» (Pr. 26:28).

«El que reprende al hombre, hallará después mayor gracia que el que lisonjea con la lengua» (Pr. 28:23).

«El hombre que lisonjea a su prójimo, red tiende delante de sus pasos» (Pr. 29:5).

«Jehová destruirá todos los labios lisonjeros, y la lengua que habla jactanciosamente» Sal. 12:3).

«Sino que según fuimos aprobados por Dios para que se nos confiase el evangelio, así hablamos; no como para agradar a los hombres, sino a Dios, que prueba nuestros corazones. Porque nunca usamos de *palabras lisonjeras,* como sabéis ni encubrimos avaricia; Dios es testigo» (1 Ts. 2:4-5).

«El que dijere al malo: Justo eres, los pueblos lo maldecirán y le detestarán las naciones» (Pr. 24:24).

A la luz de lo que es un falso testimonio, parece que Dios no ha dejado un espacio para comentar las *malas noticias* con otros. Este es el punto que Dios quiere alcanzar: *no debemos comentar malas noticias respecto de otras personas*, porque es imposible conversar de una mala noticia respecto de alguien sin dar *algo* de falso testimonio. En algún grado la mala noticia es *siempre*...

- abultada y aumentada.
- tergiversada y alterada.
- mal entendida e incompleta.

Así que, cuando se sabe un pecado, un fracaso o una mala noticia, Dios espera que esa persona reciba amor y consuelo. Dios espera que la persona sea llevada al arrepentimiento y sea restaurada. Dios no quiere que la persona sea destruida por el falso testimonio.

Hay cuatro hechos que cabe notar en cuanto a dar falso testimonio.

1. Normalmente el falso testimonio se comparte con seres queridos y buenos amigos, personas que consideramos dignas de confianza. Así que, siempre tenemos la sensación de que a nuestros seres queridos y amigos podemos confiarles las *malas noticias*. Sin embargo, lo que no se tiene en cuenta es que nuestros seres queridos y amigos tienen a su vez buenos amigos en quienes confiar. Y de esa manera las malas noticias se difunden más y más lejos, y causan más y más perjuicio a la causa de Cristo. Dios sabe que esta es la forma de ser de la gente; esta es la razón por la que prohíbe a su pueblo que comente los fracasos, sean verdaderos o falsos, a menos que sea con la persona afectada.

2. Llevar cuentos acerca de una persona, sean verdaderos o falsos, siempre hiere a la persona. La persona acerca de la cual se habla tiene un corazón como el nuestro: un corazón que está expuesto a heridas, sufrimientos y dolores. Por lo tanto, cuando se comentan tales cuentos, vamos a ocasionar dolor y heridas, a veces un dolor muy grande a la persona y a sus seres queridos. (Imagine cómo se siente Dios al respecto.)

«Reunidos murmuran contra mí todos los que me aborrecen; contra mí piensan mal» (Sal. 41:7).

«Las palabras del chismoso son como bocados suaves, y penetran hasta las entrañas» (Pr. 18:8).

«Martillo y cuchillo y saeta aguda es el hombre que habla contra su prójimo falso testimonio» (Pr. 25:18).

3. La persona que lleva los cuentos, dando falso testimonio, será juzgada por Dios, no importa quién sea.

«Estando atestados de toda injusticia..., engaños y malignidades; murmuradores, detractores..., quienes habiendo entendido el juicio de Dios, que los que practican tales cosas son dignos de muerte, no sólo las hacen, sino que también se complacen con los que las practican» (Ro. 1:29-30, 32).

«Al que solapadamente infama a su prójimo, yo lo destruiré; no sufriré al de ojos altaneros y de corazón vanidoso» (Sal. 101:5).

«El testigo falso no quedará sin castigo, y el que habla mentiras perecerá» (Pr. 19:9).

4. Si una persona ama de verdad, no hablará falso testimonio delante de nadie. Tratará con la persona afectada, procurando su restauración a la fe. Note: el amor no trata ásperamente a la persona, degradándola, sino con amorosa ternura, y en *poder*, siendo guiado por el Espíritu Santo de Dios.

«Hermanos, si alguno fuere sorprendido en alguna falta, vosotros que sois espirituales, restauradle con espíritu de mansedumbre, considerándote a si mismo, no sea que tú también seas tentado. Sobrellevad los unos las cargas de los otros, y cumplid así la ley de Cristo» (Gá. 6:1-2).

«He visto sus caminos; pero le sanaré, y le pastorearé, y le daré consuelo a él y a sus enlutados» (Is.57:18).

«Pon guarda a mi boca, oh Jehová; guarda la puerta de mis labios» (Sal.141:3).

6 (13:9) ***Codicia:*** el amor prohíbe la codicia. «No codiciarás» (Éx.20:17; Dt. 5:21). La palabra «codiciar» (*epithumeseis*) significa anhelar y desear. Una persona puede desear cosas buenas y malas; la palabra puede ser usada tanto en buen sentido como en el sentido malo (cp. 1 Co. 14:1 para el buen sentido). En el contexto presente, el creyente no debe codiciar en el mal sentido. Si ama al prójimo y a sus conciudadanos no codiciará. (*Véase* Estudio a fondo 4, ***Codicia***—Ro. 1:29 en cuanto al sentido completo de la palabra.) Note dos puntos.

1. El mandamiento condena no solamente el acto pecaminoso, sino el *deseo* de pecar. *Deseo* es lo que la codicia es; anhelar o desear es lo que significa la codicia. Precede al hecho. De modo que este mandamiento toca al corazón mismo de lo que el hombre es *en lo profundo* de su ser. Delata lo más interno del ser del hombre, mostrándole que los anhelos de su corazón son malos. ¿Por qué decimos esto? Porque desear y anhelar es algo *natural*. Es un hecho de la naturaleza del hombre que anhelemos cosas que otros tienen. Podríamos no anhelar lo que tienen; esto es, podríamos no querer robar sus posesiones, pero anhelamos tener cosas como las que ellos tienen. Codiciar es malo. ¿Por qué? Porque hace que enfoquemos nuestra atención, energía y esfuerzos —nuestras vidas— en acumular más y más. Dejamos de lado a Dios y no ponemos atención a las necesidades de un mundo tambaleante bajo el peso de masas hambrientas y moribundas. El *amor* se enfoca en compartir y ayudar a la *gente*, no en anhelar *cosas*. Hay un mundo de diferencia entre centrar la vida de uno en la *gente* y no en las *cosas*.

El punto es éste: el mandamiento «No codiciarás» delata el corazón del hombre. Muestra que somos depravados, básicamente pecadores, y que necesitamos un Salvador. Necesitamos desesperadamente a

Alguien que puede cambiar nuestros corazones y volverlos a Dios y a las necesidades de nuestros semejantes—las masas perdidas y moribundas del mundo.

2. Note las cosas que se nos prohíbe codiciar. El décimo mandamiento es claro: No codiciarás...

- la casa de tu prójimo: las provisiones personales.
- la mujer de tu prójimo: compañía y amor.
- el siervo o la criada de tu prójimo: empleados, posición, empleo, autoridad.
- el buey ni el asno de tu prójimo: posesiones, propiedades, riquezas.

Y, por si la lista no incluyese todo lo que el prójimo tiene, Dios añade: «No codiciarás ... cosa *alguna* de tu prójimo». Miremos el mandamiento como un todo.

«No codiciarás la casa de tu prójimo, no codiciarás la mujer de tu prójimo, ni su siervo, ni su criada, ni su buey, ni su asno, ni cosa alguna de tu prójimo» (Éx. 20:17).

El creyente que ama a su prójimo y a sus conciudadanos no codiciará lo que ellos tienen. En lugar de codiciar sus posesiones, centrará su atención en bendecirles y edificarles. Les animará a conocer al Señor y a rendir sus vidas a la gran tarea de hacer frente a las necesidades de un mundo perdido y moribundo.

«Y les dijo: Mirad, y guardaos de toda avaricia; porque la vida del hombre no consiste en la abundancia de los bienes que posee» (Lc. 12:15).

«Pero fornicación y toda inmundicia, o avaricia, ni aun se nombre entre vosotros, como conviene a santos» (Ef. 5:3).

«Haced morir, pues, lo terrenal en vosotros: fornicación, impureza, pasiones desordenadas, malos deseos y avaricia que es idolatría» (Col. 3:5).

«Porque por ahí andan muchos, de los cuales os dije muchas veces, y aun ahora lo digo llorando, que son enemigos de la cruz de Cristo» (Fil. 3:18-19).

«Porque los que quieren enriquecerse caen en tentación y lazo, y en muchas codicias necias y dañosas, que hunden a los hombres en destrucción y perdición. Porque raíz de todos los males es el amor al dinero, el cual codiciando algunos, se extraviaron de la fe, y fueron traspasados de muchos dolores» (1 Ti. 6:9-10).

«También debes saber esto: que en los postreros días vendrán tiempos peligrosos. Porque habrá hombres amadores de sí mismos, *avaros*» (2 Ti. 3:1-2).

«Sean vuestras costumbres sin avaricia, contentos con lo que tenéis ahora; porque él dijo: No te desampararé ni te dejaré» (He. 13:5).

«Porque desde el más chico de ellos hasta el más grande, cada uno sigue la avaricia; y desde el profeta hasta el sacerdote, todos son engañadores» (Jer. 6:13).

«Y vendrán a ti como viene el pueblo [en la iglesia], y estarán delante de ti como pueblo mío, y oirán tus palabras y no las pondrán por obra; antes hacen halagos con sus bocas, y el corazón de ellos anda en pos de su avaricia» (Ez. 33:31).

«Codician las heredades, y las roban; y casas, y las toman; oprimen al hombre y a su casa, al hombre y a su heredad» (Mi. 2:2).

7 (13:9) ***Amor:*** el amor es la suma de los mandamientos, no importa qué mandamiento sea. El mandamiento real es «Amarás a tu prójimo como a ti mismo». Se *supone* que hemos de amarnos a nosotros mismos, pero no debemos amarnos a nosotros *mismos* solamente. Dios espera que amemos a nuestro prójimo *como a nosotros mismos*. (*Véanse* nota y estudio a fondo 7, ***Amor***—Mt. 22:39 para ampliar la discusión.)

8 (13:10) ***Amor—prójimo—fraternidad:*** el amor no hace mal al prójimo. *Hacer mal* contra una persona no significa la acción misma de hace el mal o de hacer llegar el mal contra una persona. Hacer mal significa...

- pensar mal.
- desear y esperar el mal.
- planear y concebir el mal.
- practicar y hacer el mal.
- retener el bien.

Note el último hecho que con frecuencia se pasa por alto, pero las Escrituras afirman claramente que retener el bien de una persona es malo.

«No te niegues a hacer el bien a quien es debido, cuando tuvieres poder para hacerlo. No digas a tu prójimo: Anda y vuelve, y mañana te daré, cuando tienes contigo qué darle. No intentes mal contra tu prójimo que habita confiado junto a ti» (Pr. 3:27-29).

Una persona que ama no obrará el mal, por el contrario, hará el bien. Amará a sus conciudadanos, los prójimos de este mundo. ¿Qué significa amar? Las Escrituras desglosan algunos actos prácticos que están incluidos en el amor.

- El amor es sufrido (soporta larga y pacientemente).
- El amor es benigno.
- El amor no tiene envidia (no es celoso).
- El amor no es jactancioso (no alardea, no se jacta).
- El amor no se envanece (no es vanaglorioso, arrogante, orgulloso).
- El amor no hace nada indebido (inconveniente, bruta, indecente y descomedidamente).
- El amor no busca lo suyo (no es egoísta, egocéntrico, insistente en los derechos propios).
- El amor no se irrita fácilmente (no es susceptible, irritable, no se resiente, no es quisquilloso).
- El amor no guarda rencor (no piensa el mal, no alberga malos pensamientos, no da importancia al mal que se le hizo).
- El amor no se goza en la injusticia (lo malo, pecado, mal, iniquidad), mas se goza en la verdad (lo justo, en la justicia).
- El amor todo lo soporta.
- El amor todo lo cree (tiene fe en todo, bajo todas las circunstancias).
- El amor todo lo soporta (nunca vacila; no se debilita; tiene el poder de soportar).

El llamamiento a los creyentes es amar a su prójimo—a todos sus semejantes del mundo. El amor de Dios debe ser demostrado ante el mundo a través de nosotros. Hay que dar al mundo la oportunidad de ver el amor de Dios en acción de modo que ellos, también lleguen a ser adoradores de Él por medio de su Hijo, el Señor Jesucristo. El mandamiento es claro:

«No debáis a nadie nada, sino el amaros unos a otros; porque el que ama al prójimo, ha cumplido la ley.... Amarás a tu prójimo como a ti mismo» (Ro. 13:8-9).

«Así que, los que somos fuertes debemos soportar las flaquezas de los débiles, y no agradarnos a nosotros mismos. Cada uno de nosotros agrade a su prójimo en lo que es bueno para edificación» (Ro. 15:1-2).

«Porque toda la ley en esta sola palabra se cumple: Amarás a tu prójimo como a ti mismo» (Gá. 5:14).

«Si en verdad cumplís la ley real, conforme a las Escrituras: Amarás a tu prójimo como a ti mismo» (Stg. 2:8).

1 El creyente debe conocer el tiempo **2 Es tiempo de despertar del sueño** a. La salvación está más cerca que cuando creímos b. El juicio se acerca	**F. El creyente y la amenaza del tiempo, 13:11-14** 11 Y esto, conociendo el tiempo, que ya es hora de levantarnos del sueño; porque ahora está más cerca de nosotros nuestra salvación que cuando creímos. 12 La noche está avan-	zada, y se acerca el día. Desechemos, pues, las obras de las tinieblas, y vistámonos las armas de la luz. 13 Andemos como de día, honestamente; no con glotonerías y borracheras, no en lujurias y lascivias, no en contiendas y envidia, 14 sino vestíos del Señor Jesucristo, y no proveáis para los deseos de la carne.	**3 Es tiempo de desechar las obras de las tinieblas y vestir las armas de luz** **4 Es hora de andar derecho** a. Andar en decencia y honor b. No andar torcida, **5 Es tiempo de vestirse del Señor y no proveer para la carne**

F. El creyente y la amenaza del tiempo, 13:11-14

(13:11-14) ***Otro bosquejo:*** además se dan cuatro cuadros en este pasaje.

1. Cuadro 1: Dormir vs. despertar (v. 11).
2. Cuadro 2: Tinieblas vs. luz (v. 12).
3. Cuadro 3: Andar derecho vs. andar torcido (v. 13).
4. Cuadro 4: Vestirse—vestirse de Cristo vs. vestir la carne (v. 14).

(13:11-14) ***Introducción:*** el tiempo es importante, muy importante para la mayoría de las personas. Sin tiempo, el hombre no vive; no *existe*. La única cosa que no quiere es quedar sin tiempo. Por lo tanto, es de gran importancia que cada hombre conozca la amenaza del tiempo.

1. El creyente debe conocer el tiempo (v. 11).
2. Es tiempo de despertar del sueño (vv. 11-12).
3. Es tiempo de desechar las obras de las tinieblas y vestir las armas de luz (v. 12).
4. Es hora de andar derecho (v. 13).
5. Es tiempo de vestirse del Señor Jesucristo y no proveer para la carne (v. 14).

1 (13:11) ***Tiempo—historia, puntos fundamentales:*** el creyente debe conocer el tiempo. La palabra «conociendo» (*eridotes*) significa asegurarse de que conoces; no dejes de conocer. La palabra «tiempo» (*ton kairon*) significa períodos críticos; el período estratégico o especial de tiempo.

¿Qué período estratégico o crítico del tiempo quiere decir? ¿Cuál es el período de la historia humana que no debemos descuidar?

- El día de «nuestra salvación», día que está más cerca que cuando creímos.
- El día que se acerca, el día cuando encontraremos al Señor Jesucristo cara a cara.

2 (13:11-12) ***Tiempo—dedicación—sueño espiritual:*** es tiempo de despertar del sueño. (*Véase* Estudio a fondo 1, ***Sueño***—Ro. 13:11 para ampliar la discusión.) Demasiados creyentes están *durmiendo* y no prestan atención a lo que está ocurriendo en el mundo; demasiados no velan, no observan los signos de los tiempos. Demasiados son *complacientes y apáticos*, que dejan transcurrir la vida perezosamente con *poco compromiso* de servir a Cristo. Son demasiado pocos los que hacen frente a las necesidades de las masas sufrientes y moribundas del mundo. Es hora de «despertar» (*egerthenai*) del sueño: hora de levantarse, de despertar y moverse. Es tiempo de ponerse en pie y moverse para actuar—*ahora*—antes que sea demasiado tarde. La exhortación es enérgica, y hay dos razones para su energía.

1. Nuestra salvación está más cerca que cuando creímos. La palabra «salvación» se está usando en un sentido futuro refiriéndose al día glorioso en que estaremos plenamente salvados. Es el día cuando nuestra salvación será consumada, y seremos liberados del presente siglo malo y seamos perfeccionados para vivir eternamente en la presencia de Dios. El punto es dramático: el día está *más cerca* que cuando creímos. Despiértate del sueño —levántate— presta atención:

- Mira la situación mundial.
- Mira las señales.
- Mírate a ti mismo.
- Mira tu cuerpo, su condición.
- Mira la vida, su inseguridad.
- Mira el tiempo.

El día de la salvación, el día de nuestra redención está más cerca que cuando creímos.

«Cuando estas cosas comiencen a suceder, erguíos y levantad vuestra cabeza, porque vuestra redención está cerca» (Lc. 21:28).

«*En estos postreros días* [Dios] nos ha hablado por el Hijo, quien constituyó herdero de todo, por quien asimismo hizo el universo» He. 1:2).

«Que sois guardados por el poder de Dios mediante la fe, para alcanzar la salvación que está *preparada para ser manifestada* en el tiempo postrero. En lo cual vosotros os alegráis, aunque ahora por un poco de tiempo, si es necesario, tengáis que ser afligidos de diversas pruebas» (1 P. 1:5-6).

«Hijitos, ya *es el último tiempo*; y según vosotros oísteis que el anticristo viene, así ahora han surgido muchos anticristos; por esto conocemos que es el último tiempo» (1 Jn. 2:18; cp. 2 Ti. 3:1; 2 P. 3:3; Jud. 18).

2. El juicio está cerca. La noche está avanzada; el día se acerca. ¿Qué día? El día en que nos encontraremos con Dios cara a cara, ya sea a través de la muerte o por el retorno del Señor Jesucristo. El tiempo es fugaz, pasa tan rápidamente—de modo que hay que prepararse.

«Prepárate para venir al encuentro de tu Dios» (Am. 4:12).

«Preparad el camino del Señor, enderezad sus sendas» (Mt. 3:3).

«[El Hijo del Hombre] es como el hombre que yéndose lejos, dejó su casa, y dio autoridad a sus siervos, y a cada uno su obra, y al portero mandó que velase. Velad, pues, porque no sabéis cuando vendrá el señor de la casa; si al anochecer, o a la medianoche, o al canto del gallo, o a la mañana; para que cuando venga de repente, no os halle durmiendo. Y lo que a vosotros digo, a todos lo digo: Velad» (Mr. 13:34-37).

«Velad debidamente y no pequéis; porque algunos no conocen a Dios; para vergüenza vuestra lo digo» (1 Co. 15:34)

«Por lo cual dice: Despiértate, tú que duermes, levántate de los muertos, y te alumbrará Cristo» (Ef. 5:14).

«Por lo tanto, no durmamos como los demás, sino velemos y seamos sobrios» (1 Ts. 5:6).

ESTUDIO A FONDO 1

(13:11) ***Tiniebla espiritual—carnal:*** está el sueño de la falsa seguridad; el sueño de la apatía, la complacencia y la negligencia; y el sueño de la indiferencia.

3 (13:12) ***Tinieblas—luz:*** es tiempo de desechar las obras de las tinieblas y vestir las armas de luz.

1. Las obras de las tinieblas son las obras que los hombres hacen *encubiertos* por las tinieblas y desean mantener en secreto. Son pecados que los hombres...

- quieren mantener en secreto.
- se avergüenzan.
- saben que son inaceptables.
- temen los resultados.
- saben que les causarán daño.
- saben que harían gran perjuicio.

«Y esta es la condenación: que la luz vino al mundo, y los hombres amaron más las tinieblas que la luz, porque sus obras eran malas. Porque todo aquel que hace lo malo, aborrece la luz y no viene a la luz, para que sus obras no sean reprendidas» (Jn. 3:19-20).

«La noche está avanzada, y se acerca el día. Desechemos, pues, las obras de las tinieblas, y vistámonos las armas de la luz» (Ro. 13:12).

«Y no participéis en las obras infructuosas de las tinieblas, sino más bien reprendedlas; porque vergonzoso es aun hablar de lo que ellos hacen en secreto» (Ef. 5:11-12).

«Pues los que duermen, de noche duermen, y los que se embriagan, de noche se embriagan» 1 Ts. 5:7).

«Y oyeron la voz de Jehová Dios que se paseaba en el huerto, al aire del día; y el hombre y su mujer se escondieron de la presencia de Jehová Dios entre los árboles del huerto» (Gn. 3:8).

«En las tinieblas minan las casas que de día para sí señalaron; no conocen la luz» (Job 24:16).

«El que encubre sus pecados no prosperará; mas el que los confiesa y se aparta alcanzará misericordia» (Pr. 28:13).

«¡Ay de los que se esconden de Jehová, encubriendo el consejo, y sus obras están en tinieblas, y dicen: ¿Quién nos ve, y quién nos conoce?» (Is. 29:15).

«¡Ay de los hijos que se apartan, dice Jehová, para tomar consejo, y no de mi Espíritu, añadiendo pecado a pecado» (Is. 30:1).

«Y me dijo: Hijo de hombre, ¿has visto las cosas que los ancianos de la casa de Israel hacen en tinieblas, cada uno en sus cámaras pintadas de imágenes? Porque dicen ellos: No nos ve Jehová; Jehová ha abandonado la tierra» (Ez. 8:12).

2. Las armas de luz son completamente diferentes de las vestiduras de las tinieblas. Note que la imagen es de uno que se está vistiendo solo. El creyente tiene que quitarse todo pecado u obras de las tinieblas de que haya estado vestido, y tiene que desecharlas, arrojarlas lejos. Una vez que se ha desvestido, surge la pregunta: ¿Qué se va a poner el creyente? Lo que se pone es sorprendente: no se le dice que se ponga vestiduras de luz; se le dice que vista las *armas de luz*. El creyente debe estar vestido con el pesado escudo y la protectora armadura de luz—un escudo y protección tan llena de esplendor, gloria y brillo que no puede ser penetrado por las obras de las tinieblas. ¿Qué es la armadura de luz?

a. Es la armadura de justicia (2 Co. 6:7).

«Antes bien, nos recomendamos en todo como ministros de Dios ... en palabra de verdad, en poder de Dios, con armas de justicia a diestra y a siniestra» (2 Co. 6:4, 7).

b. Es la armadura de Dios (*véanse* bosquejo y notas—Ef. 6:10-20).

- el cinto de la *verdad*.
- la coraza de *justicia*.
- el calzado del *evangelio*.
- el escudo de la *fe*.
- el yelmo de la *salvación*.
- la espada del Espíritu, *la Palabra de Dios*.
- el recuso sobrenatural del soldado: *la oración*.

«Por lo demás, hermanos míos, fortaleceos en el Señor, y en el poder de su fuerza. Vestíos de toda la armadura de Dios, para que podáis estar firmes contra las asechanzas del diablo» (Ef. 6:10-11).

«Pero nosotros que somos del día, seamos sobrios, habiéndonos vestido con la coraza de fe y de amor, y con la esperanza de salvación como yelmo» (1 Ts. 5:8).

4 (13:13) ***Pecado:*** es tiempo de andar derecho. La palabra «honestamente» (*euschemonos*) significa apropiado, honorable, decente, noble. El creyente debe caminar honestamente delante de Dios. Debe llevar una vida de honestidad, decencia y nobleza. Debe vivir con honor y honestidad delante de Dios. Debe caminar en el día, sin esconderse ni tratar de esconder algo. Las Escrituras mencionan seis pecados en particular que el creyente debe desechar y de los que debe apartarse—para siempre.

1. *Desenfreno* (*komois*): juergas, farras, fiestas, diversión, intemperancia, orgías, jolgorio irrestricto y corrupción, dar rienda suelta a los apetitos básicos.

«Y manifiestas son las obras de la carne ... envidias, homicidios, borracheras, *orgías*, y cosas semejantes a estas: acerca de las cuales os amonesto, como ya os lo he dicho antes, que los que practican tales cosas no heredarán el reino de Dios» (Gá. 5:19, 21).

«Baste ya al tiempo pasado para haber hecho lo que agrada a los gentiles, andando en lascivias, concupiscencias, embriagueces, *orgías*, disipación y abominables idolatrías. A éstos les parece cosa extraña que vosotros no corráis con ellos en el mismo desenfreno de disolución, y os ultrajan pero ellos darán cuenta al que está preparado para juzgar a los vivos y a los muertos» (1 P. 4:3-5).

2. *Borracheras* (*methais*): tomar bebidas o drogas intoxicantes para afectar los sentidos y facultades; intoxicarse por lujuria o placer; tratar de «achisparse» o emborracharse; buscar la relajación de las restricciones morales por causa del placer corporal.

«Mirad también por vosotros mismos, que vuestros corazones no se carguen de glotonería y embriaguez y de los afanes de esta vida y venga de repente sobre vosotros aquel día» (Lc. 21:34).

«Ni los fornicarios, ni los idólatras, ni los adúlteros, ni los afeminados, ni los que se echan con varones, ni los ladrones, ni los avaros, ni los borrachos ni los maldicientes, ni los estafadores heredarán el reino de Dios. Y ésto erais algunos; mas ya habéis sido lavados, ya habéis sido santificados, ya habéis sido justificados en el nombre del Señor Jesús, y por el Espíritu de nuestro Dios» (1 Co. 6:10-11).

«¡Ay del que da de beber a su prójimo! ¡Ay de ti, que le acercas tu hiel, y le embriagas para mirar su desnudez!» (Hab. 2:15).

3. *Fornicación* (*koitais*): inmoralidad sexual, adulterio, sexo premarital.

«Y de igual modo también los hombres, dejando el uso natural de la mujer, se encendieron en su lascivia unos con otros cometiendo hechos vergonzosos hombres con hombres, y recibiendo en sí mismos la retribución debida a su extravío» (Ro. 1:27).

4. *Disoluciones* (*aselgeiais*): sensualidad, desenfreno, libertinaje, juerga; homosexualidad, lascivia, llevar una vida de libertinaje, juerguista e inmoral. Es deseo excesivo, lujuria desbocada que consume los pensamientos y la conducta de la

persona a través de...

- modas y trajes.
- libros y panfletos.
- películas y fotos.
- canciones y música..
- bailes y fiestas.
- conversaciones ychistes.
- insinuaciones y gestos.
- toques y comportamientos.

«Habéis vivido [los ricos] en deleites sobre la tierra, y sido *disolutos;* habéis engordado vuestros corazones como en día de matanza» (Stg. 5:5).

«Pues hablando palabras infladas y vanas, seducen con concupiscencias de la carne y *disoluciones* a los que verdaderamente habían huido de los que viven en error» (2 P. 2:18).

5. *Disensiones* (*eridi*)*:* contención, disputa, discusión. Es el anhelo profundo de la persona que quiere reconocimiento, honor, posición y autoridad. Es un espíritu que está en constante competencia con otros, que lo llevará a uno adelante...

- derribando a otros.
- pasando por alto a otros.
- culpando a otros.
- reteniendo el progreso de otros.
- ignorando a otros.
- descuidando a otros.

«Nada hagáis por contienda o por vanagloria; antes bien con humildad, estimando cada uno a los demás como superiores a él mismo» (Fil. 2:3).

«Recuérdales esto, exhortándoles delante del Señor a que no contiendan sobre palabras, lo cual para nada aprovecha, sino que es para perdición de los oyentes» (2 Ti. 2:14).

«Porque el siervo del Señor no debe ser contencioso, sino amable para con todos, apto para enseñar, sufrido» (2 Ti. 2:24).

«El que pasando se deja llevar de la ira en pleito ajeno es como el que toma al perro por las orejas» (Pr. 26:17).

6. *Envidias* (*zeloi*)*:* celos que causa daño a otros. Mira la posición, el reconocimientoy el éxito de los demás con ojo celoso. Le molesta el éxito de otros.

«El amor es sufrido, es benigno; el amor no tiene envidia, el amor no es jactancioso, no se envanece» (1 Co. 13:4).

«No nos hagamos vanagloriosos, irritándonos unos a otros, envidiándonos unos a otros» (Gá. 5:26).

«Pero si tenéis celos amargos y contención en vuestro corazón, no os jactéis, ni mintáis contra la verdad» (Stg. 3:14).

«El corazón apacible es vida de la carne; mas la envidia es carcoma de los huesos» (Pr. 14:30).

«No tenga tu corazón envidia de los pecadores, antes persevera en el temor de Jehová todo el tiempo» (Pr. 23:17).

«No tengas envidia de los hombres malos, ni desees estar con ellos» (Pr. 24:1).

[5] (13:14) ***Creyente—vestido espiritual:*** es tiempo de vestirse del Señor Jesucristo y no hacer provisión para los deseos de la carne. Note dos puntos.

1. Tenemos que vestirnos del Señor Jesucristo. Nuevamente la imagen es vestirnos solos. Tenemos que vestirnos de Cristo y de su justicia. Estamos tan íntimamente unidos a Él y a su justicia como lo estamos a nuestras ropas. Esto significa dos cosas.

a. Jesucristo se convierte en nuestra vestidura. Como nuestra vestidura Él...

- nos toca.
- nos protege.
- nos da calor.
- nos cubre.
- nos esconde

b. Estamos envueltos en Jesucristo. Estar en Él significa que vivimos, nos movemos y tenemos nuestro ser en Él: en su vida, pensamientos y conducta. En consecuencia, debemos...

- mirar solamente lo que El miraría.
- oír solamente lo que El oiría.
- hablar solamente como El hablaría.
- tocar solamente lo que El tocaría.
- comer y beber solamente lo que El comería y bebería.
- pensar solamente en aquello que El pensaría.

«Y vestíos del nuevo hombre, creado según Dios en la justicia y santidad de la verdad» (Ef. 4:24).

«Haya, pues, en vosotros este sentir que hubo también en Cristo Jesús» (Fil. 2:5).

«Si, pues, habéis resucitado con Cristo, buscad las cosas de arriba, donde está Cristo sentado a la diestra de Dios. Poned la mira en las cosas de arriba, no en pos de la tierra. Porque habéis muerto, y *vuestra vida está escondida con Cristo* en Dios» (Col. 3:1-3).

«Y revestido del nuevo, el cual conforme a la imagen del que lo creó...» (Col. 3:10,12).

«Y decía a todos: Si alguno quiere venir en pos de mí, niéguese a sí mismo, tome su cruz cada día, y sígame» (Lc. 9:23).

2. No debemos hacer provisión para la carne. La idea es que no demos entrada a la carne y sus concupiscencias; nosotros no cedemos ante la carne ni le damos libertinaje a la carne. No cumplimos los deseos de la carne.

«Si tu ojo derecho te es ocasión de caer, sácalo, y échalo de ti; pues mejor te es que se pierda uno de tus miembros, y no que todo tu cuerpo sea echado al infierno» (Mt. 5:29).

«Sabiendo esto, que nuestro viejo hombre fue crucificado juntamente con Él, para que el cuerpo del pecado sea destruido, a fin de que ya no sirvamos al pecado» (Ro. 6:6).

«Sino vestíos del Señor Jesucristo, y no proveáis para los deseos de la carne» (Ro. 13:14).

«Digo, pues: Andad en el Espíritu, y no satisfagáis los deseos de la carne» (Gá. 5:16).

«Haced morir, pues, lo terrenal en vosotros: fornicación, impureza, pasiones desordenadas, malos deseos y avaricia, que es idolatría» (Col. 3:5).

«Amados, yo os ruego como a extranjeros y peregrinos, que os abstengáis de los deseos carnales que batallan contra el alma» (1 P. 2:11).

«Para no vivir el tiempo que resta en la carne, conforme a las concupiscencias de los hombres, sino conforme a la voluntad de Dios» (1 P. 4:2).

ESTUDIO A FONDO 2

(13:14) ***Creyente—vestidura espiritual—vestirse:*** las Escrituras hacen una lista de siete cosas que el creyente debe ponerse o con las que debe vestirse.

1. El creyente debe vestirse y ser investido (*endusesthe*, vestido) con el *Espíritu Santo* (Lc. 24:49).
2. El creyente debe vestirse y ser revestido con el *Señor Jesucristo* (Ro. 13:14; Gá. 3:27).
3. El creyente debe vestirse y ser revestido de *inmortalidad* (1 Co. 15:53-54; 2 Co. 5:3).
4. El creyente debe vestirse y ser revestido del *nuevo hombre* (Ef. 4:24; Col. 3:10).
5. El creyente debe vestirse y ser revestido de la *naturaleza de Dios* (Col. 3:12).
6. El creyente debe vestirse y ser revestido con las *armaduras de luz y de Dios* (Ro. 13:14; Ef. 6:11ss).
7. El creyente debe vestirse y ser revestido de *amor (Col. 3:14).*

1 Recibid al hermano débil
- a. No para contender, sin criticarlo
- b. Sencillamente porque hay una diferencia[EFI]

2 No despreciar ni juzgar (criticar) a otros
- a. Dios ha recibido al firme
- b. Nadie tiene derecho a juzgar a un siervo del Señor
- c. Porque el Señor le hará estar firme

3 Estar plenamente convencido de la conducta buena y mala
- a. En tu propia mente, sin violar tu conciencia: cuida de no hacer mal
- b. El hombre debe vivir según él ve y entiende la voluntad de Dios

4 Cuidado—cuidado con lo que haces
- a. Estás bajo el ojo vigilante de Cristo
- b. Perteneces a Cristo—en la vida y en la muerte
- c. Has sido comprado por la muerte y resurrección del Señor

5 Deja el juicio a Dios
- a. Porque cada uno será juzgado por Cristo

CAPÍTULO 14

H. El creyente firme y el débil: funciones y comportamiento cuestionables—libertad cristiana, 14:1-23

Recibid al débil en la fe,
pero no para contender sobre
opiniones.
2 Porque uno cree que se ha
de comer de todo; otro, que es
débil, come legumbres.
3 El que come, no menos-
precie al que no come, y el
que no come, no juzgue al
que come; porque Dios le ha
recibido.
4 ¿Tú quién eres, que juzgas
al criado ajeno. Para su propio
señor está en pie, o cae; pero
estará firme, porque poderoso
es el Señor para hacerle estar
firme.
5 Uno hace diferencia entre
día y día; otro juzga iguales
todos los días. Cada uno esté
plenamente convencido en su
propia mente.
6 El que hace caso del día, lo
hace para el Señor; y el que
no hace caso del día, para
el Señor no lo hace, El que
come, para el Señor come,
porque da gracias a Dios; y
el que no come, para el Señor
no come, y da gracias a Dios.
7 Porque ninguno de noso-
tros vive para sí, y ninguno
muere para sí.
8 Pues si vivimos, para el
Señor vivimos; y si morimos,
para el Señor morimos. Así
pues, sea que vivamos, o que
muramos, del Señor somos.
9 Porque Cristo para esto
murió y resucitó, y volvió a
vivir, para ser Señor así de los
muertos como de los vivos.
10 Pero tú, ¿por qué juzgas
a tu hermano? O tú también,
¿por qué menosprecias a tu
hermano? Porque todos com-
pareceremos ante el tribunal
de Cristo.
11 Escrito está: Vivo yo,
dice el Señor, que ante mí se
doblará toda rodilla, y toda
lengua confesará a Dios.
12 De manera que cada uno
de nosotros dará a Dios cuenta
de sí.
13 Así que, ya no nos juzgue-
mos más los unos a los otros,
sino más bien decidid no
poner tropiezo u ocasión de
caer al hermano.
14 Yo sé, y confío en el Señor
Jesús que nada es inmundo
en sí mismo; mas para el que
piensa que algo es inmundo,
para él lo es.
15 Pero si por causa de la
comida tu hermano es con-
tristado, ya no andas con-
forme al amor. No hagas
que por la comida tuya se
pierda aquel por quien Cristo
murió.
16 No sea, pues, vituperado
vuestro bien;
17 porque el reino de Dios
no es comida ni bebida, sino
justicia, paz y gozo en el Es-
píritu Santo.
18 Porque el que en esto sirve
a Cristo, agrada a Dios, y es
aprobado por los hombres.
19 Así que, sigamos lo que
contribuye a la paz y a la mu-
tua edificación.
20 No destruyas la obra de
Dios por causa de la comida.
Todas las cosas a la verdad son
limpias; pero es malo que el
hombre haga tropezar a otros
con lo que come.
21 Bueno es no comer carne,
ni beber vino, ni nada en que
tu hemano tropiece, o se ofen-
da, o se debilite.
22 ¿Tienes tú fe? Tenla para
contigo delante de Dios. Bi-
enaventurado el que no se
condena a sí mismo en lo que
aprueba.
23 Pero el que duda sobre
lo que come, es condenado,
porque no lo hace con fe; y
todo lo que no proviene de la
fe, es pecado.

- b. Porque toda rodilla se doblará y confesará: Cristo solo es Dios
- c. Porque cada uno dará a Dios razón de sí

6 Usa el juicio para decidir una sola cosa: piedras de tropiezo
- a. Mirar las cosas que los hombres consideran inmundas
- b. Andar en amor: no dañar, no herir, no perjudicar

7 No dar lugar a la crítica
- a. Porque la preocupación del creyente es el Reino de Dios, no el placer
- b. Porque servir a Cristo y el reino agrada a Dios y a los hombres

8 Seguir las cosas que traen la paz y la edificación

9 No destruyas o arruines la obra de Dios en la vida de otra persona: es pecado hacerlo

10 No hagas algo que sirva de tropiezo a tu hermano

11 Ten cuidado de no condenarte a ti mismo
- a. Guardando tu fe
- b. No yendo contra la conciencia
- c. Haciendo las cosas con fe, con la convicción de que Dios aprueba tu conducta

H. El creyente firme y el débil: funciones y comportamiento cuestionables— libertad cristiana, 14:1-23

(14:1-23) ***Introducción:*** el problema de la libertad cristiana vs. libertinaje siempre está confrontando al creyente y a la iglesia que quiere agradar al Señor. ¿Qué puede el creyente *hacer y no hacer* social y personalmente? ¿Puede...

- beber socialmente?
- asistir al cine, y si así fuera, hay algunas películas inaceptables?
- ver televisión, y si es así, son todos los programas aceptables?
- participar en juegos de azar, y qué se considera juego de azar?
- participar en bailes, y hay alguna forma de baile que sea inaceptable?
- escuchar música estridente y sugestiva o música lírica?
- participar en deportes el día domingo?

Existe una multitud de actividades sociales y recreativas que a veces son cuestionadas por el creyente que está tratando verdaderamente de agradar a su Señor *en todo lo que hace*. Este pasaje trata de los principios que deben guiar al creyente al enfrentarse con estos problemas.

1. Recibid al hermano débil (vv. 1-2).
2. No despreciar ni juzgar (criticar) a otros (vv. 3-4)
3. Estar plenamente convencido de la conducta buena y mala (vv. 5-6)
4. Cuidado—cuidado con lo que haces(vv. 7-9).
5. Deja el juicio a Dios (vv. 10-12).
6. Usa el juicio para decidir una sola cosa: piedras de tropiezo (vv. 13-15).
7. No dar lugar a la crítica (vv. 16-18).
8. Seguir las cosas que traen la paz y la edificación (v. 19).
9. No destruyas o arruines la obra de Dios en la vida de otra persona: es pecado hacerlo (v. 20).
10. No hagas algo que sirva de tropiezo a tu hermano (v. 21).
11. Ten cuidado de no condenarte a ti mismo (vv. 22-23).

1 (14:1-2) ***Creyentes, deber—fraternidad—ministerio—debilidad espiritual—recibir:*** recibid al hermano débil. La palabra «recibir» (*proslambano*) significa dar la bienvenida, aceptar, tomar para sí. Sin embargo, hay un hecho significativo acerca de la palabra que debemos destacar. Significa...

- recibir a la persona débil de la misma manera que *Dios en su gracia* recibe a los hombres.
- tomar para sí a la persona débil como Dios graciosamente toma para sí a los hombres.

El creyente debe «recibir» al hermano débil de la misma manera que Dios le recibe a él. La exhortación es a la vez tierna y enérgica, exigente y esperanzadora. Es enérgica y exigente en que da al creyente la oportunidad de actuar como Dios actúa, y da al creyente débil gran esperanza de ser cuidado y protegido. Ahora bien, note dos instrucciones acerca del acto de recibir al hermano débil.

1. El hermano débil debe ser recibido sin críticas ni discusiones sobre su debilidad. No debe haber *dudas* ni *disputas* al recibirle. Debe ser recibido con los brazos abiertos como Dios recibe al hombre.

> **«Así que, los que somos fuertes debemos soportar las flaquezas de los débiles, y no agradarnos a nosotros mismos» (Ro. 15:1).**
>
> **«Me ha hecho débil a los débiles, para ganar a los débiles; a todos me he hecho de todo, para que de todos modos salve a algunos» (1 Co. 9:22).**

2. Existen diferencias de opinión entre los cristianos en cuanto a cómo deben vivir—acerca de lo que es permitido o no permitido por Dios. Por ejemplo, un cristiano cree que puede comer de todo, mientras otro creyente cree que debe ser vegetariano. Parece que la iglesia romana estaba tratando exactamente este problema. Desde su historia más remota los judíos tenían una larga lista de normas que regían la alimentación (cp. Lv. 11:1ss), de modo que había divisiones dentro de la iglesia entre los judíos y gentiles convertidos acerca de cuán estrechamente debían observarse estas leyes, si es que había que observarlas. Sin embargo, la disputa no se limitaba a las leyes alimenticias. Las Escrituras se aplican a todas las reglas, escrúpulos, tabúes y restricciones de conducta que algunos creyentes e iglesias dicen que debieran regular nuestras vidas. Sin embargo, habiendo dicho esto, es absolutamente esencial notar dos hechos.

a. Este pasaje *no trata de los mandamientos claros de Dios*; trata de aquellas conductas acerca de las que *hay claras diferencias de opiniones* entre los hombres. *No hay discusión en cuanto a los mandamientos de Dios en las Escrituras: deben ser obedecidos*. En realidad, la madurez cristiana se mide por la obediencia a Cristo. (*Véase* nota—Mt. 5:17-18 para ampliar la discusión.)

> **«El que tiene mis mandamientos, y los guarda, ése es el que me ama; y el que me ama será amado por mi Padre, y yo le amaré y me manifesaré a él» (Jn. 14:21).**
>
> **«Si guardareis mis mandamientos, permaneceréis en mi amor; así como yo he guardado los mandamientos de mi Padre, y permanezco en su amor ... Vosotros sois mis amigos, si hacéis lo que yo os mando» (Jn. 15:10, 14).**
>
> **«¿Se complace Jehová tanto en los holocaustos y víctimas, como en que se obedezca a las palabras de Jehová? Ciertamente el obedecer es mejor que los sacrificios, y el prestar atención que la grosura de los carneros» (1 S. 15:22).**

b. La persona que es vegetariana, esto es, que rige su vida por *reglas estrictas*, es llamado hermano «*débil*». ¿Por qué la observancia de reglas estrictas hace que se llame a ese creyente cristiano «débil»? (*Véase* Estudio a fondo 1, ***Libertad cristiana***—Ro. 14:2 para su desarrollo.)

ESTUDIO A FONDO 1

(14:2) ***Libertad cristiana:*** tanto el cristiano débil como el cristiano firme pensaban que el otro era el débil. Esto es importante de ver, porque ambos están sujetos a criticar y condenar al otro (v. 3ss).

Pablo enfrentaba el problema de la libertad cristiana con frecuencia; por lo tanto, es un excelente ejemplo a considerar en la discusión del tema. Pablo estaba dispuesto a hacerse todo a todos los hombres cuando el principio *no estaba en juego*, pero, cuando el principio *estaba en juego*, no cedía.

Por ejemplo, Pablo hizo circuncidar a Timoteo, de acuerdo a la ley de Moisés; sin embargo, aquí en Romanos exhorta a los creyentes a ignorar las observancias exteriores y a resistirlas hasta lo sumo. En otro caso *no quiso que* Tito fuese circuncidado—en otra circunsatancia (Gá. 2:3-5); advirtió a los gálatas que si eran circuncidados de nada les valía Cristo. Estarían renunciando a la salvación. ¿Cuál es la diferencia?

Cuando las reglas y observancias se transforman en *medios de salvación*, se convierten en una herejía fatal, y en el caso de Tito y de los gálatas esto era lo que estaba pasando. Las reglas y observancias son contrarios al método de Dios para la salvación de los hombres. Hay un mundo de diferencia entre un hombre que se acerca a Dios *por medio de reglas* y el hombre que se aproxima a Dios *por medio de Cristo*. El primero cree que se salva por las obras, esto es, por la moral que significa guardar las reglas; mientras el segundo cree que es salvado por Cristo y por Cristo solamente.

El problema del hermano débil es que está un tanto confundido con respecto a la forma en que viene su limpieza diaria. Siente un cierto impulso de conciencia que le lleva a observar reglas para mantener limpia su vida. Piensa que conserva el favor de Dios haciendo *más* obras. No ha madurado al punto de entender que aun su limpieza cotidiana viene de la *justicia de Cristo*.

Hay esencialmente dos razones por la que el hombre estricto o que juzga es débil en la fe.

1. Todavía cree en la necesidad de las obras. En lo profundo de su ser todavía cree que puede obtener algún *favor* de Dios haciendo algunas cosas y absteniéndose de otras—cosas que no se enseñan en la Biblia, que surgen de sus propios razonamientos y de los de otras personas como dignos de elogio y beneficiosos. En algún grado, todavía está tratando de ganar y mantener una relación correcta con Dios por medio de sus propias obras. No ha aceptado plenamente el camino de la gracia y el amor de Dios. No ha entendido todavía que es aceptado *sobre la base de* la justicia de Cristo, y en su justicia solamente. Aún no ha entendido —no completamente— que está destituido y siempre estará destituido de la gloria de Dios, incapaz de realizar cualquier obra o acto en forma perfecta. No ha entendido que debe confiar en el amor de Dios para ser tenido por justo en Cristo *cada día*. No está completamente liberado de la creencia en las obras y en la justicia propia.

2. No conoce el sentido de la libertad cristiana. Ve el cristianismo como una cuestión de reglas y regulaciones, y rige su vida por estas reglas y observancias. En muchos casos el solo pensamiento de la libertad cristiana le *aterra*.

Ahora, habiendo dicho esto, es de *importancia suprema* que el creyente tenga presente su deber como cristiano (*véanse* notas—Ro. 6:1-2; 6:14-15). Hay *mandamientos y prohibiciones* dadas en la Biblia acerca de las cuales no hay dudas. El creyente debe obedecerlas incuestionablemente (*véanse* notas—Ro. 14:13-15;15:1-3; cp. Éx.20:1ss; Ro.1:29ss; Gá. 5:19ss; Ef. 4:17ss).

2 (14:3-4) ***Juzgar a otros—criticar:*** no despreciar ni juzgar a otros. Cuando el creyente firme y el creyente débil se encuentran, ambos están sujetos a graves pecados.

- El creyente que entiende su libertad en Cristo tiene la tendencia a *despreciar* al hermano débil. La palabra despreciar (*exoutheneito*) significa mirar hacia abajo, desdeñar, tratar como insignificante y completamente equivocado.
- El creyente débil, el creyente que siente que debe observar algunas reglas como algo *adicional*, está sujeto a juzgar (*krineto*), a criticar, a censurar.

Se dan tres razones para no despreciar y juzgar a otros, tres razones que quedan como advertencias para los creyentes.

1. Dios mismo ha recibido al creyente firme. El creyente que camina en la libertad de Cristo y no vive una vida estricta ha sido aceptado por Dios, no importa lo que el creyente más legalista pueda pensar. Puede haber algunas reglas religiosa de confección humana que no observa, pero ha confiado en Cristo, y obedece la palabra de Dios. Por lo tanto, no debe ser criticado y juzgado, pero debe ser aceptado en la comunión de creyentes más legalistas.

2. Nadie tiene *derecho* de juzgar a un siervo del Señor. Note: ambos creyentes pertenecen al Señor; ambos son siervos del Señor. Por lo tanto, solamente el Señor tiene derecho de juzgarlos. Los creyentes no tienen *derecho a hacer el papel de Dios* y juzgarse unos a otros. No tienen derecho a condenar y juzgar cada uno las obras del otro, porque no se pertenecen el uno al otro. Cada uno pertenece a Cristo; por lo tanto, solamente Él determina si ellos quedan en pie o caen, si son aceptados o rechazados.

3. Dios *mantendrá* en pie al creyente. No hay cuestión al respecto: el creyente estará en pie, porque Dios es poderoso para mantenerle firme.

> **«Estando persuadido de esto, que el que comenzó en vosotros la buena obra, la perfeccionará hasta el día de Jesucristo» (Fil. 1:6).**
>
> **«Pero no me avergüenzo, porque yo sé a quien he creído, y estoy seguro que es poderoso para guardar mi depósito para aquel día» (2 Ti. 1:12).**
>
> **«Y el Señor me librará de toda obra mala, y me preservará para su reino celestial. A Él sea gloria por los siglos de los siglos» (2 Ti. 4:18).**
>
> **«[Vosotros] que sois guardados por el poder de Dios mediante la fe, para alcanzar la salvación que está preparada para ser manifestada en el tiempo postrero» (1 P. 1:5).**
>
> **«He aquí, yo estoy contigo, y te guardaré por dondequiera que fueres, y volveré a traerte a esta tierra; porque no te dejaré hasta que haya hecho lo que te he dicho» (Gn. 28:15).**
>
> **«Porque Jehová ama la rectitud, y no desampara a sus santos. Para siempre serán guardados; mas la descendencia de los impíos será destruida» (Sal. 37:28).**
>
> **«Es el que guarda las veredas del juicio, y preserva el camino de sus santos» (Pr. 2:8).**

3 (14:5-6) ***Conducta, creyentes:*** estar plenamente convencidos de una buena o mala conducta. Los judíos habían hecho una cantidad de reglas respecto del Sabbath y las festividades especiales.

> **«Mas ahora, conociendo a Dios, o más bien, siendo conocidos por Dios, ¿cómo es que os volvéis de nuevo a los débiles y pobres rudimentos, a los cuales os queréis volver a esclavizar? Guardáis los días, los meses, los tiempos y los años» (Gá. 4:9-10).**
>
> **«Por tanto, nadie os juzgue en comida o en bebida, o en cuanto a día de fiesta, luna nueva o días de reposo, todo lo cual es sombra de lo que ha de venir; pero el cuerpo es de Cristo» (Col. 2:16-17).**

Este también parecía ser un tema calurosamente debatido entre los creyentes judíos y gentiles de la iglesia de Roma. Pero también el tema es mucho más amplio que la simple observancia de los *días festivos*; incluye todas las restricciones humanas impuestas sobre los hombres por creyentes e iglesias legalistas. Sin embargo, al decir esto es necesario repetir: las Escrituras no se refieren a mandamientos que se encuentran en la Biblia. Los mandamientos e instrucciones de las Escrituras deben ser observados. Este pasaje trata de las tendencias legalistas de los hombres, esto es, las reglas y restricciones que algunas personas establecieron pensando que eran prácticas buenas y recomendables.

Además es necesario mencionar otro hecho. Pablo no está sugiriendo que el día del Señor no es importante. No está indicando que es correcto ignorar, descuidar o usar mal el día del Señor. Jamás. Lo que está atacando es la actitud que pone en lugar del cristianismo un día cristiano. El día del Señor es muy importante para Dios, porque es el día establecido para la adoración de su Hijo, para descanso y reposo de sus seguidores. Sin embargo, el creyente no debe adorar el día, sino adorar al Señor de todos los días.

El punto es éste. Sea lo que fuere que el creyente haga, debe estar plenamente persuadido de que está en lo correcto y no está haciendo mal. Note dos puntos.

1. El creyente debe estar plenamente persuadido en su mente cuando está tratando de asuntos indiferentes. El creyente debe hacer la decisión por sí mismo; nadie más puede decidir por él. Pero note:

- Debe asegurarse de que se trata de un asunto *cuestionable*, que no está cubierto por algún mandamiento de las Escrituras.
- Debe ser honesto e inteligente al decidir si la conducta es correcta.

- No debe violar su propia conciencia de ninguna manera, ni en la más pequeña medida.
- Debe estar completamente seguro de que no hace mal.

2. El creyente debe vivir según él ve y entiende la voluntad de Dios. El punto es muy sencillamente planteado: un hombre dedica cada día al Señor y ve cada día como el día del Señor; otros hombres dedican cada día al Señor, pero cree que el domingo y los días sagrados son más especiales y significativos y debieran ser especialmente apartados para Dios. Note que la misma actitud prevalece en cuanto a los alimentos: un hombre *da gracias* a Dios y come de todo; otro *da gracias* y come solamente vegetales. El punto que cabe notar es que...

- ambos hombres dedican cada día al Señor y le adoran. Difieren solamente en que un hombre aparta algunos días para dedicarlos a una celebración más extensa dedicada a Dios.
- ambos hombres dan gracias a Dios por sus alimentos. Difieren solamente en lo que están comiendo.

Ahora notemos el factor fundamental: los corazones de ambos hombres están puestos en Dios. Ambos hombres están dedicando sus vidas a adorar y servir a Dios, y ambos dan gracias a Dios por lo que tienen. Sus corazones están en buena relación con Dios. Las diferencias entre ambos son externas y tienen que ver con cosas materiales: días y comidas. Por lo tanto, ambos son aceptables ante Dios. Ambos están plenamente persuadidos de que están haciendo bien delante de Dios.

[4] (14:7-9) ***Dedicación—comprados—posesión—rendirse:*** cuidado, cuidado con lo que haces. Hay dos *razones supremas* por las que el creyente debe vigilar lo que hace.

1. El creyente pertenece a Cristo tanto en la vida como en la muerte.

- No vive para sí mismo: no hace lo que quiere, ni sigue sus propios deseos; no hace lo suyo propio, ni deja cabida a sus propios deseos y pasiones.
- No muere para sí mismo: no toma la muerte en sus propias manos ni espera manipular la muerte para sí mismo.

El creyente no vive para sí mismo; vive para Cristo. Ha puesto su vida y su muerte en las manos de Cristo, rindiendo a Cristo todo lo que Él es. Mientras vive, es del Señor; y cuando muere, es del Señor. El dominio del Señor se extiende no solamente a esta vida, sino también a la otra vida. No importa dónde esté el creyente o qué esté haciendo, es del Señor. El Señor es su Señor, porque el creyente ha puesto su vida y su muerte bajo el cuidado y la protección del Señor. El Señor es el Amo y Dios de su vida; en consecuencia, el creyente vigila cuidadosamente lo que hace: se asegura de que lo que hace agrada a su Señor, *porque el bienestar de su vida y su muerte están bajo el amparo del Señor.*

«Porque Dios no es Dios de muertos, sino de vivos, pues para Él todos viven» (Lc. 20:38).

«Pues si vivimos, para el Señor vivimos; y si morimos, para el Señor morimos. Así pues, sea que vivamos, o que muramos, del Señor somos» (Ro. 14:8).

2. El creyente ha sido comprado por la muerte y resurrección del Señor. Cristo murió llevando sobre sí el pecado del creyente, de manera que el creyente fuese librado del juicio venidero sobre el pecado. El creyente tiene fe en la muerte de Cristo. El cree que...

- cuando Cristo murió, él *murió simbólicamente* con Cristo.
- cuando Cristo pendía de la cruz, el creyente *colgaba simbólicamente* en la cruz con Cristo. ¿Cómo? Por la fe. Dios ama tanto al hombre que cuando un hombre verdaderamente cree en la muerte de Cristo por sus pecados, Dios toma *fe* de ese hombre y la cuenta como la muerte de Cristo, como si el creyente hubiese muerto con Cristo. Lo mismo ocurre con la resurrección de Cristo. Cuando el hombre cree verdaderamente en Cristo, Dios cuenta la creencia del hombre como la resurrección de Cristo. El hombre es identificado con Cristo en la resurrección de Cristo, y recibe una nueva vida que es al mismo tiempo abundante y eterna.

Lo fundamental es esto: fue con este propósito que Cristo murió y resucitó—que pueda ser el Señor de los vivos y los muertos. El es el Señor de todos los creyentes, sea que vivan sobre esta tierra o que hayan muerto y entrado en el cielo. El verdadero creyente ha sido comprado por la muerte y resurrección del Señor Jesús. El creyente no se pertenece a sí mismo: no puede actuar egoísta y pecaminosamente al hacer decisiones en cuanto a comportamiento. Debe obedecer y agradar al Señor, porque el Señor ha comprado el derecho de vida y muerte del creyente.

«Porque en cuanto murió, al pecado murió una vez por todas; mas en cuanto vive, para Dios vive. Así también vosotros consideraos muertos al pecado, pero vivos para Dios en Cristo Jesús, Señor nuestro» (Ro. 6:10-11).

«Porque el amor de Cristo nos constriñe, pensando esto: que si uno murió por todos, luego todos murieron; y por todos murió, para que los que viven, ya no vivan para sí, sino para aquel que murió y resucitó por ellos» (2 Co. 5:14-15).

«Con Cristo estoy juntamente crucificado, y ya no vivo yo, mas vive Cristo en mí; y lo que ahora vivo en la carne, lo vivo en la fe del Hijo de Dios, el cual me amó y se entregó a sí mismo por mí» (Gá. 2:20).

[5] (14:10-12) ***Juicio:*** dejar el juicio a Dios.

- ¿Por qué juzgas y criticas a tu hermano?
- ¿Por qué desprecias y miras con desdén a tu hermano?

Las preguntas son enérgicas y perturbadoras debido a que muchos creyentes son culpables de esto delante de Dios.

Note la palabra «hermano». La persona criticada y juzgada es un hermano y lo que está haciendo procede de una sincera convicción de que es la voluntad de Dios o es aceptable por Dios (vv. 5-6). Entonces, ¿por qué te pones en el lugar de Dios y lo criticas y lo juzgas? ¡Cuidado! Porque «todos compareceremos ante el tribunal de Cristo» (v. 10). Cada uno de nosotros será juzgado *por Cristo, no por otro hermano.*

a. Toda rodilla se doblará *ante Cristo*, no ante otra persona.Toda lengua confesará *a Dios*, no a otro hermano. Ninguno de nosotros es Dios; por lo tanto, no tenemos absolutamente ningún derecho de juzgarnos y criticarnos unos a otros. Solamente Dios es el juez de los hombres.

«Por que escrito está: vivo yo dice el Señor, que ante mí se doblará toda rodilla, y toda lengua confesará a Dios» (Ro. 14:11).

«Por lo cual Dios también le exaltó hasta lo sumo, y le dio un nombre que es sobre todo nombre, para que en el nombre de Jesús se doble toda rodilla de los que están en los cielos, en la tierra, y debajo de la tierra; y toda lengua confiese que Jesucristo es el Señor, para la gloria de Dios Padre» (Fil. 2:9-11).

«¿Quién no te temerá, oh Señor, y glorificará tu nombre? Pues sólo tú eres santo; por lo cual todas las naciones vendrán y te adorarán, porque tus juicios se han manifestado» (Ap. 15:4).

«Mirad a mí, y sed salvos, todos los términos de la tierra, porque yo soy Dios, y no hay más. Por mí mismo hice juramenteo, de mi boca salió palabra en justicia, y no será revocada: que a mí se doblará toda rodilla, y jurará toda lengua» (Is. 45:22-23).

b. Cada uno dará a Dios razón de sí. No vamos a ser llamados a dar razón de otros delante de Dios. Vamos a rendir cuentas de nosotros mismos. Cada uno será responsable *de sí mismo solamente*. Dios no va a preguntarnos qué pensamos o sabemos de Esteban o de Rut. Cada uno se parará solo delante de Dios y dará razón de su propia conducta solamente.

«Y serán reunidas delante de Él todas las naciones; y apartará los unos de los otros, como aparta el pastor las ovejas de los cabritos» (Mt. 25:32).

«Porque el Padre a nadie juzga, sino que *todo el juicio* dio al Hijo» (Jn. 5:22).

«Y nos mandó que predicásemos al pueblo, y testificásemos que Él es el que Dios ha puesto por Juez de vivos y muertos» (Hch. 10:42).

«Por cuanto ha establecido un día en el cual juzgará al mundo con justicia, por aquel varón a quien designó, dando fe a todos con haberle levantado de los muertos» (Hch. 17:31).

«En el día que Dios juzgará por Jesucristo los secretos de los hombres, conforme a mi evangelio» (Ro. 2:16).

«Pero tú, ¿por qué juzgas a tu hermano? Porque todos compareceremos ante el tribunal de Cristo» (Ro. 14:10).

«Así que, no juzguéis nada antes de tiempo, hasta que venga el Señor, el cual aclarará también lo oculto de las tinieblas, y manifestará las intenciones de los corazones; y entonces cada uno recibirá su alabanza de Dios» (1 Co. 4:5).

«Te encarezco delante de Dios y del Señor Jesucristo, que juzgará a los vivos y a los muertos en su manifestación y en su reino» (2 Ti. 4:1).

6 (14:13-15) ***Tropiezo—juzgar—crítica—actividad docial cuestionable:*** juzgad sólo una cosa—si eres tropezadero a tu hermano. La palabra «tropiezo» (*proskamma*) signfica un obstáculo puesto en el camino de alguien. La expresión «ocasión de caer» (*skandalon*) significa poner trampa, lazo, hacer algo que hace que la persona tropiece y caiga. Tiene referencia en particular al acto de dirigir o hacer que alguien peque. La exhortación es fuerte: los creyentes no deben criticarse y juzgarse unos a otros; deben juzgarse a sí mismos. Cada creyente debe estar siempre examinando su propia vida a fin de asegurarse de que...

- no está poniendo tropezadero a su hermano en el camino a Dios, ni siquiera un solo obstáculo o impedimento de ninguna especie.
- no está haciendo una sola cosa que haga que su hermano tropiece y caiga en pecado.

Si un creyente está constantemente examinando su vida y cuidando de no convertirse en piedra de tropiezo, no tiene tiempo de juzgar y hablar de su hermano. Hay tres conductas muy prácticas que nos impedirán poner tropiezos en el andar de nuestro hermano hacia Dios.

1. Primero, debemos mirar qué cosas son inmundas según el criterio de nuestro hermano. Y simplemente, si piensa que alguna coducta o actividad es inmunda, no la hagamos. Las Escritura nos dan un gran principio en estos tres versículos, un principio que revolucionaría la conducta de los creyentes y de gran parte de la sociedad si sólo se hiciera lo que Dios dice.

Note las palabras «nada es inmundo en sí mismo». La situación inmediata de la iglesia primitiva tenía que ver con comer ciertos alimentos y observar ciertos días. Sin embargo, el hecho es aplicable a actividades cuestionables que enfrenta cada generación de creyentes. En su forma pura y natural, toda la creación de Dios es aceptable a Dios. Lo que el hombre hace las convierte en impuras.

- La uva es pura, pero el hombre la toma y hace bebidas alcohólicas que dañan el cuerpo humano y llevan a una conducta inmoral.
- La comunión es pura; pero el hombre la toma y la convierte en una atmósfera relajada, festiva que lleva a poner en peligro al cuerpo humano, conduce a pensamientos y conversaciones sugerentes y a una conducta inmoral.
- la vegetación y las plantas de los bosques son puras, pero el hombre las toma y hace toda clase de drogas intoxicantes, bebidas, y alimentos dañinos para el cuerpo humano y llevan a una conducta injusta e inmoral.

El punto es este: debido a lo que el hombre hace con las cosas y actividades de la tierra, los creyentes deben cuidarse de las cosas que los hombres convierten en inmundas y de las cosas que otros creyentes consideran inmundas. No debemos hacer nada que haga tropezar a nuestro hermano.

«Así que, ya no nos juzguemos más los unos a los otros, sino más bien decidid no poner tropiezo u ocasión de caer al hermano» (Ro. 14:13).

«Pero si por causa de la comida tu hermano es contristado, ya no andas conforme al amor. No hagas que por la comida tuya se pierda aquel por quien Cristo murió» (Ro. 14:15).

«Pero mirad que esta libertad vuestra no venga a ser tropezadero para los débiles» (1 Co. 8:9).

«Un poco de levadura leuda toda la masa» (Gá. 5:9).

«El que ama a su hermano, permanece en la luz, y en Él no hay tropiezo» (1 Jn2:10).

2. Segundo, debemos andar en amor con el hermano. Notemos:
   - No tenemos que hacer nada que perjudique al hermano. ¡Imaginémonos! No tenemos que causarle «pesar»—no debemos causarle ningún tipo de *miseria* o *perturbación*. (¡Qué impacto produciría esto sobre las iglesias y el mundo si pusiéramos en práctica este mandamiento!)
   - No debemos hacer nada que destruya a un hermano. Este es un mandamiento enérgico: «No lo destruyas» [*me apollue*]. Las palabras significan herir y dañar hasta el punto de destruir. Tal conducta es absolutamente prohibida para el creyente cristiano. No tenemos que hacer absolutamente nada que destruya o arruine a nuestro hermano.

Pensamiento. Piense en el juicio que vendrá sobre algunos a causa de sus juicios y críticas, sus quejas y divisionismo, sus hábitos y conducta, su beber y festejar. Basta con mirar la naturaleza misma de algunos que están constantemente causando problemas y siendo piedra de tropiezo para jóvenes y viejos por igual.

«Por lo cual, si la comida le es a mi hermano ocasión de caer, no comeré carne jamás, para no poder tropiezo a mi hermano» (1 Co. 8:13).

«Ninguno busque su propio bien, sino el del otro [bienestar]» (1 Co. 10:24).

«El amor no hace mal al prójimo: así que el cumplimiento de la ley es el amor» (Ro. 13:10).

«Así que, los que somos fuertes debemos soportar las flaquezas de los débiles, y no agradarnos a nosotros mismos. Cada uno de nosotros agrade a su prójimo en lo que es bueno, para edificación» (Ro. 15:1-2).

«Porque toda la ley en esta sola palabra se cumple: Amarás a tu prójimo como a ti mismo» (Gá. 5:14).

«Si en verdad cumplís la ley real, conforme a las Escrituras: Amarás a tu prójimo como a ti mismo» (Stg. 2:8).

3. Tercero, debemos tener presente que Cristo murió por nuestro hermano. Esta es una clara razón por la que no debemos causar pesar, y mucho menos destruir a nuestro hermano: Cristo murió por él. El argumento es fuerte: si Cristo le amó tanto como para morir por él, entonces debemos amarle en forma suficiente como para renunciar a unos pocos deseos y actividades.

«Y por el conocimiento tuyo se perderá el hermano débil por quien Cristo murió» (1 Co. 8:11).

«Y por todos murió, para que los que viven, ya no vivan para sí, sino para aquel que murió y resucitó por ellos» (2 Co. 5:15).

«Y a vosotros también, que erais en otro tiempo extraños y enemigos en vuestra mente, haciendo malas obras, ahora os ha reconciliado en su cuerpo de carne, por medio de la muerte, para presentaros santos y sin mancha e irreprensibles delante de Él» (Col. 1:21-22).

7 (14:16-18) ***Crítica—libertad cristiana vs. libertinaje:*** no dar ocasión para la crítica. Se puede abusar de la libertad cristiana. El creyente puede ser libre de comer y beber algunas cosas y libre de ir y participar de ciertas actividades, pero no debería hacerlo. ¿Por qué? Porque su conducta sería considerada mala. Dos hechos deben ser recordados por los creyentes cuando piensan en cosas indiferentes.

1. La preocupación del creyente es el reino de Dios, no el placer. Note: el reino de Dios no consiste en comida o bebida; esto es, no tiene que ver con las cosas externas sino con el corazón. No es pecado abstenerse de comidas y bebidas y de actividades cuestionables; por lo tanto, el creyente debe mantenerse alejado de cualquier cosa que cause pesar a otros o les haga tropezar. El Reino de Dios es...

- justicia: ser y hacer lo correcto; establecer y mantener el bien más elevado que sea posible con Dios y los hombres.
- paz: estar en una relación correcta con Dios y el hombre, y conservar esa relación; trabajar para que exista el bien más elevado entre Dios y el hombre.
- gozo: experimentar la plenitud y felicidad de una correcta relación con Dios y el hombre; producir el fruto de estar en una relación correcta con Dios y el hombre.

El punto es éste: el creyente debe estar preocupado con las personas y la relación con Dios y consigo mismo, no con el derecho de comer, beber y llevar una vida social. Su propósito primario es alcanzar a los hombres y edificarles, no causarles pesar y hacerles tropezar.

2. El creyente que pone el bienestar espíritual de la gente por delante de sus propios deseos agrada a Dios y a los hombres. Note un punto crucial: esta es la persona que es *aceptable* a Cristo, la persona que es un *creyente genuino*. El que profesa conocer a Dios ha hecho una profesión cuestionable...

- si no ama a Dios tanto como para hacer lo que Él dice.
- si no ama a su hermano y a sus semejantes lo bastante como para evitarles el pesar y no serles de tropiezo.

«No todo el que me dice: Señor, Señor, entrará en el reino de los cielos, sino el que hace la voluntad de mi Padre que está en los cielos» (Mt. 7:21).

«Respondiendo Él, les dijo: Hipócritas, bien profetizó de vosotros Isaías, como está escrito: Este pueblo de labios me honra, mas su corazón está lejos de mí» (Mr. 7:6).

«El que tiene mis mandamientos, y los guarda, ése es el que me ama; y el que me ama será amado por mi Padre, y yo le amaré y me manifesaré a Él» (Jn. 14:21).

«Profesan conocer a Dios, pero con los hechos lo niegan, siendo abominables y rebeldes, reprobados en cuanto a toda buena obra» (Tit. 1:16).

Note otro hecho: el creyente que busca el bienestar de su hermano será aceptable a los hombres.

«No es aprobado el que se alaba a sí mismo, sino aquel a quien Dios alaba» (2 Co. 10:18).

«Ninguno tenga en poco tu juventud, sino se ejemplo de los creyentes en palabra, conducta, amor, espíritu, fe y pureza» (1 Ti. 4:12).

«De más estima es el buen nombre que las muchas riquezas, y la buena fama que la plata y el oro» (Pr. 22:1).

«Mejor es la buena fama que el buen ungüento; y mejor el día de la muerte que el día del nacimiento» (Ec. 7:1).

8 (14:19) ***Propósito de los creyentes:*** seguir las cosas que traen paz y edificación. Este es el propósito mismo de los creyentes mientras están sobre la tierra: llevar paz a los hombres y edifi carles. Los hombres debe obtener la paz con Dios y unos con otros y deben ser edificados en Cristo. Los creyentes tienen tanto el mensaje de paz como el de crecimiento; en consecuencia, deben seguir solamente aquellas cosas que darán la paz y edificarán a los hombres.

«Si es posible, en cuanto dependa de vosotros, estad en paz con todos los hombres» (Ro. 12:18).

«Seguid la paz con todos, y la santidad, sin la cual nadie verá al Señor» (He. 12:14).

«Cada uno de nosotros agrade a su prójimo en lo que es bueno, para edificación» (Ro. 15:2)

«En cuanto a lo sacrificado a los ídolos, sabemos que todos tenemos conocimiento. El conocimiento envanece, pero el *amor edifica*» (1 Co. 8:1).

«Hágase todo para edificación» (1 Co. 14:26).

«¿Pensáis aún que nos disculpamos con vosotros? Delante de dios en Cristo hablamos; y todo, muy amados a vuestra edificación» (2 Co. 12:19).

«Ninguna palabra corrompida salga de vuestra boca, sino la que sea buena para la necesaria edificación, a fin de dar gracia a los oyentes» (Ef. 4:29).

9 (14:20) ***Libertad vs. libertinaje:*** no destruyas o arruines la obra de Dios en en la vida de otra persona—es pecado hacerlo. Una persona, niño o adulto, es mucho más importante que tener el derecho de comer y beber ciertas cosas o asistir y participar de ciertas actividades sociales y recreativas.

«Y cualquiera que haga tropezar a alguno de estos pequeños que creen en mí, mejor le fuera que se le colgase al cuello una piedra de molino de asno, y que se le hundiese en lo profundo del mar» (Mt. 18:6).

«Por lo cual, si la comida le es a mi hermano ocasión de caer, no comeré carne jamás, para no poder tropiezo a mi hermano» (1 Co. 8:13).

«Porque vosotros, hermanos, a libertad fuisteis llamados; solamente que no uséis la libertad como ocasión para la carne, sino servíos por amor los unos a los otros» (Gá. 5:13).

«No mirando cada uno por lo suyo propio, sino cada cual también por lo de los otros» (Fil. 2:4).

«Como libres, pero no como los que tienen la libertad como pretexto para hacer lo malo, sino como siervos de Dios» (1 P. 2:16).

10 (14:21) ***Libertad vs. libertinaje; influencia—testimonio:*** nada hagas que cause tropiezo a un hermano. Notemos con cuánta claridad hablan las Escrituras: alimentos, vino —nada— vale tanto como para que valga la pena hacer tropezar al hermano, niño o adulto. Lo que está bien para uno puede ser la caída para el otro, porque los hombres influyen sobre los niños y otros adultos, y el hecho no es debatible. La persona débil, sea niño o adulto puede hacer algo...

- porque todos los demás lo hacen.
- porque no quiere ir contra la gente.
- porque simplemente no quiere se diferente.
- porque no quiere ser criticado, ridiculizado, o ser impopular.
- porque es de carácter débil.
- porque mira a sus amigos (o padres) y los idolatra.

«En todo os he enseñado que, trabajando así, se debe ayudar a los necesitados, y recordar las palabras del Señor Jesús, que dijo: Más bienaventurado es dar que recibir» (Hch. 20:35).

«Recibid al débil en la fe, pero no para contender sobre opiniones» (Ro. 14:1).

«Así que, los que somos fuertes debemos soportar las flaquezas de los débiles, y no agradarnos a nosotros mismos» (Ro. 15:1).

«Pero mirad que esta libertad vuestra no venga a ser tropezadero para los débiles» (1 Co. 8:9).

«Y por el conocimiento tuyo se perderá el hermano

débil por quien Cristo murió» (1 Co. 8:11).

«Me ha hecho débil a los débiles, para ganar a los débiles; a todos me he hecho de todo, para que de todos modos salve a algunos» (1 Co. 9:22).

«Ninguno busque su propio bien, sino el del otro [bienestar]» (1 Co. 10:24).

«No mirando cada uno por lo suyo propio, sino cada cual también por lo de los otros» (Fil. 2:4).

11 (14:22-23) ***Libertad vs. libertinaje—condenación del ego:*** cuidado—no te condenes. Hay tres maneras en que el creyente puede evitar el condenarse a sí mismo.

1. Guardando su fe. *Fe* significa creer una persona que puede hacer cierta cosa y que eso es aceptable a Dios. Si un creyente se siente libre de hacer cierta cosa entonces puede hacerla, pero debe ser hecha en *privado delante de Dios*. No debe ser hecha en público y delante de los hombres. Se debe comer y beber en privado. Hacer aquello en privado y *ofrecerlo a Dios con acciones de gracias* es la única manera en que es aceptable. *Si* no puede ser ofrecida a Dios con acciones de gracias, *no debe hacerse*.
2. No yendo contra la conciencia. El creyente no debe condenarse a sí mismo en lo que hace o permite hacer en su vida y en su hogar. (Recordemos: los hijos, y la esposa o el marido están siendo influenciados por lo que el creyente hace.)
3. Actuando en fe, con la convicción de que Dios aprueba la actividad. Si hay alguna duda, note cuán enérgica y claramente las Escrituras hablan: «Lo que no es de fe es pecado». Si un creyente no puede comer, beber y hacer las cosas *en fe* —sabiendo es aceptable a Dios— entonces está *cometiendo un pecado*.

«Pero sin fe es imposible agradar a Dios; porque es necesario que el que se acerca a Dios crea que le hay, y que es galardonador de los que le buscan» (He. 11:6).

«Y al que sabe hacer lo bueno, y no lo hace, le es pecado» (Stg. 4:17).

«Peca el que menosprecia a su prójimo; mas el que tiene misericordia de los pobres es bienaventurado» (Pr. 14:21).

«El pensamiento del necio es pecado» (Pr. 24:9).

1 **Marca 1: el firme soporta las debilidades del débil**
   a. Cómo: no agradándose a sí mismo, sino al prójimo—centrándose en su bienestar y edificación
   b. El modelo: Cristo

2 **Marca 2: cada uno estudia las Escrituras**

3 **Marca 3: cada uno trabaja por la armonía**
   a. Cómo: orando y descansando en Dios
   b. El modelo: Cristo
   c. Propósito: Glorificar a Dios unánimes y a una voz

4 **Marca 4: todos se aceptan unos a otros sin discriminación**
   a. El patrón: Cristo, que nos recibió a todos
      1) Cristo recibió a los judíos y les ministró a ellos
      2) Cristo recibió a los gentiles y les ministró a ellos
   b. Las Escrituras demuestran el punto

5 **Marca 5: el Dios de esperanza llena a todos**
   a. No división y malicia
   b. Con gozo,y paz
   c. Fuente: el Espíritu Santo

CAPÍTULO 15

I. Las marcas de una firme comunión dentro de la Iglesia, 15:1-13

Así que, los que somos
fuertes debemos soportar
las flaquezas de los débiles,
y no agradarnos a nosotros
mismos.
2 Cada uno de nosotros
agrade a su prójimo en lo que
es bueno, para edificación.
3 Porque ni aun Cristo se
agradó a sí mismo; antes
bien, como está escrito:
los vituperios de los que
te vituperaban, cayeron
sobre mí.
4 Porque las cosas que
se escribieron antes, para
nuestra enseñanza se escri-
bieron, a fin de que por la
paciencia y la consolación
de las Escrituras, tengamos
esperanza.
5 Pero el Dios de la pa-
ciencia y de la consolación
os dé entre vosotros un
mismo sentir según Cristo
Jesús,
6 para que unánimes, a una
voz, glorifiquéis al Dios
y padre de nuestro Señor
Jesucristo.
7 Por tanto, recibíos los unos
a los otros, como también
Cristo nos recibió, para glo-
ria de Dios.
8 Pues os digo, que Cristo
Jesús vino a ser siervo de
la circuncisión para mos-
trar la verdad de Dios, para
confirmar las promesas
hechas a los padres,
9 y para que los gentiles
glorifiquen a Dios por su mi-
sericordia, como está escrito:
Por tanto, yo te confesaré
entre los gentiles, y cantaré
a tu nombre.
10 Y otra vez dice: Ale-
graos, gentiles, con su pueb-
lo.
11 Y otra vez: Alabad al
Señor todos los gentiles,
y magnificadle todos los
pueblos.
12 Y otra vez dice Isaías:
Estará la raíz de Isaí, y el
que se levantará a regir los
gentiles; los gentiles espe-
rarán en él.
13 Y el Dios de esperanza
os llene de todo gozo y paz
en el creer, para que abun-
déis en esperanza por el pod-
er del Espíritu Santo.

I. Las marcas de una firme comunión dentro de la Iglesia, 15:1-13

(15:1-13) ***Introducción:*** este pasaje es una continuación del capítulo anterior. Señala claramente las marcas de una iglesia fuerte. Una vez que estudia este pasaje, el creyente no puede reclamar que no conoce cuál es su deber dentro de la iglesia. Se define claramente la parte del creyente en la edificación y fortalecimiento de la iglesia.

1. Marca 1: el firme soporta las debilidades del débil (vv. 1-3).
2. Marca 2: cada uno estudia las Escrituras (v. 4).
3. Marca 3: cada uno trabaja por la armonía (vv. 5-6).
4. Marca 4: todos se aceptan unos a otros sin discriminación (vv. 7-12).
5. Marca 5: el Dios de esperanza llena a todos (v. 13).

1 (15:1-3) ***Fraternidad—ministerio—débil—debilidades:*** en una iglesia fuerte, el que está firme soporta las debilidades del débil. Los creyentes débiles son descritos en el capítulo 14. Son...

- los que juzgan, se quejan, murmuran, y critican (cp. 14:2-3, 10, 13).
- los que todavía confían en una conducta legalista, una conducta de prohibiciones y mandatos (Ro. 14:1, 14-15).
- los que desobedecen la Palabra de Dios y están en contra de mandatos específicos de Dios (Ro. 14:10-12, 16-23).

La palabra «soportar» (*bastazein*) no significa soportar en el sentido de aguantar y tolerar en una actitud molesta. Significa *llevar consigo al débil*, sostenerlo, llevarlo como un padre o madre llevaría a un hijo—con amor y ternura, con comprensión y cuidado.

1. ¿Cómo podría prevalecer en la iglesia una actitud como la descrita? La Escritura da claramente la respuesta: «*Cada uno de nosotros* agrade a su prójimo.» Es así de simple: no nos agrademos a nosotros mismos, sino agrademos a nuestro prójimo—vivamos para su bienestrar y edificación. No importa lo que queramos...

- el lugar donde quisiéramos ir,
- la bebida que deseemos tomar,
- la comida que nos gustaría comer,
- la película que desearíamos ver,
- la cosa que quisiéramos comprar,

...si va a ser piedra de tropiezo para nuestro hermano—no lo hagamos. Agradamos, ayudamos, sostenemos y vivimos para el bienestar de nuestros hermanos y hermanas para que puedan ser edificados y fortlecidos en la fe.

2. El creyente tiene el mayor de todos los modelos en todo el mundo para negarse a sí mismo y vivir para el prójimo: Jesucristo

mismo. «Porque *ni aun* Cristo se agradó a sí mismo».

- Los oprobios lanzados contra Dios —la maldición, el rechazo, la incredulidad, la negación, la hostilidad, toda la deshonra y rebelión contra Dios— hirieron el corazón de Cristo. En consecuencia, Cristo se presentó para llevar los oprobios lanzados contra Dios: Vino a la tierra y cargó con el pecado de los oprobios e hizo posible que toda persona alabara a Dios en lugar de insultar su glorioso nombre. El celo por quitar toda la deshonra arrojada contra Dios consumió a Cristo y cayó sobre Él. (Cp. Sal. 69:19-20.)

Note el punto: Cristo no vino para agradarse a sí mismo. No oró: «Padre quita de mí esta copa de sacrificio y negación—no importa lo que sea». Su oración fue: «Padre mío, si es posible, pase de mí esta copa; pero no sea como yo quiero, sino como tú» (Mt. 26:39). Jesucristo es el ejemplo del creyente que busca agradar a otros en lugar de agradarse a sí mismo.

«Haya, pues, en vosotros este sentir que hubo también en Cristo Jesús, el cual siendo en forma de Dios, no estimó el ser igual a Dios como cosa a que aferrarse, sino que se despojó a sí mismo, tomando forma de siervo, hecho semejante a los hombres; y estando en la condición de hombre, se humilló a sí mismo, haciéndose obediente hasta la muerte, y muerte de cruz» (Fil. 2:5-8).

«Pues para esto fuisteis llamados; porque también Cristo padeció por nosotros, dejándonos ejemplo, para que sigáis sus pisadas» (1 P. 2:21).

«Porque también Cristo padeció una sola vez por los pecados, el justo por los injustos para llevarnos a Dios, siendo a la verdad muerto en la carne, pero vivificado en el espíritu» (1 P. 3:18).

«Mas él herido fue por nuestras rebeliones, molido por nuestros pecados; el castigo de nuestra paz fue sobre Él, y por su llaga fuimos nosotros curados» (Is. 53:5).

Pensamiento 1. ¡Qué espiritu glorioso prevalecería en la iglesia si esto realmente fuese puesto en práctica como las Escrituras dicen: por «*cada uno de nosotros*»!

«En todo os he enseñado que, trabajando así, se debe ayudar a los necesitados, y recordar las palabras del Señor Jesús, que dijo: Más bienaventurado es dar que recibir» (Hch. 20:35).

«Sobrellevad los unos las cargas de los otros, y cumplid así la ley de Cristo» (Gá. 6:2).

«Acordaos de los presos, como si estuvierais presos juntamente con ellos; y maltratados como que vosotros mismos estáis en el cuerpo» (He. 13:3).

«La religión pura y sin mácula delante de Dios el Padre es esta: Visitar a los huérfanos y a las viudas en sus tribulaciones, y guardarse sin mancha del mundo» (Stg. 1:27).

Pensamiento 2. Note cuán transformador es este punto. El creyente serio ya no pregunta si una conducta dudosa es correcta y moral, sino si es buena para su hermano. ¿Edificará esto a su hermano?

«Amarás al Señor tu Dios con todo tu corazón, y con toda tu alma, y con toda tu mente y con todas tus fuerzas. Este es el principal mandamiento. Y el segundo es semejante: Amarás a tu prójimo como a ti mismo. No hay otro mandamiento mayor que éstos» (Mr. 12:30-31).

«Un mandamiento nuevo os doy: Que os améis unos a otros; como yo os he amado, que también os améis unos a otros. En esto conocerán todos que sois mis discípulos, si tuviereis amor los unos con los otros» (Jn. 13:34-35).

«El amor no hace mal al prójimo: así que el cumplimiento de la ley es el amor» (Ro. 13:10).

«Así que, sigamos lo que contribuye a la paz y a la mutua edificación» (Ro. 14:19).

«Por lo cual nos gozamos de que seamos nosotros débiles, y que vosotros estéis fuertes; y aun oramos por vuestra perfección» (2 Co. 13:9).

«Porque toda la ley en esta sola palabra se cumple: Amarás a tu prójimo como a ti mismo» (Gá. 5:14).

«Ninguna palabra corrompida salga de vuestra boca, sino la que sea buena para la necesaria edificación, a fin de dar gracia a los oyentes» (Ef. 4:29).

«Si en verdad cumplís la ley real, conforme a las Escrituras: Amarás a tu prójimo como a ti mismo» (Stg. 2:8).

2 (15:4) ***Escrituras—estudio:*** en una iglesia fuerte, cada uno estudia las Escrituras. Este es un gran versículo acerca del propósito de las Santas Escrituras. En términos sencillos, nos dice por qué Dios nos dio la Biblia.

1. Las Escrituras fueron dejadas para nuestra enseñanza (*didaskalian*): instrucción, dirección, orientación.

«Pero éstas se han escrito para que creáis que Jesús es el Cristo, el Hijo de Dios, y para que creyendo, tengáis vida en su nombre» (Jn. 20:31).

«Y éstos eran más nobles que los de Tesalónica, pues recibieron la palabra con toda solicitud, escudriñando cada día las Escrituras para ver si estas cosas eran así» (Hch. 17:11).

«Porque las cosas que se escribieron antes, para nuestra enseñanza se escribieron, a fin de que por la paciencia y la consolación de las Escrituras, tengamos esperanza» (Ro. 15:4).

«Y estas cosas les acontecieron como ejemplo, y están escritas para amonestarnos a nosotros, a quienes han alcanzado los fines de los siglos» (1 Co. 10:11).

«Procura con diligencia presentarte a Dios aprobado, como obrero que no tiene de qué avergonzarse, que usa bien la palabra de verdad» (2 Ti. 2:15).

«Toda la Escritura es inspirada por Dios, y util para enseñar, para redargüir, para corregir, para instruir en justicia» (2 Ti. 3:16).

«Estas cosas os he escrito a vosotros que creéis en el nombre del Hijo de Dios, para que sepáis que tenéis vida eterna y para que creáis en el nombre del Hijo de Dios» (1 Jn. 5:13).

2. Las Escrituras fueron dadas para estimular tres cosas dentro del creyente.

a. Paciencia (*véase* nota—Ro. 5:3-5 para su discusión).

b. Consuelo (*parakleseos*): aliento, consuelo, solaz, ayuda, exhortación, suplicación. Sea lo que fuere necesario para la consolación del creyente, las Escrituras se lo dan.

«De cierto, de cierto os digo, que el que guarda mi palabra nunca verá muerte» (Jn. 8:51).

«Si me amáis, guardad mis mandamientos. Y yo rogaré al Padre, y os dará otro consolador, para que esté con vosotros para siempre» (Jn. 14:15-16).

«Respondió Jesús y le dijo: El que me ama, mi palabra guardará; y mi padre le amará, y vendremos a él, y haremos morada en él» (Jn. 14:23).

«Estas cosas os he hablado para que en mí tengáis paz. En el mundo tendréis aflicción; pero confiad, yo he vencido al mundo» (Jn. 16:33).

c. Esperanza (*véase* nota—Ro. 5:3-5 para la discusión).

«Porque las cosas que se escribieron antes, para nuestra enseñanza se escribieron, a fin de que por la paciencia y la consolación de las Escrituras, tengamos esperanza» (Ro. 15:4).

«Porque no me avergüenzo del evangelio, porque es poder de Dios para salvación a todo aquel que cree; al judío primeramente, y también al griego» (Ro. 1:16).

«Ya [Cristo] destinado desde antes de la fundación del mundo, pero manifestado en los postreros tiempos por amor de vosotros, y mediante el cual creéis en Dios, quien le resucitó de los muertos, y le ha dado gloria, para que vuestra fe y esperanza sean en Dios. Habiendo purificado vuestras almas por la

obediencia a la verdad, mediante el Espíritu para el amor fraternal no fingido, amaos unos a otros entrañablemente, de corazón puro. Siendo renacido, no de simiente corruptible, sino de incorruptible, por la palabra de Dios que vive y permanece para siempre» (1 P. 1:20-23).

3 (15:5-6) ***Unidad—fraternidad:*** en una iglesia fuerte, cada uno trabaja en pro de la armonía. Cuando hay tantas diferencias e ideas diferentes entre la gente, los creyentes deben esforzarse continuamente por tener unanimidad.

1. ¿Cómo puede una iglesia —una iglesia con tantas personalidades diferentes— lograr sentimientos armoniosos y la unanimidad de pensamiento? Note que estos dos versículos son una oración de Pablo. Acaba de decir que la paciencia y el consuelo necesarios para vivir para Dios vienen de las Escrituras. Ahora dice que vienen de Dios. En realidad, dice que Dios es el Dios de la paciencia (para soportar) y de la consolación (consuelo). Así que, el creyente obtiene su fortaleza y paciencia tanto de las Escrituras como de Dios. Si quiere soportar —seguir hasta el final— debe estudiar las Escrituras y orar, pidiendo a Dios que le dé...
   - fortaleza y paciencia.
   - consuelo y consolación.

Ahora, notemos el punto. Si conocemos la paciencia y el consuelo de Dios, entonces estamos soportando nuestras flaquezas unos a otros; estamos constantemente sosteniendo, ayudando y cuidando los unos a los otros. Vivimos en armonía y tenemos unanimidad.

2. El modelo de paciencia y consuelo y de sentimientos armoniosos con Dios y el hombre fue Jesucristo.
   - Fue fiel a Dios, manteniéndose siempre tan cerca de Dios y cumpliendo su ministerio hasta el último grado.
   - Experimentó el consuelo y consolación de Dios, manteniendo una relación inquebrantable con Dios.
   - Nunca tuvo un mal sentimiento contra Dios o contra el pueblo de Dios. Fue de una mente con Dios y siempre trabajó para que cada persona entrara en armonía con Dios.

El creyente no podría tener un ejemplo más alto que el modelo dejado por Jesucristo mismo. Cristo siempre estuvo trabajando para llevar los hombres a Dios a fin de que tuvieran la paciencia y el consuelo de superar todas las tribulaciones y sufrimientos de la vida.

3. El propósito de la armonía entre los creyentes y dentro de la iglesia es sorprendente: que podamos *glorificar a Dios* —todos nosotros juntos— con una mente y a una voz. Dios desea nuestro culto y alabanza. Es la razón por la que El nos ha creado y nos ha salvado. Note un punto significativo: una iglesia dividida no puede alabar a Dios. Es esto exactamente lo que se nos está diciendo. Para adorar a Dios una iglesia debe ser con unanimidad y a una voz. Si el pueblo no es de una mente y una voz, Dios no es glorificado; no es adorado.

El punto es claro. Cada uno de nosotros debe trabajar por la armonía de la iglesia para que nosotros podamos tener unanimidad de pensamiento y cumplamos el propósito mismo de nuestra existencia: glorificar a Dios.

«Os ruego, pues, hermanos, por el nombre de nuestro Señor Jesucristo, que habléis todos una misma cosa, y que no haya entre vosotros divisiones, sino que estéis perfectamente unidos en una misma mente y en un mismo parecer» (1 Co. 1:10).

«Por lo demás, hermanos, tened gozo, perfeccionaos, consolaos, sed de un mismo sentir, y vivid en paz; y el Dios de paz y de amor estará con vosotros» (2 Co. 13:11).

«Solícitos en fuardar la unidad del Espíritu en el vínculo de la paz» (Ef. 4:3).

«Solamente que os comportéis como es digno del evangelio de Cristo, para que o sea que vaya a veros, o que esté ausente, oiga de vosotros que estáis firmes en un mismo espíritu, combatiendo unánimes por la fe del evangelio» (Fil. 1:27).

«Finalmente, sed todos de un mismo sentir, compasivos, amándoos fraternalmente, misericordiosos, amigables» (1 P. 3:8).

4 (15:7-12) ***Unidad:*** en una iglesia fuerte todos se aceptan mutuamente. No hay discriminación de ninguna especie en ninguna iglesia. La palabra «recibíos» (*proslambanesthe*) significa tomar para sí mismo; recibir a una persona como un amigo; tratar a otro como el amigo más íntimo con amable bondad. Los creyentes deben recibirse unos a otros con los lazos más estrechos.

1. El creyente tiene el ejemplo más grande que pueda imaginar: Cristo mismo. Cristo nos recibió, y note por qué: que Dios fuese glorificado. Por lo tanto, los creyentes deben recibirse unos a otros para que Dios sea glorificado a través de sus vidas y de la iglesia. Note hasta dónde llegó Jesucristo.
   a. Cristo recibió a los judíos y les ministró. Lo hizo por la verdad de Dios: confirmar y cumplir las promesas hechas a la nación judía. Piense en lo discriminadores, prejuiciosos y juzgadores eran los judíos; sin embargo, Cristo vino a ellos, los recibió y les ministró. ¿Por qué? Por la verdad de Dios—para cumplir la Palabra y promesa de Dios.
   b. Cristo recibió a los gentiles y les ministró. Vino a traerles la misericordia de Dios para que pudieran alabar a Dios por su gracia. Cabe recordar que Él vino y ministró a los gentiles cuando llevaban el estilo de vida más licencioso y corrompido que uno pueda imaginar (cp. Ro. 1:18-32).
2. Las Escrituras prueban el punto. Las Escrituras anunciaron...
   - que el evangelio sería predicado a los gentiles (v. 9; cp. Sal. 18:49).
   - que los gentiles se regocijarían con el pueblo de Dios (v. 10; cp. Dt. 32:43).
   - que los gentiles alabarían a Dios y confiarían en Cristo como su Salvador y Señor (v. 11; cp. Is. 11:1, 10).

Los creyentes deben recibirse los unos a los otros como Cristo nos recibió. No hay persona tan prejuiciosa o crítica, demasiado débil o baja como para que nosotros no la recibamos. El punto es que Cristo recibió y ministró a los pueblos más prejuiciosos y críticos (los judíos), y a los más pecaminosos y bajos (los gentiles) del mundo; por lo tanto, los creyentes pueden recibirse unos a otros. Nadie se ha alejado tanto como para ser rechazado y desechado.

- Debemos recibirnos unos a otros como Cristo también nos recibió.

«Cuando los apóstoles que estaban en Jerusalén oyeron que Samaria [un pueblo despreciado] había recibido la Palabra de Dios, enviaron allá a Pedro y a Juan» (Hch. 8:14).

«¿Puede acaso alguno impedir el agua, para que no sean bautizados estos [los gentiles] que han recibido el Espíritu Santo también como nosotros?» (Hch. 10:47).

«Entonces, oidas estas cosas, glorificaron a Dios, diciendo: ¡De manera que también a los gentiles ha dado Dios arrepentimiento para vida!» (Hch. 11:18).

«Por lo cual yo juzgo que no se inquiete a los gentiles que se convierten a Dios» (Hch. 15:19).

«Ya no hay judío ni griego; no hay esclavo ni libre; no hay varón ni mujer; porque todos vosotros sois uno en Cristo Jesús» (Gá. 3:28).

«Pero ahora en Cristo Jesús, vosotros que en otro tiempo estabais lejos, habéis sido hechos cercanos por la sangre de Cristo. Porque Él es nuestra paz, que de ambos pueblos hizo uno, derribando la pared intermedia de separación» (Ef. 2:13-14).

- Debemos recibirnos unos a otros para *la gloria de Dios*.

«Para que unánimes, a una voz, glorifiquéis al Dios y Padre de nuestro Señor Jesucristo» (Rom. 15:6).

«Porque habéis sido comprados por precio; glorificad, pues, a Dios en vuestro cuerpo y en vuestro espíritu, los cuales son de Dios» (1 Co. 6:20).

«Para que el nombre de nuestro Señor Jesucristo sea glorificado en vosotros, y vosotros en Él, por la gracia de nuestro Dios y del Señor Jesucristo» (2 Ts. 1:12).

[5] (15:13) ***Iglesia—esperanza:*** en una iglesia firme todos están llenos por el Dios de esperanza. Dios es «Dios de esperanza»...

- el autor de nuestra esperanza.
- el fundamento de nuestra esperanza.
- el constructor de nuestra esperanza.
- el consumador de nuestra esperanza.

Note que esta es una oración. Las cosas mencionadas no se pueden tener aparte de Dios, y las podemos poseer en la medida que El nos las da.

1. Hay gozo (*charas*): una alegría interior; un placer profundamente asentado. Es profundidad en la seguridad y confianza que inflama de alegría un corazón. Es el corazón alegre que lleva a una conducta alegre.

«Pero ahora voy a ti; y hablo esto en el mundo, para que tengan mi gozo cumplido en sí mismos» (Jn. 17:13).

«A quien amáis sin haberle visto, en quien creyendo, aunque ahora no lo veáis, os alegráis con gozo inefable y glorioso» (1 P. 1:8).

«En gran manera me gozaré en Jehová, mi alma se alegrará en mi Dios; porque me vistió con vestiduras de salvación, me rodeó con manto de justicia, como a novio me atavió, y como a novia ataviada con sus joyas» (Is. 61:10).

2. Hay paz (*véase* nota, ***Paz***—Ro. 5:1 para la discusión). Note que la paz viene por creer. No hay hombre que pueda tener paz sin Dios.

«La paz os dejo, mi paz os doy; yo no os la doy como el mundo la da. No se turbe vuestro corazón ni tenga miedo» (Jn.14:27).

«Estas cosas os he hablado para que en mí tengáis paz. En el mundo tendréis aflicción; pero confiad, yo he vencido al mundo» (Jn. 16:33).

«Por nada estéis afanosos, sino sean conocidas vuestras peticiones delante de Dios en toda oración y ruego, con acciones de gracias. Y la paz de Dios, que sobrepasa todo entendimiento, guardará vuestros corazones y vuestros pensamientos en Cristo Jesús» (Fil. 4:6-7).

«Jehová dará poder a su pueblo; Jehová bendecirá a su pueblo con paz» (Sal. 29:11).

«Bien has hecho con tu siervo, oh Jehová, conforme a tu palabra» (Sal. 119:65).

«Tú guardarás en completa paz a aquel cuyo pensamiento en ti persevera; porque en ti ha confiado» (Is. 26:3).

3. Hay esperanza (*véase* nota—Ro. 5:3-5 para la discusión).

«Teniendo esperanza en Dios, la cual ellos también abrigan, de que ha de haber resurrección de los muertos, así de justos como de injustos» (Hch. 24:15).

«Porque en esperanza fuimos salvos; pero la esperanza que se ve, no es esperanza; porque lo que alguno ve, ¿a qué esperarlo?» (Ro. 8:24).

«A causa de la esperanza que está guardada en los cielos, de la cual ya habéis oído por la palabra verdadera del evangelio» (Col. 1:5).

«Enseñándonos que, renunciando a la impiedad y a los deseos mundanos, vivamos en este siglo sobria, justa y piadosamente, aguardando la esperanza bienaventurada y la manifestación gloriosa de nuestro gran Dios y Salvador Jesucristo» (Tit. 2:12-13).

«Para que por dos cosas inmutables, en las cuales es imposible que Dios mienta, tengamos un fortísimo consuelo los que hemos acudido para asirnos de la esperanza puesta delante de nosotros. La cual tenemos como segura y firme ancla del alma, y que penetra hasta adentro del velo» (He. 6:18-19).

«Mirad cuál amor nos ha dado el Padre, para que seamos llamados hijos de Dios; por esto el mundo no nos conoce, porque no le conoció a Él. Amados, ahora somos hijos de Dios, y aún no se ha manifestado lo que hemos de ser; pero sabemos que cuando Él se manifieste, seremos semejantes a él, porque le veremos tal como él es. Y todo aquel que tiene esta esperanza en Él, se purifica a sí mismo, así como Él es puro» (1 Jn. 3:1-3).

«Por su maldad será lanzado el impío; mas el justo en su muerte tiene esperanza» (Pr. 14:32).

Note además: estas grandes cualidades vienen solamente a través del poder del Espíritu Santo. Dios, y Dios solamente, es la fuente de estas cosas que dan vida (cp. Gá. 5:22-23. *Véase* nota, ***Justificación***—Ro. 5:1.)

	X. EL MENSAJERO DE DIOS Y SUS PLANES 15:14—16:27 **A. El mensajero o ministro de Dios, 15:14-21**	gloriarme en Cristo Jesús en lo que a Dios se refiere.	**de las cosas que se refieren a Dios**
		18 Porque no osaría hablar sino de lo que Cristo ha hecho por medio de mí para la obediencia de los gentiles, con la palabra y con las obras,	a. Se gloriaba por Jesucristo b. Se gloriaba en la obediencia de los convertidos—obrada por Jesucristo
1 Mostró gracia al tratar con las personas a. Los llamó hermanos míos b. Reconoce sus buenas cualidades	14 Pero estoy seguro de vosotros, hermanos míos, de que vosotros mismos estáis llenos de bondad, llenos de todo conocimiento, de tal manera que podéis amonestaros los unos a los otros.	19 con potencia de señales y prodigios, en el poder del Espíritu de Dios; de manera que desde Jerusalén, y por los alrededores hasta Ilírico, todo lo he llenado del evangelio de Cristo.	c. Se gloriaba en poderosas señales y maravillas obradas por el Espíritu d. Se gloriaba de que había predicado el evangelio de Jesucristo en todo lugar
2 Era osado al recordar a las personas	15 Mas os he escrito, hermanos, en parte con atrevimiento, como para haceros recordar, por la gracia que de Dios me es dada	20 Y de esta manera me esforcé a predicar el evangelio, no donde Cristo ya hubiese sido nombrado, para no edificar sobre fundamento ajeno,	**5 Se esforzaba por predicar a Cristo en áreas nuevas** a. Para alcanzar a los que nunca oyeron
3 Fue llamado a ministrar el evangelio de Dios	16 para ser ministro de Jesucristo a los gentiles, ministrando el evangelio de Dios, para que los gentiles le sean ofrenda agradable, santificada por el Espíritu Santo.	21 sino, como está escrito: Aquellos a quienes nunca les fue anunciado acerca de él, verán; y los que nunca han oído de él entenderán.	b. Para cumplir el llamamiento de Dios para su vida: llegar a nuevas áreas en el mundo
4 Se gloriaba y hablaba	17 Tengo, pues, de qué		

X. EL MENSAJERO DE DIOS Y SUS PLANES 15:14—16:27

A. El mensajero o ministro de Dios, 15:14-21

(15:14-21) ***Introducción:*** de los pasajes que tratan del ministro de Dios, este es uno de los más descriptivos. Con fuerza revela qué fue lo que hizo de Pablo un gran ministro de Dios.

1. Mostró gracia al tratar con las personas (v. 14).
2. Era osado al recordar a las personas (v. 15).
3. Fue llamado a minisrar el evangelio de Dios (v. 16).
4. Se gloriaba y hablaba de las cosas que se refieren a Dios (vv. 17-19)
5. Se esforzaba por predicar a Cristo en áreas nuevas (vv. 20-21).

[1] (15:14) ***Ministro:*** el ministro de Dios muestra gracia al tratar con las personas. Note dos puntos significativos.

1. A los miembros de la congregación de Roma Pablo los llama hermanos míos (vv. 15, 16). Pablo no se considera a sí mismo como superior a la congregación de Roma. No se consideraba…
   - mejor.
   - más espiritual.
   - más intelectual.
   - más educado.

Pablo jamás se consideró superior a los demás creyentes en ningún sentido de la palabra. Note además: Pablo no estaba regañando, machacando, o importunando a la iglesia de Roma. Por el contrario, se dirigía a la congregación en el más gratro de los espíritus, tratándolos como a sus iguales ante Dios. Pablo los llama *hermanos míos*, no *hijos* e *hijas*.

2. Pablo reconoce las buenas cualidades de la congregación romana. Menciona tres cualidades o rasgos en particular.
   a. Los creyentes estaban «llenos de bondad» (*mestoi agathosunes*): llenos de bondad, de virtud y deseos de ayudar, de virtud y excelencia, de paz y conciliación, de profundidad y riqueza interior.

«Y de conocer el amor de Cristo, que excede a todo conocimiento, para que seáis llenos de toda la plenitud de Dios» (Ef. 3:19).

«El ama justicia y juicio; de la misericordia de Jehová está llena toda la tierra» (Sal. 33:5).

«Gustad, y ved que es bueno Jehová; dichoso el hombre que confía en Él» (Sal. 34:8).

«De las misericordia de Jehová haré memoria, de las alabanzas de Jehová, conforme a todo lo que Jehová nos ha dado, y de la grandeza de sus beneficios hacia la casa de Israel, que les ha hecho según sus misericordia, y según la multitud de sus piedades» (Is. 63:7).

   b. Los creyentes estaban llenos «de todo conocimiento» (*pases gnoseos*): visión y percepción espiritual; conocimiento de Cristo, Dios y el Espíritu Santo, y de la necesidad espiritual del hombre y su mundo; la verdad espiritual.

«Jesús les respondió y dijo: Mi doctrina no es mía, sino de aquel que me envió. El que quiera hacer la voluntad de Dios, conocerá si la doctrina es de Dios, o si yo hablo por mi propia cuenta» (Jn. 7:16-17).

«Dijo entonces Jesús a los judíos que habían creído en Él: si vosotros permaneciereis en mi palabra, seréis verdaderamente mis discípulos; y conoceréis la verdad y la verdad os hará libres» (Jn. 8:31-32).

«Y esta es la vida eterna: que te conozcan a ti, el único Dios verdadero, y a Jesucristo, a quien has enviado» (Jn. 17:3).

«A fin de conocerle, y el poder de su resurrección, y la participación de sus padecimientos, llegando a ser semejante a Él en su muerte» (Fil. 3:10).

«Para que andéis como es digno del Señor, agradándole en todo, llevando fruto en toda buena obra, y creciendo en el conocimiento de Dios» (Col. 1:10).

«Vosotros también, poniendo toda diligencia por esto mismo, añadid a vuestra fe virtud; a la virtud, conocimiento» (2 P. 1:5).

«Y muchos seguirán sus disoluciones, por causa de los cuales el camino de la verdad será blasfemado, y por avaricia harán mercadería de vosotros con palabras fingidas. Sobre los tales ya de largo tiempo la condenación no se tarda, y su perdición no se duerme» (2 P. 2:2-3).

c. Los creyentes eran capaces de «amonestarse» (*nouthetein*) unos a otros: poner en mente, implantar la verdad en la mente, guiar, corregir e instruir.

«La palabra de Cristo more en abundancia en vosotros, enseñándoos y exhortándoos unos a otros en toda sabiduría, cantando con gracia en vuestros corazones al Señor con salmos e himnos y cánticos espirituales» (Col. 3:16)

«También os rogamos, hermanos, que *amonestéis* a los ociosos, que alentéis a los de poco ánimo, que sostengáis a los débiles, que seáis pacientes para con todos» (1 Ts. 5:14).

«Mas no le tengáis por enemigo, sino amonestadle como a hermano» (2 Ts. 3:15).

Pensamiento. Cabe recordar que Pablo nunca había visitado la iglesia de Roma. Solamente había conocido a unos pocos creyentes romanos en sus viajes por el mundo del Mediterráneo. Lo que sabía sobre los creyentes romanos era solamente lo que había oído acerca de ellos. Por lo tanto, sus escritos a ellos se pueden comparar con un predicador visitante. Notemos su espíritu y actitud de gracia hacia los demás creyentes y congregaciones. Cada ministro debe aprender del espíritu suave y tierno de Pablo.

«Así que, cualquiera que se humille como este niño, ése es el mayor en el reino de los cielos» (Mt. 18:4).

«Mas no así vosotros, sino sea el mayor entre vosotros como el más joven, y el que dirige, como el que sirve» (Lc. 22:26).

«Digo, pues, por la gracia que me es dada, a cada cual que está entre vosotros, que no tenga más alto concepto de sí que el que debe tener, sino que piense de sí con cordura, conforme a la medida de fe que Dios repartió a cada uno» (Ro. 12:3).

«Nada hagáis por contienda o por vanagloria; antes bien con humildad, estimando cada uno a los demás como superiores a Él mismo; no mirando cada uno por lo suyo propio, sino cada cual también por lo de los otros» (Fil. 2:3-4).

«Palabra fiel y digna de ser recibida por todos: que Cristo Jesús vino al mundo para salvar a los pecadores, de los cuales yo soy el primero» (1 Ti. 1:15).

«Igualmente, jóvenes, estad sujetos a los ancianos; y todos, sumisos unos a los otros, revestíos de humildad; porque: Dios resiste a los soberbios, y da gracia a los humildes» (1 P. 5:5).

2 (15:15) ***Deber del ministro:*** el ministro de Dios es osado al hacer que la gente recuerde las grandes verdades del evangelio. Mire el bosquejo de todo Romanos, y se podrá ver prontamente que Pablo ha abarcado las grandes verdades de la fe cristiana. Esta es la tarea del ministro de Dios. El ministro debe proclamar las verdades del evangelio—predicar el evangelio es la razon de su llamamiento. No tiene otro propósito su existencia.

«Doy gracias al que me fortaleció, a Cristo Jesús nuestro Señor, porque me tuvo por fiel, poniéndome en el ministerio» (1 Ti. 1:12).

«Así que, somos *embajadores en nombre de Cristo,* como si Dios rogase por medio de nosotros; os rogamos en nombre de Cristo: Reconciliaos con Dios» (2 Co. 5:20).

«Y todo esto proviene de Dios, quien nos reconcilió consigo mismo por Cristo, y nos dio el ministerio de la reconciliación» (2 Co. 5:18).

«Por lo cual, teniendo nosotros este ministerio según la misericordia que hemos recibido, no desmayamos. Antes bien renunciamos a lo oculto y vergonzoso, no andando con astucia, ni adulterando la palabra de Dios, sino por la manifestación de la verdad recomendándonos a toda conciencia humana delante de Dios» (2 Co. 4:1-2).

«Pero a cada uno de nosotros fue dada la gracia conforme a la medida del don de Cristo, por lo cual dice: Subiendo a lo alto, llevó cautiva la cautividad, y dio dones a los hombres» (Ef. 4:7-8).

«Del cual [el evangelio] yo fui constituido predicador, apóstol y maestro de los gentiles» (2 Ti. 1:11).

3 (15:16) ***Pastor, deber:*** el pastor de Dios es llamado a ministrar el evangelio de Dios. Pablo se llamaba a sí mismo ministro (*leitourgon*). La palabra griega se usa para referirse con frecuencia a los sacerdotes del Antiguo Testamento. Este es un hermoso pasaje que describe la naturaleza del ministerio cristiano. El ministerio cristiano se ve en el ministerio sacerdotal. Sin embargo, debemos recordar siempre que el ministerio no es un oficio para hacer expiación por los pecados, ni para ofrecer sacrificios expiatorios a Dios. Es un ministerio de predicación del evangelio bajo la influencia del Espíritu Santo. El propósito del ministerio es éste: conducir a los hombres hasta el punto en que se ofrezcan a sí mismos como un sacrificio vivo, santo, agradable a Dios (cp. Ro. 12:1-2). El único sacerdocio del ministro es la predicación del evangelio, y su única ofrenda es la ofrenda de los redimidos y santificados a Dios. No es un mediador entre Dios y los hombres: no ofrece sacrificios expiatorios. Es solamente un instrumento que Dios usa para compartir el evangelio de la salvación con los hombres. Es sacerdote solamente en el sentido de que sirve el evangelio de Dios *a los hombres* y lleva a los hombres a Dios por medio del evangelio de Dios.

Note cuál era la «ofrenda» que Pablo quería hacer: la ofrenda de los gentiles, de vidas humanas. Dios quería que Pablo llevara la gente a Él. Esta es la tarea de los ministros: ofrecer vidas de hombres, mujeres, niños y niñas a Dios.

«No me elegisteis vosotros a mí, sino que yo os elegí a vosotros, y os he puesto para que vayáis y llevéis fruto, y vuestro fruto permanezca; para que todo lo que pidiereis al Padre en mi nombre, Él os lo dé» (Jn. 15:16).

«Así que, hermanos, os ruego por las misericordias de Dios que presentéis vuestros cuerpos en sacrificio vivo, santo, agradable a Dios, que es vuestro culto racional» (Ro. 12:1).

«Vosotros también, como piedras vivas, sed edificados como casa espiritual y sacerdocio santo, para ofrecer sacrificios espirituales aceptables a Dios por medio de Jesucristo» (1 P. 2:5).

Note: la ofrenda que Dios quiere de los ministros, la única ofrenda «agradable», es vidas humanas. La palabra «agradable» es significativa. Si los ministros traen cualquier otro tipo de ofrenda no es agradable. Dios no está buscando edificios, programas, dinero, equipamientos, ni otra cosa. Dios busca vidas de personas.

La palabra agradable significa algo más. Significa que la ofrenda de vidas humanas es aceptable solamente si la persona es llevada...

- por «el evangelio de Dios y es santificada [apartada para Dios] por el Espíritu Santo».

Las buenas nuevas de Jesucristo el Hijo de Dios tienen que ser proclamadas y aceptadas por una persona para ser agradable a Dios. La única persona apartada para Dios por el Espíritu Santo es la persona que viene a Dios en el nombre de Su Hijo Jesucristo.

«Jesús le dijo: Yo soy el camino, y la verdad, y la vida; nadie viene al Padre, sino por mí» (Jn. 14:6).

«Y en ningún otro hay salvación; porque no hay otro nombre bajo el cielo, dado a los hombres, en que podamos ser salvos» (Hch. 4:12).

«Porque hay un solo Dios, y un solo mediador entre Dios y los hombres, Jesucristo hombre, el cual se dio a sí mismo en rescate por todos, de lo cual se dio testimonio a su debido tiempo» (1 Ti. 2:5-6).

4 (15:17-19) ***Ministro—jactancia—gloriarse:*** el ministro de Dios habla acerca de las cosas de Dios. Note cuatro hechos.

1. Pablo hablaba de Jesucristo y se gloriaba en él solamente. Hay una jactancia legítima, un gloriarse justificado para el ministro. Sin embargo, es fundamental notar en qué. La jactancia del ministro no está...

- en cosas materiales tales como edificios, programas, membresías y números.
- en cosas carnales tales como posición, carisma, fluidez de palabra, educación y títulos.

Pablo demostró este hecho claramente, porque no hablaba acerca de sí mismo ni acerca de lo que había hecho. Hablaba solamente de las cosas referentes a Dios, solamente de las cosas obradas a través de Jesucristo.

«Para que, como está escrito: El que se gloría, gloríese en el Señor» (1 Co. 1:31).

«En Jehová se gloriará mi alma; lo oirán los mansos, y se alegrarán» (Sal. 34:2).

«En Dios nos gloriaremos todo el tiempo, y para siempre alabaremos tu nombre» (Sal. 44:8).

«En Jehová será justificada y se gloriará toda la descendencia de Israel» (Is. 45:25).

«Mas alábese en esto el que se hubiere de alabar: en entenderme y conocerme, que yo soy Jehová, que hago misericordia, juicio y justicia en la tierra; porque estas cosas quiero, dice Jehová» (Jer. 9:24).

2. Pablo hablaba de la obediencia de los convertidos y se gloriaba en ello. Note que la conversión de los gentiles fue *obrada* por Cristo, no por Pablo. Cristo usó las palabras y obras de Pablo para alcanzar a los convertidos, pero fue Cristo quien obró en sus corazones para convicción y conversión de ellos.

El punto es este: Pablo hablaba de las gloriosas nuevas de los convertidos, pero tenía cuidado en...

- dar todo el crédito a Cristo.
- no hablaba de cosas que no fueran ciertas («no atrevería hablar de...lo que Cristo no hubiera obrado»).

«Digo, pues, por la gracia que me es dada, a cada cual que está entre vosotros, que no tenga más alto concepto de sí que el que debe tener, sino que piense de sí con cordura, conforme a la medida de fe que Dios repartió a cada uno» (Ro. 12:3).

«Humillaos delante del Señor, y Él os exaltará» (Stg. 4:10).

«Oh hombre, Él te ha declarado lo que es bueno, y qué pide Jehová de ti: solamente hacer justicia, y amar misericordia, y humillarte ante tu Dios» (Mi. 6:8).

«Cuando viene la soberbia, viene también la deshonra; mas con los humildes está la sabiduría» (Pr. 11:2).

«Antes del quebrantamiento es la soberbia, y antes de la caída la altivez de espíritu» (Pr. 16:18).

«Como nubes y vientos sin lluvia, así es el hombre que se jacta de falsa liberalidad» (Pr. 25:14).

«Pero ahora os jactáis en vuestras soberbias. Toda jactancia semejante es mala» (Stg. 4:16).

«Porque todo lo que hay en el mundo, los deseos de la carne, los deseos de los ojos, y la vanagloria de la vida, no proviene del Padre, sino del mundo» (1 Jn. 2:16).

3. Pablo hablaba de las poderosas señales y maravillas obradas por el Espíritu Santo y se gloriaba en ellas. Esta es la expresión utilizada en las Escrituras para referirse a los maravillosos milagros obrados por Dios—milagros que podían ser obradas exclusivamente por Dios. Aparentemente, Pablo había tenido un extenso ministerio de evangelismo y sanidad entre la gente. Pero note el énfasis: todo fue obrado por el «poder del Espíritu de Dios». Fue el Espíritu Santo el que hizo los milagros. (Cp. Hch.13:11; 14:3, 10; 16:18; 19:11; 20:10; 28:5, 8.)

«Pero recibiréis poder, cuando haya venido sobre vosotros el Espíritu Santo, y me seréis testigos en Jerusalén, en toda Judea, en Samaria, y hasta lo último de la tierra» (Hch. 1:8).

«Y con gran poder los apóstoles daban testimonio de la resurrección del Señor Jesús, y abundante gracia era sobre todos ellos» (Hch. 4:33).

«Y Dios hacía milagros extraordinarios por mano de Pablo, de tal manera que aun se llevaban a los enfermos los paños o delantales de su cuerpo, y las enfermedades se iban de ellos, y los espíritus malos salían» (Hch. 19:11-12).

«Y ni mi palabra ni mi predicación fue con palabras persuasivas de humana sabiduría, sino con demostración del Espíritu y de poder (1 Co. 2:4).

«Para que os dé, conforme a las riquezas de su gloria, el ser fortalecidos con poder en el hombre interior por su Espíritu« (Ef. 3:16).

«Porque ¿a cual de los ángeles dijo Dios jamás: Mi Hijo eres tú, yo te he engendrado hoy, y otra vez: Yo seré a Él Padre y Él me será a mí hijo?» (He. 1:5).

«Porque no nos ha dado Dios espíritu de cobardía, sino de poder, de amor y de dominio propio» (2 Ti. 1:7).

4. Pablo hablaba del hecho de que se le hubiera dado el privilegio de *predicar el evangelio* en todas partes y se gloriaba en ello: «desde Jerusalén, y por los alrededores hasta Ilírico» (actual Yugoslavia). Note que Dios había usado a Pablo para predicar a través del mundo, pero note el énfasis: «todo lo he llenado del evangelio de Cristo». Lo que Dios quería que todo el mundo oyera y recibiera era el evangelio de Cristo, no el de Pablo. Pablo era solamente el intrumento que Dios usaba. Pablo hablaba acerca de cómo *el evangelio de Cristo estaba penetrando y alcanzando al mundo*.

«En seguida predicaba a Cristo en las sinagogas, diciendo que éste era el Hijo de Dios» (Hch. 9:20).

«Pero nosotros predicamos a Cristo crucificado, para los judíos ciertamente tropezadero, y para los gentiles locura» (1 Co. 1:23).

«Pues si anuncio el evangelio, *no tengo* por qué gloriarme; porque me es impuesta necesidad; y ¡ay de mí si no anunciare el evangelio!» (1 Co. 9:16).

«Porque no nos predicamos a nosotros mismos, sino a Jesucristo como Señor, y a nosotros como vuestros siervos por amor de Jesús» (2 Co. 4:5).

5 (15:20-21) ***Ministro:*** el ministro de Dios se esfuerza por predicar a Cristo en áreas nuevas. Note dos puntos sorprendentes.

1. Pablo se esforzaba por alcanzar a los que nunca habían oído de Cristo. Su única ambición era llevar el evangelio a aquellos lugares donde nunca había ido un predicador. Dios lo había llamado a ser apóstol, misionero evangelista, no a pastorear ni a edificar sobre el ministerio de otros hombres.

- Demasiados en el mundo nunca habían oído de Cristo.
- Demasiados aún estaban condenados a morir sin haber oído de Cristo.
- Demasiados iban a pasar la eternidad apartados de Dios.

¿Por qué? Sencillamente por no haber oído. No había suficientes ministros para penetrar las áreas no alcanzadas y para quedar suficiente tiempo con la gente para enraizarse y crecer creyentes en el Señor.

2. Pablo se esforzaba para llenar la llamada que Dios le dio por alcanzar a los gentiles, porque Dios le había llamado a alcanzar las áreas pioneras (Hch. 9:15; 22:14-15; 26:15-18). Note: Las Escrituras anuncian que el evangelio debe ser llevado a los que nunca han oído (Is. 52:15).

Pensamiento. Pablo fue el primero de los vasos escogidos por Dios en llevar el evangelio a los que nunca lo habían oído. Trágicamente aún hay multitudes que no han oído el evangelio de Cristo y están muriendo y pasarán la eternidad separados de Dios—todo porque no se les ha llevado el evangelio.

- ¿Quiénes serán los «Pablos» de hoy?
- ¿Quién tiene el valor de ir a áreas no alcanzadas aún?
- ¿Quién alcanzará a los que nunca han tenido la oportunidad de oír?

«Por tanto, id, y haced discípulos a todas las naciones, bautizándolos en el nombre del Padre, y del Hijo, y del Espíritu Santo» (Mt. 28:19).

«Y les dijo: Id por todo el mundo y predicad el evangelio a toda criatura» (Mr. 16:15).

«Y que se predicase en su nombre el arrepentimiento y el perdón de pecados en todas las naciones, comenzando desde Jerusalén» (Lc. 24:47).

«Y se le mostró a Pablo una visión de noche: un varón macedonio estaba en pie, rogándole y diciendo: Pasa a Macedonia y ayúdanos» (Hch. 16:9).

«Porque serás testigo suyo a todos los hombres, de lo que has visto y oído» (Hch. 22:15).

«Pídeme, y te daré por herencia las naciones, y como posesión tuya los confines de la tierra» (Sal. 2:8).

«Proclamad entre las naciones su gloria, en todos los pueblos sus maravillas» (Sal. 96:3).

B. El mensajero y su ministerio, 15:22-33

1 Hizo un trabajo completo donde estuvo
- a. Se quedaba, pero quería ir a otros lugares
- b. Completaba su ministerio —totalmente

2 Tenía una visión mundial
- a. Quería llegar a los límites del mundo (España)
- b. Quería tener la ayuda y apoyo de los creyentes

3 No olvidaba las necesidades inmediatas mientras hacía planes de alcance mundial

22 Por esta causa me he visto impedido muchas veces de ir a vosotros.

23 Pero ahora, no teniendo más campo en esta regiones, y deseando desde hace muchos años ir a vosotros,

24 cuando vaya a España, iré a vosotros; porque espero veros al pasar, y ser encaminado allá por vosotros, una vez que haya gozado con vosotros.

25 Mas ahora voy a Jerusalén para ministrar a los santos.

26 Porque Macedonia y Acaya tuvieron a bien hacer una ofrenda para los pobres que hay entre los santos que están en Jerusalén.

27 Pues les pareció bueno, y son deudores a ellos; porque si los gentiles han sido hechos participantes de sus bienes espirituales, deben también ellos ministrarles de los materiales.

28 Así que, cuando haya concluido esto, y les haya entregado este fruto, pasaré entre vosotros rumbo a España.

29 Y sé que cuando vaya a vosotros, llegaré con abundancia de la bendición del evangelio de Cristo.

30 Pero os ruego, hermanos, por nuestro Señor Jesucristo y por el amor del Espíritu, que me ayudéis orando por mí a Dios,

31 para que sea librado de los rebeldes que están en Judea, y que la ofrenda de mi servicio a los santos en Jerusalén sea acepta;

32 para que con gozo llegue a vosotros por la voluntad de Dios, y que sea recreado juntamente con vosotros.

33 Y el Dios de paz sea con todos vosotros. Amén.

4 Servía en el evangelio de Cristo—en la plenitud de la bendición del evangelio
- a. Mantenía una visión mundial
- b. Servía al evangelio de Cristo y nada más

5 Rogaba que se orara por su ministerio
- a. Ser librado de los rebeldes
- b. Que su servicio sea aceptado
- c. Que pueda llevar a cabo su visión mundial

6 Estableció un ejemplo de oración intercesora

B. El mensajero y su ministerio, 15:22-33

(15:22-33) ***Introducción:*** este pasaje es una notable descripción del ministerio del mensajero de Dios. El mensajero puede ser un profesor, un maestro o un creyente que testifica —no importa—los principios del ministerio son los mismos para todos.

1. Hizo un trabajo completo donde estuvo (vv. 22-23).
2. Tenía una visión mundial (v. 24)
3. No olvidaba las necesidades inmediatas mientras hacía planes de alcance mundial (vv. 25-27).
4. Servía en el evangelio de Cristo—en la plenitud de la bendición del evangelio (vv. 28-29).
5. Rogaba que se orara por su ministerio (vv. 30-32).
6. Estableció un ejemplo de oración intercesora (v. 33).

1 (15:22-23) ***Ministerio:*** el ministro de Dios hace un trabajo completo donde se encuentra. Pablo dejó un ejemplo dinámico para cada ministro y maestro del evangelio en el sentido de quedar donde está y completar el trabajo para el cual Dios lo llamó—a pesar de lo enorme de la tarea y de las grandes dificultades.

Pablo se quedó donde estaba y completó su ministerio pese al deseo de ir a otros lugares. Dios lo había llamado a evangelizar y a ministrar a través de la región desde Jerusalén hasta Ilírico, o lo que se cree era la actual Yugoslavia. Note cómo Pablo deseaba alcanzar a España y a Roma para Cristo, pero se quedaba en su ministerio actual debido a los enormes problemas y a las necesidades de las iglesias. (Un vistazo rápido a los bosquejos generales de las Epístolas de Pablo dará un resumen de algunos de los problemas.) Además de los problemas dentro de las iglesias, piense en la oposición y en los ataques personales contra Pablo mismo. Sin embargo, Pablo se aferró a la tarea que tenía por delante, trabajando con mucha diligencia para solucionar los problemas de las iglesias y hacer frente a su urgente necesidad de crecimiento en Cristo. Note las palabras «no habiendo más lugar en estas partes». Pablo estaba diciendo que ahora había completado la tarea y había finalizado su obra. Había peleado la buena batalla y había acabado la carrera. Había «llenado todo del evangelio de Cristo» (v. 19). Por lo tanto, ahora podía ir a otros lugares.

> ***Pensamiento.*** ¡Qué ejemplo convincente es el de Pablo para tantos ministros que desean huir en vez de enfrentar los problemas y las necesidades del pueblo de Dios.
>
> **«¿Son ministros de Cristo? (Como si estuviera loco hablo.) Yo más; en trabajos más abundante; en azotes sin número; en cárceles más; en peligros de muerte muchas veces. De los judíos cinco veces he recibido cuarenta azotes menos uno. Tres veces he sido azotado con varas; una vez apedreado; tres veces he padecido naufragio; una noche y un día he estado como náufrago en alta mar; en caminos muchas veces; en peligros de ríos, peligros de ladrones, peligros de los de mi nación, peligros de los gentiles, peligros en la ciudad, peligros en el desierto, peligros en el mar, peligros entre falsos hermanos; en trabajo y fatiga, en muchos desvelos, en hambre y sed, en muchos ayunos, en frío y desnudez; y además de todas las cosas, lo que sobre mí se agolpa cada día, la preocupación de todas las iglesias» (2 Co. 11:23-28).**

2 (15:24) ***Ministerio—mayordomía:*** el ministro de Dios tiene una visión mundial.

1. Pablo tenía una visión mundial. Anhelaba ardientemente llegar hasta los límites del mundo. En los días de Pablo, la frontera occidental se ubicaba en los límites de España. Hasta allá llegaba el mundo civilizado. Pablo sabía que si podía *evangelizar personalmente* las marcas exteriores de la Europa occidental, el evangelio se extendería hacia el mundo no civilizado.

> ***Pensamiento.*** Estaba consumido por la pasión de alcanzar

a cada hombre, mujer y niño con el evangelio del Señor Jesucristo que había muerto por ellos.

«A quien[Cristo] anunciamos, amonestando a todo hombre, y enseñando a todo hombre en toda sabiduría, a fin de presentar perfecto en Cristo Jesús a todo hombre; para lo cual también trabajo, luchando según la potencia de Él, la cual actúa poderosamente en mí» (Col. 1:28-29).

2. Pablo tenía una fuerte esperanza: tener la ayuda, comunión y apoyo de otros creyentes en sus esfuerzos por alcanzar al mundo. Cuando visitara Roma esperaba...

- llenarse con la compañía, comunión y ayuda de los creyentes.
- se apoyado económicamente en su misión a España («ser encaminado»).

Pensamiento. En la gran tarea de alcanzar el mundo para Cristo, están los que van a predicar el evangelio, y están los que apoyan a los predicadores con sus oraciones y con dinero para los gastos. Ambos son *absolutamente* esenciales.

«Porque todo aquel que invocare el nombre del Señor será salvo. ¿Cómo, pues, invocarán a aquel en el cual no han creído? ¿Y cómo creerán en aquel de quien no han oído? ¿Y cómo oirán sin haber quien les predique? ¿Y cómo predicarán si no fueren enviados? Como está escrito: ¡Cuán hermosos son los pies de los que anuncian la paz, de los que anuncian buenas nuevas!» (Ro. 10:13-15).

«De manera que, teniendo diferentes dones, según la gracia que nos es dada, si el de profecía, úsese conforme a la medida de la fe; o si de servicio, en servir; o el que enseña, en la enseñanza; el que exhorta, en la exhortación; *el que reparte*, con liberalidad; el que preside, con solicitud; el que hace misericordia, con alegría» (Ro. 12:6-8).

«Entonces los discípulos, cada uno conforme a lo que tenía, determinaron enviar socorro a los hermanos que habitaban en Judea» (Hch. 11:29).

[3] (15:25-27) ***Ministrar:*** el ministro de Dios no olvida las necesidades inmediatas mientras hace planes futuros o de alcance mundial. Así como había un anhelo tan grande en Pablo por predicar el evangelio en Roma y España, había también una necesidad muy inmediata que le presionaba—una necesidad de enormes proporciones. Los santos de Dios a través de Judea estaban sufriendo de una profunda pobreza. Sin duda algunos de ellos habían perdido sus trabajos debido a su testimonio por Cristo, y parece que la tierra había padecido hambre en alguna forma. Fuese cual fuere la causa, muchos del pueblo de Dios estaban hambrientos, sin ropa y sin casa donde refugiarse. Necesitaban ayuda y era tarea del ministro (Pablo) ayudarles. Por esta razón, Pablo había tomado una ofrenda especial de todas las iglesias en Macedonia y Acaya para ayudar a los santos pobres de Jerusalén. Note la fuerza de los sentimientos de Pablo en el sentido de que los santos deben ayudarse unos a otros cuando están en necesidad. Decía que las iglesias gentiles eran deudoras de los santos pobres de Jerusalén. ¿Por qué? Porque el evangelio se había empezado a difundir por los creyentes de Jerusalén. Puesto que ellos habían ministrado los dones espirituales a las iglesias gentiles, las iglesias gentiles ahora estaban en deuda con los creyentes de Jerusalén y debían ayudarles en su necesidad material.

Nuestra tarea es siempre hacer frente a las necesidades (verdaderas) de los santos locales antes de avanzar para ir a solucionar las necesidades de los que están en otras naciones. Si no resolvemos las necesidades de nuestros hermanos de la puerta vecina, ¿cómo podemos esperar que Dios nos bendiga cuando tratamos de hacer frente a las necesidades de los que viven en otros países?

«En todo os he enseñado que, trabjando así, se debe ayudar a los necesitados, y recordar las palabras del Señor Jesús, que dijo: Más bienaventurado es dar que recibir» (Hch. 20:35).

«Compartiendo para las necesidades de los santos» (Ro. 12:13).

«Así que, según tengamos oportunidad, hagamos bien a todos, y mayormente a los de la familia de la fe» (Gá. 6:10).

«A los ricos de este mundo manda que no sean altivos, ni pongan la esperanza en las riquezas, las cuales son inciertas, sino con el Dios vivo, que nos da todas las cosas en abundancia para que las disfrutemos. Que hagan bien, que sean ricos en buenas obras, dadivosos, generosos» (1 Ti. 6:17-18).

«Y de hacer bien y de la ayuda mutua no os olvidéis; porque de tales sacrificios se agrada Dios» (He. 13:16).

«En esto hemos conocido el amor, en que Él puso su vida por nosotros; también nosotros debemos poner nuestras vida por los hermanos» (1 Jn. 3:16).

Pensamiento. Los creyentes son deudores de ayudar a otros creyentes alrededor del mundo cuando enfrentan necesidades fundamentales. ¿Por qué? Porque los creyentes genuinos están ministrándose mutuamente por medio de las oraciones diarias y otros dones espirituales. Los verdaderos creyentes son los receptores de las oraciones y dones de los demás creyentes mientras se ministran mutuamente en forma cotidiana por medio de la presencia y poder del Espíritu de Dios.

[4] (15:28-29) ***Evangelio—ministrar:*** el ministro de Dios sirve en el evangelio. Note dos puntos significativos.

1. Pablo conserva su visión mundial aun frente a las urgentes necesidades de los creyentes de Jerusalén. El deseaba evangelizar Roma y España, y no quería que el apuro de la crisis presente —urgente como era— le hiciera desistir de su visión mundial.

Pensamiento. ¡Qué lección para la mayoría de nosotros! ¿Cuánto tiempo haría que el mundo habría sido alcanzado para Cristo si hubiéramos *mantenido* el mundo delante de nuestros ojos pese a las apremiantes necesidades de nuestra presente situación?

«Por tanto, id, y haced discípulos a todas las naciones, bautizándolos en el nombre del Padre, y del Hijo, y del Espíritu Santo; enseñándoles que guarden todas las cosas que os he mandado; y he aquí yo estoy con vosotros todos los días, hasta el fin del mundo» (Mt. 28:19-20).

«Y les dijo: Id por todo el mundo y predicad el evangelio a toda criatura» (Mr. 16:15).

«Pero recibiréis poder, cuando haya venido sobre vosotros el Espíritu Santo, y me seréis testigos en Jerusalén, en toda Judea, en Samaria, y hasta lo último de la tierra» (Hch. 1:8).

«Vivo yo, ha dicho Jehová el Señor, que por cuanto mi rebaño fue para ser robado, y mis ovejas fueron para ser presa de todas las fieras del campo, sin pastor; ni mis pastores buscaron mis ovejas, sino que los pastores se apacentaron a sí mismos, y no apacentaron mis ovejas» (Ez. 34:8).

2. Pablo servía al «evangelio de Cristo» y su bendición. No hay otro mensaje o verdad que pueda enfrentar la desesperada necesidad que el hombre tiene de vida—vida que es abundante y eterna. Pablo sabía esto; por lo tanto, era presa de un ardiente celo por proclamar a Cristo.

«A griegos y a no griegos, a sabios y a no sabios soy *deudor.* Así que, en cuanto a mí, pronto estoy a anunciaros el evangelio también a vosotros que estáis en Roma» (Ro. 1:14-15).

«Me es impuesta necesidad; y ¡ay de mí si no anunciare el evangelio!» (1 Co. 9:16).

«Porque de tal manera amó Dios al mundo, que ha dado a su Hijo unigénito, para que todo aquel que en Él cree, no se pierda, mas tenga vida eterna» (Jn. 3:16).

«De cierto, de cierto os digo: El que oye mi palabra, y cree al que me envió, tiene vida eterna; y no vendrá a condenación, mas ha pasado de muerte a vida» (Jn. 5:24).

«Le dijo Jesús: Yo soy la resurrección y la vida; el que cree en mí, aunque esté muerto, vivirá. Y todo aquel que vive y cree en mí, no morirá eternamente. ¿Crees esto?» (Jn. 11:25-26).

«Quien llevó él mismo nuestros pecados en su cuerpo sobre el madero, para que nosotros, estando muertos a los pecados, vivamos a la justicia; y por cuya herida fuisteis sanados» (1 P. 2:24).

«Porque Cristo también padeció una sola vez por los pecados, el justo por los injustos, para llevarnos a Dios, siendo a la verdad muerto en la carne, pero vivificado en espíritu» (1 P. 3:18).

5 (15:30-32) ***Oración:*** el ministro ruega que se le tenga presente en oración. Note: no pide oración por motivos egoístas, sino por la causa del Señor Jesucristo. La única ambición en la vida de Pablo era que Cristo fuera glorificado, adorado y servido por todos los hombres. Por la causa de Cristo —la causa de Cristo y su reino— era que Pablo quería que la gente orara por él. Pablo necesitaba oración en tres aspectos en particular.

1. Necesitaba ser liberado de los incrédulos. Los incrédulos estaban continuamente rechazándole, ridiculizándole, burlándose, sometiéndolo a abusos, amenazándole y persiguiéndole—aun cuando él les estaba dando a conocer las gloriosas nuevas de la vida eterna.

Pensamiento. El hecho de que los hombres rechazan la gloriosa verdad de la vida eterna resulta chocante a algunas personas. Sin embargo, debemos tener presente por qué los hombres reaccionan contra el evangelio. No quieren entregar sus vidas a Jesucristo como Señor: sacrificar todo lo que son y tienen para servirle y hacer frente a las necesidades de un mundo que se tambalea bajo el peso del hambre, la enfermedad, el pecado y el sufrimiento.

2. Necesitaba oración para que su ministerio fuese aceptado por los santos. Desafortunada y trágicamente, demasiadas personas no aceptan el ministerio de todos los siervos de Dios. El siervo puede ser un maestro laico, o un predicador profesional —no importa— son muchos los ministros que son rechazados y reciben oposición de los creyentes por motivos egoístas y pecaminosos. Pablo siempre tenía la oposición de creyentes carnales. Necesitaba urgentemente que se orara por él: oración para que los creyentes a los cuales ministraba pudieran entender su llamamiento y ministerio y entendieran por qué Dios lo había puesto a él con ellos. Las iglesias a las cuales ministraba necesitaban recibir sus dones espirituales y crecer bajo su ministerio.

3. Necesitaba oración para llevar a cabo su visión mundial y ser recreado por los creyentes donde fuera llamado a ir.

«Orando en todo tiempo con toda oración y súplica en el Espíritu, y velando en ello con toda perseverancia y súplica por todos los santos» (Ef. 6:18).

«Perseverad en la oración, velando en ella con acción de gracias» (Col. 4:2).

«Orad sin cesar» (1 Ts. 5:17).

6 (15:33) ***Oración:*** el ministro de Dios da el ejemplo en cuanto a la oración intercesora. Esto es notable: mientras está pidiendo oración, Pablo prorrumpe en una oración por los creyentes romanos. La oración era una sola petición, pero era poderosa y significativa: «El Dios de paz sea con todos vosotros. Amén». Note los siguientes hechos:

- Lo que todo hombre necesita es paz: paz interior y paz exterior.
- La paz viene de Dios: si los hombres quieren la verdadera paz, deben buscarla en Dios.
- Dios es el Dios de paz: la paz es de su misma naturaleza.
- Si un hombre tuviera que hacer una sola petición en su vida, la petición debería ser recibir al Dios de paz. Esta es la única petición que Pablo hizo en favor de los creyentes romanos. La paz no viene de un genio que sale de una botella, de sortilegios ni de las ciencias de este mundo. La paz viene solamente del Creador del mundo, del mismísimo Dios de paz.

1 Febe: Una hermana cristiana que merecía ser bien recibida y ayudada

2 Priscila y Aquila: una pareja hospitalaria, que abrió su corazón y su hogar—aun a riesgo de morir

3 Epeneto: un primer convertido valiente

4 María: una dama trabajadora

5 Andrónico y Junias: convertidos prisioneros con Pablo

CAPÍTULO 16

C. Recomendaciones del mensajero: una de las galerías de la fama de Dios, 16:1-16

Os recomiendo además nuestra hermana Febe, la cual es diaconisa de la iglesia en Cencrea;
2 que la recibáis en el Señor, como es digno de los santos, y que la ayudéis en cualquier cosa en que necesite de vosotros; porque ella ha ayudado a muchos, y a mí mismo.
3 Saludad a Priscila y a Aquila, mis colaboradores en Cristo Jesús,
4 que expusieron su vida por mí; a los cuales no sólo yo doy gracias, sino también todas las iglesias de los gentiles.
5 Saludad también a la iglesia de su casa. Saludad a Epeneto, amado mío, que es el primer fruto de Acaya para Cristo.
6 Saludad a María, la cual ha trabajado mucho entre vosotros.
7 Saludad a Andrónico y a Junias, mis parientes y mis compañeros de prisiones, los cuales son muy estimados entre los apóstoles, y que también fueron antes de mí en Cristo.
8 Saludad a Amplias, amado mío en el Señor.
9 Saludad a Urbano, nuestro colaborador en Cristo Jesús, y a Estaquis, amado mío.
10 Saludad a Apeles, aprobado en Cristo. Saludad a los de la casa de Aristóbulo.
11 Saludad a Herodión, mi pariente. Saludad a los de la casa de Narciso, los cuales están en el Señor.
12 Saludad a Trifena y a Trifosa, las cuales trabajan en el Señor. Saludad a la amada Pérsida, la cual ha trabajado mucho en el Señor.
13 Saludad a Rufo, escogido en el Señor, y a su madre y mía.
14 Saludad a Asíncrito a Flegonte, a Hermas, a Patrobas, a Hermes y a los hermanos que están con ellos.
15 Saludad a Filólogo, a Julia, a Nereo y a su hermana, a Olimpas y a todos los santos que están con ellos.
16 Saludaos los unos a los otros con ósculo santo. Os saludan todas las iglesias de Cristo.

6 Amplias: amado en el Señor

7 Urbano: colaborador

8 Estaquis: amado

9 Apeles: probado, aprobado

10 La casa de Aristóbulo: un verdadero amo

11 Herodión: pariente de Pablo

12 La casa de Narciso: esclavos «en el Señor»

13 Trifena y Trifosa: dos damas que trabajan mucho

14 Pérsida: amada creyente que ha trabajado mucho

15 Rufo: un santo

16 La madre de Rufo

17 Los siervos desconocidos: desconocidos, pero fieles en la comunión de la iglesia

C. Recomendaciones del mensajero: una de las galerías de la fama de Dios, 16:1-16

(16:1-16) ***Introducción—iglesia—fraternidad cristiana:*** esta es una de las Galerías de la Fama de Dios. Da la lista de algunos creyentes de la iglesia de Roma y sus rasgos cristianos más sobresalientes. Cada nombre es un desafío para todo creyente para seguir al Señor más de cerca que antes. Note a través del pasaje el énfasis sobre un corazón tierno y cálido. Una iglesia local debe ser amistosa, acogedora—una iglesia abierta, llena de gracia. En la iglesia del Señor no deben existir los forasteros. La iglesia debe *cuidarse de no llegar a ser una sociedad cerrada*, un cuerpo *exclusivo*, solo para *sí mismos*.

1. Febe: una hermana cristiana que merecía ser bien recibida y ayudada (vv. 1-2).
2. Priscila y Aquila: una pareja hospitalaria, que abrió su corazón y su hogar—aun a riesgo de morir (vv. 3-4).
3. Epeneto: un primer convertido valiente (v. 5).
4. María: una dama trabajadora (v. 6).
5. Andrónico y Junias: convertidos prisioneros con Pablo (v. 7).
6. Amplias: amado en el Señor (v. 8).
7. Urbano: colaborador (v. 9).
8. Estaquis: amado (v. 9).
9. Apeles: probado, aprobado (v. 10).
10. La casa de Aristóbulo: esclavos que sirven a un verdadero Amo (v. 10).
11. Herodión: pariente de Pablo (v. 11).
12. La casa de Narciso: esclavos «en el Señor» (v. 11).
13. Trifena y Trifosa: dos damas que trabajan mucho (v. 12).
14. Pérsida: amada creyente que ha trabajado mucho (v. 12).
15. Rufo: un santo (v. 13).
16. La madre de Rufo: una madre para los siervos de Dios (v. 13).
17. Los siervos desconocidos: desconocidos, pero fieles en la comunión de la iglesia (vv. 14-16).

[1] (16:1-2) ***Febe—diaconisa:*** está Febe, una hermana cristiana que merece ser bien recibida y ayudada. Note estos hechos acerca de ella.

1. El nombre Febe es uno de los nombres de la diosa Diana; por lo tanto, es probable que Febe fuera convertida de una religión pagana.
2. Pablo la llama «nuestra hermana», lo que significa una hermana en la fe de Cristo. Era una mujer altamente apreciada por Pablo y los creyentes de su iglesia, muy amada como genuina hermana en la fe.
3. Febe era una *servidora* de la iglesia en Cencrea, que era el puerto de mar de Corinto (*véase* Estudio a fondo 1, ***Cencrea***—Hch. 18:18). Era «servidora» o «sierva» (*diakonon*). Por eso se la llama

diaconisa. ¿Significa esto que Febe tenía el título oficial de diaconisa en la iglesia primitiva? Note cuidadosamente lo que las Escrituras dicen y parecen decir en cuanto a lo que ella hacía: «nuestra hermana Febe, la cual es diaconisa ***de la iglesia***». Las palabras «de la iglesia» (*tes ekklesias*) modifica a sierva o diaconisa. Febe era una diaconisa *de la iglesia que está en Cencrea*. Pablo no está diciendo que es sierva del Señor para todo el pueblo de Dios en general. Por cierto ella lo era, como todos los creyentes son. Pero esto no es lo que Pablo está diciendo. Él se expresa claramente: ella es una «diaconisa» oficial de la iglesia en Cencrea.

La división de los sexos en aquella época hacia prácticamente imprescindible que algunas mujeres oficialmente ministraran a las mujeres de la iglesia. Esto era especialmente válido en áreas del ministerio donde la mujer estaba sola, por ejemplo, en la visitación y el cuidado de los enfermos y en la distribución de alimentos y ropas entre los necesitados.

4. Febe necesitaba ser bien acogida y ayudada en el Señor. Se dan dos razones para esto.

   a. Los creyentes siempre deben acoger y ayudar a los demás creyentes. La iglesia no es un club exclusivo ni una sociedad cerrada. Debe ser un centro de acogida para todo forastero y prójimo, sean santos o pecadores.
   b. Febe había sido una «ayuda» (*prostatis*) para muchos, incluido Pablo mismo. La palabra *ayudadora* significa que ella protegía, ayudaba, cuidaba y proveía para la gente. Febe era una mujer que ministraba para las necesidades de muchos. Aparentemente ella ayudaba y cuidaba del bienestar de muchos que estaban en necesidad.

Pensamiento. Las grandes lecciones que podemos aprender de Febe son dos:

- Debemos ser servidores de la Iglesia.
- Debemos estar constantemente ministrando a los que están en necesidad.

«Yo era ojos al ciego, y pies al cojo» (Job 29:15).

«Alarga su mano al pobre, y extiende sus manos al menesteroso» (Pr. 31:20).

«Jehová el Señor me dio lengua de sabios, para saber hablar palabras al cansado; despertará mañana tras mañana, despertará oído para que oiga como los sabios» (Is. 50:4).

«Entonces el Rey dirá a los de su derecha: Venid, benditos de mi Padre, heredad el reino preparado para vosotros desde la fundación del mundo. Porque tuve hambre, y me diste de comer; tuve sed, y me diste de beber; fui forastero y me recogisteis; estuve desnudo, y me cubristeis; enfermo, y me visitasteis; en la cárcel, y vinisteis a mí» (Mt. 25:34-36).

«Y algunas mujeres que habían sido sanadas de espíritus malos y de enfermedades: María, que se llamaba Magdalena, de la que habían salido siete demonios, Juana, mujer de Chuza intendente de Herodes, y Susana, y otras muchas que le servían de sus bienes» (Lc. 8:2-3).

«Que tenga testimonio de buenas obras; si ha criado hijos; si ha practicado la hospitalidad; si ha lavado los pies de los santos; si ha socorrido a los afligidos; si ha practicado toda buena obra» (1 Ti. 5:10).

2 (16:3-4) ***Priscila—Aquila—hospitalidad—iglesias en los hogares:*** están Priscila y Aquila, pareja hospitalaria que abrió sus corazones y su hogar aun con peligro de muerte. Priscila y Aquila eran compañeros muy cercanos de Pablo. Originalmente eran residentes en Roma. Pero el emperador Romano Claudio había expulsado a los judíos de Roma el año 52 d. C. Entonces Priscila y Aquila se mudaron a Corinto. Es la pareja que abrió su hogar a Pablo cuando entró por vez primera en Corinto. Es también la pareja que se unió a Pablo en el oficio de fabricante de tiendas. Después acompañaron a Pablo en su viaje a Efeso, donde se establecieron (Hch. 18:18). La característica principal de esta pareja era su corazón abierto y su hogar abierto. Dondequiera les encontremos hallamos que su hogar era un centro para el culto y la comunión cristiana. (*Véanse* y Estudio a fondo 2—Hch. 18:2.)

1. Ellos recibieron al joven predicador Apolos en su hogar y lo instruyeron en la fe (Hch. 18:24-26).
2. Tenían reuniones de la iglesia en su casa en Efeso (1 Co. 16:19).
3. Tenían reuniones de la iglesia en su casa en Roma (Ro. 16:13).
4. Pablo los llamaba «*mis colaboradores* en Cristo Jesús» (Ro. 16:3), y explicó lo que quería decir. Arriesgaron su vida para salvarlo. Esto probablemente se refiera a los ataques hechos contra Pablo y la iglesia en Corinto (Hch. 18:6, 12-17) o a alguna otra persecución grave ocurrida en Efeso (1 Co.15:32; cp. 2 Co. 1:8). En cualquiera de los dos casos esta piadosa pareja arriesgó su vida para salvar la vida de unos de los queridos siervos de Dios, Pablo mismo.

Pensamiento. Note varias lecciones.

1) El creyente debe tener su hogar abierto y dar un testimonio de hospitalidad. (*Véase* Estudio a fondo 1, ***Iglesias en los hogares***—Lc. 9:4 para ampliar la discusión.)

«Compartiendo para las necesidades de los santos; practicando la hospitalidad» (Ro. 12:13).

«Sino hospedador, amante de lo bueno, sobrio justo, santo, dueño de sí mismo» (Tit. 1:8).

«No olvidéis la hospitalidad, porque por ella algunos, sin saberlo hospedaron ángeles» (He. 13:2).

«Hospedaos los unos a los otros sin murmuraciones» (1 P. 4:9).

2) El creyente debe ser colaborador o ayudador y trabajador en el ministerio de Cristo Jesús.

«Entonces dijo a sus discípulos: A la verdad la mies es mucha, mas los obreros pocos. Rogad, pues, al Señor de la mies, que envíe obreros a su mies» (Mt. 9:37-38).

«Alzad vuestros ojos y mirad los campos, porque ya están blancos para la siega. Y el que siega recibe salario y recoge fruto para vida eterna, para que el que siembra goce juntamente con el que siega» (Jn. 4:35-36).

«Así que, según tengamos oportunidad, hagamos bien a todos, y mayormente a los de la familia de la fe» (Gá. 6:10).

«Y de hacer bien y de la ayuda mutua no os olvidéis; porque de tales sacrificios se agrada Dios» (He. 13:16).

«Sepa que el que haga volver al pecador del error de su camino, salvará de muerte un alma, y cubrirá multitud de pecados» (Stg. 5:20).

«El fruto del justo es árbol de vida; y el que gana almas es sabio» (Pr. 11:30).

3) El creyente debe humillarse y sacrificarse por amor a los demás creyentes.

«Porque todo aquel que quiera salvar su vida, la perderá; y todo el que pierda su vida por causa de mí; la hallará» (Mt. 16:25).

«Ninguno busque su propio bien, sino el del otro [bienestar]» (1 Co. 10:24).

«No mirando cada uno por lo suyo propio, sino cada cual también por lo de los otros» (Fil. 2:4).

3 (16:5) ***Epeneto—valor:*** está Epeneto, un valeroso primer convertido. Probablemente fuera miembro de *la casa de Estéfanas*, cuya casa se menciona como los primeros frutos de Acaya (1 Co.16:15). Se necesitaba un gran coraje para ser el primer convertido a Cristo en medio de una sociedad pagana. Hay que imaginar la vida cambiada, la rendición a Jesús como Señor, el hecho de dar

todo lo que era y tenía al Señor para su causa. Imagine la actitud y las reacciones de sus vecinos, amigos y compañeros de trabajo: el posible cuestionamiento, mal entendido, ridículo, burlas, apartamiento, aislamiento. Epeneto era incuestionablemente un hombre de valor notable.

«A cualquiera, pues, que me confiese delante de los hombres, yo también le confesaré delante de mi Padre que está en los cielos. Y a cualquiera que me niegue delante de los hombres, yo también le negaré delante de mi Padre que está en los cielos» (Mt. 10:32-33).

«Porque el que se avergonzare de mí y de mis palabras en esta generación adúltera y pecadora, el Hijo del Hombre se avergonzará también de él, cuando venga en la gloria de su Padre con los santos ángeles» (Mr. 8:38).

«Y decía a todos: Si alguno quiere venir en pos de mí, niéguese a sí mismo, tome su cruz cada día, y sígame» (Lc. 9:23).

«Y en nada intimidados por los que se oponen, que para ellos ciertamente es indicio de perdición, mas para vosotros de salvación; y esto de Dios» (Fil. 1:28).

4 (16:6) ***María:*** está María, una dama que trabajaba mucho. Note que María era miembro de la iglesia de Roma. Pablo nunca había estado en la iglesia de Roma; así que María había ministrado a Pablo a sus colaboradores en algún otro lugar. En realidad, ella había trabajado *mucho* ministrando a su cuerpo de obreros, tanto, que Pablo la recomienda por su trabajo más que por su ministerio a la iglesia. No tenemos idea de qué hizo en favor del *equipo de Pablo*, pero sea lo que haya sido, fue un ministerio efectivo que requería *mucho* trabajo diligente.

«Así que, hermanos míos amados, estad firmes y constantes, creciendo en la obra del Señor siempre, sabiendo que vuestro tabajo en el Señor no es en vano» (1 Co. 15:58).

«Sirviendo de buena voluntad, como al Señor y no a los hombres« (Ef. 6:7).

«Así que recibiendo nosotros un reino inconmovible, tengamos gratitud, y mediante ella sirvamos a Dios agradándole con temor y reverencia» (He. 12:28).

5 (16:7) ***Andrónico—Junias:*** estos dos creyentes eran convertidos antes que Pablo y fueron sus compañeros de prisión. Quizás eran marido y mujer. Los detalles que se dan de ellos son interesantes, porque revelan que Pablo tenía algunos familiares que también eran creyentes.

1. Eran «parientes», esto es, familiares de Pablo.
2. Estuvieron presos con Pablo en algún punto de su ministerio. Esto indica...
   - que eran creyentes genuinos deseosos de mantenerse firmes en la fe.
   - que eran parte del equipo misionero de Pablo, por lo menos por algún tiempo.
3. Eran conocidos y altamente estimados por los apóstoles de Cristo.
4. Eran creyentes antes que Pablo. Esto significa que estaban entre los primeros creyentes, habiéndose convertido antes del martirio de Esteban (Hch. 7:54-60).

Pensamiento 1. ¿Tuvieron estos parientes influencia en la conversión de Pablo? ¿Estaban ellos testificándole durante aquellos días en que él andaba a la caza de almas y en reación contra la iglesia primitiva? El hecho de que algunos familiares se convirtieran estaba aumentando la amargura de pablo contra el cristianismo? ¿Era esta una parte de su ardiente venganza contra el cristianismo? (*Véanse* notas—Hch. 8:1-4; 9:1-2 para ampliar la discusión.) Sea cual fuere el caso, nosotros debemos siempre testificar a nuestros familiares y parientes.

«Lo que has oído de mí ante muchos testigos, esto encarga a hombres fieles que sean idóneos para enseñar también a otros» (2 Ti. 2:2).

«Sino santificad a Dios el Señor en vuestros corazones, y estad siempre preparados para presentar defensa con mansedumbre y reverencia ante todo el que os demande razón de la esperanza que hay en vosotros» (1 P. 3:15).

«Lo que hemos visto y oído, eso os anunciamos, para que también vosotros tengáis comunión con nosotros; y nuestra comunión verdaderamente es con el Padre, y con su Hijo Jesucristo» (1 Jn. 1:3).

Pensamiento 2. Debemos estar dispuestos a estar firmes por Cristo y dar testimonio de Él, aun cuando esto pudiera significar prisiones y la muerte.

«Considera lo que digo, y el Señor te dé entendimiento en todo. Acuérdate de Jesucristo, del linaje da David, resucitado de los muertos, conforme a mi evangelio» (2 Ti. 2:7-8).

6 (16:8) ***Amplias:*** este creyente sencillamente tiene el testimonio ser amado. Pero note que es «amado» por un ministro del evangelio; y es muy amado, porque lo llama «amado ***mío***». El hecho de que Dios tenga su nombre registrado como «amado» en las Sagradas Escrituras indica que era un hombre de un amor notable, un hombre que amaba grandemente a los demás y era amado grandemente por los demás.

«Un mandamiento nuevo os doy: Que os améis unos a otros; como yo os he amado, que también os améis unos a otros. En esto conocerán todos que sois mis discípulos, si tuviereis amor los unos con los otros» (Jn. 13:34-35).

«El amor sea sin fingimiento [hipocresía]. Aborreced lo malo, seguid lo bueno» (Ro. 12:9).

«Y el Señor os haga crecer y abundar en amor unos para con otros y para con todos, como también lo hacemos nosotros para con vosotros» (1 Ts. 3:12).

«Habiendo purificado vuestras almas por la obediencia a la verdad, mediante el Espíritu para el amor fraternal no fingido, amaos unos a otros entrañablemente, de corazón puro» (1 P. 1:22).

7 (16:9) ***Urbano:*** este creyente era un ayudador, esto es, un colaborador en el ministerio. Tres cosas en particular son dignas de destacarse.

1. Era un hombre que trabajaba codo a codo con Pablo, el ministro de Dios.
2. Era un hombre de diligencia fuera de lo común. El solo hecho de que estaba trabajando con Pablo y fuera mencionado como su colaborador indica esto.
3. Era un hombre de una fidelidad poco común, leal a Cristo por donde quiera que viajase. Recuerde: conoció a Pablo estando en viaje lejos de Roma. Puede haber sido un comerciante o un vendedor; sin embargo, fuesen cuales fueran sus razones para viajar, no se enredaba con el mundo, siguiendo a la gente en su mundanalidad. Era fiel en el servicio al Señor y en su testimonio para el Señor donde quiera que estuviera.

«Por lo cual, salid de en medio de ellos, y apartaos, dice el Señor, y no toquéis lo inmundo; y yo os recibiré, y seré para vosotros por Padre, y vosotros me seréis hijos e hijas, dice el Señor Todopoderoso» (2 Co. 6:17-18).

«Estad, pues, firmes en la libertad con que Cristo nos hizo libres, y no estéis otra vez sujetos al yugo de esclavitud [de pecado]» (Gá. 5:1).

«Solamente que os comportéis como es digno del evangelio de Cristo, para que o sea que vaya a veros, o que esté ausente, oiga de vosotros que estáis firmes en un mismo espíritu, combatiendo unánimes por la fe del evangelio» (Fil. 1:27).

«Tú, pues, sufre trabajos como fiel soldado de Jesucristo. Ninguno que milita se enreda en los negocios de la vida, a fin de agradar a aquel que lo tomó por soldado» (2 Ti. 2:3-4).

«Así que vosotros, oh amados, sabiéndolo de antemano, guardaos, no sea que arrastrados por el error de los inicuos, caigáis de vuestra firmeza» (2 P. 3:17).

«No améis al mundo, ni las cosas que están en el mundo. Si alguno ama al mundo, el amor del Padre no está en él.

Porque todo lo que hay en el mundo, los deseos de la carne, los deseos de los ojos, y la vanagloria de la vida, no proviene del Padre, sino del mundo» (1 Jn. 2:15-16).

[8] (16:9) ***Estaquis:*** este creyente también es llamado amado mío por Pablo. Era un creyente caracterizado por la más grande de todas las cualidades: el amor.

Pensamiento. Imagine la fortaleza de un hombre de cuyo carácter se dice que su rasgo dominante es el *amor*.

«El amor es sufrido, es benigno; el amor no tiene envidia, el amor no es jactancioso, no se envanece; no hace nada indebido, no busca lo suyo, no se irrita, no guarda rencor, no se goza de la injusticia , mas se goza de la verdad. Todo lo sufre, todo lo cree, todo lo espera, todo lo soporta» (1 Co. 13:4-7).

[9] (16:10) ***Apeles:*** este era un creyente que había pasado por tribulaciones y había sido aprobado como fiel. Aparentemente Apeles había pasado algunos sufrimientos extremos y se había mantenido firme, demostrando su lealtad fuera de toda duda. Note: la prueba y el sufrimiento habían sido tan graves que hicieron una duradera impresión sobre Pablo y ello quedó mencionado en las Escrituras.

Pensamiento. Hasta donde sabemos, Apeles era un creyente laico. El hecho de que fuera probado tan fieramente muestra que Dios hará frente a nuestra necesidad en medio de los sufrimientos—si tan sólo hacemos una cosa: ser fieles y leales. Vamos a estar firmes en medio del sufrimiento, confiando en que la presencia del Espíritu de Dios nos llevará a través de las pruebas.

«No os ha sobrevenido ninguna tentación [prueba] que no sea humana; pero fiel es Dios, que no os dejará ser tentados más de lo que podéis resistir, sino que dará también juntamente con la tentación [prueba] la salida, para que podáis soportar» (1 Co. 10:13).

«Bendito sea el Dios y Padre de nuestro Señor Jesucristo, Padre de misericordias y Dios de toda consolación, el cual nos consuela en todas nuestras tribulaciones, para que podamos también nosotros consolar a los que están en cualquier tribulación, por medio de la consolación con que nosotros somos consolados por Dios» (2 Co. 1:3-4).

«Pero tenemos este tesoro en vasos de barro, para que la excelencia del poder sea de Dios, y no de nosotros» (2 Co. 4:7).

«Bienaventurado el varón que soporta la tentación; porque cuando haya resisitido la prueba, recibirá la corona de vida, que Dios ha prometido a los que le aman» (Stg. 1:12).

«En lo cual vosotros os alegráis, aunque ahora por un poco de tiempo, si es necesario, tengáis que ser afligidos de diversas pruebas, para que sometida a prueba vuestra fe, mucho más preciosa que el oro, el cual aunque perecedero se prueba con fuego, sea hallada en alabanza, gloria y honra cuando sea manifestado Jesucristo» (1 P. 1:6-7).

«Amados, no os sorprendáis del fuego de prueba que os ha sobrevenido, como si alguna cosa extraña os aconteciese, sino gozaos por cuanto sois participantes de los padecimientos de Cristo, para que también en la revelación de su gloria os gocéis con gran alegría» (1 P. 4:12-13).

[10] (16:10) ***Aristóbulo:*** los creyentes saludados en esta declaración eran esclavos que ahora servían al verdadero amo, el Señor Jesucristo. Aristóbulo era el nombre del *nieto de Herodes el Grande*. Esto podría ser una referencia a sus esclavos. Los dos nombres que rodean el nombre de Aristóbulo podrían indicar esto. Apeles es el nombre griego que un esclavo judío adoptaba cuando era esclavizado, y Herodión es el nombre que comúnmente usaría una persona de la casa de Herodes. En todo caso, las palabras son para los esclavos de un amo que probablemente tenga rango real. Puesto que habían llegado a conocer a Cristo, eran en primer lugar y por sobre todo, siervos de Jesucristo el amo real.

«Sirviendo de buena voluntad, como al Señor y no a los hombres, sabiendo que el bien que cada uno hiciere, ése recibirá del Señor, sea siervo o sea libre» (Ef. 6:7-8).

«Y todo lo que hagáis, hacedlo de corazón, como para el Señor y no para los hombres; sabiendo que del Señor recibiréis la recompensa de la herencia, porque a Cristo el Señor servís» (Col. 3:23-24).

[11] (16:11) ***Herodión:*** este hombre es otro pariente de Pablo que era creyente (cp. v. 7). No hay razón para traducir pariente (*suggene*) como compatriota en vez de pariente. Otros ya mencionados eran *judíos*, pero Pablo no los llama parientes. ¿Qué efecto tuvo este pariente sobre la conversión de Pablo? Nuevamente la respuesta es desconocida, pero llega a nuestra mente y corazón el hecho de que debemos estar siempre testificando a nuestro familiares.

«Porque no podemos dejar de decir lo que hemos visto y oído» (Hch. 4:20).

«Pero teniendo el mismo espíritu de fe, conforme a lo que está escrito: Creí, por lo cual hablé, nosotros también creemos, por lo cual también hablamos» (2 Co. 4:13).

[12] (16:11) ***Narciso:*** los creyentes en esta casa estaban esclavizados «en el Señor». Note: no todos los de la casa eran creyentes. Pablo saluda solamente a los creyentes. La frase «en el Señor» está en contraste con la frase «en el mundo» (cp.1 Jn. 2:15-16). Probablemente sea una expresión intencionada para poner en contraste la diferencia entre los esclavos tabajadores y sus ricos amos. *Es probable que Narciso fuera el rico secretario del emperador Claudio*. El decidió la designación del emperador y amasó una enorme fortuna por medios coercitivos. (William Barclay, *The Letter to the Romans*, p. 233.).

El hecho digno de destacar es éste: estos creyentes estaban de tal modo esclavizados a Cristo que estuvieron firmes en Él aun en medio de una casa dividida. Nada hay que plantee una tentación y amenaza a la fe de uno que la propia casa esté llena de incrédulos. La indicación es que estos creyentes dentro de esta casa eran fieles a Cristo, tan leales en su entega a Él que merecieron ser nombrados en las Escrituras.

«Entonces Jesús dijo a sus discípulos: Si alguno quiere venir en pos de mí niéguese a sí mismo, tome su cruz cada día y sígame» (Mt. 16:24).

«Si alguno viene a mí, y no aborrece a su padre, y madre, y mujer, e hijos, y hermanos, y hermanas, y aun también su propia vida, no puede ser mi discípulo. Y el que no lleva su cruz y viene en pos de mí, no puede ser mi discípulo» (Lc. 14:26-27).

«Así, pues, cualquiera de vosotros que no renuncia a todo lo que posee, no puede ser mi discípulo» (Lc. 14:33).

«Y ciertamente, aun estimo todas las cosas como pérdida por la excelencia del conocimiento de Cristo Jesús, mi Señor, por amor del cual lo he perdido todo, y lo tengo por basura, para ganar a Cristo» (Fil. 3:8).

«No améis al mundo, ni las cosas que están en el mundo. Si alguno ama al mundo, el amor del padre no está en él. Porque todo lo que hay en el mundo, los deseos de la carne, los deseos de los ojos, y la vanagloria de la vida, no proviene del Padre, sino del mundo» (1 Jn. 2:15-16)

[13] (16:12) ***Trifena—Trifosa:*** estas dos queridas damas trabajaron mucho en el Señor. El nombre Trifena significa *exquisita* y el nombre Trifosa significa *delicada*. La palabra «trabajar» significa obrar hasta *quedar exhausta*, laborar al punto del colapso. El punto es que estas dos damas delicadas y exquisitas trabajaban casi como bestias de carga para el Señor y su iglesia (cp. v. 6, 12[b]).

«Así alumbre vuestra luz delante de los hombres, para que vean vuestras buenas obras, y glorifiquen a vuestro padre que está en los cielos» (Mt. 5:16).

«Y considerémonos unos a otros para estimularnos al amor y a las buenas obras» ((He. 10:24).

14 (16:12) ***Pérsida:*** esta era una amada creyente que había trabajado arduamente en el Señor. Note dos rasgos que se registran en la Galería de la Fama de Dios acerca de ella:

- Era amada: una mujer que ministraba con tanto amor que los creyentes la consideraban la «amada Pérsida».
- Trabajaba siempre tan diligentemente para su Señor: testificando, ministrando, y ayudando a cuantos podía.

«Que hagan bien, que sean ricos en buenas obras, dadivosos, generosos» (1 Ti. 6:18).

«Presentándote tú en todo como ejemplo de buenas obras; en la enseñanza mostrando integridad, seriedad, palabra sana e irreprochable, de modo que el adversario se avergüence, y no tenga nada malo que decir de vosotros» (Tit. 2:7-8).

«Acordándonos sin cesar delante del Dios y Padre nuestro de la obra de vuestra fe, del trabajo de vuestro amor y de vuestra constancia en la esperanza en nuestro Señor Jesucristo» (1 Ts. 1:3).

«Apártate del mal, y haz el bien; busca la paz, y síguela» (Sal. 34:14).

15 (16:13) ***Rufo:*** se dice que este creyente era un *santo hombre*. Note la palabra *escogido*. Pablo no dice que Rufo era escogido *por el Señor*, sino *en el Señor*. El énfasis no está en la elección, sino en la ternura, el carácter precioso, la calidez—una relación estrecha. Rufo era un hombre que siempre vivía muy cerca de Cristo. Tenía una relación y comunión con Cristo que era personal e íntima. Era conocido como hombre santo—un hombre que era totalmente apartado para el Señor. Note que probablemente Rufo haya sido hijo de Simón Cireneo, el que llevó la cruz de Cristo (*véase* nota—Mr. 15:21). Nuestra imaginación puede fácilmente ver a la familia de Simón a lo largo del camino observando como el marido y padre cargaba la cruz de Jesús hacia el monte Calvario. El influjo de la crucifixión cambiaría para siempre sus vidas llevándoles a la conversión.

«Por tanto, nosotros todos, mirando a cara descubierta como en un espejo la gloria del Señor, somos transformados de gloria en gloria en la misma imagen, como por el Espíritu del Señor» (2 Co. 3:18).

«Así que, amados, puesto que tenemos tales promesas, limpiémonos de toda contaminación de carne y de espíritu, perfeccionando la santidad [siendo santos, santificados] en el temor de Dios» (2 Co. 7:1).

«Seguid la paz con todos, y la santidad, sin la cual nadie verá al Señor» (He. 12:14).

«Porque escrito está: Sed santos, porque yo soy santo» (1 P. 1:16).

16 (16:13) ***La madre de Rufo:*** esta querida dama era una madre para los siervos de Dios. Note: Pablo la llama su *madre*, no literalmente, sino *en el Señor*. En varias ocasiones, quizás en muchas, ella había cuidado a Pablo como una madre cuida a su hijo. Cuando Pablo necesitaba el consuelo y el cuidado, la presencia y el amor, la conversación y el consejo de una madre—iba a la madre de Rufo si ella estaba cerca.

Pensamiento. ¿Cuántas madres viven tan cerca del Señor que Pablo acudiría a ellas en busca del consuelo, el amor y el consejo de una madre?

«Porque todo aquel que hace la voluntad de mi Padre que está en los cielos, ése es mi hermano, y hermana, y madre» (Mt. 12:50).

«Que enseñen a las mujeres jóvenes a *amar* a sus maridos y *a sus hijos*» (Tit. 2:4).

«Porque el que santifica y los que son santificados, de uno son todos; por lo cual no se avergüenza de llamarlos hermanos» (He. 2:11).

17 (16:14-16) ***Creyentes—galería de la fama:*** están los siervos de Dios que son desconocidos—creyentes desconocidos, pero fieles en la comunión de la iglesia.

- Note las palabras «y a los hermanos que están con ellos» (v. 14).
- Note también las palabras: «y a todos los santos que están con ellos» (v.15).

Aparentemente se está saludando a dos grupos o congregaciones diferentes. El énfasis está sobre la unidad, fidelidad y comunión de los creyentes. No todos los creyentes son líderes, ni todos los creyentes son dignos de ser incluidos en una galería de la fama sobre esta tierra. Pero en el cielo la situación será diferente. Dios mirará al corazón, y toda persona será inscrita en el Libro de la Vida, la eterna galería de la fama de Dios. Solamente dos condiciones existen para que una persona sea inscrita en él:

- Recibir a Cristo como Salvador y Señor.

«Mas a todos los que le recibieron, a los que creen en su nombre, les dio potestad de ser hechos hijos de Dios» (Jn. 1:12).

«He aquí, yo estoy a la puerta y llamo; si alguno oye mi voz y abre la puerta, entraré a él, y cenaré con él, y él conmigo» (Ap. 3:20).

- Ser fieles al Señor y a la comunión de su pueblo (su iglesia verdadera).

«No dejando de congregarnos, como algunos tienen por costumbre, sino exhortándonos; y tanto más, cuanto veis que aquel día se acerca» (He. 10:25).

«Y el que no se halló inscrito en el libro de la vida fue lanzado al lago de fuego» (Ap. 20:15).

«Vi un cielo nuevo y una tierra nueva; porque el primer cielo y la primera tierra pasaron ... No entrará en ella ninguna cosa inmunda, o que hace abominación y mentira, sino solamente los que están inscritos en el libro de la vida del Cordero» (Ap. 21:1, 27).

1 Fijarse en los que causan divisiones y apartarse de ellos a. Porque causan divisiones y ponen tropiezos b. Porque no sirven a Cristo, sino a sus propios deseos	**D. Advertencia final del mensajero: fijarse en los que causan divisiones, 16:17-20** 17 Mas os ruego, hermanos, que os fijéis en los que causan divisiones y tropiezos en con- tra de la doctrina que vosotros habéis aprendido, y que os apartéis de ellos. 18 Porque tales personas no sirven a nuestro Señor Jesu- cristo, sino a sus propios	vientres, y con suaves pala- bras y lisonjas engañan los corazones de los ingenuos. 19 Porque vuestra obe- diencia ha venido a ser noto- ria a todos, así que me gozo de vosotros; pero quiero que seáis sabios para el bien, e ingenuos para el mal. 20 Y el Dios de paz aplas- tará en breve a Satanás bajo vuestros pies. La gracia de nuestro Señor Jesucristo sea con vosotros.	c. Porque usan suaves palabras y lisonjas para engañar **2 Ser sabios para el bien e ingenuos para el mal** a. Porque habéis sido obedientes hasta ahora b. Porque debéis ser sabios para saber lo que es bueno c. Porque Dios dará pronto la victoria sobre Satanás

D. Advertencia final del mensajero: fijarse en los que causan divisiones, 16:17-20

(16:17-20) ***Introducción:*** el divisionismo y el mal son siempre una amenaza para la iglesia local. La razón se puede decir en forma sencilla: la gente tiene problemas, aun los creyentes. El hecho de que vivimos en un mundo corrupto y depravado significa que la gente llega estar contrariada, desilusionada, infeliz, egoísta, pecaminosa y en algunos casos mala. Aun los creyentes más firmes se contaminan con la corrupción y se ponen a vivir en la atmósfera misma de un mundo pecaminoso. Es por eso que Pablo advierte a la iglesia y a sus creyentes: fijaos en los que causan divisiones, porque son una amenaza constante contra la iglesia.

1. Fijarse en los que causan divisiones y apartarse de ellos (vv. 17-18).
2. Fijarse y ser sabios para el bien e ingenuos para el mal (vv. 19-20).

[1] (16:17-18) ***Falsos maestros—división—tropiezo:*** fijaos en los que causan divisiones y apartaos de ellos. Note que esta advertencia interrumpe abruptamente los saludos de Pablo a la iglesia de Roma. Pablo está saludando a diversos creyentes de la iglesia que ha conocido en sus viajes a través del mundo. De repente, interrumpe los saludos y da esta grave advertencia. La abrupta interrupción *no es una idea tardía*; es la exhortación final necesitada por una iglesia fuerte—una exhortación contra un hecho que va a acontecer: la infiltración de gente divisiva. Una persona divisiva es alguien que...

- gruñe.
- se queja.
- critica.
- carece de amor.
- enseña una doctrina diferente
- es discutidor.
- causa disputas.
- murmura.
- lleva chismes.
- actúa por orgullo, ambición o egoísmo.

La forma más efectiva de Satanás para obtener una posición en una iglesia fuerte es introducir silenciosa e insidiosamente a una persona divisiva en una posición de enseñanza o de liderazgo donde pueda influir sobre creyentes inmaduros. Pablo sabía esto, de modo que dejó la advertencia hasta el final de la epístola. Es una advertencia a la que una iglesia firme debe prestar atención si va a mantener su testimonio para el Señor.

Hay tres razones por las que hay que identificar a una persona que causa divisiones y hay que apartarse de ella.

1. La persona de ánimo divisivo causa divisiones y pone tropiezos en el camino del crecimiento. Note exactamente lo que se dice: una persona de tendencia divisiva actúa «en contra de la doctrina que los creyentes han aprendido». Causa «divisiones y tropiezos».

- La palabra división (*dichostasias*) significa estar aparte, separarse, causar grietas.
- La palabra «tropiezos» (*skandala*) significa causar ofensas, obstáculos en el camino, de modo que alguien caiga.

a. La persona que causa divisiones actúa «en contra de la doctrina que vosotros [los creyentes] habéis aprendido». La doctrina de Dios y de Cristo se declara en forma sencilla:

> **«Y este es su mandamiento: Que creamos en el nombre de su Hijo Jesucristo, y nos amemos unos a otros como nos lo ha mandado» (1 Jn. 3:23).**

Los *verdaderos creyentes* han confiado en el Hijo de Dios. Han aceptado a Cristo como su Señor, dándole todo lo que son y tienen; se aman unos a otros, habiendo dedicado sus vidas para llevar la doctrina de Cristo al mundo.

Sin embargo, la persona de mente divisiva es diferente. Actúa en sentido contrario a la enseñanza de Dios y de Cristo. Se opone...

- al Señorío de Cristo.
- a la doctrina de Cristo.
- al amor a los creyentes.
- a la misión de alcanzar al mundo con el evangelio: las gloriosas nuevas de vida en Cristo, vida que es abundante y eterna.

b. Hay que apartarse de ellos debido a los terribles perjuicios que este tipo de persona puede ocasionar a la firmeza de la iglesia. La palabra «apartéis» (*ekklinate*) significa evitar, alejarse, rehuir, huir de. Apartaos de los tales y aseguraos de no tener nada que ver con ellos.

c. «Fijarse» en la persona que causa divisiones. La palabra «fijaos» (*skopeite*) significa mantener los ojos atentos, mirar, observar, enfocar, contemplar, escudriñar, marcar. Note: que hay que *evitar y mantenerse* apartе de la persona divisiva misma, no sólo de su pecado. No tenemos que tener nada que ver con una persona que causa divisiones...

- porque dejamos la impresión de aprobar lo que hace.
- corremos el riesgo de ser influenciados y tropezar en lo que dice y hace.

> **«¡Ay del mundo por los tropiezos! porque es necesario que vengan tropiezos, pero ¡ay de aquel hombre por quien viene el tropiezo!» (Mt. 18:7).**
>
> **«Cualquiera que haga tropezar a uno de estos pequeñitos que creen en mí, mejor le fuera si se le atase una piedra de molino al cuello, y se le arrojase en el mar» (Mr. 9:42).**

«Mas Él, conociendo los pensamientos de ellos, les dijo: Todo reino dividido contra sí mismo, es asolado; y una casa dividida conta sí misma, cae» (Lc. 11:17).

«Os ruego, pues, hermanos, por el nombre de nuestro Señor Jesucristo, que habléis todos una misma cosa, y que no haya entre vosotros divisiones, sino que estéis perfectamente unidos en una misma mente y en un mismo parecer» (1 Co. 1:10).

«Porque aún sois carnales; pues habiendo entre vosotros celos, contiendas y disenciones, ¿no sois carnales, y andáis como hombres?» (1 Co. 3:3).

«Si, pues, coméis o bebéis, o hacéis otra cosa, hacedlo todo para la gloria de Dios. No seáis tropiezo ni a judíos, ni a gentiles, ni a la iglesia de Dios» (1 Co. 10:31-32).

«No damos a nadie ninguna ocasión de tropiezo, para que nuestro ministerio no sea vituperado» (2 Co. 6:3).

«Solamente que os comportéis como es digno del evangelio de Cristo, para que o sea que vaya a veros, o que esté ausente, oiga de vosotros que estáis firmes en un mismo espíritu, combatiendo unánimes por la fe del evangelio» (Fil. 1:27).

2. Una persona divisiva no sirve a Cristo sino a sus propios deseos. La palabra «vientres» (*koiliai*) significa el estómago y sus apetitos físicos. Una persona divisiva está condicionada por...

- deseos egoístas.
- bajas ambiciones.
- desear obtener lo que necesita.
- apetitos físicos.
- necesidades personales.
- el deseo de hacerse un camino propio.

Note: Las Escrituras dicen claramente que la persona divisionista no sirve a Cristo. Se llaman a sí mismos *cristianos*, pero su Señor no es Cristo. No están comprometidos con su honra, gloria y misión, sino consigo mismos—para obtener y hacer lo que quieren. La persona divisionista todavía se entrega a las cosas de su mundo carnal, sensual y secular.

«Porque por ahí andan muchos, de los cuales os dije muchas veces, y aun ahora lo digo llorando, que son enemigos de la cruz de Cristo; el fin de los cuales será perdición, cuyo dios es el vientre, y cuya gloria es su vergüenza; que sólo piensan en lo terrenal» (Fil. 3:18-19).

3. Una persona divisionista usa palabras suaves y lisonjas para engañar. Usa palabras suaves, persuasivas, convincentes para guiar a la gente a tomar posición a su lado. Habla y actúa piadosamente, y muestra interés y preocupación por los que desea convencer. Pero note lo que las Escrituras dicen: el motivo de la persona divisionista es engañar. Quiere que otros...

- piensen como él piensa.
- crean como él cree.
- caminen como él camina.
- vivan como él vive.
- en como él habla.

El resultado del divisionismo es trágico: engaña a los ingenuos, esto es a los que no sospechan, los inocentes, los inmaduros, los carnales, los creyentes recién nacidos.

«Porque hay aún muchos contumaces, habladores de vanidades y engañadores, mayormente los de la circuncisión [religiosos], a los cuales es preciso tapar la boca; que trastornan casas enteras, enseñando por ganancia deshonesta lo que no conviene» (Tit. 1:10-11).

«Que [los hombres] tendrán apariencia de piedad, pero negarán la eficacia de ella; a éstos evita. Porque de éstos son los que se meten en las casas y llevan cautivas las mujercillas cargadas de pecados, arrastradas por diversas concupiscencias. Están siempre aprendiendo, y nunca pueden llegar al conocimiento de la verdad» (2 Ti. 3:5-7).

[2] (16:19-20) ***Iglesia firme:*** sed sabios para el bien e ingenuos para el mal. Una iglesia fuerte como la de Roma debe estar constantemente procurando que sus miembros sean *sabios para el bien e ingenuos para el mal*. Si una iglesia fuerte no logra reconocer y hacer lo que es bueno, será infiltrada por el mal (divisionismo) y se convertirá en una iglesia débil. Por lo tanto, una iglesia fuerte, siempre y con la máxima diligencia, debe estar fijándose en lo que es bueno y debe ser ingenua para el mal. Tres razones se dan para este encargo.

1. Una iglesia fuerte como la de Roma es obediente al Señor Jesucristo. Esta es la razón misma de su fortaleza: la iglesia ha sido obediente al Señor, haciendo exactamente lo que Él manda. Los creyentes han estado...

a. Viviendo sobria, justa y piadosamente en este mundo.

«Enseñándonos que, renunciando a la impiedad y a los deseos mundanos, vivamos en este siglo sobria, justa y piadosamente, aguardando la esperanza bienaventurada y la manifestación gloriosa de nuestro gran Dios y Salvador Jesucristo» (Tit. 2:12-13).

b. Ministrando a las necesidades de las personas así como Él ministró.

«Como el Hijo del Hombre no vino para ser servido, sino para servir, y para dar su vida en rescate por muchos» (Mt. 20:28).

«Entonces Jesús les dijo otra vez: Paz a vosotros. Como me envió el Padre, así también yo os envío» (Jn. 20:21).

c. Testificando a todos, por todas partes, cumpliendo su misión.

«Por tanto, id, y haced discípulos a todas las naciones, bautizándolos en el nombre del Padre, y del Hijo, y del Espíritu Santo; enseñándoles que guarden todas las cosas que os he mandado; y he aquí yo estoy con vosotros todos los días, hasta el fin del mundo» (Mt. 28:19-20).

«Y les dijo: Id por todo el mundo y predicad el evangelio a toda criatura» (Mr. 16:15).

«Pero recibiréis poder, cuando haya venido sobre vosotros el Espíritu Santo, y me seréis testigos en Jerusalén, en toda Judea, en Samaria, y hasta lo último de la tierra» (Hch. 1:8).

El resultado de una obediencia tan dinámica es un poderoso testimonio que se difunde entre todos los hombres. La gente sabe a dónde acudir cuando tiene necesidad de ayuda: saben dónde están los verdaderos creyentes que siguen genuinamente al Señor.

2. Una iglesia fuerte debe ser sabia y conocer lo que es el bien. Su gente debe crecer más y más en la *bondad*—en el discernimiento entre lo bueno y lo malo. Los creyentes deben ser *sabios*...

- para *buscar* lo que es bueno y no está contaminado con el mal.
- para *conocer* lo que es bueno y no está contaminado con el mal.

La palabra «ingenuos» (*akerios*) significa no mezclado, sin adulteración, puro inocente, sin ninguna mezcla de mal. La idea es que los creyentes de una iglesia fuerte deben estar siempre señalando, fijándose y concentrándose en lo que es bueno con el fin de mantener el mal fuera de su comunión. El método para mantener el mal fuera de la iglesia es concentrar la atención sobre el bien. El camino para dar muestras de la sabiduría espiritual es fijarse en el bien; entonces el mal será reconocido por lo que es, y será repelido.

El punto es éste: una iglesia firme no solamente debe evitar el mal (v. 17); no debe dejar que el mal penetre en su comunión. No debe permitir que una pesona divisiva aguijonee a los creyentes «ingenuos» (confiados e inocentes) de la iglesia. La iglesia debe ser sabia: debe fijarse y concentrar la atención en lo que es bueno e incontaminado del mal. Debe ser suficientemente sabia como para detectar el mal y detener su penetración dentro de la comunión de la iglesia.

3. Dios en breve dará la victoria sobre Satanás. El sentido de «en breve» no significa dentro de poco tiempo, sino *rápida* o *fácilmente*. La idea *no es* que Dios va a venir pronto a destruir a Satanás, sino que cuando Dios actúe para liberar a su pueblo del mal y del divisionismo, Satanás será rápidamente derrotado. Su obra contra el pueblo consagrado de Dios (una iglesia fuerte) durará sólo un momento. El «Dios de paz» restaurará la paz rápida y fácilmente dentro de la comunión de un pueblo firme. Pero note: la derrota de Satanás y de la persona divisionista es condicional. Una iglesia fuerte debe hacer lo se ha dicho: fijarse y concentrarse en lo que es bueno y no está contaminado del mal. Dios bendecirá una iglesia que es obediente y que se concentra en Cristo y su misión (cp. pto. 1 de esta nota).

Note otro hecho: Dios va a aplastar a Satanás bajo los *pies del creyente*. Son los *pies del creyente* lo ***que Dios utiliza*** para aplastar a Satanás. Cuando los creyentes genuinos de una iglesia fuerte hacen lo que Dios dice, entonces Dios actúa para liberar a su pueblo del mal y el divisionismo.

«He aquí os doy potestad de hollar serpientes y escorpiones, y sobre toda fuerza del enemigo, y nada os dañará» (Lc. 10:19).

«Y el Dios de paz aplastará en breve a Satanás bajo vuestros pies. La gracia de nuestro Señor Jesucristo sea con vosotros» (Ro. 16:20).

«No os ha sobrevenido ninguna tentación que no sea humana; pero fiel es Dios, que no os dejará ser tentados más de lo que podéis resistir, sino que *dará* también juntamente con la tentación *la salida*, para que podáis soportar» (1 Cor.10:13).

«Someteos, pues, a Dios; resistid al diablo, y huirá de vosotros» (Stg. 4:7).

«Hijitos, vosotros sois de Dios, y los habéis vencido; porque mayor es el que está en vosotros, que el que está en el mundo» (1 Jn. 4:4).

	E. Los compañeros del mensajero, 16:21-24
1 Timoteo: mano derecha, un colaborador **2 Lucio, Jasón, Sosípater: parientes creyentes** **3 Tercio: humilde ayudante** **4 Gayo: hombre hospitalario** **5 Erasto: un servidor civil, el tesorero de la ciudad** **6 Cuarto: un hermano cristiano**	21 Os saludan Timoteo mi colaborador, y Lucio, Jasón y Sosípater, mis parientes. 22 Yo Tercio, que escribí la epístola, os saludo en el Señor. 23 Os saluda Gayo, hospedador mío y de toda la iglesia. Os saluda Erasto, tesorero de la ciudad, y el hermano Cuarto. 24 La gracia de nuestro Señor Jesucristo sea con todos vosotros. Amén.

E. Los compañeros del mensajero, 16:21-24

(16:21-24) ***Introducción:*** es importante que cada ministro y creyente tenga compañeros muy cercanos que conozcan al Señor y le sean fieles. La firmeza de los asociados afecta enormemente el testimonio del ministro. Este pasaje da un vistazo a la vida de algunos compañeros cercanos de Pablo.

1. Timoteo: mano derecha, un colaborador (v. 21).
2. Lucio, Jasón, Sosípater: parientes creyentes (v. 21).
3. Tercio, humilde ayudante (v. 22).
4. Gayo: hombre hospitalario (v. 23).
5. Erasto: un servidor civil, el tesorero de la ciudad (v. 23).
6. Cuarto: un hermano cristiano (v. 23).

1 (16:21) ***Timoteo:*** Pablo llama a Timoteo «mi colaborador», su mano derecha. Hay una buena cantidad de información acerca de Timoteo a través del Nuevo Testamento. Hay dos cartas incluidas en el Nuevo Testamento que llevan su nombre. Dichas cartas fueron escritas por Pablo mismo a Timoteo (1 y 2 Timoteo. Además *véase* Estudio a fondo 1—Hch.16: 1-3; Fil. 1:1; 1 Ti. 1:18 para ampliar la discusión.) Note dos hechos que se mencionan acerca de Timoteo, hechos que debieran hablar a nuestros corazones.

1. Su nombre, Timoteo, significa *uno que honra a Dios*. Su madre y su abuela eran creyentes fieles que habían criado a Timoteo enseñándole las Escrituras (2 Ti. 1:5; 3:15). Aparentemente, cuando nació, su madre lo dedicó al Señor conforme al patrón de los creyentes del Antiguo Testamento. Le puso el nombre sabiendo perfectamente lo que significaba. Su esperanza y oración era que Cristo tomara a su hijo y lo usara para *dar honra* al nombre de Dios.

> ***Pensamiento.*** ¡Qué ejemplo dinámico para los padres! Debiéramos dedicar nuestros hijos a Cristo criándolos con el conocimiento de las Escrituras y orando constantemente para que Cristo los use para dar honra al nombre de Dios.
>
> **«El propósito de este mandamiento es el amor nacido de corazón limpio, y de buena conciencia, y de fe no fingida» (1 Ti. 1:5).**
>
> **«Para que si tardo, sepas cómo debes conducirte en la casa de Dios, que es la iglesia del Dios viviente, columna y baluarte de la verdad» (1 Ti. 3:15).**
>
> **«Y las [la Palabra de Dios] repetirás a tus hijos, y hablarás de ellas estando en tu casa, y andando por el camino, y al acostarte, y cuando te levantes» (Dt. 6:7).**
>
> **«Instruye al niño en su camino, y aun cuando fuere viejo no se apartará de Él» (Pr. 22:6).**

2. Pablo llama a Timoteo «colaborador». Pablo pone a Timoteo a un igual *nivel* suyo. Pablo ve el llamamiento y ministerio de Timoteo como tan importante como el suyo. Esto nos dice varias cosas significativas.

a. La mente de Timoteo —sus pensamientos, ideas, conceptos, propósitos, planes, preocupaciones—estaban consumidos por lo mismo que la mente de Pablo: Cristo y su misión, y alcanzar y cuidar del pueblo.

> **«Pues a ninguno tengo del mismo *ánimo*, y que tan sinceramente se interese por vosotros» (Fil. 2:20).**
>
> **«Derribando argumentos y toda altivez que se levanta contra el conocimiento de Dios, y llevando cautivo *todo pensamiento* a la obediencia a Cristo» (2 Co. 10:5).**
>
> **«Por lo demás, hermanos, todo lo que es verdadero, todo lo honesto, todo lo justo, todo lo puro, todo lo amable, todo lo que es de buen nombre; si hay virtud alguna, si algo digno de alabanza, en esto *pensad*. Lo que aprendisteis y recibisteis y oísteis y visteis en mí, esto haced; y el Dios de paz estará con vosotros» (Fil. 4:8-9).**

b. Timoteo era fiel en su servicio junto con otros ministros del evangelio, haciendo exactamente lo que Dios lo había llamado a hacer. Note que era segundo después de Pablo, esto es, asistente de Pablo. Sin embargo, esto no preocupaba a Timoteo, porque Timoteo sabía algo: era Dios, no el hombre quien lo había llamado para ser el segundo y servir como asistente. Por lo tanto, era *fiel*, sirviendo siempre a su Señor y ayudando al pastor principal.

> **«Por esto mismo os he enviado a Timoteo, que es mi hijo amado y fiel en el Señor, el cual os recordará mi proceder en Cristo, de la manera que enseño en todas partes y en todas las iglesias» (1 Co. 4:17).**
>
> **«Pablo y Timoteo, siervos de Jesucristo, a todos los santos en Cristo Jesús que están en Filipos, con los obispos y diáconos» (Fil. 1:1).**
>
> **«Pero ya conocéis los méritos de Él, que como hijo a padre ha servido conmigo en el evangelio. Así que a éste espero enviaros, luego que yo vea cómo van mis asuntos» (Fil. 2:22-23).**
>
> **«A la congregación de los primogénitos que están inscritos en los cielos, a Dios el Juez de todos, a los espíritus de los justos hechos perfectos» (He. 12:23).**

«Así que, hermanos míos amados, estad firmes y constantes, creciendo en la obra del Señor siempre, sabiendo que vuestro trabajo en el Señor no es en vano» (1 Co. 15:58).

2 (16:21) ***Lucio—Jasón—Sosípater:*** aparentemente, estos hombres eran familiares de Pablo. Sin embargo, cabe notar que para algunos la palabra «parientes» podría significar compatriotas. Esto es improbable, porque Pablo con frecuencia menciona a otros judíos y no se refiere a ellos como parientes. Aparentemente, Pablo tenía un árbol genealógico como tiene la mayoría: ramas donde se encuentran tías y tíos con sus hijos que son nuestros primos. No podemos estar seguros quiénes eran estos hombres, pero note lo que se dice en este pasaje.

1. Eran parientes de Pablo que habían confiado en Cristo como su Salvador y habían rendido sus vidas a su señorío. ¿Quién se convirtió primero, Pablo o sus parientes? No lo sabemos; pero esto se sabe. Los creyentes genuinos oran, y oran diligentemente por sus familiares, creyendo que es responsabilidad suya ganar sus propias familias en primer lugar. Por esta razón, la familia de Pablo vio que unos pocos de sus miembros entregaron sus vidas a Cristo (cp. Ro. 16:7).

«Así alumbre vuestra luz delante de los hombres, para que vean vuestras buenas obras, y glorifiquen a vuestro padre que está en los cielos» (Mt. 5:16).

«Pues para que sepáis que el Hijo del Hombre tiene potestad en la tierra para perdonar pecados (dice entonces al paralítico): Levántate, toma tu cama, y vete a tu casa [para testificar]. Entonces Él se levantó y se fue a su casa» (Mt. 9:6-7).

«Vuélvete a tu casa y cuenta cuán grandes cosas ha hecho Dios contigo. Y Él se fue publicando por toda la ciudad cuán gandes cosas había hecho Jesús con Él» (Lc. 8:39).

«Este halló primero a su hermano Simón, y le dijo: Hemos hallado al Mesías (que traducido es, el Cristo)» (Jn. 1:41).

«El padre entonces entendió que aquella era la hora en que Jesús le había dicho: Tu hijo vive; y creyó Él con toda su casa» (Jn. 4:53).

«Y cuando fue bautizada, *y su familia,* nos rogó diciendo: Si habéis juzgado que yo sea fiel al Señor, entrad en mi casa y posad. Y nos obligó a quedarnos» (Hch. 16:15).

«Y sacándolos, les dijo: Señores, ¿qué debo hacer para ser salvo? Ellos dijeron: Cree en el Señor Jesucristo, y serás salvo, tú y tu casa» (Hch. 16:30-31).

«Pero si alguna viuda tiene hijos, o nietos, aprendan éstos primero a ser piadosos con su propia familia, y a recompensar a sus padres; porque esto es lo bueno y agradable delante de Dios» (1 Ti. 5:4).

2. Estaban sirviendo al Señor con Pablo. Toda persona que servía con Pablo debía estar completamente consagrada a Cristo y completamente comprometida, porque si algún hombre se había consagrado a Cristo de verdad, ese hombre era Pablo. Sin lugar a dudas, estos tres hombres habían entregado todo lo que eran y cuanto tenían al Señor. Se sentían afectados por las necesidades de las masas que sufren bajo el peso del hambre, la enfermedad, la pobreza, el pecado, la muerte y sentían la urgente necesidad de llevarles el evangelio de la salvación. El sólo hecho de que servían con Pablo nos dice que este era el sentir de sus corazones.

«Y decía a todos: Si alguno quiere venir en pos de mí, niéguese a sí mismo, tome su cruz cada día, y sígame» (Lc. 9:23).

«Como el Hijo del Hombre no vino para ser servido, sino para servir, y para dar su vida en rescate por muchos» (Mt. 20:28).

«Entonces Jesús les dijo otra vez: Paz a vosotros. Como me envió el Padre, así también yo os envío» (Jn. 20:21).

3 (16:22) ***Tercio:*** este creyente era un humilde servidor. Note dos hechos significativos acerca de Tercio.

1. Ayudaba a Pablo en una forma muy importante aunque humilde. Aparentemente no era predicador, pero servía como secretario personal de Pablo, escribiendo esta epístola a los Romanos para Pablo.

Pensamiento. Hay una necesidad urgente para personas dedicadas que tengan el de cuidarse de detalles. Muy poco se puede hacer, si es que se puede, sin lo que podríamos llamar *ministerio de servicios.* ¡Quiera Dios levantar hombres y mujeres que den sus vidas como Tercio la dio: ponerse a disposición para un ministerio de servicio para el Señor!

2. Conocía personalmente al Señor y era osado en la proclamación de su testimonio. Miremos otra vez el versículo: «Yo Tercio, que escribí la epístola, os saludo *en el Señor*» (v. 22). Pablo no da saludos por Tercio; él toma la iniciativa de enviar sus propios saludos. Es creyente proveniente de los cristianos romanos, y quiere saludarles en el nombre de Cristo, proclamando su fe y su ministerio en el Señor. Los hombres del mundo podrían considerar a él y su ministerio como de poca importancia. Pero él no: su fe y su ministerio son lo más importante en el mundo para él. Por lo tanto, proclama que él también está «en el Señor» y que es el secretario que tomó el dictado de la carta de Pablo.

Pensamiento 1. Cabe imaginar cuán pocas cartas, libros, artículos y tesis se escribirían para Cristo sin los santos servidores que trabajan diligentemente como secretarios para los ministros de Dios. Piense en todos los *ministerios de servicio* y cuánto es lo que nunca se lograría sin la consagración de los *siervos detallistas* de Dios.

«Mas no así vosotros, sino sea el mayor entre vosotros como el más joven, y el que dirige, como el que sirve» (Lc. 22:26).

«Digo, pues, por la gracia que me es dada, a cada cual que está entre vosotros, que no tenga más alto concepto de sí que el que debe tener, sino que piense de sí con cordura, conforme a la medida de fe que *Dios repartió* a cada uno» (Ro. 12:3).

«Amaos los unos a los otros con amor fraternal; en cuanto a honra, prefiriéndoos los unos a los otros. En lo que requiere diligencia, no perezosos; fervientes en espíritu, sirviendo al Señor» (Ro. 12:10-11).

«Haya, pues, en vosotros este sentir que hubo también en Cristo Jesús, el cual siendo en forma de Dios, no estimó el ser igual a Dios como cosa a que aferrarse, sino que se despojó a sí mismo, tomando forma de siervo, hecho semejante a los hombres» (Fil. 2:5-7).

Pensamiento 2. Algo debemos recordar y proclamar siempre: ningún servicio o trabajo hecho para el Señor es pequeño. Los hombres pueden clasificar en categorías los trabajos y obras, pero Dios no. Dios califica y juzga solamente la fidelidad.

«El que es fiel en lo muy poco, también en lo más es fiel; y el que en lo muy poco es injusto, también en lo más es injusto» (Lc. 16:10).

«El le dijo: Está bien, buen siervo; por cuanto en lo poco has sido fiel, tendrás autoridad sobre diez ciudades» (Lc. 19:17).

4 (16:23) ***Gayo:*** este creyente era un hombre de hospitalidad desusada. Aparentemente Gayo eran un hombre que tenía una gran casa, suficiente para recibir a toda la iglesia y dar alojamiento a los siervos de Dios por largo tiempo. El punto notable es este: era fiel en el uso de su dinero, riqueza y propiedades para el Señor.

«No os hagáis tesoros en la tierra, donde la polilla y el orín corrompen, y donde ladrones minan y hurtan; sino haceos tesoros en el cielo, donde ni la polilla ni el orín corrompen, y donde ladrones no minan ni hurtan» (Mt. 6:19-20).

«Compartiendo para las necesidades de los santos;

practicando la hospitalidad» (Ro. 12:13).

«A los ricos de este siglo manda que no sean altivos, ni pongan la esperanza en las riquezas, las cuales son inciertas, sino en el Dios vivo, que nos da todas las cosas en abundancia para que las disfrutemos. Que hagan bien, que sean ricos en buenas obras, dadivosos, generosos; atesorando para sí buen fundamento para lo por venir, que echen mano de la vida eterna» (1 Ti. 6:17-19).

«Sino hospedador, amante de lo bueno, sobrio, justo, santo, dueño de sí mismo» (Tit. 1:8).

«No olvidéis la hopitalidad, porque por ella algunos, sin saberlo hospedaron ángeles» (He. 13:2).

«Hospedaos los unos a los otros sin murmuraciones» (1 P. 4:9).

5 (16:23) ***Erasto:*** era un funcionario civil, el tesorero de la gran ciudad de Corinto. Esto nos dice que era...

- un hombre altamente respetado entre los creyentes y en el mundo.
- un hombre de extrema responsabilidad en quien se podía confiar que cumpliría sus responsabilidades.
- un hombre de valor, firme en sus convicciones que no dejó que un oficio político ni sus amigos y asociados en puestos elevados le impidieran confesar a Cristo.

Es interesante notar que Erasto aparentemente fue llamado a *predicar* el evangelio, y con el tiempo renunció o fue separado de su cargo político. Se le ve en un viaje misionero con Timoteo (Hch. 19:22) y se le menciona como todavía fiel en los últimos meses de la vida de Pablo (2 Ti. 4:20).

«A cualquiera, pues, que me confiese delante de los hombres, yo también le confesaré delante de mi Padre que está en los cielos. Y a cualquiera que me niegue delante de los hombres, yo también le negaré delante de mi Padre que está en los cielos» (Mt. 10:32-33).

«Os digo que todo aquel que me confesare delante de los hombres, también el Hijo del Hombre le confesará delante de los ángeles de Dios» (Lc. 12:8).

«No améis al mundo, ni las cosas que están en el mundo. Si alguno ama al mundo, el amor del padre no está en él. Porque todo lo que hay en el mundo, los deseos de la carne, los deseos de los ojos, y la vanagloria de la vida, no proviene del Padre, sino del mundo» (1 Jn. 2:15-16).

6 (16:23) ***Cuarto***: este creyente simplemente es llamado «hermano». Esto es importante porque significa...

- que había hecho un acto de genuina entrega a Cristo y que estaba sirviendo a la humanidad como siervo del Señor Jesucristo.
- que tenía un corazón y amor fraterno, ayudando y apoyando a otros creyentes como hermano en el Señor.

«Un mandamiento nuevo os doy: Que os améis unos a otros; como yo os he amado, que también os améis unos a otros. En esto conocerán todos que sois mis discípulos, si tuviereis amor los unos con los otros» (Jn. 13:34-35).

«Este es mi mandamiento: Que os améis unos a otros, como yo os he amado» (Jn. 15:12).

«El amor sea sin fingimiento. Aborreced lo malo, seguid lo bueno» (Ro. 12:9).

«Habiendo purificado vuestras almas por la obediencia a la verdad, mediante el Espíritu para el amor fraternal no fingido, amaos unos a otros entrañablemente, de corazón puro» (1 P. 1:22).

1 Confirmado por el evangelio **2 Confirmado por la predicación de Cristo** **3 Confirmado por la revelación del misterio**	**F. La bendición del mensajero: Dios puede confirmaros, 16:25-27** 25 Y al que puede confirmaros según mi evangelio y la predicación de Jesucristo, según la revelación del misterio que se ha mantenido ocultodesde tiempos eternos,	26 pero que ha sido manifestado ahora, y que por las Escrituras de los profetas, según el mandamiento del Dios eterno, se ha dado a conocer a todas las gentes para que obedezcan a la fe, 27 al único y sabio Dios, sea gloria mediante Jesucristo para siempre. Amén.	a. Era un secreto b. Ahora es revelado en las Escrituras c. Se revela para un propósito: guiar a todos ser obedientes en la fe **4 La bendición**

F. La bendición del mensajero: Dios puede confirmaros, 16:25-27

(16:25-27) ***Introducción:*** Dios es poderoso para confirmar al creyente. La palabra «confirmar» (*sterixai*) significa fortalecer, asegurar, hacer estable, afirmar, establecer. Lo que los hombres desean es estar segura, fuerte y firmemente establecidos en la vida. Dios es poderoso para cumplir sus anhelos. Dios es poderoso para establecer y fortalecer al hombre y darle una vida firme.

1. Confirmado por el evangelio (v. 25).
2. Confirmado por la predicación de Cristo (v. 25).
3. Confirmado por la revelación del misterio (vv. 25-26).
4. La bendición (v. 27).

[1] (16:25) ***Crecimiento espiritual—estabilidad—firmeza—seguridad:*** los creyentes son confirmados y establecidos por el evangelio. Note un punto de importancia.

Pablo llama al evangelio «mi evangelio». No quiere decir que posee el evangelio, ni que es el autor y creador de él. No quiere decir que ha formulado un evangelio de confección humana que los hombres deben seguir. Sencillamente quiere decir que es predicador del evangelio de Dios, y Dios usa el evangelio que él y otras personas proclaman, para fortalecer a los creyentes. Dios es la soberana majestad del universo que posee el mensaje del glorioso evangelio. Dios es el autor y creador del mensaje, no Pablo ni ningún otro predicador. Pero note: Pablo y otros predicadores son embajadores; son los representantes de Dios que llevan el evangelio de Dios. El predicador del evangelio se pone en pie delante del mundo con *el mensaje de Dios*. Tiene el derecho y la autoridad de proclamar el evangelio, y el evangelio proclamado sale de su voz. En este sentido es su mensaje —su evangelio— que Dios utiliza para establecer y confirmar a los creyentes.

> **«Así que, somos embajadores en nombre de Cristo, como si Dios rogase por medio de nosotros; os rogamos en nombre de Cristo: Reconciliaos con Dios» (2 Co. 5:20).**
>
> **«No me elegisteis vosotros a mí, sino que yo os elegí a vosotros, y os he puesto para que vayáis y llevéis fruto, y vuestro fruto permanezca; para que todo lo que pidiereis al Padre en mi nombre, Él os lo dé» (Jn. 15:16).**
>
> **«Mas no ruego solamente por éstos, sino también por los que han de creer en mí por *la palabra de ellos* [la Palabra del evangelio dada por Dios]» (Jn. 17:20).**
>
> **«Pero, levántate y ponte sobre tus pies; porque para eso he aparecido a ti, para ponerte por ministro y testigo de las cosas que has visto, y de aquellas en que me apareceré a ti» (Hch. 26:16).**
>
> **«Y ahora, hermanos, os encomiendo a Dios, y a la palabra de su gracia [su evangelio], que tiene poder para *sobreedificaros* y daros herencia con los santificados» (Hch. 20:32).**
>
> **«Desead como niños recién nacidos la leche espiritual no adulterada, para que por ella crezcáis para salvación, si es que habéis gustado la benignidad del Señor» (1 P. 2:2-3).**

[2] (16:25) ***Predicación de Jesucristo:*** los creyentes son confirmados y fortalecidos por la predicación de Jesucristo. La predicación de Jesucristo puede referirse al mensaje predicado por Jesucristo mismo o al mensaje acerca de Jesucristo predicado por otros. Ambos sentidos son coherentes, y son verdaderos, porque el mensaje de salvación predicado por Jesucristo y el predicado por sus seguidores es el mismo.

> **«¿Cómo escaparemos nosotros, si descuidamos una salvación tan grande? La cual, habiendo sido anunciada primeramente por el Señor, nos fue confirmada por los que oyeron» (He. 2:3).**
>
> **«Y como Moisés levantó la serpiente en el desierto, así es necesario que el Hijo del hombre sea levantado, para que todo aquel que en él cree no se pierda, mas tenga vida eterna» (Jn. 3:14-15).**
>
> **«Porque de tal manera amó Dios al mundo, que ha dado a su Hijo unigénito, para que todo aquel que en el cree, no se pierda, mas tenga vida eterna» (Jn. 3:16).**
>
> **«De cierto, de cierto os digo: El que oye mi palabra, y cree al que me envió, tiene vida eterna; y no vendrá a condenación, mas ha pasado de muerte a vida» (Jn. 5:24).**
>
> **«De cierto, de cierto os digo, que el que guarda mi palabra nunca verá muerte» (Jn. 8:51).**
>
> **«Le dijo Jesús: Yo soy la resurrección y la vida; el que cree en mí, aunque esté muerto, vivirá. Y todo aquel que vive y cree en mí, no morirá eternamente. ¿Crees esto?» (Jn. 11:25-26).**
>
> **«Porque no envió Dios a su Hijo al mundo para condenar al mundo, sino para que el mundo sea salvo por Él. El que en Él cree, no es condenado; pero el que no cree, ya ha sido condenado, porque no ha creído en el nombre del unigénito Hijo de Dios» (Jn. 3:17-18).**
>
> **«El que cree en el Hijo tiene vida eterna; pero el que rehúsa creer en el Hijo no verá la vida, sino que la ira de Dios está sobre él» (Jn. 3:36).**

[3] (16:25-26) ***Misterio—evangelio:*** los creyentes son confirmados y fortalecidos por la revelación que Dios hace del misterio del evangelio. Note tres puntos.

1. El misterio del evangelio ha sido un secreto desde el principio del mundo. La palabra «misterio» (*musteriou*) no significa algo oscuro y difícil de entender, ni algo que tiene que ser descubierto y resuelto por los hombres. Significa sencillamente...
   - una verdad que no era previamente conocida.
   - una verdad que *no podía* ser descubierta por la razón humana.
   - una verdad que tenía que ser *revelada por Dios* si alguna vez hubiera de conocerse.

El evangelio jamás pudiera haber sido conocido por el hombre. No es una creación de la mente humana, de su racionalización, conceptos, pensamientos e ideas acerca de cómo podría el hombre ser reconciliado con Dios. El hombre no podría jamás haber imaginado ni puede calcular cómo llegar a ser aceptado por Dios. Ningún hombre en este mundo físico podría jamás penetrar el mundo espiritual, no importa lo que algunos han pretendido. Jesús dijo:

> **«Nadie subió al cielo, sino el que descendió del cielo; el Hijo del Hombre, que está en el cielo» (Jn. 3:13).**

El mundo espiritual y el mensaje del mundo espiritual han sido siempre un misterio, y hubieran seguido siendo un misterio si Dios no hubiera actuado y revelado el mundo espiritual y su dimensión al hombre.

2. El misterio de Dios ahora es revelado por mandato de Dios en las Escritura proféticas. Dios quiere que el mundo conozca el evangelio; por lo tanto, ha mandado que sea revelado y proclamado al mundo. Pero note el punto crucial: es revelado por las Escrituras proféticas (*dia graphon prophetikon*). Esto es extremadamente importante, porque nos dice exactamente dónde podemos descubrir a Dios y su mensaje al mundo. No descubrimos a Dios mediante el raciocinio natural: Dios mismo se nos revela.

Pensamiento. Hay dos preguntas que cada uno necesita estudiar urgentemente.

1) Puesto que Dios ha revelado a los hombres cómo deben llegar a ser aceptados por Él, ¿por qué los hombres siguen creando sus propias ideas acerca de cómo llegar a Dios? ¿Por qué los hombres siguen pensando que serán aceptados por Dios si pueden hacer suficiente bien para pacificar a Dios? ¿Por qué la mayoría de los hombres siguen pensando que Dios nunca los rechazará, que no son tan malos como para que Dios no los acepte?

2) Puesto que Dios ha revelado el evangelio en las Escrituras proféticas, ¿por qué los hombres no se lanzan sobre las Escrituras para encontrar la verdad? ¿Por qué los hombres no escudriñan diariamente las Escrituras para descubrir lo que Dios ha revelado?

«[El evangelio de Dios] que él había prometido antes por sus profetas en las santas Escrituras, acerca de su Hijo, nuestro Señor Jesucristo, que era del linaje de David según la carne, que fue declarado Hijo de Dios con poder, según el Espíritu de santidad, por la resurrección de entre los muertos» (Ro. 1:2-4).

«Pero ahora, aparte de la ley, se ha manifestado la justicia de Dios, testificada por la ley y por los profetas; la justicia de Dios por medio de la fe en Jesucristo, para todos los que creen en Él. Porque no hay diferencia» (Ro. 3:21-22).

3. El misterio del evangelio es revelado con un propósito: llevar a todas las naciones a ser obedientes a la fe. Sencillamente, Dios quiere de nosotros lo que toda persona quiere de los demás: amor y confianza. Todos queremos que los demás…

- nos amen y se preocupen de nosotros.
- confíen y tengan confianza en nosotros.

«Entonces le dijeron: ¿Qué debemos hacer para poner en práctica las obras de Dios? Respondió Jesús y les dijo: Esta es la obra de Dios, que creáis en el que Él ha enviado» (Jn. 6:28-29).

«Si guardareis mis mandamientos, permaneceréis en mi amor; así como yo he guardado los mandamientos de mi Padre, y permanezco en su amor» (Jn. 15:10).

«Justificados, pues, por la fe, tenemos paz para con Dios por medio de nuestro Señor Jesucristo» (Ro. 5:1).

«Así Abraham creyó a Dios, y le fue contado por justicia» (Gá. 3:6).

«Porque en Cristo Jesús ni la circuncisión [rito religioso] vale algo, ni la incircuncisión, sino la fe que obra por el amor» (Gá. 5:6).

«Pero sin fe es imposible agradar a Dios; porque es necesario que el que se acerca a Dios crea que le hay, y que es galardonador de los que le buscan» (He. 11:6).

«Y este es su mandamiento: Que creamos en el nombre de su Hijo Jesucristo, y nos amemos unos a otros como nos lo ha mandado» (1 Jn. 3:23).

4 (16:27) ***Bendición:*** la bendición es una gloriosa declaración de alabanza.

- Dios es el Dios del evangelio; por lo tanto, Él es el único sabio Dios. Como único sabio Dios y como el autor del evangelio, se le debe alabanza para siempre.
- Pero note el hecho claro y sencillo que es proclamado repetidas veces por Romanos: es posible acercarse a Dios y alabarle solamente por medio de Jesucristo.

«Ya no creemos solamente por tu dicho, porque nosotros mismos hemos oído, y sabemos que verdaderamente éste es el Salvador del mundo, el Cristo» (Jn. 4:42).

«Jesús le dijo: Yo soy el camino, y la verdad, y la vida; nadie viene al Padre, sino por mí» (Jn. 14:6).

«Y en ningún otro hay salvación; porque no hay otro nombre bajo el cielo, dado a los hombres, en que podamos ser salvos» (Hch. 4:12).

«A éste, Dios ha exaltado con su diestra por Príncipe y Salvador, para dar a Israel arrepentimiento y perdón de pecados» (Hch. 5:31).

«Palabra fiel y digna de ser recibida por todos: que Cristo Jesús vino al mundo para salvar a los pecadores» (1 Ti. 1:15).

«Porque hay un solo Dios, y un solo mediador entre Dios y los hombres, Jesucristo hombre» (1 Ti. 2:5).

«Pero cuando se manifestó la bondad de Dios nuestro Salvador, y su amor para con los hombres, nos salvó no por obras de justicia que nosotros hubiéramos hecho, sino por su misericordia, por el lavamiento de la regeneración y por la renovación en el Espíritu Santo, el cual derramó en nosotros abundantemente por Jesucristo nuestro Salvador» (Tit. 3:4-7).

«Por lo cual puede salvar también perpetuamente a los que por Él se acercan a Dios, viviendo siempre para interceder por ellos» (He. 7:25).

«Pero ahora tanto mejor ministerio es el suyo, cuanto es mediador de un mejor pacto, establecido sobre mejores promesas» (He. 8:6).

«Así que, por eso es mediador de un nuevo pacto, para que interviniendo muerte para la remisión de las transgresiones que había bajo el primer pacto, los llamados reciban la promesa de la herencia eterna» (He. 9:15).

«Porque no entró Cristo en el santuario hecho de mano, figura del verdadero, sino en el cielo mismo para *presentarse* ahora por nosotros ante Dios» (He. 9:24).

«A Jesús el *Mediador* del nuevo pacto» (He. 12:24).

«Hijitos míos, esta cosas os escribo para que no pequéis; y si alguno hubiere pecado, abogado tenemos para con el Padre, a Jesucristo el justo» (1 Jn. 2:1).

«Y nosotros hemos visto y testificamos que el Padre ha enviado al Hijo, el Salvador del mundo» (1 Jn. 4:14).

BIBLIOGRAFÍA

Cada hijo de Dios es precioso para el Señor y es profundamente amado. Todo hijo como siervo del Señor toca las vidas de los que entran en contacto con él o con su ministerio. El ministerio como escritores de los siguientes siervos de Dios han tocado esta obra, y estamos agradecidos de Dios por haber puesto sus escritos en nuestro camino. Por medio de estas líneas reconocemos su ministerio en nuestro favor, estando plenamente conscientes de que hay muchos otros que, a través de los años han tocado nuestras vidas con sus escritos y merecen ser mencionados, pero la debilidad de nuestras mentes ha hecho que se borren de nuestra memoria. Que nuestro maravilloso Señor siga bendiciendo el ministerio de estos queridos siervos, y el ministerio de todos nosotros mientras trabajamos diligentemente para alcanzar al mundo para Cristo y hacer frente a las desesperadas necesidades de quienes tanto sufren.

FUENTES GRIEGAS

Robertson, A.T. *Word Pictures in the New Testament,* 6 tomos. Nashville, TN: Broadman Press, 1930.

Thayer, Joseph Henry. *Thayer's Greek-English Lexicon of the New Testament*. New York: American book Co. Sin fecha.

The Expositor's Greek Testament. 5 tomos. Editado por W. Robertson Nicoll, Grand Rapids, MI: Eerdmans Publishing Co., 1970.

Vincent Marvin R. *Word Studies in the New Testament*. 4 tomos. Grand Rapids, MI: Eerdmans Publishing Co., 1969.

Vine, W. E. *Expository Dictionary of the New Testament*. Old Tappan, NJ: Fleming H Revell Co. Sin fecha.

Wuest, Kenneth S. *Word Studies in the Greek New Testament*. 4 tomos.Grand Rapids, MI: Eerdmans Publishing Co., 1966

OBRAS DE REFERENCIA

Cruden's Complete Concordance of the Old & New Testament. Filadelfia, PA: The John C. Winston Co., 1930.

Flavio Josefo, *Complete Works,* Grand Rapids, MI: Kregel Publications, 1981.

Lockyer, Herbert, *All the Men of the Bible*. Grand Rapids, MI: Zondervan, 1958.

Lockyer, Herbert, *All the Miracles of the Bible*. Grand Rapids, MI: Zondervan, 1961.

Lockyer, Herbert. *All the Parables of the Bible*. Grand Rapids, MI: Zondervan, 1963.

Lockyer, Herbert. *All the Women of the Bible*. Grand Rapids, MI: Zondervan, 1967.

Nave's Topical Bible, Nashville, TN: The Southwestern Co. Sin fecha.

The Amplified New Testament. (Las citas en el original inglés son del Nuevo Testamento Amplificado, Copyright 1954, 1958, 1987 por la Lockman Foundation. Usada con permiso. En castellano se usa la Versión Reina Valera Revisada de 1960).

The Four Translation New Testament (Incluye la versión King James; The New American Standard; Williams–New Testament in the Language of the People; Beck–The New Testament in the Language of Today.) Minneapolis, MN: World Wide Publications. Copyright The Iversen Associates, New York, NY, 1966.

The New Compact Bible Dictionary, Ed. por Alton Bryant. Grand Rapids, MI: Zondervan Publishing House, 1967.

The New Thompson Chain Reference Bible. Indianapolis, IN: B.B. Kirkbride Bible Co., 1964.

COMENTARIOS

Barclay, William, *The Daily Study Bible*. Filadelfia, PA: Westminster Press. Comenzó en 1953.

Bruce, F. F. *Commentary on the Epistle to the Hebrews*. Grand Rapids, MI: Eerdmans Publishing Co., 1964.

Bruce F.F. *The Epistles of John*. Old Tappan, NJ: Fleming H. Revell Co., 1970.

Bruce F. F. *The Eplistle to the Ephesians*. Westwood, NJ: Fleming H. Revell Co., 1968.

Criswell, W. A. *Expository Sermons on Revelation*. Grand Rapids, MI: Zondervan publishing House, 1962-66.

Green, Oliver. *The Epistles of John*. Greenville, SC: The Gospel House, Inc., 1966.

Green, Oliver. *The Epistles of Paul the Apostle to the Hebrews*. Greenville, SC: The Gospel House, Inc., 1965.

Green, Oliver. *The Epistles of Paul the Apostle to Timothy & Titus*. Greenville, SC: The Gospel House, Inc., 1964.

Green, Oliver. *The Revelation Verse by Verse Study*. Greenville, SC: The Gospel House, Inc., 1963.

Henry, Matthew. *Matthew Henry's Commentary*. 6 tomos. Old Tappan, NJ: Fleming H. Revell Co.

Hodge, Charles. *Commentary on the Epistle to the Romans*. Grand Rapids, Mi: Eerdmans Publishing Co., 1950.

Hodge, Charles. *Commentary on the First Epistle to the Corinthians*. Grand Rapids, MI: Eerdmans Publishing Co., 1972

Hodge, Charles. *Commentary on the Second Epistle to the Corinthians*. Grand Rapids, MI: Eerdmans Publishing Co., 1973.

Ladd, George Eldon. *A Commentary On the Revelation of John*. Grand Rapids, MI: Eerdmans Publishing Co., 1972.

Leupold, H.C. *Exposition of Daniel*. Gran Rapids, MI: Baker Book House, 1969.

Morris, Leon. *The Gospel According to John*. Grand Rapids, MI:Eerdmans Publishing Co., 1971.

Newell, William R. Hebrews, *Verse by Verse*. Chicago, IL: Moody Press, 1947.

Strauss, Lehman. *Devotional Studies in Galatians & Ephesians*. Neptune, NJ: Loizeaux Brothers, 1957.

Strauss, Lehman. *Devotional Studies in Philippians*. Neptune, NJ: Loizeaux Brothers, 1959.

Strauss, Lehman. *James Your Brother*. Neptune, NJ: Loizeaux Brothers, 1956.

Strauss. Lehman. *The Book of Revelation*. Neptune, NJ: Loizeaux Brothers, 1964.

The New Testament & Wycliffe Bible Commentary, Edited by Charles F. Pfeiffer & Everett F. Harrison. Producido para Moody Monthly por The Iverson Associates, New York, 1971.

The Pulpit Commentary. 23 tomos. Editado por H.D.M. Spence & Joseph S. Exell. Grand Rapids, MI: Eerdmans Publishing Co., 1950.

The Tyndale New Testament Commentaries. Editado por RVG Tasker. Grand Rapids, MI: Eerdmans Publishing Co. Comenzado en 1958.

Thomas, W.H. Griffith. Hebrews, *A Devotional Commentary*. Grand Rapids, MI: Eerdmans Publishing Co., 1970.

Thomas, W.H. Griffith. *Outline Studies in the Acts of the Apostles*. Grand Rapids, MI: Eerdmans Publishing Co., 1956.

Thomas, W.H. Griffith. *St. Paul's Epistle to the Romans*. Grand Rapids, MI: Eerdmans Publishing Co., 1946.

Thomas, W.H. Griffith. *Studies in Colossians & Philemon*. Grand Rapids, MI: Baker Book House, 1973.

Walker, Thomas. *The Acts of the Apostles*. Chicago IL: Moody Press, 1965.

Walvoord, John. *The Thessalonian Epistles*. Gran Rapids, MI: Zondervan Publishing House, 1973.

ÍNDICE DE BOSQUEJOS Y TEMAS—ROMANOS

Cuando usted busca un tema y/o una referencia bíblica, tendrá no solamente el texto bíblico, sino también un bosquejo y una discusión (comentario) del texto bíblico y del tema.

Este es uno de los grandes valores de la *Biblia de bosquejos y sermones*. Cuando tenga todos los tomos, tendrá no solamente lo que todos los demás índices bíblicos le dan, esto es, una lista de todos los temas y sus referencias bíblicas, sino usted tendrá también ...

- Un bosquejo de *cada* texto y tema de la Biblia.
- Una discusión (comentario) de cada texto y tema.
- Cada tema apoyado por otros textos biblicos, o referencias cruzadas.

Descubra el gran valor usted mismo. Dé una mirada rápida a la primera palabra del índice de Romanos y su correspondiente referencia bíblica. Es:

ABANDONO ESPIRITUAL
Un juicio de Dios. 1:24-32; 11:7-10

Busque las referencias. Busque los textos bíblicos y el bosquejo de la Escritura, y lea luego el comentario. Inmediatamente verá el gran valor del índice de la *Biblia de bosquejos y sermones*.

EDITORIAL
PORTAVOZ

NUESTRA VISIÓN

Maximizar el efecto de recursos cristianos de calidad que transforman vidas.

NUESTRA MISIÓN

Desarrollar y distribuir productos de calidad —con integridad y excelencia—, desde una perspectiva bíblica y confiable, que animen a las personas a conocer y servir a Jesucristo.

NUESTROS VALORES

Nuestros valores se encuentran fundamentados en la Biblia, fuente de toda verdad para hoy y para siempre. Nosotros ponemos en práctica estas verdades bíblicas como fundamento para las decisiones, normas y productos de nuestra compañía.

Valoramos la excelencia y la calidad
Valoramos la integridad y la confianza
Valoramos el mérito y la dignidad de los individuos y las relaciones
Valoramos el servicio
Valoramos la administración de los recursos

Para más información acerca de nuestra editorial y los productos que publicamos visite nuestra página en la red: www.portavoz.com